本书由陕西师范大学优秀著作出版基金资助出版

发生与诠释

儒学形成、发展之主体向度的追寻

丁为祥◎著

FASHENG YU QUANSHI

人民出版社

策划编辑:方国根

责任编辑:方国根　李之美　段海宝

图书在版编目(CIP)数据

发生与诠释:儒学形成、发展之主体向度的追寻/丁为祥 著.
　-北京:人民出版社,2015.11
ISBN 978－7－01－015530－2

Ⅰ.①发…　Ⅱ.①丁…　Ⅲ.①儒学-思想史-研究-中国　Ⅳ.①B222.05

中国版本图书馆 CIP 数据核字(2015)第 277405 号

发生与诠释

FASHENG YU QUANSHI

——儒学形成、发展之主体向度的追寻

丁为祥　著

人民出版社 出版发行

(100706　北京市东城区隆福寺街 99 号)

环球印刷(北京)有限公司印刷　新华书店经销

2015 年 11 月第 1 版　2015 年 11 月北京第 1 次印刷
开本:710 毫米×1000 毫米 1/16　印张:33.25
字数:520 千字

ISBN 978－7－01－015530－2　定价:86.00 元

邮购地址 100706　北京市东城区隆福寺街 99 号
人民东方图书销售中心　电话 (010)65250042　65289539

目　录

引　言

　　作为一个在 20 世纪度过"不惑"之年的人文学者,笔者是在 80 年代的
"文化热"中开始儒学研究的,又在 90 年代的"国学热"中开始了对儒学命
运的思考;21 世纪以来,笔者又参与了关于儒学的各种争论。现在,随着
"耳顺"之年的逼近,在经过 20 世纪各种关于儒学之大是大非与大起大落
的评价之后,笔者的心中常常萦怀这样的问题:儒学在历史上究竟是怎样发
生的? 又是如何发展的? 其产生、发展又具有什么样的基础与特色? 对于
一个一直致力于儒学研究的人来说,如果对这些问题没有基本的定见,也没
有形成一些基本的看法,而只是围绕着儒学所面临的现实问题进行医头医
脚式的思索,包括阐发儒学存在、发展的合理性依据及其现实意义;或者一
味埋头于书册,致力于对儒学的历史文献进行甄别和梳理,并以此建构所谓
高、大、上的理论体系,笔者以为这是对自己的人生所无法交代的。当然,笔
者并不反对这样的研究,也不否定其研究的意义,因为学术毕竟是要通过这
种渐次积累的方式来推进的,但由于笔者对儒学的研究一起始就不是从所
谓"理论认知"或"现实需要"的角度入手的,因而所谓人的主体生存向度也
就是笔者所始终无法放弃的一种基本立场;而从主体的生存向度追溯儒学
之发生与发展,也就应当成为笔者的一个基本视角。
　　在以往的三十多年中,笔者主要致力于宋明理学包括近现代儒学对先
秦儒学之继承、发展关系以及其基本理路的疏通,而这些疏通性的研究也使
笔者基本上把握了儒家的学术性格、精神关怀以及其理想指向,因而从一定
程度上说,笔者的研究本身也在促使自己必须对儒学的发生与发展——儒
学之所以成为儒学的基本特征作出一定的反思。除此之外,从思想性质来
看,儒学属于一种典型的道德理想主义思潮,而这种道德理想主义不仅表现
为人试图通过自身的道德修养来改变人自身的命运,进而改变人类的命运,

而且也表现为先秦的儒道两家——孔子与老子在"道"与"德"孰更为根本问题上的"互绌",同时更表现在孔子对于人的德性之源的基本自觉以及其无止境的追溯上。比如孔子许多慨叹性的说法,如"天生德于予"、"文不在兹乎"等等,也都是明确地将人的德性之源上寄于天的;而子思所谓的"天命之谓性"、"诚者天之道也,思诚者人之道也",也都同样明确地表现出对人之德性秉赋以及其天命根源的追溯与确认上。至于孟子,则从其"我固有之"到"此天之所与我者"的断言,也都明显地表现出先秦儒家对于人的德性之源的一种基本自觉以及其"天之所与"的明确定位。那么,究竟是什么原因促使中国"轴心时代"的思想家们一致将人的德性之源追溯于天并上寄于天之所命呢? 当然对他们而言,将人的德性之源上寄于天,首先也就意味着人之认识的极止。因为在他们看来,这一问题本身就是一个超越于人类认识能力或者说是根本无法从认识上澄清的问题,——不仅德性本身的性质就是超越于认识的,而且对人的德性之源进行无止境的追溯,也同样是一个超越于人类认识能力的问题。但是,对于那些经过现代认知理论的熏陶并不断地探索儒家思想在历史上究竟是如何发生、如何形成的后来者而言,这样的答复显然并不是一个令人满意的答案。所以,对于儒学的发生、发展进行主体生存向度以及其生存根源的追溯,不仅是笔者个人的兴趣所在,同时也关涉儒家学理的发展以及其存在的现实合理性问题。

但无论是个人的探索兴趣还是儒学发展的理论需要,我们所能面对的第一个对象就是历史,也就是关于儒学发生发展之各种记载的历史文献。不过,我们这里还不能直接面对作为历史记载的文献本身,而是必须首先澄清我们关于历史的基本观念。

一、历　史

中华民族是一个非常重视历史的民族。① 还在春秋时代,就已经有史官为了捍卫历史的话语权而付出了生命的代价。② 此中的原因固然可以说是多方面的,但重史作为中国传统文化的一个基本特征,在当时就已经成为一个不争的基本事实了。比如《周易·系辞》中就有关于上古历史的如下记载:"上古结绳而治,后世圣人易之以书契,百官以治,万民以察"③;而在老子的《道德经》中,也有所谓"小国寡民,使有什伯之器而不用……使人复结绳而用之,甘其食,美其服,乐其居"④之类的说法。这说明,起码从"结绳记事"的年代起,中华民族就已经进入到一个有历史记载的时代;而老子所谓的"使人复结绳而用之"一说,虽有一定的愚民之嫌,但也同样证明了中华民族历史观念之深远绵长。从儒道两家这种一致公认的情况来看,则中华民族似乎确曾经历过一个所谓"结绳而用"的时代。

从这个意义上说,所谓历史其实也就是我们民族的昨天;而作为记载历史的文献,也就是我们关于"昨天"的历史记忆。但是,在究竟应当如何面对这个"历史记忆"一点上则大有讲究。——在刚刚告别先秦儒学的两汉经学中,率先崛起的今文经学认为《春秋》就代表着孔子"为汉制法",对于

---

①　重视历史,一方面当然可以说是中华民族非常重视自己生存的历史经验,重视对历史经验的反思与总结;从一定程度上说,这一特点也可以归结为农耕文明的需要,可以说是农耕文明基础上的必然产物。但另一方面,重视对自己生存之历史经验的总结,同时也可以说是中国文化之主体性性格的典型表现。因为历史并不仅仅是表现其主体性性格的记录,同时也是其主体性性格与具体性智慧所以形成的直接根源;而不同时代的主体性智慧也只有通过历史才能在不同主体之间继承发展、生生不息。孔子所谓"其或继周者,虽百世,可知也"(《论语·为政》)、现代精英所常常批判的民族文化之保守性性格,其实也都源于这种主体性文化以及其具体性智慧所表现出来的民族精神。

②　《左传·襄公二十五年》:"太史书曰:'催杼弑其君。'催子杀之。其弟嗣书而死者,二人。其弟又书,乃舍之。南史氏闻太史尽死,执简以往。闻既书矣,乃还。"另:《左传·宣公二年》还有晋国史官董狐"赵盾弑其君"的记载,并被孔子称赞为"古之良史也,书法不隐"。(参见《春秋左传》,吴哲楣主编:《十三经》,国际文化出版公司1993年版,第819—820、717页)

③　《周易·系辞》,吴哲楣主编:《十三经》,第56页。

④　《道德经》,第八十章,《诸子集成》第3册,上海书店1986年版,第46—47页。

当时的儒者而言,这一说法自然也就意味着从人生的价值之源与政权合法性角度对儒家所谓"春秋大一统"精神的一种明确肯认;但是,对于继起的古文经学来说,他们则要求必须从历史文献的角度对儒家及其《六经》系统进行重新解读,从而又给了孔子以三代之骥尾、周公之继承者的定位;至于孔子本人,似乎也就成为一个博学多识并总结三代文化的文献史家了。两汉经学在对待孔子之不同身份与不同地位上的这一分歧,实际上也就等于提出了一个"经"与"史"之不同视角——所谓价值之源与历史文献记载之不同角度的问题。

所以,到了儒学再次获得重大发展的宋代,作为两宋理学集大成的朱子甚至还专门为了"经"与"史"的关系问题而与当时同作为"东南三贤"之一的吕祖谦展开了一场旷日持久而又互不相让的论争。吕祖谦自然是希望从历史的角度对儒家的经典文献进行解读;而朱子则明确坚持必须从"经"的角度进行理解,并认为如果一味陶醉于历史细节与具体的历史智慧,就必然会导致儒家道德理想价值的某种流失或消解,从而流落为一种"零碎道理"甚或激扬为一种"伯术",因而他始终强调必须从"经"之超越性维度来理解儒家的经典文献及其基本精神。而在他们两人的通信中,附在朱子一生中最多一部书札——《答吕伯恭》系列之末尾的一封书信,就几乎到了最后通牒的地步:

> 熹昨见奇卿,敬扣之以比日讲授次第,闻只令诸生读《左氏》及诸贤奏疏,至于诸经《论》《孟》,则恐学者徒务空言而不以告也。不知是否? 若果如此,则恐未安。盖为学之序,为己而后可以及人,达理然后可以制事。故程夫子教人先读《论》《孟》,次及诸经,然后看史,其序不可乱也。若恐其徒务空言,但当就《论》《孟》经书中教以躬行之意,庶不相远。(其为空言,亦益甚矣。)至于《左氏》奏疏之言,则皆时事利害,而非学者切身之急务也。[其为空言,亦益甚矣。]①而欲使之从事

---

① 详读此文,觉得此处"其为空言,亦益甚矣"八个字似乎应当紧接于"但当就《论》《孟》经书中教以躬行之意,庶不相远"之后,所以笔者这里特以圆括号表示猜测性的移植。因为所谓"其为空言,亦益甚矣"正是针对吕祖谦以为先读《论》《孟》必然会导致"徒务空言"之结果的辩说。至于其后面的"而欲使之从事其间而得躬行之实,不亦背驰之甚乎?"则显然是紧接"至于《左氏》奏疏之言,则皆时事利害,而非学者切身之急务"而言的,因为这都属于同一方向的用意,所以笔者又以方括号表示其可以上移,即这里可以删去,这就是从总体上突出《论》《孟》,以批评吕伯恭之突出《左氏》的做法。估计可能属于传抄错行所致,特此标出,以供识者再辨。

其间而得躬行之实,不亦背驰之甚乎?愚见如此,不敢不献所疑,惟高明裁之。①

在这里,朱子之所以明确强调为学次序必须"先读《论》《孟》,次及诸经,然后看史,其序不可乱也",实际上也就是要维护"经"的价值之源与价值标准的地位;而吕祖谦则认为,如果完全从"经"出发,就会显得过于空泛,所以认为应当从稍微具体一些的"史籍"出发,结果却遭到了朱子"最后通牒"性的批评。而在作为朱子讲学记录的《朱子语类》中,其对吕祖谦之历史视角的批评就显得更为严厉,几乎到了讨伐的地步,如:"吕伯恭爱叫人看《左传》,某谓不如教人看《论》《孟》。伯恭云,恐人去外面走。某谓,看《论》《孟》未走得三步,看《左传》亦走十百步了!人若读得《左传》熟,直是会趋利避害。然世间利害,如何被人趋避了!君子只看道理合如何,可则行,不可则止,祸福自有天命。"②再如:"某向尝见吕伯恭爱与学者说《左传》,某尝戒之曰:'《语》《孟》《六经》许多道理不说,恰限说这个。纵那上有些零碎道理,济得甚事?'伯恭不信,后来又说到《汉书》。若使其在,不知今又说到甚处,想益卑矣,固宜为陆子静所笑也。"③凡此,当然都表现了他们两人在"经"与"史"之不同出发点及其视角上的分歧。

到了明代,王阳明便明确地提出了"六经皆史"的观念,认为"以事言谓之史,以道言谓之经,事即道,道即事。《春秋》亦经,五经亦史。《易》是包羲氏之史,《书》是尧舜以下史,《礼》、《乐》是三代史;其事同,其道同,安有所谓异?"④此后,一直被视为"异端"思想家的泰州后学李贽也提出了相近的看法,认为"经史一物也,史而不经,则为秽史矣,何以垂戒鉴乎?经而不史,则为说白话矣,何以彰事实乎?故《春秋》一经,春秋一时之史也。《诗经》、《书经》,二帝三王以来之史也。而《易经》则又示人以经之所自出,史所以来,为道屡迁,变易匪常,不可以一定执也。故谓六经皆史可也。"⑤

由此之后,似乎每一代的思想家都要面对"六经皆史"的问题,而其具

①　朱熹:《答吕伯恭》一百零三,《朱熹集》卷三十五,四川教育出版社 1996 年版,第1535 页。
②　黎靖德编:《朱子语类》卷八十三,中华书局 1986 年版,第 2150 页。
③　《朱子语类》卷一百二十一,第 2938 页。
④　王守仁:《语录》上,《王阳明全集》,上海古籍出版社 1992 年版,第 10 页。
⑤　李贽:《经史相表里》,《焚书·续焚书》,中华书局 1975 年版,第 214 页。

体指谓又有所不同。比如王阳明的"五经亦史"主要是指"经"本身就存在并且也必须落实于具体的历史事实之中——"以事言谓之史,以道言谓之经,其事同,其道同";而李贽所谓的"六经皆史"则主要是指由于"经"本身就存在于历史之中,因而也就完全可以将"经"直接落实为"史",——"史而不经,则为秽史矣,何以垂戒鉴乎? 经而不史,则为说白话矣,何以彰事实乎?"这就存在着某种消"经"以归"史",——消解经典之超越性及其道德理想与价值标准的可能。至于后来顾炎武所谓的"理学即经学"一说,则主要是试图通过"经"、"史"互证的方式以明"史",这就明确走向史学了,因而其人实际上也就成为清代史学的开山。

到了乾嘉时代,当章学诚再提"六经皆史"时,则显然已经形成了对"经"与"史"关系之某种更为细致的思考。他指出:

> 六经皆史也。古人不著书,古人未尝离事而言理,六经皆先王之政典也。①
>
> 古人事见于言,言以为事,未尝分事言为二物也。②

在这里,所谓"事"与"言"、"事"与"理",一如王阳明所谓的"事即道,道即事"一样,实际上也都是就"经"与"史"之不可分割关系而言的:一方面,"理"与"道"必然要落实于具体的"事"与"言"之中;另一方面,正因为如此,因而即"事"而求"理"、即"言"而求"道",也就成为"事"与"言"、"事"与"理"以及"事"与"道"关系之一种可以互证而又互逆的运算了。这样一来,就"经"与"史"的关系而言,一方面,首先要能够使"经"落实于记载具体事实之"史"中;另一方面,正因为"理"与"道"必然要落实于具体的"事"与"言"之中,因而人们也就完全可以即"事"以求"理"、即"言"以求"道"以及即"史"以求"经"。所以,经学与史学的分歧,实际上并不在于人们是否要面对历史、是否要分析历史文献,而主要在于其不同的关怀指向与思想视角上;经学虽然也要面对历史,分析历史文献,但其关怀指向却并不仅仅局限于关于历史事实的具体知识层面,而主要在于超越的道德理想与价值理想。从孟子所谓的"尽其心者,知其性也。知其性,则知天矣"③到张载所谓的"天无心,心都在人之心"以及"人所悦则天必悦之,所恶则天必恶之……

---

① 章学诚:《易教》上,叶瑛校注:《文史通义校注》,中华书局 1985 年版,第 1 页。
② 章学诚:《书教》上,叶瑛校注:《文史通义校注》,第 31 页。
③ 《孟子·尽心》上,吴哲楣主编:《十三经》,第 1418 页。

故欲知天者,占之于民可也"①,甚至包括下层老百姓所谓的"即民心以见天命"之类的说法,其实也都是在这一意义上成立的。

所以,关于"经"与"史"的关系以及如何从"史学"到"经学"之视角的转换与提升问题,章学诚还有一段精彩的论述。他指出:

> 以三王之誓、诰、贡、范诸篇,推测三皇诸帝义例,则上古简质,结绳未远,文字肇兴,书取足以达隐微通形名而已矣。因事命篇,本无成法,不得如后史之方圆求备,拘于一定之名义者也。夫子叙而述之,取其疏通知远,足以垂教矣。②

章学诚的这一说法,一方面将"经"从源头上即其所以形成的角度回归于"史",另一方面,他又绝不同于李贽那种直接将"经"归结于"史"之文饰化的说法,或干脆像顾炎武那样直接以"经"证"史"以形成具体的历史知识,而是明确地坚持着一种"经"必须超越于"史"之"疏通知远,足以垂教"的功能。至此,"经"与"史"的关系也就得到基本的澄清了:"史"之重要也就不仅仅在于其所提供的关于具体事件的历史知识上,而主要在于其对"经"之蕴含、支撑以及具体理解的作用上;而人们之所以重视"史",关键也就在于"史"可以为"经"提供一种具体发生与具体形成上的理解和说明。

正因为"经"与"史"的这种关系,所以中华民族的历史"记忆"也必将会成为我们的第一出发点。因为民族的历史"记忆"实际上正包含着"经学"之所以发生、形成的秘密。

二、具体发生

一旦我们将"史"作为理解民族精神之"经"的基本出发点时,马上就面临着另一个重大问题,这就是从由历史事实所积累的经验知识出发如何才能走向"经"的角度、并向着作为具有"疏通知远,足以垂教"功能之"经"的高度提升呢?因为历史事实虽然也可以积累一定的"记忆"与知识,但具体

---

① 张载:《经学理窟·诗书》,《张载集》,中华书局1978年版,第256、256—257页。
② 章学诚:《书教》上,叶瑛校注:《文史通义校注》,第30页。

的历史事实与经验知识却并不具有"足以垂教"之普遍与超越的功能;要使历史知识能够成为一种足以"鉴往知来"的智慧,具体的、经验形态的历史知识就必须得到普遍与超越两个向度的转化与提升。对于这一问题,虽然现代认识理论关于"感性"、"知性"、"理性"以及"知觉"、"统觉"之类有许多细致的论说,但如果仔细琢磨这些理论,却无非就是一个从个别到一般之普遍性拓展、从具体到抽象之超越性提升的过程。而这一过程如果能够实现,那就是因为你遵循了现代的认识理论;如果走不通,仍然停留于经验知识的此岸,那就说明你没有很好地遵循现代认识理论的指导。——其实说白了,就是走得通就有效,走不通就只能怪你个人的资质了。①

实际上,对于这一问题,由于中国文化关于"事"与"言"、"事"与"理"以及"史"与"经"、"史"与"道"之独特的形成与表达方式,因而根本就不算是一个问题。章学诚所谓的"古人事见于言,言以为事,未尝分事言为二物也",就既是一种具体的表达方式,同时也是一种切实可行的思考路径。因为既然"事见于言,言以为事",那就应当即"事"以解"言"、即"事"以解"理"乃至即"事"以求"道"包括更为抽象的即"史"以解"经"。而这样一种方法,不仅表现在汉字所以形成的"六书"——所谓象形、指事、会意、转注、形声、假借六种方法中,而且上古的蝌蚪文字以及其具体形成,本身也就是一个由"象"到"形"——由"事"到"言"、由"事"到"理"乃至于由"事"到"道"的过程。而在《庄子》一书中,那位曾为文惠君(梁惠王)解牛的庖丁,居然可以说就是即"事"以解"理"、即"技"以求"道"的典范。当庖丁非常精彩地为文惠君展示了其解牛的具体技艺后,其与文惠君曾展开了如下一段对话:

> 文惠君曰:"譆,善哉? 技盖至此乎!"
>
> 庖丁释刀对曰:臣之所好者道也,进乎技矣。始臣之解牛之时,所见无非全牛者。三年之后,未尝见全牛也。方今之时,臣以神遇而不以目视,官知止而神欲行……②

---

① 关于人存在着不同资质这一点,儒家是承认的,比如孟子说:"梓匠轮舆能与人规矩,不能使人巧"(《孟子·尽心》下),这就说明儒家不仅承认人与人之间确有不同的资质,而且也承认人确实存在着"能"与"不能"以及"巧"与"不巧"的问题。但儒家的道德理性却根本不是从这种"能"与"不能"之资质的角度立论的,而主要是立足于人人本有而又人人所能的基础上论说的。所以,究竟是立足于人人本有而又人人所能的基础还是立足于人之"能"与"不能"的不同资质,也就可以说是儒家道德理性与现代认识理论的一个基本区别。

② 《庄子·养生主》,郭庆藩编:《庄子集释》,台北万卷楼图书公司2007年版,第131页。

庖丁这里所展示的自然是其解牛的技艺，但其所追求并借以表达的却在于超越的"道"，而这种超越的"道"也并不在其具体的技艺之外，就在其解牛的具体技艺之中，所以说"臣之所好者道也，进乎技矣"，——直接通过具体的技艺来蕴涵、表达并实现其对超越之"道"的把握与追求；而文惠君在谛听了庖丁的这一番解牛高论之后，也深有感触地说："吾闻庖丁之言，得养生焉。"①在这里，从解牛之"技"到人生之"道"以及从解牛之以"无厚入有间"到文惠君关于人之"养生"的领悟完全是一个举一反三之发散式的触类旁通的过程，也都涉及从个别到一般、从具体到抽象之普遍与超越的提升问题，但却完全是自然而然地发生的，并在"解牛"的过程中自然而然地实现的。所以说，对于由"事"到"言"、由"事"到"理"乃至由"事"到"道"以及由"史"到"经"之提升与超越的过程，对于中国传统文化以及其具体性智慧而言，简直就不成为问题。

但对于现代认识理论尤其是对那种纯粹认识论立场上的理论分析而言，如何从个别走向一般、从具体走向抽象就是一个很大的问题；而对于那些饱受现代认识理论的熏陶并以认识为思想之唯一标准的现代人而言，如何从描述具体事实之"史"以走向具有"疏通知远，足以垂教"功能之"经"就是一个很大的问题。简直就如同对上帝存在之宇宙论证明一样，即使能够穷究宇宙万物，也仍然要对这个万物之外并且作为万物存在之根据的上帝进行"懵"和"猜"式的领悟来证明。②正因为如此，所以我们这里才不得不通过具体发生的方式以再现儒家经典及其价值理想的形成过程。

说到具体发生，人们马上就会想到瑞士儿童心理学家皮亚杰的"发生认识论"，从而认为所谓发生学就是以经验描述与心理分析的方式来说明人的认识之具体生成。其实这是一种很大的误解。因为"发生认识论"有一个非常明确的认识论背景及其定位，这就决定其分析与研究只能停留在主客体之间、停留于从客体之实然状态到主体的认知之间。但对于儒学以及中国传统经典之发生学研究却绝不限于单纯的主体对客体之认识的生

---

①　《庄子·养生主》，郭庆藩编：《庄子集释》，第137页。

②　当然，现代认识理论并不会给自己提出这样的问题，他们往往以为这是属于人的心理需要的信仰问题从而进行规避；如果沿着所谓纯粹认识论的逻辑，则只能将这类问题归结为"懵"和"猜"。

成,而是以具体发生的方式来破解古人在自己的生存实践中其人生观念、价值理想以及其智慧的具体生成。前者总体上是以主客体对待为背景并以主体对客体之认识的生成为目标和范围的,而后者则要回答作为主体的古人以及其人生观念与价值理想究竟是如何发生并具体生成的;前者总体上可以说是在主客体关系以及认识论的范围内加减乘除,而后者则必然要涉及以普遍与超越为特征之主体价值观念及其道德理想的具体发生与具体生成。所以,前者总体上仍然可以对象认知理性来概括,而后者则属于具有普遍性关怀与超越性指向的主体价值理性的范围。

实际上,对于发生学的这种不明其所以式的误解与排拒也可以来自中国传统文化内部,来自传统文化的研究者。在目前的传统文化研究中,由于人们比较重视儒家理论体系及其形上依据的开掘与阐发,同时也比较重视与西方哲学的沟通与对话,因而从一定程度上说,对儒学形上依据及其理论体系的诠释与阐发也就意味着儒学发展的一种必然要求。在这一背景下,当人们看到对儒家经典进行发生学研究时,往往就会认为这只是一种形而下的经验性与历时性研究。其实不然。就人之本然的生存世界而言,它本来就无所谓形而上与形而下之分,只有一元实然的现实世界本身。但是,为了更好地理解、把握并提升、改变这个世界,也就必须经历一个从个别到一般、从具体到抽象以及从当下的现实到普遍而又超越层面的逐层把握与逐步提升过程,因而所谓的形而上的理论体系原本就是从形而下的生存世界中产生并形成的;而儒家之所以要形成一整套的形而上的理论建构,也并不是出于一种理论的兴趣,而完全是为了服务于当下的一元生存世界。从这个角度看,抓住了儒学的具体发生与形成机理,也就等于抓住了儒学所以生成的现实根据;相反,如果一味陶醉于形上理论的分析与展示,从而忽视形上世界之所以发生与具体形成,那么其所谓的形而上世界就反倒有可能会成为一种无源之水、无本之木,或者说就会成为一种只具有夸俗与震慑作用的空中楼阁。其次,对儒家经典进行发生学研究也并不是要陶醉于儒学历史上的具体经历、具体事件以及其具体智慧本身,而是要通过对其历史发生过程的重新解读,以分析其形上观念及其价值理想究竟是如何生成、如何发展的。从一定意义上说,这才是从源头上——从历史与逻辑相统一的根源上研究儒学、理解儒学。再次,以发生学的视角研究儒家价值观念及其理论体系的历史发生与具体生成,对于儒学而言,实际上也就是一种"原汤化原食"①的工作。因为中国文化的主体性、智慧的具体性以及其"事见于言，言以为事"的形成与表达方式本身就使其无法单纯地从所谓形上一维进行纯理论、对象化式的分析与推导，而必须在一定的历史背景与社会环境中理解其具体含义，从而进一步理解其"疏通知远，足以垂教"的功能。

除此之外，对儒家人生理想与价值观念的发生学研究实际上也就是根据中国传统的"事"与"言"、"事"与"理"以及"史"与"经"、"史"与"道"之独特的形成与表达方式所展开的一种追根溯源或者说是逆运算式的研究，是通过国人最熟悉之具体的历史理性来理解其超越的价值观念及其道德理想之具体发生与具体生成。从一定程度上说，这也就是试图将历史理性与超越理性统一起来，在历史理性的发生、形成过程中分析、说明超越理性的具体生成。否则的话，历史理性与超越理性的不同性质、不同关怀侧重也就必然会游衍为一种相互攻讦、相互伤害的思潮，一如我们所曾经经历的今古文经学以及汉宋之学的相互批评那样，从而也就成为压垮民族精神之一对沉重的翅膀。

最后还应当说明的一点是，这种对传统儒学以及其经典的发生学研究其实也正对应着中国传统文化所以形成以及现在仍在广泛运用的功夫学理路。当然，我们不能不承认，在近几年的中国哲学研究中，功夫学理路或功夫论视域正在不断地被人们加以泛化运用，有许多本来属于一般道德修养或人生修养甚或概念认知之类的问题也都全然被纳入到所谓功夫论的视域中加以分析和讨论；而这种对功夫论视域的泛化运用最后也就必然会导致功夫论进路本身的消解。② 因为严格说来，功夫是与本体相对应的概念；而功夫论也只有在本体论得到真正确立或本体之内在性得到明确确认的基础上才有可能发生，如果将一般的认知理论、道德修养甚或人生修身养性之类

①　"原汤化原食"是郭齐勇先生20世纪90年代以来对中国哲学研究现状系统反思基础上所提出的一种"新"而又传统的中国文化研究进路。在跟随郭齐勇老师学习的几年中，笔者深受这一进路的启发；本书"发生、解读与诠释"的思路实际上也就是沿着这一进路形成的。

②　"功夫"是与"本体"相对应的概念，但由于中国哲学中本体与主体的必然性关联，因而功夫也就往往会沿着从本体到主体、从道德实践到人生修养乃至认知追求的进路而得以泛化运用。但其区别则在于，本体观念的内在性特征必然规定着其功夫追求之人生实现与彰显的双重性质，而将本体泛化为主体的修养追求则只具有外在增上——所谓"外铄"的意义，但却并不具有在内在依据基础上的实现与彰显意义。至于对儒家学理的发生学研究，则正是一个从现实主体出发并通过不断内向澄澈的方式，从而步步逼近、步步彰显其内在依据及其道德本体的过程。

的问题全然纳入到功夫论的视域中进行考察,这种对功夫论视域的泛化运用最后也就必然会导致本体论本身的泛化与消解。原因很简单,"功夫"本来就是一个与"本体"相对应的概念,而"功夫论"本质上也是一种相对于"本体论"得到明确确立并以对本体之落实与实现为指向的功夫追求活动,因而它也只能属于一种以本体之彰显为追求指向的步步增上而又步步开显的实践追求活动;而这一追求过程,同时也就是从具体事件、实然世界之层层提升以指向超越世界或价值理想的过程,当然也就是儒家价值理念的生成过程。所以,对于儒家的形上理念及其价值理想进行发生学研究,实际上也就是从一元形下的现实世界出发,通过实践追求或以"理想实验"之"追体验"的方式从而对儒家的价值理想与超越的形上世界进行具体发生与具体生成性研究。笔者以为,这可能才是一种既可以纠偏于那种纯粹认识论之不着边际性研究(因为纯粹的认识理论根本无法接近也无法说明儒家形上体系的依据以及其道德理想之具体发生与具体生成),也可以纠偏于那种纯粹依赖思辨推导而又根本无关于现实人生与实际生活性研究的主要方法。

三、社会学与人类学

对儒家的历史进行发生学研究,其实是传统文化中本来就有的方法。如果对儒学的研究就止于此,那么这就和历史上任何一个时代的儒学研究没有什么区别,也没有体现出文化的发展与历史的进步。因为作为 21 世纪的儒学研究,不仅应当体现出历史的进步以及人们在知识积累方面的优势,同时也应当对西方人文学科的研究方法有所吸取、有所借鉴,而对于本书来说,这就首先表现在社会学与人类学两个方面。① 而这种本质上源于西方

---

① 就本书对西方人文学科研究方法的借鉴而言,当然不至于"社会学与人类学"这两种方法,比如下一节所谓的"解读与诠释"也同样包含着对西方解释学的重要借鉴。因为如果没有对西方解释学的借鉴,就根本无法形成对中国传统解经方法的深入反省;再比如源自西方的野外调查、实地考察等方法,也都在笔者的借鉴范围。但是,如果相对于中华民族"人"的生成、"文化"的生成以及"儒学"的生成这一历史过程而言,则西方的"社会学与人类学"无疑起着极为重要的作用,所以这里才将"社会学与人类学"作为西方人文研究方法的指代。

人文学科的方法,对于中国的传统文化研究来说,一定程度上反倒可以起到"他山之石,可以攻玉"的作用;尤其是在照察中国传统研究方法之盲点与不足方面,甚至可以起到非常独特的作用。

所谓社会学方法,就是在从事人文学研究的时候,首先应当考虑到历史背景、社会基础以及社会历史条件方面的因素,尤其应当考虑到一种思想之形成所必须的社会历史条件以及人们对它之接受、认可与选择所必须的社会历史条件方面的因素。因为思想观念不仅是在社会生活中产生的,而且从一定程度上说,也只有在能够作用于社会现实并有其具体针对的条件下才得以提出的。这样看来,一种思想之产生、形成也就不仅表现着其思想主体之主观愿望的因素,同时也反映着其所以形成之社会历史条件以及其具体针对和纠偏对象之间相互反弹与相互攻错的因素。这样一来,思想也就成为存在于一定社会历史条件下并有其具体针对的思想;而思想的发展也就必然会成为其与社会现实以及其他思想形态之间互动以及相互作用的结果了。

从这一视角出发,我们首先便可以发现所谓"六艺"与"六经"本来就是一个长期遭到误置并且也最值得辨析的关系。诚然,自汉武帝"设五经博士"起,人们就一直以"六艺"来指谓"六经";直到今天,人们似乎也仍然习惯于对二者加以"大六艺"与"小六艺"的称谓,或者干脆以所谓"武六艺"与"文六艺"来进行区别。但是,如果从一定的社会历史条件出发,则完全可以看出,所谓"经"绝不可能先于"艺"而存在,甚至也不可能与"艺"同时出现;而孔子所提倡的"志于道,据于德,依于仁,游于艺"①以及其"吾不试,故艺"②中的"艺",都不可能是"经"的同义语,也绝不会在"经"的含义上运用。因为从孔子"吾何执? 执射乎,执御乎?"③以及其"吾少也贱,故多能鄙事"④的感叹来看,也就完全可以印证其所谓的"艺"首先是指具体做事之"艺能"而言的,而绝不可能是指后来作为"天地人三才"之道之纲维的"经"而言的。而在《吕氏春秋》中,吕不韦所赞叹的养由基、伊儒之所谓

---

① 《论语·述而》,吴哲楣主编:《十三经》,第 1275 页。
② 《论语·子罕》,吴哲楣主编:《十三经》,第 1281 页。
③ 《论语·子罕》,吴哲楣主编:《十三经》,第 1280 页。
④ 《论语·子罕》,吴哲楣主编:《十三经》,第 1281 页。

"文艺之人也"①,其实原本就是指"六艺"而言的。至于司马迁在《史记·滑稽列传》中所提到的"孔子曰:'六艺于治一也。《礼》以节人,《乐》以发和,《书》以道事,《诗》以达意,《易》以神化,《春秋》以义'"②,看起来以"六艺"指谓"六经"的做法似乎在孔子时代就已经形成了,实际上,这样的表达极有可能只是司马迁自己补充性的概括。因为就在《史记·儒林列传》中,司马迁又明确地说:"汉兴,然后诸儒始得修其经艺,讲其大射乡饮之礼。"③在这里,作为"大射乡饮之礼"的"艺"就绝不可能是指"经"而言的,而且其"经"与"艺"连称的做法也就只能说明其各有所指。因而这里所谓的"艺",也就只能是指更为原始的"六艺",即所谓"大射乡饮之礼"的"艺"而言的。

那么,何以认为"六艺"就比"六经"更为原始,并断定以"六艺"指谓"六经"就是一种历史性的误置呢? 这主要是由二者不同的思想内涵以及其不同的形成基础决定的。就其本来含义而言,"六艺"主要是指射、御、书、数、礼、乐这六种直接由个体(国士)所体现出来的基本艺能而言的,实际上也就是从上古一直到夏、商、周三代所积累之个体生存包括所谓作战技能的一个总体集成,这就是孔子"游于艺"以及其所感喟的"吾不试,故艺"——所谓"多能鄙事"的根本原因④,当然也就代表着"六艺"的真正形成了。至于后来作为《诗》、《书》、《礼》、《乐》、《易》、《春秋》之总称的"六经",则完全是由后世儒家立足于其道德理想主义追求从而对天地人三才之道的一种总体架构或总体性安排,当然也就标志着儒家世界观的系统形成了,因而二者之间的不同内涵与不同作用自然是不可同年而语的。所以,牟宗三先生明确指出:"孔子也教礼、乐、射、御、书、数这六艺……光是六艺并不足以为儒家,就着六艺而明其意义(meaning),明其原则(principle),这才是儒家之所以为儒家。"⑤

---

① 吕不韦:《吕氏春秋·博志》,《诸子集成》第6册,上海书店1986年版,第314页。

② 司马迁:《史记·滑稽列传》,《二十五史》卷一,中国文史出版社2002年版,第318页。

③ 司马迁:《史记·儒林传》,《二十五史》卷一,第307页。

④ 钱穆先生指出:"孔子时,礼、乐、射、御、书、数谓之六艺。人之习艺,如鱼在水,忘其为水,斯有游泳自如之乐。"(钱穆:《论语新解》,三联书店2012年版,第237页)

⑤ 牟宗三:《中国哲学十九讲》,《牟宗三先生全集》第29册,台北联经出版公司2003年版,第53—54页。

　　但人们为什么总是习惯于以"六艺"来指代"六经"呢？从现存文献来看,历史上较早以"六艺"、"六术"来指谓"六经"的就是汉初的贾谊。在《贾谊新书·六术》中,他首先从"六经"所指谓的"阴阳天地人"所蕴含的"六理"谈到了"六法",又由"六法"谈到"六术"、"六行",最后才引申出《诗》、《书》、《易》、《春秋》、《礼》、《乐》之所谓"六艺"。贾谊说:

　　　　德有六理,何谓六理？道、德、性、神、明、命,此六者德之理也。六理无不生也,已生而六理存乎所生之内……是以阴阳各有六月之节,而天地有六合之事,人有仁、义、礼、智、信之行,行和则乐兴,乐兴则六,此之谓六行。阴阳、天地之动也,不失六行,故能合六法;人谨修六行,则亦可以合六法矣。

　　　　然而人虽有六行,细微难识,唯先王能审之,凡人弗能自至,是故必待先王之教,乃知所从事。是以先王为天下设教,因人所有,以之为训,导人之情,以之为真。是故内本六法,外体六行,以与《诗》、《书》、《易》、《春秋》、《礼》、《乐》六者之术,以为大义,谓之六艺。①

从目前所能见到的文献来看,这可能就是汉儒以"六艺"来指代"六经"的最早运用了;而所谓"内本六法,外体六行,以与《诗》、《书》、《易》、《春秋》、《礼》、《乐》六者之术,以为大义,谓之六艺"的说法也较为准确地说明了汉儒以内外统一之"六术"来表达儒家"六经"的基本作用。

　　而在贾谊之前,那位曾经帮助汉高祖打天下的陆贾,也在其《新语》一书中明确地将"五经"与"六艺"连称,并且也总是试图以"五经"来含括"六艺",或者干脆直接简称之以"经艺"。比如陆贾说:

　　　　于是中圣乃设辟雍庠序之教,以正上下之仪,明父子之礼,君臣之义……礼仪独行,纲纪不立,后世衰废。于是后圣乃定五经,明六艺,承天统地……②

　　　　故圣人防乱以经艺,工正曲以准绳……③

　　　　圣人之道,极经艺之深,乃论不验之语。④

陆贾这种"经艺"连称的方式说明了什么呢？这说明,一方面,原本作为夏、

---

① 贾谊:《贾谊新书·六术》,《贾谊集　贾太傅集》,岳麓书社2010年版,第94页。
② 陆贾:《新语·道基第一》,《诸子集成》第7册,第2页。
③ 陆贾:《新语·道基第一》,《诸子集成》第7册,第3页。
④ 陆贾:《新语·怀虑第九》,《诸子集成》第7册,第15页。

商、周三代之个体生存技能的"六艺"可以说是一种源远流长的传统（比如孔子之"游于艺"），但在文明不断进步的基础上，又经过孔子"文、行、忠、信"之"四教"①的收摄、提炼与概括，因而原来那种只是作为个体生存技能的"六艺"也就渐行渐远，从而成为一种遥远的历史"记忆"，或者说起码已经不再作为个体生存并服务于王朝征战的一种主要技能了。与之同时，儒家新近形成的"五经"或"六经"则在现实生活中又发挥着越来越重要的作用，因而以原来那种影响深远的"六艺"来指代儒家新近形成的"五经"或"六经"也就成为一种自然而然的趋势；而在儒家经典中，"乐本无经"②的事实也说明作为"六经"之指代的"六艺"原本就是对传统"六艺"之说的一种借称。至于陆贾这里明确以"定五经，明六艺"来对二者并称，也说明当时它们可能还各有其独立存在或独立指谓的意义。考虑到陆贾本人原来就为故秦博士这一特殊身份，因而当他将二者直接概括并总称之为"经艺"时，又明显地表现着这两种不同称谓之间的一个交替与过渡形态。由此之后，到了贾谊，则"六艺"也就直接成为"六经"或"六术"的指代与简称了。当然对贾谊来说，他还必须借助当时流行的所谓"六理"、"六法"以及"六术"、"六行"诸说，来对"六经"与"六艺"的关系进行一番论证，从而完成"六经"对"六艺"的全面取代（当然，如果仅从名称的角度看，则这一过程同时也可以说是以原来人们所熟悉的"六艺"来取代儒家"六经"的过程）。此外，从当时的社会现实来看，在刚刚形成的大一统专制政权面前，当时的儒生可能又主要是通过对"五经"或"六经"的修习以获得出仕资格的，因而对于儒生来说，原本作为天、地、人三才之道之纲领性文献的"六经"现在也就成为儒者个体向专制王朝索要官职的一种特殊技能了（比如汉初的传经者基本上都属于故秦博士的情况也就充分说明了这一点）。在这种条件下，儒者对于"六经"的钻研其实也就

---

① 《论语·述而》，吴哲楣主编：《十三经》，第 1276 页。

② 徐复观在评论陆贾"定五经，明六艺"一说时指出："他（陆贾）不称'六经'而称'五经'，站在文献的立场，因为乐本无经，故据实而论，实在只有'五经'。'五经'一词，遂成为两汉通用的名称。"既然当时"实在只有'五经'"，可人们为什么却一定要以"六艺"来指谓儒家经典呢？造成这一现象的原因，一方面当然是因为儒家确有六个方面的经典，另一方面，则是因为秦王朝不仅长期与关东"六国"对峙，因而其统一之后，也明确规定"数以六为纪"（《史记·秦本纪》），这就造成了"六"的流行以及人们对"六"之习惯性表达，——贾谊的"六法"、"六术"、"六行"诸说，正是秦汉士人这种习惯性表达的表现。（参见徐复观：《中国经学史的基础》，《徐复观论经学史二种》，世纪出版集团 2005 年版，第 46 页）

如同当年的"国士"对于"六艺"的钻研一样了,也都是士人报效王朝的一种特殊艺能,这可能也就是汉儒常常以"六艺"来指代"五经"或"六经"的基本原因。① 不过,由于这一"误置"或取代过程原本就是本书的一个重点辨析的问题,因而这里也只能以简要叙述的方式点到为止了。

　　在这里,让我们再举一个通过社会学对中国古代文献进行甄别的例子。比如作为儒家经典之一的《大学》究竟形成于何时? 历史上并没有明确记载。由于其原本就属于《礼记》中一篇文字,而《礼记》则又编定成形于汉代,前人也未有其究竟为何人所作的明确记载,所以理学家二程便根据其思想性质推论说:"《大学》乃孔门遗书,须从此学则不差"②;"《大学》,孔子之遗言也,学者由是而学,则不迷于入德之门也。"③由于有了二程"孔门遗书"与"孔子之遗言"的基本论定,所以继起的朱子也就在此基础上进一步推论,并将《大学》分为"经"、"传"两个部分。对于这一做法,朱子还解释说:"经一章,盖孔子之言,而曾子述之。其传十章,则曾子之意,而门人记之也。"④这样一来,似乎《大学》也就成为一部孔门师徒代代相传、并递相发明之儒家经典的假象了。实际上,如果我们从社会学的角度来看这一问题,那么,在"天下无道"、"礼崩乐坏"的春秋时代,不仅孔子当时不可能留下这样一部"遗言",——所谓"明德"、"亲民"、"止至善"之"三纲领"并通过"格致诚正"、"修齐治平"之所谓"八条目"来平治天下,就是一直以"孝"著称的曾子,也同样不可能留下这些"遗书"或"遗言"。因为当时根本就不是一个"平治天下"——所谓统一的时代,因而儒家也就根本不可能为自己提出这样的任务。孔子当时的担当主要在于"克己复礼",并以"仁"挺"礼";而曾子的担当则主要在于如何通过对"仁"与"礼"的内在凝聚以形成自己立身处世的"孝道",因而同样不可能留下这种"格致诚正"、"修齐治平"之类的"遗书"或"遗言"。因为当时根本就不具备这样的社会历史条

---

　　① 汉人常常以"五经"与"六艺"并称,对应于汉武帝"设五经博士"的基本国策,应当说其"五经"在当时是实指,而"六艺"只是虚说。但当宋代"四书"形成后,由于"四"、"六"之间的对仗性关系,因而人们也就更愿意称为"六经",而不再顾及"乐"本无"经"或者已经佚失的实情了。这就促成了从王夫之"六经责我开生面"到马一浮"六艺统摄一切学术"的说法。但这种说法也强化了人们直接以"六艺"为"六经"的历史性误解。

　　② 程颢、程颐:《程氏遗书》卷二上,《二程集》,中华书局1981年版,第18页。

　　③ 程颢、程颐:《程氏粹言》卷一,《二程集》,第1204页。

　　④ 朱熹:《大学章句》,《四书集注》,岳麓书院1985年版,第5页。

件,所以儒家也不可能为自己提出这样的任务。甚至,就是到了孟子时代,所谓"平治天下"的条件也依然没有成熟,所以才会有孟子的如下感喟:"夫天未欲平治天下;如欲平治天下,当今之世,舍我其谁也?"①显然,到了孟子时代,所谓"平治天下"的说法已经形成,因而如何"平治天下"的问题也就进入了人们的关注范围,但其实现条件却仍然没有成熟,所以才会有孟子"夫天未欲平治天下"的感喟。至于以"修齐治平"为根本指向的《大学》,则只有在秦王朝日益通过其耕战国策并且也明确形成其法家武力统一路径的背景下才有可能形成,也才能出现儒家这种完全通过"明德"、"亲民"、"止至善"之"三纲领"与"格致诚正"、"修齐治平"之"八条目"式的道德统一路径来与之对峙,从而也就构成了儒家在秦统一前的一曲绝唱。②

进一步看,如果我们能够借鉴西方人类学的研究方法,那么又可以发现儒学史上确实存在着许多虽然道德上正确但又属于错误认识的例子。请看如下两则记载:

> 宰予昼寝。子曰:"朽木不可雕也,粪土之墙不可杇也,于予与何诛?"子曰:"始吾于人也,听其言而信其行;今吾于人也,听其言而观其行。于予与改是。"③

> ……晨光才辨,先生手自簸谷。白沙未起,先生大声曰:"秀才,若为懒惰,即他日何从到伊川门下?何从到孟子门下?"④

这两条批评完全可以说是儒学史上近两千年间几乎一以贯之的一种共识。前者是因为宰我"昼寝"而遭到孔子的训斥;后者则是陈献章早年在吴与弼门下时因为早上迟起而同样遭到呵斥的经历。从现象上看,"昼寝"与"早起"自然属于不同的生活习惯,人们当然也可以养成早睡早起的习惯。但如果从人类学以及人之天性方面的角度看,则一个人究竟是习惯于早起还是适宜于晚起即所谓"昼寝"可能也就存在着自然天性方面的基础。从生活习惯的角度看,早睡早起的习惯当然可以培养;但如果从人之自然天性的角度看,则对于不同

---

① 《孟子·公孙丑》上,吴哲楣主编:《十三经》,第1372页。
② 关于《大学》的作者及其形成时代,笔者认为可能是孟子后学对应于秦王朝之武力征伐路线而提出的儒家建立在道德理性基础上的"修齐治平"之路。(参阅拙作:《〈大学〉今古本辨正》,《陕西师范大学学报》2011年第4期)
③ 《论语·公冶长》,吴哲楣主编:《十三经》,第1269页。
④ 阮榕龄:《陈白沙年谱》,《陈献章集》,中华书局1987年版,第806页。

生活习惯的改变可能就要困难得多。诚然,儒家从孟子起就提出了"以志帅气"的理想,并且也希望通过"尽性"、"践形"的方式以实现对人之自然天性的全面掌控;到了宋代,理学家张载又提出了所谓"变化气质"一说,并试图以所谓"天地之性"作为标准来全面改造、提升人的气质之性。实际上,这些主张或说法仅仅都是指在道德理性基础上对决定人之为人的自然气象加以磨砺与修正,从而使其更加符合道德理性的规范和要求而已。如果说"以志帅气"与"变化气质"这种磨砺与修正就在于使人的行为习惯更加符合道德礼制的要求,那么一般人实际上也都是可以适应的;但是,如果说所谓"变化气质"就是彻底改变人的某种"天性",从而全然以"天地之性"为归[1],则这样的磨砺不仅要困难得多,而且可能还会导致某种"错乱"。庄子所谓的"凫胫虽短,续之则忧;鹤胫虽长,断之则悲"[2]、下层老百姓所谓的"江山易改,禀性难移",同样都是就人之自然天性之难以改变而言的。

当然,对于人的不同天性,儒家实际上是承认的,比如《孟子》一书就曾提到"伯夷,圣之清者也;伊尹,圣之任者也。柳下惠,圣之和者也;孔子,圣之时者也"[3],说明即使达到了圣人境地,人在自然天性上的差别也并没有完全消除;而孟子似乎还对人之不同的天性表现出特别的大度,比如他对伯夷、伊尹与柳下惠评价说:"三子者不同道,其趋一也。一者何也? 曰,仁也。君子亦仁而已,何必同?"[4]但对于宰我与陈献章的"昼寝"现象,人们往往会从道德理性的角度加以批评,殊不知所谓"昼寝"或"迟起"同样存在着自然天性的基础。[5]

---

① 张载云:"形而后有气质之性,善反之则天地之性存焉。故气质之性,君子有弗性者焉。"(《正蒙·诚明》,《张载集》,第23页)从这一点来看,理学家确实是希望通过"天地之性"来全面主宰并提升人的气质之性的。

② 《庄子·骈拇》,郭庆藩编:《庄子集释》,第350页。

③ 《孟子·万章》下,吴哲楣主编:《十三经》,第1401页。

④ 《孟子·告子》下,吴哲楣主编:《十三经》,第1414—1415页。

⑤ 2003年暑假,笔者参加在瑞典举办的国际中国哲学学会归来,通宵航班,邻座上坐了一对孪生的瑞典小姐妹,五六岁的样子。她们同样的服饰、同样的长相,自然也包括同样的生活习惯,甚至就连声音也是一样的。晚上10点刚过,其中一位就已经安然入睡,另一位则又跳又唱,一直到凌晨一点多才睡去;次日早上,昨晚早睡的那位又接续了其姐妹的活动,同样是又唱又跳,可她的姐妹这时候却长睡不醒,无论她怎样拉都拉不起来。同机的旅客都惊叹说:"这孩子精力真好,居然又唱又跳地闹了一个通宵。"可笔者却清楚地看到,这种现象其实不过是这对孪生姐妹之不同天性的一个换班而已。这说明,人的不同天性在学龄前的孪生姐妹间就已经存在了。

所以,如果我们能够借鉴西方社会学与人类学的方法,不仅可以发现古人确实存在着许多偏颇的看法,更重要的是,社会学与人类学还可以为我们理解古人思想的产生与形成提供一种底限的保证。比如关于《大学》的形成时限问题,理学家认为是"孔子之言,而曾子述之";五四新文化运动以来,人们在"疑古思潮"的影响下,又认为《大学》属于秦汉儒家的作品。如果从社会学的角度看,则前者根本不具备制作《大学》的社会历史条件,而后者又未能注意到秦汉时代儒者具体的生存条件与实现条件。因为即使在"罢黜百家,独尊儒术"的汉代,专制帝王能够允许儒者私下制作以道德理想为基础之"修齐治平"的纲领吗?——那位曾经劝告汉昭帝要效法尧舜以禅让帝位从而被送上断头台的眭孟,其最后被以"妖言惑众"的罪名而遭到腰斩的际遇可能就是一种最明确的回答。

四、解读与诠释

解读与诠释是研究活动中彼此相继而又相互渗透、相互决定并相互促成的两个不同环节。一般说来,解读往往是研究的第一步,只有在一定解读的基础上才有可能展开诠释;但另一方面,诠释往往又会构成解读之一种先在或预期性的前提,并潜在地决定着解读的基本方向。在实际研究中,任何解读都必然包含着一定的诠释因素以决定其解读的基本方向;而任何诠释也都必须建立在一定解读的基础上,并以一定的解读作为诠释的实现前提。二者的区别在于,一般说来,解读的目的主要在于进入文本、理解文本,并与文本融为一体,从而尽可能地发掘文本原有的含义,所以说,解读实际上就是一个进入文本、破解文本并还原文本之基本含义的过程;但诠释则必须以承认诠释者与文本之间存有一定的时空"距离"作为前提,而诠释本身又必然蕴涵着一种"背离"文本的倾向(如果没有一定的距离,就没有必要进行诠释,而"距离"包括自觉地"背离"文本、拓展文本之原有含义实际上又包含着诠释所以成立的依据)。从这个角度看,如果说解读就是一个"入乎其内"并破解文本之基本结构、还原文本之基本含义的过程,那么诠释也就是一种"出乎其外"之"背离"文本并发掘文本之可能具有的价值与意义的过程。

但解读与诠释实际上又是密不可分的，解读之所以不能离开诠释，是因为作为解读之入手的前解读本身就包含着主体的一定预期以作为其解读得以展开的基本方向；而诠释之所以不能离开解读，则又在于诠释必须建立在一定解读的基础上。那种完全离开解读的诠释势必会成为一种脱离文本之客观基础的主观臆想。

解读与诠释这种既相互区别又相互渗透、相互支撑的关系，使我们不得不对其各自进行一番独立的分析与说明。

就解读而言，作为研究活动之基本入手，解读的根本目的就在于进入文本、破解事件所以发生的原委并尽可能地还原历史的真相。从一定程度上说，解读就是尽可能地还原历史事件所以发生之前因后果及其影响的过程，从而尽可能地对历史事件进行如其所是的分析与说明。不过，一般说来，作为人文性的历史事件并不像自然事件那样完全可以重复，甚至可以通过野外调查与电脑模拟互补的方式，以从整体上再现整个事件的发生过程，但人文性事件作为已然的历史，同样有一个具体发生的过程；而它的递进与发展以及各方面因素的相互作用，也同样存在着一种不可避免的必然性。

从这种"破解与还原"的目标出发，人类学与社会学将成为我们对历史文献进行解读之最为基本的方法。比如像上古的"结绳记事"以及燧人氏之"钻燧取火"、有巢氏之"构木架屋"、伏羲氏之"分别人伦"（男女）、神农氏之"开启农耕"一直到轩辕氏之"发明舟车"，所有这些历史事件，当然都标志着人伦文明的巨大进步。但从人类学的角度看，则首先是中华民族作为人类族群的一个逐步形成过程；而从社会学的角度看，则同时又是中华文明及其文化特色的一个逐步生成过程。

随着历史的发展，人类学的因素将逐渐让位于社会学，当然也就是社会学因素不断得到凸显与增强的过程。因为人类学往往会涉及人类族群形成过程中所面临的共同性问题；而社会学则在一定程度上只涉及人类文明之特殊性表现以及其所体现之特殊方面的历史进步。所以，从人类学出发，所谓"结绳记事"、"钻燧取火"、"构木架屋"、"分别人伦"以及"开启农耕"、"发明舟车"等等，自然也都表现着人类文明的巨大进步，而这种进步同时也必然会逐步显现出文明的地域特色或民族特色，从而使得原来作为人类学的问题逐渐让位于社会学——所谓人类社会之族群性特色所取代。

当人类某一族群之文明发展越来越显现出其民族的特殊性时,所谓社会学的因素,即原本为人类族群所共同面临的问题也就必然会不断地向主体方面凝聚,并越来越显现出其族群所共有的特征。这时候,所谓社会学的因素就会逐渐凝聚为个体的行为习惯,并为所谓后天习得性的主体抉择逻辑所取代,因为这时候的个体,已经成为族群性、社会性的一种特殊表现了。① 所以,对于古老的史前文明,则人类学、社会学的因素就显得非常重要,而且愈是原始,也就愈益代表着人类族群所面临的共同性问题。但是,随着文明的进步与历史的不断发展,则所谓人类性、族群性以及作为其个体凝聚的因素也就会逐步得到递进性的凸显。当对历史事件与历史文献的分析完全可以诉之于个体主体时,不仅表明一种文明的巨大发展,而且也表现着其文化的相对成熟或趋于成熟。因为随着文明的发展,人类学的因素、社会族群的因素,也就会不断地凝聚、内化为个体主体的心理基础。

对于儒学的产生与形成而言,它实际上正处于人类学的因素逐渐退却,而社会学因素逐渐得到增强的时代,它是随着东方文明的形成——开始显现其族群性特征并开始其社会性认同与个体性凝结而逐步形成的。一当个体能够成为一个完整意义上的思想文化主体时,不仅表明其民族性格的形成,而且从某种程度上说,同时也就表现着儒学的初步形成了。这也就是儒学始终以人为研究对象并以对人之为人的基本特征之全面自觉作为自己主要任务的根本原因。

在这一基础上,让我们再来看诠释。所谓诠释,往往是指对存有一定时空距离的历史事件或文献进行价值与意义的叩问、评价与阐发。因为诠释不仅预定了主体与作为对象的文本之间的一定距离,而且诠释本身也就同时预定了对事件或文献在价值与意义方面的开掘与阐发。从这个角度看,诠释不仅从属于解读,而且就是一种更为深入的解读活动。不过,诠释之有别于一般性解读,主要在于它并不是对文本世界进行如其所是式的破解与还原,而主要在于诠释者必须站在当下自我的立场上,对历史事件进行其所

---

① 请看墨子的如下逻辑:"今谓人曰,予子冠履,而断子之手足,子为之乎? 必不为。何故? 则冠履不若手足之贵也。又曰,予子天下,而杀子之身,子为之乎,必不为。何故? 则天下不若身之贵也。"(《墨子·贵义》,《诸子集成》第 4 册,上海书店 1986 年版,第 265 页)墨子的这一抉择,典型地体现着中国人生存实在论基础上的抉择共识,所以墨子也就可以此种方式证成其"贵义"的结论。

当是——所谓价值与意义方面的叩问和阐发。比如在《论语》中，孔子就曾多次谈到了作为"六艺"之一的"射"的问题，但孔子究竟是在对"射"进行历史性的破解或还原性的解读呢，还是在进行价值与意义方面的叩问和阐发？也许二者兼而有之，但却无疑是以后者为主的。比如孔子说：

> 君子无所争，必也射乎！揖让而升，下而饮。其争也君子。①
> 射不主皮，为力不同科，古之道也。②

如果我们将孔子对"射"的这一"解读"对应于人类发明弓箭并运用弓箭的实际历史，那么这显然并不是一种还原历史真相式的客观性解读。因为人类发明弓箭的目的首先就在于与禽兽"争"，在于生存和谋生，但孔子这里的"解读"，——从"君子无所争"到"其争也君子"以及其"射不主皮"的所谓"古之道"，却无疑是完全围绕着君子人格在射礼中所应有的表现而展开的，尤其是"射不主皮"一说，简直就可以说是与人类发明弓箭的目的完全相反。当然，人们也可以辩解说，这是孔子对"射礼"的解读，而不是对"射箭"这种"技能"的解读，但即使如此，这一"解读"不仅明确地表现了"射礼"与"射箭"技能之间的时空距离，同时也表现着二者在目的与意义上的一种相互背反的取向。因而，对于孔子的这种"解读"来说，他实际上是在道德理性或礼乐文明的基础上对于君子人格在"射礼"中所应有之表现的一种诠释和阐发。

同样的情形也表现在《孟子》一书中，而这种君子人格在"射礼"甚至包括两国交战中还有其进一步的表现。比如：

> 仁者如射，射者正己而后发；发而不中，不怨胜己者，反求诸己而已矣。③
> 郑人使子濯孺子侵卫，卫使庾公之斯追之。子濯孺子曰："今日我疾作，不可以执弓，吾死矣夫！"问其仆曰："追我者谁也？"其仆曰："庾公之斯也。"曰："吾生矣。"其仆曰："庾公之斯，卫之善射者也；夫子曰吾生，何谓也？"曰："庾公之斯学射于尹公之他，尹公之他学射于我，夫尹公之他，端人也，其取友必端矣。"庾公之斯至，曰："夫子何为不执弓？"曰："今日我疾作，不可以执弓。"曰："小人学射于尹公之他，尹公

---

①　《论语·八佾》，吴哲楣主编：《十三经》，第1264页。
②　《论语·八佾》，吴哲楣主编：《十三经》，第1264页。
③　《孟子·公孙丑》上，吴哲楣主编：《十三经》，第1366页。

之他学射于夫子。我不忍以夫子之道反害夫子。虽然,今日之事,君事也,我不敢废。"抽矢,扣轮,去其金,发乘矢而后反。①

在孟子这一诠释性的解读中,其第一条确实是将"射"还原到"射礼"——射箭比赛的具体场景中,但从其"正己而后发"到最后"反求诸己"的反省,显然都是指仁人君子在射箭比赛中所应有的表现而言的。因而,这就出现了一个问题:这里究竟是在进行射箭技术的比赛呢,还是在揭示君子人格在射箭比赛中所应有的表现? 显然,对于儒家来说,其重心只能落在后面一边。因为还在《论语》中,孔子与南宫适就有如下一段对话:

南宫适问于孔子曰:"羿善射,奡荡舟,俱不得其死然。禹、稷躬稼而有天下。"夫子不答。

南宫适出,子曰:"君子哉若人! 尚德哉若人!"②

孔子这里的不答之答,实际上是对南宫适的"尚德"倾向充满了一种赞美之情。如果将孔子对南宫适的这种赞美与孟子对子濯孺子、庾公之斯以及根本未曾出面的尹公之他三人加以比较,那么,看起来后者——子濯孺子、庾公之斯与根本未曾出面的尹公之他三人完全是以射箭技术相授受的方式联系起来的,实际上则完全是通过"端人也,其取友必端"的为人与交友授徒逻辑,从而将其三人通过相互一致的君子人格联系起来了。这就不仅仅是射箭技术的比赛,同时也是道德人格的比较,——是建立在道德人格基础上的一种"尚友"活动。从这一点来看,与其说孔孟是对"射"进行了道德人格式的诠释,不如说首先是对古代的射礼进行了道德人格式的"解读"。

明白了这一点,也就可以清楚地看出,所谓解读与诠释确实是一种相互渗透与相互转化的关系。从孔子的"其争也君子"到"射不主皮",应当说就既是对"射礼"的一种道德人格式的诠释,同时也是在道德理性基础上对古代射礼的一种解读;而从孟子对"仁者"技不如人之"不怨胜己者"表现的描述到其"反求诸己"的反省,则既是对君子人格在"射礼"中所应有之表现的一种解读,同时也是对君子人格在"射礼"表现中的一种具体诠释。正是这种建立在道德理性基础上之解读与诠释的相互渗透与相互转化,才构成了儒家所以形成与发展的基本动力。而从儒学的这一历史来看,则雅斯贝尔

---

① 《孟子·离娄》下,吴哲楣主编:《十三经》,第 1392—1393 页。
② 《论语·宪问》,吴哲楣主编:《十三经》,第 1298 页。

斯所谓的"轴心时代",实际上也就不过是从上古的生存技能到礼乐文明之解读与诠释的一种相互转换而已。

五、传承:激活历史、走向未来

在解读与诠释相互渗透与相互转化的统一体中,其中一个最为重要的基础,就在于主体自觉地继承与传递。有了继承,就有了解读的动力;而有了传递,也就有了诠释的基础。之所以说以儒学为主体的中国传统文化本身就是一种主体性文化,正是以其建立在继承与传递基础上并由解读与诠释之相互转化所表现出来的生生不息之动力为依据的;而本书之所以坚持必须从主体生存向度来追溯儒学之原始发生与具体形成,也正是根据儒学的这一发生学原理从而不得不采取这种"原汤化原食"式的研究。

但这种继承发展模式又必须从孔子说起,或者说从孔子起中国文化就已经形成了其独特的继承模式与发展道路。孔子所处的春秋时代无疑是一个"礼崩乐坏"、"天下无道"的乱世,但就在这样一个时代,孔子却能够坚持"天生德于予,桓魋其如予何!"[1]并始终坚持"文王既没,文不在兹乎"[2]的精神,以"克己复礼"为志向,以"知其不可而为之"[3]的精神从事礼乐文明的守护与阐发,这就成为中国文化继承模式与发展道路的开辟者。请看孔子对三代之礼的态度:

> 殷因于夏礼,所损益,可知也。周因于殷礼,所损益,可知也。其或继周者,虽百世,可知也。[4]
>
> 颜渊问为邦。子曰:"行夏之时,乘殷之辂,服周之冕,乐则《韶》《舞》。"[5]

---

① 《论语·述而》,吴哲楣主编:《十三经》,第 1276 页。
② 《论语·子罕》,吴哲楣主编:《十三经》,第 1280 页。
③ 《论语·宪问》,吴哲楣主编:《十三经》,第 1301 页。
④ 《论语·为政》,吴哲楣主编:《十三经》,第 1263 页。
⑤ 《论语·卫灵公》,吴哲楣主编:《十三经》,第 1303 页。

子曰:"周监于二代,郁郁乎文哉! 吾从周。"①

子曰:"麻冕,礼也;今也纯,俭,吾从众。拜下,礼也;今拜乎上,泰也。虽违众,吾从下。"②

孔子对三代之礼的这种态度,过去一直被批评为"开历史倒车"的"复辟狂",但是,一旦人们告别那个极"左"思潮肆虐的年代,马上就可以看出,孔子这种"知其不可而为之"的态度,实际上正是一种对文化传统的坚持与守护精神;而这种坚持与守护,则又必须首先具有一种真正的文化主体精神。正因为孔子拥有一种真正的文化主体精神,从而才可以使其在三代礼乐制度之间展开从容的抉择,并使其既可以在一定的条件下"从众",又可以在一定的条件下"违众",从而也就使得有着数千年历史的中国传统文化生生不息。所以,在论及孔子对三代礼乐制度的因革损益与综合继承时,陈来先生指出:"离开了三代以来中国文化发展、去孤立考察儒字的源流,就难以真正解决儒家思想起源这一思想史上的问题。"③根据这一点,我们也可以说,正是孔子的文化主体精神以及其对三代礼乐制度的综合继承,才有了今天作为人类精神之重要遗产的儒学。

孔子为什么能够对三代礼乐文化始终坚持一种损益结合之综合继承的态度呢? 此中的关键就在于他对传统文化有一种明确的主体继承精神。正是这种主体继承精神,才使他可以对三代礼乐制度采取损益结合的态度;也正是这种主体性的继承精神,才使他可以如数家珍般的方式提出"行夏之时,乘殷之辂,服周之冕"。显然,三代礼乐文化之精粹,在孔子主体性的继承精神面前,也就变成了一种可以随需增减、随时损益之活生生的遗产;而中国文化的发展道路,也就由孔子这种沿革、损益相结合之综合继承的主体精神所决定,所以说:"其或继周者,虽百世,可知也。"

但到了近现代,由于中西文化交汇融合的总体背景以及中国现代化追求屡屡受挫的现实,因而一直作为中华民族主体精神之代表的儒学一下子变成了人们所批判、嘲笑的对象,变成了中国近现代民族厄运的主要承当者。当然,这一现状又是和近代以来中华民族屡受欺负而又乏力回

---

① 《论语·八佾》,吴哲楣主编:《十三经》,第 1264 页。

② 《论语·子罕》,吴哲楣主编:《十三经》,第 1280 页。

③ 陈来:《古代宗教与伦理——儒家思想的根源》,三联书店 1996 年版,第 342 页。

天的现实造成的,因而也就形成了一个多世纪以来人们对以儒学为核心
之传统文化的鄙薄心理与全面批判思潮。在这一思潮中,人们既可以对
传统文化进行落后性批判,当然也可以为我所用的方式进行所谓灵活的
"继承",同时还可以借用西方的各种新式理论进行套解式的解读与诠
释,但却无一例外地存在着一种共同倾向:这就是从根本上缺乏一种真正
的主体继承精神(因为真正的主体继承精神必然要为中国近现代落后挨
打的现实承担责任)。但也正是因为缺乏主体继承精神,所以其批判并不
是真正的批判,其继承也不是真正的继承;而无论是批判继承还是所谓
"灵活"地为我所用式的解读与诠释,实际上也就完全成为一种关于传统
文化的调侃或者说是自我对象化的调侃与卖弄活动了。比如在 20 世纪,
作为儒家人生探索最高结论的道德,往往被视为阻碍社会进步的主要障
碍;而作为数千年文明所积淀的君子人格,则又往往被视为"迂腐"与"无
能"的代名词;至于所谓经学、理学研究,则要么成为一种穷经皓首的烦
琐考证之学,要么也就被视为一种"古董"式的"伪道学"的代名词了。在
这一背景下,所谓"封资修"与"垃圾堆"也就成为传统文化的一个基本定
位了;至于所谓民族精神,实际上也就成为一种时时扬起尘暴的沙漠
了。① 这就不仅贱视了我们的文化传统,而且也封闭了传统文化的现代化
出路。

　　所有这些现象究竟是为什么呢? 这主要是因为,儒学作为儒家数千年
探索的结晶,必须以明确的主体继承身份才能真正进入其话语氛围,也必须
以明确的主体继承精神才能真正理解其思想蕴涵。但是,当 20 世纪的中国
精英们纷纷以对象认知的方式来检视儒学时,充其量也就只能看到其极为
表层的认知意义,根本看不到其深层的生存实践与价值理想方面的意义。
孔子之所以能够以"行夏之时,乘殷之辂,服周之冕"的方式活化三代的礼
乐文明,关键也就在于他是非常自觉的三代文化的真正继承者;而 20 世纪
的中国精英之所以始终徘徊于"批判与继承"的窠臼、津津于"进步与落后"
的思辨,关键也就在于人们总是以居高临下的姿态来打量传统、审视传统
的,从而也就在根本上缺乏为传统负责的精神,至于其所谓"批判与继承"

---

　　① 最近网上热议所谓"为老不尊"的现象,比如老人"讹人"、"打人"等,人们纷纷指责
说:"这是坏人变老了!"意指"文革"之风的遗产。实际上,当 20 世纪的中国以"捣碎传统"的
方式来追求社会进步时,也必然会使社会退化为"丛林",而人则堕落到"动物"的局面。

的态度、"进步与落后"的视角也就只会使自己越来越进步,而传统则越来越成为落后与保守的代名词。——这就是"文革"中传统文化"越看越反动"一说的真正根源。正因为缺乏一种真正的主体继承精神,所以其无论是"批判"与"继承"的拣择、"进步"与"落后"的思辨,实际上完全成为一种自说自话式的自我肯定或自我表达活动了。

对于传统文化来说,真正的主体继承精神以及其主体性参与才是真正能够"破解"、"还原"以至于"解读"、"诠释"传统文化的唯一通道。因为传统文化本来就是以主体生存的方式在古人的生存实践中形成的,因而无论是对其"破解"、"还原"还是"解读"、"诠释",也都必须以"入乎其内"之主体参与的方式才能真知其个中三昧,从而也才能以主体继承的方式将其运用于新的生存境况。孔子之所以能够活化三代的礼乐文化,并将其推向一个新的高度,主要就是依靠其明确的主体继承精神实现的,不然的话,孔子何以能够成为三代文化之集大成呢?

不仅如此,那些曾经困扰现代认识理论的所谓"感性"、"知性"与"理性"以及从个别到一般、从具体到抽象之类的提升与跨越问题,原本就在传统文化中以人生实践式的"事即道,道即事"之即"事"以求"理"、即"言"以求"道"的过程中蕴含着,只要我们能够像庖丁一样深入解牛的具体过程,也就一定能够理解以"事"解"言"、以"事"求"理"以及以"技"求"道"包括更为抽象的以"史"解"经"的道理。而隋唐以降,中国传统文化以及其具体性智慧在接受了来自印度佛教之般若智的洗礼后,也更为明确地以所谓"转识成智"与"穷智见德"来表达自己的普遍性追求与超越性指向。但所有这些,如果离开了主体继承精神,离开了主体性参与,便会成为一种空中楼阁,进而成为一种思辨的概念游戏。这也就是本书始终坚持必须将主体生存向度作为自己第一出发点的根本原因。

最重要的一点还在于,这种主体性的以"事"解"言"、以"事"求"理"以及以"技"求"道"包括更为抽象的以"史"解"经"不仅包含着传统文化的具体生成,同时也包含着传统文化的现代化出路。因为只有在主体继承精神的基础上,传统文化中的历时性因素才会得到真正的扬弃,而传统文化中超越的面向未来的因素也必然会得到发扬光大,而不会陷于所谓"死的拖住活的"的僵局无法自拔。这不仅是因为"传承"本身就是连接过去和未来的中介,而且也因为我们对传统文化的主体继承精神而促使我们必须对其进行现代的解读与诠释;在这种主体继承精神面前,传统文化作为我们民族精神的"昨天"也必将会成为我们走向"明天"的精神资粮与文化底气。

　　当然,笔者也深知,站在自我的立场上看,对儒学进行主体发生学式的研究无疑是揭示其所以发生、形成的一种正确思路,但在目前的传统文化研究中,这种主体发生学式的研究却绝非学界研究的主流思路,笔者也并不认为自己的思路就是传统文化研究的唯一正确道路。并且,由于自己知识贮备的不足、史料收集的不全抑或文献解读得不够准确,因而笔者也随时准备接受来自各种不同角度的批评,以修改、完善自己的思路或改变、修正自己的看法。但是,在笔者看来,作为一个有着数千年文明传承与十多亿人口的民族,似乎应当包含而且也能够包容一种对本民族传统文化进行主体性的发生学研究。

　　另外还需要说明的一点是,自笔者选择这一思路起,就不断地观看中央电视台所播放的纪实类节目:"重返危机现场",其中包括"海啸"、"火山"、"空难"、"海豹死亡"以及"大楼垮塌"等种种灾难性事故的现场调查,这些灾难性事故之所以发生,虽然也有人为的因素(比如一般的"空难"以及美国某炼油厂的爆炸事故),但基本上都是以自然力量的方式导致灾难发生的。笔者曾不止一次地反复观摩自然科学界究竟是如何从其灾难性结果来逐步逐层地探寻其不得不发生之具体缘由的,并从中获得了不少的启发。本书关于儒学发生发展之主体生存向度的追溯虽然也涉及一定的自然因素,但却主要体现着我们的古人、前人作为文化主体之自觉选择的因素,因而也就更能表现出传统文化所以形成之"人文化成"的力量。值得庆幸的是,我们的民族毕竟积累了丰富的历史"记忆",而我们的民族精神实际上也是通过不断地总结自己的历史"记忆"以走向未来的。因而,虽然人文性事件永远不可能达到自然事件之可以重复、可以模拟甚至可以现场还原的地步,但从一定程度上揭示历史文化所以发生的关键性因素和关键性环节,澄清主体性选择在"人文化成"过程中的作用,则不仅是可为的,而且也永远是笔者努力的方向。

　　最后还必须补充的一点是,就在本课题上交结项成果并等待评审结论的间隙,笔者读到了余英时先生的《论天人之际——中国古代思想起源试探》①与李泽厚先生的《由巫到礼、释礼归仁》②两本大著。仅从书名上可以看出,两位先生的大著与笔者这一课题所试图探索的问题不仅属于同一论域,而且也属于同一时段。这两位先生自然都属于笔者所极为敬仰的学术前辈,也是处于当代中国思想史探索前沿的两位巨擘,而且,无论是李泽厚先生的《批判哲学的批判》、《美的历程》、《中国古代思想史论》还是余英时先生的《论戴震与章学诚》、《朱熹的历史世界》以及《士与中国文化》、《宋明理学与政治文化》等等,也都是笔者所反复研读的典范性著作。但是,当两位先生一致聚焦于中国的上古史而又致力于探讨中国思想之起源时,却又非常一致地瞄准了所谓巫史传统,并试图通过巫史传统的演变来说明中国思想之原始发生以及其发展与演变。

与两位学术前辈在视角与思想取向上的这一分歧不由得使笔者倒吸一口凉气。所以笔者也不得不反过来重新掂量自己的选题方向,并且也不得不反复研读两位先生关于中国上古史之颇为一致的巫史传统解读以及其思想视角。在反复研读的基础上,笔者发现余英时先生主要是通过在"绝地天通"背景下巫与礼之绾合、又经过"天命无常论"的冲击以说明中国轴心时代的思想突破以及其"天人合一"传统的形成;而李泽厚先生则似乎根本不关心所谓轴心突破不突破的问题,他的关怀主要在于如何通过"巫君合一"的方式以说明中国历史上思想文化的两大转变,这也就是该书标题所明确揭示的"由巫到礼"与"释礼归仁",并由此以说明中国文化尤其是儒家思想的形成。

对于中国历史上所曾经存在的巫史传统,笔者是承认的,但认为所谓"巫"一般只存在于民间小传统的范围,即使能够存在于王权朝廷,也只是一种依附性的存在;而对于王权来说,它也只有臣服与服务的使命,根本不具有李泽厚先生在"巫君合一"中所概括的"'巫'成了'君'(政治首领)的特权职能"③,意即"君"本身就必须具有"巫"的功能与属性(当然从一定程度上说,李先生的这一判断是正确的,但"巫"只是"君"的众多属性之一,并且也只能是因着"君"的地位而起,因而"巫"本身根本不具有与"君""合

---

① 余英时:《论天人之际——中国古代思想起源试探》,中华书局 2014 年版。
② 李泽厚:《由巫到礼、释礼归仁》,三联书店 2015 年版。
③ 李泽厚:《由巫到礼、释礼归仁》,第 6 页。

一"的资格)①；也不是余英时先生通过征引孔子所转述的"南人有言曰：
'人而无恒，不可作巫医'"②以说明孔子对"'巫'文化并不陌生"③。因为
就在该书的下一页，余先生又通过转引《帛书·二三子问》中的"吾求其德
而已，吾与史巫同途而殊归者也"④，这就已经非常明确地说明了儒家与史
巫只是一种"同途而殊归"的关系。不然的话，孔子也就不会以所谓"人而
无恒，不可作巫医"来勉励弟子了；而司马迁也不会在受到宫刑的打击之后
反而以所谓"仆之先人，非有剖符丹书之功，文史、星历，近于卜祝之间，固
主上所戏弄，倡优畜之，流俗之所轻也"⑤来进行自我调侃或自我说明了。
因为孔子、司马迁无疑比现代人更了解以三代为代表的中国上古史，如果说
中国上古史中确曾存在过一个"巫君合一"的时代，那么孔子也就不会以所
谓"人而无恒，不可作巫医"来勉励弟子了；而司马迁甚至也就可以根据这
一点从而像孔子那样宣称："文王既没，文不在兹乎"⑥？至于孔子之所以要
以"巫医"来勉励弟子、司马迁之所以要用"固主上所戏弄，倡优畜之，流俗
之所轻也"来自我贬损，其实也都说明他们非常清楚巫史卜祝在当时的王
权朝廷与社会大众心目中的地位。所以，笔者以为，余英时、李泽厚两位先
生对中国上古史之巫史传统式的解读，实际上是对"巫与史"之地位进行了
不适当的拔高；至于两位先生试图通过巫术的演变来说明礼乐文化的形成，
大概其礼乐也就只能停留在所谓"玉帛云乎哉"、"钟鼓云乎哉"的层面上
了。当然，由于两位先生既是中国思想史研究的巨擘，又具有国际性的学术
视野，因而对于笔者这种不登大雅之堂的乡野之见，也就只能以泰山不辞细
土来求得谅解与海涵了！

---

　　①　从一定程度上说，李泽厚先生的这一看法当然是正确的，但他却有意要突出人君作
为"巫"的功能。实际上，在中国文化中，所有的人都具有这一功能，《尚书·金縢》所记载的
周公作为诸公子向上天与三代祖宗的祈祷就是"巫"之功能的表现；而孔子所谓的"要盟也，
神不听"（《史记·孔子世家》，《二十五史》卷一，第 149 页）包括历代帝王的祭天、祭祖、祈年
以及老百姓所调侃的"临时抱佛脚"也都可以视为"巫"之功能的表现，但这种现象并不占人
伦生活中的主导地位。
　　②　《论语·子路》，吴哲楣主编：《十三经》，第 1296 页。
　　③　余英时：《论天人之际——中国古代思想起源试探》，第 135 页。
　　④　余英时：《论天人之际——中国古代思想起源试探》，第 136 页。
　　⑤　班固：《汉书·司马迁传》，《二十五史》卷一，第 596 页。
　　⑥　《论语·子罕》，吴哲楣主编：《十三经》，第 1280 页。

第一章　从民族的"记忆"中寻绎
中华文明的历史脚步

　　关于民族的历史"记忆",虽然中国很早就既有所谓盘古开天的说法又有女娲抟土造人的说法,表明中华民族确实具有很强的历史意识与生命根源意识,一定程度上也体现着其世界的统一性与地域的相对稳定性;但从另一方面来看,则标志中华文明起源的三皇五帝尤其是所谓"三皇"一说,却直到秦汉时代都还没有定型。——秦始皇时,曾将所谓"三皇"理解为"古有天皇,有地皇,有泰皇,泰皇最贵"①;这显然是为了满足秦始皇至尊至贵的心理需求而编造出来的。到了班固的《白虎通义》,又形成了以伏羲氏、神农氏与燧人氏或祝融氏为代表之两种不同的三皇说。② 这就已经形成了根据历史传说或历史记忆来探索本民族之发生发展史的思路了。但是,直到北宋所编的《太平御览》,却仍然是以所谓天皇、地皇与人皇为三皇,并以有巢氏、燧人氏与庖羲氏作为"人皇"中的"三皇"的。③ 这又显然是试图将上述两个方面统一起来的表现,从而既满足人间帝王至尊至贵的心理需求,同时又说明仅仅"人皇"似乎还不足以统摄天地人"三皇",也算是保留了一点人外有天之超越性的意涵吧。这种现象,一方面说明历史上关于三皇五帝的说法其实并不稳定,同时也说明,即使是作为东方文明开辟者的三皇五帝,似乎也是我们的古人所不断塑造出来的。——可以说是我们的古人在现实的人间有了帝王之后,也就必须以天下为帝王所有的心态推论往古、推论天外,从而也就使得上古有了所谓"三皇"的说法。

---

　　① 司马迁:《史记·秦本纪》,《二十五史》卷一,第23页。
　　② 参见《白虎通义》:"三皇者,何谓也? 谓伏羲、神农、燧人也。或曰:伏羲、神农、祝融也。"(陈立撰,吴则虞点校:《白虎通疏证·三皇五帝》,中华书局1994年版,第50—51页)
　　③ 参见《太平御览》第一册,中华书局1960年版,第363—364页。

如果从这个角度看,那么20世纪古史辩派所坚持的"累层地造成的中国古史"一说就确有一定道理,而中华文明的上古史也确实具有随着时代的发展而不断被人们加以重新解读或重新塑造的特点。但这只是问题的一个方面,说明中华民族确实非常重视历史,而且其所谓的历史也确实经历了一个漫长的形成、解读与不断地被重新加以塑造与诠释的过程。不过,仅从历史上两种不同的"三皇"传说来看,在关于中国上古史的种种不同说法中,极有可能是在民族融合过程中由不同族群在当时所起到的不同作用与不同影响决定的。另一方面,如果就这一现象稍加思索,那么,中华民族何以要不断地重新解读、诠释并不断地重塑自己的历史呢?实际上,这不正是其绵长而又深远之历史意识的具体表现吗?而无论是解读、诠释还是重塑,其实也只有在其历史观念不断自觉的基础上才有可能发生,这一点可能又是无论如何都无法否认的基本事实。

今天,当我们面对古人这些既说不清其所以然同时又不断地为古人所重新加以解读、诠释与塑造的历史传说时,如果我们因为其"累层地造成"之特点而一概不信,固然也可以使我们的历史完全确立于所谓信史的基础上,但即使是成文记载的信史,其中也仍然包含着许多无法自圆其说的因素或无法自我说明的方面。当然另一方面,如果我们完全以这些传说为真实历史,则这样的历史同样无法自我说明。——比如像盘古开天、女娲造人之类的说法就无法面对西方人类学所揭示的人类在形成、发展上的实际历史,只足以表现中华民族绵长而又深远的历史意识与生命根源意识而已。① 在这种状况下,源于西方的人类学与社会学也就可以为我们提供一种必要的权衡手段和取舍标准,比如说,从人类形成的角度看,所谓盘古开天与女娲造人之类的说法自然可以归结为古人在想象基础上的传说。② 但同样从人类学与社会学出发,则所谓燧人氏、有巢氏与伏羲氏、神农氏包括作为中华民族人文初祖的轩辕氏就不能仅仅归结为传说(尽管其中仍然包含着许多

① 盘古开天的说法表明国人的"世间"其实也就仅仅是指天地之间的中国或中原;而女娲抟土造人的说法则又表明国人关于生命的自本自根意识。实际上,这都是其主体性立场的表现。

② 据西方人类学揭示,世界上所有的人都起源于10万年前非洲的一位女性,这一点可以从人类的DNA(基因)链条上得到证明。笔者基本采信这一说法。但这一说法也证明人类大体上只有10万年的历史;至于各色人种以及其不同的文化,实际上也就只能归结为不同地理环境的塑造作用以及其在与不同地理环境相互作用中的自我选择来说明了。

传说的因素）。因为这些说法不仅标志着中华民族及其文明与文化的初始
形成,而且也体现着人类进步的历史脚步,——起码揭示了人类文明发展史
的一种颇具特殊性的个案或样态。而无论是从人类的形成还是从文明的进
化出发,历史也都不可能越过这些阶段;至于某某氏之类的说法,也确实体
现着中华文明族群性的形成以及其融合、进步的历史记录。

面对中华民族上古史中这种神话传说与真实历史相混杂的情形,钱穆
先生对《竹书纪年》中相关史实的辨析与择取为我们提供了一个很好的榜
样。《竹书纪年》原本是西晋太康年间出土的一部先秦史籍,由于正史所保
留下来的秦国史记过于粗略,且缺乏具体日期,加之后来焚书坑儒所导致的
文献断绪,因而也就使得司马迁的《史记·六国表》中存在着许多明显的错
误,而《竹书纪年》中的许多记载正好可以弥补、纠正这些方面的缺漏和错
误。但自唐代以来,经过前人对《竹书纪年》的反复研究,发现其中又确实
存在着不少的"伪谬"甚或是荒诞不经的说法,这样,虽然其确实属于先秦
史籍,而且出土很早,却又等于是一部报废了的史书。钱穆先生在多方比勘
的基础上,发现"《纪年》乃战国魏史,其于春秋前事,容采他书以成。至言
战国史,则端可信据"①。这就是说,《竹书纪年》中的"伪谬"成分主要是由
于其对"春秋前事,容采他书以成",——这自然会包含许多道听途说的因
素或成分;"至言战国史,则端可信据",因为这一部分正是出自魏国史家当
时的实录。而中国春秋以来严谨的史学传统也确保了其战国史实记录的严
肃性。这样一来,钱穆先生也就等于通过对《竹书纪年》的解读——通过其
中的可信部分,补正并纠偏了《史记·六国表》中的诸多缺漏,从而也就使
得其《先秦诸子系年》成为一部梳理先秦诸子极为重要的史书。钱先生的
这一做法,当然可以说是物尽其用,——起码激活了《竹书纪年》这样一部
几乎报废了的史书;而其具体做法,则又等于是沙中淘金,而且也确实淘到
了"金子"。同样道理,面对中国上古史中神话传说与真实历史相混杂、相
交织的情形,我们也可以借鉴西方人类学与社会学的基本原理与相关成果,
将其关于人类进化与文明发展的一般线索作为一种基本参照,从而对中国
上古史中各种传说尽可能地作出符合人类进化与文明发展的解读。

但即使如此,我们仍然要从古人的历史记载出发。就是说,我们只能在

---

① 钱穆:《先秦诸子系年》,商务印书馆 2001 年版,第 23 页。

古人关于上古历史的各种记载中寻绎其可能为"真"的因素,但却绝不能因为人类文明之进化发展所必须而随意构制古人的历史。因为即使关于上古史的那些记载已经证明确实是经过古人所不断解读与反复诠释所塑造出来的历史,其中也必然包含着一定的可以为"真"的史实依据。因而,我们今天也就可以通过对这些历史事件与传说记载的重新解读,以努力寻找历史的真相与线索,并以此来接近历史的真实。

一、历史起点的选择

在古人关于史前文明的各种"记忆"中,最可信赖的莫过于"结绳记事"一说了。从孔子的《易传》、老子的《道德经》一直到章学诚追溯"五经"所以形成的《易教》、《书教》都在反复提及,似乎说明"结绳记事"一定程度上已经成为中华文明的一种信史了;而中国早期的各种思想流派,也无不承认中华民族的确经历过一个"结绳记事"的时代。不过,如果我们仔细叩问这一史实,就会发现所谓的"结绳记事"实际上有可能只是人们所追溯、推导出来的书契发明以前国人的一种"记事"方式而已;而这种记事方式可能确实存在过,也可能根本就不曾存在过。实际上,这一说法极有可能只是人类在有了书契记录以后对此前人类记忆方式的一种反推,并以"绳"之连续性特点来表示历史的不间断性。其实,如果仅就人类的"记事"方式或保存历史"记忆"的方法来看,那么遍布世界各地的"岩画"以及各种墓葬或出土器物也同样足以表达人类的早期记忆,①而且还具有一定的"写真性"特点;至于"结绳记事"的特殊性,则主要在于其能够明确地以所谓"结绳"的方式来表达人们历史记忆的连续性而已。

实际上,所谓"结绳记事"既不是历史的起点,当然也不是历史的终点。因为即使在"结绳记事"的时代,也仍然有其前史可追;而且"绳"本身就已经是人类文明的产物了。甚至,从一定意义上说,所谓"结绳记事"也极有

① 实际上,出土器物并不是人类表达自己"记忆"的方式,而只是表现其当下的生活并且也希望永远延续这种生活而已。但也正因为这一点,所以出土器物对于历史真实的揭示往往具有一定的写真性。

可能只是后人根据"绳"之连续性特点对人类早期历史的一种解读或追溯性的想象而已。① 因为当人们有"绳"可"结"的时候,其记忆也就不仅仅是"结绳"这唯一的方式了,"岩画"、"祭祀"甚至连同"种植"、"铸造器物"也同样可以表达人类的早期记忆。而且,就"结绳记事"的特殊性来看,它实际上不过是表明人类文明的一个断限,——所谓"书契"发明以前人类"记忆"的一种特殊方式而已。即使如此,中华民族很早就形成了自己的历史记忆并且也非常重视历史这一点则是举世公认的②,问题在于,我们民族的历史记忆究竟应当以哪一点作为其基本起点? 所以,这里首先存在着一个历史起点的选择问题。

在关于历史起点的选择上,有几个基本因素是必须首先予以考虑的:其一,我们必须以生活于中华大地上的"人"的形成作为其基本起点,而不能甚至也无法追溯所谓"人"的前史。其二,我们也必须以国人已经存有的"历史记忆"作为起点,而不能根据所谓人类进化的一般进程而向壁虚构。因为无论是"人"自身的形成还是其关于人伦世界的自觉,都首先表现在其"历史记忆"中。其三,我们又必须以国人所谓"世界"的形成以及其发展作为主要内容,因为所谓"世界"本身就是人的世界③;而"世界"的发展也就首先表现为人伦文明的发展。其四,在这个"世界"的展开及其发展过程中,将逐渐显现出东方文明的特色;而这些特色,同时也就构成了中华文明的地基与源头。

实际上,关于中华民族的上古史(一定程度上也包括人类的形成进化史),我们的古人已经有了许多反思性的"记忆";而这些"记忆"也就构成了我们民族的发展演化史。请先看古人关于这一上古史的"记忆":

上古之世,人民少而禽兽众,人民不胜禽兽虫蛇。有圣人作,构木

---

① 比如对"绳"之连续性特点的记忆就源于"文革"期间人们用玉米胡须拧成的"绳"并通过其持续不断地燃烧来保存火种的特点,老百姓则称之为"火绳"。

② 比如柬埔寨的"吴哥窟"完全可以说是人类建筑史上的一朵奇葩,但无论是柬埔寨官方还是民间,却都没有关于这一建筑究竟建于何时的记载,反倒是中国元代的一位使节(太监),其在出使笔记中记载了"吴哥窟"刚刚建成时的情形,因而由此可以推断出"吴哥窟"大概建于宋元之际。——笔者是在 CCTV 第9 频道的"纪实"类节目中看到关于"吴哥窟"究竟建于何时之历史考证的。

③ 古人所谓盘古开天辟地最典型地表现了中国人所谓"世界"居于天地之间的特色,而董仲舒所谓的"古之造文者,三画而连其中,谓之王。三画者,天地与人也,而连其中者,通其道也"(《春秋繁露·王道通三》),也典型地表现了中国人所谓"世界"的特色。

为巢，以避群害，而民悦之，使王天下，号之曰有巢氏。民食果蓏蚌蛤腥
臊恶臭，而伤害腹胃，民多疾病。有圣人作，钻燧取火，以化腥臊，而民
悦之，使王天下，号之曰燧人氏。①

　　古之时，未有三纲六纪，民人但知其母，不知其父。能履前而不能
覆后。卧之詓詓，行之吁吁，饥即求食，饱即弃余，茹毛饮血，而衣
皮苇。②

　　有司言有子杀母者，籍曰："嘻！杀父乃可，至杀母乎！"坐者怪其
失言。帝曰："杀父，天下之极恶，而以为可乎？"籍曰："禽兽知母不知
父，杀父，禽兽之类也。杀母，禽兽之不若。"众乃悦服。③

上述几种说法自然也都可以说是古人关于我们民族——"中华民族"所以
形成、发展的历史"记忆"。其第一条就出自《韩非子》的《五蠹》篇，可以说
是代表先秦诸子关于我们民族历史起点的一种追忆。当然在韩非子看来，
所谓有巢氏、燧人氏云云，就既是我们最早的先民，同时也是中华文明的开
创者；而其关于"有巢"、"燧人"之类的说法，也显然是从与现实社会生活条
件加以比照的角度提出的，意指从无巢到有巢、从不知用火到钻燧取火的代
表性人物。第二条则出自作为东汉官方意识形态之代表的《白虎通义》，也
是泛指在标志作为人伦文明基本特征的"三纲六纪"形成以前的人类状况；
而其可贵之处，就在于它明确地揭示了一个"人但知其母，不知其父"的时
代，至于所谓"不知其父"的特征，则不仅可以为动物群落内部的相互关系
所证明，同时也可以为西方人类学所揭示的母系社会及其特征所证实。④
至于其所描述的"卧之詓詓，行之吁吁，饥即求食，饱即弃余，茹毛饮血，而
衣皮苇"的状况，简直就可以视为母系社会人伦生活的一种生动写照（不知
班固何以能够形成"卧之詓詓，行之吁吁"这种逼真的想象，直到今天，我们
也仍然无法超越这种想象）。至于第三条，则出自具有一定"异端"色彩，并

————————

①　韩非：《韩非子·五蠹》，《诸子集成》第5册，上海书店1986年版，第339页。
②　陈立撰，吴则虞点校：《白虎通疏证·三皇五帝》，第50—51页。
③　房玄龄等：《晋书·阮籍传》，《二十五史》卷二，中国文史出版社2002年版，第
676页。
④　其实这一说法现在已经受到动物群落内部生活情况调查的挑战。因为不断更替的
雄性首领会毫不留情地杀死前任首领的未成年"子女"，这种情形以狮群生活最为典型，食草
动物中也有类似的情况。所以一些灵长类雌性动物为了使其"子女"能够得到更多的保护，就
会佯装与许多雄性交配，其实它非常清楚地知道它的"子女"属于哪一位雄性。

以"非汤武而薄周孔,越名教而任自然"①闻名的魏晋玄学家阮籍;而从其所表达的"禽兽知母不知父"的特点来看,则极有可能就是从《白虎通义》"人但知其母,不知其父"一说直接推演而来,因为所谓"知母不知父"不仅是今人对母系社会人伦关系的一种说明,而且其"杀父,禽兽之类也。杀母,禽兽之不若"的说法也简直就可以说既是对母系社会人兽之别的一个划分标准,同时也就提出了从动物到人类社会的一个演化线索。自然,在这一说法中,所谓父系社会的开端,似乎就已经被我们的古人明确地视为人伦文明的开端了,因为所谓"杀父,天下之极恶"的说法实际上也正是对人之为人之基本特征一种充分自觉的表现。

从这些说法来看,国人关于上古历史的记忆其实也就在一定程度上包含着我们人类社会的一种发展演化线索。如果我们将从母系社会到父系社会的演变视为人类文明的起始,那么从有巢氏到燧人氏也就可以视为中华民族的真正起始了。因为无论是燧人氏之"钻燧取火"还是有巢氏之"构木为巢",都标志着对动物生活的一种告别;而"构巢"与"用火"自然也就成为人伦文明的起始,是真正以人的方式生活、栖息于中华大地了。

但韩非子这一追溯性的记忆似乎也存在着虽然可以互存且可以互相说明但又明显存在着一定的逻辑错谬之处,这就是燧人氏之"钻燧取火"实际上极有可能比有巢氏之"构木为巢"更具有历史的先在性与前提性。因为从"人"或人类社会的形成来看,可能也只有在习惯于用火并能够长期保存火种以至于不得不"钻燧取火"的基础上才会形成"构木为巢"的必要(使火种的保存真正成为一种生活习惯)。虽然从实际情况来看,在根本不知用火的黑猩猩群落中似乎也存在着每天"架巢"的习惯,但黑猩猩的"巢"几乎不能起到防止禽兽虫蛇"以避群害"的作用,当然也就更说不上真正的"定居"了。实际上,虽然黑猩猩每天晚上都有"架巢"的习惯,其实却反倒具有随遇而安的性质,因而也就可以说是一种本能性的习惯。但"取火"、"用火"则不仅标志着人对动物之"茹毛饮血"习性的一种告别,而且也只有在经常用火的条件下,才使"构木为巢"式的"定居"生

---

① 这样的表达原本出自嵇康在《与山居源绝交书》中的自述,这里则用来指谓魏晋玄学家一种共同的人生取向。

活成为一种必须。①

　　实际上,这样一种认识本来也就存在于作为三代文化之集大成并作为儒学创始人的孔子思想中。比如在《家语》中,孔子就追溯了中国上古文明的发轫与人类的早期生活状况;而孔子的这一追溯同时又可以见之于作为儒家经典文献的《礼记·礼运》篇。由于《孔子家语》先后成于西汉的孔安国与三国的王肃之手,所以其真实性一直受到质疑,但由于其具体说法既可以与《礼记》相互印证,而随着各方面证据的搜集整理(比如陈士珂就以形成于先秦的各种文献来证明《孔子家语》记载的真实性),学界也越来越倾向于肯定《孔子家语》与《论语》形成的同时性,因而我们这里也就可以《孔子家语》代表孔子本人的基本看法。而在《家语》中,孔子追溯说:

　　　　昔之王者,未有宫室,冬则居营窟,夏则居橧巢。未有火化,食草木之实,鸟兽之肉,饮其血,茹其毛。未有丝麻,衣其羽皮。后圣有作,然后修火之利,范金合土,以为宫室户牖,以炮以燔,以烹以炙,以为醴酪;治其丝麻,以为布帛……②

在孔子的这一追溯中,从其"未有宫室,冬则居营窟,夏则居橧巢"的描述来看,似乎确实是将居住视为人伦文明之始的,但从其"后圣有作,然后修火之利,范金合土,以为宫室户牖"来看,则所谓"范金合土,以为宫室户牖"仍然是建立在"修火之利"的基础上的。这说明,虽然中华民族具有强烈的居家观念与领地归属意识,但从人的生成与人伦文明之进化,发展来看,则所谓"用火"比"居住"、"燧人"比"有巢"也就更具有历史的先在性。

　　也许正因为这一原因,所以恩格斯在分析从猿到人的转变过程中"用火"的作用时也明确指出:

　　　　肉食引起了两个新的有决定意义的进步,即火的使用和动物的驯养。前者更加缩短了消化过程,因为它为嘴提供了可说是已经半消化了的食物;后者使肉食更加丰富起来,因为它在打猎之外开辟了新的更

-----

　　①　关于燧人氏、有巢氏的先后问题,从庄子、韩非子一直到《白虎通义》《太平御览》都将有巢氏置于燧人氏之前。格之于人类的进化史,明显可以看出这一次序的颠倒,因为在不能用火的条件下,所谓"构木为巢"也就没有必要。但这一次序的颠倒,也可以看出国人强烈的居家观念与领地归属意识。

　　②　陈士珂辑:《孔子家语疏证》卷一,上海书店1987年影印版,第27页。另外,这一段大体相同的记载同时见之于《礼记·礼运》,参见吴哲楣主编:《十三经》,第474页。

经常性的肉食来源……对于人来说,这两种进步就直接成为新的解放
手段。①

从恩格斯的这一论述来看,无论是从人与动物相区别的角度还是从人伦文
明之起始的角度看,取火、用火也都标志着一个崭新的起点与开端,也是人
类开始告别动物之茹毛饮血生活的一个标志。

这样看来,所谓燧人氏时代,其所代表的不仅仅是我们的祖先因为"食
果蓏蚌蛤腥臊恶臭,而伤害腹胃",从而不得不"钻燧取火,以化腥臊"这样
一种究竟吃什么以及如何吃的问题,而是已经作为"人"并以人的方式生活
于中华大地了。

二、生存及其技能:从"钻燧
取火"到"构木为巢"

既然"钻燧取火"就标志着人类生活的起始,那么归根结底,这种本质
上作为人类生存技能的"取火"和"用火"现象也就值得进一步考察。因为
一个同样明显的问题是,当我们的祖先在开始面对"食果蓏蚌蛤腥臊恶臭"
之类的问题时不可能马上就会想到"钻燧取火,以化腥臊",而是必然要经
历一个漫长的先从认识自然之天火并利用自然之火然后再到学会保存火
种,最后则完全是因为生活所必须,没有火就已经无法进食,这才不得不有
所谓"钻燧取火"的发明。② 因为直到孟子时代,民间似乎仍然还保留着
"乞火"的习惯。③

不过,可以想象的是,早期的人类最初也不得不像动物一样怀着惊恐的

---

① 恩格斯:《劳动在从猿到人的转变中的作用》,《马克思恩格斯文集》第 9 卷,人民出版
社 2009 年版,第 556 页。

② 这种现象的发生其实完全有可能是出自一种偶然。比如日本生活于海边的一群猴
子,有一只偶然在海水中捡到一只红薯,由于海水的冲刷,这个红薯上面没有泥土或沙砾,于
是这只猴子便学会了在吃红薯前先用海水冲洗的习惯。不久,整个猴群都学会了这种经验,
并且也形成了用海水冲洗红薯的习惯。

③ 孟子曰:"民非水火不生活,昏暮叩人门户求水火,无弗与者,至足矣。"(《孟子·尽
心》上,吴哲楣主编:《十三经》,第 1421 页)

心态面对自然界的天火(诸如由雷电、阳光所造成的各种自燃)现象。但当人们能够以自己的智慧有效地防范自然之火对人所可能造成的伤害之后,人们也就可以从容地并以隔岸观火的心态来面对自然界的天火现象了。①而在这一过程中,作为先民之最大收获,自然就是可以现成地享用被自然之火所烧死、烤熟的动物尸体。由此之后,对于动物而言,自然之天火可能就始终是一个劫难;但对于人类族群来说,则会成为一个值得庆典的节日。从非洲土著到美洲的印第安人,每天打猎归来,都会在营地燃起篝火,不分男女老幼地载歌载舞,这就成为庆典一样的活动了,由此也可以看出人类在生存条件上的共同性。不知云南少数民族的"火把节"最初是否就包含着这方面的含义,但从其举族出动,围着篝火载歌载舞的狂欢现象来看,却分明就是一个重大的庆典活动。而在这一过程中,人们所能认知的首先就是火的作用(不仅可以熟食,也可以防范野兽的伤害);而其所要学习的,则是在如何保存火种的基础上来自觉地利用自然之火。

正是对自然之火的保存和利用,不仅拓展了人们的食物来源,而且也使人们的熟食与肉食成为一种基本的生活方式。在这一基础上,由采集到渔猎自然也就成为一种生产方式的拓展。但是,一旦食物范围的拓展使肉食成为一种经常性行为,而火种的保存又不能随时满足人们的需要时,如何人为地生火也就成为一个亟待解决的问题了;而作为这种行为的认知前提,则又必须对摩擦生热或击打燧石以生火的现象有所了解才有可能,从而也才会引导人们向着所谓"钻燧取火"的方向努力。

燧人氏之"钻燧取火"就发生在这一背景下。孔子所谓的"未有火化,食草木之实,鸟兽之肉,饮其血,茹其毛"自然是指燧人氏以前中国先民的生存之道;而韩非子所谓的"民食果蓏蜯蛤腥臊恶臭,而伤害腹胃,民多疾病。有圣人作,钻燧取火,以化腥臊,而民悦之,使王天下,号之曰燧人氏"则准确地揭示了燧人氏"钻燧取火"的具体动因。这说明,无论是"钻燧取火"还是"钻木取火",都标志着一个人类开始自觉用火的时代,同时也是向

---

① 在早年所读的小说《林海雪原》中,李勇奇曾告诉少剑波在草甸和森林生活一年四季中所可能遇到的"四怕":"春怕荒火,夏怕山洪,秋怕蚊虫,冬怕'搅雪龙'"。而当地人所总结的生活经验则是:"春遇荒火用火迎,夏遇山洪登石峰,秋遇蚊虫用烟熏,冬遇'搅雪龙'登山顶",尤其是"春遇荒火用火迎"一点,典型地表现了人类的生存智慧,我们也可由此以推想古人认识天火、战胜自然天火的过程。

动物之茹毛饮血生活的告别。

　　不过,在用火、取火的问题上,中华民族似乎一起始也就表现出一种善于利用自然的特色。比如对于人类最初的生火现象,韩非子是明确地以所谓"钻燧取火"来表达的,而生活于非洲大草原上的原始部落或澳大利亚与亚马逊丛林中的土著人则主要是通过"钻木"来"取火"的,这就明确地表现出两种不同的取火方式。而在《太平御览》中,关于"钻木取火"与"钻燧出火"的记载则是并存的。实际上,所谓"钻木取火"自然要建立在对摩擦生热现象有所认识的基础上,但"钻燧出火"却极有可能是通过击打"燧石"的方式来生火的;或者说我们的古人是因为其"钻"与"燧"的并用,因而也就可以说是"钻木取火"与通过击打"燧石"以生火两种方式并用的。因为"钻"本身无疑是和圆周运动及其摩擦生热现象结合在一起的;而"燧"作为"燧石"则显然是不可能用"钻"的方式来生火的,而只能通过"击打"或"碰撞"的方式来生火。《太平御览》将"钻木取火"与"钻燧出火"一并记载却没有详考其主次与先后,一方面说明中国地域辽阔,其不同部落之间原本可能就存在着这种不同的生火方式,同时也说明,整理、总结这些现象的文人士大夫似乎更关注目的,——只要能够生火,人们根本不会去管用什么方式,但这毕竟是一种遗憾。因为直到20世纪中期,就在"文革"那一段供应极为短缺的年代,社会下层的老百姓往往就是通过"火镰"与"燧石"的相互击打来生火的,同时也可以用玉米须拧成的"火绳"来保存火种。

　　更为有趣也更值得辨析的一个现象是,20世纪70年代,在陕西西部"农业学大寨"的平整土地活动中发掘出不少的西周古墓,而在其随葬品中,常常会出现一种如茶杯盖大小的凹面"铜镜"。当时,就连考古专家都说不清这究竟是何种器物。但从其往往被放置于墓主人手边的情形来看,无疑是一种日常生活中须臾不可离的必需品。起初,这种器物并没有引起考古专家的关注,但在接连不断出土的情况下,考古专家只好先请相关工厂以同质同形的方式进行仿制,并亲手进行各种方式的"把玩";结果发现,只要以其凹面正对阳光,则这种"铜镜"居然能在三四秒内点燃一根香烟。这才发现,原来这种凹面"铜镜"就是古代文献记载中专门用来取火的"阳燧"。① 但这里却既没

---

　　① 《淮南子·天文训》云:"故阳燧见日,则燃而为火。"(《诸子集成》第7册,上海书店1986年版,第36页)

有"燧石",也没有"钻木"之类的活动参与其中,说明其所谓"钻燧取火"实际上可能已经成为一种历史习惯性的遗存了;至于其取火的具体方式,则根本不用动手——完全是通过利用自然的阳光来实现的,因而也就可以说是一种地地道道的"盗天火到人间"的方式。①

不过,直到现代人的生活中,"生火"则仍然是通过两种不同的方式实现的,即要么是通过划火柴之摩擦生热的方式来生火,这自然可以说是对摩擦生热原理的运用;要么就是通过打火机来生火,而打火机之扣动扳机以击打"火石"的方式(现在已经用电极取代传统的"火石"了),实际上也就仍然是古人通过击打燧石以生火方式的发展。从这一点来看,所谓燧人氏之"钻木取火"或"钻燧出火",直到今天仍然与我们的生活息息相关,而我们不过是"日用而不知"而已。

火的发明与使用自然拓展了人们生产与生活的领域和范围,从而也就使人更加接近"人"的生活了;但火的使用同时也带来了一个亟待解决的问题,这就是"居住"或"定居"的问题。虽然在实际历史中,这一问题可能是通过数十年甚或上百年的实践摸索来解决的,但从理论的角度分析人类的早期生活,则这一问题随着"钻木取火"或"钻燧出火"的发明与使用也就同时出现了。因为在可以用火并且能够随时生火的基础上,"定居"也就真正能够起到防止禽兽虫蛇伤害的作用了。

在这里,一个必须辨析的问题就是燧人氏与有巢氏究竟孰先孰后的问题。在前面的分析中,我们立足于人之为人或者说是从人与动物相区别的角度认为燧人氏可能应当先于有巢氏而出现;但在从《韩非子》一直到《太平御览》的"记忆"中,则有巢氏却一直被认为是先于燧人氏而出现的。而在孔子对这一段历史的追述中,其前边固然是并列的"未有宫室"、"未有火化"与"未有丝麻",起码说明这些现象都是共存的,但从其"后圣有作,然后修火之利,范金合土,以为宫室户牖"来看,则仍然说明"火化"就是走向"人"的第一步。不过,从其首先提出"未有宫室"来看,又说明,在中国传统的语境中,人们似乎更为重视"居住"或"定居"的问题。因为就在《庄子》一书中,有巢氏也同样被视为中华民族的始祖,比如其曾借盗跖的话说:

---

① 关于"阳燧"的发现过程,笔者是从陕西电视台所播放的对相关专家的访谈中看到的。

"古时禽兽多而人少,于是民皆巢居以避之,昼拾橡栗,暮栖木上,故命之曰
有巢氏之民。"①而从其"民皆巢居以避之,昼拾橡栗,暮栖木上"的情形来
看,其实这可能还是一种更为原始的"树居"生活,——亚马逊丛林中的土
著居民至今仍然保留着其"树居"生活的传统,不仅人如此,而且就连他们
所饲养的猪、狗、鸡等家畜也和他们一样,一并居住于数十米高的树屋中。
但他们却同样在其"树屋"中生火做饭,这又说明,如果没有火,其"树居"也
不可能实现,或者说如果没有火,其"树屋"可能也就没有形成的必要。

　　但《庄子》这种带有"树居"特征的有巢氏却可以带给我们多方面的思
考:首先,从其"昼拾橡栗,暮栖木上"的生活方式来看,无疑还属于纯粹素
食阶段;即使作为"人"的生活,也无疑属于那种比较单一的采集业基础上
的生活,因而这样的有巢氏也确实有可能是存在于燧人氏之前的。因为当
时的人还不曾面临"民食果蓏蚌蛤腥臊恶臭,而伤害腹胃,民多疾病"之类
的问题;而燧人氏则完全是因为"民食果蓏蚌蛤腥臊恶臭,而伤害腹胃"的
问题才得以出现的。其次,从韩非子对有巢氏的描述来看,则人们当时似乎
已经不再是"暮栖木上"之所谓简单的"树居"生活了,而是明确地"构木为
巢"的,实际上,这就已经具有明确的造床架屋的特征了。所以说,此"有
巢"并不等于彼"有巢",——后者似乎应当属于人之"有巢",而前者则极有
可能只是类人猿的"有巢"。再次,从当时"构木为巢"的情形来看,这种现
象可能更多地发生于中国的南方。因为从北方的地理环境出发,人们完全
可以利用现成山体所形成的洞穴,最起码也可以进行所谓穴居(关中北方
的农村则称之为地窑),直到现代社会,北方人似乎仍然习惯于居住窑洞,
以至于许多偏远的工矿单位仍然存在着以窑洞的方式来建造楼房的现象,
而北方的农村至今也仍然存在着不少所谓穴居式的地窑现象,比如大庆油
田初创时的"干打垒"、新疆军垦农场的"地窝子",自然都属于典型的穴居
现象。当然,中国南北方在地理环境上的这一差别,也可以说明何以南方人
喜欢床而北方人更喜欢炕,——南方潮湿,所以就必须借助床来防潮;而北
方则干燥、寒冷,所以就要通过窑洞和炕来解决取暖、保温的问题。最后还
有一点,就是从庄子到韩非子,人们为什么一致要将有巢氏视为中华民族之
始祖呢? 实际上,这可能与中国人强烈的家庭观念有关,"巢"作为动物居

---

　　① 《庄子·盗跖》,郭庆藩编:《庄子集释》,第 1089 页。

住的窝,其实也就代表着人类的"家";没有"家"的人也就像没有"窝"的动物一样缺少保护。也许正是在这一心理背景下,有巢氏才被公认为中华民族之始祖。

但无论是从人类进化的角度看还是依据人类学的理论来分析,燧人氏似乎都应当成为中华民族之始祖。① 这主要是因为,只有在生火、用火的基础上,所谓"构木为巢"才能真正成为人类走向"定居"的表现;而在能够生火、用火基础上的"定居",则不仅表现着人类生产领域的拓展,同时也表现了人类生活的多样性发展。正是从这个角度看,所谓较为完整意义上的"人",也就在"钻燧取火"与"构木为巢"的基础上形成了。

三、伏羲与神农:从分工到农耕

在中国历史中,伏羲氏与神农氏似乎是两位接踵而起的人物。而在这一问题上,中国的古史记载似乎也极为一致,比如《周易·系辞》就明确记载说:

> 包羲氏没,神农氏作,斲木为耜,揉木为耒,耒耨之利,以教天下……②

而在其他关于上古历史的记载中,所谓伏羲氏、庖羲氏、宓羲氏原本就指一人,并且也一直是排在神农氏之前的,这说明,只要一涉及人伦文明或进入人伦文明的系列,则古人关于文明进步的"记忆"确实就有了较为清晰的历史线索。因为对神农氏来讲,如果没有伏羲氏所带来的人类在自然分工方

---

① 实际上,韩非子关于燧人氏"钻燧取火"的说法可能也是根据当时人们生活对于火的依赖从而对原始人类生活的一种反推,因为从20世纪70年代浙江余姚所发掘的河姆渡文化遗迹以及20世纪90年代所发掘的浙江萧山跨湖桥文化遗迹来看,当时的人们就已经有了独木舟、稻种以及制陶工艺;而这两处的文化遗迹都在距今7000—8000年以前,说明中国人"用火"、"制陶"包括农业种植的历史实际上很早就形成了。但这两处遗迹显然还不是或者说还不代表国人关于历史文献记载中的上古史,所以以考古专家断定这两处文化遗迹中的古人可能因为海水倒灌而灭绝或者迁徙了,从而也就真正成为一种"中断"了的文化遗迹了。但这种现象也说明,人类生存技能既有逐步积累的特点,同时也有因为各种原因中断而重新发现的可能。

② 《周易·系辞》下,吴哲楣主编:《十三经》,第56页。

面的进步,则神农氏的进步根本就无法实现。

关于伏羲氏,《周易·系辞》有如下记载:

> 古者包牺氏之王天下也,仰则观象于天,俯则观法于地,观鸟兽之
> 文与地之宜,近取诸身,远取诸物,于是始作八卦,以通神明之德,以类
> 万物之情。作结绳而为网罟,以佃以渔,盖取诸《离》。①

而在《白虎通义》这种作为东汉国家意识形态的正统书籍中,关于伏羲氏又
有如下较为详细的记载和说明:

> 古之时,未有三纲六纪,民人但知其母,不知其父。能履前而不能
> 覆后。卧之詓詓,行之吁吁,饥即求食,饱即弃余,茹毛饮血,而衣皮革。
> 于是伏羲仰观象于天,俯察法于地,因夫妇,正五行,始定人道。画八卦
> 以治天下,下伏而化之,故谓之伏羲也。②

显然,这主要是就伏羲氏的"因夫妇,正五行,始定人道"而言的。到了《太
平御览》,则又有更为详细的记载:

> 伏羲德洽上下,天应之以为鸟兽文章,地应之以为龟画,伏羲乃则
> 象作易卦……③

> 伏羲氏以木德王天下,天下之人未有室宅,未有水火之和,于是乃
> 仰观天文、俯察地理,始画八卦,定天地之位,分阴阳之数,推列三光,建
> 分八节,以爻应气,凡二十四气消息祸福,以制吉凶。④

从这些记载来看,伏羲氏的最大功绩可能也就在于通过"仰观象于天,俯察
法于地",从而"因夫妇,正五行,始定人道"。从这个意义上说,所谓分别阴
阳、男女,定人伦夫妇之道,可能代表着伏羲氏对人伦文明的最大贡献,当然
也是对中华文明的最大推进。或者也可以说,到了伏羲氏时代,中国的父系
社会才真正得以确立下来了。所以,陆贾曾在其《道基》篇中评论说:"先圣
乃仰观天文,俯察地理,图画乾坤,以定人道。民始开悟,知有父子之亲,君
臣之义,夫妇之道,长幼之序,于是百官立,王道乃生。"⑤而《易纬·乾凿
度》也对伏羲氏创设八卦的功绩评价说:"是故八卦以建,五气以立,五常以

---

① 《周易·系辞》下,吴哲楣主编:《十三经》,第56页。
② 陈立撰,吴则虞点校:《白虎通疏证·三皇五帝》,第50—51页。
③ 《太平御览》第一册,中华书局1960年版,第364页。
④ 《太平御览》第一册,第364页。
⑤ 陆贾:《新语·道基》,《诸子集成》第7册,第1页。

之行,象法乾坤,顺阴阳,以正君臣父子夫妇之义。度时制宜,作罔罟以畋以渔,以瞻人用。于是人民乃治,君亲以尊,臣子以顺,群生和洽,各安其性,八卦之用。"①

但伏羲氏为什么又被称为包羲氏、庖羲氏、宓羲氏呢?据说伏羲创造了书契,从而结束了结绳记事的古老形式;同时,他又根据蜘蛛结网的道理创造了网罟,使先民从采集业进入到渔猎时代,或者说使渔猎真正成为一种常态的谋生手段。不仅如此,伏羲氏还有一个特别大的贡献,这就是"定天地之位,分阴阳之数",从而"因夫妇,正五行,始定人道"。从这个意义上说,伏羲氏不仅是父系社会的确立者,而且也是从男女之自然分工到采集与渔猎之社会分工的推动者,同时又是人伦社会文明与社会秩序的奠基者,所以陆贾又认为"先圣乃仰观天文,俯察地理……民始开悟,知有父子之亲,君臣之义,夫妇之道,长幼之序,于是百官立,王道乃生"。

在古人的历史"记忆"中,从伏羲氏到神农氏似乎是一种接踵而起的关系。关于他们的继起关系,《周易·系辞》有如下记载:

> 包羲氏没,神农氏作,斲木为耜,揉木为耒,耒耨之利,以教天下,盖取诸《益》。日中为市,致天下之民,聚天下之货,交易而退,盖取诸《噬嗑》。②

这说明,在从伏羲到神农的递进中,其最重要的发展与进步就在于使农业成为一种常态的谋生手段,所以说是"斲木为耜,揉木为耒,耒耨之利,以教天下"。也正由于这种原始的农业已经成为一种常态的谋生手段,所以交换也就成为一种生活的必须,因而也就有了所谓"日中为市,致天下之民,聚天下之货,交易而退"的现象。

交换的前提在于社会分工,尤其在于原始农业与建立在渔猎基础上之畜牧业的分工。关于神农在开发农业方面的基础作用,陆贾说:

> 至于神农,以为行虫走兽,难以养民,乃求可食之物,尝百草之实,察酸苦之味,教民食五谷。③

从伏羲时代的"行虫走兽,难以养民"的情形来看,当时可能还处在采集和

---

① 赵在翰辑,锺肇鹏、萧文郁点校:《易纬·乾凿度》卷上,《七纬》,中华书局2012年版,第31页。
② 《周易·系辞》下,吴哲楣主编:《十三经》,第56页。
③ 陆贾:《新语·道基》,《诸子集成》第7册,第1页。

渔猎混一并存的时代;而神农也主要是因为"行虫走兽,难以养民",才不得不另"求可食之物",从而也就有了"尝百草之实,察酸苦之味",最后终于落实到"教民食五谷"的农业上。所以,《白虎通义》评价说:"谓之神农何? 古之人民,皆食禽兽肉。至于神农,人民众多,禽兽不足。于是神农因天之时,分地之利,制耒耜,教民农作。神而化之,使民宜之,故谓之神农也。"①

到了《太平御览》中,便直接以"炎帝"来称谓神农氏了,而其关于神农氏的记载也逐渐详细起来。比如其征引《吕氏春秋》中对神农介绍说:"神农教曰:'士有当年不耕者,则天下或受其饥矣;女有当年不绩者,则天下或受其寒矣。故夫亲耕,妻亲绩。'"②这显然存在着农家思想的影响。③《太平御览》又征引贾谊的话介绍说:"神农以为走禽难以久养民,乃求可食之物,尝百草实,察卤苦之味,教民食谷。"④很明显,所有这些对神农氏的介绍和评价,似乎都和农业的开辟与交换的形成分不开。

《太平御览》又征引《淮南子》中关于神农的介绍说:

古者民茹草饮水,采树木之实,食蠃蚌之肉,时多疾病毒伤之害。于是神农乃教民播种五谷,相土地之宜,燥湿、肥垆、高下,尝百草之滋味、溇之甘苦,令民知所避就。当此之时,一日而七十毒。

又曰:神农之治天下也,神农驰于国中,知不出于四域,怀其仁诚之心,甘雨以时,五谷蕃殖,春生夏长,秋收冬藏,月省时考终岁,献贡以时。尝谷祀于明堂之制,有善而无恶,风雨不能袭,燥湿不能伤,养民以公。朴重端悫,不忿争而财足,不劳形而成功。因天地之贡,资而兴之,和同是故,威厉而不试,刑措而不用,法省而不烦,教化如神。其地南至交阯,北至幽都,东至阳谷,西至三危,莫不听从。当此之时,法宽刑缓,囹圄空虚,而天下一俗,莫怀奸心。⑤

在这两段较为详细的评说中,前一段主要介绍神农氏在"尝百草之滋味"的

---

① 陈立撰,吴则虞点校:《白虎通疏证·三皇五帝》,第51页。
② 《太平御览》第一册,第366页。
③ 崛起于战国时代的农家似乎是以神农为始祖的,并且形成了很大的影响。比如《孟子》载:"有为神农之言者许行,自楚之滕,踵门而告文公曰:'远方之人闻君行仁政,愿受一廛而为氓。'"而农家在当时似乎也很有影响,一度使陈相、陈辛以"尽弃其学而学"的态度追随农家。(《孟子·滕文公》上,吴哲楣主编:《十三经》,第1375页)
④ 《太平御览》第一册,第366页。
⑤ 《太平御览》第一册,第365—366页。

基础上"教民播种五谷";而后一段则主要是对神农时代的理想化描述,所以就有"不忿争而财足,不劳形而成功"以及"法宽刑缓,囹圄空虚,而天下一俗"之类的赞叹。但其根据则仍然建立在"教民播种五谷"一点上,所以《太平御览》概括说:"神者信也,农者浓也。始作耒耜,教民耕,其德浓厚若神,故为神农也。"①从这些评价来看,神农氏似乎就可以说是中国农耕文明的开创者;而其"尝百草"的认知方式,则又成为中国体认认知方式的奠基人。

　　这样看来,历史发展到伏羲、神农时代,不仅中国人的"世界"已经形成,而且其与"世界"的沟通以及其认知世界的方式也已经基本确立了。如果说燧人氏、有巢氏的发明创造就代表着中华民族之所以成为"人"的时代,——能够用火而且开始走向定居生活,那么伏羲氏也就代表中国人所谓"世界"的形成,因为其"因夫妇,正五行,始定人道"固然代表着人伦文明的初步确立,而且其"做结绳而为网罟,以佃以渔"则又是从男女之自然分工走向社会分工的表现。这正代表着国人所谓"世界"的形成。请再看《周易·系辞》中对伏羲氏的描述:

　　　　古者包牺氏之王天下也,仰则观象于天,俯则观法于地,观鸟兽之文与地之宜,近取诸身,远取诸物,于是始作八卦,以通神明之德,以类万物之情。

在这里,所谓"仰则观象于天,俯则观法于地"其实正代表着国人所谓"天圆地方"、"天覆地载"的世界;而所谓"近取诸身,远取诸物"则又代表着国人认知方式的初步形成(此后的神农"尝百草"其实正是这种认知方式的具体化,即通过"尝"的方式从而使认知对象转化为主体的一部分,从而体认、体味认知对象的阴阳酸苦属性);至于"始作八卦"固然代表着国人对这个"世界"之一种最为简括的概括和表达方式,而所谓"通神明之德"与"类万物之情",实际上又可以说是提出了人对"世界"认知的终极性任务。因为直到今天,我们人类的认识也始终未能超越这种"通神明之德"与"类万物之情"的追求与关怀。

　　到了神农氏,则所谓"日中为市,致天下之民,聚天下之货,交易而退"自然属于分工基础上的交换行为,而神农的"尝百草之实,察酸苦之味",则

_____

① 《太平御览》第一册,第365页。

无疑又表现出一种在主体体认基础上对"世界"进行具体认知的追求;至于所谓"斲木为耜,揉木为耒,耒耨之利,以教天下"以及"教民食五谷"等等,不仅是对"世界"进行体认性认知的结果,而且也代表着农业文明的开创。与此同时,建立在农耕文明基础上的经验意识、建立在"天覆地载"基础上的历史意识以及建立在对人生进行体认性认知基础上的生命根源意识,也就随着神农氏的"尝百草之实,察酸苦之味"的方式逐步强化起来。所以,如果说伏羲氏是中华人伦文明的"始祖",是其"天圆地方"、"天覆地载"世界的开辟者,那么神农氏也就应当是中华农业文明的奠基人。

四、炎黄时代:中华文明的奠基

中国人一直自称为炎黄子孙。从这一自称上就可以看出,到了炎黄时代,中华大地已经形成了一个由众多族群所共同构成并且也有着大致统一之文明理念的部落联盟了。

但在关于上古史的许多传说中,所谓"炎黄"中的炎帝往往被直接用来指谓神农氏,比如《帝王世纪》、《太平御览》也都直接表达为"炎帝神农氏",似乎神农氏就是指"炎黄"一说中的"炎帝"而言。但是,如果从"炎黄"一说的最早出现来看,则二者之间似乎还是有区别的,起码是存在着一定的时间距离的。此中一个明显的标志就是,神农氏一如"燧人氏"、"有巢氏"、"伏羲氏"一样,首先是作为氏族领袖之"氏"出现的,这也表明他们首先是以氏族酋长的身份出现于历史舞台的;而"炎黄"中的"炎"则是指"帝"而言的,并且也是作为"帝"出现于历史的,这就表明他们无疑属于不同的时代。

再从这些说法的具体形成来看,最早将"炎黄"并提的是《国语》,其《晋语》云:

> 昔少典娶于有蟜氏,生黄帝、炎帝。黄帝以姬水成,炎帝以姜水成。成而异德,故黄帝为姬,炎帝为姜。二帝用师以相济也,异德之故也[①]。

---

① 《国语·晋语》四,徐元诰撰,王树民、沈长云点校:《国语集解》,中华书局 2002 年版,第 336—337 页。

从这一记载来看,炎、黄不仅是同时代人,而且似乎还是一母同胞的兄弟。但在《庄子》一书中,作为炎帝的神农氏却是这样出现的:

> 神农之世,卧则居居,起则于于,民知其母,不知其父,与麋鹿共处,耕而食,织而衣,无有相害之心,此至德之隆也。然则黄帝不能致德,与蚩尤战于涿鹿之野,流血百里。①

从庄子的这一描述来看,如果"炎黄"属于同一时代,那么炎帝就不可能与神农氏属于同一时代。原因很简单,神农氏似乎还处于"民知其母,不知其父"的母系社会(其实从伏羲时代起就已经"因夫妇,正五行,始定人道"了;由此反推,则国人在此之前无疑已经进入父系社会了);即使认为这一说法可能存在着庄子故意美化、故意作古的成分,那么其"无有相害之心"以及"至德之隆"的评价也无疑是不同于炎黄时代的"不能致德,与蚩尤战于涿鹿之野,流血百里"的情形的。而在《尸子》一书中,甚至还有对神农氏这样的描述:"神农氏治天下,欲雨则雨,五日为行雨;旬为谷雨;旬五日为时雨。正四时之制,万物咸利,故谓之神。"②这简直就是一种要风得风、要雨得雨的神化至德之世。所以,仅从这些情况来看,似乎还不能将"炎黄"一说中的炎帝直接等同于神农氏。实际上,作为氏族领袖的神农氏与作为炎帝神农氏之"氏"的含义是不同的,前者是指作为氏族领袖的神农本人,而后者则是指作为神农氏族之后世继承人的炎帝。由于"氏"既可以作"姓氏"之"氏"来理解,又可以作"氏族"之"氏"来理解,因而对于今人而言,古人所谓的炎帝神农氏往往会被今人误以为炎帝就是神农本人。

而在司马迁的《五帝本纪》中,黄帝、炎帝又是这样登场的:

> 黄帝者,少典之子,姓公孙,名曰轩辕。生而神灵,弱而能言,幼而徇齐,长而敦敏,成而聪明。
>
> 轩辕之时,神农氏世衰,诸侯相侵伐,暴虐百姓,而神农氏弗能征。于是轩辕乃习用干戈,以征不享,诸侯咸来宾从。而蚩尤最为暴,莫能伐。
>
> 炎帝欲侵凌诸侯,诸侯咸归轩辕。轩辕乃修德振兵,治五气,艺五种,抚万民,度四方,教熊、罴、貔、貅、貙、虎,以与炎帝战于阪泉之野,三

---

① 《庄子·盗跖》,郭庆藩编:《庄子集释》,第 1090 页。
② 《尸子》卷下,《二十二子》,上海古籍出版社 1986 年版,第 374 页。

战,然后得其志。

　　蚩尤作乱,不用帝命。于是黄帝乃征师诸侯,与蚩尤战于涿鹿之
野,遂擒杀蚩尤。而诸侯咸尊轩辕为天子,代神农氏,是为黄帝。天下
有不顺者,黄帝从而征之。平者去之。披山通道,未尝宁居。①

从司马迁的这一记载来看,"炎黄"虽然属于同一时代,但却属于不同的氏
族。所谓"神农氏世衰,诸侯相侵伐,暴虐百姓,而神农氏弗能征",显然是
将神农氏视为人类的共同祖先的;而炎帝的姜姓部落则被视为神农氏族的
直接继承者。这一点也可以说明为什么从《帝王世纪》到《太平御览》都直
接将其表达为"炎帝神农氏",——它们是把炎帝视为神农氏族的直系后裔
或直接继承人的。正因为"神农氏世衰",所以继起的炎黄时代也就成为一
个互相征伐的时代,这才可能有黄帝"与炎帝战于阪泉之野,三战,然后得
其志"的记载。这种现象也显然是不同于庄子、尸子笔下所谓神农氏时代
"无有相害之心"的所谓"至德之隆"的。从这个角度看,《太平御览》所谓
的"黄帝修德化民,诸侯归之,黄帝于是乃扰训猛兽,与神农氏战于阪泉之
野,三战而克之"②,实际上完全有可能是指黄帝与炎帝的大战而言的,而绝
不可能是黄帝与神农氏的大战;这里所谓的神农氏,也只能说明炎帝属于神
农氏族的直系后裔,自然也就是所谓"神农氏"了,但却绝不是说炎帝就是
发明农耕的神农氏本人。至于黄帝对神农氏统治的取代,也就应当是指黄
帝对于作为神农氏后裔之炎帝部落领导权的取代而言的。

　　作为神农氏的后裔,炎帝与神农的根本区别在于:炎帝明显属于"帝",
是部落联盟的领袖;而神农则属于"氏",是氏族的酋长,因而他们根本不可
能属于同一时代。至于"黄帝于是乃扰训猛兽,与神农氏战于阪泉之野,三
战而克之",则只能说明"炎黄"时代是一个由氏族群落走向部落联盟的时
代;而黄帝则既是最后一位氏族领袖——轩辕氏,同时又应当是第一位部落
联盟的领导人(至于炎帝之所以被称为"帝",极有可能只是因为其帮助或
者服从于黄帝大战蚩尤所给予的一种追封),至于此前黄帝"与神农氏战于
阪泉之野,三战而克之"的说法,说明这一大战首先是在炎帝氏族与黄帝氏

---

　　① 司马迁:《史记·五帝本纪》,《二十五史》卷一,第5页。司马迁对轩辕黄帝的这一介
绍,其前半部分完全源于《家语》中孔子对轩辕黄帝的介绍。(参见陈士珂辑:《孔子家语疏
证》卷五,第127页)
　　② 《太平御览》第一册,第367页。

族之间展开的,是其相互对部落联盟领导权的争夺,所以其结果也就成为司马迁所谓的"诸侯咸尊轩辕为天子,代神农氏,是为黄帝"。这说明,到了炎黄时代,中国历史确实翻开了崭新的一页。

关于黄帝之所以被称为轩辕氏,《史记》记载说:"黄帝者,少典之子,姓公孙,名曰轩辕。"《帝王世系》则记载说:"黄帝,有熊氏之子,母曰附宝,其先即炎帝母家。有蟜氏之女,世与少典氏婚,故《国语》兼称焉。及神农氏之末,少典氏又取附宝……孕二十五月生黄帝于寿丘,长于姬水,龙颜有圣德,受国于有熊,居轩辕之丘。故因以为名,又以为号。"①《大戴礼》则又借孔子的话说:"黄帝,少典之子也,曰轩辕。生而神灵……"②从这些记载来看,一则主张黄帝"名曰轩辕";一则主张"居轩辕之丘,故因以为名,又以为号"。但无论是"名曰轩辕"还是"居轩辕之丘",由于当时还没有文字,因而所谓"轩辕"两个字反倒是最值得考究的。《太平御览》记载:"师旷谓晋平公曰:黄帝合鬼神于西泰山之上,驾象车六蛟龙……"③因而其之所以"名曰轩辕",估计可能与舟车的发明有关。因为就在同一部《太平御览·车部》中,已经明确地记载了黄帝发明舟车的事实。如:"黄帝造车,故号轩辕氏。"④实际上,可能也只有在发明舟车的基础上,其与炎帝、蚩尤之间的大战包括其统一后的"披山通道,未尝宁居"才能真正得以展开。这说明,作为氏族领袖的"轩辕氏",即所谓黄帝首先就应当是舟车的发明者;而"轩辕氏"之所以能够成为黄帝,则又首先是因为其发明舟车,从而也就成为天下——所谓部落联盟的统一者了。所以,从黄帝开始,中国也就进入到一个统一的国家政权的时代。

在关于黄帝的记载中,《白虎通义》说:"黄者,中和之色,自然之性,万世不易。黄帝始作制度,得其中和,万世长存。故称黄帝也。"⑤从这里所反复强调的"中和之色"与"得其中和"来看,应当说这可能就是轩辕氏之被称为"黄帝"的原因。因为从所谓"中和之色,自然之性,万世不易"到"始作制度,得其中和,万世长存"来看,也都说明黄帝是以"中和"作为其为政之基

---

① 《太平御览》第一册,第367页。
② 《太平御览》第一册,第368页。
③ 《太平御览》第一册,第368页。
④ 《太平御览》第四册,中华书局1960年版,第3421页。
⑤ 《白虎通疏证·三皇五帝》,第53页。

本特征的,而从"黄者,中和之色"到"自然之性,万世不易"再到其"始作制度,得其中和,万世长存",这就表现出三个层面的中和:从所谓色之中和、人性之中和再到制度之中和,黄帝显然是以其"中和"来作为整个民族之核心观念及其治国的基本国策的。

那么,黄帝究竟又有哪些方面的制作呢?《太平御览》说:"又使歧伯尝味百草,典医疗疾,今经方《本草》之书咸出焉。其史仓颉,又取象鸟迹,始作文字,史官之作,盖自此始。记其言行策而藏之,名曰书契。"①又说:"黄帝采首山铜铸鼎于荆山下,鼎既成,有龙垂胡髯下迎黄帝……"②从这些记载来看,黄帝或黄帝名下确实有许多发明制作,诸如歧伯通过"尝味百草"而撰成的《本草》、仓颉通过"取象鸟迹"而成的文字书契以及"黄帝采首山铜铸鼎于荆山下"等等,说明黄帝时代就已经开始"铸鼎"了。而在文字书契发明以前,无论是"名曰轩辕"还是"居轩辕之丘,故因以为名"这样的名号肯定会因为其一生最主要的发明而追述之。惜乎从战国至秦汉诸侯争霸的历史影响,因而从司马迁起,中国文化就已经聚焦在王权的争夺上了,所以连黄帝何以被称为轩辕氏这样的名号也无人深究,这不能不说是一个历史的遗憾。

反倒是孔子,其对轩辕黄帝的追述反而有许多关于生存技能与人伦文明方面的内容。比如:

> 始作衣裳,作为黼黻,命风后、力牧、常先、大鸿以治民,以顺天地之纪;知幽明之故,达生死存亡之说,播时百谷,尝味草木,仁厚及于鸟兽昆虫。考日月星辰,劳耳目,勤心力,用水火财物以生民,民赖其利。③

很明显,到了黄帝时代,从所谓"始作衣裳"以及"作为黼黻,命风后、力牧、常先、大鸿以治民",包括"播时百谷,尝味草木,仁厚及于鸟兽昆虫",也确实表现了黄帝之建政与作为,因而也就有了"劳耳目,勤心力"以及"用水火财物以生民,民赖其利"的政治文明及其影响。

但所有这些技能与制作可能还主要是指黄帝之作为轩辕氏之"氏"——所谓氏族领袖一面,而作为"帝",其一生的事迹似乎又主要集中在其与炎帝、蚩尤的五次大战上。可能在司马迁看来,正是这五次大战才决

---

① 《太平御览》第一册,第 367 页。

② 《太平御览》第一册,第 367 页。

③ 陈士珂辑:《孔子家语疏证》卷五,第 127 页。

定了其由"轩辕氏"向"黄帝"的转化。由于这五次大战主要集中在黄帝与蚩尤、炎帝以及最后彻底剿灭蚩尤上,因而战争几乎贯穿了黄帝的一生或后半生。关于黄帝的五次大战,《史记》所谓"诸侯相侵伐,暴虐百姓,而神农氏弗能征"以及"轩辕乃习用干戈,以征不享……而蚩尤最为暴,莫能伐",实际上可能就是轩辕氏作为黄帝第一次伐蚩尤的失败。至于"炎帝欲侵凌诸侯,诸侯咸归轩辕"以及"与炎帝战于阪泉之野,三战,然后得其志",则无疑是指黄帝与炎帝的三次大战以及对炎帝的彻底征服而言的。至于其最后"与蚩尤战于涿鹿之野,遂擒杀蚩尤"则无疑又是其对北方蚩尤政权的最后剿灭。所以对于黄帝,司马迁评价说:"天下有不顺者,黄帝从而征之。平者去之。披山通道,未尝宁居。"这就完全成为一个四处征伐的帝王形象了。

这样看来,在司马迁的史家视野中,黄帝之所以被称为黄帝,似乎并不在于其对生存技能与人伦文明的发明与推进(当然一定程度上也包括这些方面),而主要在于其对天下诸侯的征服与统一上。从这一点来看,作为中华民族的"人文初祖",黄帝似乎是在征伐与统一的战争中拉开其生命之序幕的,也是以征伐与战争的方式拉开中华文明之序幕的,这似乎有点不祥。但从另一方面来看,如果没有这种征伐与统一的战争,没有战争的急迫需要,那么其对所谓生存技能的发明(比如所谓舟车的发明以及对动物的驯化)与人伦文明的推进,可能也就不会来得那么急迫;而在其完成统一后,所谓"使歧伯尝味百草,典医疗疾,今经方《本草》之书咸出焉。其史仓颉,又取象鸟迹,始作文字,史官之作,盖自此始。记其言行策而藏之,名曰书契"之类的发明创造,可能也就不会出现了。进一步看,如果没有黄帝的征伐与统一,作为整体的中华民族可能也就无从谈起,而后世所谓炎黄子孙的说法也就无从成立了。

但在管子的笔下,黄帝之所以成为黄帝,似乎又主要在于其善于用人、善于取人之长。比如《太平御览》引管子的看法说:

　　　管子曰:"黄帝得蚩尤而明乎天道,得太常而察乎地利,得苍龙而辨乎东方,得祝融而辨乎南方,得大掛而辨乎西方,得后土而辨乎北方,黄帝得六相而天下治。"①

————————————

① 《太平御览》第一册,第368页。

这样看来,黄帝本人似乎又是一个百无一能的人,而其最大的特点也就在于用人,并善于向他人学习。这显然又是依据道家的"谦下"观念对黄帝的重新塑造。

当轩辕成为黄帝之后,一个大一统的政权也就开始出现了。请看司马迁笔下作为中国历史上第一位天子(帝王)同时又是"五帝"之首的黄帝政权之规模:

> 东至于海,登丸山,及岱宗。西至于空桐,登鸡头。南至于江,登熊、湘。北逐荤粥,合符釜山,而邑于涿鹿之阿。迁徙往来无常处,以师兵为营卫。官名皆以云名,为云师。置左右大监,监于万国。万国和,而鬼神山川与为多焉。获宝鼎,迎日推策。举风后、力牧、常先、大鸿以治民。顺天地之纪,幽明之占,生死之说,存亡之难。时播百谷草木,淳化鸟兽虫蛾,旁罗日月星辰水波土石金玉,劳勤心力耳目,节用水火材物。有土德之瑞,故号黄帝。[1]

显然,这里的疆域,就是中国历史上最早的疆域;而这里的政治设施,也就是中国历史上最早的政治文明而其所体现的政治文明,也就是人伦文明发展的一个必经阶段。

由此之后,所谓五帝(黄帝、颛顼、帝喾以及尧、舜)中的后四位帝王,既是黄帝的直系子孙,同时也是黄帝事业的继承者与推进者。[2] 但由于司马迁对五帝的叙述,——前边主要以黄帝为主,后面则以尧舜为主,而其对尧舜的叙述又基本上是通过对《尚书》中的《尧典》和《舜典》之解读与转述实现的,因而所谓的"三皇五帝",其"三皇"自然集中于"三皇"的事迹本身;至于所谓"五帝",实际上也就可以说是从黄帝一直到夏、商、周三代之间的一个过渡环节了。

---

[1]　司马迁:《史记·五帝本纪》,《二十五史》卷一,第5页。
[2]　关于"五帝"的具体指谓,《史记》、《大戴礼记》与《白虎通义》都明确坚持"五帝"是指黄帝及其以后的四位继承人,即黄帝、颛顼、帝喾以及尧、舜,但《古文尚书》则指黄帝的五位子孙,这就是少昊、颛顼、帝喾、尧、舜。前者的特点在于以黄帝为五帝之首,且都有治理天下的记载;后者则专门指黄帝以后其五位子孙为五帝,既突出了黄帝的独尊地位,又将黄帝长子少昊纳入其中,这就有点突出血缘长子的意味了,所以这里不取后一种说法。

第二章 "艺"与"经":一种来自
社会学的辨正

从这一章开始,我们将不得不面临一系列类似于考证性质的问题。如果从其所涉及的思想内容来看,主要是为了澄清儒学史上"艺"与"经"的关系问题;但如果从文献的具体表现形式来看,则又首先涉及作为儒家古代文献之一的《周礼》(亦称《周官》)的制作时代问题。因为这一问题不仅涉及我们对儒家原典文献之如何采信、如何取舍的问题,而且也同时涉及我们将从哪个角度来理解儒学的形成与发展——儒家的关注侧重与叙事方式问题。

一、叙事方式的选择

之所以要把叙事方式作为首要问题,主要是鉴于司马迁作为一位具有开创性的史学家对中国历史传统的深远影响;而作为司马迁本人,其既受到战国至秦汉期间诸侯争霸之战争与政治的影响,同时又受到其个人人生中重大遭际(比如因为受政治厄运牵连而遭受宫刑的打击)的影响,从而也就会促使其对历史事件作出比较偏重于战争与政治——所谓实力式的解读。① 比如

---

① 关于司马迁当时因为受李陵之祸的牵连而又无法自白的感受,他在《报任安书》中写道:"因为诬上,卒从吏议。家贫,财赂不足以自赎,交游莫救,左右亲近不为一言……猛虎处深山,百兽震恐,及其在槛阱之中,摇尾而求食,积威约之渐也。"这可能也就是班固批评他"是非颇缪于圣人,论大道则先黄、老而后六经,叙游侠则退处士而进奸雄,述货殖则崇势利而羞贫贱,此其所蔽也"的心理根源。(参见班固:《汉书·司马迁传》,《二十五史》,第596—597页)

对于黄帝之所以成为黄帝——中国历史上的第一位帝王,司马迁的叙述本来大体上源于《孔子家语》中的概括,但他同时又增加了如下方面的内容:"……以与炎帝战于阪泉之野,三战,然后得其志"。此后,又"与蚩尤战于涿鹿之野,遂擒杀蚩尤。而诸侯咸尊轩辕为天子,代神农氏,是为黄帝"。这样一来,在司马迁的笔下,黄帝之所以成为黄帝,似乎也就主要集中在"天下有不顺者,黄帝从而征之"这一点上了。

当然,这并不是说《史记》中的上古史就完全是出自司马迁的向壁虚构,作为一名严肃的史学家,司马迁的叙述无疑有其历史根据;而《史记》所述也往往被视为关于中国上古的"铁史",因而司马迁这种出于战争与政治实力式的解读自然也有其历史的合理性。但历史毕竟是立体的历史,除了战争与政治这种在历史转折关头起决定性作用的因素之外,历史毕竟还存在着由生存技能与人伦文明所决定的常态表现以及一般作为思想文化之直接决定者的社会生活层面;而从历史作为人类社会的进化进步史与文明的发展演化史出发,可能也只有生存技能与人伦文明的发展才代表着人类社会的进步与历史发展的真正主体。对于素来以人之生存作为核心关怀的"世界"来说尤其如此。至于战争与政治权力(包括所谓权谋、实力),虽然在历史转折的重大关头常常能够起到四两拨千斤之决定性作用,但如果人类历史就仅仅是战争与政治实力较量的历史,那么这样的历史可能也就没有文明的进步与文化精神的发展可言。

比如对于殷周之际——西周取代殷商王朝的历史,司马迁就写道:"西伯阴行善,诸侯皆来决平……诸侯闻之,曰:'西伯盖受命之君。'"①而对于武王伐纣,司马迁又有所谓"东观兵,至于盟津"一说,意即武王曾先到盟津以会盟诸侯,以观察殷纣王朝的气数是否已尽,所以也就有了"乃还师归"②一说。正因为司马迁对历史的这种完全出于战争与政治实力包括所谓权谋式的解读,所以也就使得后世的儒者不得不对其笔下的历史进行辨析,以至于像张载这样的理学家也就不得不为武王辩解说:"如此则是武王两畔也……此事间不容发,当日而命未绝则是君臣,当日而命绝则是独夫;故'予不奉天,厥罪惟均。'"③而从班固到朱子,也都对司马迁的这种历史观

---

① 司马迁:《周本纪》,《二十五史》卷一,第12页。
② 司马迁:《周本纪》,《二十五史》卷一,第12页。
③ 张载:《经学理窟·诗书》,《张载集》,第257页。

有许多批评,诸如班固所谓的"是非颇缪于圣人,论大道则先黄、老而后六经"①;朱子为此甚至还和友人吕祖谦发生了一场激烈的争论,认为"孔子说伯夷'求仁得仁,又何怨'! 他(司马迁)一传中首尾皆是怨辞,尽说坏了伯夷"②。这种情形,说明司马迁在戴上了战争与政治实力的有色眼镜之后,难免就会处处看到战争、政治包括所谓权谋与实力的影响。

实际历史是否真的如此呢? 我们当然不能否认战争与政治实力在推进社会前进方面的重大历史作用,也不是说司马迁笔下的历史就缺乏历史事实的根据而完全不可信,实际上,其《史记》之所以被视为"铁史"就在于他确有历史的根据,其叙述也基本上是从历史事实出发的。但是,如果我们以一个时代极具代表性的艺术品作为其时代精神的直观写照,那么从西周政权的发源地——周原所出土的青铜器来看,那种雍容、雅致而又厚重的气象以及其所表现出来的时代精神确实是无法和充满着权谋、杀伐的战争与政治联系起来的,反倒与历史上一直盛传的礼乐文明以及其"敬天保民"之"德治"与"仁政"精神有着极为一致的内在性关联。这种情形,也许就如同我们所曾经经历过的在"以阶级斗争为纲"年代里的工农兵形象和改革开放初期民间所风行的年画一样:前者那种凛然不可冒犯的神情简直就可以说是阶级斗争精神的艺术表现,当然也是"文革"精神的写照;而后者那种平和、温馨而又安康的形象则显然是发自亿万人民心灵深处的期盼。但这绝不是说殷周政权的更替就不需要通过战争,也不是说司马迁对殷周之际战争与政治视角的解读就完全缺乏历史的根据,而是说,在经历了从战国至秦汉腥风血雨的战争洗礼以及汉初政治与权谋的反复角力以及他个人的特殊遭际之后,难免会使其对社会历史作出侧重于战争、政治与实力式的解读。③

相反,真正接近历史真相的情形反倒有可能保留在关于中国上古史的各种传说中。由于司马迁的《史记》是直接从作为"人文初祖"的轩辕黄帝写起的,所以此前关于中国上古史中的各种传说并不在其选择范围。实际上,在关于中国上古史的各种传说中,可能反倒会保留着更多的历史真相(当然也会保留一些完全不可信从的神话传说,比如"盘古开天"、"女娲造

---

① 班固:《汉书·司马迁传》,《二十五史》卷一,第 597 页。

② 黎靖德编:《朱子语类》卷一百二十二,第 2952 页。

③ 司马迁说:"谚曰:'千金之子,不死于市。'此非空言也。故曰:'天下熙熙,皆为利来;天下壤壤,皆为利往。'"(《史记·货殖列传》,《二十五史》卷一,第 328 页)

人"之类)。比如关于"三皇"的传说,虽然秦汉时代的人们就已经搞不清
"三皇"的具体所指了,但散见于《庄子》、《韩非子》中关于"燧人氏"、"有巢
氏"以及"伏羲氏"、"神农氏"的描述与记载却保留着一定的历史真实,也勾
勒出了一条较为清晰的历史进化线索;其中关于这些"氏族领袖"的传说后
来也基本得到了作为官方意识形态之《白虎通义》和《太平御览》的承认与
认可。所以说,中国上古史中关于那些"氏"的传说,可能反倒隐含着一些
真正能够破解历史真相的线索。

　　除此之外,关于儒学发生发展史的解读可能也存在着另一个方面的误
区,这就涉及中国历史上关于儒家早期文献的另一个学术大案,甚至也可以
说就是儒家历史文献中的第一学术大案——所谓今古文《尚书》的真伪问
题。① 笔者并非醉心于文献真伪的考订问题,本人的知识结构也并不长于
辨析此类问题,但由于这些问题同样涉及对历史文献之如何采信的问题,因
而我们这里也就不能不通过一些基本的辨析,以对这些存在争议的文献形
成一个基本的取值标准,这就必然要对这些文献有一个基本的认定。比如
说,作为中国历史上第一部官方文献,无论是今文《尚书》还是古文《尚书》,
实际上都是后来合成的(现存的《尚书》文本实际上已经无所谓今古文之分
了,就是作为伏生口述的今文《尚书》也已经不可考),所以,如果仅从文本
上考订今古文《尚书》的真伪,或者直接宣布古文《尚书》完全是不可信从的
伪书,已经没有任何意义了(因为所谓的今文《尚书》也已经不可考了)。但
首先值得注意的是,现存《尚书》中置于开篇的《尧典》、《舜典》、《皋陶谟》、
《大禹谟》之类的文献是否就真的出自唐尧虞舜时代呢? 仅从中国文字出
现的一般时限来看,就知道唐尧虞舜时代根本不可能形成这样的文字书写;
甚至,就从形成于殷商时代的甲骨文和西周早期的甲骨文、盘盂铭文来看,
似乎也不可能形成现存《尚书》那样的表达。从这个角度看,则《尚书》作为
从唐尧虞舜一直到夏、商、周、秦四代的官方文献肯定是由后人所追述出来
的,或者说起码《尚书》中关于西周以前的历史文献是由后人所追述出来
的。这就是说,无论是从社会的发展还是文明进步的角度看,《尚书》都不
可能是唐尧虞舜时代原有的官方文献。

_____

　　① 关于这一问题,请参见胡治洪:《〈尚书〉真伪问题之由来与重辨》,《江苏师范大学学
报》2014年第1期。

这种不可能,不仅存在着文明的发展与社会的进步亦即所谓客观的社会历史条件方面的限制,更重要更直接的还存在着思想基础方面的限制。比如说,从历史的角度看,儒学肯定是在历史中生成的,也是在历史的演进中逐步发展的,但如果从《尚书》来看,则唐尧虞舜一起始似乎就是作为儒家的圣人而出现的。虽然《孟子》一书中还保留着对舜之成长经历的一些追溯,比如"舜之居深山之中,与木石居,与鹿豕游,其所以异于深山之野人者几希;及其闻一善言,见一善行,若决江河,沛然莫之能御也。"①而在现存的《尚书·舜典》中,也有尧对于舜的考验以及舜作为个人的成长、历练过程。但这种成长历练毕竟属于其个体之可遇而不可求的经历,只是其内在圣贤品格的一种外在敲打或外在实现之助缘而已;而作为儒家世界观、人生观之内核——所谓人生价值观念之形成也就必须具有一定的生存技能与人伦文明的基础,或者说也只有在一定的生存技能与人伦文明的基础上儒学才有可能真正形成。如果从这些方面来看,则现存的《尚书》显然是不具备的,因为它是把儒家的人生观、价值观作为一种既定的存在来叙述的;这也就成为一种所谓"天纵之圣"的说法了,——尧舜似乎就是生来的圣人。也就是说,对于《尚书》的作者而言,儒学的形成与发展过程根本就不在其视野之内,反而是作为一种既定的存在形态出现的。从这个角度看,我们只能说《尚书》实际上只是在儒学形成以后对中国上古历史的一种追述或解读(这正是其将儒家的人生观、价值观作为一种既定的存在来叙述的根本原因),但却绝不可能就是上古的历史记载本身。

对于这一问题,如果从其具体的叙事方式来看就更清楚了,比如说,在现存的《尚书》中,唐尧一起始就是作为儒家的圣王出现的,这也在一定程度上印证了孔子对尧的一个基本评价:"大哉尧之为君也!巍巍乎!唯天为大,唯尧则之,荡荡乎,民无能名焉。巍巍乎其有成功也,焕乎其有文章!"②这一描述,作为孔子对尧之事业、"文章"的称赞当然是无可挑剔的。但既然是作为儒家历史文献的《尚书》,那么尧一起始就作为天生的圣王而出现于历史舞台无疑是并不符合思想之形成与发展逻辑的;如果儒家的圣人全都是作为天生或天纵之圣出现于历史舞台的,那么其所谓的道德教化、

---

① 《孟子·尽心》上,吴哲楣主编:《十三经》,第1420页。
② 《论语·泰伯》,吴哲楣主编:《十三经》,第1280页。

道德修养之说也就全无意义了。从这个角度看,我们只能说孔子所赞叹的尧其实只是《尚书》中的尧,但却未必就是那个在历史中真实存在的唐尧。

对于现存《尚书》还可以有更为严重的批评。比如说,儒家之所以重视《尚书》,关键在于《尚书》中关于尧、舜、禹政权传递的禅让制记载充分体现了儒家"天下为公"的道德理想,而司马迁还专门为此保留了一段对于尧禅位于舜的心理分析,他说:"尧知子丹朱之不肖,不足授天下,于是乃权授舜。授舜,则天下得其利而丹朱病;授丹朱,则天下病而丹朱得其利。尧曰:'终不以天下之病而利一人。'而卒授舜以天下。"①经过司马迁的这一番分析后,尧舜禅让制之"天下为公"的理念确实深入人心,而子思也正根据《尚书》的这一记载而表彰说:"仲尼祖述尧舜,宪章文武,上律天时,下袭水土。"②但尧舜的禅让制真的就完全是出于"天下为公"的道德理想吗? 请看王国维对尧舜禅让制的另一种分析:

> 世动言尧舜禅让,汤武征诛,若其传天下与受天下有大不同者。然以帝系言之,尧舜之禅天下,以舜禹之功,然舜禹皆颛顼后,本可以有天下者也;汤武之代夏商,固以其功与德,然汤武皆帝喾后,亦本可以有天下者也。③

王国维的这一分析,对于儒家"天下为公"的道德理想来说,简直就可以说是一种毁灭性的打击。我们这里暂且不管这种分析是否有道理,但其对儒家禅让制所体现的"天下为公"的道德理想来说,却无疑包含着一种非常尖刻的批评。④

实际上,笔者对《尚书》的这种挑剔或诘难并不是针对《尚书》本身,而

---

① 司马迁:《史记·五帝本纪》,《二十五史》卷一,第6页。

② 《礼记·中庸》,吴哲楣主编:《十三经》,第566页。

③ 王国维:《殷周制度论》,《观堂集林》第二册,中华书局1959年版,第454页。

④ 王国维的这一批评无疑是不合理的,因为"黄帝二十五子",颛顼为黄帝之孙,至帝喾已经是"黄帝之曾孙";而尧则是黄帝之玄孙,到尧禅位于舜时,起码已经有了六代人的间隔了。如果每代都以二十五子来推算,那么舜充其量也就只能算是黄帝的一百二十五个曾玄孙之一了,而这样的传位概率似乎也显得太低了。再从其接替帝位的形式来看,尧固然是接替其异母兄挚的帝位,但舜就已经是黄帝的七世孙了;而自颛顼以后,舜的历代祖先就已经有五代连续为庶人啦。如果按照这个逻辑,那么此后中华大地上无论谁接替帝位,也都可以说是传授而至,或者说本来就是可以由祖宗世袭而来的天下了。实际上,尧舜禅让制的根本原因并不在于是否为黄帝子孙,而主要在于由司马迁所概括的"终不以天下之病而利一人"的选择逻辑上,这才是禅让制的根本。

主要是针对其叙事方式；或者也可以说并不是针对《尚书》的叙事方式本身，而主要在于针对本书"发生与诠释"这种特定的主题。因为"发生与诠释"这种特定的主题就明确规定必须从历史发展的过程中寻绎其所以发生的关键性因素与具体环节；而《尚书》则是在儒家世界观、价值观形成之后对于中国上古历史的一种具体解读或理论诠释（加工整理）。在这一解读中，儒家的世界观、价值观实际上都已经是作为一种既定的形态出现的，正是以这种既定的世界观与价值观来对历史事件进行定向解读，自然也就使得历史具有了浓厚的"德性"与"德治"意味。从这一点也可以看出，虽然《尚书》可以说是中国历史上第一部官方文献，而从《尚书》中也确实可以看出原始儒家的一些基本的思想观点，包括其对历史事件的解读与诠释，但《尚书》毕竟没有为我们提供儒学所以发生、形成方面的信息。

不过，《尚书》虽然没有为我们提供关于儒学发生发展方面的信息，但它毕竟为我们提供了儒学对于上古文献的解读与诠释模式。而且，从孔子对尧舜这些古代圣王的赞叹来看，起码说明《尚书》在孔子时代就已经属于公认的历史文献了；孔子之所谓"删诗书"，可能也就包含着对《尚书》一定的加工或重新整理的成分。除此之外，由于《尚书》到孔子时代就已经成为一种既定的存在了，这起码又说明《尚书》无疑形成于孔子之前，从孔子之"好古敏求"①尚且不能发现《尚书》究竟形成于何时来看，则又说明《尚书》起码是和《诗经》属于同一时期，即起码是属于西周早期的作品。《尚书》在形成上的这一特点，必然会为我们提供一定的关于儒学如何产生方面的信息。

当然退一步看，即使《尚书》不一定能够为我们提供儒家从无到有——其具体发生、形成方面的信息，但它起码可以代表西周儒家对于上古历史的一种解读。就这一点而言，它起码可以代表西周儒家所解读、诠释的上古历史；至于其关于上古历史之"德性"与"德治"解读这一点，则起码可以看作是西周儒学的基本特点。

关于儒学对于中国上古历史之"德性"与"德治"解读这一特点，我们也完全可以通过儒学的现代表现及其例证进行反观或反向证明。在《五

————————

① 子曰："我非生而知之者，好古，敏以求之者也。"（《论语·述而》，《十三经》，第1276页）

四以来逆反的浪潮与当代新儒家重建的努力》一文中,刘述先先生发现了历史上儒家叙事方式的一个重要特点:"即强调超越理想与现实政治之对反性,这是我近来越想越明澈的一个论旨……"并且希望"读者幸加垂注"。① 也就是说,刘述先通过对"当代新儒家重建的努力"之多方面的研究,发现愈是在缺乏道德的时代,则其时儒家的叙事与解读方式也就愈有可能突出道德性。对于这种现象,虽然我们并不能就完全以此为例来对历史进行直线性的反推,从而也就将充满着道德理想的历史视为所谓"漆黑一团",但"超越理想与现实政治"之间的"对反性"则在说明儒家有意识地突出其对于上古历史文献之"德性"解读与"德治"诠释一点上还是比较有效的。

这样一来,我们实际上已经在面临着两种不同的叙事方式了:一种是以司马迁为代表而从根本上源于道家的叙事方式②,这种叙事方式往往侧重于战争和政治,既重视权谋也重视实力,也足以回答历史转向关头之所以然;另一种叙事方式,是由班固所概括的"游文于六经之中,留意于仁义之际,祖述尧、舜,宪章文、武,宗师仲尼,以重其言,于道为最高"③之所谓儒家传统的叙事方式。实际上,这样的叙事方式也就是我们前边对《尚书》所分析的,其实也就是在儒学形成以后西周的儒生以仁义道德为依据对中国上古史的解读与重新整理。这两种叙事方式基本上构成了前人研究历史、分析历史文献的主要方法,但在笔者看来,这两种叙事方式也都存在着太强的主观烙印,或者说起码存在着有色眼镜之嫌。

其实,对于叙事方式的选择不仅取决于对象的性质,而且也取决于我们将从哪个角度来面对对象、切入历史。而在这方面,孔子笔下的"人文始祖"伏羲的形象反而能给我们以更大的启示;而由孔子所概括并由伏羲氏所表现出来的历史可能更接近于中国人的生存真实。《周易·系辞》载:

> 古者包牺氏之王天下也,仰则观象于天,俯则观法于地,观鸟兽之

---

① 刘述先:《五四以来逆反的浪潮与当代新儒家重建的努力》,《理想与现实的纠结》,吉林出版集团2011年版,第94页。

② 班固云:"道家者流,盖出于史官,历记成败存亡祸福古今之道,然后知秉要执本,清虚以自守,卑弱以自持,此君人南面之术也。"(《汉书·艺文志》,《二十五史》卷一,第478页)

③ 班固:《汉书·艺文志》,《二十五史》卷一,第477页。

文与地之宜,近取诸身,远取诸物,于是始作八卦,以通神明之德,以类
万物之情。作结绳而为网罟,以佃以渔,盖取诸《离》。①

这一记载可以说是孔子对于伏羲创设八卦的一段历史性说明,但其通过
所谓"观象于天"、"观法于地"以及"观鸟兽之文与地之宜"的方式,则较
为明确地揭示了人类初始认识的一般形成过程,甚至也可以说就是任何
一个民族之初始认识所以形成的必经阶段;而其所谓"近取诸身,远取诸
物"的认知方法,又极为准确地揭示了中国人认知方式的初步形成。至
于所谓"通神明之德"与"类万物之情"的指向,则又在一定程度上揭示
了人类认知的一种终极性任务,也表现了儒家认识之既超越而又内在
的特征。

如果从这一点出发,那么我们也就可以清楚地看出,关于中国上古史传
说中的"五氏",——所谓燧人氏、有巢氏、伏羲氏、神农氏、轩辕氏实际上也
正准确地表现了我们的古人在生存技能与人伦文明方面的进步与发展。虽
然这些进步与发展都是出自历史的传说,但它却牢牢地抓住了生存技能的
进步与人伦文明之发展以及二者之间的密切相关性;而生存技能的进步与
人伦文明的发展也绝不会因为其出于传说就完全不可信,反而因为人伦文
明的发展必须建立在一定生存技能的基础上从而更接近于历史的真实。因
为这一点不仅可以为我们当下的生存实践所证实,而且也完全可以证之于
当代人类学与社会学研究的基本结论。

我们这里当然已经没有必要再追述"五氏"在推进生存技能与人伦文
明发展方面的具体过程了,仅从其"民食果蓏蚌蛤腥臊恶臭,而伤害腹胃,
民多疾病。有圣人作,钻燧取火,以化腥臊,而民悦之,使王天下,号之曰燧
人氏"以及"上古之世,人民少而禽兽众,人民不胜禽兽虫蛇。有圣人作,构
木为巢,以避群害,而民悦之,使王天下,号之曰有巢氏"的记载来看,就可
以清楚地看出,历史的进步实际上正是以人类生存技能的发展为主轴的。
至于伏羲氏之分别男女、神农氏之开辟农耕,也无不是围绕着人类的生存问
题展开的;而从伏羲氏采集与渔猎的分工、神农氏"致天下之民,聚天下之
货"的"交易而退",则又标志着我们的古人在人伦文明方面的巨大进步;至
于轩辕氏之发明舟车包括其对动物的驯化,可能也就成为我们进入文明时

---

① 《周易·系辞》下,吴哲楣主编:《十三经》,第56页。

代之最有力的推动者了。①

这样一来,我们也就可以从上古史的传说中发掘出另一种叙事方式,这就是以生存技能的进步为基础、以人伦文明之发展为指向的叙事方式。如果与前两种叙事方式——所谓对历史之战争与政治式的解读或德性与德治式的诠释相比,那么它不仅更接近于历史真实,而且可能也更适宜于揭示儒学从无到有之具体发生的过程。

二、《周礼》的形成时代

像《尚书》一样,《周礼》(原称《周官》)也是儒学史上一部非常重要的文献,但自从其面世以来,就不断地遭到各种"伪书"的质疑。这一点则又完全不同于《尚书》,《尚书》由于有孔子"删诗书"的依据,因而人们只能质疑其文本,并置疑于今古文之间,而《周礼》则由于是由王莽所推出的,因而人们几乎不承认其儒家经典文献的地位。笔者并非长于历史与文献考证的学者,但依据一定的社会学常识对其思想内容进行形成时代与社会历史条件方面的甄别还是有可能的。

在目前关于《周官》形成时代的各种说法中,有三种说法最具有代表性。其第一种说法即王莽推出《周官》时所认定的出于周公说;甚至,为了增加其可信度和权威性,王莽还特意将《周官》一书改称为《周礼》,——其《周礼》之名即由此而起,并以这种方式暗示其正代表着儒家政治与官制思想的源头。而其具体说法则是:"周公居摄六年之后,书成归丰,而实未尝行……以待他日之用。"②其第二种说法则是所谓战国说,此说尤以东汉公

---

① 请看大禹关于其治水成功后给舜和皋陶所呈的述职报告,"禹曰:'鸿水滔天,浩浩淮山襄陵,下民皆服于水。予陆行乘车,水行乘舟,泥行乘撬,山行乘撵,行山刊木。与益予众稻鲜食,一决九川致四海,浚畎浍致之川。与稷予众庶之食。食少,调有余补不足,徙居。众民乃定,万国为治。'皋陶曰:'然,此而美也。'"(司马迁:《史记·夏本纪》,《二十五史》卷一,第8页)这里所谓的"陆行乘车,水行乘舟,泥行乘撬,山行乘撵",也全然是建立在生存技能发展的基础上的,并且也可以视为黄帝(轩辕氏)已经发明舟车的一种历史性反证。

② 《四库全书总目提要周礼注疏》,《十三经注疏》上册,中华书局1980年版,第631页。

羊学大师何休之所谓"六国阴谋之书"①最为典型（详后）。至于第三种说法，也就是所谓王莽与刘歆的合造说了。这一说法在两宋之际就有胡安国、胡宏父子所持倡，——当时主要是借此以批评王安石变法，所以后来朱子还转述说："《周礼》，胡氏父子以为是王莽令刘歆撰"②；而在现当代，则以徐复观先生的说法最具有代表性。徐复观晚年曾作一篇长文——《〈周官〉成立之时代及其思想性格》，专门考订《周官》一书的制作时代。在该文中，徐复观分析说："王莽的政治理想与野心皆集中在制礼作乐之上，则他曾草创《周官》，是一种合理的推测。但他第二次以大司马持政之后，便没有'亲自制作'的时间，只好委之于'典文章'的刘歆，由他整理成书，也是合理的推测。"③显然，这仍然是一种王莽与刘歆的合造说。

不过，细核而论，则自从王莽认为《周官》出自周公说提出以后，怀疑其真正出处以及其真正的形成时代者可以说是历代都有，比如所谓西周说、春秋说、春秋战国之际说、战国说、汉初说以至于西汉末年说等等，几乎每一个朝代都有人主张，并且也各有其理据。再从《周官》之名始见于史册来看，则《尚书》中原本就有"成王既黜殷命，灭淮夷，还归在丰，作《周官》"④一说。但由于这里的《周官》其实只是指《尚书》中一篇的篇名，因而与后来作为儒家"三礼"之一的《周官》（即后来由王莽所改称的《周礼》一书）并不相同。不过话说回来，后来作为《周礼》并被王莽所隆重推出的《周官》实际上也可能正因此而创作，所以也可以说是《周官》之真正的得名。因为《尚书》中的《周官》一篇原本就是讨论从唐虞一直到夏商时代的官制安排的，所以其中就有"唐虞稽古，建官惟百。内有百揆四岳，外有洲、牧、侯伯。庶政惟和，万国咸宁。夏商官倍，亦克用乂。明王立政，不惟其官，惟其人"⑤一说，说明它本身确实就是讨论官制设定及其方式的。

显然，如果说《周官》是一部伪书，那么其"伪"就伪在它既将《尚书》中的"成王既黜殷命，灭淮夷，还归在丰，作《周官》"一说作为自己命名的依据，同时又将其改为"周公居摄六年之后，书成归丰，而实未尝行。盖周公

---

① 贾公彦：《序周礼废兴》，《十三经注疏》上册，第 636 页。

② 黎靖德编：《朱子语类》卷八十六，第 2204 页。

③ 徐复观：《〈周官〉成立之时代及其思想性格》，《徐复观论经学史二种》，第 220 页。

④ 《尚书·周官》，吴哲楣主编：《十三经》，第 114 页。

⑤ 《尚书·周官》，吴哲楣主编：《十三经》，第 114 页。

之为《周礼》,亦犹唐之显庆开元礼,预为之以待他日之用,其实未尝行也"①,这就等于巧妙地推出了《周礼》之名,同时又与"周公制礼作乐"相呼应,以暗示《周官》乃周公礼乐之制度结晶。这样一来,《周礼》似乎也就成为儒学史中建立在《尚书》基础上之第二部值得辨析的文献了。

从对《周官》的发现来看,则作为儒家"三礼"之一的《周礼》(即《周官》)始现于汉代,《汉书·景十三王传》记载:

> 河间献王德孝景前二年立,修学好古,实事求是。从民得善书,必为好写与之,留其真,加金帛赐以招之。繇是四方道术之人不远千里,或有先祖旧书,多奉以奏献王者,故得书多,与汉朝等……献王所得书皆古文先秦旧书,《周官》、《尚书》、《礼》、《礼记》、《孟子》、《老子》之属,皆经传说记,七十子之徒所论。②

自然,这也可以说是作为儒家经典之一的《周官》之名首见于史册,而贾公彦则在《序周礼废兴》一文中对《周官》的经历介绍说:

> 既出于山岩屋壁,复入于秘府,五家之儒,莫得见焉。至孝成皇帝,达才通人刘向子歆校理秘书始得列序,著于录略。然亡其冬官一篇,以考工记足之。③

这就是说,《周官》虽然在汉武帝年间就已经献于朝廷,但因为"武帝知《周官》末世渎乱不验之书"④,所以一直藏于秘府,直到西汉末,才由王莽发现,并由刘歆加以整理而隆重推出的。由于刘歆与王莽的特殊关系(刘歆曾被王莽尊为"国师"),因而也为《周官》一书带来了极大的阴影,——关于《周官》的王莽、刘歆合造说实际上也就由此而起。

不过,我们这里暂可不论两宋之际胡安国父子为批评王安石变法所持倡的王莽、刘歆合造说是否合理,仅从徐复观先生所主张的王莽自造或与刘歆合造说来看,他实际上也像胡安国父子一样因为强烈的现实关怀从而扭曲了自己的理智。在《〈周官〉成立之时代及其思想性格》这篇长文中,徐复观先生曾从十七个方面详细讨论《周官》为王莽所自造的理由,而其最根本的理由则主要在于如下一段论说:

---

① 《四库全书总目提要周礼注疏》,《十三经注疏》上册,第631页。
② 班固:《汉书·景十三王传》,《二十五史》卷一,第560页。
③ 贾公彦:《序周礼废兴》,《十三经注疏》上册,第635—636页。
④ 贾公彦:《序周礼废兴》,《十三经注疏》上册,第636页。

王莽、刘歆在政治上的理想,除了表明在以官制合天道之外,又强调了"均"的观念,想解决由贫富悬殊所引起的政治根本问题。更将管仲内政寄军令的方法加以扩大,使政治、社会成为一个严密的便于彻底控制的组织体,想由此根本解决由流亡所引起的各种问题。此一组织体不仅是军事性的,(而且)政府的政令(也)都是通过此一组织体而实现,(以)使其能发挥最高效能。这是对自由而散漫的农业社会的大变革,甚至可以说是今日以苏联为范本的各社会主义的国家形态,在约一千九百年前已由中国提出了的蓝图。许多人对它发生憧憬的根本原因在此,许多人对它发生怀疑的根本原因也在此,王安石们试行而遭到失败的原因亦在此。①

从徐复观对《周官》的这一基本定性就可以看出,他实际上是非常反感以苏联集体农庄为代表的军事奴隶制的,甚至也可以说,正是为了批判这种彻底剥夺个体自由的军事奴隶制才推动着他不得不从事《周官》研究的。而在这一价值观念的引导之下,无论徐复观先生运用多少确凿可信的历史与考证方面的知识,其结论都是不可信从的。这主要是因为,他也像胡安国父子一样,完全是为了批评王安石变法才诉之于《周官》研究的,而胡安国父子当年就是为了批评王安石变法,才提出所谓"《周礼》……是王莽令刘歆撰"的说法,而这一说法当时也被朱子以"此恐不然"②来加以明确否定;20世纪的徐复观先生为了批评苏联集体农庄的军事奴隶制度而再次诉之于《周官》研究时,虽然其批评的具体对象有所不同,但他却同样陷入了胡安国父子以今裁古的窠臼。

徐复观先生是笔者非常尊敬的前辈学者,其在中国思想史研究方面有着非常杰出的贡献,也写出了许多体大思精的思想史著作,诸如《中国人性论史》、《中国艺术精神》以及《两汉思想史》等,常常闪现出振聋发聩的深刻洞见,但其《〈周官〉成立之时代及其思想性格》一文却失去了思想史研究的客观性。原因在于,其过于殷切的现实关怀与强烈的批判精神从根本上误导或遮蔽了他的理智,从而也就使其敏锐的历史理性完全服从于现实批判的需要了。因为就在该文的"自序"中,徐复观就已经非常清楚地说明了他

① 徐复观:《〈周官〉成立之时代及其思想性格》,《徐复观论经学史二种》,第234页。
② 黎靖德编:《朱子语类》卷八十六,第2204页。

研究《周官》制作时代的精神动力：

>   ……假定不是中国经过了三十年实践的深刻而广大的教训，我便
> 不可能对这部书（引者按：即《周官》）有毫无顾忌的客观了解。不是古
> 为今用的问题，而是"时代经验"必然在古典研究中发生伟大的启发作
> 用的问题。①

这说明，如果没有徐复观在20世纪前半期特殊的"时代经验"②，他可能根
本不会去关注此类问题；但也正是这种特殊的"时代经验"，扭曲了他一贯
坚持的对历史、思想史之"客观了解"的精神。这也可以说是所谓"智者千
虑，必有一失"吧，也是从胡安国父子以来中国思想史研究的一种非常重要
的历史教训。

　　当然在这里，我们也不能因为徐复观先生研究导向的失误从而彻底否
定其对《周官》出于王莽、刘歆合造说的诸多怀疑，而其怀疑的许多理据也
都是具有非常重要的理论参考价值的。但是，由于其研究的根本目的在于
证明《周官》是王莽出于篡权之政治野心的自我作古性制作，因而对于《周
官》原文缺一篇而以《考工记》补之的情形，他就通过对《汉书·王莽传》的
仔细审读与反复品味，从而认为这主要是出于一种"迫不及待"的心理，或
者说是由于其急于篡权的"迫不及待"心理造成的。对于这种心理，徐复观
分析说：

>   实际则是写到冬官时，既感凑够六十官数的不易，加以王莽由持政
> 而摄政之势已成，迫不及待的要拿出来，藉此以竦动天下人的耳目，增
> 加进一步夺取权力的资本，其所以不能不"成在一篑"的原因在此。③

但是，如果我们就此对照一下《四库全书总目提要》所收的唐代贾公彦关于
《周礼注疏》所作的说明（包括对此项怀疑的反驳），也就可以清楚地看出徐
复观先生质疑的主观性了：

>   使其作伪，何不全伪？六官而必缺其一，至以千金购之不得哉？且

---

① 徐复观：《〈周官〉成立之时代及其思想性格》，《徐复观论经学史二种》，第184页。
② 徐复观1943年曾担任国民党驻延安联络处主任，与共产党的领袖毛泽东、朱德、彭
德怀、周恩来、刘少奇都有非常亲密的接触，并常常与毛泽东讨论社会历史问题，还专门应毛
泽东的请求为刘少奇的《论共产党员的修养》一书提修改意见。回到重庆后，他又担任了蒋介
石第二侍从室秘书，参赞机务，可以说是对国共两党都有较为深入的接触和了解。
③ 徐复观：《〈周官〉成立之时代及其思想性格》，《徐复观论经学史二种》，第220—
221页。

作伪者必剽取旧文，借真者以实其赝，《古文尚书》是也。①
两相比照，起码可以看出《周官》并不是王莽、刘歆为了篡权所构制的伪作。原因在于，既然王莽篡汉的野心由来已久，而《周官》一书又是他篡夺刘氏政权极为重要的理论依据，那么即使他再"迫不及待"，也绝不会急迫到这种程度，从而居然以内容根本不相类的《考工记》来弥补缺漏。这就是说，在笔者看来，《周官》既不是王莽的自造经典，同时也不应当是他与刘歆的合造经典。因为无论是自造还是合造，也都不会以这种"六官而必缺其一"的方式急匆匆地端出来。

那么，《周官》是否就如王莽所认定的是出于周公所自作呢？这也同样是不可能的。因为虽然《四库全书总目提要》中的《周礼注疏》曾认为其是"周公居摄六年之后，书成归丰，而实未尝行。盖周公之为周礼，亦犹唐之显庆开元礼，预为之以待他日之用，其实未尝行也"，实际上，这同样是一种推测性的说法，而且其口气也完全是仿照《尚书·周官》中所谓的"成王既黜殷命，灭淮夷，还归在丰，作《周官》"一说来加以表达的。很明显，这里作为《周礼》的《周官》与作为《尚书》中之一篇的《周官》以及周公与成王之间似乎成为一种"真假美猴王"的关系了，虽然从年龄和辈分上说，周公都是成王的长辈（叔父），但《尚书》文本毕竟已经见之于《春秋》、《左传》以及孔孟的相关论述和引证，就是作为伪书，起码也"伪"在春秋以前的西周时期，而《周官》一书却在先秦尤其是在孔孟的文献中竟然无一提及。因为我们毕竟不能说周公在制作了《周礼》之后，由于其本来的目的在于"预为之以待他日之用"，从而一下子秘藏了近千年（从周公还政成王而制作《周礼》到王莽隆重地推出《周礼》，其间正好有近一千年的时间间隔）。

既然《周官》不可能是王莽和刘歆所伪造的经典，同时也不可能是周公所制作的经典，那么其形成时限也就可以再向中间推，起码可以向西汉以前推。如果我们先假定《周官》就是西周时期出现的文献，而且又确实为河间献王所献，那么所谓"林孝存以为武帝知周官末世渎乱不验之书，故作十论七难以排弃之"②，也就应当说是一种比较可信的说法了。原因在于，其完全以外在的"天、地"与"春、夏、秋、冬"四时所设置的官名对于汉武帝来说

① 《四库全书总目提要》《周礼注疏》，《十三经注疏》上册，第631页。
② 贾公彦：《序周礼废兴》，《十三经注疏》上册，第636页。

确实是一种所谓"末世渎乱不验之书";至于林孝存之所以要"作十论七难以排弃之",除了针对其专门以"天、地"与"春、夏、秋、冬"四时的方式来设置官名外,我们实在找不到林孝存"作十论七难以排弃之"的具体理由。如果再从汉武帝所谓的"末世渎乱不验之书"来看,则其所谓"末世"显然既不可能指西周而言,也不可能是指春秋而言(虽然春秋时代也确实可以说是西周的末世,但从孔子的"礼崩乐坏"以及其致力于以"仁"挺"礼"的努力来看,则这样一个末世似乎还根本没有形成那种能够提出一整套官制思想的时代理由);因而所谓的"末世"也就只能是指秦统一前的战国这样一个末世了(一方面,它确实可以说是春秋战国之末世;但另一方面,它又确实面临着一个即将崛起并集"三皇五帝"于一身的大一统政权)。至于所谓的"渎乱",对于"一承秦制"的西汉政权而言,要完全以"天、地"与"春、夏、秋、冬"四时相对应的方式来重新设置官名与官位也无疑是一种"渎乱"行为;至于所谓"不验",则无疑是指其"以官制合天道"的思想完全是一种凭空设想而言的。从这个角度看,则《周官》起码就应当是河间献王的所献书,或者说起码在所献之前就已经存在了。因为为汉武帝所排弃的"末世"、"渎乱"与"不验"这些特征,都在现存的《周官》一书中有其具体的表现。

除此之外,我们还可以找到一个《周官》在汉武帝时代就已经存在的佐证。司马迁是汉武帝时代的太史令,其《史记》成书于汉武帝时代;而在《史记·封禅书》中就已经明确地提到了《周官》,而这个《周官》又显然不是《尚书》中的《周官》。这起码说明,《周官》作为武帝时代的所献书是完全可信的。《史记·封禅书》载:

> 《周官》曰,冬日至,祀天于南郊,迎长日之至;夏日至,祭地祇。皆用乐舞,而神乃可得而礼也。天子祭天下名山大川,五岳视三公,四渎视诸侯,诸侯祭其疆内名山大川。四渎者,江、河、淮、济也。天子曰名堂、辟雍,诸侯曰泮宫。[1]

在这里,司马迁所征引的这些内容既不见于《尚书·周官》篇,也不见于作为儒家"三礼"之一的《周官》(《周礼》)篇,这说明了什么问题呢? 这说明,由于《尚书》中的《周官》只是其中的一篇,因而它也根本不可能涉及上述天

---

[1] 司马迁:《史记·五帝本纪》,《二十五史》卷一,第77页。

子诸侯祭祀方面的内容，所以它并不是出自《尚书·周官》中的内容。其次，它也不见于今本作为《周礼》的《周官》篇，这又说明，它极有可能就是出自原本作为"三礼"之一的《周官》中的《冬官》一篇，而这一点又说明，起码到司马迁时代，当时的《周官》还没有发生《冬官》篇佚失的情况；而司马迁之太史令的身份，又使他可以不受秘府之禁，因而也就完全有可能读到当时所献的《周官》。加之其"天子祭天下名山大川，五岳视三公，四渎视诸侯，诸侯祭其疆内名山大川"与《礼记·王制》中的"天子祭天下名山大川，五岳视三公，四渎视诸侯，诸侯祭名山大川只在其地者"①，以及其"天子曰名堂、辟雍，诸侯曰泮宫"也与《礼记·王制》中的"天子曰辟雍，诸侯曰頖宫"②在表达的形式与内容上都可以相互印证，因而也就可以证明：《周官》在汉武帝时代就已经存在（就是武帝时代河间献王的所献书）；而其与《礼记·王制》篇中相关内容之相互印证，又说明它也与《礼记·王制》一样，同属于先秦儒生的所著书。

让我们再从其制作时代之上限来看，《尚书》虽然被视为中国的第一大伪书，但其在孔、墨、孟以及庄子书中都有大量的引证，这起码说明，《尚书》在春秋战国时代就已经成为一部广为流传的既定文献了，既然《周官》被视为周公所著书而孔子却从未引证过，说明该书不可能成书于孔子之前。因为在春秋时代，几乎没有人比孔子更了解周公，虽然孔子也承认周公曾在居摄期间制礼作乐，但在他看来，周公之礼的本质主要在于制定"君君、臣臣、父父、子子"的人伦规范；就其内容之拓展而言，主要集中在"尊尊"与"亲亲"两大系统的协调与统一上，却并不在于以所谓"天地"与"四时"相对应的方式来重新设置王朝的官位与官名，也完全没有必要以这种另起炉灶的方式来效法天道。因为官员的位置及其名称设置是既有其所负职责之现实需要，也有一定的历史继承性的，而不可能以这种凭空而起的方式完全由"天地"与"四时"来直接设置。这一点又说明，《周官》起码不可能是孔孟以前的作品。因为在当时根本没有"夹书令"限制的条件下，即使《周官》原本就是周公"预为之以待他日之用"的作品，也根本没有必要一直藏于秘府，以至于直到春秋战国的百家争鸣时代仍然要秘而不宣。

---

① 《礼记·王制》，吴哲楣主编：《十三经》，第448页。
② 《礼记·王制》，吴哲楣主编：《十三经》，第447页。

  除此之外,贾公彦在《序周礼废兴》一文中又提到"何休亦以为六国阴谋之书"①,那么何休究竟是根据哪一点认为《周官》就是"六国阴谋之书"呢?由于何休是东汉著名的公羊学大师,其与《周官》所代表的古文经学不仅属于对立的学派,而且东汉以后王莽篡汉的臭名声也足以使他完全可以借助批判王莽所推出的经典来重振今文经学,但何休却并没有因此而指责《周官》为王莽和刘歆所伪造。这说明,起码在当时的今文经学大师何休看来,《周官》并不是王莽和刘歆所伪造的经典;而其所谓"六国阴谋之书"一说也是明确地将《周官》一书推向了六国时代。由于何休所代表的今文经学与由《周官》所代表的古文经学既存在着不同学派的对立,同时还存在着政治立场上的对立,因而这种来自学派与政治之双重对立立场上的批评就非常值得注意。

  反过来看,汉武帝所认定的"周官末世渎乱不验之书"究竟何指呢?如果这里的"末世"根本不可能指"礼崩乐坏"的春秋时代,那么它只能指谓秦统一之前的战国时代了。因为如果其"末世"就指春秋时代,很明显,儒家的大部分经典也几乎全都形成于这一"末世";至于所谓的"渎乱不验"之说,如果说所谓"渎乱"就是指其以"天、地"与"春、夏、秋、冬"四时的方式来重新设置官位,那么所谓的"不验",只能指其空想性质而言了。再加上何休"六国阴谋之书"的批评,那么这实际上也就成为一种来自前后时代以及政治与学术两个不同角度的证明了。

  除此之外,《周官》还有一个奇特之处,这就在于它是以国子教育的方式系统地提出了所谓"六艺"一说的说法,而这种"六艺"的称谓后来又经过陆贾"定五经,明六艺"以及其各有独立指谓的"经艺"并称与此后贾谊通过"六理"、"六法"与"六术"的不断诠释,最后才终于成为汉儒专门用来指谓《诗》、《书》、《易》、《春秋》、《礼》、《乐》"六经"的固定说法。所以,如果我们以秦汉大一统政权的形成为界,那么陆贾可能也就是秦汉以后第一位运用"六艺"一说的思想家。考虑到陆贾前秦博士的身份,那么其所谓的"六艺"肯定是其来有自的。仅从陆贾这种极为随意的运用来看,也说明"六艺"包括《周官》可能都形成于秦统一之前的战国时代(如果其形成于秦汉以后,历史上也就不会有专门指谓射御书数礼乐这种"六艺"了,也就不会有以"六

---

  ① 贾公彦:《序周礼废兴》,《十三经注疏》上册,第636页。

艺"作为指代的"六经"一说了)。如果再从《吕氏春秋》赞叹养由基、伊儒是所谓"六艺之人"①来看,则其对"六艺"的运用也同样说明《周官》可能就形成于战国时代。

不过在这里,当我们将《周官》的形成推向战国时代时,我们也就同时需要将其与属于同一时代,而且在概念、范畴与指事类别上存在相互重叠之处的著作加以比较,以酌定其形成的基本时限。

三、《周官》与《逸周书》

既然《周官》属于先秦时期的儒家文献,那么从总体上说,它与《逸周书》基本属于同一个大时代。不仅如此,通过前人的研究,已经发现《周官》与《逸周书》在概念、范畴与指事类别上确实存在着不少相互重叠的现象。在这一基础上,二者之间必然会存在一些可以相互证明之处,从而既可以看出二者之间的共同性,同时也可以通过相互证明的方式以理解其各自不同的特色。

关于《逸周书》,李学勤先生在该书"汇校集注"的"序言"中指出:

> 《逸周书》之名,最早见于许慎《说文解字》,《汉书·艺文志》则称作《逸周书》。如谢墉为抱经堂作序所说,"《周书》本以总名一代之书,犹之《商书》、《夏书》也"。由于《尚书》中已有《周书》,把《汉志》著录的《周书》七十一篇改称《逸周书》,是比较方便的。②

这就是说,所谓《逸周书》其实原来也就如同《尚书》中的《夏书》、《商书》一样,属于"周史记";至于其内容,也就主要是"周时诰誓号令也"。但是,由于孔子"删诗书"时裁定百篇以为《尚书》,因而原来作为"百篇之余"的《周书》也就只好称为《逸周书》了。

不过,虽然《周官》与《逸周书》都属于先秦文献,但从西周王朝的建立一直到秦王朝的重新统一,其间毕竟存在着近千年的时间距离;而《逸周

---

① 吕不韦:《吕氏春秋·博志》,《诸子集成》第6册,上海书店1986年版,第314页。
② 李学勤:《逸周书汇校集注·序言》,上海古籍出版社2007年版。

书》作为"周史记",肯定是随着西周政权的建立而开始其"实录"的,最后必然会随着其政权的灭亡而结束。在这一背景下,由于《逸周书》的时间跨度极大,因而对于《周官》与《逸周书》之相互重叠的内容,一般说来,大多数情况肯定都应当是前者源于后者。甚至也可以从相反的角度看,如果认为《周官》就属于周代的伪书,那么它的许多作"伪"的内容应当是根据《逸周书》所"造"出来的,此中也就应当包括所谓"六艺"的思想内容。因为作为"周史记",《逸周书》的内容必然是出自周代史官的写实或实录;而《周官》作为后人借助先贤思想以形成自己关于官制官位方面的设想,必然要借助《逸周书》才能实现的。在这一基础上,二者之间的相互重叠之处,就恰恰会表现出《周官》对于《逸周书》的继承或因袭关系。

《周官》一书的最大特点,在于"以官制合天道,而天道则表现为各种相关的数字,凡涉及礼制的,必与此种数字的格套相合"①。这一点主要表现在其完全以"天、地"与"春、夏、秋、冬"四时的方式来设置官位上。从思想背景来看,自西周总结出"敬天法祖"与"敬天保民"的政治经验以来,这种以官制合天道的套路自然也有其广泛的思想基础,但却并不能完全证实于西周的官制设计本身,也不见于《逸周书》中的相关记载。这就说明,西周以来"敬天保民"之合人于天的道德意识并不一定就要表现为对天道的原样照搬或刻意模仿。从这一点来看,应当说《周官》"以官制合天道"的思想并没有表现出对《逸周书》之明显的继承色彩。当然,也正是从这个角度看,这种"以官制合天道"的思想才可以说是《周官》的特有创造。

那么,这种"创造"只有在什么条件下才有可能发生呢?据徐复观先生考订,"以官制表现政治理想,是战国中期前后才逐渐发展起来的"②,也就是说,《周官》"以官制合天道"的思想也只有在战国中期以后才有可能形成。这就不仅证明了《周官》与《逸周书》在形成上的先后继起关系,而且也基本上可以确定《周官》的形成时代以及其思想基础。对于这一点,徐复观先生指出:

> 以官制表现政治理想,是战国中期前后才逐渐发展起来的,我怀疑始于"三公"一辞之出现。古有五等爵中之公,而无所谓三公,我在《汉

---

① 徐复观:《〈周官〉成立之时代及其思想性格》,《徐复观论经学史二种》,第187页。
② 徐复观:《〈周官〉成立之时代及其思想性格》,《徐复观论经学史二种》,第188页。

代一人专制政治下的官制演变》一文中,已特别发其覆。官制之所以能表现政治思想,有两个系统:一是着眼到由官制的合理地分配,可以提高政治效率,达成政治上所要求的任务,甚至想以官制限制君权,以缓和专制的毒害。这是一个系统。另一个是要由官制与天道相合而感到政治与天道相合的系统。古代宗教最高人格神的天的权威,由西周之末经过春秋时代,而渐归模糊消失后,到了战国中期前后,分散而以数的观念及阴阳五行的观念以言天道,天道以新的形态散布于思想各个方面,与人间发生更多的关联。于是把官制与代表天道的数字或阴阳五行拉上关系,便觉得这是理想性的官制。①

徐复观先生这一分析,一方面澄清了"以官制合天道"思想所以形成的历史背景;另一方面又以思想演进的方式分析了在古代人格神观念消解之后,经过春秋战国时代,"以数的观念及阴阳五行的观念以言天道,天道以新的形态散布于思想各个方面,与人间发生更多的关联。于是把官制与代表天道的数字或阴阳五行拉上关系,便觉得这是理想性的官制"。很明显,这就是《周官》"以官制合天道"思想得以形成的思想文化基础,同时也可以说是《周官》在儒家经典文献中的独有特色。

如果就这一点而言,那么《周官》与《逸周书》似乎并没有可比性,因为二者确实具有不同的时代背景与思想基础。《逸周书》属于"周史记",其内容也基本上属于"周时诰誓号令也";而《周官》则属于战国中期以后"以数的观念及阴阳五行的观念以言天道"的官制设想,因而二者之间确实没有明确的可比性。

不过,它们之间似乎又都面临着一个王朝之政治开基以及如何确立政策设施的共同格局,《逸周书》既然是出自周之史官,那么它也就只有记录的功能;而《周官》则似乎明确地面临着战国中期以后新王朝的形成以及新的官制如何确立的重大问题。所以在《周官》一书中,所谓"惟王建国,辨方正位,体国经野,设官分职,以为民极"②也就成为其各个篇章的一种共同出发点,且每一章都要以这一点作为其立论的根据。这说明,《周官》可能正是战国中期以后儒家士人为适应新王朝的建立所提出的一种"体国经野,

---

① 徐复观:《〈周官〉成立之时代及其思想性格》,《徐复观论经学史二种》,第188页。
② 《周礼·天官》,吴哲楣主编:《十三经》,第283页,以后则分别见于《地官》、《春官》、《夏官》、《秋官》每篇的篇首,而且也是以完全相同的方式开篇的。

设官分职"的基本纲领。

在这一前提下,《周官》与《逸周书》之间似乎又存在着一些共同性因素,比如其"体国经野"所面临之方位、土地与人民诸因素就完全是共同的,而二者所共同具有的"职方"也就必然是大体一致的。当然,这就只能说是《周官》对《逸周书》的因袭或继承的结果了。关于"职方",《逸周书》是这样注释的:"职,主也。方,四方也。"①显然,这正是统治者"体国经野"的基本含义。至于其具体内容,《逸周书》是这样展开的:

> 职方氏掌天下之图,辩其邦国、都鄙、四夷、八蛮、七闽、九貉、五戎、六狄之人民,与其财用九谷六蓄之数。周知其利害,乃辨九州之国,使同贯利。
>
> 东南曰扬州。其山镇曰会稽,其薮泽曰其区,其川三江,其浸五湖,其利金、锡竹、箭,其民二男五女,其畜鸡犬鸟兽,其谷宜□。
>
> 正南曰荆州。其山镇曰衡山,其薮泽曰云梦,其川江、汉,其浸颖、湛,其利丹、银、齿、革,其民一男二女,其畜宜鸟兽,其谷宜稻。
>
> ……②

而在《周官》中,其"职方"也是以大体相同的方式展开的:

> 职方氏掌天下之图,以掌天下之地,辨其邦国、都鄙、四夷、八蛮、七闽、九貉、五戎、六狄之人民,与其财用九谷、六蓄之数要。周知其利害,乃辨九州之国,使同贯利。东南曰扬州,其山镇曰会稽,其薮泽曰具区,其川三江,其浸五湖,其利金、锡竹箭,其民二男五女,其畜宜鸟、兽,其谷宜稻。正南曰荆州。其山镇曰衡山,其泽薮曰云梦,其川江、汉,其浸颖、湛,其利丹、银、齿、革,其民一男二女,其畜宜鸟、兽,其谷宜稻。③

很明显,在《周官》中,除了在《逸周书》的"职方氏掌天下之图,辩其邦国"两句之间加进了所谓"以掌天下之地"这种说明性的补充外,几乎完全沿袭了《逸周书》原有的"职方"。当然,人们也可以辩解说,对于同一地域的统治者而言,"职方"所揭示的方位、土地、物产和人民应当说都是基本稳定的,但从《周官》明确地加进"以掌天下之地"这种补充性的说明来看(其实根本无此必要),应当说《周官》的"职方"也就直接源于《逸周书》的"职

---

① 黄怀信等:《职方》,《逸周书汇校集注》,第972页。
② 黄怀信等:《职方》,《逸周书汇校集注》,第975—978页。
③ 《周礼·夏官》,吴哲楣主编:《十三经》,第283页。

方",是对《逸周书》之"职方"的继承或沿袭。

除此之外,在《周官》与《逸周书》之间也确实存在着一些共同性的主张,这就是对"艺"的重视。如果说《逸周书》作为西周社会政治的实录,其对"艺"的重视自然可以说是一种写实,那么《周官》对于"艺"的重视也就应当说是对《逸周书》所重视之"艺"的一种解读性的整理与总结了。当然在这里,我们暂时可以不管《周官》如何对"艺"进行解读性整理的问题,请先看《逸周书》中是如何看待"艺"的。

关于《逸周书》之比较重视"艺"的特色,徐复观先生专门从《周官》特别重视甚至也可以说是带有独创性的"六艺"说出发进行追根溯源,认为《周官》中的"六艺"其实也就源于《逸周书》的"艺"。他指出:

> ……就今日可以看到的古典中,只可在《周书》(按:即《逸周书》)中找到根据。《周书》中最少在八个地方出现了"艺"字,而《糴匡》第五的"余子务艺","余子"一词亦见于《周官》,小司徒"凡国之大事致民,小事致余子",余子又为《周官》的国子,大司乐"养国子以道,乃教之以六艺"正从此出。①

徐复观先生在这里显然是在追溯《周官》中"六艺"一说的历史起源。既然《周官》中的"六艺"就源于《逸周书》比较重视的"艺",那么这起码说明,《周官》所提出的"六艺"说并不是凭空创造的无稽之谈。如果我们沿着徐复观所提供的线索进行搜索,那么《逸周书》中对"艺"的提及与论述就绝不止于八处,请看笔者在随便翻阅中所看到的"艺":

> 古者明王奉此六者(按:即福、祸、丑、赏、让、罚)以牧万民,民用而不失。抚之以慧,和之以均,敛之以哀,娱之以乐,慎之以礼,教之以艺,震之以政,动之以事,劝之以赏,畏之以罚,临之以忠,行之以权。②
> 艺不淫,礼有时,乐不满,哀不至,均不一,惠不忍人。③
> 均一则不和,哀至则匮,乐满则荒,礼无时则不贵,艺淫则害于才,政成则不长,事震则寡功。④

---

① 徐复观:《〈周官〉成立之时代及其思想性格》,《徐复观论经学史二种》,第238—239页。
② 黄怀信等:《命训》,《逸周书汇校集注》,第34—35页。
③ 黄怀信等:《命训》,《逸周书汇校集注》,第36页。
④ 黄怀信等:《命训》,《逸周书汇校集注》,第38页。

皂畜约制,供余子务艺。①

五良:一、取仁,二、取智,三、取勇,四、取材,五、取艺。②

五卫:一、明仁怀怒,二、明哲辅谋,三、明武摄勇,四、明材摄士、五、明艺摄官。③

六卫:一、明仁怀恕,二、明哲设谋,三、明武摄勇,四、明才摄士、五、明艺法官,六、明命摄政④

春育生,素草肃,疏数满;夏育长,美柯华;务水潦,秋初艺;不节落,冬大刈。⑤

教茅与树艺比长,立职与田畴皆通。⑥

仅从我们上面在《逸周书》中所摘出的对"艺"的运用情况来看,就知道徐复观所谓的"《周书》中最少在八个地方出现了'艺'字"确实是在认真统计的基础上所得出来的结论,但这一点除了说明《周官》中的"养国子以道,乃教之以六艺"确实是出于《逸周书》之外,而且孔子在《论语》中对"艺"的重视与强调也同样能够为我们提供一定的佐证。

众所周知,《论语》是孔门弟子对其一生言行的追忆与整理,在《论语》中,除了孔子自述并引导性地表示"志于道,据于德,依于仁,游于艺"⑦之外,其他提到"艺"的地方似乎并没有仁与礼的地位那样高,比如"吾少也贱,故多能鄙事"⑧,"吾不试,故艺"⑨,包括时人赞扬他的所谓"何其多能也"⑩等等,实际上也都是指"艺"而言的。而这种以"艺"指谓多才多能的说法本身就源于周公,周公在向上天和三代祖宗祈祷,希望能够以自身代替武王患病时就曾明确地自述说:"予仁若考能,多材多艺,能事鬼神。"⑪这种现象说明,自西周以来,"艺"实际上就已经成为"艺能"的指谓了,因而也就

① 黄怀信等:《糴匡》,《逸周书汇校集注》,第74页。
② 黄怀信等:《大武》,《逸周书汇校集注》,第112页。
③ 黄怀信等:《大武》,《逸周书汇校集注》,第118页。
④ 黄怀信等:《酆保解》,《逸周书汇校集注》,第200页。
⑤ 黄怀信等:《小开解》,《逸周书汇校集注》,第228页。
⑥ 黄怀信等:《大聚解》,《逸周书汇校集注》,第401页。
⑦ 《论语·述而》,吴哲楣主编:《十三经》,第1275页。
⑧ 《论语·子罕》,吴哲楣主编:《十三经》,第1281页。
⑨ 《论语·子罕》,吴哲楣主编:《十三经》,第1281页。
⑩ 《论语·子罕》,吴哲楣主编:《十三经》,第1281页。
⑪ 《尚书·金縢》,吴哲楣主编:《十三经》,第95页。

成为士人成长的一种必修课了，——孔子所谓的"游于艺"一说即可视为一种证明。

除此之外，《左传》中也有不少对"艺"的论述，比如：

> 王怒曰："大辱国，诘朝，尔射，死艺。"①

> 史为书，瞽为诗，工诵箴谏，大夫规诲，士传言，庶人谤，商旅于市，百工献艺。故《夏书》曰："遒人以木铎徇于路，官师相规。工执艺事以谏。"②

这里的"艺"都是指具体做事的"艺能"而言的，尤其是"百工献艺"与"工执艺事以谏"诸说，也都明确地将"艺"与做事的特殊技能联系起来了。这说明，早期儒学中并不乏对"艺"的追求与论述。

但另一方面，自孔子以后，原本作为士人成长之必修课的"艺"包括"百工"做事之特殊技能的"艺"似乎都已经为孔子之"文，行，忠，信"的所谓"四教"③——四种基本品行所含括了，并且也已经让位于"博学于文，约之以礼"④的新传统了。不过，仅从《逸周书》、《左传》到《周官》对"艺"的突出与强调来看，则"艺"对于士人的成长而言，仍然是非常重要的，因为它也可能正包含着儒学在具体发生与形成上的一段秘密。

四、"六"的特殊含义

"数"在中国文化中往往具有一种较为特殊的含义，一般说来，数就指谓可以用数量来表示的一切事物，比如老子《道德经》中的"道生一，一生二，二生三，三生万物"⑤，其中的"数"也都是有其具体指谓的。但另一方面，"数"似乎也可以特别指谓那些比较抽象的事物，比如同样为老子所表达的"天得一以清，地得一以宁，神得一以灵，谷得一以盈，万物得一以生，

---

① 《春秋左传·成公十六年》，吴哲楣主编：《十三经》，第763页。
② 《春秋左传·襄公十四年》，吴哲楣主编：《十三经》，第797页。
③ 《论语·述而》，吴哲楣主编：《十三经》，第1276页。
④ 《论语·颜渊》，吴哲楣主编：《十三经》，第1292页。
⑤ 《道德经》第四十二章，《诸子集成》第3册，第26页。

侯王得一以为天下贞"①等,这里的"一"显然就已经具有了某种较为抽象的含义。至于中国文化中最为抽象也最难以把握的则是所谓"气数"一说,因为它实际上就已经成为一种事物所以存在之时空极限,比如武王伐纣之前的"东观兵,至于盟津"②,当时,会盟的"诸侯皆曰:'纣可伐矣。'武王曰:'女未知天命,未可也。'乃还师归"③。这里的"天命"实际上就指谓殷纣王权所以存在的"气数"或"定数"而言(在这一点上,"天命"与"气数"也就可以说是儒道两家的不同用语),当然也就代表着中国文化中关于"数"之最神秘最隐微难知的一面,所以才使得后来的张载不得不以"此事间不容发,当日而命未绝则是君臣,当日而命绝则是独夫"④来为武王进行辩护。而张载的辩护,如果站在道家的角度看,其实就包含着某种"气数"的意味。

不过我们这里所要分析的"数",既不是指那种带有神秘意味的"气数"或"定数",也不是那种仅仅指谓具体事物之数量关系的"数",而是介于二者之间——从具体到抽象或以具体蕴含抽象的"数"。一方面,它确实具有数量方面的意涵,但另一方面,它似乎又不仅仅是那种纯粹的数量关系,而是在一定程度上既体现着时代的发展或人类认识的深入,同时又主要是通过人们的习惯性用语所表现出来的数。比如像我们上面所引用的老子《道德经》中由"道"之衍生而来的"一"、"二"、"三",这里的"一"、"二"、"三"并不等同于我们日常生活中介绍某个学科、某个领域中之所谓 A、B、C 的含义及其关系,而是以"数"的形式来表达并指谓我们生存其中的这个世界的展开、演化及其层次性关系,同时也代表着我们对这个世界的基本认知。比如关于"一",老子为什么既要说"道生一",同时又认为"天得一以清,地得一以宁,神得一以灵"呢? 显然,这里的"一"就既代表着这个世界所以形成的最高本体因——所谓天地之根,同时也代表着我们对这个世界最高本质的认知;至于"二",则既代表着这个世界内部的基本因素及其发展的根本动力,同时也代表着我们认知这个世界的基本方法;而所谓"三",则既是指谓这个世界的现实运转及其具体展开,同时也就代表着我们与这个世界的相互作用。这样一来,所谓"一"、"二"、"三"也就足以含括老子哲学的基

---

① 《道德经》第三十九章,《诸子集成》第 3 册,第 24—25 页。
② 司马迁:《史记·周本纪》,《二十五史》卷一,第 12 页。
③ 司马迁:《史记·周本纪》,《二十五史》卷一,第 12 页。
④ 张载:《经学理窟·诗书》,《张载集》,第 257 页。

本内容了。

实际上，这样的"数"及其关系在《论语》中也同样存在着，虽然孔子似乎并不喜欢像老子那样完全以"数"这种形式来表达这个世界以及我们对这个世界的认知。比如，从儒道分歧与对立的角度看，则老子所谓的"一"就代表着"道"的自在状态，而孔子的"一"则可以说就是所谓"德"，所以老子就有"失道而后德，失德而后仁，失仁而后义，失义而后礼，夫礼者，忠信之薄而乱之首"①这种比衬与批评性的话语。但是，如果从儒者之立身行事的基本原则来看，则儒家的"一"也就可以说是"礼"，所以孔子就既有完全以"礼"为准则对颜回的反复叮咛："非礼勿视，非礼勿言，非礼勿听，非礼勿动。"②同时又有对季氏"八佾舞于庭，是可忍，孰不可忍也。"③的明确批评。但是，如果从孔子一生的最高追求来看，那么这个"一"也就可以说是"仁"，因为他不仅有"人而不仁，如礼何？人而不仁，如乐何"④的感慨，同时还有"一日克己复礼，天下归仁焉"⑤的向往。至于所谓"二"，则在孔子的思想中也同样存在着，比如"孔子曰：'道二，仁与不仁而已矣'"⑥；再比如："有鄙夫问于我，空空如也。我叩其两端而竭焉。"⑦至于"三"，则完全可以代表我们对人与这个世界关系的再认识、再调整，比如："知者不惑，仁者不忧，勇者不惧。"⑧看起来，孔子这里似乎根本就没有提到"三"，但由此之后，所谓"知、仁、勇"，也就成为"天下之达德也"⑨。

在孔子关于"三"的表达中，其最有特点的还有：

子曰："不愤不启，不悱不发，举一隅不以三隅反，则不复也。"⑩

子曰："三人行，必有我师焉；择其善者而从之，其不善者而改之。"⑪

① 《道德经》第三十八章，《诸子集成》第3册，第23页。
② 《论语·颜渊》，吴哲楣主编：《十三经》，第1290页。
③ 《论语·八佾》，吴哲楣主编：《十三经》，第1263页。
④ 《论语·八佾》，吴哲楣主编：《十三经》，第1263页。
⑤ 《论语·颜渊》，吴哲楣主编：《十三经》，第1290页。
⑥ 《孟子·离娄》上，吴哲楣主编：《十三经》，第1384页。
⑦ 《论语·子罕》，吴哲楣主编：《十三经》，第1281页。
⑧ 《论语·子罕》，吴哲楣主编：《十三经》，第1283页。
⑨ 《礼记·中庸》，吴哲楣主编：《十三经》，第563页。
⑩ 《论语·述而》，吴哲楣主编：《十三经》，第1275页。
⑪ 《论语·述而》，吴哲楣主编：《十三经》，第1276页。

在这里,孔子显然已经将"三"这个数字运用于知人与教学了,而更为奇特的还在于,所谓的"三人行",实际上也就构成了我们认知世界之所谓"一"、"二"、"三"及其相互关系之一种互逆性的统一:"三人行"自然可以说就是"我"所面临的一种人生现实,但通过"择其善者而从之,其不善者而改之",从而也就将"三"提炼为"二"了;而对于"我"这个人来说,最后也就只能有一种抉择,这就是扬善惩恶、改过迁善。从这个角度看,孔子不仅熟练地运用"数"来表达他所认知的世界,而且也同样在运用"数"及其关系来表达其对这个世界的改进与提升。

这样看来,孔子与老子似乎也就分别以其"一"、"二"、"三"之数从而成为儒道两家思想世界的开辟者;而这里的"一"、"二"、"三"又是根本不同于一般所谓某个领域、某个学科中并列的 A、B、C 及其关系的,因为后者只表示世界之展开及其次序,而儒道两家的"一"、"二"、"三"之关系则可以说是立体性的:既代表着世界之所以成为世界的不同层次及其基本成因,同时也代表着人们认知世界、把握世界的基本步骤。

如果我们仅就孔子与老子的"一"、"二"、"三"进行这样的比较显然是无意义的,因为对任何一个个体而言,所谓"一"、"二"、"三"其实也都是其人生不得不时时面对并且也必然会纠缠一生的问题。但是,如果我们将孔子的这种"一"、"二"、"三"之数从思想上与其相承接的后继者联系起来,那么这里所谓的"一"、"二"、"三"也就具有了某种特殊的意义。比如说,子思就曾明确地用"知、仁、勇,三者天下之达德也"来表达孔子的思想发现,而他自己也明确地以所谓"与天地参"来表达其人生的最高追求。而这种"与天地参"的追求指向,如果用孟子的话来表达,也就可以说是所谓"君子所过者化,所存者神,上下与天地同流,岂曰小补之哉?"①如果再用宋代理学家的话来表达,那么这也就是"人与天地并立而为三极,安得自私而不顺此理哉?"②显然,子思所谓的"三"实际上也就主要体现在其"与天地参"一说上。到了孟子,其固然也有"天下有达尊三:爵一,齿一,德一。朝廷莫如爵,乡党莫如齿,辅世长民莫如德"③的说法,表明孟子明确地继承并且灵活地运用儒家传统的"三"之数,但对孟子来说,其最有特色的并不是"三",

① 《孟子·尽心》上,吴哲楣主编:《十三经》,第 1420 页。
② 陆九渊:《与朱济道》,《陆九渊集》,中华书局 1980 年版,第 142 页。
③ 《孟子·公孙丑》下,吴哲楣主编:《十三经》,第 1368 页。

而是"四"。请看孟子对"四端"的论述：

> 所以谓人皆有不忍人之心者，今人乍见孺子将入于井，皆有怵惕恻隐之心。非所以内交于孺子之父母也，非所以要誉于乡党朋友也，非恶其声而然也。由是观之，无恻隐之心，非人也；无羞恶之心，非人也；无辞让之心，非人也；无是非之心，非人也。恻隐之心，仁之端也；羞恶之心，义之端也；辞让之心，礼之端也；是非之心，智之端也。人之有是四端者，犹其有四体也；有是四端而自谓不能者，自贼者也；谓其君不能者，贼其君者也。①

又说：

> 口之于味也，有同耆焉；耳之于声也，有同听焉；目之于色也，有同美焉。至于心，独无所同然乎！心之所同然者何也？谓理也、义也。圣人先得我心之所同然耳。故理义之悦我心，犹刍豢之悦我口。②

显然，这里又出现了一个"四"；而从仁、义、礼、智"四端"到口耳目心"四官"再到人之"四体"——四肢，也就代表着孟子对人生世界的一种基本把握。如果说孔子的"一"、"二"、"三"代表着其对儒家人生世界的开辟，而子思的"与天地参"则是指"大人"对儒家道德理想的高扬，那么孟子的"四端"、"四体"之说也就是指道德理性对人生身心两面的全面落实与立体统摄关系而言的。

不仅如此，孟子哲学中甚至还出现了"五"，虽然这个"五"并不是由孟子所直接表达出来的，但在比孟子稍晚的荀子看来，这个"五"也就可以说是代表着思孟学派的一个根本特征了。比如在《非十二子》中，荀子曾批评说："略法先王而不知其统，犹然而材剧志大，闻见杂博，案往旧造说，谓之五行。甚僻违而无类，幽隐而无说，闭约而无解，案饰其辞而祗敬之曰：此真君子之言也。子思唱之，孟轲和之……"③显然，在荀子看来，这也就是所谓思孟学派的"案往旧造说，谓之五行"了。

"五行"原本是古人对于人的生存世界所以构成之五种基本材料的认知与揭示，它既见于《尚书·洪范》篇，同时也见于《国语·郑语》篇，可以说是古人对于构成世界之五种基本材质的认知。比如《洪范》载：

① 《孟子·公孙丑》上，吴哲楣主编：《十三经》，第1361—1362页。
② 《孟子·告子》上，吴哲楣主编：《十三经》，第1409页。
③ 《荀子·非十二子》，《诸子集成》第2册，第59页。

> 五行:一曰水,二曰火,三曰木,四曰金,五曰土。水曰润下,火曰炎上,木曰曲直,金曰从革,土爰稼穑。润下作咸,炎上作苦,曲直作酸,从革作辛,稼穑作甘。①

而在《国语》中,其"五行"又是这样表达的:

> 故先王以土与金木水火杂,以成百物。是以和五味以调口,刚四支以卫体,和六律以聪耳,正七体以役心,平八索以成人,建九纪以立纯德,合十数以训百体。②

在这里,《洪范》篇中的"五行"自然主要是就"五行"本身的性质而言的,所以就有"润下作咸,炎上作苦,曲直作酸,从革作辛,稼穑作甘"之所谓"五味"的说法,这自然可以说是对"五行"自身性质的一种认识。但到了《国语》中,则这种"五行"、"五味"似乎也就全然成为现实人生中一种主要的调和手段了,所以也就有了"和五味以调口,刚四支以卫体,和六律以聪耳,正七体以役心,平八索以成人,建九纪以立纯德,合十数以训百体"之说。从这些特点来看,则"五行"的性质似乎也总在不断地向着现实人生收摄、辐辏,以至于最后全然成为表现现实人生之多样性以及其中和指向的几种基本因素了。

在这一基础上,思孟学派的"五行"说将会有什么样的特征呢?关于思孟学派的"五行"说,早在20世纪70年代马王堆帛书刚出土的时候,庞朴先生便通过其中的《五行》篇与《孟子》加以比较,发现《孟子》一书中的"口之于味也,目之于色也,耳之于声也,鼻之于臭也,四肢之于安逸也,性也,有命也,君子不谓性也。仁之于父子也,义之于君臣也,礼之于宾主也,智之于贤者也,圣人之于天道也,有性焉,君子不谓命也"③中的仁、义、礼、智、圣可能也就是荀子所谓的"案往旧造说,谓之五行"。正因为有了这一比较性的发现,所以庞先生不无欣喜地指出:"现在有了马王堆帛书,我们可以而且应该理直气壮地宣布,'圣人之于天道也'一句中的人字,是衍文,应予消去,原本为'圣之于天道也'。孟轲这里所谈的,正是'仁义礼智信(圣)'这'五行'。"④接着,庞先生又将其与《中庸》加以

---

① 《尚书·洪范》,吴哲楣主编:《十三经》,第93页。
② 《国语·郑语》,王树民、沈长云点校:《国语集解》,第470—471页。
③ 《孟子·尽心》下,吴哲楣主编:《十三经》,第1428页。
④ 庞朴:《马王堆帛书解开了思孟五行说古谜》,载《竹帛〈五行〉篇校注及研究》,台北万卷楼图书有限公司2000年版,第131页。

比较,发现《中庸》的"唯天下之至圣,为能聪明睿智,足以有临也;宽裕温柔,足以有容也;发强刚毅,足以有执也;齐庄中正,足以有敬也;文理密察,足以有别也",实际上也就是思孟学派关于"五行"的另一种表达。对于这些不同说法,庞先生解释说:"这里所说的聪明睿智,就是圣;宽裕温柔,就是仁;发强刚毅,就是义;齐庄中正,就是礼;文理密察,就是智。"①所以,通过帛书《五行》篇与《孟子》、《中庸》的比较,庞先生总结说:"借助于帛书《五行》篇的提示,我们从子思孟子书中也发现了仁义礼智圣的五行;从而反过来,可以确定帛书《五行》之篇属于思孟学派,确定荀子的批评,不是无根据的。"②

也许正是因为思孟学派的这一"案往旧造说",才会有以后从董仲舒的《春秋繁露》到班固之《白虎通义》所强调的"五常",从而也就有了以"五常"作为人伦纲维的儒家人生观与世界观。

从这个角度看,则《周官》所高扬的"六"似乎也就成为一个非常奇特的数字了,一方面,它明确坚持着"以官制合天道"的思想,从而完全以"天、地"与"春、夏、秋、冬"四时的方式来设置官位,这无疑属于儒家的思想谱系;而且,以"天、地"与"春、夏、秋、冬"四时所整合的"六"也就代表着人生无所逃的"六合"③世界。另一方面,它又在儒家"一"、"二"、"三"、"四"、"五"的基础上更加突出"六"这一数字,这显然又是思孟学派所不具备的;或者也可以猜测说,《周官》所高扬的"六"极有可能就是思孟学派"案往旧造说,谓之五行"基础上的产物,当然也可以说,其以"天、地"与"春、夏、秋、冬"四时所整合的"六合"来设置官位这一特点,不仅彰显了人生无所逃的"六合"世界,同时也明显地对应着"惟王建国,辨方正位,体国经野,设官分职,以为民极"这样一个重大的历史背景。因为在孟子时代,虽然他当时就已经明确申明:"如天欲平治天下,当今之世,舍我其谁也?"④但孟子也不得不承认,当时的形势毕竟还是"天未欲平治天下也"⑤。而对于《周官》的作

① 庞朴:《思孟五行新考》,载《竹帛〈五行〉篇校注及研究》,第142页。
② 庞朴:《竹帛五行篇与思孟五行说》,载《竹帛〈五行〉篇校注及研究》,第102页。
③ "六合"原指"四方"与"上下"六个方面的统一,如《秦始皇本纪》就有"六合之内,皇帝之土。西涉流沙,南尽北户……人迹所至,无不臣老"。(《史记·秦始皇本纪》,《二十五史》卷一,第24页)
④ 《孟子·公孙丑》下,吴哲楣主编:《十三经》,第1372页。
⑤ 《孟子·公孙丑》下,吴哲楣主编:《十三经》,第1372页。

者来说，则新的大一统王权不仅面临着与关东六国的对峙，而且也已经明确地面临着"惟王建国"以至于"体国经野"的形势了。就从这一点来看，则《周官》必然是孟子以后的产物；而从思孟学派的"案往旧造说，谓之五行"到《周官》所提倡的"养国子以道，乃教之六艺"，人们大略也就可以看出二者的先后及其继起关系了。

那么，《周官》所突出的"六"在这里究竟有什么特别的含义呢？首先，当《周官》的作者面临新的统治者"惟王建国"与"体国经野"的格局时，说明当时的秦王朝已经在法家耕战国策的督促下，其武力统一的路径已经成为一种不可逆转的趋势了，这一点也可以解释为什么《周官》一书中会有如此多的法家思想①。而其之所以会表现出法家思想的某些印迹，实际上也可能是针对当时的社会现实所提出的一种带有激反性质的对扬性主张②，这就是试图通过所谓"以官制合天道"的思路把当时的法家思想收摄、统一到儒家天人合一的规模上来。正是在这一意义上，所谓"天、地"与"春、夏、秋、冬"四时的统一也就既是天道之"六"的表现，同时也就对应并且也暗含着当时秦王朝的对立面——关东六国；而在《周官》的作者看来，可能也只有关东六国才是天道的真正体现者。至于何休的"六国阴谋之书"一说，也许只有在这一背景下才能成为一种合理的猜测吧！③

其次，《周官》中的"六"也明显地不同于孔孟思想中的"一"、"二"、"三"、"四"、"五"，因为孔孟的"数"完全是从个体人生的角度展开的，而《周官》之"六"却完全是从"天、地"与"春、夏、秋、冬"四时之天道运行的角

---

① 徐复观指出："《周官》思想的性格，是由形成《周官》一书中的三大支柱而见。所谓三大支柱，一是前面已经说到的组织体，二是赋役制度，三是刑法制度。由这三大支柱合而为一所表现的思想性格，乃是法家的思想性格。"（徐复观：《〈周官〉成立之时代及其思想性格》，《徐复观论经学史二种》，第242页）

② 与《周官》之高扬"六艺"一说相对应，秦王朝也非常重视"六"，比如"始皇推终始五德之传，以为周得火德，秦代周德，从所不胜……数以六为纪，符法冠皆六寸。而舆六尺，六尺为步，乘六马。"（司马迁：《史记·秦本纪》，《二十五史》卷一，第24页）看来"五"与"六"这两个数字，不仅在儒家有其特殊的意义，诸如"五经"、"六艺"之说，而且对于新崛起的秦王朝来说，也有其特殊的意义。

③ 关于何休对《周官》"六国阴谋之书"的批评，笔者一直未能找到其原文及其具体出处，也不清楚其具体所指，但根据今文经学"春秋大一统"的基本立场，似乎《周官》"以官制合天道"的思想主要是站在六国的立场或倾向于六国的角度提出的，所以处处突出"六"，这可能也就是何休以"六国阴谋之书"来批评《周官》的根本原因。当然，这不过是笔者的一种猜测而已。

度展开的。就这一点而言,似乎与孔孟的一贯思路明显不类。但《周官》之"六"的说法却并非就没有儒家经典的依据。比如《周易》云:"《易》之为书也,广大悉备。有天道焉,有人道焉,有地道焉。兼三才而两之,故六。六者非它也,三材之道也。"①而《周官》中的"六"也就不过是试图通过"天、地"与"春、夏、秋、冬"四时之天道运行的角度来表现这一"天道"之"六"而已。至于其间的不同,也许正表现着战国末期儒者对天地人"三材之道"之一种尝试性的探讨,但却明显地表现出当时社会思潮之一种客观性的转向,同时也足以促使先秦诸子的个体人生观向着社会历史角度之客观人生观的转向。因为正是这一转向,才能为所谓新的王官学——儒家经学的形成以及其与皇权的合作创造条件。

最后也是最为重要的一点,这就是秦汉时代的儒生为什么都喜欢将儒家的"六经"(实际上只有"五经")称之为"六艺"呢? 对于这一问题,只要我们看看贾谊对于"六"的运用也许就能够明其所以然。除了我们前边已经征引过的"六理"、"六法"与"六术"、"六行"之外,请再看贾谊对"六"的如下运用:

> 王者官人有六等:一曰师,二曰友,三曰大臣,四曰左右,五曰侍御,六曰厮役。②

显然,贾谊这篇总论《官人》原则的"王者官人有六等"一说实际上正可以说是对《周官》思想的一种明确继承,不过是把《周官》"以官制合天道"的"天、地"与"春、夏、秋、冬"这种"六官"改变为更具有人伦色彩的"师"、"友"、"大臣"、"左右"、"侍御"和"厮役"这六种形式而已。这样看来,如果说《周官》的作者还具有一些理想追求的意味,并且也一定要坚持其所谓"以官制合天道"的原则,那么贾谊以"六"为特征的《官人》原则就已经明确地将其拉回到人伦世界中来了。

所以,通过《周官》与《逸周书》的比较,我们完全可以看出《周官》中的所谓"六艺"其实也就源于《逸周书》所强调的"艺";而从《周官》与《周易》的比较来看,则其所谓"六"又是对儒家"三材之道"之天人两翼的落实。通过《周官》与《新语》、《贾谊集》的比较,则又可以看出从陆贾到贾

---

① 《周易·系辞》下,吴哲楣主编:《十三经》,第59页。
② 贾谊:《官人》,《贾谊集 贾太傅新书》,岳麓书社2010年版,第88页。

谊之前后相继以及其对《周官》思想的一致继承,这又是先秦以来儒家"六经"之说转化为"六艺"的关键性环节。因为"乐本无经",因而仅"六经"一说本身就已经体现着对"六艺的继续了。据徐复观先生考订,作为儒家"六经"之一的"乐"原本无经①,而在西汉也没有对《乐》设立博士(为"乐"经设立博士恰恰是在王莽时期)。但是,由于"六艺"观念的一线相承,从而也就使得儒家已经明确形成的"五经"不得不反过来适应这一深入人心的观念,这也就使得实际存在的"五经"不得不虚说地拓展为"六经",又由"六经"说而直接变成"六艺"。② 由此之后,所谓"六经责我开生面"、"六艺统摄天下一切学术"等等,也就成为历代儒者绳绳相继、牢不可破的一种传统了。

所有这些,似乎都是建立在一个特殊的数字——"六"的基础上发生的,这也可能就是"六"这一数字在当时所具有的特殊意义。

五、"六艺"与"国士"

当我们如此分析"六"的特殊含义时,其实目的根本并不在于"六"这个数字本身,而主要在于《周官》是通过"六"来表达其"六艺"思想的。因为

---

① 徐复观在分析汉初陆贾向刘邦称道的"定五经,明六艺,承天统地"时指出:"他这里所说的五经、六艺的名称,乃承述秦代已有的名称,而不可能出于他的自制……他不称'六经'而称'五经',站在文献的立场,因为乐本无经,故据实而论,实在只有五经。"(徐复观:《先汉经学之形成》,《徐复观论经学史二种》,第46页)

② 蒋国保先生曾有《汉儒称六经为六艺考》一文,认为主要是汉儒"变'经'为'艺',变'学'为'术'",但蒋先生又认为"'六经'称谓至迟流行于战国中后期,而'六艺'称谓却只是在《吕氏春秋》中才偶尔使用,流行起来更是汉初以后"。蒋先生对"六经"、"六艺"之流行时限的考察,笔者完全同意,但这一说法却恰恰使"六艺"的名称成为"六经"内容的取代者了,不仅使"六经"成为儒学史上孤明先发的现象,而且也抹杀了从《尚书》、《逸周书》以及《论语》突出"艺"尤其是孔子强调"游于艺"的意义。因为从"名"、"实"关系来看,作为射、御、书、数、礼、乐的"六艺"及其实际作用恰恰具有历史的先在性,而"六经"也完全没有必要要在"六艺"已经脱离社会主流生活的条件下来借用其名;实际的情况可能恰恰相反,只有在"六艺"具有很大影响的条件下,新崛起的"六经"才不得不借用"六艺"之名以使自己得以普遍化推广。请参见蒋国保先生的新浪博客。

从历史的角度看,"六艺"自然可以说是一个比较流行而且影响深远的概念①,但是,如果要叩问"六艺"之实,则除了另作所谓"礼、乐、射、御、书、数"的说明之外,往往被直接归结为"六经"的另一种称呼。这样,作为"六艺"之原来所指反而成为一种附属性的概念了。那么,汉儒为什么一定要以"六艺"来指谓儒家的"六经"呢?或者说"六经"为什么一定要借用"六艺"的名号或称谓呢?而在二者之间,究竟是"六经"为曾经的"六艺"所调包呢还是"六经"强行征用了"六艺"的名称?② 这一节,我们将从正面来回答这一问题。

让我们先从"经"说起。虽然"经"的称谓早就已经见于《左传》、《墨子》与《孟子》、《庄子》等书了,而作为儒家的基本经典,无论是《诗》、《书》、《礼》、《乐》、《易》还是作为孔子之绝笔的《春秋》,虽然其通过孔子的整理可能早就已经作为儒家的基本经典存在于历史文献中了,但严格说来,在先秦,除了专门处理理论论辩问题的《墨经》之外,其他所谓"经"说到底可能也就只是一种主观上的自我认定,一如《墨经》一样,要么就是后来的传抄者根据新近形成的表达习惯所附加上去的。之所以这样说,其实只有一个理由,这就是虽然作为儒家经典的基本文献早就已经存在,但却未必就能真正获得"经"的称谓。原因很简单,《墨经》之所以能够称为经,关键也就在于墨家后学——辩墨专门围绕当时各种名辩问题所坚持的"夫辩者,将以明是非之分,审治乱之纪,明同异之处,察名实之理,处利害,决嫌疑"③这一自我定位的基本立场(当然这一定位说到底也仍然是一种主观的自我认

① 黄彰健先生指出:"六艺,在周代,最初指'礼乐射御书数',其以礼乐冠首,其理由即在此(按:指周公制礼作乐)。"实际上,当时未必就有"六艺"之名,但"六艺"之实是肯定存在的,因为作为"礼乐射御书数"的"六艺"实际上是作为三代文化发展之集大成与总结形态出现的。(黄彰健:《〈周公孔子研究〉序》,台北学生书局1997年版,第8页)

② 徐复观认为:"《周官》的作者非常重视艺能的艺(见后文),因而把《诗》、《书》、《礼》、《乐》、《易》、《春秋》的六艺,掉包为礼、乐、射、御、书、数的六艺。"又说:"战国末期出现'六艺'一词以后,皆指《诗》、《书》、《礼》、《乐》、《易》、《春秋》而言,更无例外……而'六艺'一词,有显赫的地位,他们又不愿放弃,于是改以礼、乐、射、御、书、数为六艺,这是他们旧瓶装新酒式的创造。"在笔者看来,徐复观先生这里完全把问题搞颠倒了。不是"六艺"对"六经"进行了"调包",而在当时,恰恰是"六经"借用了"六艺"这种称谓或名号。关于这一问题,只要看看贾谊对"六"之随意而又灵活的运用就能明其所以然了。而在当时甚至一直到汉武帝"立五经博士",恰恰只有"五经"而没有"六经",因而只能说是"五经"借用了"六艺"的称谓。(参见徐复观:《〈周官〉成立之时代及其思想性格》,《徐复观论经学史二种》,第238、294页)

③ 《墨子·小取》,《诸子集成》第4册,第250页。

定）。而对于辩墨而言，其所谓的"明是非之分，审治乱之纪，明同异之处，察名实之理"的依据、规则自然也就可以称之为经了。但对于儒家，作为一个矢志以其道德理想来改进、提升人伦世界的思想流派来说，它固然也有其代代相传的文献与世世守护的传统，甚至，其对文献的重视也可以达到所谓"知我者其惟《春秋》乎！罪我者其惟《春秋》乎"①的高度，但严格说来，儒家文献之"经"的地位似乎并不应当仅仅来自儒家的自我定位，而起码应当来自一个世俗的"他者"。在当时，这个世俗的"他者"，除了天下的老百姓之外可能也就只有人间的王权了。这样说绝不是要故意抹杀儒家经典的地位，而是因为，孔子对人生早就已经抱定了"鸟兽不可与同群，吾非斯人之徒与而谁与"②的精神，至于一般儒者，则所谓"人不知而不愠"③的传统自然也不应当使其对自家的文献自封为救世之经；即使儒者敝帚自珍，而且也可以有孔子"知我罪我"的心态，但其文献之"经"的地位起码也应当来自他者群体，而不应当是单方面地由儒家来自我认定。因为如果儒家文献之"经"的地位完全可以来自儒者的自我定位，那么在这种条件下，儒家的救世精神根本不需要得到来自"他者"的基本认可，而完全可以成为一种自我认定或自我期许活动了。另外，正是从对"经"的这种自我认定出发，那么仅仅所谓传经、授经包括所谓诵经也就可以成为儒之为儒的标志了，从而也就可以替代并消解原本作为其第一目标的救世追求本身。实际上，这就成为对儒之为儒及其基本精神的一种自我消解了。

不过，除了这一根本性的标志之外，儒家的文献当然也可以成为"经"。但这种"经"的地位并不是或者说主要不是来自王权的承认，而是主要表现为从儒家的自我认定到诸子之间思想交流的基本认可。在这种条件下，所谓"经"也就可以成为儒者"出言谈、辅世教"的一种经典依据了，孟子所谓的"经德不回，非以干禄也"④一句中的"经"，主要是指其根本立场或基本原则而言的，还不是所谓经典依据之意。但在先秦诸子的思想交流中，儒家"五经"或"六经"的地位确实已经得到来自其他诸子的基本认可了。比如作为道家二代巨子的庄子，就是在这一背景下称谓儒家"六经"的。《庄

---

① 《孟子·滕文公》下，吴哲楣主编：《十三经》，第 1382 页。
② 《论语·微子》，吴哲楣主编：《十三经》，第 1313 页。
③ 《论语·学而》，吴哲楣主编：《十三经》，第 1259 页。
④ 《孟子·尽心》下，吴哲楣主编：《十三经》，第 1429 页。

子》说：

> 孔子谓老聃曰："丘治《诗》《书》《礼》《乐》《易》《春秋》六经，自以
> 为久矣，孰知其故矣……论先王之道而明周召之迹，一君无所钩用，甚
> 矣夫！人之难说也，道之难明邪？"①

> 配神明，醇天地，育万物，和天下，泽及百姓，明于本数，系于末度，
> 六通四辟，小大精粗，其运无乎不在。其明而在数度者，旧法世传之史
> 尚多有之。其在于《诗》《书》《礼》《乐》者，邹鲁之士搢绅先生多能明
> 之。《诗》以道志，《书》以道事，《礼》以道行，《乐》以道和，《易》以道阴
> 阳，《春秋》以道名分。其数散于天下而设于中国者，百家之学时或称
> 而道之。②

在《庄子》一书中，其提到儒家"六经"的地方绝不止于这两处，但这两处的
运用却明显表现出庄子对于儒家"六经"地位的基本认可。当然这一认可
也同样可以说是通过儒家的自我认可实现的：前者自然是通过孔子的自述
与感叹加以表达的，这固然也可以说就是来自儒家的一种自我认定；但后者
像"《诗》以道志，《书》以道事，《礼》以道行，《乐》以道和，《易》以道阴阳，
《春秋》以道名分"之类，简直就可以说是当时的思想界对于儒家"六经"及
其作用的一种精准概括了。

　　但对《庄子》一书站在道家立场上对儒家"六经"地位的承认，人们可能
仍然会辩解说这极有可能只是庄子后学在传抄时根据其内容所附加上去
的。笔者并不排除这一可能，但即使如此，仅从其"《诗》以道志，《书》以道
事，《礼》以道行，《乐》以道和，《易》以道阴阳，《春秋》以道名分"的概括以
及其"道志"、"道事"、"道行"、"道和"乃至于"道阴阳"、"道名分"的有机
组合来看，也可以说是极为精当地揭示了儒家经典与人伦世界之间的紧密
关联。从这个角度看，庄子真可谓是儒家的知音。③

　　不过，即使上述说法是来自庄子后学概括性的附加，那么这种概括与附

---

① 《庄子·天运》，郭庆藩编：《庄子集释》，第583页。
② 《庄子·天下》，郭庆藩编：《庄子集释》，第1171页。
③ 庄子与孟子同时，但像庄子这样的概括却并不见于孟子，——《孟子》书中除了上面
作为形容词的"经德不回"一说外，往往是直接借用"诗曰"、"书云"来具体言说。这种现象
说明，儒家的"六经"及其地位极有可能反而是来自其对立面——道家立场上的观察、概括与
定性。这种情形，可能也就如同其"内圣外王之道"一样，首先是出自《庄子·天下》篇对象性
立场上的观察与概括，然后才成为儒家的一种基本自觉与自我定位。

加也必然完成于先秦时代。原因很简单，秦汉大一统政权形成后，儒家的
"六经"就已经不再称为"六经"而是直接称为"六艺"了，或者说已经用"六
艺"的名号直接取代原来的"六经"。——从司马迁的《史记》到班固的《汉
书》、范晔的《后汉书》，基本上都是以"六艺"来指代"六经"的。这样一种
现象，其实正构成了徐复观先生的一个重大疑虑："战国末期出现'六艺'一
词以后，皆指《诗》《书》《礼》《乐》《易》《春秋》而言，更无例外……而
'六艺'一词，有显赫的地位，他们又不愿放弃，于是改以礼、乐、射、御、书、
数为六艺，这是他们旧瓶装新酒式的创造。"①徐复观这里的"他们"当然是
指其所认定的伪造《周官》的王莽、刘歆而言的，但徐先生却又完全搞错了
这一点，即搞错了究竟是谁取代了谁，因为当形成于战国末期的《周官》一
书中出现了"六艺"概念时，当时并不是也不可能是指《诗》、《书》、《礼》、
《乐》、《易》、《春秋》而言的，而首先是指谓源远流长的射、御、书、数、礼、乐
这些具体的技能而言；至于先秦诸子对《诗》、《书》、《礼》、《乐》、《易》、
《春秋》这些文献的称谓，则庄子早就已经明确地借助孔子的"丘治《诗》
《书》《礼》《乐》《易》《春秋》《六经》，自以为久矣，孰知其故矣"来加以明确
表达了。这说明，以"六艺"指谓"六经"的现象，其实反而是秦汉大一统政
权形成后的产物；而在此之前，从《逸周书》到《论语》、《庄子》包括《吕氏春
秋》，"六艺"与"六经"反而是一种丁是丁、卯是卯的关系。

这就是说，并不是传统的"六艺"对儒家的"六经""调了包"——穿上
了"六经"的外衣，而恰恰是儒家的"六经"借用了"六艺"名号。这就涉及
一个非常重大的历史背景问题，即"六艺"究竟是在什么条件下成立的。

正如前面已经提到的，在《周官》以前的儒家文献中，只有《尚书》《逸周
书》《左传》与《论语》一致提到了"艺"，而孔子所感叹的"吾何执？执射乎，
执御乎"②以及其"游于艺"的自述也清楚地表明，在当时，所谓"艺"反而是
一种更为普遍的存在。从某种程度上说，甚至也可以概括为仁人君子之发
育母体一样的存在。虽然孔子已经将所有的"艺"全然收摄概括为"文、行、
忠、信"四种基本的品行了，但射、御、书、数也仍然广泛地散见于《论语》和
《孔子世家》中；至于礼乐就更不用说了。这说明，即使到了孔子时代，作为

---

① 徐复观：《〈周官〉成立之时代及其思想性格》，《徐复观论经学史二种》，第294页。
② 《论语·子罕》，吴哲楣主编：《十三经》，第1280页。

射、御、书、数、礼、乐的"六艺"也仍然是作为培养士人基本技能之"艺"的存在。

至于《逸周书》，由于其原本就如同《夏书》《商书》一样，属于"周史记"，其内容则主要是"周时诰誓号令也"，因而其年代的跨度也就特别大，可以说是随着西周王朝的建立就有此"实录"的，当然最后也必然会随着东周王朝的灭亡而告结。但从其"古者明王奉此六者以牧万民，民用而不失。抚之以慧，和之以均，敛之以哀，娱之以乐，慎之以礼，教之以艺，震之以政，动之以事，劝之以赏，畏之以罚，临之以忠，行之以权"①来看，则所谓"慎之以礼，教之以艺，震之以政，动之以事"之类的说法，就已经表明其所谓"艺"就是一种仅次于"礼"的存在，有时甚至又是一种超越于礼的存在，比如"艺不淫，礼有时，乐不满，哀不至……"②之类；再从其"礼无时则不贵，艺淫则害于才"以及"明艺摄官""明艺法官"与"供余子务艺"来看，则所谓"艺"也就应当是当时的贵族子弟之一种具有成丁礼性质的基本功课，或者也可以说是决定"士"之为士的一种基本技能。这种情形，甚至还保留在孔子师弟的日常问答中，比如："子贡问曰：'何如斯可谓之士矣？'子曰：'行己有耻，使于四方，不辱君命，可谓士矣。'"③如果将孔子对"士"的这一规定与曾子对"士"之基本自觉稍加比较，那么曾子所谓的"士不可以不弘毅，任重而道远。仁以为己任，不亦重乎？死而后已，不亦远乎？"④显然已经明确地加进了君子人格与道德理想的因素；而孔子对子贡的答问，则应当是指传统士人的基本品格或者说是就"士"之传统品格而言的。"士"的这种传统品格，也就主要是为"艺"所培养。

进一步看，虽然《逸周书》中并没有"六艺"的提法，但构成"六艺"的具体内容则可以说是应有尽有。而《周官》继承、综合并超越于《逸周书》之处，也就在于徐复观先生所揭示的那几个特点："除了表明在以官制合天道之外，又强调了'均'的观念，想解决由贫富悬殊所引起的政治根本问题。更将管仲内政寄军令的方法加以扩大，使政治、社会成为一个严密的便于彻

---

① 黄怀信等：《命训》，《逸周书汇校集注》，第34—35页。
② 黄怀信等：《命训》，《逸周书汇校集注》，第36页。
③ 《论语·子路》，吴哲楣主编：《十三经》，第1296页。
④ 《论语·泰伯》，吴哲楣主编：《十三经》，第1279页。

底控制的组织体,想由此根本解决由流亡所引起的各种问题。"①在徐复观的这一概括中,"以官制合天道"的思想自然可以说是决定《周官》之为《周官》的一个根本特征,也是其对西周以来包括《逸周书》之"敬天保民"意识的重新整理与天人合一式的推进;至于所谓"彻底控制的组织体"之类,则正是徐复观所谓"法家思想性格"的表现,当然也可以说是因为受到当时秦王朝耕战国策影响的表现;至于"教国子以艺",则主要体现在其对"六艺"的论述中:

> 师氏掌以媺诏王。以三德教国子:一曰至德,以为道本;二曰敏德,以为行本;三曰孝德,以知逆恶。教三行:一曰孝行,以亲父母;二曰友行,以尊贤良;三曰顺行,以事师长。居虎门之左,司王朝,掌国中失之事,以教国子弟,凡国之贵游子弟学焉。凡祭祀、宾客、会同、丧纪、军旅,王举则从,听治,亦如之。使其属帅四夷之隶,各以其兵服守王之门外。且跸,朝在野外,则守内列。

> 保氏掌谏王恶,而养国子以道。乃教之六艺,一曰五礼,二曰六乐,三曰五射,四曰五驭,五曰六书,六曰九数。乃教之六仪,一曰祭祀之容,二曰宾客之容,三曰朝廷之容,四曰丧纪之容,五曰军旅之容,六曰车马之容。凡祭祀、宾客、会同、丧纪、军旅,王举则从。听治,亦如之。使其属守王闱。②

> 以乡三物教万民而宾兴之:一曰六德:知、仁、圣、义、忠、和。二曰六行:孝、友、睦、姻、任、恤。三曰六艺:礼、乐、射、御、书、数。以乡八行纠万民:一曰不孝之刑,二曰不睦之刑,三曰不姻之刑,四曰不弟之刑,五曰不任之刑,六曰不恤之刑,七曰造言之刑,八曰乱民之刑。③

这就是由《周官》所总结出来的六艺。从这一规模来看,似乎主要是在兵民一体基础上的国子教育之道,但这种教育首先是以技能训练为基础的。从这里教国子以"三德"、"三行"到训练其参与"祭祀、宾客、会同、丧纪、军旅"等活动,一直到"使其属帅四夷之隶",实际上也就只有一个指向,这就是国士的训练与培养之道。至于其以"乡三物教万民"、"以乡八行纠万民"

① 徐复观:《〈周官〉成立之时代及其思想性格》,《徐复观论经学史二种》,第234页。
② 《周礼·地官》,《十三经》,第248页。
③ 《周礼·地官》,吴哲楣主编:《十三经》,第243页。

之类,则是所谓"五礼"、"六乐"、"五材"、"五驭"、"六书"、"九数"——所谓"六艺"的具体化与普及化。所以说,所谓"六艺"起码是西周以来技能、军事与教育活动的统一,至于其目的,则主要在于培养足以担当国之大任的"国士"。

关于"国士",固然也可以说是古代中国之一种源远流长的教育传统,周代的"师氏"、"保氏"以及后来的"太傅"、"太保"之职也就为此而设。它既是对"太子"——所谓王权继承人的训练,同时也含括着对所谓"国士"的培养。"太子"当然是王权的继承人;而"国士"则应当成为国事、国难的担当者与国势、国运的推动者。所以,由《周官》所总结并加以集中表达的"六艺"之术,首先也就应当看作是培养"国士"的熔炉与训练手段。

让我们先看历史文献中的"国士",《左传·成公十六年》载:

> 苗贲皇在晋侯之侧,亦以王卒告。皆曰:"国士在,且厚,不可当也。"①

而《荀子》一书也通过转述孔子的话告诫说:

> 孔子曰:"由志之,吾语女。虽有国士之力,不能自举其身,非无力也,势不可也。故入而行不修,身之罪也;出而名不彰,友之过也。故君子入则笃行,出则友贤,何为而无孝之名也。"②

到了《史记》,司马迁甚至也借萧何的评价表彰韩信说:

> 诸将易得耳。至如信者,国士无双。王必欲长王汉中,无所事信;必欲急天下,非信无所与计事者。顾王策安所决耳。③

从《左传》、《孔子家语》到《荀子》再到《史记》,非常清晰地划出了一条"国士"的线索,也凸显了"国士"的担当精神。而这种"国士"就代表着"六艺"的指向,因而也应当成为其培养目标。我们这里可以暂且不管《周官》的作者以及其具体的制作时代问题,仅就其所提倡的"六艺"教育以及其"国士"的培养目标而言,则无疑是值得肯定的。至于《周官》的制作时代及其意义,则还必须通过"艺"与"经"关系的比较来继续澄清。

---

① 《左传·成公十六年》,吴哲楣主编:《十三经》,第 763 页。
② 《荀子·子道》,《诸子集成》第 2 册,第 348—349 页。荀子这一说法,同时也可见于《孔子家语》卷五,第 149 页。
③ 司马迁:《史记·淮阴侯列传》,《二十五史》卷一,第 241 页。

六、"艺"与"经"

按理说,儒学是直到汉武帝时代才真正成为皇权所钦定之"经"的,而在此之前,则必须先有"夹书令"之废除,然后才能有儒学研究的勃兴,是即司马迁所概括的"汉兴,然后诸儒始得修其经艺,讲习大射乡饮之礼"①。但是,如果我们对《史记》、《汉书》和《后汉书》稍加翻阅,就会发现一个较为普遍的现象:似乎每一个儒生都是以"通《五经》,贯《六艺》"②的方式登上历史舞台的。这里的《五经》固然可以说是一种实指,——就指儒家的五种基本经典而言,那么其所谓《六艺》又指什么呢? 实际上,这里的《六艺》就已经成为"六经"的一种别样称呼了。所以汉代以后,所谓"五经"、"六艺"之类的说法,一定程度上反倒成为一种同义反复式的强调了。这一点可能也就是《二十五史》的校订者一定要给"六艺"加上书名号的原因,因为这里的"六艺"已经成为"六经"的另一种称谓了。这样一来,也就出现了一个颇为奇特的现象:在儒家经典真正成为"经"的时代,人们却似乎更喜欢称其为"艺";而在儒学真正作为士人之"艺",亦即所谓先秦诸子学的时代,人们却反而更愿意称之为"经"。这就涉及儒学史上一个重大问题:即"艺"与"经"的关系问题。

为什么"艺"与"经"会表现出这种相反而又交错的情形呢? 实际上,这是一个既与时代相关同时又与"艺"和"经"各自的不同特色密切相关的问题。

先从"艺"来看,究其实而言,"艺"首先也就是指一种艺能;而"六艺"中的射、御、书、数无论怎么看也就只能说是一种技能性的"艺",但还不能说就是真正的"艺"。那么,"技"在什么条件下才能成为"艺"并且也可以称之为"艺"呢? 从客观的角度看,能够称为"艺"的技能必须对超越的"道"有所蕴含,或者说必须达到能够以技蕴道、以技表道的地步。比如《庄

---

① 司马迁:《史记·儒林列传》,《二十五史》卷一,第307页。
② 范晔:《后汉书·张衡传》,《二十五史》卷一,第1098页。

子》一书中的庖丁对自己解牛经历的一段说明就具有以技蕴道的特征:"臣之所好者道也,进乎技矣。始臣之解牛之时,所见无非全牛者。三年之后,未尝见全牛也。方今之时,臣以神遇而不以目视,官知止而神欲行……"① 从某种程度上说,这种蕴道之技也就可以说是"艺"的一种本质性特征了。所以在庄子的描述中,庖丁就有"手之所触,肩之所倚,足之所履,膝之所踦,砉然响然,奏刀騞然,莫不中音"②的精彩表现,而庄子本人也有"合于桑林之舞,乃中经首之会"③的描述与赞叹,这说明,庖丁这种"解牛之技"实际上就是一种"艺",或者说已经达到了"艺"的高度。那么,庄子为什么并不直接将其称之为"艺"却明确地表达为"技"呢? 此中既有儒道两家之不同传统与不同关注侧重的因素,同时也与其不同的表达习惯相关。由于道家主张自然人性,因而也就更为重视作为人之行为、动作的躯体本身,或者说其所关注的侧重主要也就集中在人的特殊行为——尤其是超过一般人能力的行为上;而儒家则由于其始终坚持道德善性的人生取向,因而它不仅重视作为人之技能的行为本身,而且更为重视作为这种行为之心理根源的内在心灵,更重视内在心灵与精神的投入和表现。④ 这也可以说是儒道两家在"技"与"艺"上的一种不同侧重吧!

但儒家所强调的"艺"又有什么样的特征呢? 首先,与儒家作为"经"的文献和理论形态相比,"艺"也就主要表现为一种身体的活动或特殊的技能形态,而这种技能同时又具有极强的个体性。比如在上古史的传说中就将中华文明进步的脚步直接记载于"燧人"、"有巢"、"伏羲"、"神农"包括"轩辕"这些"氏"的名下,说明这些生存性的技能首先就是通过那些特殊的个体——"氏"所发现或发明的;至于后来的射、御、书、数等等,也无不与历史上的某个阶段以及某个特殊的个体相关联。但"经"却根本不同,与其说它是个体性的,不如说它是从根本上排斥个体性的,因为"经"之所以成为经,关键也就在于它揭示了人生中的一种"常道",一种包括你、我、他乃至整个

---

① 《庄子·养生主》,郭庆藩编:《庄子集释》,第131页。
② 《庄子·养生主》,郭庆藩编:《庄子集释》,第130页。
③ 《庄子·养生主》,郭庆藩编:《庄子集释》,第130页。
④ 关于儒家更为重视人之行为及其心理根源一点,在孔子与宰我关于三年之丧的问答中表现得再典型不过了,因为孔子始终在关注着"食夫稻,衣夫锦,于女安乎!"而其之所以要坚持三年之丧,主要也就在于"君子之居丧,食旨不甘,闻乐不乐,居处不安,故不为也。"(《论语·阳货》,吴哲楣主编:《十三经》,第1311页)

族群、整个民族都可以与之同条共贯、同途共辙的人生常道。除此之外，"经"之为经的关键又取决于它的超个体性以及不为个体之资质与具体环境所限制的特色；而"艺"之为"艺"却正好相反，它不仅具有个体之活动与技能的色彩，而且其作为"艺"的一个根本特征，也就在于它必须是身心合一、知行并到而又完全以内在心灵为主导的。这就是儒家的"艺"既区别于其"经"之文献与理论的形态，同时又区别于道家那种单纯建立在躯体与行为之上之所谓纯粹的"技能"形态的根本特征（当然道家的"技"也是包含着一定的"智"之蕴涵的，有时甚至也可以说就是通过一种特殊的"技能"所表现出来的"智巧"，所以在道家看来，最高的智巧就是绝不表现出智巧相，才是真正的智巧），或者也可以说，就是决定"艺"之为"艺"的根本性特征。

正由于"艺"与"经"存在着个体之活动与技能形态和"经"之"常道"意义上的文献与理论形态的不同，因而它们在具体存在方式上也有着明显的差别。一般说来，"艺"既是个体性的，又具有身心合一、身心一如的特点，同时又全然是以心灵或内在精神作为主导的，因而"艺"无论是作为个体之"技能"形态还是作为一般人的"智慧"形态，也都带有强烈的个体性以及随环境、条件的变化而变化的特点；至于中国智慧的具体性以及其内在而又超越的特色，也就完全是由这种身心合一而又全然以内在心灵为主导的特色所决定。但在这一点上，"经"却正好与之相反。一般说来，"经"之所以能够成为人生中的"常道"，关键也就在于其具有一定的普适性以及由此而来之普遍的指导意义，否则的话，也就无法成为"经"了。一个奥运会的冠军无疑会有其特殊的"技能"、"技巧"包括所谓"智慧"的一面，但却绝对不会成为全球青少年学习、效法的榜样；一般说来，也没有几位父母愿意将所谓跳远、跳高的冠军作为对自家孩子的预期和榜样。在这里，"技"与"艺"的一个根本性区别，也就在于孟子所谓的"能"与"不能"上，因为这种"能"与"不能"是建立在特殊资质与特殊技巧上的。比如孟子说：

> 曰："挟泰山以超北海，语人曰，'我不能。'是诚不能也。为长者折枝，语人曰，'我不能。'是不为也，非不能也。"①

从孟子这一简单明了的比喻中就可以看出，"技能"中越是带有个体资质的因素，也就愈带有其个体之独有的"技巧"与"能力"的色彩，从而也就与儒

---

① 《孟子·梁惠王》上，吴哲楣主编：《十三经》，第 1353 页。

家之"艺"与"经"的距离愈远；这就是孟子所谓"诚不能也"一说的确切含义。但与这种技能形态相反，如果一种"技能"中愈是带有人伦普遍性的因素，即带有所谓人人皆能的因素，那么这种"技能"也就愈会带有"艺"的特色，从而也就愈益具有"道"或"经"的蕴含；这也就是孟子所谓的"是不为也，非不能也"一说的真正含义。从这个角度看，儒道两家在"技"与"艺"之不同侧重上的差别，实际上也就完全可以说是以人的自然之性与道德善性的区别为基础的；而儒家之所以提倡"艺"却并不主张"技"，主要也是从其是否带有人伦普遍性的角度着眼的。

从这一点出发，儒家的"经"作为人生中之"常道"虽然是以其普适性与人伦普遍性作为其基本蕴含的，但其作为"经"却绝不能离开"艺"这种基础，不能离开"艺"这种具体的存在与表达方式。比如孔子著《春秋》之所以要坚持"我欲载之空言，不如见之于行事之深切著明也"①，正是要以具体的"行事"来表达其"深切著明"之人伦普遍性——所谓"常道"关怀；而孟子之所以要将道德善性落实于人之"本心"，又将本心落实于"四端"、落实于"见孺子之入井"的具体场景中，也正是为了使每一个个体都可以当下理解"怵惕恻隐之心"当机呈现的心理事实，从而也就可以通过恻隐之心的当机呈现以更为深切地理解恻隐之心与道德善性的一体贯通关系。

如果从这个角度看，那么儒家"艺"与"经"的关系便不是"艺"源于"经"，而恰恰是"经"源于"艺"，是在对具体之"艺"之人伦普遍性的体味与解读中才会有"经"的产生与形成的，也只有通过对"艺"所内在蕴含的道德善性的深入发掘与普遍性拓展，才会有所谓"经"的形成。

儒家"艺"与"经"的这种关系也更典型地体现在当时两种不同的"士"——所谓"国士"与"志士"的区别上。"国士"自然可以说就是由"技能"、"技巧"与"聪明"、"胆略"包括"智慧"所培养出来的"士"，其特点也主要在于技能、胆略与智慧——所谓能力；而所谓的"志士"则完全是以道德理想武装起来的"士"，至于其特点，则主要表现在其道德理性的基础与胸怀天下的担当精神上。比如，儒家关于这两种不同的"士"之论述都表现在《论语》中：

> 子贡问曰："何如斯可谓之士矣？"子曰："行己有耻，使于四方，不

---

① 司马迁：《史记·太史公自序》，《二十五史》卷一，第332页。

辱君命,可谓士矣。"①

曾子曰:"士不可以不弘毅,任重而道远。仁以为己任,不亦重乎? 死而后已,不亦远乎?"②

在这里,前者是子贡问"何如斯可谓之士矣?",这显然是就社会上一般所谓的士(极而言之,当然也可以称之为"国士")而言的,所以孔子的回答也就完全是中性色彩的"行己有耻,使于四方,不辱君命"。显然,这也主要是就"士"之技能、胆略与职业、智慧而言的。至于曾子所自觉的"士",则主要是就儒家的"志士"而言的,所以也就有了"仁以为己任"以及"死而后已"的规定。很明显,后者无疑是指在对人的道德善性充分自觉的基础上所形成的担当精神而言的,因而也只有后者,才是儒家所称道的"志士"。所以孟子就有"志士不忘在沟壑,勇士不忘丧其元"③一说。

如果我们对儒家"艺"与"经"的关系加进社会历史的因素,或者说从社会历史的角度来看儒家"艺"与"经"的关系,那么又会发现,"艺"与"经"之间确实存在着一种颇为吊诡的关系:这就是,愈是在社会动乱的时代(比如战国),不仅儒者会自觉地称其历史文献为"经"(比如荀子就曾明确地主张:"学恶乎始,恶乎终? 曰:其数则始乎诵经,终乎读礼。"④),甚至,就连儒家思想的批评者也都承认其为"经"(比如庄子)。但是,一旦到了社会相对稳定而儒家文献又被真正尊为"经"的时代,儒者们却反而更愿意将自家的经典称之为"艺"。前者如西周,其时正是《逸周书》中所谓"艺"的形成时代;而后者则如两汉,因为两汉正是儒学独尊,也是经学占统治地位的时代,但汉儒却似乎更愿意以所谓"通《五经》,贯《六艺》"来自我标榜或相互标榜。于是,这就出现了被徐复观称之为"六经"与"六艺"调包的情形,比如《史记》中就有如下记载:

孔子曰:"六艺于治一也。《礼》以节人,《乐》以发和,《书》以道事,《诗》以达意,《易》以神化,《春秋》以义。"⑤

司马迁这里的称引究竟是不是孔子的原话呢? 如果说是孔子的原话,那么

① 《论语·子路》,吴哲楣主编:《十三经》,第 1296 页。
② 《论语·泰伯》,吴哲楣主编:《十三经》,第 1279 页。
③ 《孟子·滕文公》下,吴哲楣主编:《十三经》,第 1378 页。
④ 《荀子·劝学》,《诸子集成》第 2 册,第 7 页。
⑤ 司马迁:《史记·滑稽列传》,《二十五史》卷一,第 318 页。

从孔子时代起人们似乎就已经开始以"六艺"来指谓"六经"了，或者起码也可以说"六艺"这个概念并不是《周官》的首创；但如果从其具体指谓来看，则其所谓的"六艺"实际上又是指"六经"而言的。这样一来，所谓"六艺"与"六经"的调包，——以"六艺"指谓"六经"的现象似乎从孔子时代就已经开始了。

实际上，这里的"六艺"无疑是后来者——司马迁所附加上去的。因为我们这里完全可以找到一个"经"、"艺"并存时代的历史见证，从而也就可以找到其相互从并存状态一直到最后调包的大概线索。——作为刘邦之主要谋士的陆贾原本就是前秦博士，因而由焚书坑儒所导致的文献中断对于陆贾来说根本不会构成任何障碍；而在其辅佐刘邦打天下的过程中，就"时时说称《诗》《书》"①，所以其儒生的身份也是毋庸置疑的。但就在其所著的《新语》中，"经艺"一说就已经常常为其所并提并用了。比如：

> 善言古者，合之于今；能术远者，考之于近。故说事者上陈五帝之功，而思之于身；下列桀纣之败，而戒之于己。则德可以配日月，行可以合神灵，登高及远，达幽洞冥。听之无声，视之无形，世人莫睹其兆，莫知其情。校修《五经》之本末，道德之真伪……②

> 于是中圣乃设辟雍庠序之教，以正上下之仪，明父子之礼，君臣之义……礼仪独行，纲纪不立，后世衰废。于是后圣乃定五经，明六艺，承天统地……③

> 故圣人防乱以经艺，工正曲以准绳。④

> 鲁庄公据中土之地，承圣人之后，不修周公之业，继先人之体，尚权杖威，有万人之力，怀兼人之强，不能存立子纠，国侵地夺，以洙泗为境。夫世人不学诗书、行仁义（缺一字）。圣人之道，极经艺之深，乃论不验之语，学不然之事，图天地之形，说灾变之异……⑤

这就是为司马迁所记载的陆贾"粗述存亡之征……每奏一篇，高帝未尝不

---

① 钱福：《新刊新语序》，《诸子集成》第7册，第1页。
② 陆贾：《新语·术事》，《诸子集成》第7册，第4页。
③ 陆贾：《新语·道基第一》，《诸子集成》第7册，第2页。
④ 陆贾：《新语·道基》，《诸子集成》第7册，第3页。
⑤ 陆贾：《新语·怀虑》，《诸子集成》第7册，第15页。

称善,左右呼万岁"①的《新语》。从《新语》来看,陆贾既然"时时说称《诗》《书》",又明确地提出"校修《五经》之本末,道德之真伪",尤其是其"后圣乃定五经,明六艺,承天统地"一说,不仅说明其对儒家经典非常熟悉,而且其"定五经"、"明六艺"的不同指谓也说明二者确实各有其所指。而陆贾这里又反复提到"经艺"一说,既有"防乱以经艺",又有"极经艺之深"的说法,也说明其"经艺"都是有其具体所指的。因为从孟子作为形容词的"经德不回"到庄子直接称儒家文献为"六经"再到荀子的"始乎诵经",也说明儒家之"经"实际上已经越来越成为思想界所普遍公认的现象了,而陆贾"五经"、"六艺"的分别说以及其在"经"的后面直接辅之以"艺"的合一说,也说明所谓"艺"已经开始受到思想界的关注了。

　　到了《贾谊新书》,便从"六经"所指谓的"阴阳天地人"所蕴含的"六理"谈到了"六法",又由"六法"谈到"六术"、"六行",最后才引申出《诗》、《书》、《易》、《春秋》、《礼》、《乐》之所谓"六艺"。贾谊说:

　　　　……是以阴阳各有六月之节,而天地有六合之事,人有仁义礼智信之行,行和则乐兴,乐兴则六,此之谓六行。阴阳天地之动也,不失六行,故能合六法;人谨修六行,则亦可以合六法矣。然而人虽有六行,细微难识,唯先王能审之,凡人弗能自至,是故必待先王之教,乃知所从事。是以先王为天下设教,因人所有,以之为训,导人之情以之为真,是故内本六法,外体六行,以与《诗》、《书》、《易》、《春秋》、《礼》、《乐》六者之术,以为大义,谓之六艺。②

从陆贾的"五经"、"经艺"到贾谊的"六术"、"六行"与"六艺",清晰地展现出了儒家从"五经"或"六经"到"六艺"的一个演变过程;而从陆贾的"五经"以及"经艺"并称到贾谊由"六术"、"六行"直接综合为"六艺",也说明作为《诗》、《书》、《易》、《春秋》、《礼》、《乐》的"六经"完全是为了适应"六艺"之数才从"五经"拓展为"六经"的。陆贾的"五经"自然可以说是因为其清楚地知道"乐本无经"的事实,而汉武帝"置五经博士"也可以证明这一点;至于贾谊之所以要借助"六术"、"六行"以推出"六艺",则是因为只要有"乐"这种实际存在,至于是否真有其经典文献也就不在其关注范围了。

---

① 司马迁:《史记·陆贾列传》,《二十五史》卷一,第253页。
② 贾谊:《六术》,《贾谊集　贾太傅集》,第94页。

尤其值得注意的是，贾谊所谓的"内本六法，外体六行，以与《诗》、《书》、《易》、《春秋》、《礼》、《乐》六者之术，以为大义，谓之六艺"中的"六艺"还是指"六法"、"六行"与"六术"三者的统一而言的，而其《诗》、《书》、《易》、《春秋》、《礼》、《乐》也首先是作为"六者之术"出现的，这正说明其所谓的"六艺"还处在合成的过程中。大概由此之后，"六艺"便成为《诗》、《书》、《易》、《春秋》、《礼》、《乐》的代称了，因而也就出现了司马迁在《滑稽列传》中所概括的"孔子曰：'六艺于治一也。《礼》以节人，《乐》以发和……'"这种历史性"滑稽"。

那么，这究竟是为什么呢？这就涉及儒学史上的一个重大公案。比如说，从西周来看，它自然代表着儒学的萌芽时代，但它同时又是一个王朝大一统的时代，这样，儒学的萌芽以及大一统王权所需要也就自然使儒学表现为"艺"，当然也可以说其时儒学还处于礼乐之"艺"的襁褓中；但另一方面，大一统王权又存在着对"士"与"艺"的急需，加之当时所谓"艺"又是"士"的晋身之阶，因而"艺"也就成为与"礼"、"乐"并列的时代需求。那么，当时的"艺"究竟能起到什么作用呢？从《逸周书》中"供余子务艺"以及"明艺摄官"、"明艺法官"的情形来看，"艺"就既是"士"报效国家的途径，同时也是其个体谋取官位的晋身之术；而"国士"则成为大一统王权的一种特别期待。

到了汉代，儒学虽然已经上升为国家意识形态，而儒家的历史文献也已经成为皇权所钦定的"经典"了。对于"孔席不暖"的先秦儒学而言，这可能也就是其梦寐以求的社会历史条件；但对于汉代儒者而言，实际情况却未必如此。一个最根本的原因在于，在春秋战国时代，儒者主要是对自己所理解的儒学精神负责，所以他们完全可以自我经典化，比如曾子对"士"的理解就是如此，但在大一统的专制政权之下，所有的儒家学者却必须首先向专制皇权负责；至于那些敢于坚持原则，并敢于用儒学精神来批评皇权的儒生，则从董仲舒因为大讲"灾异"差点遭到杀头到其弟子眭孟建议汉昭帝"求索贤人，禅以帝位"，最后居然被以"妖言惑众"[1]而腰斩的遭际就是一种明确的回答。所以，从陆贾到贾谊，才要自觉不自觉地通过所谓"经艺"并称的方式，一步步将儒家的"五经"拓展为"六经"，又将"六经"通过"六法"、"六

---

① 班固：《汉书·眭两传》，《二十五史》卷一，第649页。

行"与"六术"相统一方式演变为"六艺",从而实现儒家经典与皇权政治的合作,当然同时也就成为儒者个人的进身之阶了。

另外,站在儒者个人的角度看,在春秋战国时代,人们之所以研究儒学,应当说主要是出于一己之人生信念和信仰追求,儒家学者当然可以自我立法、自我信守,这可能也就是其可以成为"经"的缘由。但在大一统的专制皇权之下,一方面,由于皇家的有意扶持,因而研究儒学也就不再是一己之所谓人生信念与信仰追求了,而首先成为一种报效皇权之"术",如此一来,儒家的经术同时也就成为儒者个人向皇家所献之"艺"了;加之皇权的有意扶持与刻意表彰,先"设五经博士",以后又"立五经十四博士",这样,对于儒生而言,其之所以研读儒家经典,也就完全成为一种功名利禄追求了。只要看看两汉经学为了本门本派能够设立博生所发生的激烈竞争与投机钻营活动,就可以清楚地把握从先秦到两汉儒学精神的历史演变。至于汉人所总结的"遗子黄金满籯,不如一经"①,民谚所总结的"学好文武艺,货卖帝王家"以及随之而来的"朝为田舍郎,暮登天子堂",自然也就成为汉儒经学研究的基本动力了。

这样看来,就儒学的历史发展而言,它自然是先有"艺"然后才能有"经",一如先有"士"然后才能有所谓"君子"追求一样。但儒学从"艺"的形态转化为"经"的形态,则是与皇权的认可与整个民族的广泛认同分不开的;而在这一过程中,恰恰又发生了"艺"与"经"的转换与历史性错位,从而也就形成了人们以"六艺"来指谓"六经"的习惯。对于儒学而言,这既是一个从子学到经学的发展过程,同时也是一个从儒者个体的人生信念与信仰追求到全然成为皇家所认可之官方意识形态的过程。这一过程,当然也就是儒学以后的历史发展与历史演变了。我们这里既然已经澄清了儒学历史中的一个重大关节——"艺"与"经"的关系问题,那么就让我们继续沿着这一方向去追溯儒学从无到有、从"技"到"艺"以及其"经"、"艺"并存的历史发展吧!

---

① 班固:《汉书·韦贤传》,《二十五史》卷一,第642页。

第三章　夏、商、周:从生存技能到礼乐文明

　　儒家总是以喜言三代、遥尊尧舜而闻名于世的。比如孔子就曾赞叹说:"大哉尧之为君也!巍巍乎!唯天为大,唯尧则之,荡荡乎,民无能名焉。"①子思也对孔子概括说:"仲尼祖述尧舜,宪章文武:上律天时,下袭水土"②。这里所谓的"祖述尧舜",自然是指儒家一贯以尧舜作为则天之榜样、人伦之楷模的意思,但是,通过《尚书》中的《尧典》和《舜典》可以看出,其所谓尧舜一生行谊实际上根本不可能是出自尧舜时代的实录,而是后世儒家根据历史传说以"稽古"的方式所追述出来的,虽然这种追述以及其对尧舜一生行实的还原可能确有其历史的根据,并且也不违背儒家的基本精神。至于儒家所喜言的三代则稍微有所不同,因为对儒家而言,尧舜之世是典型的"天下为公"的时代,而其帝位传续之禅让方式以及其选贤任能的干部选拔模式也就代表着人伦社会的极至。但所谓夏、商、周三代则是充满着杀伐与战争之实实在在的历史,并且其帝位也是根据血缘而世袭相传的,——最初自然是家族性的兄终弟及制,至西周才确立了嫡长子继承制,可以说不仅开启了私天下的途辙,而且也就是地地道道的"天下为家"或"家天下"。实际上,也只有在私天下、家天下的基础上才可能形成所谓兄终弟及制或嫡长子继承制。但即使如此,三代也存在着另一面,这就是在其帝位世袭相传的同时,由于三代帝王"未有不谨于礼者",因而由此所形成的"仁爱"与"德治"传统同时也就成为儒家从无到有之摇篮了,所以三代也一直是后世儒者所尊奉、向往的精神家园。

　　关于从尧舜时代的"天下为公"以及"选贤与能"的社会治理模式到禹、

---

　　① 《论语·泰伯》,吴哲楣主编:《十三经》,第 1280 页。
　　② 《礼记·中庸》,吴哲楣主编:《十三经》,第 566 页。

汤、文、武之家天下的过渡和演变,孔子是这样评价的:

> 大道之行也,天下为公,选贤与能,讲信修睦,故人不独亲其亲,不独子其子,使老有所终,幼有所长,矜寡孤独废疾者,皆有所养。男有分,女有归。货,恶其弃于地也,不必藏于己;力,恶其不出于身也,不必为己。是故,谋闭而不兴,盗窃乱贼而不作,故外户而不闭,是谓大同。
>
> 今大道既隐,天下为家,各亲其亲,各子其子,货力为己,大人世及以为礼。城郭沟池以为固,礼仪以为纪,以正君臣,以笃父子,以睦兄弟,以和夫妇,以设制度,以立田里,以贤勇知,以功为己。故谋用是作,而兵由此起。禹汤文武成王周公,由此其选也。此六君子者,未有不谨于礼者也。以著其义,以考其信,著有过,刑仁讲让,示民有常……是谓小康。①

显然,在孔子看来,前者自然是标志着"大道之行也"的大同之世,而后者则是所谓"天下为家,各亲其亲,各子其子"的小康之世。前者的特点在于"天下为公",在于"人不独亲其亲,不独子其子,使老有所终,幼有所长,矜寡孤独废疾者,皆有所养",而后者则是所谓"城郭沟池以为固,礼仪以为纪,以正君臣,以笃父子,以睦兄弟,以和夫妇,以设制度,以立田里……"很明显,这也就是尧舜时代与夏、商、周三代之间的一个根本区别。但即使如此,由于三代帝王——禹、汤、文、武、周公、成王"未有不谨于礼者也",因而也就仍然存在着足以让人称道的"以著其义,以考其信,著有过,刑仁讲让,示民有常"的一面。这样看来,虽然三代已经沦落为"天下为家,各亲其亲,各子其子"的小康之世,但由于其仍然坚持着"礼仪以为纪"的传统,因而作为人伦社会,也就仍然是一个让人向往并且也值得人们不断回味、不断总结的时代。正是对三代的这种向往、回味与不断总结,构成了儒学发育、形成的摇篮。

那么,肇基于唐尧虞舜之禅让制并开启于大禹传子的三代又将如何展开呢?而我们这里又将如何叙述夏、商、周三代这一总体上超过千年的历史,以梳理儒学从无到有之具体发生过程呢?在"叙事模式的选择"一节,我们曾分析过中国历史上一直存在着的两种不同的叙述模式,并认为这两种不同的叙事方式也都存在着一定的偏颇之嫌。因而,这样一种基本思路,

---

① 《礼记·礼运》,吴哲楣主编:《十三经》,第473页。

也就决定我们必然要在这两种不同的叙事方式之外另寻出路,并对三代进行一种新的尝试性的解读,或者说也就是要努力探寻一种真正能够切近三代历史的叙事方式。在这一背景下,我们所面临的首要问题,也就是如何走向三代以及究竟以何种心态来面对三代的问题。

一、三代与"生存技能"

如何对三代的历史进行解读,中国历史上最早形成思想流派的儒道两家一直存在着逾越千年的分歧。而其第一次的分歧也就直接表现为孔子"祖述尧舜,宪章文武"的态度,而老子则又是一种完全相反的态度,并且还反唇相讥说:"天地不仁,以万物为刍狗;圣人不仁,以百姓为刍狗。"①意即儒家的圣人根本就不是他们所描述的那样,说到底不过是"以百姓为刍狗"——所谓玩物而已。儒道两家对于三代历史的这种不同解读与不同评价,既是其各自不同历史观的表现,同时也就等于宣告了中国历史上两种不同的三代观的形成。

关于三代历史之不同解读的第二次重大分歧发生在南宋,实际上也可以说是儒道两家关于三代历史之不同解读以及其分歧的真正展开;至于其具体表现,则主要集中在作为两宋理学集大成的朱子与当时作为道学思潮主要批评者的陈亮在关于三代与"汉唐"之不同评价的争论中。对于这一争论,由于笔者既有专文并且也曾通过专书进行讨论②,所以这里只要简单提及两家的主要分歧也就够了。关于三代与"汉唐"的关系尤其是如何评价三代的问题,朱子与陈亮的分歧主要表现为以下两种不同的看法:

> 尝谓"天理""人欲"二字,不必求之于古今王霸之迹,但反之于吾心义利邪正之间,察之愈密则其见之愈明,持之愈严则其发之愈勇。孟

①《道德经》第五章,《诸子集成》第 3 册,第 3 页。

② 对朱子和陈亮关于三代与汉唐之不同评价的争论,请参见拙著《学术性格与思想谱系——朱子的哲学视野及其历史影响的发生学考察》一书中的"王霸与义利之辨——朱子与陈亮"一节,人民出版社 2012 年版,第 242—267 页;另外也可以参见:《道德与自然之间——朱子与陈亮的争论及其分歧的再反思》,《哲学分析》2013 年第 3 期。

子所谓"浩然之气"者，盖敛然于规矩准绳不敢走作之中，而其自任以天下之重者，虽贲育莫能夺也。是岂才能血气之所为哉！老兄视汉高帝唐太宗之所为而察其心，果出于义耶，出于利耶？出于邪耶，正耶？若高帝，则私意分数犹未甚炽，然已不可谓之无。太宗之心则吾恐其无一念之不出于人欲也。直以其能假仁借义以行其私，而当时与之争者才能智术既出其下，又无有仁义之可借，是以彼善于此而得以成其志耳。若以其能建立国家、传之久远，便谓其得天理之正，此正是以成败论是非，但取其获擒之多而不羞其诡遇之不出于正也。千五百年之间，正坐如此，所以只是架漏牵补，过了时日。其间虽或不无小康，而尧、舜、三王、周公、孔子所传之道，未尝一日得行于天地之间也。①

　　昔者三皇五帝于一世共安于无事，至尧而法度始定，为万世法程。禹启始以天下为一家而自为之。有扈氏不以为是也，启大战而后胜之。汤放桀于南巢而为商，武王伐纣，取之而为周。武庚挟管蔡之隙，求复故业，诸尝与武王共事者，欲修德以待其自定，而周公违众议，举兵而后胜之。夏、商、周之制度定为三家，虽相因而不尽同也。五霸之纷纷，其无所因而然哉。老庄氏思天下之乱无有已时，而归其罪于三王，而尧舜仅免耳；使若三皇五帝相与共安于无事，则安得有是纷纷乎？其思非不审，而孔子独不以为然；三皇之化不可复行，而祖述至于尧舜；而三王之礼，古今之不可易，万世之所当宪章也，芟夷史籍之繁词，刊销流传之讹谬，参酌事体之轻重，明白是非之疑似，而后三代之文灿然大明，三王之心迹皎然不可诬矣。后世之君徒知尊慕之，而学者徒知诵习之，而不知孔氏之劳盖若此也。当其是非未大明之时，老庄氏之至心岂能遽废而不用哉！亮深恐儒者之视汉唐，不免如老庄当时之视三代也，儒者之说未可废者，汉唐之心迹未明也。故亮尝有区区之意，而非其任耳。②

在朱子与陈亮的这两段核心"唱段"中，朱子明确坚持道德理想主义的"三代观"，认为汉唐以降，"尧、舜、三王、周公、孔子所传之道，未尝一日得行于天地之间也"，而汉唐诸君则基本上属于那种"无一念之不出于人欲也"；即使其心也可能存在着某些所谓与天理的"暗合之时"③，但说到底也不过是

①　朱熹：《答陈同甫》六，《朱熹集》卷三十六，第1591—1593页。
②　陈亮：《又乙巳春书之一》，《陈亮集》卷二十八，中华书局1987年版，第344—345页。
③　朱熹：《答陈同甫》八，《朱熹集》卷三十六，第1600页。

一种所谓"小康"而已。显然,这无疑就是一种明确高扬三代之道德理想主义精神而极力贬斥并批评汉唐诸君的"小康"追求以及其人欲史观的立场。陈亮则与之相反,在他看来,三代的历史实际上不过是"禹启始以天下为一家而自为之。有扈氏不以为是也,启大战而后胜之。汤放桀于南巢而为商,武王伐纣,取之而为周。武庚挟管蔡之隙,求复故业……而周公违众议,举兵而后胜之。"显然,这也就是其所谓的"老庄氏思天下之乱无有已时,而归其罪于三王……使若三皇五帝相与共安于无事,则安得有是纷纷乎?"从一定程度上说,陈亮这里所坚持的其实也就正是老子所谓的"圣人不仁,以百姓为刍狗"的三代史观,或者说在陈亮看来,三代起码并不像朱子所表彰的那样高尚、神圣。但陈亮并不否定三代的理想价值,不过认为其价值主要是通过孔子"芟夷史籍之繁词,刊销流传之讹谬,参酌事体之轻重,明白是非之疑似"才得以实现的,所以也就有"而后三代之文灿然大明,三王之心迹皎然不可诬矣"一说。显然,这就是说,所谓三代的道德理想特色其实不过是孔子通过对三代历史的重新解读与重新诠释所塑造出来的。如果对应于人类社会的实际历史,那么我们也就不得不承认,陈亮的这一看法实际上可能更接近于三代历史的实情;而朱子道德理想主义的三代观则可能确实存在着脱离历史实际的一面。[1]

但陈亮所揭示的这种"实情"同样是需要斟酌的,其他暂且不论,仅从其对三代的这种概括性叙述——"禹启始以天下为一家而自为之。有扈氏不以为是也,启大战而后胜之。汤放桀于南巢而为商,武王伐纣,取之而为周。武庚挟管蔡之隙,求复故业……而周公违众议,举兵而后胜之"来看,难道这不正是源于道家老子而又由司马迁所表现出来之"战争与政治"史观吗?而在这样的历史观面前,虽然我们不能说夏、商、周三代就是充满着权谋与杀伐斗争的"漆黑一团",但也绝对不像历代儒家所塑造、诠释的那样,——其中并没有多少可以值得夸耀的仁爱道德;而所谓的仁爱道德,说到底又不过是孔子"芟夷史籍之繁词,刊销流传之讹谬"的产物罢了。这样

---

[1]　牟宗三指出:"讲历史要有两个判断,一个是道德判断,一个是历史判断。中国以前也有这个问题,南宋的时候朱夫子和陈同甫两个人相争论,就是这个问题。朱夫子只有道德判断,没有历史判断,所以他不能讲历史。陈同甫呢,他似是只有历史判断,没有道德判断。所以两个人起冲突。"(牟宗三:《中国哲学十九讲》,《牟宗三先生全集》第29册,台北联经出版公司2003年版,第14页)

看来,夏、商、周三代的历史似乎也就仍然处于儒道两家的尖锐对立与不同解读之中,而且各自也都有其合理性依据。

正是在这一背景下,我们才不得不重新探讨可以接近三代之真实历史的途径;而笔者这里试图明确的一个根本性指向,也就是既然我们要面对三代的真实历史,而三代既是儒道两家之原始发生的时代,同时也是其各自依据自己的历史观所着力解读的时代,那么在这种条件下,我们的解读也就必须越过或暂时放下儒道两家既成的解释模式,或者说我们所面对的首先是一个还未有儒道而最后又产生了儒道的历史形态。这就是说,既然我们所要面对的是儒道产生以前的中国社会,那么我们的解读视角也就必须对儒道两家既定的叙事模式有所规避,从而找到一种既不落入儒道两家的原有窠臼同时又能够合理地说明两家之不同视角所以形成的叙事方式。

值得庆幸的是,在儒道两家产生以前,包括中国历史上所有的王权还没有形成之前,我们的民族实际上就已经在以历史传说的方式来书写自己的历史了;而其书写的核心,并且也能够表现中国历史发展之连续性线索的,就是所谓生存技能。所以,当我们在前边叙述史前的"五氏"——从"燧人氏"、"有巢氏"、"伏羲氏"、"神农氏"乃至作为中国历史上第一位人间帝王的"轩辕氏"时,实际上也就一直是通过生存技能进步的方式来说明中国历史之发展的,并且也是以生存技能的进步作为历史发展之主要动力与关键环节的。更重要的是,这种以生存技能之不断发展为核心与主轴的历史观,不仅可以合理地说明中国的史前文明,而且也可以对儒道两家之具体生成作出说明。

这样一来,当我们以生存技能之不断进步的视角走向夏、商、周三代历史时,我们所能看到的也就首先是一个人类生存技能之不断进步、不断发展的历史。从一定意义上说,正是生存技能的不断进步才推动着历史的不断发展,也推动着王朝的更替包括所谓道德观念与历史观念的具体生成。显然,在生存技能不断进步的基础上,或者说随着生存技能的不断进步,同时也就成为儒道两家不同历史观的生成过程了。

在这里,真正让人深感纠结的是,无论是儒家的德治与仁爱史观还是道家的战争与政治史观,其本身作为对历史的一种解读,固然也都存在着一定的历史依据;但作为一种历史观,它们可能却只是真实历史的一个部分或一个方面(实际上,所有的解读与诠释也都只能是真实历史的一个侧面)。不过，当我们试图通过生存技能的形成与发展来说明三代之历史演进时，首先也就必须对儒道两家不同的三代解读或不同的三代史观作出解读与说明，或者说，也就是要通过对其不同的历史解读进行再解读，并通过对其解读之再解读以尽量接近并尽可能地还原出历史的真相。当然，这种还原说到底也只能是由古人之不同视角所遮蔽了的客观历史的一个方面或一个侧面。

从历史的角度看，儒道两家当然都是在历史的发展过程中形成的，由于皇权的形成本身就是一个具体的历史指标，因而儒道两家似乎也就都具有某种随着皇权的形成而形成的特点，这就在一定程度上促成了一种源远流长的观点——"诸子出于王官"说。当然，在笔者看来，中国历史上的诸子未必都出于"王官"，也未必就必须通过其"王官"身份才能说明其思想之所以生成，但在"学在官府"的时代以及诸子思想随着皇权的形成而形成的历史背景下，说儒道两家包括其他诸子与"王官"存在着某种同生共长的关系应当说还是比较符合其思想之产生、形成与发展的历史实际的。因而在这里，皇权的产生与形成就既是一个社会历史指标，同时也是一个人伦文明的进步指标。而在史家班固看来，儒道两家不仅是随着皇权的形成而形成的，而且其本来也就都具有的"王官"身份，因而，其"王官"身份也就直接决定着其解读历史的基本视角。请看班固对儒道两家的分析和说明：

> 儒家者流，盖出于司徒之官，助人君顺阴阳明教化者也。游文于六经之中，留意于仁义之际，祖述尧、舜，宪章文、武，宗师仲尼，以重其言，与道最为高。①

> 道家者流，盖出于史官，历记成败存亡祸福古今之道，然后知秉要执本，清虚以自守，卑弱以自持，此君人南面之术也……及放者为之，则欲绝去礼学，兼弃仁义，曰独任清虚可以为治。②

从班固的这一概括性叙述来看，儒道两家不同的三代史观似乎也就完全是由其不同的王官出身决定的。儒家之所以始终坚持弘扬三代的道德理想主义精神，不仅是因为其"出于司徒之官"，而且其"游文于六经之中，留意于仁义之际"的职业传统似乎也在不断地强化着这种历史观。至于道家的历史观则完全是由其"史官"身份决定的，而史官的职责又使其不得不"历记

---

①　班固：《汉书·艺文志》，《二十五史》卷一，第477页。
②　班固：《汉书·艺文志》，《二十五史》卷一，第477页。

成败存亡祸福古今之道",这自然会促使其形成所谓"秉要执本,清虚以自守,卑弱以自持"之清醒、冷峻的历史智慧,所以说是"君人南面之术也"。但对于道家的这一历史视角来说,所谓"绝去礼学,兼弃仁义"似乎也就成为其史官出身以及其史学视角所决定的一种必然性走向了。

班固的这一解释,在说明儒道两家不同历史观的形成上确有一定的道理,但这种从根本上决定着儒道两家不同历史观之形成的"王官"身份自身又何以说明呢?难道仅仅从政治需要——所谓"王官"身份的角度就能够作出说明?这不正好成为一种循环论证了吗!实际上,对于这一问题,应当说我们民族的历史传说本身就已经为我们提供了比较"经典"的答案:"民食果蓏蚌蛤腥臊恶臭,而伤害腹胃,民多疾病。有圣人作,钻燧取火,以化腥臊,而民悦之,使王天下,号之曰燧人氏。""上古之世,人民少而禽兽众,人民不胜禽兽虫蛇。有圣人作,构木为巢,以避群害,而民悦之,使王天下,号之曰有巢氏"。由此之后,从伏羲氏之"定天地之位,分阴阳之数",从而"因夫妇,正五行,始定人道",到神农氏之"斲木为耜,揉木为耒,耒耨之利,以教天下",包括所谓"日中为市,致天下之民,聚天下之货,交易而退",甚至,就是作为中国历史上第一位帝王的轩辕黄帝,其与炎帝争霸的"修德振兵",也仍然是通过"治五气,艺五种,抚万民,度四方,教熊、罴、貔、貅、貙、虎,以与炎帝战于阪泉之野,三战,然后得其志"的。这充分说明,历史上所有这些"氏"之所以能够"王天下",其实也就主要是通过其"氏"所代表的生存技能的进步实现的。从这个意义上看,中国的上古史或史前文明本身就是在生存技能不断进步的推动下实现的,并且也是在生存技能不断进步的推动下发展的。所以说,从生存技能不断进步的角度来解读夏、商、周三代的历史,可能反倒更接近于历史的实际,也更接近于中国社会的古老传统。

但是,如何通过生存技能的进步来说明儒道两家的具体发生与历史生成呢?在这里,我们又必须首先破除一个历史的成见。在前面的叙述中,我们已经明确地揭示出儒家的"仁爱与德治"史观确实存在着对历史的有意美化或有意提升一面,或者说这也就是其始终坚持以道德理想来解读历史所必然存在的一个视角盲区。这样的看法,在一定程度上也包含着对儒家历史观念之先天缺陷的自我反省一面,相比之下,道家似乎反倒是一个更能直面历史、也更能正视历史之"恶"的思想流派。实际上,这样的看法仍然是一种包含着视角盲区的看法。与儒家的"仁爱与德治"史观相比，道家的战争与政治史观固然表现出其更能正视现实、更正视历史的优点，但由于其"史官"出身以及其"历记成败存亡祸福古今之道"的职业传统，因而也就仍然存在着一定的视角盲区。当然，道家这一视角上的盲区又恰恰是与其一味关注现实所以形成之视角的犀利与敏锐紧密相连的，或者说也就是其犀利与敏锐视角本身所必然带有的视角阴影，因而也就同时成为其盲区之所在。当然，我们这里已经没有必要再来分析老子的"天地不仁，以万物为刍狗；圣人不仁，以百姓为刍狗"一说了，仅从一直被誉为"铁史"的《史记》对于作为"人文初祖"的轩辕黄帝和历史上第一位女皇帝吕后的描述中，也就同样可以清楚地看出司马迁之源于道家历史观的偏颇之处。比如其对轩辕黄帝和吕后的如下描述：

> 轩辕之时，神农氏世衰，诸侯相侵伐，暴虐百姓，而神农氏弗能征。于是轩辕乃习用干戈，以征不享，诸侯咸来宾从。而蚩尤最为暴，莫能伐。
>
> 炎帝欲侵凌诸侯，诸侯咸归轩辕。轩辕乃修德振兵，治五气，艺五种，抚万民，度四方，教熊、罴、貔、貅、貙、虎，以与炎帝战于阪泉之野，三战，然后得其志。
>
> 蚩尤作乱，不用帝命。于是黄帝乃征师诸侯，与蚩尤战于涿鹿之野，遂擒杀蚩尤。而诸侯咸尊轩辕为天子，代神农氏，是为黄帝。天下有不顺者，黄帝从而征之。平者去之。披山通道，未尝宁居。①
>
> 七年（公元前188）秋八月戊寅，孝惠帝崩。发丧，太后（吕后）哭，泣不下。留侯子张辟彊为侍中，年十五，谓丞相曰："太后独有孝惠，今崩，哭不悲，君知其解乎？"丞相曰："何解？"辟彊曰："帝毋壮子，太后畏君等。君今请拜吕台、吕产、吕禄为将，将兵居南北军，及诸吕皆入宫，居中用事，如此则太后心安，君等幸得脱祸矣。"丞相乃如辟彊计。太后悦，其哭乃哀。②

在这几段描述中，前者是关于轩辕氏之所以成为黄帝的叙述，而后者则是对吕后之所以成为女皇的分析与描述。从轩辕黄帝的出场来看，首先是"神

---

① 司马迁：《史记·五帝本纪》，《二十五史》卷一，第5页。
② 司马迁：《史记·吕太后本纪》，《二十五史》卷一，第41页。

农氏世衰,诸侯相侵伐,暴虐百姓,而神农氏弗能征。于是轩辕乃习用干戈,以征不享。"显然,这也就可以说是所谓轩辕"代神农氏"而起,"以征不享"。在这一过程中,首先是轩辕氏"与炎帝战于阪泉之野,三战,然后得其志",接着又是其作为天子,"征师诸侯,与蚩尤战于涿鹿之野,遂擒杀蚩尤"。于是,其结果自然也就成为"诸侯咸尊轩辕为天子,代神农氏,是为黄帝"。显然,在司马迁的笔下,这样一位轩辕黄帝实际上也就全然成为一个"恃武以霸"的形象了,所以,当他做了"天子"之后,也就只剩下一件事了,这就是"天下有不顺者,黄帝从而征之",以至于使自己的后半生"未尝宁居"。那么,作为中华民族"人文初祖"的轩辕黄帝,其所体现的人伦文明或人文关怀主要表现在哪里呢?大概在作为史家的司马迁看来,"天下有不顺者,黄帝从而征之"也就可以说是黄帝作为"人文初祖"的主要标志了。显然,在司马迁的笔下,其所谓的人文,实际上也就完全是依靠武力所征伐出来的,无怪乎班固会批评他是"是非颇缪于圣人",而其所继承的道家思想也必然要以"绝去礼学,兼弃仁义"为归宿。

当然,也许是因为年久代湮,而历史上关于轩辕黄帝的资料也就这么多,①所以司马迁的这种叙述也确有其无可指责之处。但对于其"闻而知之"的吕后来说,司马迁又是如何描述的呢?在这里,司马迁又借助了"留侯(张良)子张辟彊"来揭示吕后在孝惠帝驾崩后的所思所想:是即所谓"太后独有孝惠,今崩,哭不悲……帝毋壮子,太后畏君等"。于是,这也就有了张辟彊对丞相"拜吕台、吕产、吕禄为将,将兵居南北军,及诸吕皆入宫,居中用事,如此则太后心安,君等幸得脱祸矣"的建议。对于政治家而言,历史可能本来就是如此残酷的,所以这样的描写也许确有其写实写真的一面。但在这一写实的背后,却明显地透露出司马迁"战争与政治"的视角。请看同一个吕后在面临独子早丧情况下之前后不同的表现:

> 孝惠帝崩。发丧,太后哭,泣不下……太后悦,其哭乃哀。

司马迁的描述如此逼真,其前后场之间几乎就像动画片一样清晰而又紧密连接,但构成这一头尾转换之关键环节的也就是:"拜吕台、吕产、吕禄为

---

① 司马迁对轩辕黄帝前半部分的描述其实也就源于孔子,但孔子对轩辕的描述是将其归结为"用水火财物以生民,民赖其利"的,而司马迁则将轩辕黄帝归结为"天下有不顺者,黄帝从而征之",这显然是两种根本不同的轩辕黄帝形象。(参见陈士珂辑:《孔子家语疏证》卷五,第157页)

将,将兵居南北军,及诸吕皆入宫,居中用事",——这就好像是在吕后的同一场哭泣之间加进了如许多的人事更换,而正是这种人事更换,才有了后边所谓的"太后悦,其哭乃哀"这种真正显现人之真情的结果。最为奇特的还在于这最后一句描述,是即所谓"太后悦,其哭乃哀",似乎也就先只有其心"悦",然后才能有所谓"其哭乃哀",——既矛盾而又真实。但问题在于,这样一个场景连接究竟是司马迁的"见而知之"呢还是"闻而知之"? 如果说是"见而知之",则其根本就不存在这种可能,因为直到吕后去世时,司马迁还没有出生;如果说是"闻而知之",那么何以会形成如此紧密的片场衔接呢? 显然,在这里,司马迁不仅对其"闻而知之"的历史故事加进了"战争与政治"视角的透视与解读,而且还增加了绘形与绘色的描述。

在这一基础上,我们也就能够看到道家历史观之"写实"与"写真"的特色了,所谓"写实",不过表明其关注侧重始终聚焦在实然的现实政治的层面而已,但却并不能确保其所描述的现象都是历史上所真实发生的;至于"写真",可能也就只具有"战争与政治"视角下的"真"了,一如司马迁对吕后的描述所表现的"真"一样。这样看来,不仅儒家对三代之"仁爱与德治"史观的定性是通过其道德理想视角对夏、商、周三代历史进行解读与透视的产物,而且道家之"战争与政治"史观的定位也同样是通过其实然的政治与权谋视角对夏、商、周三代历史透视的结果。

当我们以如此方式揭示儒道两家历史观之不可全信时,并不一定就意味着我们要对这两种不同的视角及其历史观加以彻底的否定或解构,而是说,它们所揭示的可能只是真实历史的一个部分或一个侧面。但是,仅仅依靠这种部分或侧面的历史视角却无法合理地进行自我说明;只有构成二者之共同载体并且也作为二者生成之共同母体的生存技能,才能对它们这种一个侧面式的视角作出发生与成因上的说明。而这种能够作为儒道两家不同视角之共同载体与发育母体的,同时也就是构成我们史前文明之不断进步、不断发展的生存技能;而对于夏、商、周三代历史来说,这也就是所谓"六艺"。因为"六艺"虽然总结于秦统一之前的战国时代,实际上却是在作为"周史记"之《逸周书》的基础上试图将夏、商、周三代之历史文化与生存技能统一起来的表现,从而既形成其关于新的大一统王朝的官制设想,同时也借以形成其培养新一代国士的教典。

正是在生存技能以及由生存技能之走向礼乐文明这一点上,"六艺"所体现的生存技能将为我们解读三代的历史提供一个基本视角。当然,由于中国上古史曾被不断地加以解读与重新整理、重新诠释的特点,因而所谓"六艺",也就必须首先为我们所重新解读。

二、六艺:发生的顺序与诠释的顺序

无论是检索古代的文献还是在现代的网络上进行搜索,所谓"六艺"除了作为儒家"六经"——所谓《诗》、《书》、《礼》、《乐》、《易》、《春秋》的解释之外,所有关于"六艺"的补充说明也就只有一种内容,并且也是按照同一个基本顺序展开的,这就是:

礼、乐、射、御、书、数。

这究竟是些什么内容呢? 这就是原始的"六艺";而这样一种顺序,也就是原始的"六艺"所提出时的顺序,或者说就是所谓"六艺"说形成时的基本顺序。关于原始的"六艺"之所以会形成这样一种排列顺序,台湾的黄彰健先生曾有如下说明:

《左传》说:"先君周公制周礼"。周公制礼作乐,教人以亲亲、尊尊、长长,即欲人于宗庙祭祀中,各依名分所定,和乐地行礼,为礼乐所潜移默化,以达到天子"本支百世"的目的。六艺,在周代,最初指"礼乐射御书数",其以礼乐冠首,其理由即在此。①

黄先生认为,"六艺"之所以要以礼乐冠首,其实完全是因为礼乐为"先君周公"所作,并且也是为了"教人以亲亲、尊尊、长长"以突出道德的思想内容,因而对于当时的各国诸侯——西周统治者之诸系后裔而言,自然也就含有其缅怀先人之意。黄先生的这一解释,当然也可以说是一种具体成因上的说明。但是,这一成因对于姬姓后裔包括《左传》的作者也许是有效的,而对于战国以后的人们包括《周官》的作者来说也就未必有效了;到了今天,就是所谓姬姓后裔也未必来这样理解了。

实际上,"六艺"之所以会形成"以礼乐冠首"的排列顺序并不如此简

---

① 黄彰健:《周公孔子研究·序》,《周公孔子研究》,第8页。

单;而在这一排序中,首先也就包含着一个"发生的顺序"与"诠释的顺序"
的问题。

　　在这里,如果我们从生存技能的视角、沿着历史发展的向度来解读这一
排序,并初步通过这种排序性的解读来理解三代的历史,那么,这种从
"礼"、"乐"到"射"、"御"再到"书"、"数"的展开线索究竟是一种什么样的
顺序呢? 如果对应于夏、商、周三代的实际历史,能否说所谓的"六艺"也就
是从夏代的"礼"、"乐"到殷商的"射"、"御"再到西周的"书"、"数"呢? 虽
然夏代也可能确实有其礼乐,比如孔子就曾明确地说:"殷因于夏礼,所损
益,可知也;周因于殷礼,所损益,可知也。其或继周者,虽百世,可知也。"①
又说:"夏礼,吾能言之,杞不足征也;殷礼,吾能言之,宋不足征也。文献不
足故也。足,则吾能征之也。"②凡此,似乎都说明夏、商、周三代确实各有其
礼乐;至于所谓"射"、"御",当然也就可以说是贯通整个三代的。那么,这
种"以礼乐冠首"的"六艺"顺序究竟是一种什么顺序呢?

　　为了理解古人这种独特的排序与表达方式,笔者这里特意提出"发生
的顺序"与"诠释的顺序"一对概念。所谓发生的顺序,也就如同我们前边
已经分析过的老子哲学中的"一"、"二"、"三"一样,其顺序自然也就是沿
着所谓"道生一,一生二,二生三"的次第展开的;就是说,这里的顺序是随
着"道"的运转与展开并且直接表现、彰显于时空世界中的生化顺序或宇宙
演化顺序,自然也就是沿着时间维度所展开的历史发生顺序。至于所谓诠
释顺序,则主要是指在解释、分析与说明一个事物时的逻辑顺序或概念展开
的价值顺序与理解、诠释的顺序;也就是说,对于诠释的顺序而言,在其前后
项之间,只有通过前项才能更好地说明并理解后项,从而也就使其后项获得
了必要的价值定性或明确的逻辑定位。在这一语境下,所谓前项未必就在
时空层面上先于后项而产生,更多也更为实际的情况反而是后于后项而出
现的,但却必须在价值与逻辑上优先于前项。在这里,如果要把这两种关系
统一起来,并借助孔子的概念加以说明,那么所谓从"礼"到"仁"的过程也
就代表着一种发生的顺序,因为"礼"毕竟是先于"仁"而出现的,而孔子也
是因为要贯彻"克己复礼"的主张才提出"仁"这一观念的;至于从"仁"到

---

　　①　《论语·为政》,吴哲楣主编:《十三经》,第 1263 页。
　　②　《论语·八佾》,吴哲楣主编:《十三经》,第 1264 页。

"礼"的过程则是一种诠释的顺序,也就是说,如果从理解的角度看,则又必须先通过"仁"才能更为深入地理解"礼"。如果对应于孔子的具体运用,那么这也就是所谓"人而不仁,如礼何? 人而不仁,如乐何?"

为什么从"礼"到"仁"就代表着一种历史发生的顺序呢? 这主要因为,"礼"无疑代表着孔子对前人思想的一种继承,对孔子而言,"礼"也必然具有一种时空的先在性或历史的先在性;而"仁"则代表着孔子的思想创造,它也必然要后于孔子而存在,并且也必然是随着孔子思想的发展才得以形成的。当然,这并不是说在孔子之前就没有"仁"这个概念,而是说,明确赋予"仁"以深沉厚重之思想内涵的是从孔子开始的,也是通过孔子对"仁"的规定与诠释实现的。因为从当时的实际情况来看,在孔子时代,其所面临的首先是一个"礼崩乐坏"的世界,比如其所谓的"八佾舞于庭,是可忍也,孰不可忍也"①,也就可以说是孔子对于当时那种不守礼或僭越用礼现象的一种明确批评;正是从对贯彻礼、维护礼并通过对礼之反复思索与多方叩问的基础上,才有所谓"仁"的提出,是即其所谓的"人而不仁,如礼何? 人而不仁,如乐何?"的深层叩问以及以"仁"挺"礼"的思想。所以说,从"礼"到"仁"的过程,也就代表着孔子思想的一种具体发生或历史发生的过程;作为顺序,自然也就可以说是一种发生的顺序。

那么,为什么又认为从"仁"到"礼"的过程也就代表着孔子思想之一种诠释的顺序呢? 这主要是因为,只有通过"仁"才能更为深入地理解"礼"、贯彻"礼"。请看孔子的如下论述:

> 礼云礼云,玉帛云乎哉? 乐云乐云,钟鼓云乎哉?②
>
> 人而不仁,如礼何? 人而不仁,如乐何?③
>
> 宰我问:"三年之丧,期已久矣。君子三年不为礼,礼必坏;三年不为乐,乐必崩。旧谷既没,新谷既升,钻燧改火,期可已矣。"
>
> 子曰:"食夫稻,衣夫锦,于女安乎?"
>
> 曰:"安!"
>
> "女安则为之。夫君子之居丧,食旨不甘,闻乐不乐,居处不安,故不为也。今女安,则为之。"

---

① 《论语·八佾》,吴哲楣主编:《十三经》,第 1263 页。
② 《论语·阳货》,吴哲楣主编:《十三经》,第 1310 页。
③ 《论语·八佾》,吴哲楣主编:《十三经》,第 1263 页。

宰我出,子曰:"予之不仁也! 子生三年,然后免于父母之怀。夫三年之丧,天下之通丧也。予也有三年之丧于其父母乎?"①

孔子这三段论述都非常贴切地说明了"仁"对于诠释"礼"、理解"礼"的一种本体依据或主宰与定向的作用。首先,所谓"礼云礼云"、"乐云乐云"的叩问,也就清楚地表明,在孔子看来,所谓"礼"和"乐"并不应当也不仅仅是所谓"玉帛"与"钟鼓"这种外在的形式,而是必然有其深层内涵的。那么,这种深层蕴含究竟应当是什么呢? 而从孔子对于"人而不仁"现象之"如礼何"、"如乐何"的反复叩问来看,则又说明其所谓"仁"也就应当是"礼"的内在支撑或精神依据;也只有在对内在之"仁"充分自觉的基础上,才能真正彰显"礼"的本质,从而也才使人更像个人,更接近于人的本质。至于其和宰我关于"三年之丧"的讨论,这本来完全是一个"礼"的问题,而宰我所坚持的"期可已矣",充其量也只能说是一种不守礼——所谓不能行三年之丧的行为,但孔子对宰我的批评却是明确地指出:"予之不仁也"。为什么宰我不守礼的行为就被孔子直接批评为"不仁"呢? 这是因为,所谓"仁"正是"守礼"这种行为得以贯彻和落实的心理依据与精神支撑;如果离开了"仁",那么所谓的"礼"也就仅仅成为"玉帛"与"钟鼓"这种纯粹外在的形式了。而"仁"对于"礼"的这种内在依据、精神支撑包括价值赋予的关系,并且也必须坚持从"仁"的角度来理解"礼"的思路,就是一种典型的诠释顺序。

这样一来,当我们以发生与诠释之不同顺序对应于我们上述所陈列的"六艺"时,就会清楚地发现,上述顺序其实说到底不过是一种诠释的顺序而已;这种以"礼乐冠首"的诠释顺序,不仅表明礼乐本身就代表着"六艺"的最高发展,也是对其他四种技能进行诠释的本体依据与价值的赋予者和定向者。这种情形,也许就如同我们在西周青铜器上所看到的"回型"图案一样,每一个新线条的起始,都必然是通过对其所承接线条之一定程度的回溯实现的;这样一种构图,如同古乐府诗中所谓的"孔雀东南飞,五里一徘徊"一样。——在实践生活中,当我们人生的知识与经验达到一定的高度之后,必然会返过来以"打包"的方式形成一种总结形态;而构成我们总结、概括以前知识与经验的基本出发点,只能是我们当下最深切的经验与知识,

---

① 《论语·阳货》,吴哲楣主编:《十三经》,第1311页。

也只能以我们当下最深切的认知来诠释、总结并概括我们以往的人生经验，甚至包括我们祖先的人生经验，但却绝不可能反向而行，即不能以我们祖先的经验来强行规范并说明我们当下的人生感受与人生知识（如果发生这样的情形，也就只能说明我们祖先的经验实际上已经经过我们当下的认知所解读与重新诠释了）。从人的认知心理及其发展过程来说，这其实也就是一种所谓"集装式"的总结形态；作为集装与总结的出发点，恰恰是我们当下最深切的认知本身。上述所谓"六艺"的顺序以及其之所以要以"礼乐冠首"，并以之作为理解"六艺"的基本出发点，主要决定于"礼乐"既代表着我们人生的最高认知，同时也代表着"六艺"的最高发展。所以，仅从这一点来看，就可以清楚地知道，所谓"六艺"必然是在周公"制礼作乐"的基础上形成的；进一步看，孔子所谓的"夏礼"、"殷礼"云云，实际上只能说是孔子在夏商两代的政治制度中照见了周代礼乐文明的影子，或者更直接地说，也就是孔子以西周的礼乐为本，从而对夏商两代政治制度之一种观照性的解读或诠释。

那么，与这种诠释顺序相对应之所谓发生的顺序又应当具有什么样的表现呢？当然，这也就是一种持着历史发生与文明发展的轨道，展现出的一种文明、技能从低到高之沿着时间维度所逐步展开的历史发展过程。如果以"六艺"为例，那么这也就应当是以"射"、"御"为基本出发点的顺序，因为只有"射"、"御"才代表着"六艺"之原始发生与最初形成；只有在"射"和"御"的基础上，才有以后"书数"与"礼乐"的依次生成。也就是说，从"六艺"所含括的六种基本技能来看，也只有"射"和"御"才代表着"六艺"的原始发生与最初形成，因而也只有从"射"和"御"出发，才能真正进入"六艺"之原始发生的序列和层面。所以，笔者这里特意并且也坚持必须把"礼乐"与"射御"加以对调，其实这种对调并不仅仅是对二者在排列顺序上的一种位次的颠倒，而是代表着我们究竟应当从什么角度来认知"六艺"之重大问题。当我们从以"礼乐冠首"的顺序转变为以"射御"为基本出发点的顺序来理解整个"六艺"时，也就表明我们这里所说的"六艺"其实已经不再是前人对"六艺"进行理解与诠释的顺序，而是已经从古人的诠释顺序转变为"六艺"之原始发生的顺序了。也就是说，我们不能从古人所诠释的顺序来认知"六艺"之原始发生，而必须从"六艺"之原始发生的角度来理解"六艺"的具体内容及其发展。

这样一来,所谓"六艺"的发生顺序也就应当成为:

射、御、书、数、礼、乐。

在这里,除了"射、御、书、数、礼、乐"与"礼、乐、射、御、书、数"这种发生顺序与诠释顺序的颠倒之外,还有什么意义呢? 实际上,这不仅仅是一个单纯的排列顺序问题,而是表明我们究竟是从哪个角度来理解"六艺"的问题;而对二者排列次序的这一颠倒,表明我们是力图从"六艺"之原始发生的角度来理解其具体的形成与演变,从而尽可能地从生存技能及其发展的角度来对"六艺"作出说明。

之所以如此重视"六艺"的排列次序,是因为自从其提出以来,就一直被表达为"礼、乐、射、御、书、数"。这样一种排列次序,说明它一起始就是被作为一种诠释的顺序提出的,是从诠释的角度被加以"打包"性总结的;甚至可以说,正是出于诠释的需要,才有了我们所谓"打包"性总结。但是,由于"六艺"自从其被提出起,就一直被人们以诠释的顺序来理解其发生与形成,因而作为对历史文明的一种认识,这就完全成为一种颠倒性的认领了,虽然这一颠倒性的认领在人们认识"六艺"之具体所指以及其具体内涵上的负面作用并不是很大,但作为一种历史观,却往往会导致人们将诠释的历史直接视为或等同于原始发生之历史的弊端。①

比如说,这种情形也就如同王阳明对孟子"尽心则知性知天"一章中三重关系的分析与诠释一样。王阳明的分析未必就能尽合孟子原意,但其在把握"尽心、知性、知天"与"存心、养性、事天"以及"夭寿不二、修身以俟"三者的关系上则是极为精当的,也完全可以作为我们理解发生的顺序与诠释的顺序及其关系之一助。王阳明写道:

> 盖尽心、知性、知天者,不必说存心、养性、事天,不必说夭寿不二、修身以俟,而存心养性与修身以俟之功已在其中矣。存心养性事天者,虽未到得尽心知天的地位,然已是在那里做个求到尽心知天的工夫,更

①　之所以说人们对"六艺"之诠释顺序与发生顺序的颠倒从而也就导致了对历史的一种颠倒性认领,同时又认为这一颠倒性认领在人们认识"六艺"之具体所指以及其思想内涵上的负面作用并不是很大,主要是因为这一颠倒性认识及其负面作用主要表现在人们对"艺"与"经"关系的颠倒上,从而也就完全通过"经"来规范"艺"、理解"艺",而根本没有看到所谓"经"本身就是"艺"发展到一定程度的产物。这才是对中国历史上关于文化与精神现象之一种最根本的颠倒。

> 不必说个夭寿不二,修身以俟,而夭寿不二,修身以俟之功已在其中矣。
> 譬之行路,尽心知天者,如年力壮健之人,既能奔走往来于数千百里之
> 间者也;存心养性事天者,如童稚之年,使之学习步趋于庭除之间者也;
> 夭寿不二,修身以俟者,如襁褓之孩,方使之扶墙傍壁而渐学起立移步
> 者也。既已能奔走往来于数千百里之间者,则不必更使之于庭除之间
> 而学步趋,而步趋于庭除之间者自无弗能矣;既已能步趋于庭除之间,
> 则不必更使之扶墙傍壁而学起立移步,而起立移步自无弗能矣。①

在王阳明这一比喻性的说明中,从所谓"扶墙傍壁而学起立移步"一直到
"奔走往来于数千百里之间"其实就是一种典型的发生顺序,而所谓"既已
能奔走往来于数千百里之间者,则不必更使之于庭除之间而学步趋,而步趋
于庭除之间者自无弗能矣",包括所谓"既已能步趋于庭除之间,则不必更
使之扶墙傍壁而学起立移步,而起立移步自无弗能矣"则又可以说是一种
所谓诠释的顺序。就理解与诠释而言,我们当然要坚持"既已能奔走往来
于数千百里之间者,则不必更使之于庭除之间而学步趋,而步趋于庭除之间
者自无弗能矣";但就小孩子之具体成长、工夫之实际发生而言,则我们又
必须坚持从"扶墙傍壁而学起立移步",然后经过"步趋于庭除之间",最后
才能达到"奔走往来于数千百里之间"的地步。在这里,如果我们以诠释的
顺序来理解实际发生的顺序,那么,这也就如同以"奔走往来于数千百里之
间"的姿态来说明其"扶墙傍壁而学起立移步",并且还以所谓"奔走往来于
数千百里之间"的姿态来要求"扶墙傍壁而学起立移步"一样了。

笔者之所以如此重视这两种不同的顺序,主要是因为,我们不仅要从发
生顺序的演进中分析夏、商、周三代生存技能的进步,人类知识的增长以及
社会思潮及其关注侧重的不同走向及其转向,而且还要以此来说明中国历
史上最早的思想流派——儒道两家究竟是如何从对"六艺"之不同的继承
侧重角度以形成自己观察世界之基本视角的,从而形成其不同的历史文化
观。所以,所谓"六艺"并不仅仅是我们的古人在夏、商、周三代生存技能的
基础上以及对这种生存技能之"打包"性的总结与整理,而且还由于其不同
的总结角度与不同的诠释侧重,从而也就形成了中国历史上根本不同的思
想流派——儒、道、墨三家不同的世界观与人生观。

---

① 王守仁:《答聂文蔚》,《王阳明全集》,第86页。

除此之外,如果我们将"六艺"的不同顺序对应于西方的人类学与社会学,那么也就可以清楚地看出,以"射"和"御"为出发点的"六艺",其所体现的顺序正好与人类的发展进程相一致。因为人们只有在"射"和"御"的基础上才能进一步形成对"书"与"数"的钻研,而且也只有在"书"与"数"的基础上才能形成所谓"礼"和"乐"追求。所以说,所谓"六艺"的发生顺序实际上也就代表着人类进步的顺序。与之相反,所谓以"礼乐"为首出的"六艺",虽然也代表着人们对其进行总结、诠释与定位的顺序,但也正是由于这一原因,因而这种顺序往往就会和人类的实际发展进程表现为一种逆向的关系。因为人类不可能在"制礼作乐"的基础上反过来去发明"射"和"御";当然也不可能在已经有了"礼乐文明"的基础上又反过来去钻研"书"和"数"。也就是说,对于"六艺",如果从其诠释的顺序来理解其原始发生,并以诠释的顺序作为其原始发生的顺序,那么这样的顺序就不仅是对实际历史的颠倒,而且也是与人类的发展进程相逆而行的。反之,如果我们能够从其诠释的顺序转变为原始发生的顺序,那么,这就不仅是沿着"六艺"之实际发生的历史来认识"六艺",而且也体现着历史与逻辑的统一,是逻辑统一于历史的具体表现。

这样,由于我们已经彻底颠倒了"六艺"的顺序,将其从诠释的顺序转向了原始发生的顺序,因而也就等于从价值与意义的维度转向了历史发生的维度,转向了历史的原始发生。这样一来,所谓"射、御、书、数、礼、乐"次序的依次展开,同时也就代表着夏、商、周三代之实际历史的展开了。

三、射御:男子"成丁"与"士"之技能

无论是东方还是西方、是非洲大草原还是亚马逊丛林,由弓和箭之相互配合所构成的"射"可能是人类的第一项生存技能。从其发生的基础来看,自从形成采集与渔猎这种初步的社会分工以来,"射"就有了形成的可能;但是,直到其完全为现代工业社会的机器化大生产所全面取代之前,"射"仍然是人们向自然界索要食物(同时包括向战争中的敌对方索要胜利)的一种主要手段。实际上,自从进入父系社会起,"射"就已经成为任何一个

青年男子所无法避免的"成丁礼"了,也可以说,正是射箭技术的形成,才使得父系社会得以最后确立。① 笔者曾在关于世界各地生态表现的"人类星球"节目中看到一位非洲的老猎人向一位青年男子传授射箭技术:他们一起给箭镞上涂抹甲虫汁,又一起设置掩体以等待猎物的出现;而当猎物出现时,老猎手又指导青年男子如何把握角度和时机,直到这位青年射手能够用自己的箭射中一只大角羚羊,并经过追击,最后终于将大角羚扛回自己的部落时,一个年轻的猎人终于成熟了;就是说,他已经能够担当养家糊口的责任了。②

在中国,射箭技术究竟形成于何时? 史书上并没有明确记载。但从原则上说,自从伏羲发明渔猎以来,射箭技术就已经有了形成的可能。而当大禹治水时,他就已经能够"陆行乘车,水行乘舟,泥行乘撬,山行乘檋"③了,这里所谓的"陆行乘车,水行乘舟,泥行乘撬,山行乘檋",全然是建立在射和御这种生存技能的基础上的。如果说这样的描述也许只是司马迁在想象基础上的补充性说明(实际上,这种描述完全是出自大禹对虞舜和皋陶两位述职时的当面汇报),那么请看同样生活在夏代之后羿的表现。传说中的后羿既是一位神射手,同时也是一位氏族领袖。他曾因为夏代的第三位统治者太康"盘游无度",荒于国事,"有穷后羿因民弗忍",从而率领其氏族将太康的五个儿子和皇后逐于"洛之汭"。《尚书》中的《五子之歌》就因此而作,并且记载了整个事件的起因:

> 太康尸位,以逸豫灭厥德,黎民咸贰,乃盘游无度,畋于有洛之表,十旬弗反。有穷后羿因民弗忍,拒于河,厥弟五人御其母以从,徯于洛

---

① 参见《礼记·射义》云:"是故古者天子以射选诸侯、卿、大夫、士。射者,男子之事也。"(吴哲楣主编:《十三经》,第 594 页)
② 笔者是在 CCTV 第 9 频道看到这一过程的。在这个节目中,非洲猎人的弓和箭都相当简陋,简直可以说是随地取材的产物,这可能既与其自然条件有关,同时也与其民族性格有关。但笔者从 CCTV 第 9 频道的考古类节目中看到新疆吐鲁番地区出土的一张弓,经过碳 14 同位素测定,大概形成于 3000 年前(正好相当于中国的西周时期),而其制作之精美,几乎达到了尽善尽美的地步。讲解人员介绍说,这种弓取材于祁连山上一种特别的树木,而要能够做成弓,起码需要 30 年的生长,外加其包裹用的牛皮以及其他装饰等物,因而节目主持人断言说这张弓必然是由两代人的继起劳作才得以完成的。笔者将其与成陵所珍藏的成吉思汗所用过的弓加以比较,觉得二者在工艺上几乎没有任何可以改进或提高之处,所以中国人制作弓箭的技艺在西周时就已臻完善。
③ 司马迁:《史记·夏本纪》,《二十五史》卷一,第 8 页。

之汭。五子咸怨,述大禹之戒以作歌。①

《五子之歌》的这一记载为我们明确地提供了三个方面的信息:第一,神射手后羿就生活于夏代;也只有在"射"成为一种基本的生存技能的基础上,才有可能出现所谓"神射手"。第二,由于皇祖大禹在对其后世子孙的训诫中本来就有"内作色荒,外作禽荒"②的明确告诫,因而说明到了夏代,射猎就已经成为一种较为普遍的游逸活动了。第三,由于《五子之歌》同时又明确提到"予临兆民,懔乎若朽索之驭六马"③,因而这又说明,到了夏代,射和御都已经成为一种较为普遍的生存技能了。当然,人们也可能会辩解说,《尚书》本来就是由西周的儒生通过"稽古"的方式所追述出来的,但神射手后羿生活于夏代则是完全可以肯定的;即使作为一种传说,也必然先有其事迹才能成为传说的基础。这说明,"射"和"御"也就足以代表夏代生存技能的最高发展了;而太康则由于其"盘游无度,畋于有洛之表,十旬弗反",从而导致了一度"失国"的经历也同样是可以肯定的。因为太康既然"盘游无度",同时又"畋于有洛之表",那么射和御作为其"盘游"的基本条件也同样是可以肯定的。这说明,到了夏代,射和御就已经成为一种基本的生存技能了。

作为一种生存技能,"射"主要是由个体来独立完成的,但"射"这一活动或技能本身则需要弓与箭两个方面的相互配合来完成;而作为"射"之主体的人,同时又需要所谓"手亲"(熟练)与"眼便"(瞄得准)的相互配合才能发挥作用。因而,虽然"射"是一种由个体之独立操作所表现出来的生存技能,但由于它本身已经蕴含着弓与箭的配合以及"手亲"与"眼便"的相互配合,因而也就包含着其进一步拓展的可能。

像"射"一样,关于"御",历史上也同样没有其究竟形成于何时的具体记载,虽然黄帝之轩辕氏的命名,说明其本人就应当是舟与车的发明者,但从造车到"御"——驾车之间可能还有一定的距离,而这一距离也必须通过人类文明的历史发展来弥补;但是,到了大禹时代,由于其在治水过程中主要是通过"陆行乘车,水行乘舟,泥行乘橇,山行乘樏"来巡行天下的,这就

---

① 《尚书·五子之歌》,吴哲楣主编:《十三经》,第75页。
② 《尚书·五子之歌》,吴哲楣主编:《十三经》,第75页。
③ 《尚书·五子之歌》,吴哲楣主编:《十三经》,第75页。

说明,其时"御"已经成为一种日常的生存技能了。不过,与"射"之完全由个体所独立操作的性质相比,"御"作为一种生存技能则必须跨越个体主体的界限,并且必须依赖两个基本条件:其一就是牲口(牛马)的驯化与畜养;其二则是舟车的发明。而这两个方面的条件似乎早在黄帝时代就已经形成了,比如还在与炎帝的大战中,"轩辕乃修德振兵,治五气,艺五种,抚万民,度四方,教熊、罴、貔、貅、䝙、虎,以与炎帝战于阪泉之野,三战,然后得其志"。这里的"教熊、罴、貔、貅、䝙、虎,以与炎帝战于阪泉之野",起码包含着对牛马等牲畜的驯养;至于舟车,则从黄帝之"轩辕氏"这一称谓上就可以看出,其本身已经包含着"轩"与"辕",而这二者恰恰又是和舟车尤其是和车连在一起的。至于《太平御览》中所提到的黄帝"长于姬水……居轩辕之丘。故因以为名,又以为号"①的说法,我们也完全可以通过这种说法进行推理性的追问:即这种"居轩辕之丘,故因以为名"的说法究竟是山因人而得名呢还是人因山而得名? 如果说是人因山而得名,那么在文字书契发明以前,山何以会得到"轩辕丘"这样一个命名呢? 显然,所谓黄帝"居轩辕之丘"以及"因以为名,又以为号"的说法实际上完全有可能是山因人而得名,即只有黄帝先发明了舟车,然后才有轩辕氏这个人以及"轩辕丘"的命名。在这一基础上,我们可以推断,所谓"轩辕氏"的说法其实极有可能就是黄帝发明舟车的一种历史传说或历史记录。②

同样的证据也表现在黄帝统一天下的过程中,因为其后半生的活动主要就是所谓"天下有不顺者,黄帝从而征之。平者去之。披山通道,未尝宁居"③。这种"披山通道"的活动,如果在没有舟车的条件下,简直就是不可想象的;或者说如果没有舟车,根本没有"披山通道"的需要与可能。至于前边所引证的大禹在叙述其治水时的"陆行乘车,水行乘舟,泥行乘撬,山行乘檋"等,完全可以看作是射和御在此之前就已经形成的证明。试想,如果没有射和御这种技能,那么所谓"天下有不顺者,黄帝从而征之"简直是一种不可想象的活动;而大禹"决九川致四海,浚畎浍致之川"以及"食少,

① 《太平御览》第一册,第 367 页。
② "车轮舆,总名,黄帝所造,引重致远,行于平陆……"(舒天民:《六艺纲目》,中华书局 1985 年影印版,第 86 页)
③ 司马迁:《五帝本纪》,《二十五史》卷一,第 5 页。

调有余补不足,徙居。众民乃定,万国为治"①简直成为一种神话了。所以,对于舟车的发明以及"六艺"中的"射和御"作为一种基本的生存技能,我们完全可以断定说,起码在黄帝时代就已经形成了②;而"射"则无疑是比"御"形成得更早的一种生存技能;至于神射手后羿之所以出现于夏代,也说明"射"在当时就已经成为一个成年男子的"成丁礼"了。因为"射"完全可以由个体来操作完成,虽然它也需要弓与箭以及人之"手亲"与"眼便"的相互配合,但毕竟可以由个体来独立操作、独立完成;至于"御",则必然要涉及人与畜以及人与人之间的相互配合。所以,在与朱子的争论中,陈亮就对"射"与"御"的关系评论说:"御者以正,而射者以手亲眼便为能,则两不相值而终日不获一矣。射者以手亲眼便为能,而御者委曲驰骤以从之,则一朝而获十矣。非正御之不获一,射者之不以正也。以正御逢正射,则'不失其驰'而'舍矢如破',何往而不中哉!"③这说明,只有"射"与"御"的相互配合才是打猎成功的关键。但"御"与"射"之相互配合这一点,也就只能使"御"的形成显得更晚一些,条件也更为严格一些,所以说,从"射"到"御",已经使人们的生存技能从个体之独立操作拓展到人与人、人与畜的相互配合之间了。而这两种技能的形成及其相互配合,足以代表夏代生存技能的最高发展了。

所以,在中国两部最古老的文献——《尚书》与《诗经》中,其关于"射"和"御"有如下记载。让我们先看射:

予告汝于难,若射之有志。④

仡仡勇夫,射御不违。⑤

四黄既驾,两骖不猗,不失其驰,舍矢如破。⑥

在这里,"射之有志"自然是指"射"的目标而言的,这显然是将射箭活动作为一种常识来运用的,并且已经进入日常用语的范围了;至于"射御不违",则显然又是指"射"和"御"的相互配合而言的。而所谓"不失其驰,舍矢如

① 司马迁:《五帝本纪》,《二十五史》卷一,第8页。
② 其实,《太平御览》也曾明确地总结说:"黄帝造车,故号轩辕氏。"(《太平御览》第四册,第3421页)
③ 陈亮:《又乙巳春书之一》,《陈亮集》卷二十八,第345页。
④ 《尚书·盘庚》上,吴哲楣主编:《十三经》,第84页。
⑤ 《尚书·秦誓》,吴哲楣主编:《十三经》,第123页。
⑥ 《诗经·小雅·车攻》,吴哲楣主编:《十三经》,第176页。

破"，虽然既没有提到"射"，也没有提到"御"，但却无疑是以二者的相互默契为前提的。对于中国人而言，谁都理解其中"射"与"御"之相互默契的含义。

让我们再看"御"：

御非其马之正，汝不恭命。①

临下以简，御众以宽。②

我友邦冢君，越我御事庶士，明听哲。③

厥弟五人御其母以从，徯于洛之汭。④

从这几处运用来看，"御"之最直接的含义是驾车，当然也可以引申为管理众人、管理臣下。同时，"御"还具有了侍御的含义，所以又有"厥弟五人御其母以从"之说。但所有这些说法，也都首先是从驾车之"御"引申、发展而来的。

从"射"和"御"在《尚书》与《诗经》中的运用来看，它们似乎已经成为一种运用广泛而又极为普遍的生存技能了。虽然作为文献，《尚书》与《诗经》可能都形成于西周的早期，但从其能够如此灵活并引申性地运用来看，则起码可以反证其在此前的发展；尤其是从"射"和"御"可以进入比喻和设譬的情况来看，说明它实际上早就已经进入日常用语的范围了，这当然又可以反证其作为生存技能的发展以及其在日常生活中的普遍化运用。但总体而言，"射"属于一种个体独立运作的生存技能，虽然其中也包含着弓与箭的配合以及"手亲"与"眼便"的相互配合，但主要是通过个体的独立操作来完成的，所以说，"射"可以说是父系社会青年男子的成丁礼。但是，一旦进入到"御"的范围，则首先就要涉及马与车以及"射"和"御"之间的相互配合。在这种条件下，能够精通"射"的人未必就能够精通"御"；而在当时的条件下，能够精通"御"的人，自然也就可以进入"士"的系列了，或者说起码可以进入报效皇权、为国家服务的系列了。比如说，太康之"盘游无度"以及其"十旬弗反"的经历，绝不可能只是他一个人在原始森林中"张弓挟矢"的，而必然会带着一大队随从，而在这些随从人员中，"射"和"御"也就都是

① 《尚书·甘誓》，吴哲楣主编：《十三经》，第 75 页。

② 《尚书·大禹谟》，吴哲楣主编：《十三经》，第 69 页。

③ 《尚书·泰誓》上，吴哲楣主编：《十三经》，第 89 页。

④ 《尚书·五子之歌》，吴哲楣主编：《十三经》，第 75 页。

绝对不可缺少的。

所以,从"射"到"御"的发展,不仅表现了古人在生存技能方面的进步,而且其主体也从个体的独立操作拓展到不同主体之相互配合上来了。实际上,对于夏王朝而言,如果没有"射"和"御"以及其他方面的相互配合,不要说文明的发展,可能就连其王权本身也无法组建起来。试想,如果太康就仅仅是一个"张弓挟矢"的个体,那么他无疑会败倒在后羿的神射之下。但是,一旦有了"御",——有了人与人之间的相互配合,那么太康及其子孙也就有了反败为胜的可能。实际历史也可能就是这样发展的,所以,太康虽然因为"盘游无度"而几乎"失国",但后羿却并没有因此而成为国君,也没有因为其神射技能就达到了所谓"窃国"的目底,最后居然死在了自己徒弟的箭下。①

上述就是我们从生存技能的角度所追溯出来的"射"和"御",笔者以为,这样的"射"和"御"可能更接近于历史的真实。但这样的"射"和"御"却并不是我们所面对的古典文献中的"射"和"御"。而我们所面对的"射"和"御",往往或更多首先是历代儒家经典中的"射"和"御",并且也是不断地为后世儒家所诠释的"射"和"御"。

在这里,有两个非常重要的界限必须加以清楚把握:第一个界限就是纯粹作为生存技能的"射"和"御"与经过孔孟和儒家经典立足于礼乐文明基础上所诠释出来的"射"和"御"的区别;第二个界限则是在"六经"借用了"六艺"的名号之后所形成的"大六艺"与"小六艺"或"文六艺"与"武六艺"的区别。所有这些,既构成了"六艺"概念的诠释史,当然同时也包含着"六艺"的原始所指及其演化史。

让我们先看《春秋左传》中所记载的"射"和"御"与孔孟立足于礼乐文明之基础所诠释出来的"射"和"御"的区别以及其演进关系:

> 鸟兽之肉不登于俎,皮革、齿牙、骨角、毛羽不登于器,则公不射,古之制也。②

> 自始合,而矢贯余手及肘,余折以御,左轮朱殷,岂敢言病。吾子

---

① 《孟子》记载:"逢蒙学射于羿,尽羿之道,思天下惟羿为愈己,于是杀羿。孟子曰:'是亦羿有罪焉。'"(《孟子·离娄》下,吴哲楣主编:《十三经》,第1392页)

② 《春秋左传·隐公五年》,吴哲楣主编:《十三经》,第606页。

忍之!①

　　子鱼曰:"射为背师,不射为戮,射为礼乎?"②

　　与其射御,教吴乘车,教之战阵,教之叛楚。置其子狐庸焉,使为行人于吴。③

　　子反与子灵争夏姬,而雍害其事,子灵奔晋。晋人与之邢,以为谋主。扞御北狄,通吴于晋,教吴叛楚,教之乘车、射御、驱侵,使其子狐庸为吴行人焉。④

　　譬如田猎,射御贯则能获禽。若未尝登车射御,则败绩厌覆是惧,何暇思获?⑤

按理说,这些"射"和"御"都发生在孔孟之前,所以还保持着其原本的生存或作战技能形态。其第一条中的"鸟兽之肉不登于俎"以及"皮革、齿牙、骨角、毛羽不登于器,则公不射"的"古之制",明确揭示了鸟兽之肉仅仅可以用来"食用",而皮革、齿牙、骨角、毛羽也主要在于"器用";而在这两个方面的条件不能满足的情况下,所谓"不射"的"古之制",实际上也就是古人生存技能与"好生之德"相统一的表现。显然,这就已经突破了"射"的纯技能形态,而明确加进了"德"的因素。至于第二、第三、第四与第五条引文,则显然已经将"射"和"御"用于战争了;而第三条的特殊性,则又在于加进了"礼"的考量;至于第六条,则完全是以"田猎"的方式来说明战争中"射"和"御"相互配合的重要性。所有这些发生在孔孟之前的"射"和"御",既是春秋时代"射"与"御"之具体运用的写真,同时也逐渐凸显出"德"与"礼"对"射"和"御"的渗透与规范作用。

　　到了孔孟时代,则这种"德"与"礼"就不仅仅是通过对"射"和"御"的渗透来发挥其规范作用,而且已经直接成为"射"和"御"的内在灵魂,成为其内在最基本的决定性因素了。请看《论语》和《孟子》中对射和御的运用与描述:

---

①　《春秋左传·成公二年》,吴哲楣主编:《十三经》,第739页。

②　《春秋左传·襄公十四年》,吴哲楣主编:《十三经》,第796页。

③　《春秋左传·成公七年》,吴哲楣主编:《十三经》,第796页。

④　《春秋左传·襄公二十六年》,吴哲楣主编:《十三经》,第827页。

⑤　《春秋左传·襄公三十一年》,吴哲楣主编:《十三经》,第848页。

子曰:"君子无所争,必也射乎! 揖让而升,下而饮,其争也君子。"①

子曰:"射不主皮,为力不同科,古之道也。"②

子钓不纲,弋不射宿。③

吾何执? 执射乎,执御乎? 吾执御矣。④

仁者如射,射者正己而后发;发而不中,不怨胜己者,反求诸己而已矣。⑤

在这里,颇为吊诡的是,原本作为生存与作战技能的"射"和"御",现在反而成为"君子无所争"——所谓君子人格的表现了,这自然可以说是儒家礼乐文化对于射和御方向的一种根本性扭转,使其从单纯的生存技能与作战技术一变而成为君子人格的一种"仪态"表现了,所以不仅"无所争",而且其"揖让而升,下而饮"的儒雅举止也就完全成为一种君子仪态的具体表现了,因而说是"其争也君子";至于"射不主皮"与"弋不射宿",自然也都可以看作是君子人格在射礼与射猎中所应有的行为规范而言的。到了孟子,居然以"射礼"来比喻"仁者",而其所谓"正己而后发;发而不中,不怨胜己者"的"反求诸己"之反省面向,显然是就"仁者"在"射礼"中所应有的表现及其关注侧重而言的;而在"发而不中"的情况下,所谓"不怨胜己者,反求诸己而已矣"实际上也就成为"仁者"的一种人生态度及其具体表现了。当然,这也就成为对孔子"君子求诸己,小人求诸人"⑥之说的一种具体落实和恰切说明了。

不仅如此,在《孟子》一书中,历史上许多关于"射"和"御"的案例与故事也都被孟子加以新的诠释,从而生动地凸显出其中的德性与道德人格蕴含。比如:

昔者赵简子使王良与嬖奚乘,终日而不获一禽。嬖奚反命之日:"天下之贱工也。"或以告王良。良曰:"请复之。"强而后可,一朝而获

---

① 《论语·八佾》,吴哲楣主编:《十三经》,第 1264 页。
② 《论语·八佾》,吴哲楣主编:《十三经》,第 1264 页。
③ 《论语·述而》,吴哲楣主编:《十三经》,第 1277 页。
④ 《论语·子罕》,吴哲楣主编:《十三经》,第 1280 页。
⑤ 《孟子·公孙丑》上,吴哲楣主编:《十三经》,第 1366 页。
⑥ 《论语·卫灵公》,吴哲楣主编:《十三经》,第 1304 页。

十禽。嬖奚反命之曰:"天下之良工也。"简子曰:"我使掌与女乘。"谓
王良。良不可,曰:"吾为之范我驰驱,终日不获一;为之诡遇,一朝而
获十。诗云:'不失其驰,舍矢如破。'我不贯于小人乘,请辞。"御者且
羞于射者比,比而得禽兽,虽若丘陵,弗为也。①

逢蒙学射于羿,尽羿之道,思天下惟羿为愈己,于是杀羿。孟子曰:
"是亦羿有罪焉。"

公明仪曰:"亦若无罪焉。"

曰:"薄乎云尔,恶得无罪?郑人使子濯孺子侵卫,卫使庾公之斯
追之。子濯孺子曰:'今日我疾作,不可以执弓,吾死矣夫!'问其仆曰:
'追我者谁也?'其仆曰:'庾公之斯也。'曰:'吾生矣。'其仆曰:'庾公
之斯,卫之善射者也;夫子曰吾生,何谓也?'曰:'庾公之斯学射于伊公
之他,伊公之他学射于我。夫伊公之他,端人也,其取友也必端矣。'庾
公之斯至,曰:'夫子何为不执弓?'曰:'今日我疾作,不可以执弓。'曰:
'小人学射于伊公之他,伊公之他学射于夫子。我不忍以夫子之道反
害夫子。虽然,今日之事,君事也,我不敢废。'抽丝,扣轮,去其金,发
乘矢而后反。"②

在这两个故事中,前者按照正规的御道驾车,结果却是"终日不获一";但是,
一当"为之诡遇",却反而"一朝而获十"。虽然如此,"御者且羞于射者比,比
而得禽兽,虽若丘陵,弗为也"。这说明,即使是"御",也有其超越于"获禽多
少"之上的考量;而不能仅仅以所谓"获禽多少"作为"御"道的标准。后者则
是通过对后羿为逢蒙射杀一事的反思,以突出德性在技能传授中的决定性作
用。所以,在"子濯孺子侵卫"一事中,子濯孺子之所以能够生还,主要就是因
为其"端人也,其取友也必端矣"的授徒逻辑,从而生动地凸显了德性在生存
与作战技能中的决定性因素。而孟子对于历史故事的这一诠释,也准确地印
证了南宫适与孔子的如下一段对话:"南宫适问于孔子曰:'羿善射,奡荡舟,
俱不得其死然。禹、稷躬稼而有天下。'夫子不答。南宫适出,子曰:'君子哉
若人!尚德哉若人!'"③由此也就可以看出,孔孟实际上就是以君子的尚德
精神来重新改铸、重新诠释"射"和"御"的集大成者。

---

① 《孟子·滕文公》下,吴哲楣主编:《十三经》,第 1378—1379 页。
② 《孟子·离娄》下,吴哲楣主编:《十三经》,第 1392—1393 页。
③ 《论语·宪问》,吴哲楣主编:《十三经》,第 1298 页。

由此之后,"射"和"御"也就不再是一种单纯的生存技能或作战技能,而是首先成为君子人格的一种具体表现了。比如在《礼记》中,"射"就有如下要求:

故射者,进退周还必中礼,内志正,外体直,然后持弓矢审固,持弓矢审固,然后可以言中,此可以观德行矣。①

是故古者天子之制,诸侯岁贡士于天子,天子试于射宫。其容体比于礼,其节比于乐,而中多者,得与于祭,其容体不比于礼,其节不比于乐,而中少者,不得与于祭。数与于祭而君有庆;数不与祭而君有让。数有庆而益地;数有让而削地。故曰:"射者,射为诸侯也。"是以诸侯君臣尽志于射,以习礼乐。夫君臣习礼乐而以流亡者,未之有也。②

在这里,前一条自然是对"射者"在体态与容貌方面的要求;而后一条则可以说是对能够以德性与礼容主"射"的回报或奖励。显然,正因为孔孟对"射"和"御"之德性与礼容方面的诠释,才有了《仪礼》与《礼记》中这种种对射、御之礼制与礼容的要求。当然,这也就成为我们在儒家文献中所看到的"射"和"御"了。

但在秦汉大一统的专制政权形成后,由于从陆贾到贾谊之持续不断地努力,作为儒家经典文献的"六经"终于借用了"六艺"之名,从而完成了从"六经"到"六艺"之名号与称谓上的转换,当然同时也就借取了士人以"艺"的方式既报效于皇权同时也向皇家索要官职的形式,所以,儒家原来的"六经"也就以"六艺"的形式深入人心,以至于出现了《后汉书·张衡传》中所谓的"通《五经》,贯《六艺》"之类的表彰性用语,而其中所谓的"贯《六艺》"一说实际上已经根本无关于"六艺"之具体内容。这种现象,一方面当然表现了汉代社会的文治特色,同时也体现了"五经"与"六艺"的一个递相取代的过程。在这一背景下,如果说原本作为生存技能的"六艺"还有提起的必要,那么也就只能是以"大六艺"("六经")与"小六艺"或"文六艺"("六经")与"武六艺"的区别了。

只有在中原民众受到周边少数民族武力的冲击与铁蹄的践踏时,原来那种作为生存技能同时也包含一定的作战技能的"六艺"才被以"武六艺"的方式重新提起,并且也获得了一定的反思与重视。在这方面,宋元之际的

---

① 《礼记·射义》,吴哲楣主编:《十三经》,第 594 页。
② 《礼记·射义》,吴哲楣主编:《十三经》,第 594—595 页。

舒天民所编撰的《六艺纲目》一书就是一种典型表现。

舒天民（1268—？），字艺风，浙江鄞县人。由于舒天民生于南宋末年，"甫十岁而宋社亡，泣曰：'吾不可以有为矣。'及长，以隐儒名其堂，旌厥志也。一日，读《汉书》至'君子舒六艺之风'之句，抚卷笑曰：'班孟坚其先得我心之所欲乎'，因自号'艺风'……先生尝病世之君子以六艺为教者，仅举其略，乃博采六艺，集为章句，曰《六艺纲目》，以诏家塾，识者翕然称之……①仅从舒天民这一身世及其编撰缘起来看，就知道其《六艺纲目》一书既包含着对南宋政权的悼亡之意，同时也有借以唤醒后来者之意。而《四库全书提要》则对该书介绍说："是书取《周礼》保氏六艺之文，因郑康成之注标为条目，各以四字韵语括之。其子恭为之注，同郡赵宜中为之附注，均能考证精核于小学，颇有发明。"②而其儿子舒恭也在《六艺纲目题辞》中说："维古设教，以乡三物，六艺居一，盖不可忽。八岁蒙士，初入小学，先诵其文，旋加考索。迨其长也，则复游焉，博极旨趣，才德可全，顾诹六艺，有条有理。昔之学者，无闲终始。於戏！暴秦典籍煨烬，六艺枢要，亡灭迨尽，五礼六乐，条目具存，节文音调，举莫讨论。"③从这几处介绍来看，《六艺纲目》显然是在郑玄《周礼注》的基础上搜集整理而成的；也就是说，舒天民主要是通过所谓"小学"的视角来搜集整理"六艺"之学的。

那么，《六艺纲目》又将如何介绍射和御呢？总的来说，其对"六艺"的介绍实际上就已经是按照前人的诠释顺序展开的，所以他认为：

六艺之学：五礼、六乐、五射、五御、六书、九数。④

其子舒恭则又对上述顺序注解说："六者，皆至理所寓，而日用之不可阙者也。古之教小学者，以此为先也。刚中曰：礼乐之妙，通乎天地，亦名艺，何也？盖通礼乐之理者，为圣人、为君子，若夫行礼之升降揖让，作乐之声音节奏，远乎此者，以艺名之可也。"⑤

具体到"五射"来看，舒天民又征引《礼记·射义》说："'男子生桑弧蓬矢，六以射天地四方，天地四方者，男子之所有事也'……士无事而食不可，

---

① 舒恭：《六艺纲目原序》，《六艺纲目》。
② 《四库全书提要》，《六艺纲目》题首。
③ 舒恭：《六艺纲目题辞》，《六艺纲目》。
④ 舒天民：《六艺纲目》，第 2 页。
⑤ 舒天民：《六艺纲目》，第 2 页。

故君子宁功浮于实,不欲食浮于功。有事于天地四方,而后敢用谷,则功浮于实而无愧于食,是亦男子之事。"①考虑到舒天民当时完全是以一个"南人"的身份作出这样的总结的,因而对其所反复强调的"士无事而食不可,故君子宁功浮于实,不欲食浮于功"之所谓"男子之事",就既包含着其对宋元政权交替之一腔的愤恨与耻辱,同时也有强调"天地四方者,男子之所有事也"之担当精神的一面。

再从"五御"来看,舒天民说:"升车执辔,驱马疾徐,是之谓御。御之为字,从彳从卸彳者,行也。卸者,解也,或行或卸,御者之职,一车四马,四马八辔,两辔纳觿,六辔在手,欲其调习,不失其驰。"②这里所谓"一车四马,四马八辔"的说法显然既有时代进步的因素,同时也有礼仪文饰的因素,因为原初的"御"根本不可能有如此的威仪和排场。但舒天民对"御"的注解无疑加进了其驾车之实际经验的因素,所以就有"水势屈曲,车行随之,曰逐水曲";"十字之街,转旋其车,应于舞节,曰舞交衢";"禽兽在右,驱车使左,便君之射,曰逐禽左"。③

但所有这些,不是围绕着生存技能展开的,也不是围绕着道德理想展开的,而主要是围绕着军事与战争展开的。但又由于舒天民主要是从礼仪的角度展开注释的,因而也就可以说是对战争的一种威仪化诠释,同时也可以说是对生存技能的一种礼仪化文饰。所以,他又有如下说明:"大阅者,春教以铙鼓,夏教以号名,秋教以旗物,至冬农隙,则合三时所教者,而大习乎战陈(阵)之法也。"④总体而言,这似乎就有点专门从所谓"武六艺"的角度取义之嫌了。虽然这种取义完全是由宋元政权的交替促成的,但在冷兵器即将告结、热兵器即将出台而中国人又率先发明了火药的时代,这样的取义难免存在一定的文饰和褊狭之嫌。⑤

---

① 舒天民:《六艺纲目》,第69—70页。
② 舒天民:《六艺纲目》,第86页。
③ 舒天民:《六艺纲目》,第90—95页。
④ 舒天民:《六艺纲目》,第90—91页。
⑤ 这就涉及一个非常沉重的话题,一方面,其时国人已经发明了火药,而朱子的格物致知之学也已经深入士人心髓,包括舒天民在其《六艺纲目》一书中也大量引证朱子有关礼学的著作,但他却既没有将火药运用于其战阵之法,也没有将格物致知的知识之学运用于五射六御之学,这就不得不让人怀疑近现代士人在西方科学探讨精神的比衬下一味将朱子的格物致知说简单类比于西方物理探索之学的颟顸。而这种简单比附的心态恰恰是最需要进行深入反思的。

此后,在明清政权交替的背景下,由于是又一次的少数民族入主中原,因而颜元也就再次注意到"六艺",并坚持"以乡三物教万民"的取向。不过,由于其取义范围大体上仍然是所谓"小六艺"或"武六艺"的规模和范围,因而虽然颜元本人具有较强的侠客气节,但仅凭这种既"小"且"武"的"六艺"确实已经走不出新路了。因为其本身就建立在大小与文武"六艺"之分的基础上,而其所谓侠客气节又只能促使其将亡国的愤怒发向宋明理学。这样一来,无论其所坚持的是"小六艺"还是"武六艺",除了在批评理学家"百无一用是书生"方面稍见光彩之外,也就确实走不出新路了。

最后,从射和御的这一演化轨迹来看,其从最简单的生存技能演进为作战技能,又经过西周礼乐文明的熏陶与孔孟道德理性的诠释,再经过秦汉大一统专制政权下"六艺"与"六经"之递相取代,从而也就将其逼进了"小学"与"武艺"的狭小胡同。实际上,如果说其前一转向确实丰富了我们的礼乐文化与道德文明,那么其后一转向也就明确地限制了我们的思考视角,——既没有转出科技革命的成果,也没有迸发出热兵器的火花,这就成为中国传统的射御之学之一个最值得反思的演化轨迹了。

四、书数:"士"的人文性转向

与"射和御"之缺乏明确的形成时代不同,"书与数"则是明确形成于殷商时代的社会文明。除此之外,与"射和御"之直接发源于生存技能相比,"书与数"一起始就不是从所谓生存技能的角度出现的,而是已经明显地带上文化与文明的色彩,因而也就体现出中国的文化创造及其特色。因为从最初的形成起,"书与数"就已经摆脱了"射和御"那种单纯谋生或主要服务于谋生的技能形态,而是直接体现出人类的文化创造,体现出人类试图表达的愿望和精神创造的意向。从这个角度看,"书与数"虽然形成于商代,但却绝不仅仅是从商代才开始萌发的。

"书"的本质是什么?书的本质在于凝结人们的认识、贮藏历史的信息并表达或沟通人们之间的不同认识与愿望。从这个角度看,如果我们将文字的发明也看作一个不断发展的过程,那么中国人关于汉字的书写与文字

（书契）之发明似乎从伏羲氏时代就已经开始了。《周易·系辞》载：

> 古者包牺氏之王天下也，仰则观象于天，俯则观法于地，观鸟兽之文与地之宜，近取诸身，远取诸物，于是始作八卦，以通神明之德，以类万物之情。①

关于这一记载，人们自然可以说这不过是伏羲发明"八卦"的过程，当然也可以说，这一过程本身同时就包含着中国古人在发明文字与书写方面的可能，或者说古人对文字的发明也就是从这一过程起始的。因为在这里，所谓"观象于天"、"观法于地"，包括"观鸟兽之文与地之宜"，本身也就代表着一种认识的具体生成过程，同时也是其"象形"化之表达方式的一个具体萌发过程；而所谓"近取诸身，远取诸物"，同时又是一种非常贴近的类比与观照性的认知方式。至于所谓"始作八卦"，则无疑就是一种表达方式的发明，——虽然其只是极为简单的"画卦"式的表达；但所谓"通神明之德"与"类万物之情"一说，则既可以说是揭示了人类所有认识的终极性目的，同时也包含着一种非常明确的表达与沟通的愿望。所以，从总体上看，所谓的伏羲"画卦"本身也就代表着古人的一种"象形"性的认识、表达与沟通方式的发现，可以说是中国古人关于文字与书写的第一次创造，当然也代表着人类发明书写与创造文字的根本目的。

中国文字发明的第二个阶段则是以所谓"书契"的形式出现的。当伏羲"始作八卦"时，其"八卦"固然也包含着古人对生存世界的认知一面，同时也包含着一定的客观指代与主观表达的愿望，但其表达方式毕竟还处于较为原始的抽象阶段，即不得不以最原始的"画卦"方式来表达其对生存世界的认知，同时又不得不以"八卦"符号的方式来指代生存世界及其较为复杂的关系。所以《周易·系辞》云："上古结绳而治，后世圣人易之以书契，百官以治，万民以察……"②这里以"书契"代替上古的"结绳而治"，如果从文字发明的角度看，实际上也就是对"八卦"所体现的那种原始的抽象符号的一种推进与取代，从而进展到较为具体的"书契"阶段了。③　所以，对于

<hr/>

① 《周易·系辞》下，吴哲楣主编：《十三经》，第56页。
② 《周易·系辞》下，吴哲楣主编：《十三经》，第56页。
③ 在舒天民看来，"书契"本身就是"八卦"进一步的发展，他说："伏羲氏仰观天文，俯察地理，始画八卦，乃造书契。爰命朱襄，六书是启，文籍生矣。"似乎存在着推论太过之嫌。（舒天民：《六艺纲目》，第99页）

《周易》的这一记载,《白虎通义》注解说:"后世圣人,谓五帝也……此明黄帝以来已有史记事。"①

在关于中国上古史的传说中,"书契"似乎是和仓颉连在一起的,但仓颉究竟是什么人呢? 史书一般认为仓颉就是黄帝的史臣。如《六艺纲目》云:"黄帝史臣仓颉,沮诵复广六书,大哉功用!"②而在秦汉诸子中,从荀子到淮南子,也一致认为"书契"就代表着仓颉的主要创造,并将二者结合在一起来表达。比如:

> 故好书者众矣,而仓颉独传者,壹也;好稼者众矣,而后稷独传者,壹也。③

> 古者仓颉之作书也,自环者谓之私,背私谓之公。公私之相背也,乃仓颉固已知之矣。④

> 昔者仓颉作书而天雨粟,鬼夜哭……⑤

从《荀子》、《韩非子》一直到《淮南子》,这三本书都一致提到了仓颉创造"书契"一事,看来到了战国秦汉之际,关于仓颉造字一说已经深入人心,并且也已经成为一种比较公认的看法了;而韩非子对"公"与"私"之对比与对反性的言说,并归结于"仓颉固已知之"的说法,也说明自仓颉以来,中国文字的构造方法及其在"象形"、"指事"与"会意"方面似乎已经趋于一致了。最为奇特的还在于《淮南子》的记载,对于《淮南子》所谓"仓颉作书而天雨粟,鬼夜哭"一说,高诱注解说:"仓颉始视鸟迹之文造书契,则诈伪萌生;诈伪萌生,则去本趋末,弃耕作之业而务锥刀之利。天知其将饿,故为雨粟;鬼恐为书文所劾,故夜哭也。"⑥在这里,"仓颉始视鸟迹之文造书契"固然也与伏羲"观鸟兽之文与地之宜"保持着高度的一致性,而《淮南子》所谓的"天雨粟,鬼夜哭"一说固然也准确地预见到书契的发明将必然会导致人伦社会的"诈伪萌生"与"去本趋末"的负面影响,但其"鬼夜哭"一说却未尝不是对"仓颉作书"之创造性的一种高调表彰。

----

① 陈立撰:《白虎通疏证·三皇五帝》,吴则虞点校,第449页。
② 舒天民:《六艺纲目》,第99页。
③ 《荀子·解蔽》,《诸子集成》第2册,第267页。
④ 《韩非子·五蠹》,《诸子集成》第5册,第345页。
⑤ 《淮南子·本经训》,《诸子集成》第7册,第116页。
⑥ 《淮南子·本经训》,《诸子集成》第7册,第116—117页。

　　至于文字发明之第三个阶段，一般说来，这就只能是见之于出土文物——殷商青铜器上所镌刻的盘盂铭文了；而在 19 世纪的最后一年（1899），殷墟甲骨文的发现也同样提供了中国文字形成于殷商时代的准确信息；而殷墟的甲骨文又是明显早于西周早期的盘盂铭文的。① 再从二者较为一致的书写体例来看，则以后无论中国文字的书写体例如何变化，汉字的构成方法却已经大体上定型了；至于我们今天的文字也无疑是在殷商甲骨文、周原甲骨文与西周盘盂铭文的基础上发展起来这一点也已经成为一种基本共识了。由于殷商甲骨文影响最大，所以我们这里就以殷商甲骨文代表中国文字的产生与形成。

　　关于甲骨文，经过一个多世纪的研究，现在学界已经取得了一些基本共识。比如其之所以被称为甲骨文，也是经过各种称谓的反复比较才得以最后确定的。《殷商史》一书的作者胡厚宣、胡振宇两位先生曾对这一过程总结说："过去学者对它的名称并不统一，有称作'龟'、'甲文'、'龟甲'、'龟甲文'、'龟甲文字'、'龟版文'，但甲骨文字绝不仅刻于龟上。还有称为'殷契'、'龟刻文'、'甲骨刻文'、'甲骨刻辞'，然而甲骨文又绝不仅仅是契刻之文字，如'贞卜文'、'贞卜文字'、'卜辞'、'甲骨卜辞'、'殷卜辞'、'殷墟卜辞'，实际上甲骨文除卜辞外，也有一些记事文字。再有称'殷墟书契'、'殷墟文字'、'殷墟遗文'……此外还有称为'商简'……总之，一切都不如'甲骨文'或'甲骨文字'最为适当，也最为严谨。"② 关于甲骨文形成的思想基础，作为甲骨文专家的胡厚宣、胡振宇父子在引用了《礼记·表记》中的"殷人尊神，率民以事神，先鬼而后礼"之后总结说："殷人尚鬼，殷商的王室遇事好占卜，经常利用龟甲和牛骨这两种材料来占卜吉凶，占卜后便记录下来。记录有写有刻，于甲骨之上或用朱书，亦有墨书；有的先写后刻，有的不写而直接刻写……这就是卜辞。甲骨文绝大多数皆为卜辞，间或也有与占卜有关的一些记事文字。"③

---

　　①　在从殷商甲骨文到西周的盘盂铭文之间还有一个西周甲骨文的时代，而西周甲骨文主要形成于季历成王时期，是西周早期文字，可以称为从殷商甲骨文到西周盘盂铭文的过渡形态。关于西周甲骨文的研究，参见徐锡台：《周原甲骨文综述》，三秦出版社 1987 年版；朱歧祥：《周原甲骨研究》，台湾学生书局 1997 年版。

　　②　胡厚宣、胡振宇：《殷商史》，上海人民出版社 2003 年版，第 355 页。

　　③　胡厚宣、胡振宇：《殷商史》，第 355 页。

　　有关甲骨文的形成时限,《殷商史》的作者在广泛征引了罗振玉、刘鹗与王国维的相关研究之后,尤其是根据王国维《古史新证》一文中的"盘庚以后,帝乙以前,皆宅殷墟"的说法,从而推断说:

　　　　……甲骨文所包涵之时代,才由帝乙上溯至盘庚时期。但它的下限,郭沫若以为讫于帝乙而止,连参加殷墟发掘的董作宾,前曾采罗振玉之意,后又从王国维之说,直到后作《甲骨文断代研究例》时,才以甲骨文所包涵之时代,由盘庚到帝辛。我们今天说,甲骨文是商代后半期,也就是从盘庚迁殷至纣辛亡国八世十二王 273 年间后半期即所谓殷商时代的遗物。①

这就是说,甲骨文基本上形成于殷商王朝的后期;因而从盘庚之迁到殷纣最后亡国,也可以说是甲骨文所以形成的上下时限。仅从这一形成时限来看,那么此前关于《尚书》中的《尧典》、《舜典》以及《皋陶谟》、《大禹谟》之类,则无疑是在这一时段之后西周的儒生所追溯出来的。

　　既然甲骨文存在于殷商王朝的后半期,而西周至周成王以后的人们似乎又没有见过甲骨文或不需要用甲骨这种方式来书写了,那么秦汉以后人们所总结出来的汉字"六书"之说能否与之吻合呢? 也就是说,由根本未曾见过甲骨文的后人所总结出来的汉字在构成方法上是否也能够适应于甲骨文的构字规律呢? 在这一问题上,虽然甲骨文属于西周以前就埋藏于地下的弃置文字,但由于它也是根据中国文化的具体性特征进行创造的,因而其不仅适应于汉字"六书",而且也正表现着汉字"六书"在形成上的诸多特点。关于甲骨文的这一特点,甲骨文的研究专家分析说:

　　　　从文字结构来看,甲骨文最基本的方法仍然是象形,但这种象形已经定型化,如马、牛、羊等许多字已和今天的写法差不多了。又已形款化,在直书上具有一定格式。而且文字象形,非常艺术化。又出现了大量合体形声字,如风,从凡声;酒,从酉声;水名如洹,亦从亘声。假借字亦普遍出现,如数字百、千、万、十千、十二支,方位字东南西北,都是假借。"又"(右)字本来像手形,借为又、有、祐、侑。可以看出甲骨文已经使用了后人所谓的"六书"的原则,但更多的还是象形、会意、形声、

───────────

　　① 胡厚宣、胡振宇:《殷商史》,第356页。

假借四种造字方法。①

从甲骨文中"象形已经定型化"来看,它显然是汉字形成之最主要的方法;而从其出现"大量合体形声字"以及"假借字亦普遍出现"的情况来看,说明甲骨文似乎已经具备了汉字形成之几种最主要的构字方法。这种情形,正如《殷商史》作者所总结的:"甲骨文已经使用了后人所谓的'六书'的原则,但更多的还是象形、会意、形声、假借四种造字方法。"这充分说明,所谓甲骨文实际上也就是我们现代汉字的正宗先驱。

从现在所发掘的甲骨文以及其所反映的社会生活方面的内容来看,则"当时田猎还很发达。有田狩,有陷阱,有逐射,有罗网,有焚烧"②,所有这些,当然都是建立在"射和御"相互配合的基础上的,自然也就包含着二者相互默契的合作之意;而"在交通方面,有骑有乘,有马车,有牛车,有舟船及桥梁,有驿传及馆舍"③,这又体现着"御"——所谓驾车技能的发展。所有这些,都足以证明殷商时代的社会文明;而甲骨文的出现,则正可以说是商代社会文明巨大进步的表现。

也许正因为这一原因,所以当宋元之际的舒天民立足于"小学"的基础来分析汉字"六书"时,其对汉字之形成、演变及其构造方法也就有了较为深入的认识。比如,他先追溯汉字的起源,认为伏羲时代就已经有了"六书";而仓颉的"六书",不过是伏羲"六书"的进一步拓展而已。舒天民说:

> 古者庖牺氏之王天下也,始画八卦,乃命飞龙朱襄氏造六书,黄帝史仓颉,与沮诵广伏羲之文,更造六书,是为古文,又名科斗。书用漆写,则头大尾细,形似科斗,亦名漆书。至周宣王,太史籀增益成字,名曰大篆,亦名籀书。秦李斯或存其八分,去其二分,名曰小篆,专行于世。程邈又变大篆为隶,施于佐隶,便于官府,故曰隶书。汉之王次仲,乃以隶书,变为八分,今俗呼为隶;非也。楷即今隶,亦由古隶之变也。④

在这里,不知舒天民所谓伏羲画卦时"命飞龙朱襄氏造六书"究竟是指什么"六书"? 因为仅从伏羲创设八卦而言,似乎还说不上是完整意义上的文

---

① 胡厚宣、胡振宇:《殷商史》,第362页。
② 胡厚宣、胡振宇:《殷商史》,第365页。
③ 胡厚宣、胡振宇:《殷商史》,第365页。
④ 赵宜中附注:《六艺纲目》,第99—100页。

字,只可称为符号,自然也就无所谓"六书",更说不上需要"六书"了(因为仅仅通过画卦方式所形成的创造充其量也只能说是一书),但其又说仓颉"更造六书"则无疑是有一定历史依据的(因为仓颉不可能凭空创造)。最为奇特的是,舒天民这里居然以"漆写"来说明上古的"科斗"——蝌蚪文字的形成,则显得极有道理(因为生漆黏稠,极不便于书写,所以其"头大尾细,形似科斗"的说法也就显得极为形象;东汉的杜林曾于西州得到漆书《尚书》一卷,可以说也就是漆书曾经存在的证明),并由此以说明"大篆"、"小篆"以及"隶书"、"楷书"的形成与演化过程都是很有道理的。

所谓汉字"六书",实际上也就是汉字的六种构成方法,这只有在汉字大量出现且已经广泛流行的基础上才能总结出来,而绝不可能是先形成所谓汉字"六书",然后再根据"六书"进行造字。所以,一般所谓的汉字"六书"主要就是指东汉许慎根据汉字的构形原理所总结出来的六种构成方法,舒天民基本继承了这一说法。不过,舒天民又以此为本,推断伏羲时代就已经有了"六书",而黄帝的史官仓颉又"更造六书",这可能又存在着一定的以今断古之嫌。但在舒天民对汉字"六书"的分析中,他仍然是以"象形"为本,从而将汉字的六种构成方法全面统一起来。在他看来:

> 夫书之法,象形为本,形不可象,则属诸事;事不可指,则属诸意;意不可会,则转其注;注不可转,则属诸声。至于声也,无不谐矣,五者不足,假借生焉。其例若何? 谓原它字,依声借用,有有义者,有无义者。①

这就是说,汉字最基本的构成方法其实也就是"象形",而这一说法也准确地对应着中国智慧的具体性特征,对应着其经史并存、寓普遍于特殊之以事见理的文化特征。只有在"形不可象"的条件下,"则属诸事"(指事);而在"事不可指"时,"则属诸意"(会意);在"意不可会"时,"则转其注"(转注);而在"注不可转"时,于是也就有了"谐声",所以说"至于声也,无不谐矣"(谐声);而在上述五种方法全然无法表达时,这才有了所谓"假借生焉"(假借)。这样,从"象形"、"指事"、"会意"、"转注"一直到"谐声"与"假借",就是所谓汉字"六书",也就是汉字从"象形"这种最基本的造字方法所依次展开的六种构成方法。

---

① 舒天民:《六艺纲目》,第 130 页。

在这一基础上,舒天民又专门从汉字所以"生成"的角度对"六书"有所讨论,并认为汉字有"正生"、"并生"、"讬生"、"侧生"、"兼生"、"变生"、"续生"等关系。他说:

> 郑氏六书略,又以象形为正,生指事、会意、谐声并为正生;归本转注为并生;假借为讬生。又有侧生者,若文爻轰彭等字;兼生者,若齿须等字;变生者,若禘袷等字;续生者,若祝祭等字。①

在这里,所谓"正生"与"并生"就像一个人出自名门,所谓出身高贵一样;而所谓的"讬生"、"侧生"、"兼生"、"变生"等等则又像出身较为低贱的社会下层一样。不过,这一说法在比喻汉字的形成渠道上倒是极为恰切的。因为汉字的最初形成肯定是依据其主要渠道形成的,以后才有逐步的拓展与推广,从而也才有其他补充性渠道的形成。而汉字的形成,既是中华民族对其生存世界的一种认知与表达,同时也代表着其在与生存世界互动基础上的一种文化创造。

在"书"形成的基础上也就有了"数"。如果说"书"就代表着古人对其生存世界的一种直接指代与符号化表征,那么"数"也就代表着古人对其生存世界所面临之问题、困难的一种解决方式,所以说,"数"必然是在"书"的基础上形成的,与"书"相比,"数"也必然会具有更高的抽象度。另外,如果说"书"就代表着古人对其生存世界的一种直接指代,那么"数"则必然是在"书"的基础上所形成的一种更高的指代,一种更为抽象、更远离事物原形并且也专门关涉数量关系的指代,而且也只有这种指代,才能更好地解决其生存世界中所面临的困难和问题。从这个意义上说,所谓"数"其实也就是另一种"书",是专门用来解决数量关系问题的"书"。

关于"数",古人的探讨并不多。这一方面是因为古人更关心"质"的问题,似乎并不那么关心所谓"量"的问题(当然从认知的角度看,也可以说古人对世界的关注还没有达到所谓纯数量关系的高度);另一方面,则又主要是因为中国智慧的具体性特征,而这种具体性特征也就从根本上制约着国人,使其并不习惯于将事物分解为"质"与"量"两个方面进行独立的分析与把握,而更愿意结合着"质"来讨论"量"(纯粹的量、不关涉"质"的量,对于古人来说,简直就是一种无意义。这一点也可以说明为什么在阿拉伯数字

---

① 舒天民:《六艺纲目》,第143页。

传入之前中国对数量关系一直是通过所谓汉字来表达的,如"一"、"二"、"三","个"、"十"、"百"、"千"、"万"、"亿"、"兆"等等),因而也只有在"质"的基础上并通过"质"的规定,"量"才有其相对的意义。但这并不是说中国人就缺乏抽象思维的能力,或缺乏普遍与超越的追求与关怀,而是说其普遍与超越性关怀直接表现并蕴含于其具体的事为之中。正因为中国人思维的这一特点,所以与"书"紧密相连的"数"非但得不到古人的重视,而且直到宋元之际,当舒天民试图分析中国古代的"九数"之学时,其所表达的仍然是《周髀算经》中原来就有的表达:

> 周公问于商高曰:"闻大夫善数,数安从出? 高曰:数之法出于圆方,方出于矩。"周公曰:"请问用矩之道?"曰:"平矩以正绳,偃矩以望高,覆矩以测深,卧矩以知远,环矩以为圆,合矩以为方。"

> 数有九章,古之成法,黄帝之臣,隶首所作。①

为了说明"数"之所从出,商高这里特别提到圆和方,并用"环矩以为圆,合矩以为方"来说明圆和方的具体形成,当然,这同时也就代表着"数"的形成,而中国人的具体性思维也就再次表现在这种数形相互规定的表达方式中。中国"九数"之学这种特殊的形成与表达方式,一方面说明其"数量"与"质"和"形"的关系具有不可分割的特点;另一方面典型地表现着中国智慧的具体性特征。

关于"九数"之学的具体内容,实际上也就是表现于现实生活中的数学问题。为了不致陷于纯粹的数量推导关系之中,我们这里特别将其所要解决问题的方向和思路罗列出来,最后再以个别案例的方式进行具体说明。所谓"九数"之学主要表现在如下几个方面:

> 一曰方田,田畴界或,以此御之。②

> 二曰粟米,交质变易,以此御之。③

> 三曰衰分,贵贱禀税,以此御之。④

> 四曰少广,积门方圆,以此御之。⑤

---

① 舒天民:《六艺纲目》,第 146 页。

② 舒天民:《六艺纲目》,第 148 页。

③ 舒天民:《六艺纲目》,第 152 页。

④ 舒天民:《六艺纲目》,第 154 页。

⑤ 舒天民:《六艺纲目》,第 158 页。

五日商功,功程积实,以此御之。①

六日均输,远近劳费,以此御之。②

七日盈朒,隐杂互见,以此御之。③

八日方程,错糅正负,以此御之。④

九日句股,高深广远,以此御之。⑤

从上述罗列的这些方法来看,似乎完全是针对现实生活中所遇到的具体问题所展开的求解方法。也就是说,这些问题不仅没有脱离现实生活,而且几乎可以说是一种基本不需要抽象思维的关于数量关系的具体表达方式。从这个意义上看,中国人似乎确实不习惯于纯粹符号化的抽象表达,而更愿意结合其生存世界以及其具体表现的方式进行具体化表达。但这绝不是说中国人就缺乏解决抽象问题的能力,而是说其从解决问题的方法到其表达问题的方式都是比较具体化的。

为了说明这一特点,这里特别列举西方数学中的毕达哥拉斯定律,并将中国"九数"之学的解决方法与毕达哥拉斯定律加以比较:

$$A^2 + B^2 = C^2$$

> 勾股求弦法:曰勾股自乘,并而开方除之。假如勾八尺,股一十五尺,为弦一十七尺。弦勾求股法:曰勾自乘减弦自乘,余开方除之。假如弦一十七步,勾八步,为股一十五步。股弦求勾法:曰股自乘减弦自乘,余开方除之。假如股一十五尺,弦一十七尺,为勾八尺也。⑥

如果将这两种不同的表达方式稍加比较,那么也就可以发现其解决问题的能力实际上是完全一致的,但问题在于,由于中国智慧的具体性特点,因而其以勾股弦来表示直角三角形之三边关系显得稍微有点烦琐而已;而其将勾股弦的关系落实于三边具体的数量长短关系,尤其表现了这一特点。但这只能说是在具体智慧制约下的表达方式问题,并不是思维能力和解决问题的能力问题。所以,乾嘉大师戴震说:"中土测天用勾股,今西人易名三

---

① 舒天民:《六艺纲目》,第 161 页。
② 舒天民:《六艺纲目》,第 166 页。
③ 舒天民:《六艺纲目》,第 168 页。
④ 舒天民:《六艺纲目》,第 171 页。
⑤ 舒天民:《六艺纲目》,第 174 页。
⑥ 舒天民:《六艺纲目》,第 175 页。

角、八线,其三角即勾股,八线即缀术。然而三角之法穷,必以勾股御之,用知勾股者,法之尽备,名之至当也。"[1]显然,在精于传统算学的戴震看来,勾股之法完全可以涵盖西方的三角之理,所以他认为"三角之法穷,必以勾股御之"。但戴震却没有看到,具体智慧的表达方式毕竟有损于抽象数理的表达,从而反过来会从一定程度影响中国数理之学的发展。关于勾股定理之两种不同的表达方式,完全可以说是中国具体性思维之所短的表现;但同样明显的是,中国人的具体性思维却并不影响国人对于抽象问题的把握能力,所以中国的勾股弦关系也就仍然包含着 $A^2+B^2=C^2$ 之类的普遍性蕴含。从这个角度看,所谓勾股弦关系只能说是中国智慧的表现方式或表达习惯问题,但却并不是智慧本身的问题。

五、礼乐:生存技能之人文归结

从夏代包括夏代以前的"射御"发展到殷商的"书数",完全是一个在生存技能的基础上不断地走向文化创造的过程;而在"书数"形成的基础上,中国文化的下一步走向,也就自然会走向更带有人文性质的"礼乐"了。所以,周代的社会文明,也就可以直接称之为礼乐文明。

为什么三代文明的发展必然会走向更具有人文性质的"礼乐"文明呢?这主要是由中国文化的特色及其发展的内在逻辑决定的。比如说,从史前一直到夏代的"射御"实际上只是中国人在对其生存世界简单认知的基础上所形成的其关于周遭世界的基本知识,并对这种知识加以简单的直接利用而已,因而也就主要表现为一种生存性的技能(此时人类的最大问题也就是生存问题);到了殷商,则以"书数"为代表的创造不再是对周遭世界的简单认知以及直接适应周遭世界的生存技能,而是在对生存世界进一步认识基础上所形成的对人自身连同周遭世界关系的一种表征、指代与表达活动了,而这种以"书契"为特征的指代性表达(甲骨文中大量存在的卜辞其实正是殷人对人与自然、人与人关系把握不准从而不得不求之于神秘天意

---

① 戴震:《与是仲明论学书》,《戴震全书》六,黄山书社1995年版,第371页。

的表现),当然同时也就成为一种带有或直接指向人文性质的创造性活动了。在这一基础上,由于社会文明的发展以及人之生存技能的进步已经基本解决了生存问题,因而人伦社会所面临的危机也就在不断地从人与自然的关系向着人与社会以及人与人之间转移。这样一来,人的创造性也就会不断地从解决人与自然的关系以及人如何适应自然的生存技能层面向着人伦社会以及人与人之间转移,从而又在一定程度上反过来,必然会重新探讨如何确定人的生存根基问题。对于刚刚建立政权的西周统治者来说,一旦人的生存问题、政权的现实存在问题得到解决之后,那么人的生存依据、政权存在的合理性问题也就必然会成为其所探索的重心。周代的礼乐文明也就是在这一背景下出现的。

不过在这里,如果认为从殷商对"书数"的发明就必然会走向周代的"礼乐"文明,其实这只能说是一种事后诸葛式的推论性说法。实际上,所谓"礼乐"文明绝不仅仅是所谓理论逻辑所能安排出来的,而只能说是周人在其精神危机的重大压力之下一个不得不如此的选择与走向。

因为在此之前,夏、商、周三代就已经经历了夏商王朝之间的政权更替,是即所谓的"汤伐夏"。而在这一过程中,所谓"夏氏有罪"究竟到了什么地步呢?仅从其治下的老百姓来看,当时的老百姓就已经在纷纷诅咒夏桀说:"时日曷丧,予及汝皆亡"[1],所以,这才有了商汤所概括的"夏德若兹,今朕必往"[2]之伐夏的决心。而在伐夏的过程中,居然又出现了如下吊诡的情形:"东征,西夷怨;南征,北狄怨,曰:'奚独后予?'"[3]显然,夏桀王朝确实已经到了天怒人怨、人神共愤从而不得不亡的地步了。

此后,当殷周政权更替时,也同样面临着这样一种格局。不过,仅就殷纣的个人资质而言,应当说绝对属于那种出类拔萃的个体,所以,就连司马迁都对殷纣的个人资质赞美有加,认为其"资辨捷疾,闻见甚敏;才力过人,手格猛兽"[4]。而作为一名统治者,殷纣的最大特点又在于其有着过人的聪明,这也就是司马迁所概括的"知(智)足以拒谏,言足以饰非。矜人臣以能,

① 《尚书·汤誓》,吴哲楣主编:《十三经》,第77页。
② 《尚书·汤誓》,吴哲楣主编:《十三经》,第77页。
③ 《尚书·仲虺之诰》,《十三经》,第78页。
④ 司马迁:《史记·夏本纪》,《二十五史》,第10页。

高天下以声,以为皆出己下"①。显然,在殷纣看来,仅仅凭借其过人的才智与能力,也就足以统治这个天下了。所以,当他听到"西伯戡黎"的消息时,也就不无惊讶地感叹说:"鸣呼!我生不有命在天?"②显然,无论是从其个人资质还是从客观的势位来看,殷纣都是一位聪明绝顶、"才力过人"而又有着"天命神权"护佑的君王。

但就是这样一位不世出的君王,最后却居然断送了殷商的江山。其原因在于,当殷纣以其"才力过人"的视角来打量天下时,所谓"皆出己下"也就必然会成为其所无法避免的结论,加上天命神权的护佑,因而在殷纣看来,大概他的江山是可以传之万年万万年的。在这种认识的基础上,殷纣之放肆、作恶以至于倒行逆施也就成为其一种常态表现了。请看司马迁笔下的殷纣形象:"好酒淫乐,嬖于妇人。爱妲己,妲己之言是从。于是使师涓作新淫声,北里之舞,靡靡之音。厚赋税以实鹿台之钱,而盈巨桥之粟……以酒为池,悬肉为林,使男女倮相逐其间,为长夜之饮。"③

再从取代殷纣政权的西周方面来看,则从公季(文王之父)起,就"修古公遗道,笃于行义,诸侯顺之"④。到了周文王,又"遵后稷、公刘之业,则古公、公季之法,笃仁,敬老,慈少。礼下贤者,日中不暇食以待士,士以此多归之。"⑤但是,当周文王这种品行被汇报于殷纣之后,却反而被视为对其统治的一种威胁了,于是这就有了羑里之拘。⑥ 而在当时,对于饱受打压的周文王来说,他所反复叩问的却是这些问题:

> 文王曰咨,咨汝殷商……文王曰咨,咨汝殷商。人亦有言:颠沛之揭,枝叶未有害,本实先拔。殷鉴不远,在夏后之世。⑦

这就是说,周文王所不断叩问的也就是殷纣王朝的命运问题,是即所谓"咨汝殷商";至于所谓"枝叶未有害,本实先拔"的说法,也就是说,殷纣王朝看起来似乎还维持着一个王朝的模样,但它实际上已经从根上烂透了。而由

---

① 司马迁:《史记·夏本纪》,《二十五史》,第10—11页。
② 《尚书·西伯戡黎》,吴哲楣主编:《十三经》,第88页。
③ 司马迁:《史记·殷本纪》,《二十五史》,第11页。
④ 司马迁:《史记·周本纪》,《二十五史》,第12页。
⑤ 司马迁:《史记·周本纪》,《二十五史》,第12页。
⑥ 关于殷周关系,司马迁评价说:"崇侯虎谮西伯于殷纣曰:'西伯积善累德,诸侯皆向之,将不利于帝。'帝纣乃囚西伯于羑里。"(《史记·周本纪》,《二十五史》卷一,第12页)
⑦ 《诗经·大雅·荡》,吴哲楣主编:《十三经》,第206—207页。

"夏后之世"的灭亡所提供的"殷鉴"，最后可能也就只能成为殷纣王朝的镜子与归宿了。

但在当时，为殷纣所自恃的"天命"仍然是一个不可忽视的存在，加上"惟殷先人有册有典，殷革夏命"①的经历，因而殷纣王权实际上仍然是一个极为强大的存在。于是，在文王释归不久就去世之后，一心伐纣的周武王就有了"东观兵，至于盟津"的举动，最后又因为"女未知天命……乃还师归"。② 这就是说，殷纣王朝的"天命"（气数）还未到最后灭绝的地步，只有当殷纣"自绝于天，结怨于民。斫朝涉之胫，剖贤人之心，作威杀戮，毒痛四海"③——所谓做尽人间之恶的情况下，周武王才毅然决然地发动了灭商革命；而在出发之前，周武王还特意作了《泰誓》三篇以鼓舞士气：

予小子夙夜祗惧，受命文考，类于上帝，宜于冢土，以尔有众，厎天之罚。天矜于民，民之所欲，天必从之。④

有夏桀弗克若天，流毒下国。天乃佑命成汤，降黜夏命。惟受罪浮于桀。剥丧元良，贼虐谏辅。谓己有天命，谓敬不足行，谓祭无益，谓暴无伤。厥监为不远，在彼夏王。⑤

由于殷纣的倒行逆施，其治下之民早已"如大旱之望云霓"⑥，所以，在牧野决战中，"罔有敌于我师，前徒倒戈，攻于后以北，血流漂杵。一戎衣，天下大定"⑦。而这样一个结局，不仅出乎殷纣的意料，就是作为革命者的武王、周公，似乎也根本不曾想到成功竟然来得如此之易。

但这种轻易得到的成功也使西周统治者寝食难安，夜不能寐。这就是促使西周政治文化发生根本性变化的"忧患意识"。因为还在文王被拘于羑里而不得不"演易"时，《周易·系辞》就描述说：

《易》之兴也，其当殷之末世，周之盛德邪？当文王与纣之事邪？是故其辞危。⑧

---

① 《尚书·多士》，吴哲楣主编：《十三经》，第106页。
② 司马迁：《史记·周本纪》，《二十五史》卷一，第12页。
③ 《尚书·泰誓》中，吴哲楣主编：《十三经》，第90页。
④ 《尚书·泰誓》上，吴哲楣主编：《十三经》，第89页。
⑤ 《尚书·泰誓》中，吴哲楣主编：《十三经》，第90页。
⑥ 《孟子·梁惠王》下，吴哲楣主编：《十三经》，第1359页。
⑦ 《尚书·武成》，吴哲楣主编：《十三经》，第92页。
⑧ 《周易·系辞》下，吴哲楣主编：《十三经》，第59页。

显然,还在文王被拘羑里时,他就不断地从对殷纣政权的忧患意识出发以"咨汝殷商";因而,当周武王取得伐纣的巨大成功之后,这种忧患意识非但没有因为伐纣的巨大成功而有丝毫减弱,反而因为反复思考如何才能够避免殷纣的覆辙以获得长治久安之策而变得更为急迫。请看在伐纣成功后,武王与周公的如下一段对话:

> 维王克殷国,君诸侯,乃厥献民征主九牧之师见王于殷郊。王乃升汾之阜,以望商邑。咏叹曰:呜呼!不淑兑天对,遂命一日,维显畏弗忘。王至于周,自□至于丘中,具明不寝。王小子御告叔旦,叔旦亟奔即王。曰:久忧劳。问周不寝。曰:安,予告汝。王曰:呜呼!旦,惟天下不享于殷,发之未生,至于今六十年。夷羊在牧,飞鸿过野。天自幽,不享于殷,乃今有成。维天建殷,厥为天民名三百六十夫。弗顾,亦不实成,用戾于今。呜呼!于忧兹难,近饱于卹,辰是不室。我来(未)所定天保,何寝能欲?王曰:旦,予克致天之明命,定天保,依天室。志我共恶,俾从殷王纣。四方赤宜未定我于西土。我维显服及德之方明。叔旦泣涕于常,悲不能对。①

对于武王与周公的这一段对话,司马迁直接以"我未定天保,何暇寐"②来表达周武王心中的忧患意识;而杨宽先生则在其《西周史》中分析说:"武王克殷以后,回到周都,睡不着觉,周公就去慰问,武王以'未定天保'为忧。武王希望'克致天之明命,定天保,依天室。'"③而在此之前,徐复观先生也是从所谓"忧患意识"来说明这一现象的,他认为,正是这种对西周政权如何才能够长治久安的"忧患意识",才构成了从文王、武王一直到思考的主旋律。

正是这种"忧患意识",同时也就构成了西周礼乐文明所以形成的思想基础。因为从《礼记·表记》中对夏、商、周三代人的比较来看,周人之所以具有"近人而忠"的特点,关键也就在于礼乐文明的熏陶:

> 子曰:"夏道遵命,事鬼敬神而远之,近人而忠焉,先禄而后威,先赏而后罚,亲而不尊。其民之敝,蠢而愚,乔而野,朴而不文。殷人尊神,率民以事神,先鬼而后礼,先罚而后赏,尊而不亲。其民不敝,荡而

---

① 《逸周书·度邑解》,《逸周书》,第465—473页。
② 司马迁:《史记·周本纪》,《二十五史》卷一,第13页。
③ 杨宽:《西周史》,上海人民出版社2003年版,第137页。

不静,胜而无耻。周人尊礼尚施,事鬼敬神而远之,近人而忠焉,其赏罚用爵列,亲而不尊,其民之散,利而巧,文而不惭,贼而蔽。"①

从孔子这一分析来看,在夏与周共同的"近人而忠"之间,为什么会存在"朴而不文"与"文而不惭"的重大差别呢?实际上,这就主要是礼乐文明熏陶教化的结果。

那么,所谓礼乐文明又是如何发生的呢?站在孔子的角度看,这就主要是因为"周监于二代"——在继承夏、殷两代文化与文明的基础上,又经过必要的沿革与损益,从而将礼乐文化推向了高峰,所以孔子说:"周监于二代,郁郁乎文哉,吾从周!"②但孔子这里主要是从文化与文明积累与继承的角度而言的。如果站在殷周之别的角度看,那么从殷商的"书数"文明何以会走向周代的礼乐文明呢?对于这一问题,徐复观先生主要是通过对殷人宗教性的虔敬与周人忧患意识的比较来加以说明的。他指出:

> 在以信仰为中心的宗教氛围之下,人感到由信仰而得救,把一切问题的责任交给于神,此时不会发生忧患意识;而此时的信心,乃是对神的信心。只有自己担当起问题的责任时,才有忧患意识。这种忧患意识,实际是蕴蓄着一种坚强的意志和奋发的精神。……在忧患意识跃动之下,人的信心的根据,渐由神而转移向自己本身行为的谨慎与努力。这种谨慎与努力,在周初是表现在"敬"、"敬德"、"明德"等观念里面。尤其是一个敬字,实贯穿于周初人的一切生活之中,这是直承忧患意识的警惕性而来的精神敛抑、集中及对事的谨慎、认真的心理状态。这是人在时时反省自己的行为,规整自己的行为的心理状态。周初所强调的敬的观念,与宗教的虔敬,近似而实不同。宗教的虔敬,是把人自己的主体性消解掉,将自己投掷于神的面前而彻底皈归于神的心理状态。周初所强调的敬,是人的精神,由散漫而集中,并消解自己的官能欲望于自己所负的责任之前,凸显出自己主体的积极性与理性作用。③

周人建立了一个由"敬"所贯注的"敬德"、"明德"的观念世界,来

① 《礼记·表记》,吴哲楣主编:《十三经》,第569—570页。
② 《论语·八佾》,吴哲楣主编:《十三经》,第1264页。
③ 徐复观:《中国人性论史》,三联书店2001年版,第20页。

照察、指导自己的行为,这正是中国人文精神最早的出现;而此种人文精神,是以"敬"为其动力的,这便使其成为道德的性格,与西方之所谓人文主义,有其最大不同的内容。①

而在这种"敬德"、"明德"观念形成的同时,周人同时也就开始了其另一项伟大的建构,这就是自觉的道德性质的人文关怀与人文精神。正是这种精神,推动了殷周之际从原始的天命信仰到由礼乐文明所体现的道德精神的转型。徐复观指出:

> 周人的贡献,便是在传统的宗教生活中,注入了自觉的精神;把文化在器物方面的成就,提升而为观念方面的展开,以启发中国道德地人文精神的建立。②

这种在忧患意识的警示与启迪下逐渐摆脱宗教神权的过程,既是西周"人文精神"的一个形成过程,同时也是其主体性的道德精神的一个觉醒过程。而这种人文主义的道德精神,当时主要也就体现在礼乐文明上。

为什么本质上作为人文主义的道德精神就一定要体现为礼乐文明呢?从具体表现的角度说,这一点当然还有其另外的原因(详下一节);但从根本上说,则主要决定于中国文化的主体性精神以及其智慧的具体性形态。

让我们先从文化的主体性精神来看。按照中国文化的主体性精神,其所谓的生存世界并不完全是一个纯客观的对象世界;而人与这个世界的关系——与其说"我"是属于这个世界的一个部分、一个方面(如果仅从生成的角度而言,那么中国人确实承认这一点),不如说这个世界同时也是因为"我"才得以形成的,并且也是因为"我"才有如此这般表现的,因而它也就必然会带有"我"之视角及其特点。所以说,中国人的生存世界,往往会带有人与周遭世界相互生成的特色。正因为其生存世界的这一特点,所以王阳明才能对其弟子所谓的"天地鬼神万物,千古见在,何没了我的灵明,便

---

① 徐复观:《中国人性论史》,第 21 页。徐复观之所以坚持认为中国文化的道德性格"与西方之所谓人文主义,有其最大不同的内容",主要是因为西方的人文主义是从对神本主义的挣脱而来,而中国文化的道德性格及其人文主义则是从对人的理想主义的提升而来。请参见徐复观对日本学者三木清《人间主义概论》的译文:《西洋人文主义的发展》,载《徐复观杂文补编》(思想文化卷)上,台北中央研究院中国文哲研究所 2001 年版,第 38—78 页。

② 徐复观:《中国人性论史》,第 14 页。

具无了"之关于世界客观性的问题报以如下回答:"今看死的人,他这些精魂游散了,他的天地万物尚在何处?"①那么在这里,这种随着主体之消亡而消亡的世界究竟有没有其客观性呢? 肯定是有的,但它又不仅仅是一个纯客观的世界;从一定程度上说,它反而是因为"我"之行为、"我"之主体性精神而如此这般生成的,并且也是由于其始终与"我"之精神相对待、相感通从而才真正成为一个"我"的世界。这说明,中国人所谓的世界首先也就是一个充满着主体性精神的生存世界。

不仅王阳明如此,其实早在伏羲时代,当其"仰则观象于天,俯则观法于地,观鸟兽之文与地之宜,近取诸身,远取诸物,于是始作八卦,以通神明之德,以类万物之情"时,这个世界也就同样是因为"我"之"仰观"、"俯察"以及"近取"与"远取"的不同方式从而成为一种具体存在了:一方面,这个生存世界无疑首先是一个活生生的并且也是充分体现着客观性的世界(在这个世界之原始生成这一点上,它当然并不依赖于"我"而存在);但另一方面,如果离开了"我"的"观象于天"、"观法于地"以及"观鸟兽之文与地之宜",并在此基础上形成所谓"近取诸身,远取诸物"的认知方式时,那么这个世界还是一种纯客观性的存在吗? 尤其是"近取诸身,远取诸物"一说,本身就说明这个世界是与"我"这个主体息息相关、同时并在的,并且也是由于"我"这个主体之"仰观"、"俯察"以及"近取"与"远取"之互动所撑起来的世界。这才构成了中国人最本真、最真切的生存世界。

进一步看,那个曾经为武王、周公所忧心忡忡的世界究竟是一个主体性的世界呢还是一个纯客观的世界? 如果从这个角度看,那么中国人从来就没有并且也根本不关心那个所谓纯客观的世界。他们的世界永远是自己置身其中的,一如其所概括的"天圆地方"、"天覆地载"一样,并且也是随着其自己之不同选择从而也就呈现出不同的状态和色彩。如果说这根本就不是那个作为始源状态之纯客观的世界,那么它不仅比那个所谓纯客观的世界要"客观"得多,而且也要现实得多、具体得多,因为它完全可以使周武王虽然坐着龙椅、穿着龙袍但却寝食难安;至于所谓纯客观的世界,绝对不会有如此大的力量。

---

① 王守仁:《语录》三,《王阳明全集》,第124页。

正是这个世界的主体性及其人生生存性质,因而也就同时决定了其智慧的具体性形态。也就是说,中国人的智慧从来都是寓理于事、寓普遍于特殊的,但却并不认同也不喜欢那种抽象而又空洞尤其是离开了主体之现实人生的普遍主义。孔子著《春秋》之所以要坚持"我欲载之空言,不如见之于行事之深切著明也"①,也正是要以具体的"行事"来表达其"深切著明"之人伦普遍性关怀;而庖丁之所以坚持"臣之所好者道也,进乎技矣"②,关键在于,在庖丁看来,根本就没有能够脱离"技"的"道"。至于传统所谓的"求忠臣于孝子之门"以及《周髀算经》中关于直角三角形之勾三股四弦五式的表达,实际上也就同样是以具体的实事实例来蕴含并表达其普遍与超越性智慧的,因而也可以说,这正是中国智慧的具体性表现。至于本课题之所以始终坚持即事求理、即史求经的态度,也正是根据中国文化的主体性以及其智慧的具体性所提出的一种"原汤化原食"式的研究。

那么,所谓具体性智慧何以就一定要表现为礼乐文明呢? 这主要是因为,从夏代的"射御"到殷商的"书数",本身就是从主体生存技能的角度一路走来的,而一当这种主体性的生存技能面临从对天命神权的外在信仰到内在忧患意识之激发的主体性转向,则所谓"敬天保民"必然会成为其最重要的历史教训;而"敬天保民"也就必然要落实到其主体性的"敬"与"保"上来。这样一来,原本作为生存技能的"射御"与作为现存世界之表征的"书数",在加进了主体性的"敬"与"保"之后,也就完全成为一种表现其主体之内在德性的"艺"了,所以说,礼乐文明本身绝不仅仅是作为一种技能之"技"出现的,而是一起始就是作为天意、天心的一种主体性落实,并且也是作为其主体内在的"敬"与"保"之德性的外在表现而出现的。这样一来,从"技"到"艺",也就不仅仅是一种外在表现的转折性变迁,同时也包含着其内在依据与主体基础的重大转换了。

这样,当夏殷两代的生存技能与社会文明在面临周代主体性德性的重大转换时,必然要发生一个从客观的"天命"到主体之"德性"、从客观性的"技"到主体性之"艺"的转换过程,而这一转换,自然也就意味着一

---

① 司马迁:《史记·太史公自序》,《二十五史》卷一,第332页。
② 《庄子·养生主》,郭庆藩编:《庄子集释》,第131页。

种主体性与人文性的归结了。① 这一归结,虽然并不能说就是其世界的主体性与智慧的具体性所带来的必然结果,但毕竟构成了从夏殷两代的生存技能与社会文明到西周人文精神之收摄与统一的一种思想文化背景。

六、礼乐转向之"德性"奠基

在从夏殷两代的生存技能与社会文明向西周人文主义精神转向时,西周统治者的政治危机感以及随之而来的忧患意识都起到了非常大的作用,甚至包括自伏羲以来国人生存世界的主体性以及其智慧的具体性也都在起着文化背景与思考坐标的作用。但在这一过程中,还有两个具体因素也在起着非常重要的作用。这两种因素就是艺能与德性。而要理解这两种因素的作用,则又必须先从"技"或"技能"说起。

还在该书的引言中,我们就曾引用过《庄子》一书中的"庖丁解牛"一章,并且也在以后"艺"与"经"的比较一节中提到了庖丁所自述的"臣之所好者道也,进乎技矣"一说。对于庖丁的解牛技艺,文惠君(梁惠王)当时就赞叹说:"善哉,技盖至此乎?"②显然,在这一过程中,无论庖丁"手之所触,肩之所倚,足之所履,膝之所踦"达到了多么高妙的地步(按照庄子的评价,应当说是"合于桑林之舞,乃中经首之会"),但从庖丁到文惠君(甚至也包括庄子本人),却始终安于其"技"的定位,并没有像现代人一样"技"、"艺"不分地赞其为高超的艺术。那么在这里,也就存在着一个"技"与"艺"的区

---

① 这种人文性的归结实际上又存在着非常深刻的正负两个方面的不同作用:一方面,德性文化与人文关怀的"早熟"确实彻底排除了中国文化走向外在之"神本"拜谒的可能,从而决定了其以人伦为中心之礼乐文明的出现;另一方面,这种以人伦为中心的文明凝聚同时必然会压抑中国文化从生存技能的层面直接走向建立在对象理性基础上的科学认知——所谓"物本"的转向(中国科学认知思想之晚出或不发达,也确实存在着这方面的因素),并且还会带给中国文化"政"与"教"之数千年的纠缠。直到今天,我们仍然能够感受到这一来自文化精神与人生取向所构成的差别。这种情形,可能也就如同中国发达的制陶工艺必然会阻滞其对玻璃的制造一样。

② 《庄子·养生主》,郭庆藩编:《庄子集释》,第131页。

别问题,即:在什么条件下可以称之为"技",而只有在什么条件下才可以称之为"艺"。

先从"技"来看,究竟什么是"技"? 而"技"又在什么条件下才可以转化为"艺"并且也可以称为"艺"呢? 在"'艺'与'经'"一节,笔者是这样分析的:"从客观的角度看,能够称为'艺'的技能必须对超越的'道'有所蕴含,或者说必须达到能够以技蕴道、以技表道的地步……从某种程度上说,这种蕴道之技也就可以说是'艺'的一种本质性特征……那么,庄子为什么并不直接将其称为'艺'却明确表达为'技'呢? 此中既有儒道两家之不同传统与不同关注侧重的因素,同时也与其不同的表达习惯相关。由于道家主张自然人性,因而也就更为重视作为人之行为、动作的躯体本身,或者说其关注的侧重主要也就集中在人的特殊行为——尤其是超过一般人能力的行为上;而儒家则由于其道德善性的人生取向,因而它不仅重视作为人之技能的行为本身,而且更为重视作为这种行为之心理根源的内在心灵,更重视内在心灵与精神的投入和表现。这也可以说是儒道两家在'技'与'艺'上的一种不同侧重吧!"现在看来,仅仅从是否对超越的"道"有所蕴含还不能说就是"技"与"艺"的本质区别,因为在儒道两家之"道"及其含义天然有别的情况下,仅仅以是否对"道"有所蕴含显然还是一个见仁见智的问题。

不过,就在庖丁对其解牛经验的自述中,起码已经说明了道家所理解的"技"以及其基本蕴含;而其对"技"的定义也是完全可以得到儒家的基本认可的(因为仅从庖丁、文惠君包括庄子都始终认为其解牛仅仅是一种"技"来看,应当说其所谓的"技"之标准也是具有极大的客观性与含容性的)。当时,庖丁是这样自述的:

> 臣之所好者道也,进乎技矣。始臣之解牛之时,所见无非全牛者。三年之后,未尝见全牛也。方今之时,臣以神遇而不以目视,官知止而神欲行。依乎天理,批大郤,导大窾,因其固然。技经肯綮之未尝,而况大軱乎! ……彼节者有间,而刀刃者无厚;以无厚入有间,恢恢乎其于游刃必有余地矣。①

在庖丁这一叙述性的说明中,虽然他也运用了所谓"依乎天理,批大郤,导大窾"之类的话来说明"技"的特征,但其最根本的特征,即决定"技"之为技

---

① 《庄子·养生主》,郭庆藩编:《庄子集释》,第131页。

的特征则主要集中在"因其固然"一点上,由此才可能有所谓"以无厚入有间,恢恢乎其于游刃必有余地矣"之巧妙。这说明,所谓"技",除了指人之躯体、行为所能完成的特殊动作之外,它还存在着一个客观的物理层面以及其存在结构上的因素、依据或标准、限制;而"技"之所以能够作为人之行为的一种特殊标准,也就在于这种物理层面以及其存在结构本身,这正像庖丁所谓的"彼节者有间,而刀刃者无厚",由此才可以达到游刃有余的地步。就此而言,应当说所谓"技"也就是人以其特殊的行为所表现出来的人之物理存在及其结构所蕴含的特殊能力本身。

从这个角度看,不仅"射御"属于一种"技能",就是所谓"书数",一定程度上也仍然属于人的"技能"层面(当然,所谓"书"一定程度也可以属于"艺",比如以后所谓的书法就属于"艺")。笔者之所以称其为技能或生存技能,一方面是因为它完全是从人之生存需要的角度形成的,另一方面也因为它还主要是建立在人之躯体以及其物理结构的"固然"之理的基础上。

那么为儒家所特别重视的"艺"又具有什么特征呢? 在"'艺'与'经'"一节,笔者曾认为所谓"经"主要表现为一种"文献和理论的形态",而"艺"则"主要是一种活动与技能的形态,而这种技能又具有极强的个体性……但'经'却不同,与其说它是个体性的,不如说它是从根本上排斥个体性的,因为'经'之为经,关键也就在于它揭示了人生中的一种'常道',一种包括你、我、他乃至整个族群、整个民族都可与之同条共贯、同途共辙的人生常道。除此之外,'经'之为经的关键又取决于它的超个体性以及不为个体资质与具体环境所限的特色;而'艺'之为艺却正好相反,它不仅具有个体之活动与技能的色彩,而且其作为'艺'的一个根本性特征,也就在于它必须是身心合一、知行并到而又完全以内在心灵为主导的。这就是儒家的'艺'既区别于其'经'之文献与理论形态,同时又区别于道家建立在躯体与行为之上的'技能'形态之根本特征,或者也可以说,就是决定'艺'之为艺的一种根本性特征"。当时之所以提出这样一种标准,主要在于将"艺"与"经"加以区别,从而也只能在抓住"艺"之为艺的一般性特征的基础上首先将其与"经"区别开来。现在,当我们面对"技"与"艺"的区别时,也就必须从"技"之一般性特征的角度将其与"艺"以及"艺"之为艺的根本特征区别开来。

从"技"的角度看,"艺"之区别于"技"或者说决定"艺"之为艺的又有一些什么特征呢？由于"技"之为技在于它本身就直接表现为一种特殊的行为技能形态，同时，这种技能形态又是依据人之躯体的物理结构以及其可以对象化的"固然"之理而得以成立的，因而"艺"之为艺固然在于它既可以表现为人的一种特殊技能，同时，这种技能之所以成立又不仅仅在于人之躯体以及可以对象化的物理结构所有的"固然"之理本身，而主要在于人的心灵、在于人的内在精神，在于这种技能本身同时也就直接是人之内在精神之"写意"性的表现。从这个角度看，"技"与"艺"固然都可以表现为人的一种特殊行为或特殊技能，但"技"的依据与标准主要在于人之躯体、行为以及其可以对象化所包含的"固然"之理上；庄子所谓的"因其固然"一说，也就可以说是"技"之为技的一个根本特征。但"艺"却完全相反，它的根本依据并不在于人之躯体以及其可以对象化的物理结构所本有的"固然"之理，而主要在于它完全是通过人之外在的躯体、行为所充分表现出来的人之内在心灵与内在精神。成语所谓的喜形于色，《乐记》所谓的"故歌之为言也，长言之也……长言之不足，故嗟叹之；嗟叹之不足，故不知手之舞之、足之蹈之也"①，也就是一种真正发自内心的"艺"。从这个角度看，"艺"必然是包含着"技"的成分的，但"技"却并不必然就可以成为"艺"。

也许正是出于这个角度的权衡，所以才有了孔子的如下评论与批评：

林放问礼之本。子曰："大哉问！礼，与其奢也，宁俭；丧，与其易也，宁戚。"②

子曰："人而不仁，如礼何？人而不仁，如乐何？"③

子曰："礼云礼云，玉帛云乎哉？乐云乐云，钟鼓云乎哉？"④

在孔子的上述评论中，他为什么一定要坚持"礼，与其奢也，宁俭；丧，与其易也，宁戚"的标准呢？这就明确地坚持着一种以内在精神为主导的原则。至于其对"人而不仁，如礼何……如乐何"的反问，则不仅坚持了"仁"的内在性原则，而且也明确地坚持着一种"礼"必须以内在之"仁"作为心理根源和内在依据的思想。至于其对"礼"之"玉帛云乎哉"、"钟鼓云乎哉"的反问，则正可以说是其对"技"与"艺"之标准与界限的一种明确划分。因为如

---

① 《礼记·乐记》，吴哲楣主编：《十三经》，第521页。
② 《论语·八佾》，吴哲楣主编：《十三经》，第1263页。
③ 《论语·八佾》，吴哲楣主编：《十三经》，第1263页。
④ 《论语·阳货》，吴哲楣主编：《十三经》，第1310页。

果"礼乐"就仅仅是一种"玉帛"与"钟鼓"之类的外在形式,那么,这就将原本属于"艺"的"礼乐"下降到躯体之"技"的层面,从而也就仅仅成为一种"执玉帛"、"敲钟鼓"之类的外在技能活动了。

当然,我们也可以说,上述几条实际上都是孔子对礼乐的诠释,这些说法当然有其正确的一面,但问题在于,究竟是什么精神在推动着孔子不得不如此这般地诠释礼乐呢? 这就涉及"技"能否向"艺"转化的一个根本性问题了。这就是内在依据的自觉与豁醒,也就是人的内在"德性"。

关于殷周政权的更替,如果仅从其外在形式来看,主要表现为牧野决战;如果进一步分析,当然也可以深入到司马迁所描述的"公季修古公遗道,笃于孝义,诸侯顺之"①的历史传统层面,包括其所分析的"西伯归,乃阴修德行善,诸侯多叛纣而往归西伯"②等等。但是,如果从根本上说,则主要取决于从文王到武王、周公对夏殷以来历史经验的总结以及其忧患意识的内在凝结。

从对夏殷历史经验的总结来看,所谓的"夏后之世"几乎是一个经常为文、武、周公所提到的概念,比如前边就已经征引到的:

> 文王曰咨,咨汝殷商。人亦有言:颠沛之揭,枝叶未有害,本实先拔。殷鉴不远,在夏后之世。③

> 有夏桀弗克若天,流毒下国。天乃佑命成汤,降黜夏命。惟受罪浮于桀。剥丧元良,贼虐谏辅。谓己有天命,谓敬不足行,谓祭无益,谓暴无伤。厥监为不远,在彼夏王。④

那么在这里,周文王父子所反复强调的"夏后之世"的"殷鉴"究竟是指什么呢? 这就是为周武王所明确揭示的"惟受(纣)罪浮于桀。剥丧元良,贼虐谏辅。谓己有天命,谓敬不足行,谓祭无益,谓暴无伤"。在这里,特别值得注意的也就在于他们所反复提到的"夏后之世"实际上也就在目前,就在于殷纣所盘踞的朝歌,所以,所谓"自绝于天,结怨于民。斫朝涉之胫,剖贤人之心,作威杀戮,毒痛四海。崇信奸回,放黜师保,屏弃典刑,囚奴正士,郊社

---

① 司马迁:《史记·周本纪》,《二十五史》卷一,第12页。
② 司马迁:《史记·殷本纪》,《二十五史》卷一,第11页。
③ 《诗经·大雅·荡》,吴哲楣主编:《十三经》,第206—207页。
④ 《尚书·泰誓》中,吴哲楣主编:《十三经》,第90页。

不修,宗庙不享,作奇技淫巧以悦妇人"①等等,实际上也都是指殷纣而言的。所以,他们所谓的"夏后之世"的"殷鉴"其实也就指殷纣统治下的社会现实,与真正的"夏后之世"相比,殷纣统治下的社会现实往往是有过之而无不及的;也正是殷纣统治下的社会现实,才使他们清楚地看到了"夏后之世"的"殷鉴"。

这样一种"殷鉴",也就直接促成了他们对社会、历史与人生的一种全新的认识,当然同时也促成了他们忧患意识的形成。请看他们通过所谓"夏后之世"之"殷鉴"所形成的对于社会历史包括人心的反思:

> 皇天无亲,惟德是辅。民心无常,惟惠是怀。为善不同,同归于治;为恶不同,同归于乱。尔其戒哉!②

这就是周公在诛杀并且流放了发动叛乱的管、蔡、霍之后对蔡叔度的儿子蔡仲的训诫。由于蔡仲并不像其父亲蔡叔度那样败德无才,所以周公又将其封于蔡国,而在蔡仲即将赴蔡"践诸侯位"时,周公又特意作了这篇《蔡仲之命》,以示最后的叮咛与训诫。《尚书·蔡仲之命》虽然是通过周公之口所总结出来的历史教训,实际上则是文王、武王与周公——西周政权开创者集体智慧的结晶。理解了这一点,我们自然也就可以理解为什么在取得伐纣的巨大成功之后,面对宰治天下的绝对权力与天子之位,周武王反而辗转反侧、寝食难安,这也就是前人所概括的"武王以'未定天保'为忧"③。

进一步看,在周公、召公与成王之际,"成王在丰,欲宅洛邑,使召公先相宅,作《召诰》"④。《召诰》虽然因成王"欲宅洛邑"而起,但是请看周公又一次对夏殷以来历代政治教训的总结:

> 王敬作,所不可不敬德。
>
> 我不可不监于有夏,亦不可不监于有殷。我不敢知曰,有夏服天命,惟有历年;我不敢知曰,不其延。惟不敬厥德,乃早坠厥命。
>
> 我不敢知曰,有殷受天命,惟有历年;我不敢知曰,不其延,惟不敬厥德,乃早坠厥命。今王嗣受厥命,我亦惟兹二国命,嗣若功。⑤

---

① 《尚书·泰誓》中,吴哲楣主编:《十三经》,第90页。
② 《尚书·蔡仲之命》中,吴哲楣主编:《十三经》,第110页。
③ 杨宽:《西周史》,第137页。
④ 《尚书·召诰》,吴哲楣主编:《十三经》,第102页。
⑤ 《尚书·召诰》,吴哲楣主编:《十三经》,第103页。

这就是周公对成王的耳提面命，而其最为警策的一点，就在于周公已经明确地总结出夏殷二代灭亡的根本原因，这就是"惟不敬厥德，乃早坠厥命"。显然，是否"敬厥德"已经被周公提到了直接关涉政权生死存亡的高度。而在西周政权的三位开创性人物中，也只有周公才明确地喊出了这个关涉政权生死存亡的关键问题。

在这一认识的基础上，西周统治者虽然已经形成了"敬天保民"的基本国策，但其忧患意识却并没有从根本上得到解除。从根本上说，所谓忧患意识也绝不是外在的天命神权所能取代的，——殷纣虽然曾经拥有天命，但在其"自绝于天，结怨于民"的种种倒行逆施之下，照旧为武王伐纣的大军所诛杀。这说明，外在的天命是靠不住的，因为"皇天无亲，惟德是辅"，因而也只有统治者的"修德行善"、"敬天保民"，才真正是维护其政权的长治久安之策。而周公又通过对夏殷两代历史经验的再总结，从而明确地将是否"敬厥德"提升到了直接关涉政权生死存亡的高度。这样一来，西周统治者便通过对"夏后之世"之"殷鉴"的反复咀嚼，又经过对自家忧患意识的深入反省、深入体察，从而终于形成了一种以"敬天保民"、"修德行善"为根底的德性文化。

对于西周统治者在总结"夏后之世"之"殷鉴"基础上所形成的德性文化，一直以西周文化继承人自居的孔子反而看得最为清楚。他在分析西周统治者的忧患意识时指出：

> 《易》之兴也，其于中古乎？作《易》者，其有忧患乎？是故《履》，德之基也，《谦》，德之柄也，《复》，德之本也，《恒》，德之固也，《损》，德之修也，《益》，德之裕也，《困》，德之辨也，《井》，德之地也，《巽》，德之制也。《履》，和而至，《谦》，尊而光，《复》，小而辨于物，《恒》，杂而不厌，《损》，先难而后易，《益》，长裕而不设，《困》，穷而通，《井》，居其所而迁，《巽》，称而隐。《履》以和行，《谦》以制礼，《复》以自知，《恒》以一德，《损》以远害，《益》以兴利，《困》以寡怨，《井》以辩义，《巽》以行权。①

在孔子对《周易》各种卦象的分析与概括中，其所有的卦象似乎全然是因为忧患意识而形成的，并且也全然是围绕着"德"而建立起来的。这就形成了

————————

① 《周易·系辞》下，吴哲楣主编：《十三经》，第58页。

一个基本思路:正是因为西周统治者总结了"夏后之世"的"殷鉴",所以才有所谓忧患意识的生成;也正是其对忧患意识的反复咀嚼与深入反省,从而才使其终于找到了"德"这样一个直接关乎政权生死存亡的基础。这样一来,无论是对"夏后之世"之历史"殷鉴"的总结,还是对于自己内在忧患意识的反复咀嚼,以"德性"立身、以"德治"立国也就成为西周统治者治理天下的基本思路或基本原则了。

究竟什么是德?在《十三经辞典》的各个分卷中,"德"的条目几乎是最多的,从《尚书》、《诗经》一直到《论语》、《孟子》,"德"几乎可以说是儒家运用得最多的概念。但对古人来说,他们所谓的"德"往往都具有一种不言而喻的预设背景,诸如"令德"、"君德"等等,而所谓"惟德是依"、"惟德是辅"的说法也明确地强调了"德"的重要性,但古人就是没有对"德"下一个清楚而又明白的定义。直到《礼记》,才从诠释儒家思想的角度为"德"提出了一些可以相互说明的定义。比如:

> 礼乐皆得,谓之有德。德者得也。①
>
> 德者,性之端也;乐者,德之华也。②
>
> 是故,德成而上,艺成而下;行成而先,事成而后。是故先王有上有
> 下,有先有后,然后可以制于天下也。③

在上述这些关于"德"的定义中,基本上都是从"礼乐"的角度来对"德"下说明性的定义的,这也表明,"礼乐"与"德"之间确实存在着一种非常紧密的关系。不过,从"德者得也"、"德者,性之端也"以及"德成而上,艺成而下"来看,则所谓"德"显然是指对"礼乐"的内在之得而言的;而所谓"性之端也"一说,又显然是指"德"对人性之唤醒、培养与端绪作用而言的;至于"德"与"艺"之"上"、"下"关系,则完全可以将"艺"作为内在之德的外在表现来把握。

所有这些定义,无疑是将"德"与"礼乐"(艺)作为一种内与外、上与下的关系来说明的。但在《尚书》与《左传》中,"德"又首先是作为其与万物主宰之"天"与"神"的一种内在性关系而加以表达的。比如:

> 皇天无亲,惟德是辅。民心无常,惟惠是怀。为善不同,同归于治;

---

① 《礼记·乐记》,吴哲楣主编:《十三经》,第513页。

② 《礼记·乐记》,吴哲楣主编:《十三经》,第517页。

③ 《礼记·乐记》,吴哲楣主编:《十三经》,第517页。

为恶不同,同归于乱。尔其戒哉!①

　　臣闻之,鬼神非人实亲,惟德是依。故《周书》曰:"皇天无亲,惟德
是辅。"又曰:"黍稷非馨,明德惟馨。"又曰:"民不易物,惟德系物。"如
是,则非德,民不和,神不享矣。神所冯(凭)依,将在德矣。②

在这里,皇天之所以"惟德是辅",关键也就在于"德"本身就是皇天意志在
人间的落实及其表现,亦即天道在人生中的体现;而鬼神之所以"惟德是
依",又是因为"德"作为皇天意志的根本体现,同时也就是贯通鬼神与幽明
两界的天意。这样一来,当我们将"德"与"礼乐"与皇天意志和鬼神幽明贯
通起来理解时,"德"也就成为皇天意志在人间的根本落实与最高表现,同
时也是人间一切事物的最高准则了。正因为"德"的这一特点,所以才能成
为殷纣所拥有的天命神权的抗衡者与取代者,从而也就成为人间一切事务
包括所谓"礼乐"——善与不善的最终决定者了。

　　在这一背景下,当"礼乐"完全成为人的内在之"德"的一种外在表现
时,它也就只能成为一种"艺"的形态了。但这种"艺"却又绝不仅仅是那种
可有可无的特殊才能或通过人之躯体所表现出来的特殊行为,因为所谓
"礼乐皆得,谓之有德",也就是说,只有使"礼乐"精神得到充分实现,才能
真正谓之"有德",因而"礼乐"既成为皇天意志的人间落实,同时也是人之
内在德性得到充分彰显的外在表现了。这样一来,"礼乐"或整个"六艺"也
就从根本上改变了自身从夏商以来的那种所谓技能形态,从而完全成为人
之内在德性的外在显现了。正是从这个意义上说,也只有西周以来的德性
文化,才从根本上改变了夏商以来从"射御"到"书数"之生存技能或文明技
能的形态,从而真正进入到"艺"的系列;也正是在这个意义上,当人们沿着
"礼乐"精神对夏商以来从"射御"到"书数"之生存技能或文明技能形态进
行重新整理或重新解读时,它们也就真正告别了过去那种仅仅建立在躯体
技巧基础上的技能形态,从而真正成为人生的一种"艺"了。

　　所以,正是根据"礼乐"的这一特点,我们也就完全可以说西周的德性
文化既是三代文化的一种合理发展,同时又代表着三代文明发展轨迹的一
个重大转折。因为正是这一转折,才使夏商两代的生存技能与社会文明形

① 《尚书·蔡仲之命》中,吴哲楣主编:《十三经》,第110页。
② 《春秋左传·僖公五年》,吴哲楣主编:《十三经》,第654页。

态转化到以德性为内在依据的礼乐文明与文化上来了,从而也就使其从本质上作为动物智能之延伸的"射御"与"书数"从根本上具有了人文主义的思想内涵。从某种程度上说,这才是对中华文明与中国文化之一种真正的精神奠基,因为它不仅开辟了中国文化之"德性"方向,而且也在一定程度上决定了中国社会及其文明发展的轨辙与航道。① 正是在这一意义上,我们才能更深刻地理解孔子的如下说法:

> 子曰:"殷因于夏礼,所损益,可知也;周因于殷礼,所损益,可知也。其或继周者,虽百世,可知也。"②
> 子曰:"志于道,据于德,依于仁,游于艺。"③

在这里,所谓"百世可知"当然绝不是指对"百世"以后的节目时变与具体制度之知,而主要是指对中国文化的精神基础及其发展方向的"知"。因为这种完全以"德性"作为皇天意志之人间落实并以"礼乐"艺能作为人之内在德性之外在表现的方式,也就从根本上排除了中国文化走向外向崇拜或外在拜谒的可能;而人之内在德性又只能通过直接表现其内在情怀的"礼乐"艺能表现出来。这样一来,中国文化也就从根本上具有了人生实践追求与内在的德性修养相互补充之交养互发的形态。如果说伏羲氏的"仰观"、"俯察"以及"近取诸身,远取诸物"已经为中国文化进行了认知方式的奠基,那么从文、武、周公一直到孔子所阐扬的德性文化与礼乐文明也就为中国社会规定了其发展的基本航道。如果再结合作为孔子之人生守则的"志于道,据于德,依于仁,游于艺"来看,那么这种"志"、"据"、"依"、"游"同时也就为任何一个个体——从知书达理的士君子一直到能够经世宰物的圣贤人格所以成长的一种必由之路;而这里所谓的"游于艺",也绝不仅仅是指一个个体表现其特殊才能之所谓多才多艺,而首先是彰显其内在德性并进一步涵养其内在德性的礼乐文化。

但所有这些重大建树究竟起源于哪里呢? 这就主要源于文、武、周公以

---

① 当西周统治者以"皇天无亲,惟德是辅"、"鬼神非人实亲,惟德是依"以及"民不易物,惟德系物"作为对三代文化的最后总结时,这种文化也就彻底排除了走向外在拜谒之宗教信仰的任何可能,从而也就只能使中国文化走向彻底的人文主义——一种通过人生实践追求与德性修养相辅而行的道路。
② 《论语·为政》,吴哲楣主编:《十三经》,第1263页。
③ 《论语·述而》,吴哲楣主编:《十三经》,第1275页。

来西周统治者对桀、纣亡国教训的总结，并由这种总结所凝结而成的忧患意识、人文关怀以及作为其对德性之内在蕴含为表现的礼乐奠基。一旦德性成为文化与文明的根底，那么以礼乐为特征的文化与文明也就必然会成为中国文化发展演进的一条必由之路了。

第四章　从"礼"到"仁"——
儒学的历史生成

　　对于传统的三代而言,由于西周政权的建立标志着中国社会一个崭新的开端,因而此前殷周政权之更替实际上也就是这一开端的主要推动者。所以,王国维曾据此评论说:"中国政治与文化之变革,莫剧于殷周之际。"①但是,如果我们将西周对殷纣政权的取代作为夏代以来"天下为家"格局下皇权发展的一种必然结果来看的话,那么,推动这一结果最终得以实现之最根本的动力又是什么呢? 从客观面而言,这当然就取决于殷周统治者之间的反向作为以及其相互之共同的促成作用;但如果从主观面来看,则应当说主要也就取决于西周历代统治者以人文关怀为中心的忧患意识。

　　广义的忧患意识当然可以说是代代都有,而且其本身也在不断地改变着自己的关注面向以及其具体的表现方式。但是,对于作为西周政权的开创者并以文、武、周公为代表的西周政治领袖而言,则无论其忧患意识如何改变自己的关注面向与表现方式,却始终是以人文关怀为中心的。比如说,当文王在西岐"遵后稷、公刘之业,则古公、公季之法,笃仁,敬老,慈少。礼下贤者,日中不暇食以待士,士以此多归之"②时,当时还不能说他就已经具有了明确的忧患意识,因为其所谓的"笃仁,敬老,慈少。礼下贤者"以及"日中不暇食以待士"的表现与作风其实只能说是一种朴素的人文情怀。至于其以后因为殷纣的猜忌而被拘羑里从而不得不演《易》时,则所谓"文王曰咨,咨汝殷商。人亦有言:颠沛之揭,枝叶未有害,本实先拔。殷鉴不远,在夏后之世"③,也就成为一种真正的忧患意识了;而其所忧患的内容,

---

① 王国维:《殷周制度论》,《观堂集林》第二册,第451页。
② 司马迁:《史记·周本纪》,《二十五史》卷一,第12页。
③ 《诗经·大雅·荡》,吴哲楣主编:《十三经》,第206—207页。

主要在于所谓"殷鉴不远,在夏后之世",就是说,殷纣的江山、人民可能会像夏桀之于夏王朝一样遭到彻底断送了。所以,孔子曾对这一点评论说:"《易》之兴也,其当殷之末世,周之盛德邪?当文王与纣之事邪?是故其辞危。"①可是,当文王的臣下与谋士通过向殷纣进贡美女与宝物从而使其获得释免并回到西岐之后,文王又主动"献洛西之地,以请纣去炮烙之刑"②时,这就明确地表现出其忧患意识之人文关怀的性质与内容了。

　　到了武王,从其《泰誓》中的"天矜于民,民之所欲,天必从之"③到《牧誓》中的"俾暴虐于百姓,以奸宄于商邑"④,当然也都是一种典型的人文关怀。但是,当他取得克商的巨大成功,并以威加海内的皇权威望回到丰、镐故地时,却又表现出了一种"具明不寝"的忧虑,这就成为一种典型的忧患意识了。不过,此时的忧患意识,按照史家的解读,主要也就在于"武王以西周政权之'未定天保'为忧。武王希望'克致天之明命,定天保,依天室'"⑤。很明显,从周文王忧患"殷鉴不远,在夏后之世"到周武王以西周政权之"未定天保"为忧,其忧患的内容已经从殷纣统治下人民的命运转移到西周王朝自身的命运上来了。这说明,虽然其忧患的具体内容是在不断变化的,但人文关怀却像一条红线一样贯穿于其忧患意识的始终。

　　真正将西周统治者之忧患意识推向高峰并推向人生之极致的是周公旦,而这一点又首先决定于其血缘出身以及其一生特殊的政治经历,并且也由此决定了西周政治的特殊格局以及其"德治"特色,从而也就由此开启了中国"德性"文化的方向。从历史的角度看,甚至也可以说由此也就决定了以后中国儒、道、墨三家的依次登场。

一、周公的特殊经历及其制礼作乐

　　周公无疑属于西周政权的开创性人物。但这种开创并不是说他就全面

---

① 《周易·系辞》下,吴哲楣主编:《十三经》,第59页。
② 司马迁:《史记·周本纪》,《二十五史》卷一,第12页。
③ 《尚书·泰誓》上,吴哲楣主编:《十三经》,第89页。
④ 《尚书·牧誓》,吴哲楣主编:《十三经》,第91页。
⑤ 杨宽:《西周史》,第137页。

地经历了殷周政权的整个取代过程,而是指由于其特殊的出身与经历以及其巨大的开创作用,从而使整个西周的政治与文化都深深地打上了他的烙印。

关于殷周政权的更替过程以及周公在殷周政权更替过程中的作用,前人已经形成了较为精当的总结和概括。比如:

> 周公旦,文王之子也,武王之弟也,成王之叔父也。所朝于穷巷之中甑牖之下者七十人。文王造之而未遂,武王遂之而未成,周公旦抱少主而成之,故曰成王,不唯以身下士邪!①

> 成王者,武王之子,文王之孙也。文王有大德而功未就。武王有大功而治未成。即成王承嗣,仁以临民,故称"昊天"焉。②

在这两段概括中,前者——《吕氏春秋》主要在于表彰周公继文、武未竟之业而又"抱少主而成之",所以其所谓的"成王"之"成"其实也就主要成于周公。吕不韦对周公的这一评价当然包含着他自己某种以周公自况并且也明确表示要效法周公的心态。而后者——《贾谊集》中的语意则稍微有所转折(这一点也可能是贾谊有意回避吕不韦通过表彰周公来进行自我表彰的企图),而主要在于突出"成王承嗣,仁以临民"的作用,所以其所谓的"昊天"也是明确指谓成王而言的。但是,他们却一致认为文王是"未就"、武王是"未成",最后只有周公"抱少主而成之";而吕不韦对"成王"之"成"的刻意强调甚至也就主要在于突出西周王朝之成于周公这一点上。实际上,这也就是说,只有周公才是西周政治与文化之真正的塑造者;即使是成王的"仁以临民",也同样是在周公的培育下实现的。站在今天的角度看,无论是所谓周公继文、武未竟之业还是其辅佐"成王承嗣,仁以临民",都是和周公分不开的,都体现着周公的巨大功绩。

周公旦是文王的第四个儿子③,也是武王、管叔的胞弟。周文王与其正妃太姒一共生了十个儿子:"其长子曰伯邑考,次曰武王发,次曰管叔鲜,次曰周公旦,次曰蔡叔度……次曰霍叔处……同母兄弟十人,唯发、旦贤,左右

---

① 《吕氏春秋·下贤》,《诸子集成》第6册,第166页。
② 贾谊:《礼容语》下,《贾谊集　贾太傅新书》,第117页。
③ 关于周公一生行实,请参见辜堪生、李学林两位先生合撰的《周公评传》(四川大学出版社2006年版)一书。该书在关于周公生平事迹的搜集方面下了很大的工夫,笔者这里对周公生平的叙述也主要借助了该书的搜集与整理。

辅文王"①。而司马迁则据此评论说:"自文王在时,旦为子孝,笃仁,异于群子。及武王即位,旦常辅翼武王,用事居多。"②这样看来,当武王继位以后,周公旦实际上就已经成为西周的股肱之臣了。这一点仅从武王克商归周而又"具明不寝"——"王小子御告叔旦,叔旦亟奔即王。曰:久忧劳。问周不寝"③的情况来看,应当说在其一母同胞的兄弟十人中,周公与武王的关系也是最亲密的。

而在《春秋左氏传》中,则对于周公之于周室的"股肱"地位,以及其对武王、成王之"夹辅"作用的描述真可以说是比比皆是。比如:

> 昔周公、大公股肱周室,夹辅成王。成王劳之而赐之盟,曰:"世世子孙,无相害也。"④

> 昔武王克商,成王定之,选建明德,以蕃屏周。故周公相王室,以尹天下,于周为睦。⑤

实际上,这里所谓的"股肱周室,夹辅成王"也都首先是指周公对武王的"夹辅"作用而言的,而当时的情形,则一如司马迁所描述的:"已杀纣,周公把大钺,召公把小钺,以夹武王……"⑥但是,可能也正是这种"股肱"的地位与"夹辅"的作用,也为周公的一生带来了不小的麻烦。当然,也正是这种麻烦,又从根本上塑造了周公。

自克商后,武王积劳成疾,几乎到了性命攸关的地步。于是周公"乃自以为功,为三坛同墠。为坛于南方,北面,周公立焉。植璧秉珪,乃告大王、王季、文王"⑦。这就是说,为了能够使武王的病情好转以彻底康复,周公专门设坛向自己的三代祖宗祈祷,甚至希望自己能够代替武王献出生命,以满足上天的"丕子之责"。其祝词是这样说的:

> 惟尔元孙某,遘历疟疾。若尔三王是有丕子之责于天,以旦代某之身。予仁若考能,多才多艺,能事鬼神。乃尔元孙不若旦多才多艺,不能事鬼神。乃命于帝庭,敷佑四方,用能定尔孙于下地。四方

① 司马迁:《史记·管蔡世家》,《二十五史》卷一,第101—102页。
② 司马迁:《史记·鲁世家》,《二十五史》卷一,第96页。
③ 《逸周书·度邑解》,《逸周书》,第467—468页。
④ 《春秋左传·僖公二十六年》,吴哲楣主编:《十三经》,第678页。
⑤ 《春秋左传·定公四年》,吴哲楣主编:《十三经》,第942页。
⑥ 司马迁:《史记·鲁世家》,《二十五史》卷一,第96页。
⑦ 《尚书·金縢》,吴哲楣主编:《十三经》,第95页。

之民罔不祗畏。呜呼！无坠天之降宝命，我先王亦永有依归。今我即命于元龟，尔之许我，我其以璧与珪归俟尔命；尔不许我，我乃屏璧与珪。①

这就是说，周公甚至向其三代先祖承诺，他愿以自己的生命来换取武王的健康。如果说这只是其祖宗在传达上天的责命，那么他周公旦也更能满足上天的需要，因为他不仅"多才多艺"，而且"能事鬼神"。据说周公在祈祷之后，又经过占龟，三卜居然都得到了吉兆，而武王的病情似乎也一下子得到了缓解。于是"周公藏其策金滕匮中，诫守者无敢言"②。对于这样一个故事，今天的人们自然可以有各种不同的看法；至于其是否有效，则今天可能已经没有人再相信这种通过向祖先祈祷就能够免灾祛病的方法了。但就当时的情势而言，则西周确实不能没有武王这样一位能够稳定大局的领袖。所谓"无坠天之降宝命，我先王亦永有依归"一说，则是指无论是对上天之"宝命"的落实还是祖宗的"依归"而言，也都应当寄托在武王身上。而从商代甲古文中所存留的大量卜辞来看，当古人在面临不知所从的艰难时刻，向祖宗祈祷或向上苍神灵问计可能也就是殷周时代人们常用的方法。所以，我们完全可以从主观上理解周公的这份真诚，因为在当时的情况下，这种祈求祖先亡灵的方式确实已经是所谓没有办法的办法了。但是，如果说这就是周公的高姿态作秀③，以赢得日后摄政的资本，那么周公也就真正成为一个大奸大恶之人了。

不久，武王还是病逝了。这样，无论是对于西周政权还是周公旦个人来说，一个真正的严峻考验也就来临了。由于武王克商后，"乃立王子禄父，俾守商祀。建管叔于东，建蔡叔、霍叔于殷，俾监殷臣"④。按理说，这种"乃立王子禄父，俾守商祀"的方式也是三代以来政权更替的共法，是即所谓灭国不绝祀。但由于武王克商刚刚二年就病逝了，成王当时尚年幼，新政权还立足未稳；而作为武王、周公之同胞兄弟的管叔、蔡叔与霍叔，亦即原来被夹

① 《尚书·金滕》，吴哲楣主编：《十三经》，第95页。
② 司马迁：《史记·鲁世家》，《二十五史》卷一，第96页。
③ 现代人不相信鬼神，所以自然可以理解为作秀；但在殷周之际"敬事鬼神"的背景下，这就绝不可能是作秀，也没有人敢以如此方式来戏弄自己祖先的亡灵，而应当是一种极为郑重的承诺。
④ 《逸周书·作洛》，《逸周书汇校集注》，第510—511页。

封在殷商故地的所谓"殷之三监",由于其平时就不满于周公在克商过程中的"夹辅"之功,现在又不满于西周政权建立后周公之"股肱"与"辅翼"的地位,因而在武王早丧、成王年幼而新政权还立足未稳的情况下,也就四处散布流言说:"公将不利于孺子"①,意即虽然武王已经确立了成王作为其王权的继承人,但由于成王年幼,此权必然会为周公旦所夺;②进而又以此流言为根据,联合殷纣的儿子武庚,率先发动了三监之乱。对于殷纣之子武庚来说,这当然是一个"复其故业"的机会;但对于周公而言,却又是一个猝不及防而又有口难辩的危难之局。因为如果周公率先出兵平乱,那就正好中了所谓"公将不利于孺子"的圈套;但如果不出兵平乱,则王季、文王、武王以来三代人所苦心经营的西周政权将会毁于一旦。

在这种情况下,周公的抉择就是首先与太公(姜子牙)、召公(异母兄)紧急磋商,以赢得二公的理解与支持。由于叛乱的发动者——所谓"三监"都是周公的同胞兄弟,因而姜子牙虽然身为国师,但毕竟属于血缘上的外人;而召公虽然为兄,却又是异母兄,这就在血缘上仍然隔了一层。在这一危急时刻,似乎也只有周公旦才合适出面了。于是"乃告二公曰:'我之弗辟,我无以告我先王'"③。也就是说,从维护祖先基业的大局意识出发,周公也就只有迎难而上这一条路可走了,意即他必然要领兵平叛。于是,这就开启了一个周公摄政称王的时代。

当时的格局是,武庚、三监以及曾经作为殷商故地的淮夷皆叛,周公既然不得不面对这一首先针对他而来的政治发难,那么他的抉择也就是当仁不让,并毅然决然地领兵出征。而在出征前,周公又特意作了《大

---

① 《尚书·金縢》,吴哲楣主编:《十三经》,第96页。

② 对于管叔、蔡叔与霍叔而言,这样一种谋划也许是充满着"智慧"色彩的,但是这种智慧只是一味服从于自我之利益算计的需要;究其实,他们也并非就是一种十恶不赦的坏人,就其缘起而言,不过是不满于周公的"股肱"与"辅翼"地位而已。但这种心态的发展,则必然会导致所谓"公将不利于孺子"之谣言的产生;而这种谣言,说到底也就完全是从自我之利益算计上着眼的。但是,这种完全从自我利益算计上出发的"智慧",最后也就必然会发展成为一种"砸锅"与"搅局"行为。在中国历史上,这样的现象、悲剧不知道重复了多少次,但却绝不是能够成事的智慧,而只能说是"拆台"、"搅局"与"砸锅"的智慧,因为假设管、蔡、霍的这一谋划能够得逞,他们又必然会陷入到一种新的利益算计格局。从这个角度看,儒家的大义原则、大局意识以及其先义后利的抉择精神就是一种非常了不起的贡献,而这一贡献在当时却恰恰是通过周公的当仁不让与迎难而上表现出来的。

③ 《尚书·金縢》,吴哲楣主编:《十三经》,第96页。

诰》，对武王的嫡长子、西周王权的继承人——成王作了一番心迹的表白
与叮咛：

> 王若曰："猷大诰尔多邦越尔御事，弗吊天降割于我家，不少延。
> 洪惟我幼冲人，嗣无疆大历服。弗造哲，迪民康，矧曰其有能格知天
> 命！已！予惟小子，若涉渊水，予惟往求朕攸济。敷贲敷前人受命，
> 兹不忘大功。予不敢于闭。天降威，用宁王遗我大宝龟，绍天明。即
> 命曰：'有大艰于西土，西土人亦不静，越兹蠢。殷小腆诞敢纪其
> 叙。天降威，知我国有疵，民不康，曰：予复！反鄙我周邦，今蠢今
> 翼。曰，民献有十夫予翼，以于敉宁、武图功。我有大事，休？'朕卜
> 并吉。"①

这就是周公出征前对成王的叮咛和教诫，而这一"大诰"既说明了当时"有
大艰于西土，西土人亦不静"的现实，同时也明确表示他一定要以"天降威"
的精神扫灭"殷小"的残余势力，以确保"幼冲人"继承这一"无疆大历服"。
于是，这就成为一个必须由周公来摄政称王的时代。

在中国历史上，关于周公摄政称王的问题几乎可以说是一个纷纷攘攘
的话题。一方面，从历史上的记载尤其是战国秦汉时代的记载来看，人们似
乎都承认周公曾经摄政称王的历史事实；但另一方面，由周公之摄政称王所
带来的历史影响，从秦王朝的吕不韦、西汉末年的王莽、东汉末的曹操一直
到清王朝的多尔衮，似乎又包含着太多的足以让人非议的内容和成分。而
自从西周确立嫡长子继承制以来（西周的这一制度实际上也正是由周公之
先"摄政"而后又"还政"才得以真正确立的），"摄政"这样一种形式似乎总
会让人感到有一种对王权之神圣性与合法性的侵害之嫌，所以正统的儒家
尤其是两汉以后的正统儒家，出于对王莽由"摄政"而"篡汉"的反感，似乎
也总愿以所谓"周公相成王"来为周公的摄政称王进行某些辩解。实际上，
仅从《尚书·大诰》中"周公相成王"的这一表达来看，就知道它完全有可能
是出自后世儒家的辩解或篡改之言了（详下）。

造成这一现象的原因，一方面当然是因为自秦汉大一统的专制政权形
成以来，所谓独尊的王权似乎也就成为一种神圣不可侵犯的"神器"了，任
何试图接近"神器"的行为都会被视为大逆不道而必然会遭到彻底的根除；

---

① 《尚书·大诰》，吴哲楣主编：《十三经》，第96页。

另一方面,则又是因为自周公以后,从吕不韦到王莽、曹操、多尔衮,也都是打着周公"摄政"的旗号来谋一己之私的。这就不仅造成了人们对周公摄政称王的某种忌讳,而且也因为历史上的野心家对于周公摄政称王的利用从而也就使人们对"摄政"之类的说法唯恐避之不及。实际上,对于"天下为家"的三代而言,皇权根本就没有那么神圣,说到底也"不过一姓一家之兴亡与都邑之转移"①而已;至于其所谓"神圣"的根据,只不过是一种皇权的"血缘传递"而已。而在当时,仅仅从血缘传递的角度并不能对周公构成任何限制,——周公也是文王之子、武王之胞弟,如果按照殷商的"兄终弟及制",那么周公也就完全可以说是合理合法的王位继承人;但如果说皇权的神圣性不仅在于其"血缘传递"的特征,而且还必须具有"嫡传"的特征,那么作为武王的姬发也同样不是文王的"嫡长子"。而在当时,一方面是因为当时的"嫡长子"继承制还没有真正确立;另一方面,真正作为"嫡长子"的伯邑考在世时却并没有被文王所册封,而当真正需要确立"嫡长子继承制"时,却已经早丧了。所以,在战国至秦汉时代,人们往往可以实事求是地承认周公曾经摄政称王的历史事实,但随着皇权愈来愈独尊化、神圣化,人们反而越来越忌讳周公摄政称王的说法了。

相反,在更早一些的历史中,人们反而可以坦陈周公摄政的事实。比如在《孔子家语》中,孔子就明确承认周公确有摄政称王的经历:

> 武王崩,成王年十有三而嗣立。周公居冢宰,摄政以治天下。明年夏六月,既葬,冠成王而朝于祖,以见诸侯,亦为君也。②

孔子的这一陈述几乎可以说是实事实录,而且当时也可能还没有形成对摄政称王忌讳的习惯,所以孔子就既可以承认周公确实"摄政以治天下"的经历,同时也可以明确地承认周公在诸侯面前是"亦为君也"。但随着王权的独尊化,摄政称王也就成为政治生活中一个很大的忌讳了。这只能说是秦汉大一统政权形成后才有的习惯。试想,商的开国宰相伊尹在辅佐商汤之后,甚至还以"流放"的方式来惩罚商汤的继承人太甲。③ 这在秦汉以后皇权独尊的时代几乎是不可想象的。

---

① 王国维:《殷周制度论》,《观堂集林》第二册,第453页。
② 陈士珂辑:《孔子家语疏证》卷八,第199页。
③ "太甲既立,不明,伊尹放诸桐。三年复归于亳,思庸,伊尹作《太甲》三篇。"(《尚书·太甲》,吴哲楣主编:《十三经》,第80页)

所以,在秦汉以后的历史上,越是正宗的儒家,也就越忌讳周公摄政称王的说法。但除了儒家之外的其他思想流派,反而能够正视周公曾经摄政称王的历史。请看历史上对周公摄政称王的各种评说:

> 昔殷纣乱天下,脯鬼侯以飨诸侯。是以周公相武王以伐纣。武王崩,成王幼弱,周公践天子之位,以治天下。六年,朝诸侯于明堂,制礼作乐,颁度量,而天下大服。七年,致政于成王。成王以周公为有勋劳于天下,是以封周公于曲阜,地方七百里,革车千乘,命鲁公世世祀周公以天子之礼乐。①

> 昔者武王崩,成王少,周公旦践东宫,履成石,祀明堂,假为天子七年。②

> 武王崩,成王幼,周公屏成王而及武王以属天下,恶天下之倍周也,履天子之籍,听天下之断,偃然如固有之,而天下不称贪焉。杀管叔,虚殷国,而天下不称戾焉。兼制天下,立七十一国,姬姓独居五十三人,而天下不称偏焉。③

> 周公旦假为天子七年,成王壮,授之以政。非为天下计也,为其职也。④

> 武王崩,成王幼少,周公继文王之业,履天子之籍,听天下之政,平夷狄之乱,诛管蔡之罪,负扆而朝诸侯,诛赏制断,无所顾问,威动天地,声摄四海,可谓能武矣。成王既壮,周公属籍致政,北面委质而臣事之,请而后为,复而后行,无擅姿之志,无伐矜之色,可谓能臣矣。⑤

在战国至秦汉的这些评论中,人们一致提到了周公"践天子之位"、"假为天子七年"、"履天子之籍",等等,尤其是韩非子的"周公旦假为天子七年……非为天下计也,为其职也"一说,——本来,就韩非子这位法家代表人物来说,他似乎并不会存在任何因为对周公之尊敬而来的忌讳心理,但韩非子却明确指出"周公旦假为天子七年",这就说明,在战国至秦汉时代的其他思

---

① 《礼记·明堂位》,吴哲楣主编:《十三经》,第 500 页。
② 《尸子·卷下》,《二十二子》,上海古籍出版社 1986 年版,第 376 页。
③ 《荀子·儒效》,《诸子集成》第 2 册,第 73 页。
④ 《韩非子·难二》,《诸子集成》第 5 册,第 277 页。
⑤ 《淮南子·氾论》,《诸子集成》第 7 册,第 214 页。

想流派中,对于周公摄政称王一事可能反倒是人们所一致公认的基本事实。① 但问题在于,以后的人们为什么要如此忌讳周公摄政称王一事,从而总是试图以所谓"周公相成王"来进行遮掩呢?

实际上,这既是一个非常重大的历史问题,同时也是一个具有深远历史意义的现实问题。首先,从历史的角度看,殷商以前(也包括殷商)的王位传承谱序基本上是兄终弟及制,因而大体上可以说是以家族或血缘为本位的。王国维因此而考论说:"虞夏则颛顼后,殷纣皆帝喾后,宜殷周为亲"②,并且还据此推论说:"尧舜之禅天下,以舜禹之功,然舜禹皆颛顼后,本可以有天下者也。汤武之代夏商,固以其功与德,然汤武皆帝喾后,亦本可以有天下者也。"③但即使如此,王国维也不得不承认,以帝系传授谱序的嫡长子继承制取代殷商以前的兄终弟及制,确实是一个巨大的历史进步。所以,他从殷商的兄终弟及制出发,认为"太王之立王季也,文王之舍伯邑考而立武王也,周公之继武王而摄政称王也,自殷制言之,皆正也。"④也就是说,无论是从夏代以来的"天下为家"——"家天下",还是从殷商时代包括西周先祖所奉行的兄终弟及制来看(西周"太王之立王季也,文王之舍伯邑考而立武王也",实际上都是舍长子而立次子的,这可能还保持着某种择贤而立的习惯),周公的摄政称王也都没有任何不合理的因素,是既合理又合法的,根本不需要任何辩解来说明。

---

① 关于周公是否摄政称王的问题,笔者并不习惯于从历史文献中寻找所谓字句训诂方面的理由,仅从历史事实中的三个大关节就可以看出其曾经摄政称王的根据。其一,后世无论是理解还是崇敬周公者可能都无过于孔子,孔子一生都以周公作为人生的榜样。但是,面对"周公制礼作乐"的历史记载,孔子却明确表示自己是"述而不作"(《论语·述而》)。此中的原因直到孔子之孙子思才得以彻底揭明:"虽有其位,苟无其德,不敢作礼乐焉;虽有其德,苟无其位,亦不敢作礼乐焉。"(《礼记·中庸》)因而周公之制礼作乐这一点,也就可以说是其曾经摄政称王——既有其德又有其位的表现。其二,从周公的葬礼来看,司马迁记载:"周公在丰,病,将没,曰:'必葬我成周(洛邑),以明吾不敢离成王。'周公既卒,成王亦让,葬周公于毕(镐京),从文王,以明予小子不敢臣周公也。"(《史记·鲁世家》)这种不以臣子之礼安葬周公的现象也正是其曾经摄政称王的表现。其三,周公的封地在鲁,而鲁国则不仅可以"郊祭文王",而且也始终享有"天子礼乐"(《史记·鲁世家》),《礼记》甚至说成王"命鲁公世世祀周公以天子之礼乐"(《礼记·明堂位》)。这都是其他任何诸侯国、诸侯王所从未有过的待遇,而这种为天子所享有的礼乐特权也可以说是对周公曾经摄政称王的一种纪念与回报。
② 王国维:《殷周制度论》,《观堂集林》第二册,第452页。
③ 王国维:《殷周制度论》,《观堂集林》第二册,第454页。
④ 王国维:《殷周制度论》,《观堂集林》第二册,第455—456页。

　　但是,自从西周确立嫡长子继承制开始,则殷商以前的兄终弟及制就要退出历史舞台了;而从当时的社会现实来看,在嫡长子继承制的背景下,则周公的摄政称王自然也就变得不再合理了。王位继承制的这一演进,不仅是中国具体性智慧在王位传续上的表现,而且这一智慧,又恰恰是通过周公本人的自我牺牲与以身作则来实现的。对于殷周王位传续上的这一重大演变,王国维在《殷周制度论》一文中分析说:

　　　　由传子制而嫡庶之制生焉。夫舍弟而传子者,所以息争也。兄弟之亲,本不如父子;而兄之尊又不如父,故兄弟间常不免有争位之事。特如传弟既尽之后,则嗣立者当为兄之子欤、弟之子欤? 以理言之,自当立兄之子;以事实言之,则所立者往往为弟之子。此商人所以有中丁以后九世之乱,而周人传子制正为救此弊而设也。①

显然,当西周统治者以传子制取代殷商的兄终弟及制时,本来就是为了避免兄弟之间的"争位之事"。但随着传子制的确立,所谓嫡长子继位制也就随之形成了,而周公则正是这一制度所以确立之首当其冲式的人物。周公的伟大之处,也就在于他先以"摄政"的方式以应国家之急(不如此就不能平叛),然后又以"还政"的方式率先适应、确立并积极推进这一历史性的潮流。对于周公的这一历史性作用,王国维评价说:"当武王崩,天下未定,国赖长君……而周公乃立成王而己摄之,后又反政焉。摄政者,所以济变也;立成王者,所以居正也。自是以后,子继之法,遂为百王不易之法矣。"②当然,在此还必须指出的是,所谓嫡长子继位制也不可能是一蹴而就的,它也必然要经历一个由萌发然后形成以至于最后定型的过程。从王国维对殷纣能够越过微子启而直接继承王位的分析③,到王晖对"嫡长制在祖甲之后的康丁武乙时代已经形成"④的明确揭示,都说明正是殷商兄终弟及制所导致的"九世之乱",也在促使人们不断地探讨从家族内部在传位程序上的"息争"之道。进一步看,到了西周,在当时"武王崩,成王幼"的格局下,管叔、蔡叔与霍叔何以能够仅仅依靠所谓"公将不利于孺子"的流言就作为其发动叛乱的口实呢? 实际上,这一现象也同时说明,此时的嫡长子继位制已经

---

① 王国维:《殷周制度论》,《观堂集林》第二册,第456—457页。
② 王国维:《殷周制度论》,《观堂集林》第二册,第456页。
③ 王国维:《殷周制度论》,《观堂集林》第二册,第456页。
④ 王晖:《商周文化比较研究》,人民出版社2000年版,第6页。

成为一个深入人心的观念了;否则,如果人们仍然停留于兄终弟及制的观念中,那么所谓"公将不利于孺子"的流言也就掀不起任何大浪。从这个角度看,所谓嫡长子继位制其实也就可以说是中国人在"天下为家"的时代对于王权传承程序中如何减少纷争、减少战争的一个充满智慧的贡献,而周公本人则是先通过其个人应急性的"摄政"与平乱以后的"还政",从而将这一制度永久确立下来的率先垂范者。

从这个意义上说,周公之难其实并不难在"流言"初起之所谓"周公恐惧流言日"一点上(当然,这时候也确有其难,但其难主要在于周公个人腹背受敌、有口难辩的危急),而更难的则在于其已经"平夷狄之乱,诛管蔡之罪",即在所谓"天下大服"之后,周公却能够"属籍致政,北面委质而臣事之,请而后为,復而后行,无擅姿之志,无伐矜之色"。这就成为牺牲一己之权利,而换取千古之通则性的制度了。而最困难的还在于,当周公已经完成了西周的统一大业,并且也已经"还政"之后,最后又不得不应成王之请而留于西周以"相成王"。按理说,周公此时完全可以其人间至尊的地位以就封地、享天伦了,但由于他已经对成王"属籍致政,北面委质而臣事之",因而也就不得不像臣子一样应王命之召了。于是,这也就有了所谓"请而后为,復而后行,无擅姿之志,无伐矜之色"这种完全出于臣子的职分。这样一来,周公不仅要经历一次君臣之间的换位,而且还不得不以事君之心来侍奉自己所调教出来的成王,从而也就只能使其儿子伯禽代他以就封赴鲁了。但即使如此,周公却居然是以如下的叮咛告诫来为伯禽送行的:

周公戒伯禽曰:"我文王之子,武王之弟,成王之叔父,我于天下亦不贱矣。然我一沐三捉发,一饭三吐哺,起以待士,犹恐失天下之贤人。子之鲁,慎无以国骄人。"①

如果说这只是周公以高姿态的作秀来教诫其儿子伯禽,那么请看孔子的记载与评论:

昔者周公居冢宰之尊,制天下之政,而犹下白屋之士,日见百七十人。斯岂以无道也? 欲得士之用也。恶有有道而无下天下君子哉!②

正是周公这样一种心态以及其立身处世的精神,所以就连以后的曹操也都

_____

① 司马迁:《史记·鲁世家》,《二十五史》卷一,第96页。
② 陈士珂辑:《孔子家语疏证》卷三,第84页。

以"周公吐哺,天下归心"(语出《短歌行》)来赞美周公的品行与执政风格。实际上,这就真正是以天下为心,并以天下之心来负天下之责了。从这个角度看,周公也就可以说是人类历史上最早的曼德拉、中国古代的华盛顿。

由于周公在"三监之乱"的危急时刻能够当仁不让、挺身而出,自然也就有了接下来一系列的成功。关于这些成功,《尚书大传》所概括的"一年救乱,二年克殷,三年践奄,四年建侯卫,五年营成周,六年制礼作乐,七年致政成王"①,应当说也都是一种极为精当的概括。关于周公在其摄政经历中的这"七政",其前边的五政自然可以说都是为了西周政权的应急济变之作,只有六、七两政,才真正奠定了中国历史上的百世法程。由于前边已经对周公的"致政成王"有所论说,所以这里主要分析其"制礼作乐"的深远影响。

关于周公之制礼作乐,据王国维的分析,这也就是一系列由现实政治入手以指向人文、道德与历史文化的重大举措。近一个世纪以来,以笔者所见为限,学界几乎很少有人能够提出超越王国维的这一精准论断(当然,前人在王国维的基础上也都有不同程度的推进),所以,关于周公的制礼作乐,笔者这里主要是通过对王国维论断的解读来代表自己对这一问题的基本看法。

周公为什么要制礼作乐? 这当然也可以说是尧舜三代以来的传统。但其制礼作乐之最初发端,则首先是缘于现实的政治危机。也就是说,周公的制礼作乐,一定程度上反倒是在现实的政治危机的推动下实现的,——当周公不得不摄政称王以应急济变时,其实也就大体上预定了其制礼作乐的基本指向。请看王国维从殷周政治体制之别的角度引入其对西周政治制度的分析:

> 欲观周之所以定天下,必自其制度始矣。周人制度之大异于商者,一曰立子立嫡之制,由是而生宗法丧服之制,并由是而有封建子弟之制,君天子臣诸侯之制。二曰庙数之制。三曰同姓不婚之制。此数者,皆周之所以纲纪天下,其旨则在纳上下于道德,而合天子诸侯卿大夫士庶民成一道德之团体。周公制作之本意,实在于此,此非穿凿附会之

---

① 伏生:《尚书大传》卷二,湖北崇文书局光绪三年(1877)刻本。

言也。①

在这里,王国维对殷周政治与文化异同的比较分析全然起源于西周的"立子立嫡"制度。"立子"制自然可以说是对殷商以前兄终弟及制的取代,而这一取代虽然也有强化血亲、拉近血缘距离的因素,同时也有强调血缘进化的因素。而这样一种重大变革,则诚如王国维所分析的:"兄弟之亲,本不如父子;而兄之尊又不如父,故兄弟间常不免有争位之事";而"立子"制自然主要在于防范同辈兄弟间的"争位之事",所以说"舍弟而传子者,所以息争也"。至于"立嫡"制,则完全可以说是在"立子"制基础上继续深化的结果,因为王权的传续如果仅仅限于"立子"制,那么就仍然难以避免以前兄终弟及制的复辟。比如王国维就已经明确指出:"使与诸子之中可以任择一人而立之,而此子又可任立欲立者,则其争益甚,反不如商之兄弟以长幼相及者犹有次第矣。故有传子之法,而嫡庶之法亦与之俱生。"②这就是说,仅仅"立子"制并不能彻底防范同辈兄弟间"争位之事"的发生,而中国隋唐以后在"立子"制基础上的所谓择优择贤式的种种尝试,结果却只会导致王室内部兄弟之间的相互杀戮,这也可以说是一种明显的"殷鉴"。因而,也只有通过"立嫡"制的先行立法,才能将殷商以前的兄终弟及制彻底赶出历史舞台(至于兄终弟及制的弊端,殷商的"九世之乱"已经作出了充分的证明)。而这样一种巨大的历史进步,实际上也就主要是通过周公之先"摄政"而后又主动地"还政"实现的,——"摄政者,所以济变也;立成王者,所以居正也",所以王国维评论说:"此制实自周公定之,是周公改制之最大者。"③"自是以后,子继之法,遂为百王不易之法矣。"④

由于王位传承谱系之"立嫡"制的确立,因而等于确立了一个重新架构社会结构的基本出发点,而整个社会也就必然会沿着嫡庶区别的系统被重新建构起来:"嫡庶者,尊尊之统也,由是而有宗法,有服术,其效及于政治者,则为天位之前定。同姓诸侯之封建、天子之尊严,然周之制度,亦有用亲亲之统者,则祭法是已。"⑤"周人以尊尊之义经亲亲之义而立嫡庶之制,又

①　王国维:《殷周制度论》,《观堂集林》第二册,第453—454页。
②　王国维:《殷周制度论》,《观堂集林》第二册,第457页。
③　王国维:《殷周制度论》,《观堂集林》第二册,第458页。
④　王国维:《殷周制度论》,《观堂集林》第二册,第456页。
⑤　王国维:《殷周制度论》,《观堂集林》第二册,第467页。

以亲亲之义经尊尊之义而立庙制。此其所以为文也。"①所有这些评点,都构成了王国维分析周代社会的基本关节点,而周代的社会结构也就一如庖丁刀下之牛一样随着其解析之刃的指向而层层展现。最后,王国维总结说:"以上诸制,皆由尊尊亲亲二义出,然尊尊、亲亲、贤贤,此三者治天下之通义也。周人以尊尊亲亲二义,上治祖祢,下治子孙,旁治昆弟,而以贤贤之义治官。"②

这就是周公之"制礼",而其根据与出发点则全然在于确立嫡庶之别,嫡者在于确立君统,展开则为尊尊系统;庶者,则在于确立由血缘之亲亲到超血缘之贤贤系统,从而也就使得整个社会成为一个有机的整体,古人所谓的经天纬地,也就完全可以从这种嫡庶制度以及其尊尊亲亲贤贤之拓展的角度得到说明。而在这一套建构中,最为关键的环节也就在于确立嫡长子继承制,这也可以说是整个社会建构之初始出发点,由嫡长子继承制而嫡庶之别,尊尊、亲亲之别以至于男女之别,从而也就使每一个个体都生活于自己尊尊、亲亲与贤贤的网络之中。而每一个个体,上自天子、诸侯,下至士、庶人,则既享有这一网络所天然拥有的权力,同时也就必须为这样一个"人伦天地"或人伦世界担负其相应的责任。而这种责任,既属于尊尊系统之政治责任,同时也是亲亲与贤贤系统之血缘道德和社会义务。所以,王国维又评论说:"周之制度典礼,乃道德之器械,而尊尊亲亲贤贤男女有别四者之结体也。此之谓民彝,其有不由此者,谓之非彝。"③这就是说,整个社会既成为一个尊尊的政治权力系统,同时也是一个亲亲、贤贤包括男女之别的道德系统。也许只有从这一点出发,我们才能理解孔子所谓的"其或继周者,虽百世,可知也"一说;而对于周公本人来说,也就可以理解孔子的如下评价了:

> 孔子将适周,观先王之遗制,考礼乐之所极……于是喟然曰:"吾乃今知周公之圣,与周之所以王也。"④

对于人伦社会而言,周公之"制礼"虽然也有其经天纬地的效果,但"礼"之本质主要在于"别",从尊尊系统之别贵贱、亲亲系统之定亲疏以至于贤贤

---

① 王国维:《殷周制度论》,《观堂集林》第二册,第 468 页。
② 王国维:《殷周制度论》,《观堂集林》第二册,第 472 页。
③ 王国维:《殷周制度论》,《观堂集林》第二册,第 472 页。
④ 陈士珂辑:《孔子家语疏证》卷三,第 71 页。

系统之辨贤愚,自然也都有其经纬人伦社会的作用。但是,如果一个社会系统中只有"别",那么它也就只能使人与人之间的关系日益疏离,所谓敬而远之实际上也就是一种疏离的表现,所以,对于人伦社会来说,仅仅有"礼"是远远不够的,还必须要有"乐"。

关于周公之"作乐",《吕氏春秋》记载说:"周文王处岐,诸侯去殷三淫而翼文王。散宜生曰:'纣可伐矣。'文王弗许。周公旦乃作诗曰:'文王在上,于昭于天。周邦虽旧,其命维新。'以绳文王之德。武王即位,以六师伐纣,六师未至,以锐兵克之于牧野。归乃荐俘馘于京太室,乃命周公为作大武。成王立,殷民反,王命周公践伐之。商人服象为虐于东夷,周公遂以师逐之,至于江南,乃为三象以嘉其德。故乐之所由来者尚矣,非独为一世之所造也。"①从这一记载来看,周公确实多才多艺。但这些只属于具体的音乐创作,还不是由"制礼"而来并且也渗透着"制礼"精神的"作乐"。

由"制礼"而来的"作乐"主要是一种体现于音乐中的精神凝聚力,这一点也得到了孔子的全面继承与准确把握,并且将"乐"总体上纳入到"礼"的作用之中,使之成为一个有机的整体。比如孔子说:"教民爱亲,莫善于孝。教民礼顺,莫善于悌。移风易俗,莫善于乐。安上治民,莫善于礼。"②而在后来的《乐记》中,这一精神也得到了很好的表达。比如"礼以道其志,乐以和其声,政以一其行,刑以防其奸。礼乐行政,其极一也,所以同民心而出治道也。"③如果从礼乐之异以及其相互的互补关系来看,则"乐"的特点主要在于抒发人情之"和"与"同"上。比如:

> 乐者为同,礼者为异。同则相亲,异则相敬。乐胜则流,礼胜则离。合情饰貌者礼乐之事也。礼义立,则贵贱等矣;乐文同,则上下和矣;好恶著,则贤不肖别矣。刑禁暴,爵举贤,则政均矣。④

显然,所谓乐,也就像礼一样,都将服务于人伦社会,并且也都将成为人伦文明的表现。这就是所谓"乐统同,礼辨异,礼乐之说,管乎人情矣。穷本知变,乐之情也;著诚去伪,礼之经也"⑤。所以,在《乐记》中,"乐"的作用也

---

① 《吕氏春秋·古乐》,《二十二子》,第 644 页。
② 《孝经·广要道》,吴哲楣主编:《十三经》,第 1322 页。
③ 《礼记·乐记》,吴哲楣主编:《十三经》,第 513 页。
④ 《礼记·乐记》,吴哲楣主编:《十三经》,第 514 页。
⑤ 《礼记·乐记》,吴哲楣主编:《十三经》,第 517 页。

就被作了如下明确的表达：

> 是故乐在宗庙之中，君臣上下同听之则莫不和敬；在族长乡里之中，长幼同听之则莫不和顺；在闺门之内，父子兄弟同听之则莫不和亲。故乐者，审一以定和，比物以饰节；节奏和以成文，所以和合父子君臣，附亲万民也，是先王立乐之方也。①

在与这一段几乎完全相同的表达——关于先王之"乐"的阐发中，荀子还特别加上了一句："故乐者，天下之大齐也，中和之纪也。"②很明显，荀子这里对于"乐"之所谓"天下之大齐"的定位，最足以概括周公制礼作乐的基本精神。这就是说，从"礼"之别贵贱、定亲疏及其辨贤愚出发，同时还要给每一个个体留下共同的也是人所不能无的喜怒爱乐之情及其表达的方式与空间，包括作为其具体表现的歌咏之、长言之、嗟叹之，——"嗟叹之不足，故不知手之舞之，足之蹈之也"③。只有这样，才是贯通每一个体的"乐统同"，也才是荀子所谓的"天下之大齐也"。这样看来，所谓周公制礼作乐，实际上也就是通过礼乐制度，从而在"天下为家"的时代，以落实并实现所谓"天下为公"的理想。

二、政治与思想文化——从周公到孔子

周公这样的人生究竟是怎样一种人生，而其精神又是一种什么样的精神？从一定程度上说，这就既是周族历代统治者长期积淀所形成的一种传统，同时也是一种在各种因缘之不断激发下，从而步步增上而又步步彰显的一种道德情怀。

据司马迁记载，周族统治者似乎一起始就没有奉行殷商那样的兄终弟及制，——也许他们还没有这种必要，因为他们只是邦国诸侯；但即使是作为诸侯，他们似乎也没有确立所谓嫡长子继承制，而且还往往是舍长子而立次子的（这种选择中究竟包含不包含所谓"立贤"的因素还值得探索）。但

---

① 《礼记·乐记》，吴哲楣主编：《十三经》，第520页。
② 《荀子·乐论》，《诸子集成》第2册，第253页。
③ 《礼记·乐记》，吴哲楣主编：《十三经》，第521页。

周族统治者的这种王权继承模式,一起始似乎就已经蕴含着一种所谓选贤任能的因素。所以,在被《史记》列为"世家"之首的"吴太伯世家"中,司马迁就记载了周族的这一"选贤"特点:

> 吴太伯、太伯弟仲雍,皆周太王之子,而王季历之兄也。季历贤,而有圣子昌,太王欲立季历以及昌,于是太伯、仲雍二人乃奔荆蛮,文身断发,示不可用,以避季历。季历果立,是为王季,而昌为文王。太伯之奔荆蛮,自号勾吴。荆蛮义之,从而归之千余家,立为吴太伯。①

从太伯与仲雍之"奔荆蛮"来看,这究竟是因为对周太王之选择季历表示不满呢还是就如同司马迁所说的"文身断发,示不可用,以避季历"呢? 也可能是二者兼而有之吧。因为即使是"避季历"——为季历让路,似乎也没有必要一定要逃到荆蛮去,所以其"奔荆蛮"一事可能也包含着一定的不满成分。② 但对于季历而言,这就成为一种极大的压力了,当然同时也可以说是一种自我修身进德的动力。如果再从"太王欲立季历以及昌"来看,似乎周族在选择王位继承人的标准上一起始就具有一种择贤而立的特点,对于季历和姬昌而言,这自然也就成为一种极大的压力或促进力。到了文王,又舍弃其长子伯邑考而直接立次子姬发(册立姬发时伯邑考已死),这样看来,周族统治者这种完全不顾长幼之别的选贤任能标准似乎已经成为一种习惯性的传统了。

而文王继位后,一方面是"遵后稷、公刘之业,则古公、公季之法,笃仁,敬老,慈少。礼下贤者,日中不暇食以待士,士以此多归之"③;另一方面,在统治者这种贤让之风的感召与影响下,老百姓似乎也纷纷以仁爱、礼让示人,比如:"虞、芮之人有狱不能决,乃如周。入界,耕者皆让畔,民俗皆让长。虞、芮之人未见西伯,皆惭,相谓曰:'吾所争,周人所耻,何往为? 只取辱耳。'遂还。诸侯闻之,曰:'西伯盖受命之君。'"④ 显然,文王刚刚即位,

---

① 司马迁:《史记·吴太伯世家》,《二十五史》卷一,第88页。
② 关于泰伯与季历之让天下一事,孔子曾有极高的评价。比如:"泰伯,其可谓至德也矣。三以天下让,民无得而称焉。"(《论语·泰伯》)笔者这里则完全是从现代人的权利与利益视角来解读泰伯之"让天下"的,但对于孔子的"三以天下让"一说,一方面表示信服,同时也有一定的出于道德诠释之担心。所以,在叙述中,笔者也就必须先行认可现代人完全出自功利视角的怀疑。
③ 司马迁:《史记·周本纪》,《二十五史》,第12页。
④ 司马迁:《史记·周本纪》,《二十五史》,第12页。

则其所谓仁爱、礼让之风似乎就已经成为诸侯公认的周族统治者之基本传统了。

在这一背景下，殷纣的贪婪、残暴似乎也就成为文、武父子仁爱传统之一种反向的推动力了。比如说，周文王刚刚因其臣下通过货赂的方式以赎身归周，马上就向殷纣"献洛西之地，以请纣王去炮烙之刑。纣许之"①。司马迁因此而认为文王此举实际上就是所谓"阴行善"，意即故意作秀，并以这种作秀的方式以使纣王显得更加残暴、贪婪。但问题在于，一方面，确实是殷纣的残暴和贪婪给文王提供了行善（作秀）的机会；但另一方面，其他的诸侯也同样拥有这种行善的机会，却毕竟没有像文王那样以土地与利益来换取殷纣对酷刑的废除。正是在这一背景下，我们才能理解《诗经》中所描述的"文王曰咨，咨汝殷商……殷鉴不远，在夏后之世"，也才能理解西周历代统治者所总结的历史教训：

> 皇天无亲，惟德是辅。民心无常，惟惠是怀。为善不同，同归于治；为恶不同，同归于乱。尔其戒哉！②

> 我不可不监于有夏，亦不可不监于有殷。我不敢知曰，有夏服天命，惟有历年；我不敢知曰，不其延。惟不敬厥德，乃早坠厥命。

> 我不敢知曰，有殷受天命，惟有历年；我不敢知曰，不其延，惟不敬厥德，乃早坠厥命。今王嗣受厥命，我亦惟兹二国命，嗣若功。③

正是这种殷鉴，也就促使西周统治者形成了一种敬天保民、仁爱治国的传统。当然，此时文王父子的善举可能还确有因病立方的权宜之嫌，但是，当殷纣一再重复"夏后之世"的"殷鉴"时，那么这种敬天保民、仁爱治国的传统也就不再是因病立方的权宜之举了，而是已经有血的教训作为其前提基础了。而当西周统治者所总结的历史教训又一步步变为殷纣灭亡的现实时，那么其"敬天法祖"、"敬德保民"的真实意味也就可想而知了。因为这就不仅仅是一种招徕人心的口号，而是与其政权之生死存亡紧密相关了。

在这一背景下，当文王去世、武王继位而又取得了克商的巨大成功时，武王、周公兄弟对其祖宗所总结的"殷鉴"也就深信不疑了；而当武王大病，周公又向其三代祖先作出以身代武王受天之责的承诺与保证时，也就根本

---

① 司马迁：《史记·周本纪》，《二十五史》，第12页。
② 《尚书·蔡仲之命》中，吴哲楣主编：《十三经》，第110页。
③ 《尚书·召诰》，吴哲楣主编：《十三经》，第103页。

不可能是所谓作秀式的表演(如果是作秀,就必然会成为欺天灭祖之举)。后世所流传的"占卜"、"解梦"之类的所谓神秘预言,也只有他们自身的深信不疑才真正有可能流传下来。

当周公在这一背景下登上历史舞台时,其之所以能够"一沐三捉发,一饭三吐哺"也就只能从其对天命与祖先之敬畏意识的角度来理解了。但即使如此,他也并没有免于来自他的同胞兄弟的妒忌与猜疑,所以,当"武王崩,成王幼",周公身居"夹辅"之位,而三监又放出"公将不利于孺子"的流言时,这一"流言"及其指谓究竟是"伪"还是"真",成为周公一生中的最大考验了。这时候,如果周公完全从其个人的名声计,他就既可以离开朝廷,以就封于鲁国,甚至也可以辞职下野的方式,让出"夹辅"之位,但这也正是三监所希望的。而周公也清楚地知道,如果他这样选择,将会成为对天命与祖先基业的一种最大的不敬甚或是背叛;而这样选择的结果,也必然会断送西周历代先祖所苦心经营的基业,从而使天下再度陷入战乱的格局。但周公并没有这样做,而是联合二公(姜太公和召公),"内弭父兄,外抚诸侯,九年夏六月,葬武王于毕"①。然后,再挺身而出,迎难而上,从而拉开了摄政称王、武装平定三监之乱的大旗。在这一过程中,周公的精神压力自然是可想而知的,因为他的这一选择实际上正是针对着三监所散布的流言而来的;而其特别的艰难与危险之处,还在于成王一度也曾相信了流言,认为周公确实存在着由"摄政"以篡位之心。直到"周公居东二年,则罪人斯得"②,是即所谓"一年救乱,二年克殷"之后,"公乃为诗以贻王,名之曰《鸱鸮》,王亦未敢诮公"③。这一点也同时说明,成王当时确实已经有了怀疑、猜忌之心。直到"天大雷电以风,禾尽偃,大木斯拔,邦人大恐。王与大夫尽弁以启金滕之书,乃得周公所自以为功代武王之说"④。这时候,成王才充满了一腔愧疚之情,认为"昔公勤劳王家,惟予冲人弗及知。今天动威以彰周公之德,惟朕小子斯新逆,我国家礼亦宜之"⑤。这才彻底解除了对周公的怀疑。

而在这一过程中,周公是否真诚自然可以说是其主体基础,但三监的流

---

① 《逸周书·作洛》,《逸周书汇校集解》,第516页。
② 《尚书·金滕》,吴哲楣主编:《十三经》,第96页。
③ 《尚书·金滕》,吴哲楣主编:《十三经》,第96页。
④ 《尚书·金滕》,吴哲楣主编:《十三经》,第96页。
⑤ 《尚书·金滕》,吴哲楣主编:《十三经》,第96页。

言、成王的怀疑则始终是周公主观上是否真诚之一种极为强大的外在监控。即使周公曾经存在着某种篡权之心(或者故意拖延致政成王的时限等),在这种强大的监控面前,可能也就不敢有一丝存留了。因为只要有一丝存留,不仅三监的流言得以坐实,而且周公本人也将陷入万劫不复的深渊,——儒家的历史、中国的历史也必将因此而改写。所以,从这个角度看,正是这种强大的外在监控力量,才确保了周公"一年救乱,二年克殷,三年践奄,四年建侯卫,五年营成周,六年制礼作乐,七年致政成王"之伟大实践的成功,同时也确保了中国历史上近于神话般的政治改革之成功,从而既成就了周公的一番伟业,也成就了中国的礼乐文明。

从这个角度看,周公的伟大及其成就主要缘于其主客观两面的强大监控。从主观的角度看,历代先祖的传统、夏殷两代的历史教训以及自己对于天意、民心的敬畏与负责精神,都必然会促使其形成一种纯粹的道德情怀;从客观一面来看,则三监的流言、成王的怀疑以及最重要也最需要担心的——西周王权遭到断送的重大悲剧,都在时时监控着他,督促着他,使他必须以牺牲小我之利益的方式,全面地向历史负起责任来。也许只有从这个角度,我们才能理解周公在致政成王以后,何以能够"北面委质而臣事之,请而后为,复而后行,无擅姿之志,无伐矜之色……"①

虽然周公的所作所为并没有任何可以指责之处,但周公毕竟是一位政治家,这种由政治家所推动的改革以及其对礼乐文明的建树也绝不会仅仅停留于政治的层面,而是可以广泛地推及于社会的各个阶层,传播于社会的各个方面,从而展现为一种影响深远的礼乐文化。所以,司马迁记载说:"成康之际,天下安宁,刑错四十余年不用。"②而在从西周一直到春秋时代的数百年间,整个人伦社会的最高规范就是礼。这既可以说是周公制礼作乐的历史影响,同时也就构成了孔子人生探索的历史背景与现实出发点。

孔子(前551—前479)是儒家思想的创始人,虽然在孔子之前,就已经

---

① 关于周公这一表现,我们当然不能说周公就是所谓"天纵之圣",他也可能和我们一样有着各种各样的算计和安排,但是,在主客两面的强大监控之下,他也就只能始终从"大义"出发来展开其人生抉择了。这种情形,完全可以使我们联想到石墨在强大的压力之下变为金刚石的过程。儒家的圣贤人格,也许就是这样形成的。
② 司马迁:《史记·周本纪》,《二十五史》,第13页。

有了"儒"的名称①,但只有从孔子开始,"儒"才真正成为一个标志着追求人生理想之所谓君子人格的指代,从而开启了一种自觉的人生。

在孔子的一生中,周公是和他在时空距离上最近的一位圣人,也是他最为敬佩的一位圣人,——后来孟子所谓的"五百年必有王者兴"②可能包含着从周公到孔子的时间距离而言之意。另外,在孔子的一生中,他最为看重的"礼"实际上也就是由周公之制礼作乐推向高峰的。至于孔子所自我定位的"述而不作"其实也就主要是由他与周公之制礼作乐相比较而言的。这两个方面,既表现了他们之间的具体差别,同时也说明他们两人在人生方向上的一致性。所以,要理解以孔子为代表的儒家思想及其特色,那么周公对于孔子思想的影响、二人的不同角度以及孔子对于周公思想的继承、推进与拓展关系也就成为一个基本前提。

已如前述,周公的制礼作乐完全是由西周的政治危机以及其个人的信任危机之相互交织所促成的一种政治改革举措,也是由政治制度的改革拓展至整个思想文化与人类生活实践领域的。所以,就周公对孔子的影响而言,主要就表现在春秋时代的政治与思想文化背景上。实际上,这一点既足以表现周公对孔子与天下后世的影响,同时也表现着以孔子为代表的儒家思想之生成、发展的思想文化背景。

关于春秋时代的思想文化格局,徐复观先生在其《中国人性论史》一书中曾作了如下概括:

> 通过《左传》《国语》来看,春秋二百四十二年的历史,不难发现在此一时代中,有个共同的理念,不仅范围了人生,而且也范围了宇宙;这就是礼。如前所述,礼在《诗经》时代,已转化为人文的表征。则春秋是礼的世纪,也即是人文的世纪,这是继承《诗经》时代宗教坠落以后的必然地发展。此一发展倾向,代表了中国文化的主要发展方向。③

徐复观这里所说的春秋时代之"共同的理念,不仅范围了人生,而且也范围了宇宙;这就是礼"以及"中国文化的主要发展方向"云云,实际上也都可以

---

① 从孔子教导子夏"女为君子儒,无为小人儒"(《论语·雍也》)来看,"儒"在当时似乎就已经成为一个较为宽泛的称呼了,孔门弟子也都有"儒"的自觉,而孔子所坚持的主要也就在于一种君子儒的态度。

② 《孟子·公孙丑》下,吴哲楣主编:《十三经》,第1372页。

③ 徐复观:《中国人性论史》,三联书店2001年版,第40—41页。

说是从孔子角度所作出的概括,亦即从孔子的角度看。就此而言,似乎仍然具有所谓事后诸葛的特点。但对于现代人而言,这种事后诸葛式的看法自然是无法避免的,问题在于其是否揭示了时代的真实状况。

如果我们转向孔子的人生,那么也就可以清楚地看到,孔子一生的最大努力,似乎也就在于如何恢复西周的礼乐制度;任何违礼、非礼包括所谓僭越用礼的现象,也都必然会遭到孔子的严厉批评。而在《论语》中,所谓礼几乎可以说是孔子识别人、评价人包括批评人的基本标准。比如:

> 孔子谓季氏:"八佾舞于庭,是可忍,孰不可忍也。"①

> 子曰:"先进于礼乐,野人也;后进于礼乐,君子也。如用之,则吾从先进。"②

> 子曰:"恭而无礼则劳,慎而无礼则葸,勇而无礼则乱,直而无礼则绞。君子笃于亲,则民兴于仁;故旧不遗,则民不偷。"③

在这里,从孔子对季氏"八佾舞于庭"的明确批评到其对"野人"与"君子"以及"先进"与"后进"的比较与评价,再到对"恭而无礼"、"慎而无礼"、"勇而无礼"、"直而无礼"的具体分析,充分说明孔子确实是将"礼"作为评价人之唯一标准的。从这个角度看,我们自然也就可以理解其对颜回的如下答问与叮咛了:

> 颜渊问仁。子曰:"克己复礼为仁。一日克己复礼,天下归仁焉。为仁由己,而由人乎哉?"

> 颜渊曰:"请问其目?"子曰:"非礼勿视,非礼勿听,非礼勿言,非礼勿动。"

> 颜渊曰:"回虽不敏,请事斯语矣。"④

孔子与颜回的这一问答,不仅揭示了其师徒间最大的精神担当,而且其"非礼勿视,非礼勿听,非礼勿言,非礼勿动"一说,也清楚地表明他们首先是将礼作为自己视听的标准与言动之基本规范的,这就生动地表现了孔子试图以礼来对人生进行全面规范的愿望。

孔子对"礼"的这一态度,也清楚地表明他就是要继承文、武、周公的事

---

① 《论语·八佾》,吴哲楣主编:《十三经》,第1263页。

② 《论语·先进》,吴哲楣主编:《十三经》,第1286页。

③ 《论语·泰伯》,吴哲楣主编:《十三经》,第1278页。

④ 《论语·颜渊》,吴哲楣主编:《十三经》,第1290页。

业。而在《论语》中，孔子关于这方面的论述与表达几乎可以说是比比皆是。比如：

> 子曰："周监于二代，郁郁乎文哉！吾从周。"①
>
> 公山弗扰以费畔，召，子欲往。
>
> 子路不说，曰："末之也，已，何必公山氏之之也？"
>
> 子曰："夫召我者，而岂徒哉？如有用我者，吾其为东周乎！"②
>
> 佛肸召，子欲往。
>
> 子路曰："昔者由也闻诸夫子曰：'亲于其身为不善者，君子不入也。'佛肸以中牟畔，子之往也，如之何？"
>
> 子曰："然，有是言也。不曰坚乎，磨而不磷；不曰白乎，涅而不缁。吾岂匏瓜也哉？焉能系而不食？"③
>
> 子畏于匡。曰："文王既没，文不在兹乎？天之将丧斯文也，后死者不得与于斯文也。天之未丧斯文也，匡人其如予何？"④
>
> 子曰："甚矣吾衰也！久矣，吾不复梦见周公！"⑤

实际上，上述这些说法可能是贯穿孔子一生的人生感受，从"吾从周"到"吾其为东周乎"，也就可以代表孔子一生在政治上的努力，但在经过四处碰壁之后的"匏瓜"之喻，则又说明孔子确实从未放弃其在政治上的努力。而从"文王既没，文不在兹乎"式的自信到"天之未丧斯文"的希冀以及最后直到其"吾不复梦见周公"的感叹，则又说明，即使到了人生的终点，孔子也从未放弃其肩负天下之"斯文"的责任。这又说明，孔子在经历了一系列的政治失望之后，最后不得不转而从"文"的角度来弘扬其"继周"之业。从这个角度看，说孔子就是文、武、周公事业的继承人，应该说不仅两不相伤，而且应当是相得益彰的。

但孔子毕竟不同于周公。周公一出生，其血缘出身就已经明确地预定了其政治家的身份，即如其对儿子伯禽的自述："我文王之子，武王之弟，成王之叔父，我于天下亦不贱矣"，这里所谓的"不贱"，无疑首先是从其血缘

---

① 《论语·八佾》，吴哲楣主编：《十三经》，第 1264 页。
② 《论语·阳货》，吴哲楣主编：《十三经》，第 1309 页。
③ 《论语·阳货》，吴哲楣主编：《十三经》，第 1310 页。
④ 《论语·子罕》，吴哲楣主编：《十三经》，第 1280 页。
⑤ 《论语·述而》，吴哲楣主编：《十三经》，第 1275 页。

出身上说的。但是,如果周公贪恋权位,则其在摄政称王之后继续排练一次所谓"兄终弟及"制的回潮,也未尝没有可能。但周公却能够从天下之大义出发,毅然决然地还政成王,这就是通过牺牲一己之权力欲望,从而成就了天下后世的通则与制度,因而同时也就成为礼乐文明的开辟者。孔子之所以敬仰周公,可能主要也就在这一点上。而从周公摄政称王时的"一沐三捉发,一饭三吐哺,起以待士,犹恐失天下之贤人"到其还政成王之后的"北面委质而臣事之,请而后为,复而后行,无擅姿之志,无伐矜之色",完全可以说,周公确实是在"天下为家"的时代试图通过自己的内在德性以践履"天下为公"的理想。就这一点而言,孔子之敬仰周公、效法周公,确实是以历史事实为基础的。

但周公的这些先天条件以及由此所决定的从政条件都是孔子所不具备的。所谓"吾少也贱,故多能鄙事"①,——孔子的这一自述几乎可以说是道尽了他与周公在先天条件上的差别。虽然孔子也屡屡强调自己是"从大夫之后"②,但这和周公"文王之子,武王之弟,成王之叔父"的身份简直就没有可比性。虽然孔子也一直是"发愤忘食,乐以忘忧,不知老之将至"地学习,但能否推广自己的政治理想却并不决定于其知识的多少,所以,他只能从底层与小事做起,于是,这就有了"尝为季氏史,料量平;尝为司职吏而畜蕃息。由是为司空。已而去鲁,斥乎齐,逐乎宋、卫,困于陈、蔡之间"③等一系列经历。虽然孔子一生都在寻找政治实践的机会,但在其前期,主要是因为其贫贱的出身在限制着他;而到了后期,则又主要是由于其政治理想在限制着他。因为他的政治理想与当时的社会现实之间不仅存在着太大的反差,甚至也可以说是相逆而行的,所以,即使有个别诸侯别出心裁地想任用他进行一番政治实践,最后也会由对自己江山的担心而不得不放弃任用的打算。这一点在孔子困于陈蔡之后的一段经历中表现得再典型不过了。比如司马迁记载:

> 昭王将以书社地七百里封孔子。楚令伊子西曰:"王之使使诸侯有如子贡者乎?"曰:"无有。""王之辅相有如颜回者乎?"曰:"无有。""王之将率有如子路者乎?"曰:"无有。""王之官尹有如宰予者乎?"

① 《论语·子罕》,吴哲楣主编:《十三经》,第1280页。
② 《论语·先进》,吴哲楣主编:《十三经》,第1287页;另见《论语·宪问》,吴哲楣主编:《十三经》,第1300页。
③ 司马迁:《史记·孔子世家》,《二十五史》卷一,第147页。

曰:"无有。""且楚之祖封于周,号为子男五十里。今孔丘奉三五之法,
明周、召之业,王若用之,则楚安得世世堂堂方数千里乎?夫文王在丰,
武王在镐,百里之君卒王天下。今孔丘得据土壤,贤弟子为佐,非楚之
福也。"诏王乃止。[①]

这一案例非常清楚地说明了孔子的政治游说何以总是陷于失败的境地。而
当孔子早年以行摄相事的身份参与齐鲁两国的夹谷之会时,就曾为鲁国讨
回了已经被齐国侵占的土地,所以齐国的大夫当时就告诉齐景公说:"鲁用
孔丘,其势危齐。"[②]这说明,其前边游说的失败主要是因为他根本就没有自
己的政治根底。这种情形,也一如庄子借助渔父所问的"有土之君与……
侯王之佐与"[③]一样,因为既非"有土之君",那就等于没有自己的政治根
底,而孔子又根本不是那种完全以诸侯意志为最高使命的"侯王之佐"。在
这种状况下,诸侯们也就根本不想任用他。至于其后边游说的失败则主要
在于当时的诸侯都安于自保,生怕丢失了自己的权力和眼前的利益。因为
孔子的政治目标根本就不在于所谓"朝秦楚,霸诸侯",而在于实现其经纬
人伦世界的道德理想。加之其"奉三五之法,明周、召之业"的远大宏图,对
于当时的诸侯来说,这等于是必须先给自己戴上一副道德的枷锁。在这一
背景下,孔子为推行其政治理想的周游列国活动之所以屡屡陷于失败,就具
有了一定的历史必然性。

这样,如果仅从作为政治家的角度看,那么周公无疑是一位成功的政治
家,而孔子则完全可以说是一位失败的政治家。但是,如果从人生轨迹及其
思想指向的角度看,则周公显然是从政治改革的角度深深地影响了思想文
化,——所谓西周的礼乐文明与德性文化也就因为周公之政治改革即制礼
作乐而光耀后世;而孔子则完全是从个体之思想文化的角度向着政治实践
的方向努力。不过,也正因为孔子政治理想的失败,从而又不仅深深地影响
了中国的政治,而且也正是因为其当时政治实践的失败,却反而带给中国思
想文化以更为深远的影响,——孔子因此而成为儒家思想的创始人。

如果就他们的人生关怀来看,那么他们显然都是立身于"天下为家"的
时代,但却在共同向着"天下为公"的方向努力,并且也都是试图通过礼乐

---

① 司马迁:《史记·孔子世家》,《二十五史》卷一,第150页。
② 司马迁:《史记·孔子世家》,《二十五史》卷一,第148页。
③ 《庄子·渔父》,郭庆藩编:《庄子集释》,第1123页。

制度与道德实践的方式来实现其关于人伦社会之道德理想的。王国维所谓的"周之所以纲纪天下,其旨则在纳上下于道德,而合天子诸侯卿大夫士庶民成一道德之团体"①,应当说就是对周公的政治改革及其礼乐制度建设的一种准确概括。至于孔子,则完全是从思想文化的角度以指向政治制度,并且也同样是通过思想文化建构的方式以"合天子诸侯卿大夫士庶民成一道德之团体"。从这个角度看,他们当然都属于儒家。区别仅仅在于,周公属于政治领袖式的儒家或者说是儒家的政治家,而孔子则属于思想文化的儒家。但他们在坚持政治与思想文化的统一上则是完全一致的。从其区别来看,周公可以说是通过政治改革来推动思想文化建设;而孔子则是试图通过思想文化建设的方式来推动政治制度的改革。

再从他们共同作为"儒"来看,周公的儒家品格完全是由其政治改革及其政治实践的锻造与推动而形成的,其作为"儒"也完全可以说是一种不自觉的"儒"(周公当时可能根本就不会想到"儒"不"儒"的问题,因为当时还没有"儒"这一称谓),只是由于政治危机的推动与政治实践的深入所形成的人文关怀从而使其不得不表现出"儒"的品格;而孔子则是首先形成了其所谓"君子儒"的自觉,从而才能在思想文化方面充分而又全面地表现出儒家的思想品格。如果从这个角度看,那么可能也就只有孔子才能算是儒家思想的创始人;周公虽然具有"儒"的品格,但其"儒"的品格不仅是在其政治危机与政治实践的推动下形成的,而且他也根本没有形成所谓"儒"这种思想文化立场上的自觉(对于周公来说,他不仅不需要"儒"这样一种称谓,甚至就是其所谓道德关怀本身也是因为政治实践之深入的需要才有其存在必要的)。这既是周公与孔子的最大区别,同时也是孔子作为儒家(学)创始人对于中国思想文化的最大贡献。

三、孔子的生命方向及其主要贡献

当孔子步入历史的前台,一方面,"礼的观念……萌芽于周初,显著于

① 王国维:《殷周制度论》,《观堂集林》第二册,第453—454页。

西周之末,而大流行于春秋时代"①;另一方面,春秋时代同时又是一个礼崩乐坏、人伦失范的时代,而为孔子所明确批评的"八佾舞于庭,是可忍,孰不可忍也"②,也就是当时人伦失范、礼乐僭越现象的具体表现。那么,面对这一格局,孔子的思想探索将从那里起步呢?

已如前述,虽然孔子始终是以继承周礼自居的,但其思想视野却并不局限于周礼的范围,而首先是从夏、商、周三代整体的角度来审视周礼的。比如他说:"行夏之时,乘殷之辂,服周之冕,乐则《韶》《舞》"③,这就说明,孔子确实是将三代文化全部纳入到其选择的视野与继承之范围的。再比如:"殷因于夏礼,所损益可知也。周因于殷礼,所损益可知也。其或继周者,虽百世,可知也。"④凡此,都说明孔子确实是将三代文化作为一个整体,并在比较、分析与具体甄别的基础上加以综合继承的。

但在孔子对三代文化的综合继承中,周代的礼乐文化不仅构成了其综合继承的基本出发点,而且也是其对夏殷两代文化进行解读、诠释的主要标准。从其总结及其结果的角度看,我们当然可以说,作为三代生存技能集大成的六艺——所谓射、御、书、数、礼、乐无疑都得到了孔子的全面继承。那么,从当时来看,孔子究竟是如何继承作为三代生存技能集大成的六艺呢?比如我们前边已经分析过的"君子无所争,必也射乎!揖让而升,下而饮,其争也君子"⑤以及"射不主皮,为力不同科,古之道也"⑥,包括孟子所诠释的"仁者如射,射者正己而后发;发而不中,不怨胜己者,反求诸己而已矣"⑦等等,都说明孔孟已经对三代的生存技能全面地进行了君子人格式的解读与诠释。这表明,由于西周以来礼乐文明的熏陶,传统的六艺虽然还存在,并且也仍然在发挥着其在生存技能包括作战方面的重要作用,但对于礼乐文明与君子人格而言,这种生存技能已经远远退居于次要地位了;而作为原本的技能,现在也就完全转化为君子修身养性的一种"艺能"表现了。孔子

①　徐复观:《中国人性论史》,第41页。
②　《论语·八佾》,吴哲楣主编:《十三经》,第1263页。
③　《论语·雍也》,吴哲楣主编:《十三经》,第1303页。
④　《论语·为政》,吴哲楣主编:《十三经》,第1263页。
⑤　《论语·八佾》,吴哲楣主编:《十三经》,第1264页。
⑥　《论语·八佾》,吴哲楣主编:《十三经》,第1264页。
⑦　《孟子·公孙丑》上,吴哲楣主编:《十三经》,第1366页。

所谓的"志于道,据于德,依于仁,游于艺"①一说,也就生动地表现了六艺的一种全新的存在方式。

六艺为什么会发生这样一种转向?这完全是由于周公制礼作乐之人文与道德的关怀指向促成的。在这一方向的规范与引导下,传统的原本作为生存与作战技能的六艺虽然还存在,并且也仍然有其作用,但却不得不在总体上形成一种根本性的转向,这就必须从原来完全服从于生存需要的技能转向培养道德人格的层面。而孔子的思想文化视角以及其成德成人的教育方向,也就正好成为这一转向的主要担当者了。请看孔子的教育:

> 子以四教:文、行、忠、信。②
>
> 孔子以《诗》、《书》礼乐教,弟子盖三千焉,身通六艺者七十有二人。③

在这里,所谓"文、行、忠、信"实际上也就是君子人格的起点或德性基础,从而也就可以使其对传统的六艺形成一种"打包"式的继承与总结;至于所谓"《诗》、《书》礼乐",也就应当说是孔子根据礼乐文化以及其成人成德之教育需要所编定的新教材,是以"《诗》、《书》礼乐"的方式,将传统的士人引向了君子人格的方向。所以,从《诗》、《书》之德性关怀到礼乐之艺能表现也就全然连成了一线,并从身心两个层面以及日用伦常之视听言动的角度展开了对君子人格之全方位的追求与培养。

在这一背景下,传统的六艺也就必然要面临着两种不同的走向:要么全面地转向德性关怀,使自身从"技"的层面上升为一种艺能,从而成为君子人格的一种具体表现,——"射御"之所以能够进入《仪礼》、孔子之所以提倡"游于艺",也都由此而发;要么就仍然退守于其纯粹技能的层面,或者横向拓展为一种阵战之法、搏击之术,从而作为一种武士、策士、游士包括所谓国士的培养方式。所以,孔子的"《诗》、《书》礼乐"以及其成德成人教育实际上就是以德性为基础、以艺能为主要形式的,从而也就对传统的六艺进行了一种全新的改造——新的解读与新的诠释;至于所谓"文、行、忠、信"式的概括,则既是孔子从德性关怀的角度对传统六艺的一种"打包"性的总

---

① 《论语·述而》,吴哲楣主编:《十三经》,第1275页。
② 《论语·述而》,吴哲楣主编:《十三经》,第1276页。
③ 司马迁:《史记·孔子世家》,《二十五史》卷一,第151页。

结,同时也意味着以涵养德性之艺能的方式赋予其以新的生命。

正是在这一背景下,才有了孔子与其弟子樊迟的如下对话:

> 樊迟请学稼。子曰:"吾不如老农。"请学为圃。曰:"吾不如老圃。"
>
> 樊迟出。子曰:"小人哉,樊须也!上好礼,则民莫敢不敬;上好义,则民莫敢不服;上好信,则民莫敢不用情。夫如是,则四方之民襁负其子而至焉,焉用稼?"①

在过去很长的一段时期内,孔子与樊迟的这段问答往往被视为孔子轻视劳动人民、轻视体力劳动之所谓"铁证"的,这当然也不能说全无道理。但问题在于,这一问答主要体现的是孔子的担当精神以及其在礼乐文化与"学稼"、"学为圃"之间不同的价值选择。孔子既然以继承周礼为职志,以德性与斯文为主要担当,那么樊迟的"学稼"、"学为圃"自然也就不在其关注范围。在孔子看来,如果专职于"学稼"、"学为圃"而根本无视于礼乐制度及其思想文化的重要性,那就完全成为一种不分大小轻重的弃大取小之举了。因为孔子"以《诗》、《书》礼乐教"所培养的主要在于担当道德与斯文之运的士君子,而不是所谓仅仅满足于升斗之求与生存所需的小民百姓。所以说,樊迟以"学稼"、"学为圃"之生存所需请教于孔子,也就完全可以说是一种文(问)不对题,难怪他只能得到"吾不如老农"、"吾不如老圃"的回答。

同样的情形在《孟子》一书中也有所表现。《滕文公》载:

> 有为神农之言者许行,自楚之滕,踵门而告文公曰:"远方之人闻君行仁政,愿受一廛而为氓。"
>
> 文公与之处。
>
> 其徒数十人,皆衣褐,捆屦、织席以为食。
>
> 陈良之徒陈相与其弟辛,负耒耜而自宋之滕,曰:"闻君行圣人之政,是亦圣人也,愿为圣人氓。"
>
> 陈相见许行而大悦,尽弃其学而学焉。
>
> 陈相见孟子,道许行之言曰:"滕君则诚贤君也,虽然,未闻道也。贤者与民并耕而食,饔飧而治。今也滕有仓廪府库,则是厉民而以自养也,恶得贤?"

---

① 《论语·子路》,吴哲楣主编:《十三经》,第 1294 页。

......

"然则治天下独可耕且为与？有大人之事，有小人之事。且一人之身，而百工之所为备，如必自为而后用之，是率天下而路也。"①

在这里，孟子时代与孔子时代当然已经稍有不同。在孔子时代，可能也只有士人才为学，——才有为学的必要；但到了孟子时代，则小民百姓也可以向往圣人之道，——农家也正因此而崛起。不过，由于其出身所必然携带的小农与民粹视角以及其先天的局限性，因而所谓"贤者与民并耕而食，饔飨而治"也就成为农家的最高理想，所以也就有了许行对滕文公之"厉民而以自养"的批评。但许行却完全没有想到，这种完全以体力劳动为最高指向的君民并耕模式实际上不过是一种"率天下而路"——奔忙于道路的空想而已。

这些现象说明，在礼崩乐坏、人伦失范的春秋时代，孔子是试图通过对周礼的继承与拓展来挽救当时的世道人心的，这就决定，他必然要以礼乐规范作为标准来对当时的社会现实展开多方面的批评。而这些批评，既成为孔子对礼乐文化的一种捍卫，同时也蕴含着孔子对于礼乐之所以成为礼乐的深层思考：

子曰："恭而无礼则劳，慎而无礼则葸，勇而无礼则乱，直而无礼则绞。君子笃于亲，则民兴于仁；故旧不遗，则民不偷。"②

礼云礼云，玉帛云乎哉？乐云乐云，钟鼓云乎哉？③

宰我问："三年之丧，期已久矣。君子三年不为礼，礼必坏；三年不为乐，乐必崩。旧谷既没，新谷既升，钻燧改火，期可已矣。"

子曰："食夫稻，衣夫锦，于女安乎？"

曰："安！"

"女安则为之。夫君子之居丧，食旨不甘，闻乐不乐，居处不安，故不为也。今女安，则为之。"

宰我出，子曰："予之不仁也！子生三年，然后免于父母之怀。夫三年之丧，天下之通丧也。予也有三年之丧于其父母乎？"④

---

① 《孟子·滕文公》上，吴哲楣主编：《十三经》，第1375—1376页。
② 《论语·泰伯》，吴哲楣主编：《十三经》，第1278页。
③ 《论语·阳货》，吴哲楣主编：《十三经》，第1310页。
④ 《论语·阳货》，吴哲楣主编：《十三经》，第1311页。

林放问礼之本。子曰:"大哉问! 礼,与其奢也,宁俭;丧,与其易也,宁戚。"①

人而不仁,如礼何? 人而不仁,如乐何?②

子曰:"麻冕,礼也,今也纯,俭,吾从众。拜下,礼也,今拜乎上,泰也。虽违众,吾从下。"③

在上述孔子对礼乐制度的系统思考中,所谓"恭而无礼"、"慎而无礼"、"勇而无礼"、"直而无礼"等现象当然都可以说是孔子对于当时所谓的"恭"、"慎"、"勇"、"直"等品行之不以礼为标准所表现出来的种种偏颇倾向的明确批评,同时也表现着孔子以礼为重心、为标准的思想。虽然如此,孔子仍在不断地对"礼"进行深层的敲打与叩问:所谓"礼乐",难道就仅仅是这种"玉帛"与"钟鼓"的形式吗? 直到其与宰我展开关于三年之丧的讨论,才真正澄清了所谓"礼乐"也就必须以"仁"为内在依据,所以宰我不守三年之丧的想法就被孔子明确批评为"予之不仁也!"这说明,"仁"就是"礼"这种行为得以贯彻落实的内在依据或内在的心理根源;在缺乏内在之"仁"的情况下,所谓"礼乐"就会沦落为"玉帛"与"钟鼓"这些空洞的形式。因为宰我的提议仅仅是不能或者说不愿守三年之丧,而其主观目的甚至还恰恰在于要坚持现实的礼乐形式("君子三年不为礼,礼必坏;三年不为乐,乐必崩"),这本来只能说是一种不想守三年之丧之所谓"非礼"或不守礼的行为,但却被孔子明确批评为"不仁"。这说明,在孔子看来,"礼乐"也就必须以"仁"为内在依据,才是真正有价值的行为;否则,也就只能沦落为"玉帛云乎哉……钟鼓云乎哉"这些空洞的形式了。

但在后面几条中,孔子为什么又一定要坚持"礼,与其奢也,宁俭;丧,与其易也,宁戚"呢? 这是因为,只有"俭"与"戚"才更接近"丧葬之礼"的本质,也更接近人在"丧礼"中最为深层的心理情绪。所以,接下来就有所谓"人而不仁,如礼何? 人而不仁,如乐何"这样的深入叩问;而这样一种叩问,也就明确地将"仁"作为"礼"的深层依据以及人之为人的最高本质明确地揭示出来了。因为这一叩问的直接蕴含,也就在于只有"仁"才更接近人的本质,才能使人更像个人;也只有从内在之"仁"出发,才能凸显"礼"之为

---

① 《论语·八佾》,吴哲楣主编:《十三经》,第 1263 页。
② 《论语·八佾》,吴哲楣主编:《十三经》,第 1263 页。
③ 《论语·子罕》,吴哲楣主编:《十三经》,第 1280 页。

礼的内在依据以及其作为人之为人的最高标准之蕴含。至于孔子之所以既能在一定的条件下"从众",又能在一定的条件下"违众",——对"礼"进行因事、因时式的斟酌加减,也完全是由其内在之"仁"决定的。

这样一来,孔子也就等于是在对"礼乐"的反复叩问中推出了"仁"的问题。而"仁"作为一种人生观念又始终是和"仁爱"连在一起的,在孔子以前的《春秋左氏传》中,就已经出现了许多关于"仁"之"仁爱"含义的运用。比如:

> 亲仁善邻,国之宝也。①

> 晋之从政者新,未能行令。其左毂刚愎不仁,未肯用命。其三帅者专行不获,听而无上,众谁适从?此行也,晋师必败。②

> 体仁足以长人,嘉德足以合礼,利物足以和义,贞固足以干事……固在下位而有不仁,不可谓元。③

在《春秋左氏传》这些关于"仁"的具体运用中,所谓"仁"大体上都是从"爱人"与"亲善"或"仁爱"的角度讲的,这自然可以说是由礼乐文明而来的"仁爱"传统。但是,当孔子通过对"礼乐"之反复叩问并从"礼乐"之内在依据的角度提出"仁"时,"仁"也就具有了全新的含义。因为作为"礼乐"之内在依据的"仁"不仅能够对"礼乐"进行"打包"性处理,而且也只有形成能够超越于"礼乐"并蕴含着"礼乐"之内在依据之"仁"的思想内容时,才能真正作为促使"礼乐"得以贯彻、落实的心理依据。

在《论语》中,"仁"一共出现了109次,是《论语》中出现频率最高的一个概念,虽然关于"仁"之出现次数的统计并无关于"仁"的思想内涵本身,但其最高的出现次数与运用频率也充分证明"仁"已经取代了"礼"从而成为孔子思想的核心观念了。而从孔子对"仁"的论述来看,一方面,"仁"似乎是最容易做到的,比如孔子就既有"为仁由己,而由人乎哉"④的说明,同时又有"仁远乎哉?我欲仁,斯仁至焉"⑤的承诺,看起来"仁"似乎是最容易做到的,而且也就可以起步于当下的人生。但另一方面,在孔子的论述中,

---

① 《春秋左传·隐公六年》,吴哲楣主编:《十三经》,第608页。
② 《春秋左传·宣公十二年》,吴哲楣主编:《十三经》,第727页。
③ 《春秋左传·襄公九年》,吴哲楣主编:《十三经》,第783页。
④ 《论语·颜渊》,吴哲楣主编:《十三经》,第1290页。
⑤ 《论语·述而》,吴哲楣主编:《十三经》,第1277页。

"仁"同时似乎又是最难达到的,就连其最优秀的弟子颜回,在孔子看来也不过是"三月不违仁"而已,"其余则日月至焉而已矣"①,甚至,就是他自己,孔子也明确表示:"若圣与仁,则吾岂敢,抑为之不厌,诲人不倦,则可谓云尔已矣。"②孔子对于"仁"的这种极为吊诡的定位,就使其成为一个张力极大的观念:一方面,"仁"完全可以起步于当下的人生,起步于当下人生中的"我欲仁,斯仁至焉"的生活实践;但另一方面,"仁"又是确实最难达到的,即使穷竭一生的努力与追求,对于"仁"而言,可能也不过是"日月至焉而已矣"。

在这种情况下,我们究竟应当如何把握"仁"呢? 一方面,"仁"确实是作为"礼"的替代、含括与"打包"性观念出现的,就是说,"仁"不仅足以含括"礼"之所有的思想内容,并且也始终是作为"礼"之得以贯彻和落实的内在依据提出的,孔子对周礼的继承与维护主要也就表现在其对"仁"的坚持与守护上。但另一方面,"仁"又始终是沿着"人之为人"的方向加以规范的,比如孔子对"人而不仁,如礼何? 人而不仁,如乐何"的深层叩问,也就清楚地表明,他始终是从人之为人的角度来对"礼"进行反省的,因而其对所谓"人而不仁"现象的反复斟酌、敲打与叩问,也就清楚地表明,他主要是从人之为人的角度来提出"仁"的。大概在孔子看来,只要有了"仁",不仅"礼"会得到自觉的贯彻和落实,而且人也就真正接近人的本质了。从这个角度看,子思所谓的"仁者人也"③、孟子所谓的"仁,人心也;义,人路也"④,应当说也就代表着对孔子之"仁"之一种最为精准的概括。

思想史上常常会有这样的现象,即一个观念的提出对于始发者而言,往往既具有某种随缘发用的灵活性,同时,在其具体的运用中又往往具有某种不言而喻的性质,但就是缺乏对其概念进行清晰、明确的规定。实际上,这也正是一个概念处于形成、发轫阶段的具体表现,孔子对于"仁"的论述就具有这一特点。但是,对于后来者而言,弄清一个概念的缘起、规模以及其基本含义包括其蕴含性的指向则又是对一种思想进行准确把握的基本前提,同时也是对其进行继承、发展的基本前提。孔子的"仁"当然首先就是从贯彻、落实与维护"礼"的角度提出的,但同时又是作为"礼"之提升、替代

---

① 《论语・雍也》,吴哲楣主编:《十三经》,第 1272 页。
② 《论语・述而》,吴哲楣主编:《十三经》,第 1277 页。
③ 《礼记・中庸》,吴哲楣主编:《十三经》,第 563 页。
④ 《孟子・告子》上,吴哲楣主编:《十三经》,第 1410 页。

与"打包性"观念而出现的,就这一点而言,"仁"完全可以说是作为对"礼"之替换、更新性观念出现的。其次,"仁"又确实是沿着人之为人的方向进行充实的,子思所谓的"仁者人也"、孟子所谓的"仁,人心也;义,人路也",实际上也都是沿着人之为人的方向进行扩充与拓展的。如果从这个角度看,那么"仁"也就可看作是孔子对于人之为人之基本特征的一种高度概括。如果将这两个方面统一起来,那么"礼"也就代表着人之为人的职分以及其具体的行为规范,而"仁"则代表着对人之为人之内在本质的一种充分自觉。至于所谓的职分、行为规范说到底又不过是人之内在本质的一种外在表现而已。这样一来,"仁"与"礼"也就从内在依据与外在规范及其表现的角度统一起来了。

到了这一步,我们可以将周公与孔子联系起来了,以重新认识"仁"与"礼"的不同内涵及其推进关系。周公的制礼作乐固然就是要"纲纪天下",而"其旨则在纳上下于道德,而合天子诸侯卿大夫士庶民成一道德之团体",但周公当时的具体做法则主要是通过尊尊、亲亲的礼乐制度以及人与人之间的人伦职分与行为规范来实现的;周公摄政称王的政治领袖身份只能使其通过政治与道德统一的方式尤其是通过政治制度以贯彻道德理念的方式来实现这一理想。但对于从思想文化角度成长起来的孔子而言,这种由政治与道德之直接统一的礼乐制度必然会带有某种外在规范的特色与一定的强制色彩,实际上,这一点也正好构成了此后春秋时代礼崩乐坏、人伦失范的根本原因。因为当礼乐制度作为一种外在的制度与规范来强加于人时,它就必然会面临着内在的僭越与外在之破坏的结局。而当孔子在对礼崩乐坏现象之不断叩问与反复思索的基础上发现"人而不仁,如礼何? 人而不仁,如乐何"时,也就等于说,如果没有内在之仁作为外在之礼的心理依据与精神支撑,那么即使再完美的礼乐制度,最后也必然会蜕化为"玉帛"与"钟鼓"这种空洞的形式。因此,孔子对于礼乐制度的继承与维护,也就不再是仅仅从外在的形式方面努力,而是转向了人之为人的内在角度,并从人之为人的内在性角度,既支撑礼乐制度,同时也促使人向着人之为人的方向前进与提升。在这一背景下,如果说周公就代表着中国人人文与道德精神的觉醒与建立,并将其既落实为礼乐性的制度同时又以个体做人之职分的人伦规范方式加以确保,那么孔子的"仁"也就代表着人之为人精神的普遍性觉醒,并且也完全是从个体性的角度、思想文化的视角充分表现出这一人之为人的普遍性自觉,其所谓"为仁由己,而由人乎哉"以及"仁远乎哉?我欲仁,斯仁至焉"等种种说法,则既表现了"仁"的个体性落实,同时也表现着个体之"体仁"、"践仁"的充分自觉。从历史的角度看,应当说这一点既是孔子继承周公、超越周公之处,同时也是孔子对中国思想文化的最大贡献。

其次,当我们将"仁"与"礼"作为人伦文明的核心观念进行独立的比较时,"仁"固然是作为"礼"之得以贯彻、落实的心理依据与精神支撑提出的,但"仁"一经提出,就对"礼"具有了一种明确的提升、替代与"打包性"总结的特色。"仁"的这一特色,不仅使其可以在一定的条件下置换"礼"、取代"礼",而且也可以使"礼"的标准从外在规范的层面提升到内在依据的层面。正是因为"仁"的这一特点,才使孔子既能够在一定的条件下"从众",又能够在一定的条件下"违众",因为孔子说得很清楚:"麻冕,礼也,今也纯,俭,吾从众。拜下,礼也,今拜乎上,泰也。虽违众,吾从下。"至于孔子为什么既能够在一定的条件下"从众"又能够在一定的条件下"违众",关键并不取决于"礼"这种外在的形式,而主要取决于作为其内在依据的"仁"。把这一标准表现得最典型的也就莫过于丧礼了,所以孔子说:"礼,与其奢也,宁俭;丧,与其易也,宁戚。"在这里,如果仅从外在规范的角度看,那么所谓的"俭"与"戚"未必就符合"礼"的要求,但在孔子看来,由于所谓"俭"与"戚"不仅更接近"礼"与"丧"的本质,而且也更接近人在"丧礼"中最为深层的心理情绪——"仁",这才会有"宁俭"与"宁戚"的抉择。

这就提出了一个非常重大的问题。根据中国智慧的具体性特点,所谓礼乐艺能往往是作为普遍性智慧及其关怀指向之具体落实而形成的,"礼"的神圣性也就凝聚于此。所以在《仪礼》中,关于人在特定场合中之视听言动、行住坐卧也都有着非常严格的规定。比如"乡饮酒礼"这种乡间士人的聚会,其主、宾、介之间就有其非常严格的规范:

> 主人坐取爵于篚,降洗。宾降。主人坐奠爵于阶前,辞。宾对。主人坐取爵,兴,适洗,南面坐,奠爵于篚下,盥洗,宾进东,北面辞洗。主人坐奠爵于篚,兴对。宾复位,当西序,东面。主人坐取爵,沃洗者西北面。主人壹揖,壹让。升,宾拜洗。主人坐奠爵,遂拜。降盥。宾降,主人辞;宾对,复位,当西序。卒盥,揖让升……①

---

① 《仪礼·乡饮酒礼》,吴哲楣主编:《十三经》,第324页。

如此烦琐的礼节,对于现代人而言无疑就是一种折磨,但对于当时的儒生而言,却必须中规中矩,因为一言不合礼制、一动不合规范,都会受到"不知礼"的非议。难怪司马谈要以如下语言来概括儒学:

> 夫儒者以六艺为法,六艺经传以千万数,累世不能通其学,当年不能究其礼,故曰"博而寡要,劳而少功"。①

实际上,就中国文化及其智慧的具体性而言,它必然包含着这种走向,因为其普遍性智慧以及其具体性关怀也就必然要落实在具体的事为与具体的环境之中的,因而反过来说,所谓具体环境中的一言一行、一举一动也就不仅仅是礼制的要求,同时也是神圣天意的表现或者说起码应当蕴含着神圣的天意。这样一来,这种具体性智慧也就必然会面临着一种烦琐化的走向,而且还会越来越烦琐。

在这一背景下,所谓礼制的规范与要求也就必然会将这一切都程式化、僵固化,而孔子的"仁"则正好就是这种僵化固定程式的开解者与打破者。在"麻冕"与"纯"以及"拜下"与"拜上"之间,孔子之所以既能够在一定的条件下"从众",又能够在一定的条件下"违众",关键在于他是从这种依违往返的格局中完全听凭于自己内在之"仁"来作出决定的。而他之所以能够在"礼,与其奢也,宁俭;丧,与其易也,宁戚"中从容取舍,也完全是听命于其内在之"仁"的抉择的。所以,从这个意义上说,孔子之"仁"的提出不仅表明了人之普遍的自觉与觉醒,而且也是一场深入的思想解放运动。而这种思想解放,又完全不是那种"打碎枷锁,冲决网罗"式的思想解放,而是通过将"礼"提升到"仁"的层面,并从人之为人的角度将"礼"的精神落实于人之为人的自觉追求中了。

最后,从"仁"对"礼"的落实与推进来看,当人们仅仅停留于"礼"的层面时,固然也可以"非礼勿视,非礼勿言,非礼勿听,非礼勿动",从而使自己的视听言动、行住坐卧完全符合礼制的要求,但所有这些要求、表现毕竟仅仅停留于人之外在行为的层面;而仅仅从外在行为的层面来规范人、要求人,最后也就必然会导致口是心非或行是心非以及各种僭越之行的普遍发生,所谓"季氏舞八佾"以及宰我对"三年之丧"之合理性的质疑也就都发生在这一背景下。但是,当孔子提出"仁"之后,由于"仁"完全是从人之为人

---

① 司马迁:《史记·太史公自序》,《二十五史》卷一,第331页。

的内在依据的角度提出的,因而原本仅仅作为对"礼"之贯彻与落实的"仁",也使得"礼"必须落实于每一个体之内在心理与精神依据的层面了;而作为对人之为人之内在本质的唤醒,同时也就从人的外在行为世界进入到其内在的心理与精神世界了。正是从这个意义上说,孔子的"仁"代表着国人精神世界的生成,是从确立人之为人之内在依据的角度开辟了中国人的精神世界;而从"仁"的本质属性出发,这种精神世界同时也就必然会成为一个人文道德的世界。[①] 孔子作为儒学的创始人,其最大的贡献可能也就在这一点上。从这个角度看,我们也完全可以说:"其或继周者,虽百世,可知也。"[②]因为这种人文主义的性格与道德理想主义的方向,同时决定了中国文化的主体性特色及其发展道路。

除此之外,孔子对三代文化的综合继承,以及在继承三代文化基础上的删《诗》、《书》,定《礼》、《乐》,序《易》,著《春秋》,同时又开辟了中国思想文化中的精神传统;而孔子对私家教育的开创以及其成德成人的教育方向,也真正开辟了人类教育事业之先河。总之,从孔子开始,原来"学在官府"以及思想文化为皇家贵族所垄断的格局也就被彻底打破了,每一个匹夫匹妇也都可以展开自己人生自我实现与自我塑造的追求,这就使得"为仁由己"真正落实于人生,并成为每一个体人生追求的最高使命。

四、"是皆无益于子之身"—— 老子的不同取向

当孔子以其主体性精神直面春秋时代礼崩乐坏、人伦失范的社会现实时,周代统治集团中的另一系,即史官一系也在同样关注着这一现实。不过,他们的看法以及解决问题的思路又根本不同于以孔子为代表的儒家。而这种不同,如果按照班固的说法,也就主要是由其不同的"王官出身"决

---

① 关于孔子"仁"的提出及其意义,徐复观先生指出:"由于孔子对仁的开辟,不仅奠定了尔后正统的人性论的方向,并且也由此而奠定了中国正统文化的基本性格。这是了解中国文化的大纲维之所在。"(《中国人性论史》,第89页)

② 《论语·为政》,吴哲楣主编:《十三经》,第1263页。

定的:儒家出身于掌管教化的司徒之官,而道家则出身于史官。所以,在《汉书·艺文志》中,班固概述了儒道两家由于其不同的"王官出身"从而也就形成了其在思想上的不同进路与视角上的不同特色。班固指出:

> 儒家者流,盖出于司徒之官,助人君顺阴阳明教化者也。游文于六经之中,留意于仁义之际,祖述尧、舜,宪章文、武,宗师仲尼,以重其言,与道最为高。①

> 道家者流,盖出于史官,历记成败存亡祸福古今之道,然后知秉要执本,清虚以自守,卑弱以自持,此君人南面之术也……及放者为之,则欲绝去礼学,兼弃仁义,曰独任清虚可以为治。②

在这里,儒家司徒之官的出身以及其"助人君顺阴阳明教化"的职分也就决定其必然要"游文于六经之中,留意于仁义之际",至于"祖述尧、舜,宪章文、武",自然也就可以说是孔子以来儒家的传统。而所谓道家,则由于其史官的出身,"历记成败存亡祸福古今之道"的职业传统也自然会使其表现出"秉要执本,清虚以自守,卑弱以自持"的心理习惯。至于这种心理习惯的发展,在上者自然就会成为一种君主驾驭臣下的"南面之术";而在下者则会成为一种士人"绝去礼学,兼弃仁义"的"独任清虚"之道。从班固的这些分析来看,似乎还是比较符合儒道两家不同的思考进路及其视角特色的。

而这种由不同的"王官出身"所决定的在思想与视角上的差别,首先也就表现在孔子与老子的思想交流中。关于孔子和老子的思想对话,司马迁在《史记》中曾有两处记载,但这两处记载在揭示儒道两家思想进路上的差别又是基本一致的。比如:

> 孔子适周,将问礼于老子。老子曰:"子所言者,其人与骨皆已朽矣,独其言在耳。且君子得其时则驾,不得其时则蓬累而行。吾闻之,良贾深藏若虚,君子盛德,容貌若愚。去子之骄气与多欲,态色与淫志,是皆无益于子之身。吾所以告子,若是而已。"③

> 老子送之曰:"吾闻富贵者送人以财,仁人者送人以言。吾不能富贵,窃仁人之号,送子以言,曰:'聪明深察而近于死者,好议人者也。

---

① 班固:《汉书·艺文志》,《二十五史》卷一,第477页。
② 班固:《汉书·艺文志》,《二十五史》卷一,第477页。
③ 司马迁:《史记·老庄申韩列传》,《二十五史》卷一,第177页。

博辩广大危其身者,发人之恶者也。为人子者毋以有己,为人臣者毋以
有己。'"①

这两处记载,前者见于《史记》中的《老庄申韩列传》,可以说是从老子角度
的记载;而后者则见于《孔子世家》,可以说是从孔子角度的记载。但这两
处的思想位格与精神指向却是基本一致的。前者从"得其时"与"不得其
时"的比较出发,批评孔子之"所言者,其人与骨皆已朽矣,独其言在耳",这
就表现出了老子之非常重视现实的一面;至于其希望孔子"深藏若虚"、"容
貌若愚",尤其是"去子之骄气与多欲,态色与淫志,是皆无益于子之身"一
说,也就清楚地表明,老子希望孔子能够安分顺时,不要有那么大的"志
向",以免其"身"受到伤害。所以,这也等于说,孔子对于人伦社会的拯救
愿望,已经被老子明确批评为"骄气与多欲,态色与淫志",认为这都是"无
益于子之身"的思想。后者则主要从所谓"好议人者"之"近于死"、"发人
之恶"之"危其身"的历史教训出发,建议孔子在思想、精神上千万不要"有
己",因为在君主专制的政治体制中,思想精神上"有己"的结果,不是"近于
死"也就必然会"危其身"。所以,总体而言,前一项建议主要在于"深藏"与
"若愚",而后一项建议则主要在于千万不能"有己"。从这两处建议来看,
可以说在老子看来,孔子所有的言行,如果不是空言("子所言者,其人与骨
皆已朽矣"),那么也就只能说是"无益于子之身"的"志向"了。

如果我们将老子这两处建议与其晚年所著的《道德经》稍加比较,那么
其中的许多说法可以说是相互印证的,或者说起码具有相互说明的性质。
比如:

天地所以能长且久者,以其不自生,故能长生。是以圣人后其身而
身先,外其身而身存。非以其无私邪,故能成其私。②

吾所以有大患者,为吾有身。及吾无身,吾有何患? 故贵以身为天
下者,若可寄天下;爱以身为天下者,若可托天下。③

人之生也柔弱,其死也坚强。万物草木之生也柔脆,其死也枯槁。
故坚强者死之徒,柔弱者生之徒。④

---

① 司马迁:《史记·孔子世家》,《二十五史》卷一,第147页。
② 《道德经》第七章,《诸子集成》第3册,第4页。
③ 《道德经》第十三章,《诸子集成》第3册,第7页。
④ 《道德经》第七十六章,《诸子集成》第3册,第45页。

这三处论述,其第一条主要在于关注如何才能"身先"、"身存",这就是要效法圣人,处处都坚持"后其身"、"外其身"的方式,——这当然代表着道家的圣人观;而圣人之所以能够如此,又是因为其效法天地,而天地却又是因为其从来都"不自生,故能长生"的。第二条则认为,人生之所以会有"大患",关键也就在于"有身"(因为"身"就是所有祸患的承受者,所以说"及吾无身,吾有何患"——所有的祸患也就无从加于"我"了),所以反过来看,一个人,只有"贵以身为天下者,若可寄天下,爱以身为天下者,若可托天下";因而所谓的"爱身",实际上也就应当成为"爱天下"的基本出发点。(如果一个人根本不爱自身,他还有必要爱天下吗?)至于第三条,则主要集中在一点上,这就是"柔弱者生之徒",而坚强者则只能成为"死之徒"。这就是说,人生千万不要"逞能"、"逞强",因为这都是近于"死亡"之路。如果把这几个方面的思想统一起来,等于认为,人生中所有的"大患"就在于人之"有身";而从人生"有身"的现实出发,谋求如何才能"身先"、"身存"以至于"长生",也就是其人生的基本目标。而此中的关键主要在于一定要效法天地,发扬其从不自是、从不自生的精神,并且要始终居于"柔弱"与"谦下"的地位才能免除伤害和祸患。

如果把老子这几处的论述与他对孔子的建议联系起来,就可以清楚地看出,老子人生关注的重心始终聚焦在"我"之现实的"有身"上。正是从这个角度出发,他才会把孔子对于人伦社会的拯救愿望视为一种"骄气与多欲,态色与淫志",认为这都是"无益于子之身"之举,——不仅"无益于子之身",而且还由于儒家"好议人",并经常"发人之恶",因而实际上都是"危其身"之举。从这个角度看,老子对孔子的建议固然不失其真诚,但其建议的核心却在于让孔子不要"有己",尤其不要有那种总是想干预世界之演化与发展的"态色与淫志",用老子的话来说,也就是"是皆无益于子之身"也。这样一来,我们可以清楚地看出,孔子所希望的,正好是老子所加以劝阻的。儒道两家在春秋礼崩乐坏、人伦失范的社会现实面前,也就明显地表现出两种不同的关注视角与不同的关注重心:儒家的关注重心始终在于如何重建人伦社会的秩序,这显然是一种正面面对人伦社会危机的主体担当精神;而道家则主要关心如何才能在这个混乱的世界中更好地存身,至于对人伦失范的社会现实以及其所面临的危机,则又完全是一种顺其流而扬其波的心态。

那么,儒道两家的这种分歧是否就是由其不同的"王官出身"所直接决定的呢?应当承认,不同的"王官出身"以及其不同的职业传统无疑会对其思想视角有一定的影响,甚至包括一定程度上的决定作用,但并不绝对,因为不能说所有的史官都必然会因为"我"之"有身",从而将如何才能使我之身"长存"、"长生"作为人生的第一关注。——本书引言中所提到的几位史官不就是因为捍卫历史的话语权而自愿走向死亡的吗?他们同样是史官,并且同样忠于自己的史官职守,但在历史的话语权面前,他们却宁愿舍弃自己的生命也不愿放弃历史的话语权,这可能才是真正的史官操守。

但老子这种"有身"的关注视角却并不能说就不是史官的传统,因为历史本来就是一种历时性并且也带有人文经验性质的学科,因而它也就必然要以现实社会之实然存在及其表现作为自己的关注重心。加之其"历记成败存亡祸福古今之道"的职业要求,因而从社会现实角度所表现出来的"成败存亡祸福古今之道",落实于个体的人生,也就必然会表现为由于个体之"有身"而遭到的种种伤害。从这个角度看,老子的思想视角确实有其史官传统的影响。但史官传统只是聚焦于现实社会之实然表现的层面,却并不一定就必然要表现为对"有己"、"有身"的过分关注。

对这一问题的澄清可能还必须再回到现实社会本身,并且也必须在儒道两家不同视角的比较中才能明其所以。比如说,所谓礼崩乐坏、人伦失范是当时儒道两家所共同面对的社会现实,但由于孔子明确坚持"克己复礼"的方向,只是在对礼的贯彻、落实与维护中,孔子发现礼并不应当仅仅是所谓"玉帛"与"钟鼓"这些空洞的外在形式,而是必须有其真实的思想内容与精神信仰方面的蕴含,这才有了其对"人而不仁"现象之"如礼何"、"如乐何"的反复叩问,从而也就将礼之所以为礼从人的心理根源的层面提升到了人之为人——"仁"的高度。从这一点来看,孔子与老子所面对的社会现实虽然是完全一致的,但他们的关注侧重却是完全不同的。孔子能够从各种不守礼、僭越礼的现象中更探其心理根源,这说明其对社会动乱的关注始终聚焦在作为其主体之人的心理与精神层面;至于其从人之为人的高度给"礼"以新的规定,就既表现为"仁"的提出,也就成为儒之为儒的一个根本特征了。至于老子,则由于其社会现实的关注视角、"历记成败存亡祸福古今之道"的职业传统,不仅使其对现实社会的关注侧重始终聚焦在实然表现的层面,而且其面对社会现实,表现出一种无可奈何的无力感,进而以此反思其个体,力图寻找一种免遭伤害之途。对老子来说,这一点其实也正是他建议孔子放弃其所谓的"骄气与多欲,态色与淫志",从而"深藏若虚"、"容貌若愚"以及"蓬累而行"的心理根源。

进一步看,面对春秋这样一个乱世,老子首先从其"历记成败存亡祸福古今之道"的职业习惯中看到了历史的善变与虚伪,因而对于当时礼崩乐坏、人伦失范的社会现实,他并不是像儒家那样挺身而出,直面历史的厄运,而是从其职业习惯所培养之历史旁观者的身份以及其清醒的历史智慧来观察这些演变本身,并且还试图从其"历记成败存亡祸福古今之道"的职业习惯中探寻其所以如此的原因。这样看来,在正视现实这一点上,儒道两家可以说是基本一致的。但在如何面对现实的问题上,儒道两家也就形成了两种根本不同的选择:对于儒家而言,必须是挺身而出,并从礼崩乐坏的主体精神中探其所以如此的心理根源,由此以探索问题的化解之道;而老子则不仅是以隔岸观火、冷眼旁观的方式,——史家的职业习惯不仅使他必须采取这样的方式来面对社会现实,而且也必须从其实然演变之迹的角度来探寻其所以如此之缘故的。这样一来,道家也就必须沿着历史"记忆"之时间维度继续向前追溯,并由此以向着导致其所以如此的原因或根源的方向前进。道家的这样一种追溯,从其当下所面对的"成败存亡祸福"现象一直到导致其所以如此的先在性原因,实际上完全是从实然的视角,沿着时间的维度展开的。而这样一种视角,其所面对的历史,也必然是由"成败存亡祸福"之不断转化所构成的实然历史;至于其所聚焦的当下与现实,也必然是由自己所不得不面对并且也不得不承受之人生各种遭际打压的"我之有身"——我之自然生命本身。老子之所以要将"去子之骄气与多欲,态色与淫志,是皆无益于子之身"作为对孔子的忠告,主要是由这种实然的历史视角以及其具体的个体落实途径决定的。

当老子形成这样的思想视角时,他必然会发现天地万物实际上也都在不可遏制地向着自己的反面转化,大到宇宙天道,小到草木鱼虫莫不如此。比如:

> 飘风不终朝,骤雨不终日。孰为此者,天地。天地尚不能长久,而况人乎![1]

---

[1] 《道德经》第二十三章,《诸子集成》第3册,第13页。

　　　　反者道之动,弱者道之用。天下万物生于有,有生于无。①

从这个角度看,在时空的坐标系,天地间任何事物最后都要无可奈何地走向自己的反面。也正是从这个角度出发,老子才形成了自己所谓转化的无止境性与相反相成的道理:

　　　　图难于其易,为大于其细。天下难事,必作于易;天下大事,必作于细。是以圣人终不为大,故能成其大。②

　　　　合抱之木,生于毫末;九层之台,起于累土;千里之行,始于足下。③

　　　　祸兮,福之所倚;福兮,祸之所伏。孰知其极? 其无正,正复为奇。④

正因为老子对人生世界的这样一种观察,从而形成了其所谓的"反者道之动,弱者道之用"的智慧,并坚持认为,对于天下的万事万物,都必须从相反的方向来努力,才能真正达到其正向促成的目的。比如:

　　　　曲则全,枉则直,洼则盈,敝则新,少则得,多则惑。是则圣人抱一而为天下式。不自见,故明;不自是,故彰;不自伐,故有功;不自矜,故长。夫唯不争,故天下莫能与之争。⑤

　　　　知其雄,守其雌,为天下溪。为天下溪,常德不离,复归于婴儿。知其白,守其黑,为天下式。为天下式,常德不忒,复归于无极。知其荣,守其辱,为天下谷。为天下谷,常德乃足,复归于朴。朴散则为器,圣人用之,则为官长。⑥

　　　　将欲歙之,必固张之;将欲弱之,必固强之;将欲废之,必固兴之;将欲夺之,必固与之。⑦

　　　　天下有始,以为天下母。既得其母,以知其子;既知其子,复守其母,没身不殆。⑧

在老子看来,凡事从相反的方向努力是其真正的促成之道。所谓"曲则全,

---

① 《道德经》第四十章,《诸子集成》第 3 册,第 25 页。
② 《道德经》第六十三章,《诸子集成》第 3 册,第 38 页。
③ 《道德经》第六十四章,《诸子集成》第 3 册,第 39 页。
④ 《道德经》第五十八章,《诸子集成》第 3 册,第 35 页。
⑤ 《道德经》第二十二章,《诸子集成》第 3 册,第 12 页。
⑥ 《道德经》第二十八章,《诸子集成》第 3 册,第 16 页。
⑦ 《道德经》第三十六章,《诸子集成》第 3 册,第 20—21 页。
⑧ 《道德经》第五十二章,《诸子集成》第 3 册,第 32 页。

枉则直"也就可以说是事物存在的法则;而所谓"知其雄,守其雌"则可以说是人通过认知事物的存在法则以达到自己目的的最好方法;至于"将欲歙之,必固张之"也就完全成为从相反方向的努力以实现自己所期待的目标的一个通则了。实际上,这也就等于是对事物存在演化法则的一种主观运用了。当然在这里,自然也会涉及伪装、阴损等种种人为的招数,班固所谓"君人南面之术"可能是指这种人为的招数而言的。但在老子看来,这种"既知其子,复守其母"的做法其实是人生生存的终极性智慧。

由此出发,老子也就形成了一整套关涉天地万物生成演化的哲学,而这种哲学全然是依据其作为史官长期养成的清醒、冷静而又理智的智慧以及其对天地万物生存、演化命运长期的观察与总结。比如说,作为具体事物的存在法则(当然同时也可以作为人的存身方式),则起码应当坚持"柔弱胜刚强"①的原则,因为"人之生也柔弱,其死也坚强;万物草木之生也柔弱,其死也枯槁。故坚强者死之徒,柔弱者生之徒"②。至于宇宙天道,则所谓始源之"一"就既是"天地之始"、"万物之母",同时代表着其存在的最高状态,而这种始源状态也是所谓"惚兮恍兮,其中有象;恍兮惚兮,其中有物;窈兮冥兮,其中有精"③。于是,这就有了对始源之"一"的礼赞:"天得一以清,地得一以宁,神得一以灵,谷得一以盈,万物得一以生,侯王得一以为天下贞"④。至于人伦社会,则最好应当回到那种小国寡民的状态:"……甘其食,美其服,安其居,乐其俗,邻国相望,鸡犬之声相闻,民之老死不相往来。"⑤

最后,让我们再来看看其对个体生命的安排。在《道德经》中,老子似乎对婴儿状态情有独钟,所以他处处以婴儿状态作为人生的榜样或最佳状态。比如:

专气致柔,能婴儿乎?⑥

众人熙熙,如享太牢,如春登台,我独泊兮其未兆,如婴儿之

---

① 《道德经》第三十六章,《诸子集成》第3册,第21页。
② 《道德经》第七十六章,《诸子集成》第3册,第45页。
③ 《道德经》第二十一章,《诸子集成》第3册,第12页。
④ 《道德经》第三十九章,《诸子集成》第3册,第24—25页。
⑤ 《道德经》第八十章,《诸子集成》第3册,第47页。
⑥ 《道德经》第十章,《诸子集成》第3册,第5页。

未孩。①

常德不离,复归于婴儿。②

含德之厚,比于赤子,蜂虿虺蛇不螫,猛兽不据,攫鸟不搏。骨弱筋柔而握固,未知牝牡之合而朘作,精之至也;终日号而不嗄,和之至也。③

那么在这里,究竟是婴儿的哪一点在吸引着老子,从而使他将婴儿状态视为人生的最佳状态或最高境界呢? 应当说,这就是所谓"含德之厚,比于赤子,蜂虿虺蛇不螫,猛兽不据,攫鸟不搏",而这种状态,既代表着婴儿之与世无争,自然也就应当成为人生追求的最高境界。正因为其与世无争,所以才能"蜂虿虺蛇不螫,猛兽不据,攫鸟不搏";也正因为其与世无争,"故天下莫能与之争"。从这一点来看,我们只能说,作为史官,老子可能看到了太多的人生伤害,所以总是希望把婴儿的与世无争以及其"蜂虿虺蛇不螫,猛兽不据,攫鸟不搏"的状态作为人生的最佳状态。

到了这一步,我们不仅要将老子与孔子在思想视角上加以比较,而且还要将他们全部纳入三代以来文化发展的历史线索中,以探索其思想之具体生成。

从孔子来看,他直面现实社会的苦难、继承周公的志向,在都使他对当时的礼崩乐坏现象必然要展开直探其所以如此之心理根源式的探索;而当其面对"玉帛"、"钟鼓"这些外在的形式从而不得不发出"人而不仁,如礼何? 人而不仁,如乐何"的反复叩问时,只能促使其将关注的重心聚焦在人的心理依据与精神根源的层面上。所以,那一段仅仅见之于孟子所转述表达的"操则存,舍则亡;出入无时,莫知其乡"④,清楚地表明孔子对于人心已经有了极为深入的认识。而当他受到楚狂接舆的嘲笑,又受到长沮、桀溺的讽刺时,他只能以如下语言来表达自己的志向:

夫子怃然曰:"鸟兽不可与同群,吾非斯人之徒与而谁与? 天下有道,丘不与易也。"⑤

---

① 《道德经》第二十章,《诸子集成》第3册,第11页。
② 《道德经》第二十八章,《诸子集成》第3册,第16页。
③ 《道德经》第五十五章,《诸子集成》第3册,第33—34页。
④ 《孟子·告子》上,吴哲楣主编:《十三经》,第1409页。
⑤ 《论语·微子》,吴哲楣主编:《十三经》,第1313页。

对于孔子这种极为少见的表达,朱子注解说:"言所当同群者,斯人而已,岂可逃人绝世以为洁哉?天下若已乎治,则我无用变易之,正为天下无道,故欲以道易之耳。"①显然,这其实就是一种我不入地狱,谁入地狱的精神。

对于孔子的这样一种精神,我们只能说这是一种以思想文化为基础、以道德为核心之改过迁善、扬善惩恶之无止境的追求精神。如果说周公的制礼作乐已经开辟了"纳上下于道德,而合天子诸侯卿大夫士庶民成一道德之团体"②的方向,并且从礼乐制度的角度加以规范、维护,那么对孔子而言,由于其有德无位,因而也就只能以思想文化的方式来继承周公之业,并从个体人生的角度将克己复礼,天下归仁视为每一个体人生的最高使命。

在这一基础上,让我们再来看老子。当老子将"吾所以有大患者,为吾有身"作为其人生的一种最根本的不幸时,一方面当然是因为受制于其史官传统的"历记成败存亡祸福古今之道"的职业习惯,但更为重要的一点,则是因为作为一名史官,老子看到了太多的人生伤害,也看到了太多的"成败存亡祸福"之相互转化的现象,所以他才一定要把与世无争同时又可以"蜂虿虺蛇不螫,猛兽不据,攫鸟不搏"的婴儿状态作为其人生的最高向往。所有这些,也确实可以从其史官的职业与历史智慧的角度得到说明。

但老子的这一思想倾向却无法在周文化的背景下得到说明。因为自文、武建立政权或起码自周公制礼作乐以来,"纳上下于道德"就已经成为西周政治与文化的一种最高指向了,而由礼乐所蕴含的道德自然也就成为西周文化的一个基本特征了,可是在《道德经》中,却非但没有对道德的任何提倡和赞颂,反而充斥着太多的否定与嘲笑。比如:

天地不仁,以万物为刍狗。圣人不仁,以百姓为刍狗。③

大道废,有仁义,慧智出,有大伪。六亲不和,有孝慈;国家混乱,有忠臣。④

失道而后德,失德而后仁,失仁而后义,失义而后礼。夫礼者,忠信之薄而乱之首。⑤

---

① 朱熹:《论语集注·微子》,《四书集注》,第 222 页。

② 王国维:《殷周制度论》,《观堂集林》第二册,第 453—454 页。

③ 《道德经》第五章,《诸子集成》第 3 册,第 5 页。

④ 《道德经》第十八章,《诸子集成》第 3 册,第 10 页。

⑤ 《道德经》第三十八章,《诸子集成》第 3 册,第 23 页。

像这种对仁义道德的否定、嘲笑与批评几乎不可能出自周文化,虽然老子可能确实是周之史官——西周守藏史,但对仁义道德的这种讽刺与嘲笑在周文化的背景下几乎是难以形成的。当然,这并不是说周文化就根本不允许对道德有任何批评,而是说,在西周礼乐文化的背景下,即使对不道德的现象进行揭露与批评,其背后也必然会存在着一个道德关怀的背景或氛围(比如像孔子对"季氏舞八佾"以及"人而不仁"现象的批评)。但像老子这种嘲讽性的批评,则是从根本上否定道德的,也就是说,他根本就不是从是否道德的角度来看待人伦社会的,而是将整个人伦社会的破坏和灾难都看作是道德发展的必然结果(就老子对人伦社会的这一认识而言,却只能说是周文化的产物,因为只有在高扬道德的时代才能看到道德的阴影),因而从根本上说,道德非但不在他的视域之内,反而只能成为他所嘲笑的对象。这说明,老子所继承的文化可能根本就不是周的文化谱系。

为了弄清老子思想所体现的文化谱系或文化性格,我们必须借助《礼记》中对夏、商、周三代文化的比较。《礼记·表记》曾转述孔子的看法说:

> 子曰:"夏道遵命,事鬼敬神而远之,近人而忠焉,先禄而后威,先赏而后罚,亲而不尊。其民之敝,蠢而愚,乔而野,朴而不文。殷人尊神,率民以事神,先鬼而后礼,先罚而后赏,尊而不亲。其民之敝,荡而不静,胜而无耻。周人尊礼尚施,事鬼敬神而远之,近人而忠焉,其赏罚用爵列,亲而不尊,其民之敝,利而巧,文而不惭,贼而蔽。"[1]

从孔子对三代文化的这一比较和概括来看,所谓"殷人尊神,率民以事神,先鬼而后礼,先罚而后赏,尊而不亲,其民不敝。荡而不静,胜而无耻"等等,所有这些特点,说明殷人根本就没有周人那样的道德观念,而是完全生活在原始的天命神权的支配之下;即使是所谓天命,在殷人的视野中,也不过是一种神秘的上天意志而已。这一点也可以解释殷纣何以会对西伯戡黎的现象表现出一种根本的不理解:

> 西伯既戡黎,祖伊恐,奔告于王……
>
> 王曰:"呜呼! 我生不有命在天?"[2]

也正因为殷人完全生活在神秘的天命信仰之下,所以徐复观分析说:

---

① 《礼记·表记》,吴哲楣主编:《十三经》,第569—570页。
② 《尚书·西伯戡黎》,吴哲楣主编:《十三经》,第88页。

殷人的宗教生活,主要是受祖宗神的支配。他们与天、帝的关系,都是通过自己的祖宗作中介人。①

在以信仰为中心的宗教气氛之下,人感到由信仰而得救;把一切问题的责任交给于神,此时不会发生忧患意识;而此时的信心,乃是对神的信心。只有自己担当起问题的责任时,才有忧患意识。②

正因为殷人完全生活在神秘的天命信仰之下,因而他们也就特别迷信,这正可以说明殷墟出土的甲骨文中何以会有如此多的卜辞③,实际上,这也正是殷人事事求之于神秘天命的历史记录。但是,一旦他们所信奉的天命并不能保护他们的王权,那么天、天命本身也就必然会反过来成为他们所嘲笑、批评和讽刺的对象。——老子所谓的"天地不仁,以万物为刍狗。圣人不仁,以百姓为刍狗"可能也只有在这一背景下才能得到理解。因为在三代文化的总体背景中,可能还没有人能够如此轻率地对天命作出这样的否定与嘲笑,大概也只有在经历了王权生死存亡的巨大灾变之后,才会形成这种"天地不仁"、"圣人不仁"——什么都不信的说法。这一点,可能也正像夏末的老百姓通过诅咒天来诅咒夏桀一样:"时日曷丧,予及汝皆亡"④。同样,这一点也许可以解释老子哲学中自然天道的思想以及其具体形成。因为当在殷人神秘的天命信仰遭到历史的彻底否定之后,也就只能返归于自然天命观了;而在中国历史上最早形成思想派别的儒、道、墨三家中,也只有道家才具有这种极为典型的自然天道观的思想。对于现代人而言,这当然可以说是一个不言而喻的问题,但在夏、商、周三代的文化背景下,如果不是遭逢重大变故的打击,可能没有人能够如此轻易地呼出自然天道观方面的思想内容。

实际上,在老子与殷商文化之间可能还存在着一个虽然表现相反但又确实存在着实质性关联的隐线,这就是从"天命"到"气数"的演变。虽然就概念的始发而言,"天命"已经屡屡见之于《尚书》,不仅殷纣在面临"西伯戡

---

① 徐复观:《中国人性论史》,第15页。
② 徐复观:《中国人性论史》,第20页。
③ 《殷商史》对殷人的精神状况概括说:"殷人尚鬼,殷商的王室遇事好占卜,经常利用龟甲和牛骨这两种材料来占卜吉凶,占卜后便记录下来……这就是卜辞。甲骨文绝大多数皆为卜辞,间或也有与占卜有关的一些记事文字。"(胡厚宣、胡振宇:《殷商史》,第355页)
④ 《尚书·汤誓》,吴哲楣主编:《十三经》,第77页。

黎"时就曾有恃无恐地反问说："我生不有命在天"，而且一直到武王伐纣时，其"东观兵，至于盟津"以及其最后准备罢兵时的"'女未知天命，未可也。'乃还师归"①，也都明确地提到了天命，但这毕竟是出自西周儒者转述性的表达，而《西伯戡黎》中的殷纣是否直接表达为"我生不有命在天"则很难说。至于"气数"的说法，则似乎一直到汉代才成为国人对于王朝命运的一种概括。但实际上，"气数"这一说法在老子对"天命"加以嘲笑并将历史的发展演化落实为"反者道之动，弱者道之用"以后也就有了形成的可能；而当老子同时又将人生全然落实到"有己"与"有身"的层面时，也就为"气数"、"定数"之类说法的形成提供了双重的基础。直到今天，日常用语中所谓"气强"、"气弱"以及"气象"、"气息"等也一直都是对人之自然生命所必然带有的"限制"与"定数"的一种表征。因为无论是"气数"还是"定数"，也都是指一个王权或一个个体生命之根本限制而言的，而当老子在消解了"天命"的神秘色彩与个体理想追求之精神品格之后，无论是王权的命运还是个体的命限，也就只能落实到表明其真实存在的"气象"以及其感性形式的具体限定——"气数"上了。至于构成这种重大演变的思想基础，其实正是老子哲学中的天道自然思想所提供的。

除此之外，标志商代文化高度发展的"书数"之学也应当是老子哲学中自然天道思想所以形成的基础。文字书写的重要性对于史官来说自然是不言而喻的，完全可以说是史官这种职业得以形成的一种先在性前提；至于专门解决人类生存实践中具体问题的数学，本身就存在着以数定形、以数限形之意。虽然殷商时代的"数学"远没有达到老子哲学那样抽象的高度，但其以数限形、以数定形的铁律性质则是绝对不可动摇的，实际上，这也可能正是以后国人所谓"气数"、"定数"之说得以形成的基础。

但老子哲学中天道自然无为的思想又将何以说明呢？如果说老子批判道德、嘲笑道德的思想就源于殷商文化，那么所谓"殷人尊神，率民以事神"却与老子哲学中天道自然无为的思想根本扯不上关系；而老子对于个体之"有身"、对社会之"实然"与"实力"的关注视角却非但不同于殷商时代的神秘天命观，而且还是和这种天命观完全相反的。在这种情况下，可能也只有通过老子的"天下万物生于有，有生于无"之反向溯源的认知方式来说明

---

① 司马迁：《史记·周本纪》，《二十五史》卷一，第12页。

其自然天道观思想之形成了,而夏人"事鬼敬神而远之,近人而忠"的特点以及夏代诸侯之弃益择启的实力史观可能正是老子自然天道思想所以形成的社会历史根源。这样看来,如果说老子作为殷商观念的守护者,实际上却极有可能是通过返归夏人的天道自然思想来形成自己观察问题之基本视角的。道家思想的这一特点,又恰恰与"背周道而用夏政"的墨家走出了一条交叉互渗的路线。

五、"背周道而用夏政"——墨家的登场

儒道两家思想的形成表明春秋时代的中国人对于礼崩乐坏、周文疲惫现象之两种不同的解决思路,而这两种不同思路之形成又是以夏、商、周三代之不同的文化作为其思想背景与视角基础的。这样,儒道两家的分歧以及其"互绌"①就必然会带来一个全新的后来者,这就是墨家。雅斯贝尔斯所谓轴心时代的思想创造,在中国春秋时代的儒、道、墨三家之先后继起这一点上表现得再典型不过了。

墨子出身于社会下层,是"百工"中的木工,肯定不属于所谓"王官出身",因而墨子本人也总是喜欢自称为"北方之鄙人"②。在当时,所谓礼崩乐坏固然表现了春秋时代周文疲惫、人伦失范的一面,但这种人伦失范现象同时也带来了一个积极的后果,这就是文化下移,而孔子本人则成为这一文化下移潮流之最有力的推动者。因为孔子不仅是人类历史上第一个开始在民间讲学的思想家,其"有教无类"的教育方针无疑会招收大量的社会下层的子弟。这就为社会下层改变自身的出身与命运提供了一个机会。这样,一方面是所谓礼崩乐坏、周文疲惫,从而使礼乐文化失去了社会凝聚力;与此同时,以往所谓"学在官府"的格局也就被从根本上打破了;而那些原本

---

① 司马迁评价说:"世之学老子者则绌儒学,儒学亦绌老子。'道不同不相为谋',岂是之谓也?"(《史记·老子申韩列传》,《二十五史》卷一,第177页)

② "公输般为高云梯,欲以攻宋。墨子闻之,自鲁往,裂裳裹足,日夜不休,十日十夜而至于郢。见荆王曰:'臣,北方之鄙人也,闻大王将以攻宋,信有之乎?'"(《吕氏春秋·爱类》,《诸子集成》第6册,第282页)

出身于社会下层的青年,也可以在文化下移的潮流中逆流而上,使自己掌握文化,从而进入社会上层之列。墨翟就是当时由社会下层进入思想创造系列的一位卓越代表。

墨子(约前468—前376)出生于春秋战国之际的鲁国,大约与孔子的孙子——子思(孔伋)同时稍晚;而其当时所能学习的文化,主要是儒学(因为当时也只有儒家在民间讲学)。但是,在学习儒家礼仪的过程中,墨翟却愈来愈感到对儒学的不满,最后终于忍无可忍,不得不告别儒学,走上了自己开创思想学派的道路,从而成为墨家的创始人。关于墨翟从"学儒者之业"到自己开创学派的过程,历史上曾有各种不同的说法,既有来自墨家的自述,同时也有其他思想家的概括,比如:

> 儒者曰:亲亲有术,尊贤有等,言亲疏尊卑之异也。其礼曰:丧父母三年,妻、后子三年;伯父、叔父、弟兄、庶子期;戚、族人五月。若以亲疏为岁月之数,则亲者多而疏者少矣,是妻、后子与父同矣;若以尊卑为岁月数,则是尊其妻子,与父母同,而亲伯父宗兄而卑子也,逆孰大焉!①

> 墨子学儒者之业,受孔子之术,以为其礼繁扰而不悦,厚葬靡财而贫民,久服伤生而害事,故背周道而用夏政。禹之时,天下大水,禹身执虆垂(或为畚插),以为民先,剔河而道九岐,凿江而通九路,辟五湖而定东海。当此之时,烧不暇排,濡不给扢,死陵者葬陵,死泽者葬泽,故节财薄葬闲服生焉。②

这两种记载,前者是出自墨子或墨家的自述,后者则是出自汉代《淮南子》的概括,但在揭示墨翟背弃儒学的原因上则是较为一致的。所不同的是,前者主要在于揭示墨翟背弃儒学的内在原因,因为儒家的礼教确实存在着使其所无法接受的内容;后者则主要在于揭示墨家的为人气象以及其所开辟之新文化的方向。对于墨家来说,前者可以说是墨翟不满于儒学的根本原因,后者则代表着墨家通过复古的方式所表现出来的文化创造。

在这两种不同的概括中,前者所谓"言亲疏尊卑之异也"其实正是针对儒家自周公以来的尊尊、亲亲之道而发的,由于尊尊、亲亲后来又得到了孔子仁学思想的内在性充实,因而也就成为儒家之"仁"及其流行发用——所

① 《墨子·非儒》下,《诸子集成》第4册,第178页。
② 《淮南子·要略》,《诸子集成》第7册,第375页。

谓贯彻、落实的一种基本原则。所以,墨翟这里虽然是以"逆孰大焉"来揭
示其中的"内在矛盾"的,实际上则表现着其与儒家精神在根本上的不相容
性(当然,这一点又主要是由其不同的人伦关注侧重决定的)。因为儒家的
尊尊、亲亲之道本质上是以承认人之"有我"为前提的,所谓尊尊、亲亲不过
是表示其德性必须以"我"为圆心并从"我"出发以及在"门内"与"门外"①
之不同场所有其不同的表现而已。墨子对儒家尊尊、亲亲之道的质疑,在后
来孟子与夷子关于爱亲的"一本"与"二本"之辨中得到了准确的揭示:

> "……吾闻夷子墨者,墨之治丧也,以薄为其道也;夷子思以易天
> 下,岂以为非是而不贵也;然而夷子厚葬其亲,则是以所贱事亲也。"

> ……

> 夷子曰:"儒者之道,古之人若保赤子,此言何谓也? 之则以为爱
> 无差等,施由亲始。"

> ……

> 孟子曰:"夫夷子信以为人之亲其兄之子为若亲其邻之赤子乎?
> 彼有取尔也。赤子匍匐将入井,非赤子之罪也。且天之生物也,使之一
> 本,而夷子二本故也。"②

这里必须先作一个简要的说明,在还没有展开墨家的思想体系与其基本走
向的情况下就引入孟子对墨家思想的反驳与批评绝不是先入为主的意思,
而是说由孟子对墨者夷子思想的这一概括极为准确地反映了儒墨两家思想
的根本分歧;而由此分歧入手,也才能一步步展现墨家思想的形成以及其发
展走向与其理论的展现逻辑。关于儒墨两家之"一本"与"二本"的分歧以
及儒家思想的一本论特色,明代的心学家王阳明曾有一段极为准确的诠释,
所以我们这里就直接引用他的相关阐发来说明儒家的一本论思想:"比如
身是一体,把手足捍头目,岂是偏要薄手足,其道理合如此。禽兽与草木同
是爱的,把草木去养禽兽,又忍得。人与禽兽同是爱的,宰禽兽以养亲,与供
祭祀、宴宾客,心又忍得。至亲与路人同是爱的,如箪食豆羹,得则生,不得
则死,不能两全,宁救至亲,不救路人,心又忍得。这是道理合该如此。"③王

---

① 《礼记》云:"门内之治,恩掩义;门外之治,义断恩。"(《礼记·丧服》,吴哲楣主编:
《十三经》,第598页)
② 《孟子·滕文公》上,吴哲楣主编:《十三经》,第1378页。
③ 王守仁:《语录》三,《王阳明全集》,第108页。

阳明这里所说的道理并非是针对墨家思想的批评,甚至也根本无关于墨家理论,而是对儒家的一本论——"大人浑然与物同体"思想——所谓万物一体之仁展开过程的一个具体说明。而儒家道德之所以表现为一本论,关键也就在于儒家的道德必然是"有我"的,因而无论是做人还是爱人,也都必须从"我"做起、从"亲"爱起。这就是孟子所谓"一本"思想的完整含义;而孟子之所以要以"夫夷子信以为人之亲其兄之子为若亲其邻之赤子"来对夷子进行反问,同样是从儒家一本论道德之"有我"特征出发的。

至于孟子之所以批评夷子是所谓"二本",关键也就在于:当夷子坚持其所谓"施由亲始"时,他就不仅是"有我"的,而且也必然是从"有我"的前提出发的,因为只有"有我",才能"施由亲始",也才会形成"施由亲始"的选择。否则的话,所谓的"亲"又将如何论定呢? 但从墨家的"爱无差等"出发,也就必然会陷于人我无别的地步,实际上,也只有在人我无别亦即本质上"无我"的基础上,才能真正实现其所谓"爱无差等"。但是,当夷子又试图借助儒家的"若保赤子"来说明自己所坚持的"爱无差等"时,却又必然蕴含着一个"无我"的前提,或者说是必然会陷入一种"无我"的困境。因为只有彻底的"无我",才能真正实现所谓无差等之爱。这样一来,在"有我"与"无我"之间,也就构成了夷子在理论逻辑上之"二本"的紊乱。而这种"二本"现象,既构成了墨家思想崛起的最大动力,同时也是其最后不得不走向"中绝"的根本原因。

让我们先从当时的社会现实以及墨子对儒家的批评中探寻其理论崛起的基本原因。在墨子对儒家的诸多批评中,虽然也有所谓"以为其礼繁扰而不悦,厚葬靡财而贫民,久服伤生而害事"之类,但构成墨子背弃儒家立场的根本原因其实只有一点,这就是所谓"亲亲有术,尊贤有等,言亲疏尊卑之异也"。因为这一点不仅关涉到儒墨两家的根本分歧,也从根本上关涉到整个墨家思想的崛起以及其具体的理论生长点。至于其他方面的批评,则完全可以说是由其相互的这一根本分歧之具体展开与延伸而来的。

墨子为什么会把儒家的"亲亲有术,尊贤有等"视为其思想中最不可接受的一点呢? 这主要是因为,自孔子继承周公之道以来,亲亲与尊尊构成了儒家道德与政治的两层世界,同时也构成了儒家仁爱精神得以贯彻和落实的两大领域;而亲亲与尊尊同时又是这两大领域得以贯通与统一的基本原则。儒家思想的这一特质,既决定了其本质上的人文主义品格,当然同时也就彻底排除了任何世外救赎的可能。——中国人之所以既没有那种一神论基础上的外向超越性宗教，原则上也不相信所谓的外向性救赎，①主要是由儒家的主体性文化以及其彻底的人文主义性格决定的。

正是这种彻底的人文主义品格，从根本上决定了儒家必然要将人之"有我"作为其人生的第一出发点，这既表现着其文化的主体性特征，同时也规定了其民族性格之强烈的现实关怀以及其人伦与世俗的关注面向。而在亲亲与尊尊两大原则之下，必然要承认人与人之间的关系以及其相互的具体差别。如果这种差别仅仅是指人的生理与资质而言，那么可能没有人会反对这一点，但儒家却是将亲亲与尊尊作为其仁爱精神得以贯彻与落实的普遍性原则来实施的，这就不得不承认，在从"我"出发的人伦关系中，人与人之间确实存在着亲疏、远近、薄厚之种种不同，因而对墨家这样的社会下层来说，无论是从亲亲出发还是从尊尊出发，必然会沦落为一个最孤弱无助的群体。那么，在春秋战国这样一个战乱频仍的年代，这种"亲疏尊卑之异"又将意味着什么呢？这就意味着无论是从尊尊出发还是从亲亲出发，以墨翟为代表的社会下层必然存在于儒家的关注视野之外。明白了这一点，也就可以理解墨家何以一定要将儒家的亲亲、尊尊之道所导致的"亲疏尊卑之异"作为儒家思想最不可接受的毛病来批评，并且也一定要据此而另外开创新说。

当然，也正是这样一种反对与批评，同时也就构成了墨家思想崛起的根本动力。请先看墨子对人伦社会独特的关注视角与关注侧重：

> 今天下为政者，其所以寡人之道多，使其民劳，其籍敛厚，民财不足，冻饿死者，不可胜数也。且大人惟毋（无不）兴师，以攻伐邻国。②

---

① 关于中国人究竟信不信宗教的问题，现实生活中往往会表现为一种十分吊诡的情形，一方面，中国人似乎可以什么都信，既可以信佛，也可以信道、信上帝，甚至民间的大仙也可以信，而作为其典型表现，就是日常生活中所谓见佛就烧香，见道就磕头，见菩萨就拜，见官员就下跪。但另一方面，中国人所有的"信"也都必须要有一个根本性的前提，这就是作为信仰对象的"他者"必须能够保证"我"现实的福祉。否则的话，也就可以什么都不信，甚至连"天"也可以成为其诅咒的对象。比如《尚书》中所谓的"时日曷丧，予及汝皆亡"（《尚书·汤誓》）就是中国人最早的骂天之声；而"皇天无亲，惟德是辅。民心无常，惟慧是怀"（《尚书·蔡仲之命》），也可以说是对中国人之民族性格的一种准确揭示，而这种民族性格同样是由其文化之彻底的人文主义特征决定的。当然也可以说，这种彻底的人文主义文化本身也就是其民族性格的文化表现。

② 《墨子·节用》上，《诸子集成》第4册，第101页。

> 民有三患：饥者不得食，寒者不得衣，劳者不得息。三者民之巨患也。①

> 圣人以治天下为事者也，必知乱之所自起，焉（才）能治之；不知乱之所自起，则不能治……当察乱之何自起，起不相爱。臣子之不孝君父，所谓乱也。子自爱，不爱父，故亏父而自利；弟自爱，不爱兄，故亏兄而自利；臣自爱，不爱君，故亏君而自利。此所谓乱也……若使天下兼相爱，爱人若爱其身，有不孝者乎？视父兄与君若其身，恶施不孝，犹有不慈者乎？视弟子与臣若其身，恶施不慈？故不孝不慈亡有。②

这就是墨子对当时社会的所见所思。从其所视来看，他确实看到了太多的社会苦难：为政者只是一味"使其民劳，其籍敛厚，民财不足，冻饿死者，不可胜数也"；而下层老百姓则只能陷于所谓三大"巨患"而无法自拔，是即所谓"饥者不得食，寒者不得衣，劳者不得息"。但所有这些社会苦难究竟起源于哪里呢？这就起源于人与人建立在有"我"基础上的"自爱"与"不相爱"，所以也就有了因为不相爱而导致的"自爱"与"相贼害"现象："子自爱，不爱父，故亏父而自利；弟自爱，不爱兄，故亏兄而自利；臣自爱，不爱君，故亏君而自利。此所谓乱也"。在这里，所有的"自爱"都说明人首先是一种有"我"的存在，而所谓的"自爱"也正可以说是人人有"我"的表现。但在墨家看来，正因为人与人的这种有"我"与"自爱"，才导致了其相互之间的"相贼害"现象。

那么，对于这种由"不相爱"而导致的"相贼害"现象，墨家又当何以解救之呢？这就是必须以人与人的"兼相爱"来对治现实社会中的"相贼害"现象。如果真正能够以人与人的"兼相爱"来置换其相互的"不相爱"与"相贼害"的社会现实，那么也可以使人伦社会成为人与人兼相爱、交相利的乐园。所以墨子又说："视人室若其室，谁窃？视人身若其身，谁贼？故盗贼亡有。犹有大夫之相乱家、诸侯之相攻国者乎！视人家若其家，谁乱？视人国若其国，谁攻？故大夫之相乱家，诸侯之相攻国者亡有。若使天下兼相爱，国与国不相攻，家与家不相乱，盗贼无有，君臣父子皆能孝慈，若此则天

---

① 《墨子·非乐》上，《诸子集成》第4册，第156页。
② 《墨子·兼爱》上，《诸子集成》第4册，第62—63页。

下治。"①

从当时的社会现实来看,有谁会在社会大动荡的岁月中关注"民财不足,冻饿死者,不可胜数"现象呢? 有谁会把"饥者不得食,寒者不得衣,劳者不得息"作为亟待解决的"民之巨患"呢? 而在当时的儒、道、墨三家中,可能只有出身于社会下层的墨子才会对这些问题有着更为深切的感触,从而把如何解除"饥者不得食,寒者不得衣,劳者不得息"之所谓"民之巨患"作为自己的头等关怀,并千方百计地寻求解决之道。因为正是墨子的下层出身,也许正因为自己所曾经有过的"饥者不得食,寒者不得衣,劳者不得息"的经历,才会使墨子更为深切地感受并准确地抓住这些亟待解决的问题。所以说,墨家思想的形成,主要也就在于其独特的出身、经历以及其独特的关注视角。

那么墨家的解决方案是什么呢? 这就主要是前述已经总结出来的所谓"兼相爱,交相利"原则,因为所有这些社会苦难的形成根源在于人与人的"不相爱",并由"不相爱"进而发展成为人与人的"相贼害":"子自爱,不爱父,故亏父而自利;弟自爱,不爱兄,故亏兄而自利;臣自爱,不爱君,故亏君而自利。此所谓乱也"。正由于人与人的"不相爱"进而所导致的"相贼害",才会形成墨家这种专门以"兼相爱"来对治"不相爱"与"相贼害"的主张。这样,面对春秋战国这样一个乱世,墨家也就以其正视社会苦难的精神,从而形成了其最直接、最基本的救世主张。

作为墨家的救世主张,"兼爱"的本质特征在于爱人如己——"视人身若其身",所以墨子完全可以针对当时的社会现实从而提出如下铿锵有力的反问:"视人室若其室,谁窃? 视人身若其身,谁贼?"以及"视人家若其家,谁乱? 视人国若其国,谁攻?"墨子的反问确实是极为有力的,但作为一种救世主张,其是否有力并不取决于其理论的逻辑,主要取决于其实现前提,即究竟怎样、究竟如何才能真正使人们做到"视人家若其家"、"视人室若其室"以及"视人身若其身"? 因为这种"视人身若其身"的规定本身也就蕴含着一个完全"无我"的前提;也只有真正的"无我",才有可能真正做到所谓"视人身若其身"、"视人家若其家"。茫茫天下,熙熙攘攘的人流,究竟谁才能够做到真正的"无我"呢? 这才是墨家理论所面临的真正困难。

---

① 《墨子·兼爱》上,《诸子集成》第4册,第63页。

为了解决这一难题,墨子不得不上求于夏、商、周三代所共同尊奉的天,并试图以天之意志——"天志"来迫使每一个个体都必须无条件地成为"无我",即毫不利己、专门利人的人,从而形成一个毫不利己、专门救人的群体,并从其"非我"或"无我"的位格出发,成为所谓"天志"的人间落实与第一推动力;或者说,通过这样的努力,人与人的关系也就可以成为"天志"的落实与具体体现了。请先看墨子"天志"的思想是如何提出的:

> 子墨子言曰:"今天下之士君子,知小而不知大。何以知之? 以其处家者知之。若处家得罪于家长,犹有邻家所避逃之,然且亲戚兄弟所知识,共相儆戒,皆曰不可不戒矣,不可不慎矣。恶有处家而得罪于家长,而可为也。非独处家者为然,虽处国亦然。处国得罪于国君,犹有邻国所避逃之,然且亲戚兄弟所知识,共相儆戒,皆曰不可不戒矣,不可不慎矣……且语有之曰,晏日焉而得罪,将恶避逃之? 曰,无所避逃之。夫天不可为林谷幽门无人,明必见之。然而天下之士君子之于天也,忽然不知以相儆戒……然则天亦何欲何恶,天欲义而恶不义。然则率天下之百姓以从事于义,则我乃为天之所欲也。我为天之所欲,天亦为我所欲。"①

这就是说,墨子是试图把自己"兼相爱,交相利"的主张提升到"天志"的高度,或者说墨子是试图以所谓"天志"的方式来落实自己的"兼相爱"主张的。所以,就在《天志》一文中,墨子又反复申明说:"今夫天,兼天下而爱之……爱人利人者,顺天之意,得天之赏者有之,憎人贼人,反天之意,得天之罚者亦有矣。"②"今天下之士君子之欲为义者,则不可不顺天之意矣。曰:顺天之意何若? 曰:兼爱天下之人。何以知兼爱天下之人也? 以兼而食之也。"③而在《墨子》一书的其他篇章中,这种以"天志"方式所表现出来的兼相爱,交相利思想也得到了非常广泛的表达,比如:"既以天为法,动作有为,必度于天,天之所欲则为之,天所不欲则止。然而天何欲何恶者也? 天必欲人之相爱相利,而不欲人之相恶相贼也……爱人利人者,天必福之;恶人贼人者,天必祸之。"④

---

① 《墨子·天志》上,《诸子集成》第 4 册,第 118—119 页。
② 《墨子·天志》中,《诸子集成》第 4 册,第 125 页。
③ 《墨子·天志》下,《诸子集成》第 4 册,第 131 页。
④ 《墨子·法仪》,《诸子集成》第 4 册,第 12—13 页。

当墨子将其"兼相爱"主张提升到"天志"、"天意"的高度时,一方面,确实从理论上解决了其"兼相爱"主张所面临的现实难题,同时也以天之意志的方式从理论上解决了其实现的动力问题。不仅如此,墨子还根据夏、商、周三代的历史经验,举出"三代圣王,禹汤文武,此顺天意而得赏也;昔三代之暴王,桀纣幽厉,此反天意而得罚者也"①。这样一来,墨子不仅总结了三代的历史经验,而且还从正反两个方面的历史经验中提出了士君子应当学习和效法的榜样。所以,在《天志》一文的末尾,墨家后学也不无欣喜地写道:子墨子这样的做法就是:"以天之志为法也。"②

这样一来,当墨子形成以"天志"、"天意"的方式来贯彻其"兼相爱"主张时,似乎也就解决了其"兼相爱,交相利"主张所面临的一切难题,因而墨子也就不无欣喜地将其关于"天志"的论说称为"法仪",并认为这是裁量天下一切事物是否合理以及是否应当存在的唯一标准:

> 故子墨子之有天之意也,上将以度天下之王公大人为刑政也,下将以量天下之万民为文学出言谈也。观其行,顺天之意,谓之善意行;反天之意,谓之不善意行。观其言谈,顺天之意,谓之善言谈;反天之意,谓之不善言谈;观其刑政,顺天之意,谓之善刑政;反天之意,谓之不善刑政。故置此以为法,立此以为仪,将以度天下之王公大人卿大夫之仁与不仁,譬之犹分黑白也。③

而对墨子本人来说,这种"天志"也就成为其裁量天下一切是非的绝对标准了。请看墨子的如下自诩:

> 我有天志,譬若轮人之有规,匠人之有矩。轮匠执其规矩,以度天下之方员(圆),曰:中者是也,不中者非也。④

那么,对于墨子这样的"执法者"我们又将如何评价呢? 在这里,我们暂且不去评价墨家的形象问题,而应当先弄清墨家的这种思想究竟是如何形成的。首先,墨子思想的基本出发点包括其背弃儒家思想的根本原因,主要就在于儒家的亲亲、尊尊之道所导致的"亲疏尊卑之异也",就此而言,应当说墨家似乎主要在于追求一种人人平等的思想。而这种追求,既是其社会下层出身的

---

① 《墨子·天志》上,《诸子集成》第4册,第120页。
② 《墨子·天志》下,《诸子集成》第4册,第137页。
③ 《墨子·天志》中,《诸子集成》第4册,第129页。
④ 《墨子·天志》上,《诸子集成》第4册,第122页。

表现,同时也可以说是一种应当充分肯定的普遍平等思想。就墨家当时的现实关注而言,当他看到社会下层在战乱中的"冻饿死者,不可胜数"以及日常生活中大量存在的"饥者不得食,寒者不得衣,劳者不得息"之所谓"民之巨患",并且希望从根本上改变这种现状时,同样是应当充分肯定的,而这种想法也同样是其社会下层出身的典型表现。至于其所设想的如何对治人与人之间"不相爱"的现实从而提出所谓"兼相爱"以及爱人如己——"视人身若其身"的理想,同样是应当高度肯定的。因为所有这些"视人身若其身"、"视人室若其室"以及"视人家若其家"、"视人国若其国"的理想,也一直都是人类社会的共同理想,而且至今仍然不失其高尚的意义。

那么,墨家的问题究竟出在哪里呢?这就同样出在其理想中。因为如果说墨家就是要求从根本上追求人人平等,实现所谓"官无常贵而民无终贱,有能则举之,无能则下之"①的政治理想,那么这样的想法直到今天也仍然不失其积极意义。但问题在于,墨家所设想的爱人如己的"兼相爱"以及"视人家若其家"、"视人国若其国"的理想却全然是通过所谓"天志"来实现的,而"天志"说到底又不过是墨子手中以度天下之方圆的内在规矩而已,这就出现了很大的问题。更为重要的是,按照墨子的设想,要实现这种"视人家若其家"、"视人国若其国"的理想,每一个个体又都必须首先放弃自我的位格,或者说必须使自我成为一个真正的"无我",从而完全成为贯彻"天志"的工具,这就难乎其难了。因为如果说墨子是要追求人人平等且相亲相爱的社会理想,那么这一点实际上也就是周公、孔子的事业,就是要在"天下为家"的时代实现所谓"天下为公"的理想,但墨子对这一理想的实现方式却并不是诉之于人心、诉之于人的精神,而是诉之于"天志";而其诉之于"天志"的特点,又首先是要求人们必须无条件地放弃自我或根绝"自我"之有我的位格,从而完全以"无我"的方式使自我成为贯彻"天志"的工具。这又等于说,在实现人的解放之前,墨家便首先要求消解每一个个体的自我位格,或者说是通过彻底消解自我位格的方式来实现所谓自我的解放。所以,对于墨家这样的解放思路,庄子当时就以所谓"反天下之心"②来概括。

实际上,在谋求人的彻底解放这一点上,儒墨两家是完全一致的。但

---

① 《墨子·尚贤》上,《诸子集成》第4册,第27页。
② 《庄子·天下》,郭庆藩编:《庄子集释》,第1178—1179页。

是,在如何实现这种解放的具体思路上,儒墨两家则表现出了一种根本性的分歧与对立:对于现实的人生或人生中的现实,儒家历来是一种基本认可的态度,也就是说,儒家的基本思路是从现实出发以向着理想前进;从人之现实的"有我"出发以升华其"小我",从而实现向"大我"的超越。而墨家则是试图通过所谓上天的意志,从而对现实的人生或人生中的现实一笔抹杀,并试图通过让人们彻底放弃"小我"的方式以直接从"天志"出发来规范每一个自我的人生,或者说也就是要完全从"天志"与"无我"出发来彻底改变现实的人生。所以,在"有我"与"无我"的问题上,恰恰表现出儒墨两家对于现实人生之一种根本不同甚或完全相反的态度:儒家"有我"的人生态度,既包含着其对现实人生之一定程度的承认与认可,也包含着其从现实出发以提升人生的努力(这一点实际上既包含着儒家对人之生命有限性的承认,同时也包含着儒家对现实人生并不满意而希望得到改进、提升的愿望);而墨家的"无我"则不仅意味着其对现实人生之"有我"现状的一种彻底否定,而且还要求必须从"天志"出发,以实现对现实人生进行彻底的改造。正是在这个意义上,儒家便完全可以认同周公以来的亲亲、尊尊之道,而墨家则要求"非命"、"非乐"包括"非儒",——实际上也就是要求对现存世界及其秩序的一种彻底打碎;至于其"节用"、"节葬"之类,则既是其所谓的"背周道而用夏政",同时也是从其社会下层的生活经验出发从而对现存世界及其秩序展开一种彻底的改造。至于所谓《非攻》,则既表现着墨子以其"天志"精神对战乱中小民百姓的同情,同时,其《公输》篇中止楚伐宋一事,也表现着墨子希望彻底改变现存秩序之一种切实的努力。

不仅如此,墨子在形成其"天志"与"法仪"的思想后,同时还要求"尚同",并要求依据"天志"精神来重新安排人间的秩序。请看墨子对人间秩序的安排:

> 是故选天下之贤可者,立为天子;天子立,以其力为未足,又选择天下之贤可者,置立之以为三公。天子三公既以(已)立,以天下为博大,远国异土之民、是非利害之辩,不可一二而明知,故划分万国,立诸侯国君。诸侯国君既已立,以其力为未足,又选择其国之贤可者,置立之以为政长。①

---

① 《墨子·尚同》上,《诸子集成》第4册,第44页。

在这一基础上,所有人间的政令也就可以表现为如下情形:

> 上之所是,必皆是之;所非,必皆非之……乡长之所是,必皆是之;乡长之所非,必皆非之……国君之所是,必皆是之;国君之所非,必皆非之……天子之所是,皆是之;天子之所非,皆非之。①

这就成为一种上下往返式的双重金字塔结构了,——从权力结构到思想统一也都必须完全服从所谓从上到下的原则。而在这一金字塔结构中,不要说乡长、诸侯,就是天子、三公也就必须无条件地成为贯彻"天志"的生物工具;而墨子本人则手持"天志"的"法仪",犹如"轮匠执其规矩,以度天下之方员(圆),曰:中者是也,不中者非也"。这样一来,如果说墨子还承认人伦社会与人伦世界,那么这种人伦社会也就意味着全民的工具化,整个人类的工具化。

在墨子这一以"天志"、"法仪"和"尚同"为特征的拯救之道中,墨子本人固然可以身先士卒,真正坚持一种毫不利己、专门利人的精神,并以彻底的"无我"服务于全社会乃至整个人类的解放事业。但与此同时,则所有的人,从乡长到诸侯,以至于三公、天子,也就必须无条件地交出自己的思想权、自由权和意志权,并且也都必须全心全意地按照"上之所是,必皆是之;所非,必皆非之"的原则来规定自己的言谈举止与衣食住行。这样一来,天下所有的人将都会吃同样的饭,说同样的话,穿同样的衣服,迈同样的步伐。——这就是墨子所希望推行的大禹之道。

那么,何以说墨子这种拯救方式就是"背周道而用夏政"呢?这是因为,一方面,在夏、商、周三代中,墨子最为推重夏道,也最尊重大禹精神。所以,不仅其人格形象完全是按照大禹的形象来设计的,而且《淮南子》所谓的"禹身执虆垂(畚插),以为民先"的形象实际上也就是按照墨子所设想的大禹形象设计出来的。除此之外,在墨子所有的理论论说中,他也总是以"夏道"为榜样。请看墨子的如下论说:

> 古之民未知为舟车时,重任不移,远道不至,古圣王作为舟车,以便民之事,其为舟车也,全固轻利,以任重致远,其为用材少,而为利多,是以民乐而利之。②

---

① 《墨子·尚同》上,《诸子集成》第4册,第45—46页。
② 《墨子·辞过》,《诸子集成》第4册,第21页。

公输子削竹木以为鹊,公输子自以为至巧。子墨子谓公输子曰:"子之为鹊也,不如匠之为车辖,须臾刘(镂)三寸之木,而任五十石之重。故所为功,利于人谓之巧,不利于人谓之拙。"[1]

今若有一诸侯于此,为政其国家也,曰:凡我国能射御之士,我将赏贵之;不能射御之士,我将罪贱之,问于若国之士,孰喜孰惧,我以为必能射御之士喜,不能射御之士惧。[2]

从上述所论中,我们也能清楚地看出墨子对夏道的推崇,其所举的舟车、射御等,也确实代表着夏代的社会文明,或者说也就代表着夏代文明的最高发展。正是在这个意义上,《淮南子》才以所谓"背周道而用夏政"来概括墨子思想的归向。

不过,虽然墨家是以"背周道而用夏政"的方式来高扬自己的理想的,可真正能够使这一大旗高扬起来的关键性因素——"天志"却并不属于"夏政",而只能说是殷商时代神秘天命观的变种,因为质朴的夏人是"事鬼敬神而远之"的。至于构成其在历史重大关头的选择(比如夏人之所以选择夏启而背弃大禹所选定的益)也是以承认"实力"而不承认其所谓"天命"的,只有殷商的纣才会在"西伯戡黎"时发出"呜呼,我生不有命在天"的感喟。这说明,墨家能够赏罚报应的"天志"其实并不来自"夏政",而只能在殷人神秘的天命观中找到自己的出处。之所以说道墨两家在夏商文化之间走了一条交叉互渗路线,正是从墨家将殷商的天命观改变为能够赏罚报应的"天志"而言的。

这样一来,在中国春秋时代所形成的儒、道、墨三家中,也就等于是按照夏、商、周三代所曾经展开的次序,并以反向溯源的方式展开了各自的思想创造与人生追求。从这个角度看,班固所谓的诸子出于王官论,似乎还是有一定道理的。因为在"学在官府"的时代,官家的思想也就代表着全民的思想;而后起思想之形成,也就不得不通过路径依赖的方式以形成自己的思想途辙。从这个意义上说,中国的儒、道、墨三家所借助的夏、商、周三代之道,一定程度上也就构成了后世思想家所以形成其思想之一种共同的母体。

---

① 《墨子·鲁问》,《诸子集成》第 4 册,第 292 页。
② 《墨子·尚贤》下,《诸子集成》第 4 册,第 38—39 页。

第五章 始基、根源与现实——儒、道、墨、法的形成及其不同走向

当春秋时代先后出现了儒、道、墨三家之后，也就意味着在传统的"王官"世界之外形成了一种思想与精神的世界。由于当时政治制度的破坏、人伦秩序的崩塌，因而从某种程度上说，这种思想与精神的世界不仅比现实世界显现出更大的合理性与神圣性，而且也因为它是以神圣的三代作为文化背景的，并且也始终坚持着所谓三代的精神方向，因而当时的思想世界实际上也就成为现实世界的精神引领者了。

但这只是问题的一个方面，表明人们在现实的"礼崩乐坏"之外既要探寻其所以如此的原因，同时还要以思想探索与理想追求的方式来探讨现实世界的发展方向。正由于这样一种历史背景，因而对于刚刚形成的儒、道、墨三家来说，又会因为其各自不同的文化背景与思考坐标从而也就形成了不同的探索走向；而在这三家中，其关于人伦社会之不同走向的探讨以及其对于思想世界领导权之争夺，又不能不使其相互之间展开激烈的竞争。这就成为从春秋到战国的过渡，而这种过渡，同时也就成为诸子学的兴起。——班固所谓的九流十家，其实也就是对当时思想界之一种简单的归类或概括。

一、子学的形成及其"互绌"格局

无论是从思想的形成还是就其对现实之反映而言，儒家都始终是正对着春秋时代礼崩乐坏与人伦失范之社会现实的，就这一点而言，儒家当然是

中国思想文化的主体。但从另一方面来看,则无论是从其学派之创始人(比如孔子之与老子)的年龄上看还是就其所借重的文化背景与思想坐标之形成的历史先后来看,则道家似乎又比儒家更具有历史的先在性(儒家的文化背景在周,而道家的文化背景则在于夏商)。因此,当孔子拜会老子时,老子对于孔子的赠言也就完全是一个长辈对晚辈之教诫的口气。当然大体说来,这样的口气也是比较符合人与人交往的一般规则的,因为孔子本来就是带着请教的心态前往的。所以,老子当时也就明确地提出了对孔子如下告诫:

> 子所言者,其人与骨皆已朽矣,独其言在耳。且君子得其时则驾,不得其时则蓬累而行。吾闻之,良贾深藏若虚,君子盛德,容貌若愚。去子之骄气与多欲,态色与淫志,是皆无益于子之身。吾所以告子,若是而已。①

仅从这一告诫来看,就知道老子实际上并不赞同孔子的看法,而且老子似乎也承认他们之间是一种所谓"道不同,不相为谋"②的关系,所以才真诚而又坦率地提出了自己的批评与建议。但在司马迁的记载中,孔子在见老子之后也有如下一段感慨:

> 孔子去,谓弟子曰:"鸟,吾知其能飞;鱼,吾知其能游;兽,吾知其能走。走者可以为罔,游者可以为纶,飞者可以为矰。至于龙吾不能知,其乘风云而上天。吾今日见老子,其犹龙邪!"③

孔子的这一通感慨,如果说是表达其对老子这个人的敬意,——表示老子的思想确实是出于孔子的预料之外,那么这确实是可信的。但如果说孔子的这一通感慨就是认为老子的思想对儒家而言是既不在走兽之列也不在飞禽之列又不在游鱼之列,因而也就是所谓能够"乘风云而上天"的"龙",那就完全成为一种溢美之词了。

为什么这样说呢?因为司马迁后面的记载也就说明了其中的原委:"世之学老子者则绌儒学,儒学亦绌老子。'道不同,不相为谋',岂是之谓邪?李耳无为自化,清净自正。"④这就是说,从具体的思想主张而言,儒道

---

① 司马迁:《史记·老庄申韩列传》,《二十五史》卷一,第 177 页。
② 《论语·卫灵公》,吴哲楣主编:《十三经》,第 1306 页。
③ 司马迁:《史记·老庄申韩列传》,《二十五史》卷一,第 177 页。
④ 司马迁:《史记·老庄申韩列传》,《二十五史》卷一,第 177 页。

两家确实是一种"道不同,不相为谋"的关系。而这种关系,不仅表现在儒家的基本主张中,同时也表现在老子此后所著的《道德经》一书中。

当孔子见老子时,他是尊鲁君之命,带着"问礼"的心态去拜访的,虽然其时孔子的思想规模未必就已经定型,但其基本方向肯定已经形成了,不然的话,也就不会有"适周问礼,盖见老子云"①这样的记载。而《论语》中的如下说法,实际上也足以表达孔子关于人伦社会的基本志向:

子曰:"为政以德,譬如北辰,居其所而众星共之。"②

子曰:"道之以政,齐之以刑,民免而无耻。道之以德,齐之以礼,有耻且格。"③

孔子这样的思想,未必就形成于其见老子之前,但其"道之以德,齐之以礼"的"为政"方向,则肯定在见老子之前就已经形成了。因为其继承周文化的方向尤其是继承周公事业的志向只能使他以"德"与"礼"为核心,并以之作为"纲纪天下"的主要方法,而这也正是孔子对周公思想的继承表现。其实,这可能就是老子批评他"子所言者,其人与骨皆已朽矣,独其言在耳"的原因。

对老子来说,虽然他也向孔子提出了"去子之骄气与多欲,态色与淫志,是皆无益于子之身"的建议,但他也分明能够感到其与孔子在探索志向上的分歧。所以,当他"居周久之,见周之衰"以至于要西游而去时,虽然当时的天下既不是按照他的预测来发展的,同样也不是按照孔子的期望发展的,但他也仍然要表达其与孔子的不同看法。于是,《史记》中便有了如下一段记载:

居周久之,见周之衰,乃遂去。至关,关令伊喜曰:"子将隐矣,强为我著书。"于是老子乃著书上下篇,言道德之意五千余言而去,莫知其所终。④

这一段记载说明,《道德经》其实是老子在隐世之前所著,甚至也可以说是老子思想之仅见于世者。虽然《道德经》未必就是专门为了批评儒家而作的,但儒家的思想主张却无疑就是其所批评的主要对象。而从当时的情况

① 司马迁:《史记·孔子世家》,《二十五史》卷一,第147页。
② 《论语·为政》,吴哲楣主编:《十三经》,第1261页。
③ 《论语·为政》,吴哲楣主编:《十三经》,第1261页。
④ 司马迁:《史记·老庄申韩列传》,《二十五史》卷一,第177页。

来看,如果说《道德经》对当时的思想界确实有所批评,那么它也就只能针对儒家而言了。因为当时所谓的思想界,能够明确提出自己之思想主张的也只有儒家;而从司马迁对《道德经》之"言道德之意"的总体概括来看,其相互的分歧似乎也就主要集中在儒家所坚持之"德"与道家所倡导的"道"之间。

所以,对《道德经》来说,如果说其思想主张确实有所反衬、有所批评,那么也就只能是针对儒家而言的。比如:

> 失道而后德,失德而后仁,失仁而后义,失义而后礼。夫礼者,忠信之薄而乱之首。①

> 曲则全,枉则直,洼则盈,敝则新,少则得,多则惑。是则圣人抱一而为天下式。不自见,故明;不自是,故彰;不自伐,故有功;不自矜,故长。夫唯不争,故天下莫能与之争。②

> 知其雄,守其雌,为天下溪。为天下溪,常德不离,复归于婴儿。知其白,守其黑,为天下式。为天下式,常德不忒,复归于无极。知其荣,守其辱,为天下谷。为天下谷,常德乃足,复归于朴。朴散则为器,圣人用之,则为官长。③

> 天地所以能长且久者,以其不自生,故能长生。是以圣人后其身而身先,外其身而身存。非以其无私邪,故能成其私。④

> 吾所以有大患者,为吾有身。及吾无身,吾有何患? 故贵以身为天下者,若可寄天下;爱以身为天下者,若可托天下。⑤

上述有所建言性的话语,几乎全都是针对儒家而发的。所谓"失道而后德,失德而后仁,失仁而后义,失义而后礼"无疑就是直接针对儒家的道德仁义主张与礼乐制度而发的;至于所谓"夫礼者,忠信之薄而乱之首"一说,也是明确地表达了其与儒家主张之针锋相对的性质。至于中间的几条,则从"曲则全,枉则直"到"知其雄,守其雌"、"知其白,守其黑"、"知其荣,守其辱"以及"夫唯不争,故天下莫能与之争"等,则又等于明确地揭示了道家与

---

① 《道德经》第三十八章,《诸子集成》第3册,第23页。
② 《道德经》第二十二章,《诸子集成》第3册,第12页。
③ 《道德经》第二十八章,《诸子集成》第3册,第16页。
④ 《道德经》第七章,《诸子集成》第3册,第4页。
⑤ 《道德经》第十三章,《诸子集成》第3册,第7页。

儒家之不同方向以及其不同的方法与入手,这就是必须从相反的方向去努力,而绝不能像儒家那样直面人伦失范的社会现实并直接针对这种现象想办法。至于其所谓的"贵以身为天下者,若可寄天下;爱以身为天下者,若可托天下"之类,则又是对儒家人生态度的一种再批评,认为一个人如果不爱其身、不贵其身,那么这样的人肯定是无法承担所谓"寄天下"与"托天下"之重任的。对儒家而言,这也是再明确不过的批评性言论了。

　　这样的批评当然也就可以说是代表道家对于当时思想界的总体表态,就儒家而言,虽然孔子并没有明确批评老子的言论,但当孔子在以后的周游列国中面对楚狂接舆的嘲笑,又受到长沮、桀溺的讽刺时,他所表达的人生态度实际上也就等于是对老子批评的一种明确回答:

　　　　夫子抚然曰:"鸟兽不可与同群,吾非斯人之徒与而谁与? 天下有道,丘不与易也。"①

孔子的这一态度,从一定程度上说,也就可以说是针锋相对、毫不退让。因为在孔子看来,我们既然生而为人,那么除了以人道的方式与人间的各种罪恶鏖战到底,或者起码要促使这个世界尽可能地变得更美好之外还能有什么选择呢? 除了这样一种人生态度,那我们也就只能进入山林,从而与鸟兽为伍了。这说明,孔子承认现实世界确实不尽如人意,但这也正是儒家积极入世的根本原因;如果现实人生就已经是所谓"天下有道"的世界,那么儒家也就没有必要如此凄凄惶惶地周游列国以寻找出仕从政的机会了。孔子的这一表态,显然是一种人生底限式的表达;而这一表达,同时也就把儒道两家的分歧,即究竟是直面人生的厄运与罪恶还是进入山林以寻找所谓自我清净之路的分歧就明确地揭示出来了。

　　孔子的这一表态,一下子就略去了其与道家在所有关于道与德、仁与义以及礼与乐之所谓"先后"问题上的分歧,从而也就把问题直接提到了究竟应当如何面对我们当下的人生这样一种根本心态上。孔子的态度,自然是直扑人生的火海,哪怕是杀身成仁、于世无补在所不惜(因为这是由人之为人的仁心决定所必然如此的);而老子所代表的道家,虽然清醒、理智,却似乎总有一种隔岸观火的心态,并且也以所谓举世皆醉之心冷峻地面对着人生之火,从而希望走出一条自我清净、自我解救之路。

---

① 《论语·微子》,吴哲楣主编:《十三经》,第1313页。

　　从这一点来看,儒道两家的分歧究竟在哪里呢? 道家是否就属于那种全然不顾人伦秩序崩塌的社会现实而一味探索自我清净之路的自私自利呢? 这显然是一种极而言之,也是将其观点推向极致而言。而就当时的社会现实来说,道家显然并没有如此冷心。因为如果老子已经对人生彻底绝望,那他根本没有必要与儒家"互绌"了;而其之所以对儒家既有批评也有建议,也说明其对人生还没有彻底死心,还存有一丝解救的愿望。那么儒道两家的分歧究竟在哪里呢? 这就存在于其相互不同的解救方向、不同的入手以及其不同的方法上。

　　在老子看来,既然世界总是沿着"反者道之动,弱者道之用"的方向发展的,那么人要在世界上达到自己的目的,也就不能直接以所谓硬碰硬的方式来正面面对人生的现实,而是必须以相反的方法、手段来促使它向着其反面转化,并在转化的过程中实现人的目的。具体来说,既然现实世界已经成为一个"人而不仁"的世界(孔子对当时社会的这一看法必然会得到老子的基本认可,这可能也就是其"见周之衰,乃遂去"的原因),那么为了达到人与人相亲相爱的目的,首先必须考察这种现象究竟是如何发生的,从而以所谓"守母以存子"的方式来促使其向着相反的方向转化,借以达到人与人相亲相爱的目的。正是在这一思路下,道家也就有了完全不同的选择与思路:

　　　　失道而后德,失德而后仁,失仁而后义,失义而后礼。夫礼者,忠信
　　之薄而乱之首。

在老子所有的思想主张中,这可能也就代表着其对儒家最直接的正面批评了;而这一批评同时蕴含着道家的不同思路。因为在老子看来,为孔子所津津乐道并念念不忘的那种礼乐文明,说到底也不过是人类社会发展之一系列"失道"、"失德"乃至"失仁"、"失义"的产物,如果仅就"礼"而言,那也就只能说是所谓"忠信之薄而乱之首"的表现。所以在道家看来,所谓直面人生的现实并试图通过挽救"礼"的方式来挽救社会的思路是根本行不通的,反而只能导致忠信之道的彻底消亡。真正有效的解救方法,就不应当是仅仅抓住所谓"德",更重要的则是必须抓住"道",并以"与道同在"的方式才能"守母以存子",从而达到挽救礼乐文明的目的。

　　在老子这一主张中,不仅充分表现了其不同于儒家的基本思路,而且也确实表现出道家的理智及其特色。首先,面对礼崩乐坏的社会现实,儒家确实是以一种积极入世的心态进行批评与纠偏的,并试图通过树立正面的人

伦标准的形式以引导人们向着这一方向前进；而道家则完全是以隔岸观火的心态、反向溯源的方式来探索导致其所以如此的实际原因，然后再通过所谓"与道同在"之"守母以存子"的方式来促使人伦社会向着合目的性的方向演进。从这个意义上看，老子从宇宙天道之所谓"惚兮恍兮"到人伦社会之"小国寡民"再到个体存身应世之所谓"复归于婴儿"的心态，其实并不是所谓复古倒退的社会历史观，而恰恰是以反向溯源的方式，既澄清现实社会所以如此的真实原因，同时又以所谓"守母以存子"的方式来促使其保持原初的精神与心态以从根源上解决问题。长期以来，学界往往以所谓复古倒退来定位老子的社会历史观，看来只能说是一种只知其然而不知其所以然的表现，或者说起码是没有探明其所以如此之真正原因就匆忙对其进行定性的表现。

那么，就对当时"礼崩乐坏"的救治策略而言，儒道两家的分歧究竟在哪里呢？这就主要集中在"道"与"德"的关系上，司马迁之所以要以"言道德之意"来概括老子的《道德经》，实际上在于他已经清楚地看到了儒道两家在"道"与"德"之关系问题上的不同侧重。儒家重"德"，是因为"为政以德，譬如北辰，居其所而众星拱之"；而这种侧重于主体德性式的聚焦，既受制于儒家直面人生现实的主体性精神，同时又反过来，完全成为儒家主体性精神的一种具体表现。而道家之所以重"道"，则主要是因为，在道家看来，人伦社会之所以会陷于礼崩乐坏的格局，并不仅仅是因为其主体本身的原因，同时或更重要的还存在着客观的社会历史大势方面的因素——所谓"道"的因素，而且也只有后者，才是天下万事万物发展演化之最终的决定力量。正因为道家的这一侧重，所以对于当时礼崩乐坏的社会现实，他们就不是诉之于作为社会主体的人，而是诉之于作为天地万物之本根、始源并作为主宰的"道"。这样，在面对人伦失范的社会现实这一重大问题上，儒道两家自然也就表现出两种完全不同的态度；老子的"失道而后德"一说也表明，在他看来，与儒家直接诉之于主体之德性相比，道家的思想观点既具有其形成上的根源性，同时也具有认知上的先在性。——儒道两家之"互绌"主要也就表现在这一点上。

这样一来，如果我们将儒道两家视为春秋时代礼崩乐坏现象之两种根本不同的解决思路或处置方式，那么道家也就是试图通过反向溯源的方式以从客观的社会历史的角度来解决问题。儒家虽然直面现实，并且也坚持从主体之德性入手,但却并不是所谓医头医脚式的以"礼"救礼,而是深入到"礼"之所以为礼之主体心理根源的层面,从而以更为根本的人之为人的方式来解决"礼"之为礼的问题。这样一种思路,同时也就决定了儒家内在而又超越的思想格局。这样,从一定程度上看,我们也就可以说儒道两家实际上都是面对现实的,但道家却往往是沿着时间的维度,并通过反向溯源的方式,以"守母以存子"的方式来面对现实的社会问题,并试图从"道"之演化发展的客观性角度来解决社会主体性的问题;而儒家则是直接从其主体性入手,并通过内在而又超越的思路,以从其主体之内在精神及其心理根源的角度来解决"礼崩乐坏"的问题。在中国历史上,儒家往往会因为其主体性的担当精神而批评道家是所谓"隐者"或"避世者",甚或是一味陶醉于自我解脱的自私自利,而道家则又往往认为儒家的解决路径既没有抓住肯綮,也不够理智,至于其方式方法,则说到底不过是一种扬汤止沸甚或是抱薪救火而已。实际上,儒道两家的这种相互批评,从一定程度说也都带有极而言之的特点。

正当儒道两家因为不同的思路而陷于"互绌"的格局时,沿着儒家旧有途辙走出来的墨翟则成为这一"互绌"格局中的后来者。但墨家与其说是作为儒家的盟友身份出现的,不如说同样是作为儒家的批判者甚或是反戈一击者出现的,因而墨家的出现,等于又将儒道两家的"互绌"现状拉向了一种所谓"儒墨之是非"的格局。由于墨子曾经"学儒者之业,受孔子之术",因而当时所谓"儒墨之是非"也就属于儒家直面人生现实之主体性路径所必然导致的内部分歧,所以一时成为思想界的焦点。加之儒墨两家都具有直面人生现实的特点,因而他们之间的分歧也就完全盖过了儒道两家的不同选择与不同路径。对于这一格局,韩非子概括说:

> 世之显学,儒墨也。儒之所至,孔丘也;墨之所至,墨翟也……取舍相反不同,而皆自谓真孔墨。孔墨不可复生,将谁使定后世之学乎?孔子墨子,俱道尧舜,而取舍不同,皆自谓真尧舜,尧舜不复生,将谁使定儒墨之诚乎?①

韩非子的这一嘲笑,从其对儒墨两家"俱道尧舜,而取舍不同"的概括来看,应当说他们自然都属于同一大方向的内部分歧。实际上,早在韩非子之前,庄子就有了"儒墨之是非"一说,并认为二者之间"欲是其所非而非其所是,则莫

---

① 《韩非子·显学》,《诸子集成》第5册,第351页。

若以明"①。庄子这里当然并不是要真正辨析儒墨两家之是非问题,而是说儒墨两家这种"欲是其所非而非其所是"的方式,只能使其相互的分歧陷于"莫若以明"的境地。这说明,儒墨两家确实有其共同的现实关怀一面,而其主张也都是直接针对现实问题而发的,但由于其对现实问题在观察视角与取舍侧重上存在着分歧,从而也就陷入了所谓"欲是其所非而非其所是"的境地。

就儒墨两家的共同性而言,他们的思想主张当然都是直接针对当时的人伦失范现象而发的。但其分歧则主要表现在如下几个方面:首先,儒家是直接针对当时的礼崩乐坏现象并通过所谓"礼云礼云,玉帛云乎哉?乐云乐云,钟鼓云乎哉"②以及"人而不仁,如礼何?人而不仁,如乐何"③的深层叩问,从而将"礼"提升到了人之为人的高度,并通过对"仁"之贯彻与落实来解决礼崩乐坏的问题。墨家虽然也关注现实,但由于其社会下层的出身,文化领域后来者的地位,因而其对儒家对于礼的关注深表不满,这不仅是因为墨家"以为其礼繁扰而不悦,厚葬靡财而贫民,久服伤生而害事……故节财薄葬闲服生焉"④,而且墨家所关注的重心,也始终聚焦在所谓"饥者不得食,寒者不得衣,劳者不得息"⑤之所谓"民之巨患"上。所以,在从现实出发这一点上,儒墨两家固然是极为一致的;但在关注现实之不同侧重与不同层面上,则儒墨两家仍然存在着很大的分歧。儒家始终关注作为现实主体之人的心理根源及其精神依据的层面,而墨家则始终聚焦于作为社会下层之衣食住行——所谓生存危机的层面,也正是因为这一原因,所以墨子才会将"饥者不得食,寒者不得衣,劳者不得息"作为"民之巨患"。这就是说,墨家必然要将社会下层的衣食住行问题作为其所面临的头等问题来解决。在这一基础上,墨家必然会以"非命"、"非乐"包括以所谓"非儒"等方式来贯彻其主张,而所有这些主张,实际上也就是要求对现存世界及其秩序的一种彻底打碎,以重新建构一套全新的社会秩序。至于其所谓的"节用"、"节葬"之类,也完全是从其社会下层的生活经验出发的。

但是,如果将儒墨两家的思想观点提升到一种做人精神的高度来看,那

---

① 《庄子·齐物论》,郭庆藩编:《庄子集释》,第70页。
② 《论语·阳货》,吴哲楣主编:《十三经》,第1310页。
③ 《论语·八佾》,吴哲楣主编:《十三经》,第1263页。
④ 《淮南子·要略》,《诸子集成》第7册,第375页。
⑤ 《墨子·非乐》上,《诸子集成》第4册,第156页。

么儒家的基本立场也就可以说是一种"有我",并且也始终坚持着一种做人从自我做起,立爱则自亲始的原则;而墨家的理论则要求必须具有一种"无我"的基本预设,至于其"兼爱"、"天志"与"尚同"诸说,也就必须从真正的"无我"出发才具有理论的彻底性。前述所谓墨者夷子与孟子关于"一本"与"二本"的争论,实际上也就是其相互在"无我"与"有我"上分歧的表现。正因为墨家始终存在着一种"无我"的基本立场,所以他才能对儒家的"亲亲有术,尊贤有等"发出"亲疏尊卑之异也"①的批判;而其"兼爱"所要求的"视人家若其家"、"视人室若其室"以及"视人身若其身"之类的规定,也只有在彻底"无我"的基础上,才能真正落到实处。至于儒家,则必然要从现实人生之"有我"立场出发,并通过"老吾老,以及人之老;幼吾幼,以及人之幼"②的方式,从而才能"纲纪天下……纳上下于道德,而合天子诸侯卿大夫士庶民成一道德之团体",至于后世儒家所谓的天地万物一体之仁,实际上也就是这样实现的。

就其追求指向来看,虽然儒墨两家都是从当时人伦失范的社会现实出发的,但孔子"周监于二代,郁郁乎文哉!吾从周"③以及"如有用我者,吾其为东周乎"④包括其所谓的"文王既没,文不在兹乎"⑤之类的感叹,也都说明孔子是明确以周文化为继承对象的。但墨子则通过"非命"、"非乐"以及"节用"、"节葬"之类的主张,明确表示他就是所谓"背周道而用夏政",所以在他的表彰中,大禹"身执虆垂(或为畚插),以为民先,剔河而道九岐,凿江而通九路,辟五湖而定东海"⑥的形象也就永远是其人生的榜样。

那么,在所有这些分歧中,墨家对于儒家最有力的批评集中在哪一点上呢?应当说这就主要集中在"亲亲有术,尊贤有等,言亲疏尊卑之异"一点上。因为这一点既典型地表现着墨家"兼爱"主张之"无我"的性质,同时也表现着其"兼爱"要求之"视人国若其国"、"视人家若其家"以及"视人室若其室"乃至"视人身若其身"的诸多规定,一句话,正因为墨家"兼爱"主张之

---

① 《墨子·非儒》下,《诸子集成》第 4 册,第 178 页。
② 《孟子·梁惠王》上,吴哲楣主编:《十三经》,第 1353 页。
③ 《论语·八佾》,吴哲楣主编:《十三经》,第 1264 页。
④ 《论语·阳货》,吴哲楣主编:《十三经》,第 1309 页。
⑤ 《论语·子罕》,吴哲楣主编:《十三经》,第 1280 页。
⑥ 《淮南子·要略》,《诸子集成》第 7 册,第 375 页。

"无我"预设,因而从理论逻辑的角度看,它似乎也最容易实现所谓"爱人如己"——"视人身若其身"的关怀。而儒家则由于其始终坚持不离开"我"来谈论人伦之爱,因而也就只能说是一种"有我"之爱;至于其所谓的做人从自我做起,立爱则自亲始,也就始终是以"有我"为基本前提的,所以它始终无法摆脱来自墨家"亲疏尊卑之异"的批评。

但墨家也同样面临着来自儒家的反驳与批评。比如当墨者夷子提出"爱无差等"时,立即遭到了孟子的如下反驳:

　　夫夷子信以为人之亲其兄之子为若亲其邻之赤子乎?①

实际上,这就等于是为墨家提出了一个可以当下验证的判决性试验,从而使得夷子根本无从逃遁。因为在孟子看来,无论是夷子还是任何其他人也都根本不可能做到这一点,——所谓"人之亲其兄之子为若亲其邻之赤子";即使能够做到这一点,说到底也不过是强行把捉着自己的本心而故意如此而已。至于王阳明对这一观点的看法,则其所举例证之反驳也许更为有力:

　　至亲与路人同是爱的,如箪食豆羹,得则生,不得则死,不能两全,宁救至亲,不救路人,心又忍得。②

甚至,就是夷子本人,当时也就遭到了孟子的如下反问:

　　吾闻夷子墨者,墨之治丧也,以薄为其道也;夷子思以易天下,岂以为非是而不贵也;然而夷子厚葬其亲,则是以所贱事亲也。③

所有这些反驳,也就向墨家提出了一个非常尖锐的问题:其所谓的"无我"究竟是一种理论逻辑上的预设,还是一种真正的做人精神? 如果说仅仅是一种理论预设,那么这种预设也就没有任何意义(因为毕竟不能说人生就是一种理论预设,从而完全把人生预设化);如果说这是墨家一种真正的做人精神,那么它就必然要面临王阳明所反驳的在"箪食豆羹,得则生,不得则死"的情况下究竟如何处理"至亲与路人"的问题。对于这一问题,由于墨者夷子当时就已经明确地作出了所谓"爱无差等,施由亲始"式的处理,因而也就立即遭到了孟子"二本"的反驳;如果夷子要彻底坚持其所谓"爱无差等"的原则——

---

① 《孟子·滕文公》上,吴哲楣主编:《十三经》,第 1378 页。
② 王守仁:《语录》三,《王阳明全集》,第 108 页。
③ 《孟子·滕文公》上,吴哲楣主编:《十三经》,第 1378 页。

完全一视同仁、爱人如己地"兼爱"路人,那他就必然会遭到"无父"①的反驳,因为其"无我"的前提预设也就必然会预示着一种"无父"的指向;如果他要坚持"施由亲始",那又必然会彻底否定其"爱无差等"的前提,从而又使其兼爱主张成为一种虚伪的预设。这就是孟子"二本"的反驳及其尖锐的二难指向。

反过来看,由于儒家的人伦之爱始终是一种"有我"之爱,而这种"有我"之爱不仅规定着其人伦之爱必须从我做起,自亲爱起,而且其"老吾老,以及人之老;幼吾幼,以及人之幼"也正是因为通过这种"有我"与"推恩"的方式来加以实现的。同时,也正是因为其人伦之爱的"有我"性质,所以才会有其以后所谓的"以及人之老"、"以及人之幼",才使这种理想之实现有了可能。进一步看,也正是因为儒家人伦之爱的"有我"性,所以才真正体现着儒家对于人之生命之有限性与局限性的认识,当然同时也就始终确保着其人伦之爱的现实性、实践性及其理想性的色彩,——从而既使其不可能走向外向救赎性的宗教,同时也不至于沦落为一种纯理论逻辑性的自诩或虚夸,②而是必须坚持从现实出发,从"我"做起、从亲爱起,并以人生实践的方式指向理想的未来。从这个角度看,应当说正是儒家人伦之爱的"有我"性,才使其道德理想主义有了主体性的基础与实践性的担当。

正由于春秋时代儒、道、墨三家所展开的这种来自不同立场与不同视角的相互攻错与相互批评,因而既构成了中国轴心时代的思想源头,同时也就成为以后诸子学的基本出发点与思想发展的原点坐标。总体而言,当时的儒、道、墨三家实际上也都是从春秋时代礼崩乐坏的社会现实出发的,但儒道两家的分歧主要在于,究竟应当以反向溯源的方式走向历史的源头从而对其作出实际成因上的分析与说明,还是应当走向主体之具体发生的内在

① 孟子云:"杨朱、墨翟之言盈天下,天下之言不归杨,则归墨。杨氏为我,是无君也;墨氏兼爱,是无父也。无君无父,是禽兽也。"(《孟子·滕文公》下,吴哲楣主编:《十三经》,第1382页)

② 在20世纪关于儒家人伦之爱的讨论中,一种来自基督教的神性之爱几乎弥漫了中国的理论界,人们纷纷从神性之爱的"无我"位格出发以对儒家的人伦之爱展开了各种各样的批评,比如由于儒家人伦之爱的"有我"性,因而也就被视为腐败的始作俑者,所以一大批儒学研究者也纷纷就此问题展开了一种广泛而又深入的讨论。请参见郭齐勇先生主编的系列论文集:《儒家伦理争鸣集——以"亲亲互隐"为中心》,湖北教育出版社2004年版;《〈儒家伦理新批判〉之批判》,武汉大学出版社2011年版;《正本清源论中西——对某种中国文化观的病理学剖析》,华东师范大学出版社2014年版。

心理与精神根源本身？而儒墨两家之分歧则主要集中在究竟应当从现实主体之"无我"规定或"无我"预设出发以统摄现实人生并要求现实的人生主体必须无条件地向着这种"无我"看齐，还是应当从现实人生与现实主体之"有我"限制出发以走向"我之超越"或"超越的我"？正是在道墨两家的差异、比衬与双向夹击中，儒家既展现了其从现实之"我"出发以走向"我"之内在的心理根源一面，同时，又在道墨两家的夹击与批评下走向了"我之超越"或"超越之我"的一面。由此之后，儒、道、墨三家之相互攻错与相互批评，也就使得中国文化、思想与哲学获得了一个崭新的起点。

二、天道性命相贯通——儒家的方向

当孔子继承周公之业——"纳上下于道德，而合天子诸侯卿大夫士庶民成一道德之团体"，亦即将周公的礼乐制度提升至人之为人的一种普遍性自觉时，也就为儒学的形成以及其所倡导的君子人格提供了一种坚实的基础。也就是说，由于孔子将"礼"提升到了人之为人——所谓"仁"的高度，因而所谓礼乐文明所熏陶的君子人格就不再是人伦社会所需要的一种外在规范性的要求，而是已经成为每一个体内在之仁充分自觉的表现了。正是从这个意义上说，孔子才真正成为儒学的创始人。

显然，孔子这一巨大的进步主要是通过对"礼之为礼"的内向性叩问与对人之为人的深入思索以及其普遍性落实实现的，尤其是对人之为人的深入思索以及其普遍性自觉这一点，几乎成为孔子能够开创私家教育、开创儒家学派的一种思想基础与精神支撑。虽然孔子已经将三代以来所积淀的六艺"打包"而为"文、行、忠、信"四种基本的品行，表明他已经将传统的技能之"士"提升到了君子人格的高度，但孔子思想最为重要的一点，则在于其对"仁"的普遍性自觉并结合人之具体生质以及其特点之"因材施教"性的培养。[①]　正因

---

①　子路问："闻斯行诸？"子曰："有父兄在，如之何闻斯行之！"冉有问："闻斯行诸？"子曰："闻斯行之！"公西华曰："由也问'闻斯行诸'，子曰：'有父兄在'；求也问'闻斯行诸'，子曰：'闻斯行之'。赤也惑，敢问。"子曰："求也退，故进之；由也兼人，故退之。"（《论语·先进》，吴哲楣主编：《十三经》，第1288页）

为这一特点，才成就了孔门"弟子三千，贤人七十"的规模与格局。而在孔子的三大高弟中，颜回之仁、子贡之智与子路之勇，就既代表着其对"仁"之本质的一种普遍性落实，同时也是以个体人格的方式对智、仁、勇三种德性进行了一种特殊的落实与具体的展现。详细评点这三位的特殊表现将是一个非常有意义的人生话题，但我们这里毕竟不能陶醉于这些思想史细节，而是必须通过子贡之智以引导出孔子思想的另一维度。

在孔门弟子中，子贡往往被列在"德行"、"政事"、"言语"、"文学"四科中的"言语"一科，并且还常常以与"回也屡空"相比较的方式说"赐不受命而货殖焉，亿则屡中"[1]。这说明，子贡所属的"言语"一科并非仅仅是属于那种善于言辞一类，而是机智、辞令包括外交才能几个方面的统一。如果再结合其在当时的具体表现，则从司马迁所赞叹的"子贡一出，存鲁，乱齐，破吴，强晋而霸越。子贡一使，使势相破，十年之中，五国各有变"[2]的情况来看，则子贡无疑可以说是一名卓越的外交活动家。孔子当然也非常清楚子贡的这一特点，所以，当鲁国面临强齐的威胁而亟待救助时，"子路请行，孔子止之。子张、子石请行，孔子弗许。子贡请行，孔子许之"[3]。因为孔子知道，只有子贡的才智才能破解这一危局，从而也就有了"子贡一出，存鲁，乱齐，破吴，强晋而霸越……十年之中，五国各有变"的格局。但就子贡在孔子门下的情况来看，则司马迁所说的"子贡利口巧辞，孔子常黜其辩"[4]，应当说可能是比较真实的情况。如果再结合孔子"回也，非助我者也，与吾言无所不说"[5]的感叹来看，那么子贡常使孔子"黜其辩"之类的问难，往往会对孔子形成一种很大的激发。比如孔门师徒的如下一段讨论：

冉有曰："夫子为卫君乎？"子贡曰："诺，吾将问之。"入曰："伯夷、叔齐何人也？"曰："古之贤人也。"曰："怨乎？"曰："求仁而得仁，又何怨？"

出，曰："夫子不为也。"[6]

在这一问答中，冉有、子贡所关心的主要在于"夫子为卫君"——是否帮助

---

① 司马迁：《史记·仲尼弟子列传》，《二十五史》卷一，第 183 页。
② 司马迁：《史记·仲尼弟子列传》，《二十五史》卷一，第 185 页。
③ 司马迁：《史记·仲尼弟子列传》，《二十五史》卷一，第 184 页。
④ 司马迁：《史记·仲尼弟子列传》，《二十五史》卷一，第 184 页。
⑤ 《论语·先进》，吴哲楣主编：《十三经》，第 1286 页。
⑥ 《论语·述而》，吴哲楣主编：《十三经》，第 1275—1276 页。

卫君的问题,但如果正面问孔子,也许会遭到呵斥,所以子贡想到了这种反问的方式,——以伯夷、叔齐之互逃王位的选择来问孔子对于卫君父子争夺王位的态度。而孔子"求仁而得仁,又何怨"来回答,这就说明,孔子根本不会对卫君父子争夺王位的现象致一辞,因而也就更谈不到"为卫君"的问题了。

从这一反问的方式,可以看出子贡的智慧;而其"亿则屡中"则又说明子贡对于物理人情、世道人心之走向往往有着非常准确的把握。但是,如果子贡的思路并不是指向外在世界,而是沉潜于自我之反思与反省,那么其反思则往往会关涉到孔子思考的另一维度。比如:

> 子贡曰:"夫子之文章,可得而闻也;夫子之言性与天道,不可得而闻也。"①

这显然是子贡对其在孔子门下受教情形的一种感触性的总结。如果再结合孔子的一段自我感慨:"不怨天,不尤人,下学而上达。知我者其天乎!"②以及其所谓"旁行而不流,乐天知命,故不忧;安土敦乎仁,故能爱"③来看,则孔子之教当时可能确实更多地是停留在所谓"下学而上达"尤其是所谓"下学"的层面上。因为仅从孔子之知人论世来看,就知道无论是对于人生还是学理性问题,孔子也都有极为深刻的认知与品评;但就其表达而言,则又往往停留在"可言"的层面。比如:

> 可与共学,未可与适道;可与适道,未可与立;可与立,未可与权。④
> 中人以上,可以语上也;中人以下,不可以语上也。⑤

仅从这两条来看,就知道孔子确实具有一种"性与天道"的关怀,因为从"可与共学"到"可与适道",又由"可与立"到"可与权",也说明人的资质、识见与境界确有不同的层级;只有达到了"可与权"的地步,才是真正的知己与知人。实际上,这不仅仅是对某个人之具体的一点一滴的知,而是在知天的基础上知人了。所以子思曾引孔子的话说:"思事亲,不可以不知人;思知

① 《论语·公冶长》,吴哲楣主编:《十三经》,第1269页。
② 《论语·宪问》,吴哲楣主编:《十三经》,第1301页。
③ 《周易·系辞》上,吴哲楣主编:《十三经》,第56页。
④ 《论语·子罕》,吴哲楣主编:《十三经》,第1283页。
⑤ 《论语·雍也》,吴哲楣主编:《十三经》,第1273页。

人,不可以不知天。"①不过,仅就教育而言,从"下学"入手并通过"下学"以指向"上达"则可以说是一条通则。

那么,标志孔子"上达"之"性与天道"的关怀又将如何展现呢? 这主要表现在当孔子受到现实的激发时。每当现实遇到重大的挫折,孔子"性与天道"的关怀就展现出了一种强大的精神支撑力量。比如:

> 子畏于匡,曰:"文王既没,文不在兹乎? 天之将丧斯文也,后死者不得与于斯文也;天之未丧斯文也,匡人其如予何?"②

> 子曰:"天生德于予,桓魋其如予何!"③

> 子曰:"莫我知也夫!"子贡曰:"何如其莫为知子也?"子曰:"不怨天,不尤人,下学而上达。知我者其天乎!"④

在孔子这些感叹中,实际上都蕴含着一种天道性命相贯通的关怀,不过孔子并不侧重于以此立教而已,所以就连子贡都有"夫子之言性与天道,不可得而闻也"的感叹。殊不知在孔子"下学而上达"的规模中,不仅其"下学"蕴含着一种"上达"的关怀,而且其"下学"本身也就直接表现着其"上达"之认知性的表现,所以才会有其对人之"可与共学"、"可与适道"以及"可与立"与"可与权"之不同层次的划分。

孔子逝世后,"三年之外,门人治任将归,入揖于子贡,相向而哭⋯⋯子夏、子张、子游以有若似夫子,欲以所事孔子事之,强曾子。曾子曰:'不可,江汉以濯之,秋阳以暴之,皜皜乎不可尚已'"⑤。这样,这个曾在孔子生前被批评为"参也鲁"⑥的曾子也就被推到了历史的前台。当然,从孔子晚年能将其嫡孙子思交给曾参培养的情况来看,也说明曾子在孔子晚年德业大进,已经成为孔子最信赖的弟子了。而在孟子的人物品评中,曾参似乎也始终是以其"守约"精神闻名于世的,比如在《孟子》一书中,曾子与子夏也就常常成为孟子评论人物的两种不同类型:

> 孟施舍似曾子,北宫黝似子夏。夫二子之勇,未知其孰贤,然而孟

---

① 《礼记·中庸》,吴哲楣主编:《十三经》,第 563 页。
② 《论语·子罕》,吴哲楣主编:《十三经》,第 1280 页。
③ 《论语·述而》,吴哲楣主编:《十三经》,第 1276 页。
④ 《论语·宪问》,吴哲楣主编:《十三经》,第 1301 页。
⑤ 《孟子·滕文公》上,吴哲楣主编:《十三经》,第 1377 页。
⑥ 《论语·先进》,吴哲楣主编:《十三经》,第 1288 页。

施舍守约也。昔者曾子谓子襄曰:"子好勇乎? 吾尝闻大勇于夫子矣:
自反而不缩,虽褐宽博,吾不惴焉?① 自反而缩,虽千万人,吾往矣。"孟
施舍之守气,又不如曾子之守约也。②

在这里,与北宫黝之"思以一豪挫于人"③之外向震慑性指向相比,从"孟施
舍之守气"到"曾子之守约",也就都集中在一个"守"字上,而且也都展现出
一种意志之层层凝结、意念之层层内守的指向。所以说,"曾子之守约"也
就可以达到"自反而不缩,虽褐宽博,吾不惴焉? 自反而缩,虽千万人,吾往
矣"的境地。④

在当时的背景下,曾子的这种意念内收与内守,对应于孔子内在的天人
贯通思想以及其外显的仁礼结构,主要也就凝结为一种"孝",这既是仁与
礼的个体性落实,同时也是孔子精神在那个时代最主要的表现方式。因为
在春秋战国之际,无论是"德行"、"政事"还是"言语"、"文学",在"诸侯力
征"的时代似乎一下子都失去了其作用,只有"孝道"作为仁与礼之具体统
一的个体落实,因而成为当时儒者最主要的担当方式了。所以,曾子虽然不
在孔门"十哲"⑤之列,甚至还被孔子明确批评为"参也鲁",但其以"孝"立
身这一点,则不仅是以个体的方式承接了孔子的仁礼结构,而且还将二者的
具体统一内在凝聚于个体立身处世之"孝道"上。所以,为曾子所著的《孝
经》就既是孔子仁礼精神之内在凝聚的具体表现,同时也是儒者在那个时

---

① 关于孟子这一表达,即"自反而不缩,虽褐宽博,吾不惴焉? 自反而缩,虽千万人,吾
往矣"一般往往将其训解为直述的口气,因而所谓"自反而不缩,虽褐宽博,吾不惴焉"一说也
就成为一种自然而然的表现;如此则语气不通,语义也不明。李明辉先生在综合朱子、焦循、
阎若璩的相关论述的基础上将其表达为:"此则为反诘语,而全句可译为:我反躬自省之后,以
为不合义理,虽然面对地位低下的人,岂能无所惧? 我反躬自省之后,以为合于义理,虽然面
对千万人,亦勇往直前。"如此其义理也就非常分明了。(参见李明辉:《孟子重探》,(台北)联
经出版公司 2001 年版,第 10 页)
② 《孟子·公孙丑》上,吴哲楣主编:《十三经》,第 1363 页。
③ 《孟子·公孙丑》上,吴哲楣主编:《十三经》,第 1362 页。
④ 学界自宋代二程以来常常将《大学》视为曾子所作,殊不知《大学》之格致诚正、修齐
治平的思路恰恰表现着一种外向发散的指向以及其统摄作用,这不仅不是曾子时代所能表现
出来的,而且也是与其"守约"精神背道而驰的,更无法将其与礼乐凝结为儒者立身行事之孝
道的思想统一起来。
⑤ 孔门十哲是指子渊(颜回)、子骞(闵损)、伯牛(冉耕)、仲弓(冉雍)、子有(冉有)、子
路(仲由)、子我(宰予)、子贡(端木赐)、子游(言偃)、子夏(卜商)的合称,源于孔子对门下弟
子的一段介绍:"德行:颜渊、闵子骞、冉伯牛、仲弓。言语:宰我、子贡。政事:冉有、季路。文
学:子游、子夏。"(《论语·先进》,吴哲楣主编:《十三经》,第 1286 页)

代一种独特的存在方式。

　　不过,虽然《孝经》似乎只涉及个体的立身处世以及其生存方式问题,但对于曾子而言,由于"孝"本身即是"仁"与"礼"的具体统一以及其内在凝结的外在表现,因而也就成为儒者立身存世的一种根本依据了。而在曾子对"孝"的论述中,则其所谓"天之经也,地之义也,民之行也"①也未尝不收摄其中;至于从所谓"天子之孝"、"诸侯之孝"一直到"士庶人之孝"所应当有的内容与表现,也都被曾子统统囊括于其所谓的"孝道"中了。这样一来,虽然曾子只是以"孝"立论,但儒家的人伦物理以及其应事接物的基本原则,也就都收摄其中了。请看曾子对"孝"的论述:

　　　　子曰:"夫孝,德之本也,教之所由生也……夫孝,始于事亲,中于事君,终于立身"。②

　　　　爱亲者,不敢恶于人;敬亲者,不敢慢于人。爱敬尽于事亲,而德教加于百姓,刑于四海。盖天子之孝也。③

　　　　在上不骄,高而不危;制节谨度,满而不溢。高而不危,所以长守贵也。满而不溢,所以长守富也。富贵不离其身,然后能保其社稷,而和其民人。盖诸侯之孝也。④

　　　　资于事父以事母,而爱同;资于事父以事君,而敬同。故母取其爱,而君取其敬,兼之者父也。⑤

　　　　先之以敬让,而民不争;导之以礼乐,而民和睦;示之以好恶,而民知禁。⑥

　　　　子曰:"天地之性,人为贵。人之行,莫大于孝。孝莫大于严父。严父莫大于配天,则周公其人也。"⑦

　　　　子曰:"教民爱亲,莫善于孝。教民礼顺,莫善于悌。移风易俗,莫善于乐。安上治民,莫善于礼。礼者,敬而已矣。"⑧

---

① 《孝经·三才》,吴哲楣主编:《十三经》,第1320—1321页。
② 《孝经·开宗》,吴哲楣主编:《十三经》,第1319页。
③ 《孝经·天子》,吴哲楣主编:《十三经》,第1319页。
④ 《孝经·诸侯》,吴哲楣主编:《十三经》,第1319页。
⑤ 《孝经·士》,吴哲楣主编:《十三经》,第1320页。
⑥ 《孝经·三才》,吴哲楣主编:《十三经》,第1321页。
⑦ 《孝经·圣治》,吴哲楣主编:《十三经》,第1321页。
⑧ 《孝经·广要道》,吴哲楣主编:《十三经》,第1322页。

在曾子的上述所论中,可以说是处处不离孝道,但又不仅仅是孝,而是将人
一生之生存所需全然收摄其中了,不过又全然建立在做人之"孝"的基础
上,也是从做人之"孝"的基本原则出发的。所以,此处所论的就既有"天子
之孝"、"诸侯之孝",同时还有所谓"士庶人之孝"。因而也可以说,孟子所
谓"守约"的概括,不仅抓住了曾子思想的特征,而且也确实抓住了儒学在
孔子后之所谓七十子时代的独有特征。

正因为曾子这种"守约"式的"孝道",不仅为儒学赢得了一个"守约"
式的内在凝聚和内向扎根的机会,而且也为儒学之大用发皇奠定了一种坚
实的精神基础与思想前提。因为曾子正是子思的老师,而正是曾子之内在
凝聚与内向性的"守约",才为子思之双向深入、双向拓展创造了条件。所
以,到了子思时代,儒学终于在杨墨两家的双向夹击下展开了性与天道相贯
通的双向探索。

所谓子思时代,其实也正是杨墨两家并行的时代。由于子思、杨朱与墨
翟三者年龄相仿,既处于同一时代,又分别属于儒、道、墨三家,所以当时可
以说是一种儒、道、墨三家齐头并进的时代。

但在当时,首先冲向历史前台的自然是墨家。这主要是因为墨家属于
思想文化领域中的后来者,而当时的诸侯力征所导致的社会战乱也首先在
社会下层表现出来,使下层的老百姓苦不堪言,而墨家既是作为儒家的替代
者与批判者出现的,同时又是以所谓"饥者不得食,寒者不得衣,劳者不得
息。三者民之巨患"①作为其头等关怀而崛起的;至于其批评儒家之所谓
"亲亲有术,尊贤有等,言亲疏尊卑之异也"②又确实深中儒家之病,使儒家
一时无法解脱。而其所倡导的"兼爱"以及其规定兼爱之所谓"视人室若其
室,谁窃? 视人身若其身,谁贼? ……视人家若其家,谁乱? 视人国若其国,
谁攻? 故大夫之相乱家,诸侯之相攻国者亡也。若使天下兼相爱,国与国不
相攻,家与家不相乱,盗贼无有,君臣父子皆能孝慈,若此则天下治"③的说
法,也都确实深中老百姓的心理需求,加之其又以"背周道而用夏政"相号
召,并且也以与儒家同样的方式游说诸侯、干预政权。所有这些,不仅使其
在民间具有极大的号召力,而且其所到之处,不仅与诸侯分庭抗礼,而且也

①　《墨子·非乐》上,《诸子集成》第4册,第156页。
②　《墨子·非儒》下,《诸子集成》第4册,第178页。
③　《墨子·兼爱》上,《诸子集成》第4册,第63页。

几乎夺儒家之席。尸子所谓的"墨子贵兼,孔子贵公"①可以说就是对儒墨两家分歧的一个初步揭示;而《淮南子》所概括的"孔子无黔突,墨子无煖席"②则可以说是对儒墨两家争相游说诸侯状况的一种写真性描述。

在这种状况下,原本就有一定的隐世倾向的道家反而坐不住了。本来,就道墨两家的思想宗旨而言,他们的关怀指向并不一致,不仅不一致,而且还存在着较大距离;而道家对于人伦社会的关注本来也并不那么强烈,——它主要聚焦于如何才能在这个乱世中存身以自保的问题,所以老子才会以"是皆无益于子之身"来批评孔子之急于救世的主张。但是,当墨家以其毫不利己、专门利人的兼爱精神冲向历史的前台时,在道家看来,这就简直成为对人类理智的一种彻底的颠倒了。③ 可道家毕竟首先要聚焦于自我拯救,因而,对于儒家之一心救世,道家还能以所谓"是皆无益于子之身"来批评其对自身的忽视,那么,当面对墨家这种全然建立在"无我"基础上之毫不利己、专门利人的游说活动时,他们简直无从措手进行批评了。在这种状况下,他们只能反过来以自家的理论主张来反衬墨家的自我缺失之病。而这样一种倾向表现在理论上,也就成为杨朱的"为我"主张。所以,孟子概括说:

> 杨朱、墨翟之言盈天下,天下之言不归杨,则归墨。杨氏为我,是无君也;墨氏兼爱,是无父也。无君无父,是禽兽也。④

孟子的概括当然是站在儒家的立场上对道墨两家的反批评,但在当时,作为主流思潮的却首先是道家以杨朱这种全心全意的"为我"来反衬墨家的自我缺失之病。所以,面对墨家毫不利己、专门利人的"兼爱"精神,道家也就只能以"贵己重生"的方式来突出自我或自我关怀的重要性。

这样,一方面,在现实关怀领域,墨家是以其更为激进的态度、更具诱惑力的口号冲击着儒家的游说政治;另一方面,道家则又以其"贵己重生"的主张,以突出人伦关怀之"我"的重心以及"为我"的第一出发点。如果说墨

---

① 《尸子·广泽》,《二十二子》,第 372 页。

② 《淮南子·修务训》,《诸子集成》第 7 册,第 333 页。

③ 之所以如此概括道家对墨家的看法,是因为在道家看来,"贵以身为天下者,若可寄天下;爱以身为天下者,若可讬天下"(《道德经》第十三章)。而像墨家这种毫不利己、专门利人的兼爱主张居然能够成为一种影响社会大众的主流思潮,简直就是对人类理智的一种根本性颠倒,所以后来《庄子》以"反天下之心"(《庄子·天下》)来概括墨家的思想主张。

④ 《孟子·滕文公》下,吴哲楣主编:《十三经》,第 1382 页。

家是以其一系列的政治主张诸如"非命"、"非乐"、"节用"、"节葬"等口号
来高扬其"背周道而用夏政"的人生理想,那么道家则完全是以其"贵己重
生"之"为我"主张以突出人伦关怀中"我"的第一性存在。而这两种完全相
反的思想倾向,立即就成为当时思想领域中最具吸引力的主张,所以孟子概
括说:"杨朱、墨翟之言盈天下,天下之言不归杨,则归墨。"直到韩非子,对
杨墨两家的思想主张也概括说:"墨者之葬也,冬日冬服,夏日夏服,桐棺三
寸,服丧三月,世主以为俭而礼之……今有人于此义,不入危城,不处军旅,
不以天下大利而易其胫一毛,世主必从而礼之,贵其智而高其行,以为轻物
重生之士也。"①而对儒家来说,此时最重要的也许并不在于对道墨两家的
思想进行批评,而首先在于如何才能够从理论上站稳自己的立场,从而使自
己立于不败之地。在当时,子思及其《中庸》之作也就承担了这一历史性的
任务。

子思是孔子的嫡孙,曾子的弟子,面对杨墨两家的夹击,他首先将其祖
上以来的仁礼结构以及其天命根源意识、曾子的"守约"精神激扬为一种天
道性命相贯通的思想,从而表现出一种上天入地的探索精神。而这种精神,
也就首先表现在《中庸》的开篇上:

天命之谓性,率性之谓道,修道之谓教。道也者,不可须臾离也,可
离非道也。是故君子戒慎乎其所不睹,恐惧乎其所不闻。莫见乎隐,莫
显乎微,故君子慎其独也。喜怒哀乐之未发,谓之中;发而皆中节,谓之
和;中也者,天下之大本也;和也者,天下之达道也。致中和,天地位焉,
万物育焉。②

在这里,子思既不谈如何拯救天下,也不谈如何具体地"为我",而是直接从
所谓"天命之谓性"出发,并通过"天命"、"性"、"道"、"教"的一线贯通,纵
向地撑开了儒家的人生之道,这就是所谓"道也者,不可须臾离也,可离非
道也"。显然,子思这里所谓的"天命",也就是孔子五十所知的"天命";而
子思所谓的"天命之谓性",也就等于说"人性"就是"天之所命",或者说也
就是对"天命"的人生落实;至于"天命"、"性"、"道"、"教"的一线贯通,则
既是"天命"之人生落实的具体表现,同时也就是人生自我实现之"上达"天

---

① 《韩非子·显学》,《诸子集成》第5册,第351—353页。
② 《礼记·中庸》,吴哲楣主编:《十三经》,第560页。

命的天人合一之道。至于君子所谓的"戒慎乎其所不睹,恐惧乎其所不闻"以及"莫见乎隐,莫显乎微"的"君子慎其独也",也就全然是因为现实人生所蕴含之"天命之性"的全幅显现及其具体表现了。而对个体来说,则从"喜怒哀乐之未发"的"中"到"发而皆中节"的"和",既是其个体人生之喜怒哀乐的展现过程,同时也关涉到"天地位焉,万物育焉"的天地"中和"之"达道"了。

这显然是一种纵向超越的天人构架。对应于道墨两家全然围绕着现实人生的聚焦,——墨家是全然"无我"地兼爱世人,道家则又是全然无人地一心"为我";至于儒家则完全是以其"天命之性"为根据,从而纵向、立体而又超越地撑开了人之生命的天命根源。而这种纵向超越的架构,也正可以说是对道墨两家左右夹击的一种回应。对应于曾子所谓的"守约"精神,这既是一种"慎独"性的落实,同时又是一种大用发皇式的展开。但对子思来说,重要的也许并不在于如何从理论上揭示现实人生中的天命依据,而在于如何从现实人生的角度真切而又具体地揭示出其中的天命蕴含。请看子思的如下论述:

> 子曰:"道不远人,人之为道而远人,不可以为道。"①

> 君子之道费而隐。夫妇之愚,可以与知焉;及其至焉,虽圣人亦有所不知焉。夫妇之不肖,可以能行焉;及其至焉,虽圣人亦有所不能焉。天地之大也,人犹有所憾。故君子语大,天下莫能载焉;语小,天下莫能破焉……君子之道,造端乎夫妇,及其至也,察乎天地。②

显然,这种"造端乎夫妇"的"君子之道",其实也就是人生中之常道。但这种人生常道虽然"造端乎夫妇",——起始于愚夫愚妇之"与知"、"能行",可其内在蕴含却往往是"虽圣人亦有所不知焉"、"虽圣人亦有所不能焉"。这说明,在愚夫愚妇之"与知"、"能行"的人生常道中确实蕴含着"虽圣人亦有所不知"、"虽圣人亦有所不能"的超越性关怀与超越性内容,所以说"君子之道,造端乎夫妇,及其至也,察乎天地";而这种"造端乎夫妇"而又足以"察乎天地"的人生常道,同时也就是儒家所始终坚持的"君子之道"。很明显,这种君子之道,既不脱离现实的人生,同时又包含着一种"察乎天地"之

---

① 《礼记·中庸》,吴哲楣主编:《十三经》,第561页。
② 《礼记·中庸》,吴哲楣主编:《十三经》,第561页。

超越性蕴含。与道墨两家之极端性言论（比如"兼爱"世人与一心"为我"）相比，儒家却从其"须臾不可离"之人生常道的角度展开了自己的思想规模。

那么，这种常道又将如何向人生落实呢？或者说它将如何从现实人生中显现其自身的价值与意义呢？实际上，这种人生常道说到底也就不过是一种完全从现实人生出发的"君子素其位而行"而已。对于这种人生，子思说：

> 君子素其位而行，不愿乎其外。素富贵，行乎富贵；素贫贱，行乎贫贱；素夷狄，行乎夷狄；素患难，行乎患难，君子无入而不自得焉。在上位不凌下，在下位不援上，正己而不求于人，则无怨。上不怨天，下不尤人。故君子居易以俟命。①

这里所谓的"素其位而行"以及"素富贵，行乎富贵；素贫贱，行乎贫贱；素夷狄，行乎夷狄；素患难，行乎患难"，实际上也就是颜回所表现出来的安贫乐道精神，所以能够做到"上不怨天，下不尤人"。但在现实生活中，人们往往又会将这种精神理解为一种安于命运摆布之所谓安分随时的懒汉精神，其实这就完全理解反了。实际上，这里通过一系列的"素"所展现出来的也就是一种天地生身所无法扭曲以及贫富、夷狄、患难等一切人生遭际所无法改变的精神，这也就是后来孟子所概括的"上下与天地同流"②的精神。

在这一基础上，儒家的君子之道也就主要落实在"性"与"诚"两个方面。所谓"性"自然是天所命于人者，也就是人的天命之性，当然也就是人能够"上下与天地同流"的本体依据；至于所谓"诚"，则主要是依据天道之运行以及从其本质规定出发所形成的人道特征，所以子思说："诚者，天之道也；诚之者，人之道也。诚者不勉而中，不思而得，从容中道，圣人也。"③显然，这里所谓的"诚之者"其实也就是"人之道"；而"性"与"诚"的互补与统一也就可以说是从天到人而又从人到天之一种双向的统一。如果说"性"是天人合一的本体依据，那么"诚"也就应当成为天人合一之主体基础以及其实践追求的工夫了。关于"性"与"诚"的这种互逆性关系，子思还有

---

① 《礼记·中庸》，吴哲楣主编：《十三经》，第562页。
② 孟子云："夫君子所过者化，所存者神，上下与天地同流，岂曰小补之哉？"（《孟子·尽心》上，吴哲楣主编：《十三经》，第1420页）
③ 《礼记·中庸》，吴哲楣主编：《十三经》，第564页。

如下论述:

> 唯天下至诚,为能尽其性;能尽其性,则能尽人之性;能尽人之性,则能尽物之性;能尽物之性,则可以赞天地之化育;可以赞天地之化育,则可以与天地参矣。①

> 唯天下至诚,为能经纶天下之大经,立天下之大本,知天地之化育。夫焉有所倚?肫肫其仁!渊渊其渊!浩浩其天!苟不固聪明圣知达天德者,其孰能知之?②

显然,在子思看来,"至诚"就是"尽性"的主体基础,只有从人道之"至诚"出发,才能依次以"尽其性"——"尽其在己之性",从而又由"尽其性"以达到"尽人之性"乃至于"尽物之性",最后实现"赞天地之化育"以至于"与天地参"的境地;而所谓"至诚",同时也成为人生中"立天下之大本,知天地之化育"乃至于上"达天德"的基础,从而也就成为极尽人生之道的前提性工夫了。所以,如果说"天命之性"就是天人合一的本体依据,是天道运行及其人生落实的表现,那么所谓的"至诚"也就是从"尽其在己之性"出发以至于"尽人之性"、"尽物之性"乃至于"赞天地之化育"从而"与天地参"之主体追求工夫。儒家建立在天人合一基础上的君子之道,在子思的《中庸》中表现得再典型不过了。

不仅如此,子思还从其"至诚"之道出发,依次论述了"性"与"诚"以及"自诚明"与"自明诚"的区别,并以此展开了儒家"尊德性"与"道问学"的双向关怀。如果说从"性"到"诚"本身是一个从天到人的落实过程,那么所谓"自诚明"与"自明诚"也就成为人道内部道德实践与知识追求的区别了;至于从"尊德性而道问学"一直到"极高明而道中庸",也就成为君子日常存养中的自为之道了。关于"自诚明"与"自明诚"的区别以及"尊德性"与"道问学"之如何统一的问题,子思曾有如下论述:

> 自诚明,谓之性。自明诚,谓之教。诚则明矣,明则诚矣。③

> 故君子尊德性而道问学,致广大而尽精微,极高明而道中庸。④

关于"自诚明"与"自明诚"的关系,在子思这里无疑是作为"性"与

---

① 《礼记·中庸》,吴哲楣主编:《十三经》,第564页。
② 《礼记·中庸》,吴哲楣主编:《十三经》,第566页。
③ 《礼记·中庸》,吴哲楣主编:《十三经》,第564页。
④ 《礼记·中庸》,吴哲楣主编:《十三经》,第565页。

"教"——一如其"性"与"诚"之关系一样来运用的,但却始终坚持着二者的统一,所以说是"诚则明矣,明则诚矣"。对于子思这种"性"与"教"以及"诚"与"明"的双向统一关系,北宋理学家张载曾诠释说:"须知自诚明与自明诚有异。自诚明者,先尽性以至于穷理也,谓先自其性理会来,以至于穷理;自明诚者,先穷理以至于尽性也,谓先从学问理会,以推达于天性也。"①从张载的这一诠释来看,他既明确地坚持着子思"天道"与"人道"之"性"与"诚"、"性"与"教"的区别,同时又将二者的统一推进到了所谓"尽性"与"穷理"的领域,可以说自《中庸》形成以来,似乎还没有比这一说明更为恰切的诠释,所以笔者特意征引张载的这一诠释以代替笔者自己的理解。

至于"尊德性"与"道问学"的关系,以后又演化为南宋理学中朱子与象山长时间的理论论争。虽然在子思的语境中,二者根本就不是一种对立的关系;但这一问题既然能够演化并且也在一定程度上左右朱陆之争,起码说明《中庸》所揭示的理论深刻性及其影响的深远性。所有这些,当然都代表着子思对儒学研究的深入与推进,但也都是在杨墨两家的反衬与夹击下实现的。作为儒学研究的发展,这也是一种最值得深入记取的历史经验。

三、从始源向当下的凝聚
——道家的走向

当儒家在道墨两家的反衬与夹击下深化自己的理论根底时,道墨两家也在发展。不过,道家思想的发展就像老子曾以"贵以身为天下者,若可寄天下;爱以身为天下者,若可托天下"来反衬孔子的思想——"是皆无益于子之身"一样,对于当时的思想界而言,道家也始终是以其反显、反衬的方式进行批评的。这一特点决定,道家思想的发展一方面必然会表现出对儒墨两家缺陷的反衬与批评的倾向;另一方面,其自身的思想宗旨也在不断地凝聚,从而也就表现出某种"原始反终"——进一步走向其原始出发点的格局。

---

① 张载:《语录》中,《张载集》,第330页。

本来,当思想界只有儒道两家时,老子觉得只要指出孔子的思想主张是"是皆无益于子之身"也就够了,但儒家却并没有因为道家的批评而放弃自己的主张,因而也就形成了儒道两家在"道"与"德"以及"自我"与"天下"之间的"互绌"。而让道家万万没有想到的是,新崛起的墨家不仅比儒家更为激进、更加不重视自身,而且还提出了爱人如己的要求——"视人身若其身"、"视人家若其家",从一定程度上说,这就等于形成了一种全然无我即所谓毫不利己、专门利人的思想主张了。在这种情况下,道家对于儒墨两家尤其是墨家思想的反衬与批评,也就只能通过对自家理论宗旨的高扬来实现了。而在当时,这种思想宗旨主要集中在杨朱的"为我"一说上。

关于杨朱的"为我",除了前边提到孟子所谓"无君"的批评之外,从《孟子》到《韩非子》以至于《吕氏春秋》、《淮南子》、《列子》也都有一些具体的分析与说明,并且都是围绕着其"为我"主张展开的。比如:

孟子曰:"杨子取为我,拔一毛而利天下,不为也。墨子兼爱,摩顶放踵利天下,为之。"①

今有人于此,义不入危城,不处军旅,不以天下大利易其胫一毛。世主必从而礼之,贵其智而高其行,以为轻物重生之士也。②

老聃贵柔,孔子贵仁,墨翟贵廉……阳生贵己。③

今吾生之为我有而利我亦大矣。论其贵贱,爵为天子不足以比焉。论其轻重,富有天下不可以易之。论其安危,一曙失之,终身不复得。此三者,有道者之所慎也。④

夫弦歌鼓舞以为乐,盘旋揖让以修礼,厚葬久丧以送死,孔子之所立也,而墨子非之。兼爱、尚贤,右鬼、非命,墨子所立也,而杨子非之。全性保真,不以物累形,杨子之所立也,而孟子非之。⑤

古之人,损一毫利天下,不与也;悉天下奉一身,不取也。人人不损一毫,人人不利天下,天下治矣。⑥

① 《孟子·尽心》上,吴哲楣主编:《十三经》,第 1422 页。
② 《韩非子·显学》,《诸子集成》第 5 册,第 352—353 页。
③ 《吕氏春秋·不二》,《诸子集成》第 6 册,第 213 页。
④ 《吕氏春秋·重己》,《诸子集成》第 6 册,第 6 页。
⑤ 《淮南子·氾论训》,《诸子集成》第 7 册,第 218 页。
⑥ 《列子·杨朱》,《二十二子》,第 217 页。

虽然杨朱本人并没有留下关于其思想主张的任何著作,但从上述《孟子》、《韩非子》、《吕氏春秋》一直到《淮南子》、《列子》所记载与转述的这些思想观点来看,却基本上可以澄清杨朱思想的大致轮廓:从正面来看,这就是所谓"吾生之为我有而利我亦大矣";如果将这一思想加以集中化表达,那么可以说是孟子所概括的"为我"。而从客观的角度看,可以概括为一种"贵己重生"、"全性保真"的思想主张。这种主张,虽然主要是针对墨家全然无我地兼爱世人的思想主张而发的,以提醒世人对自我的重视(当然间或也包含着批评墨家兼爱主张之忽略自我的含义),但如果从思想根源的角度看,则又主要源于老子的"贵以身为天下者,若可寄天下;爱以身为天下者,若可托天下"一说。这样一来,虽然我们也可以辩解说杨朱的这一主张实际上并非就是所谓一心为我的自私自利主张,而只是强调人人都应当自爱自重之意,亦即列子所概括的"人人不损一毫,人人不利天下,天下治矣"之意,但其在批评墨家兼爱主张之"无我"性并在唤醒人们对"自我"的关注,从而突出人人都应当自爱自重并以"自我"作为人生的第一出发点上还是有其积极意义的;至于所谓"贵己重生",也就是在这一点上成立的。

不仅如此,通过杨朱的这一主张我们也可以看出,在儒墨两家现实关怀的影响下,道家原本陶醉于通过追根溯源方式所形成之"守母以存子"的智慧以及其反向溯源的认知方式也在不断地向着现实靠拢、向当下集中。由于其追根溯源的认知方式本来就是从实然存在的层面展开的,因而当他开始向现实凝聚时,也就只能聚焦于"我"之实然存在的层面,这也就是杨朱所谓的"论其贵贱,爵为天子不足以比焉。论其轻重,富有天下不可以易之。论其安危,一曙失之,终身不复得"一说的根本原因。因为所有这些,实际上也都是以实然之"我"以及其现实存在为前提的,也只有在实然之"我"之现实存在的基础上才能有其实现的价值与意义。所以,在杨朱看来,从"贵贱"、"轻重"乃至于所谓"一曙失之",也都必须是从实然存在之"我"与实然之"得"的角度展开的。这说明,无论道家对宇宙天道追溯到所谓"惚兮恍兮"的状态、对人伦社会追溯到"小国寡民"的状态,还是对个体之存身应世又一定要追溯到与世无争之所谓"若婴之未孩"的状态,实际上全然是围绕着老子所谓的"吾所以有大患者,为吾有身"而展开的。因为在道家看来,无论是"贵贱"、"轻重"还是"安危",也都必然是由实然存在的"我之有身"来承当的。实际上,这也正是对老子"吾所以有大患者,为吾有身。及吾无身,吾有何患"一说之一种具体的人生落实性诠释。而这种落实与诠释,只能说是其在儒墨两家现实关怀的影响与裹胁下的一种必然走向。

杨朱的这一走向,显然已经放弃了老子从宇宙天道之"惚兮恍兮"一直到人生之"复归于婴儿"的追求,但对于道家而言,这种强调自我之"贵己重生"的主张显然并不是其思想演化发展的终点。在儒、道、墨三家鼎立而又相互比衬、相互批评的格局下,道家的思想必然还要继续发展,直到最后形成其在先秦时代的思想高峰——庄子,这才真正确立了其在中国思想世界之永恒的根底,同时也就确立了其无可动摇的地位。

庄子(约前369—前286)与孟子同时而略小几岁,但从思想发展的角度看,则庄子似乎更加集中于道家思想根底的确立。在这一点上,虽然孟子对儒家也有同样的关怀,但由于儒家存在着强烈的人伦世教关怀,而在孟子时代,所谓平治天下的条件也远远没有成熟,[1]因而孟子思想的核心并不像庄子那样完全可以沉浸于思想上的"自我"确立之道,而是必然要积极拓展其家国天下关怀。至于立基于道家的庄子则根本无所谓平天下关怀,他所兢兢念念的只有个体的安身立命之道。所以,就其相互在儒道两家思想发展线索上的位次而言,孟子似乎应当略微后于庄子。

庄子和孟子处于同一时代,也同样面临着诸侯力征的格局,因而孟子所谓的"争地以战,杀人盈野;争城以战,杀人盈城"[2],完全可以说是当时的时代写真。但由于儒道两家在思想宗旨的分歧,因而面对这一格局,孟子也就完全可以发出"此所谓率土地而食人肉,罪不容于死,故善战者服上刑,连诸侯者次之……"[3]之所谓激烈的诅咒;而庄子却不得不首先为自己的生存状况而担忧。据说庄子当时只是一名漆园小吏,曾因为生存艰难而"贷粟于监河侯"[4],后来,即使其在社会上已经较有影响,却仍然"衣大布而补之,正摰系履过魏王"[5]。再到后来,甚至于面对楚王的厚币聘请而明确表示自

---

① 孟子云:"夫天未欲平治天下也;如欲平治天下,当今之世,舍我其谁也? 吾何为不豫哉?"(《孟子·公孙丑》下,吴哲楣主编:《十三经》,第1372页)

② 《孟子·离娄》上,吴哲楣主编:《十三经》,第1387页。

③ 《孟子·离娄》上,吴哲楣主编:《十三经》,第1387页。

④ 《庄子·外物》,郭庆藩编:《庄子集释》,第1012页。

⑤ 《庄子·山木》,《庄子集释》,第753页。

己宁愿"曳尾于途"①以及面对惠施"代相"的猜疑而直接表示自己"非梧桐不止,非练食不食,非醴泉不饮"②,实际上,这都代表着对其人生志向之直接或间接的表达。

对于当时的思想界来说,则庄子除了在其《天下》篇中以尽可能客观地介绍儒家"《诗》以道志,《书》以道事,《礼》以道行,《乐》以道和,《易》以道阴阳,《春秋》以道名分"③之外,似乎并没有对儒家展开过直接的评论与系统的批评。不过,在《秋水》一篇,庄子却通过对孔子"困于陈蔡"一事的分析,明确地表达了其对儒家的基本看法:

孔子围于陈蔡之间,七日不火食。

大公任往吊之曰:"子几死乎?"曰:"然。"

任曰:"予尝言不死之道。东海有鸟焉,其名曰意怠。其为鸟也,翂翂翐翐,而似无能;引援而飞,迫胁而栖;近不敢为前,退不敢为后,食不敢先尝,必取其绪。是故其行列不斥,而外人卒不得害,是以免于患。直木先伐,甘井先竭。子其意者饰知以警愚,修身以明汙,昭昭乎如揭日月而行,故不免也。昔吾闻之大成之人曰:'自伐者无功,功成者堕,名成者亏。'孰能去功与名而还于众人! 道流而不明,居得行而不名处;纯纯常常,乃比于狂;削迹捐势,不为功名;是故无责于人,人亦无责焉。至人不闻,子何喜哉?"

孔子曰:"善哉!"辞其交游,去其弟子,逃于大泽,衣裘褐,食杼栗,入兽不乱群,如入鸟不乱行。鸟兽不恶,而况人乎!④

这当然是庄子按照道家的思想对孔子所作的诠释与塑造。从其对孔子"饰知以警愚,修身以明汙,昭昭乎如揭日月而行"的概括来看,应当说对于儒家的德性立场与理想情怀,庄子未必不知;仅从其所概括的"直木先伐,甘井先竭"之事物存在与发展的规则来看,对于儒家在当时社会上所起的作用以及其境遇,应当说庄子确实是看得非常清楚的。但在庄子看来,儒家要免于社会各界人士的伤害与仇恨心理,也就必须"削迹捐势",从而既"无责于人,人亦无责焉"。而通过庄子的这一解读与诠释,即所谓孔子在听从了

---

① 《庄子·秋水》,郭庆藩编:《庄子集释》,第662页。
② 《庄子·秋水》,郭庆藩编:《庄子集释》,第664页。
③ 《庄子·天下》,郭庆藩编:《庄子集释》,第1171页。
④ 《庄子·山木》,郭庆藩编:《庄子集释》,第744—749页。

大公任的这一番指点之后,居然"辞其交游,去其弟子,逃于大泽",从而也就过上了"衣裘褐,食杼栗"式的生活。在庄子看来,一旦过上了这种生活,自然也就可以达到"入兽不乱群,如入鸟不乱行"的地步了,是即所谓的"鸟兽不恶,而况人乎!"但这样一来,孔子也就彻底与鸟兽同群了。如果将庄子的这一诠释与孔子的"鸟兽不可与同群,吾非斯人之徒与而谁与"①的志向加以比较,那么儒道两家的分歧也就可以说是昭然若揭。

至于对墨家,庄子及其后学则在其《天下》篇中发挥了一种极为精彩的评骘。此中除了客观性的介绍之外,庄子也站在道家的立场上对墨家的思想宗旨展开了激烈的批评。请先看其对墨家思想所以形成的介绍:

> 墨子称道曰:"昔禹之湮洪水,决江河而通四夷九州也,名山三百,支川三千,小者无数。禹亲操橐耜而九杂天下之川;腓无胈,胫无毛,沐甚雨,栉疾风,置万国。禹大圣也,而形劳天下也如此。"使后世之墨者,多以裘褐为衣,以跂蹻为服,日夜不休,以自苦为极,曰:"不能如此,非禹之道也,不足谓墨。"②

这一段介绍,也就完全可以看作是庄子对墨家"背周道而用夏政"宗旨的一种具体说明,尤其是"禹亲操橐耜而九杂天下之川;腓无胈,胫无毛,沐甚雨,栉疾风"一段描写,不仅活化了大禹形象,而且也准确地活化了墨家的人生榜样以及其"以裘褐为衣,以跂蹻为服,日夜不休,以自苦为极"的思想根源。

但《庄子》对于墨家思想的批评,则主要集中在如下两段:

> 不侈于后世,不靡于万物,不晖于度数,以绳墨自矫而备世之急,古之道术有在于是者,墨翟禽滑釐闻其风而说之,为之大过,已之大循,作为《非乐》,命之曰《节用》;生不歌,死无服。墨子氾爱兼利而非斗,其道不怒,又好学而博,不异,不与先王同,毁古之礼乐。

> ……今墨子独生不歌,死不服,桐棺三寸而无椁,以为法式。以此教人,恐不爱人;以此自行,固不爱己。未败墨子道,虽然,歌而非歌,哭而非哭,乐而非乐,是果类乎?其生也勤,其死也薄,其道大觳;使人忧,使人悲,其行难为也,恐其不可为圣人之道,反天下之心,天下不堪。墨

---

① 《论语·微子》,吴哲楣主编:《十三经》,第 1313 页。

② 《庄子·天下》,郭庆藩编:《庄子集释》,第 1180—1181 页。

子虽独能任,奈天下何!①

在这两段评骘中,前一段自然还可以说是对墨家思想主张的一种客观性介绍;而后一段则完全是以道家思想为坐标,从而对墨家的思想主张以及其社会作用进行了全面的批评,所以说是"以此教人,恐不爱人;以此自行,固不爱己……使人忧,使人悲,其行难为也,恐其不可为圣人之道,反天下之心,天下不堪。墨子虽独能任,奈天下何"?这就是说,墨家的思想主张是从根本上违逆人性的(对于道家一心要免于伤害的自然生存之道以及其存身关怀来说尤其如此)。因为人之所以为人,首先也就在于"有我"——且不管这个"我"究竟是精神的我还是躯体的我(这一点也正代表着儒道两家的一个基本区别),但墨家则要求人全然"无我"地兼爱世人,实际上,在《庄子》看来,这就完全成为一种既"不爱人"又"不爱己"的思想主张了,所以说是"反天下之心"。而在这种条件下,墨子"虽独能任"其兼爱之道,但一种从根本上违逆"天下之心"的思想主张又能"奈天下何"呢?所以,从这个角度看,也可以说《庄子》就已经明确地断言了墨家所必然"中绝"的命运。

那么,《庄子》又将如何看待自己的思想先驱呢?按理说,当《庄子》调侃孔子而征引"大成之人"之所谓"自伐者无功,功成者堕,名成者亏"一说时,本身就立足于老子的思想,这说明《庄子》确实是一种道家立场。但其对于老子的思想也并不是全盘接受的,而是有所修正,当然也是有所推进的。请看老子与庄子如下几段大致相近的表述:

> 有物混成,先天地生,寂兮寥兮,独立不改,周行不殆,可以为天下母……人法地,地法天,天法道,道法自然。②

> 反者道之动,弱者道之用。天下万物生于有,有生于无。③

> 失道而后德,失德而后仁,失仁而后义,失义而后礼。夫礼者,忠信之薄而乱之首。④

> 天下有始,以为天下母。既得其母,以知其子;既知其子,复守其母,没身不殆。⑤

---

① 《庄子·天下》,郭庆藩编:《庄子集释》,第1176—1179页。
② 《道德经》第二十五章,《诸子集成》第3册,第14页。
③ 《道德经》第四十章,《诸子集成》第3册,第25页。
④ 《道德经》第三十八章,《诸子集成》第3册,第23页。
⑤ 《道德经》第五十二章,《诸子集成》第3册,第32页。

　　有始也者,有未始有始也者,有未始有夫未始有始也者。有有也者,有无也者,有未始有无也者,有未始有夫未始有无也者,俄而有无矣,而未知有无之果孰有孰无也。今我则已有谓矣,而未知吾所谓之其果有谓乎,其果无谓乎?①

在老子的上述论说中,"天下万物生于有,有生于无"可以说是天下万事万物的演变逻辑与发展轨辙;至于所谓"既得其母,以知其子"也就可以说是老子在反向溯源基础上所形成的一种"守母以存子"的价值抉择及其具体的认知逻辑,包括其所谓的生存智慧。因为在老子看来,也许只有这样,才能达到所谓"没身不殆"的目的。所以,老子"守母以存子"的智慧也完全可以说是通过对天下万事万物的发展演变轨迹进行反向溯源性认识的结果,因而老子也就特别重视"无",其智慧可以称为"无"的智慧。比如老子就曾明确地说:"三十辐共一毂,当其无,有车之用;埏埴以为器,当其无,有器之用。"②具体到人伦社会来看,也就应当是"圣人无为,故无败;无执,故无失"③。

　　但对于庄子而言,究竟存在不存在一个可以作为宇宙始源之"无"或作为天下万事万物所从出的"母"还是一个很大的问题;而且,即使存在着这么一个可以作为宇宙始源之"无"或天下万事万物所从出之"母",我们究竟能不能认识、能不能把握也仍然是一个很大的问题。所以,庄子尝试着继续运用老子反向溯源的方法,从"有始也者"向"有未始有始也者"、从"有有也者,有无也者"向着"有未始有无也者"不断地进行追溯,结果却发现,这不过是一个可以无穷尽追溯而且也是永远无止境的由所谓"恶无限性"所组成的一个思想圈套而已。对于现实的人生而言,我们毕竟生活在一个"有"的世界,——"今我则已有谓矣,而未知吾所谓之其果有谓乎,其果无谓乎?"显然,在庄子看来,如果把我们当今之"有谓"的世界以及其意义全然交给一个所谓"无谓"的世界,那么这种"无"的智慧也就恰恰表现出了其最不智慧的一面了。④

　　但即使如此,庄子却并没有放弃"无"的智慧本身,而是试图使其从我

① 《庄子·齐物论》,郭庆藩编:《庄子集释》,第88页。
② 《道德经》第十一章,《诸子集成》第3册,第9页。
③ 《道德经》第六十四章,《诸子集成》第3册,第39页。
④ 庄子云:"吾生也有涯,而知也无涯。以有涯随无涯,殆已;已而为知者,殆而已矣。"(《庄子·养生主》,郭庆藩编:《庄子集释》,第127页)

们当下的人生中直接朗现出来。这就已经不再是老子那种原本作为宇宙始源之"无"或天下万事万物之"母"式的追根溯源之"无"了，而是必须彻底斩断其沿着时空维度所展开之实然线索的无穷尽追溯，因而也就必须转换角度，只能从形上一维与现实的角度来探索"无"的智慧以及其究竟应当如何落实的问题。而对于庄子来讲，由于他完全是从现实人生之现实主体的角度提出问题的，因而其所谓"无"的智慧也就只能成为我们此在人生中的"无心"了。请看庄子笔下的"至人"：

> 王倪曰："至人神矣！大泽焚而不能热，河汉沍而不能寒，疾雷破山、飘风振海，而不能惊。若然者，乘云气，骑日月，而遊乎四海之外。死生无变于己，而况利害之端乎！"

> 瞿鹊子问乎长梧子曰："吾闻诸夫子，圣人不从事于务，不就利，不避害，不喜求，不缘道；无谓有谓，有谓无谓，而遊乎尘垢之外，夫子以为孟浪之言，而我以为妙道之行也。①"

在这里，至人之所以能够"大泽焚而不能热，河汉沍而不能寒，疾雷破山、飘风振海而不能惊"究竟是其根本就没有"热"、"寒"、"惊"之类的感觉呢还是说其必须是以"无心"来应对这些现象？而瞿鹊子所谓的"圣人不从事于务，不就利，不避害，不喜求，不缘道；无谓有谓，有谓无谓"则又同时说明，所谓的圣人实际上也就完全是以"无心"的方式来应对常人所不能不有的这些感觉与感触的。

这就出现了一个很大的问题，对于老子来说，其所谓的"无"既是作为宇宙始源之"无"出现的，同时又是作为天下万事万物所从出之"母"的角度提出的，当然，这也就决定，这种"无"同时也就应当成为现实人生之现实主体"守母以存子"的首要抉择。也就是说，由于老子的这种追溯完全是从实然世界出发并且也是沿着时空的维度来进行反向溯源的，因而其哲学必然要展现为一种宇宙论的进路与规模。但到了庄子，由于这种宇宙始源之"无"根本就不可能追溯，也不是人所能认知的，因而老子所谓客观并且也是作为天下万事万物之母的"无"只能从主体的角度向着现实人生凝聚，最后也就只能落实为现实人生中一种"无心"的精神状态了。这样一来，庄子哲学就与老子思想表现出了一个很大的分歧：老子哲学无疑存在着一种客

---

① 《庄子·齐物论》，郭庆藩编：《庄子集释》，第107—108页。

观实然的宇宙论规模,所谓"道生一,一生二,二生三,三生万物"以及"反者道之动,弱者道之用"既是老子哲学宇宙论所以展开的演化规则,同时也就成为其人生之具体抉择的智慧,——其所谓居弱守雌的人生态度由此而形成;但在庄子哲学中,虽然他也承认天地万物的实然存在,但这种实然存在包括其所谓演化规则却已经没有任何意义了,真正有意义或者说意义的真正赋予者在于我们人生中之"无心"的精神状态以及以"无心"的方式来应对大千世界及其万事万变。这样一来,如果说老子哲学是一种实然宇宙论或者说存在着一种实然宇宙论的规模,那么庄子的"无心"以及其所表现的智慧就只能说是一种蕴含着本体意识的境界论形态。

在前人对道家思想的研究中,老子之"无"得到了人们极大的重视,而道家以"无"为核心的智慧也得到了人们的积极认可与广泛的解读和阐发。但在这些阐发中,却难免存在着某种以"庄"解"老"的嫌疑,比如在作为 20世纪中国哲学研究之高峰的牟宗三先生的著作中,其对老子之"无"的诠释实际上也就完全是通过庄子的"无心"实现的。关于老子之所谓"无",牟宗三是这样说明的:

> 如何了解无这个观念?"天下万物生于有,有生于无"(《四十章》),无就是没有(nothing,nongthingness)。无这个观念若是当作一个逻辑概念或存有论的概念看,在西方哲学中也有,但那是完全不同的讲法。假定你了解了老子的文化背景,就该知道无是简单化地总持的说法,他直接提出的原是"无为"。"无为"对着"有为"而发……道家就是这样把周文看成束缚,因为凡是外在的、形式的空架子,都是属于造作有为的东西,对我们生命的自由自在而言都是束缚桎梏,在这个情形之下,老子才提出"无为"这个观念来。①

> 这种形而上学因为从主观讲,不从存在上讲,所以我给它个名词叫"境界形态的形而上学";客观地从存在讲就叫实有形态的形而上学,这是大分类。中国的形而上学——道家、佛教、儒家——都有境界形态的形而上学的意味。②

牟宗三先生将中国的形而上学总称为"境界形态的形而上学"无疑是正确

---

① 牟宗三:《中国哲学十九讲》,《牟宗三先生全集》第 29 卷,第 88—89 页。
② 牟宗三:《中国哲学十九讲》,《牟宗三先生全集》第 29 卷,第 102 页。

的,而且"境界形态的形而上学"这一称谓也确实属于他所创发,并且也能够准确地表达中国主体性智慧对于宇宙万物的认知与描述。但是,当牟宗三将老子哲学直接称为"境界形态的形而上学"时,却显然是一种以"庄"解"老"的结果。原因很简单,当老子提出"天下万物生于有,有生于无"时,他无疑是直接面对客观的实然世界所作出的一种思辨推导,只有经过庄子明确地站在人生主体性立场上继续沿着从"有始也者"向"有未始有始也者"、从"有有也者,有无也者"向着"有未始有无也者"的无穷追溯之后,这个原本作为宇宙之始源与天下万事万物所从出之"母"的"无"才被真正扬弃,从而也就只能向着人生的现实主体作"无心"的呈现了;也就是说,老子"天下万物生于有,有生于无"所蕴含的宇宙论只能是一种表示实然存在的宇宙论,而其反向溯源的认知方式也就只能沿着实然存在的时空维度而展开;只有经过庄子的内向澄澈,并彻底摆脱所谓实然存在而以所谓"无心"来观照万象之后,老子那种原本表示实然存在的宇宙论才有可能转化为一种以本体意识为基础、以精神状态为表现的"境界形态的形而上学"。所以说,当牟宗三先生以所谓"境界形态"来总称道家的"形而上学"时,一方面固然有其极为恰切的一面,但实际上,他已经将老子哲学庄子化了,——用庄子的境界论来理解老子所指涉的实然存在的宇宙论了。因为老庄的一个基本区别,就在于他们究竟是面对万事万物沿时空维度进行反向追溯呢还是彻底扬弃了这种时空维度的追溯从而以所谓"无心"来观照大千世界。

这样看来,从老子建立在生存实在基础上的宇宙论转化为庄子境界形态基础上的形上学,从理论形态来看,当然也就是从宇宙论向本体论的转化。但如果从人之生存价值的角度看,则又不能不说是一种从生存实在形态向着境界论形态的提升。而这种由境界形态所蕴含、表现出来的本体意识,也就代表着庄子对道家思想的一种重大推进。

在这一基础上,让我们再来看庄子笔下的至人、真人与神人,甚至也包括其所诠释出来的圣人:

> 古之真人,不逆寡,不雄成,不谟士。若然者,过而弗悔,当而不自得也。若然者,登高不慄,入水不濡,入火不热,是知之能登假于道也若此。古之真人,其寝不梦,其觉无忧,其食不甘,其息深深。①

---

① 《庄子·大宗师》,郭庆藩编:《庄子集释》,第250—251页。

　　夫至人者,相与交食乎地而交乐乎天,不以人物利害相撄,不相与为怪,不相与为谋,不相与为事,悠然而往,侗然而来……①

　　藐姑射之山,有神人居焉,肌肤若冰雪,绰约若处子,不食五谷,吸风饮露,乘云气,御飞龙,而遊乎四海之外。②

　　故曰:"圣人之生也天行,其死也物化,静而与阴同德,动而与阳同波,不为福先,不为祸始,感而后应,迫而后动,不得已而后起。去知与故,循天之理,故无天灾,无物累,无人非,无鬼责。其生若浮,其死若休,不思虑,不预谋,光矣而不耀,信矣而不期,其寝不梦,其觉无忧,其神纯粹,其魂不罢,虚无恬淡,乃合天德。"③

这就是庄子笔下的至人、真人与神人,也包括儒家所谓的圣人。但是,如果比较这几种让人仰慕的形象,就会发现他们实际上都有一个共同性的特征,这就是外物不能伤,内在无所思,自然也就无所苦。比如真人之"登高不慄,入水不濡,入火不热"以及"其寝不梦,其觉无忧"就表现了这一特征。至于至人之"相与交食乎地而交乐乎天,不以人物利害相撄"以及其"悠然而往,侗然而来"完全是一种超然世外的形象;到了神人,则几乎到了不住世间、不染尘累的地步了,所谓"肌肤若冰雪,绰约若处子,不食五谷,吸风饮露,乘云气,御飞龙,而遊乎四海之外"完全成为一种想象性的描述。在这一基础上,儒家的圣人也就必须随之而改变,所谓"圣人之生也天行,其死也物化,静而与阴同德,动而与阳同波"完全可以说是儒家建立在自然基础上的天人合一人格之一种自然而然的展现。至于其所谓"光矣而不耀,信矣而不期,其寝不梦,其觉无忧,其神纯粹,其魂不罢,虚无恬淡,乃合天德"简直可以说是对儒家圣人"中庸之德"之一种自然而又无心状态的传神与写真了。

　　那么,所有这些让人仰慕的人格形象究竟是如何实现的呢? 实际上,这就主要是通过"无心"的工夫所达到的一种境界。如果一下子还做不到彻底的"无心",那么所谓"心斋"、"坐忘"也就可以说是通往"无心"状态之一种辅助或前提性的工夫。最有意思的还在于,庄子的"心斋"与"坐忘"居然还是通过儒家孔颜师徒之相互勉励的方式加以表达的:

　　颜回曰:"回益矣。"仲尼曰:"何谓也?"曰:"回忘仁义矣。"曰:"可

---

① 《庄子·庚桑楚》,郭庆藩编:《庄子集释》,第864页。
② 《庄子·逍遥游》,郭庆藩编:《庄子集释》,第32页。
③ 《庄子·刻意》,郭庆藩编:《庄子集释》,第592页。

矣,犹未也。"他日,复见,曰:"回益矣。"曰:"何谓也?"曰:"回忘礼乐矣。"曰:"可矣,犹未也。"他日,复见,曰:"回益矣。"曰:"何谓也?"曰:"回坐忘矣。"仲尼蹴然曰:"何谓坐忘?"颜回曰:"堕肢体,黜聪明,离形去知,同于大通,此谓坐忘。"仲尼曰:"同则无好也,化则无常也,而果其贤乎!丘也请从而后也。"①

回曰:"敢问心斋。"仲尼曰:"若一志,无听之以耳而听之以心,无听之以心而听之以气!听止于耳,心止于符。气也者,虚而待物者也。唯道集虚。虚者,心斋也。②

在这两段描述中,前者是通过颜回不断地"忘"从而也就表现出其所谓的进益,最后一直达到"堕肢体,黜聪明,离形去知,同于大通"的地步才代表着其"坐忘"的真正实现,因而这种"坐忘"实际上也就可以说是通过有意识地努力所达到的一种无意识的精神状态("离形去知"——对自我包括实然世界的一个超越与摆脱的过程),所以连孔子都表示要"请从而后也"。后一段则主要是所谓"心斋"的工夫,也就是要人通过"若一志"的方式使自己的意念不断地退守,是即所谓"无听之以耳而听之以心,无听之以心而听之以气",最后一直退守到仅仅表明其生命存在之"气"的层面与状态(此时已经进入"无心"——无常人所谓物我对峙之心的状态),从而完全可以所谓"以物应物"的方式"虚而待物",自然,这就代表着"心斋"的指向及其彻底实现了。

在"心斋"与"坐忘"这两种不同的工夫追求中,庄子一方面通过"坐忘",不仅忘掉了人伦文明,而且也忘掉了主体的自我意识,从而进入到一种所谓"离形去知"的潜意识或近于自然本能的状态;另一方面,则又要通过"若一志"之所谓"心斋"的工夫,使人"无听之以耳而听之以心,无听之以心而听之以气",从而以"以物应物"、"虚而待物"的方式最大可能地发挥人之潜能。而这两个方面的统一以及其共同指向,也就是一种纯粹的完全本能化的自然人,一如庄子曾借助孔子之忏悔所阐发出来的"入兽不乱群,如入鸟不乱行"的状态。在庄子看来,这就代表着最本真的生命,从而也就代表着最值得追求的人生。

这样一来,如果说儒家是通过对人之精神的内在澄澈与内在确立,从而

① 《庄子·大宗师》,郭庆藩编:《庄子集释》,第311—314页。
② 《庄子·人间世》,郭庆藩编:《庄子集释》,第163页。

塑造出一种道德的人生，以实现所谓"与天地参"的理想，那么道家则完全是通过对人文的唾弃、对道德的反还，从而试图塑造出一种"人兽不乱群，如入鸟不乱行"之纯粹自然而又本真的人生。中国历史上的儒道两家，面对春秋以来礼崩乐坏的现实，从而完成了对自身生命之两种不同方向的反思与塑造。

<h2>四、在应对现实中返本还原
——墨家的分化</h2>

当儒道两家纷纷强化自身的理论根底以形成对人伦社会及其精神世界的统一时，墨家也在积极地努力。不过，墨家对于儒道两家的理论建树却一概不感兴趣，因为他们的兴趣永远集中在一点上，这就是如何正面面对人伦社会的现实苦难并积极探讨如何才能彻底改造人伦世界，从而实现其理想的兼爱人生。

这种人生方向其实从墨子开创其学派时就已经明确确立了。当墨子提出以"兼爱"为方向，以"天志"、"尚同"与"尚贤"作为实现其理想之手段，并包括其一系列诸如"节用"、"节葬"、"非乐"、"非攻"以及"非命"之类的配套主张时，墨家作用于世界并彻底改造现实世界的思想理论就已经形成了，问题只是在于如何进入现实世界并真正作用于这个世界。在这方面，墨家也从既作为其思想先驱同时也作为其主要批判对象的儒家那里学到了作用于人伦社会的主要方法，这就首先是通过游说诸侯的方式以直接进入现实政权。因为自春秋以来，国与国之相攻、家与家之相篡就已经成为人伦社会的一种常态表现了；而在墨家看来，所有这些大逆不道行为之始作俑者，首先就在于当时各自为政、权倾一方的诸侯。所以，墨家只能像儒家那样，将游说诸侯作为自己作用于社会的基本入手，或者说是试图借助现实的诸侯政权以直接从事人伦社会的改造。在这方面，《淮南子》所概括的"孔子无黔突，墨子无煖席"①，可以说是对当时儒墨两家争相游说诸侯状况的一

———————
① 《淮南子·修务训》，《诸子集成》第7册，第333页。

种写真性描述。

但墨家的游说活动则是有其绝对不可让步的刚性原则的,著名的"公输"可以说是墨子一种特殊并且也是以武力作为后盾的游说活动。当时,公输般为楚国造云梯,将以攻宋,"子墨子闻之,起于齐,行十日十夜,而至于郢,见公输般"①。而在两人所展开的模拟较量中,公输般的各种攻城器械已经用完,而墨子的守城器械还绰绰有余,于是,这就促使公输般形成了一个可以攻宋的馊主意,即试图通过杀掉墨子来实现其攻宋的目的;而墨子当下就看穿了这一点,所以其表态也就显得掷地有声:"杀臣,宋莫能守,可攻也,然臣之弟子禽滑釐等三百人,已持臣之守围之器,在宋城上而待楚寇矣。虽杀臣,不能绝也。"②于是,楚王最后也就不得不以"吾请无攻宋"③作为这一游说活动的终结了。这是一则流传很久的故事,虽然主要表现的是墨子的"非攻"思想,但实际上也体现着墨子的兼爱情怀以及其积极干预政治、干预军事的顽强与果敢精神。

墨子游说活动的一个显著特点,就在于他通过"天志"所表现出来的一种带有绝对性的主体精神。按理说,游说诸侯本来就是借助诸侯的王权以推行自己的为政理想,而这样一种形式同时也就涉及中国政治生活中的一个重大问题,即所谓思想主体与权力主体之"双重主体性问题"④。但墨子当时显然是不会考虑这些问题的,他所要求的只是希望当时的诸侯王权能够对他言听计从,一切听从他的调遣。所以,如果说儒家游说诸侯所以失败的原因主要在于其"饰知以警愚,修身以明汙,昭昭乎如揭日月而行"⑤,那么与儒家相比,在当时的游说活动中,对于诸侯政权的指点、矫正与批评,墨

---

① 《墨子·公输》,《诸子集成》第4册,第293页。

② 《墨子·公输》,《诸子集成》第4册,第295—296页。

③ 《墨子·公输》,《诸子集成》第4册,第296页。

④ "双重主体性问题"是徐复观先生对中国数千年来政治问题反复思考的一个总结论,主要指谓现实政治的权力主体与思想主体的关系问题,而其核心则主要在于对政治之"体与用"、"形式与内容"的双重划分。比如他指出:"政治的内容是变数,也必然是变数。而政治的形式是常数,也可称之为常道。"(《中国政治问题的两个层次》,《学术与政治之间》,第32页)徐先生以此分析中国历史上政治问题之"死结",并通过"体与用"以及"形式与内容"的双重划分以探索中国政治民主化的通道。所以,在该书的"自序"中,他总结说:"我对中国的政治问题,一直到写《中国政治问题的两个层次》一文时,才算摆脱了数十年来许多似是而非的纠缠,看出一条明确简捷的道路。"(徐复观:《学术与政治之间》,台湾学生书局1985年版)

⑤ 《庄子·山木》,郭庆藩编:《庄子集释》,第744—749页。

家可以说是有过之而无不及的。不过,当墨家在社会上形成了一定的影响之后,有的诸侯甚至还希望利用墨家"已诺必诚"的特点来聘请墨子以治理其国家,但墨家从正文或介入政权的刚性原则却往往会使这样的为政机会彻底泡汤。请看如下一段记载:

> 子墨子游公尚过于越,公尚过说越王,越王大说。谓公尚过曰:"先生苟能使子墨子于越,而教寡人,请裂故吴之地,方五百里,以封子墨子。"公尚过许诺。遂为公尚过束车五十乘,以迎子墨子于鲁。曰:"吾以夫子之道说越王,越王大说。谓过曰:'苟能使子墨子至于越,而教寡人,请裂故吴之地,方五百里,以封子。'"
>
> 子墨子谓公尚过曰:"子观越王之志何若? 意越王能听吾言,用吾道,则翟将往,量腹而食,度身而衣,自比于群臣,奚能以封为哉! 抑越王不听吾言,不用吾道,而吾往焉,则是我以义粜也。均之粜,亦于中国耳,何必于越哉!"①

在这一记载中,墨子出仕的条件实际上可以概括为一句话,这就是诸侯王权必须"听吾言,用吾道",——完全将国家交给"我"来治理,然后"我"也就可以"量腹而食,度身而衣",而根本不会在意所谓"封不封"的问题;但是,如果其根本做不到"听吾言,用吾道",那么就是再高的待遇,墨子也会不屑一顾的。因为他已经说得很清楚:"均之粜,亦于中国耳,何必于越哉!"墨子这样的出仕条件,主要表现了墨家的一种绝对主义的主体精神;而其根据,则又主要在于他是依据"天志"、"天意"来重新安排人间秩序的。因而,对于人间的王权,墨子本来就是怀着一种明确的教化与裁正的心态前往的。所以,越王之聘之所以失败,关键在于越王根本做不到唯墨子言之是听,因而墨子根本不会赴越王之聘。

这种绝对主义的主体精神,如果表现于其门徒之间,则又必须首先表现为一种对墨家原则与墨家领袖的绝对忠诚精神,否则的话,就必然会受到严厉的惩罚。比如:"子墨子使胜绰事项子牛,项子牛三侵鲁地,而胜绰三从。子墨子闻之,使高孙子请而退之。"②再比如,子墨子曾使曹公子出仕于宋,由于曹公子贪恋爵禄富贵以厚其家,因而也就受到了"出曹公子而于宋"③

---

① 《墨子·鲁问》,《诸子集成》第4册,第287—288页。
② 《墨子·鲁问》,《诸子集成》第4册,第290页。
③ 《墨子·鲁问》,《诸子集成》第4册,第288页。

的制裁。这说明,墨子派遣其弟子出仕的目的只有一个,这就是必须积极推行其"非攻"与"兼爱"的救世主张,否则的话,如果一味服从于诸侯的贪欲,或者因为贪恋爵禄富贵而丧失原则,那就必然会受到墨子的裁处。

当然另一方面,如果墨家门徒能够忠诚于墨家精神、忠诚于钜子,则又必然会受到墨子的高调表彰。比如:

> 子墨子游荆耕柱子于楚。二三子过之,食之三升,客之不厚。二三子复于子墨子曰:"耕柱子处楚无益矣。二三子过之,食之三升,客之不厚。"子墨子曰:"未可智(知)也。"毋几何,而遗十金于子墨子曰:"后生不敢死,有十金于此,愿夫子之用也。"子墨子曰:"果未可知也。"①

> 子墨子……游高石子于卫,卫君致禄甚厚,设之于卿。高石子三朝必尽言,而言无行者,去而之齐。见子墨子曰:"卫君以夫子之故,致禄甚厚,设我于卿。石三朝必尽言,而言无行,是以去之也。卫君无乃以石为狂乎?"

> 子墨子曰:"去之苟道,受狂何伤! 古者周公旦非关(管)叔,辞三公,东处于商盖,人皆谓之狂,后世称其德,扬其名,至今不息。且翟闻之,为义非避毁就誉,去之苟道,受狂何伤!"

> 高石子曰:"石去之,焉敢不道也。昔者夫子有言曰:'天下无道,仁士不处厚焉!'今卫君无道,而贪其禄爵,则是我为苟陷人长也。

> 子墨子悦,而召子禽子曰:"姑听此乎,夫倍义而乡禄者,我常闻之矣;倍禄而乡义者,于高石子焉见之也。"②

到了墨子的晚年,这种通过派遣弟子以出仕诸侯国的行为可能就已经成为一种较为普遍的情形了(孔子时就已经开始如此做)。但墨家弟子之出仕,则又必须首先忠诚于墨家精神;其次,又必须对墨家钜子怀有绝对的忠诚,而这种忠诚同时又是为了更好地宣扬墨家精神,彰显墨家的出仕原则。所以,耕柱子之仕楚、高石子之仕卫,也都得到了墨子的高度表彰。

但其门徒的绝对主体精神以及其对墨家原则的绝对忠诚往往会和现实的诸侯政权形成尖锐的冲突,而在当时,这种冲突也是作为墨家"三派"之

① 《墨子·耕柱》,《诸子集成》第4册,第257—258页。
② 《墨子·耕柱》,《诸子集成》第4册,第260—261页。

一的"仕墨"①所面临的主要矛盾。比如墨子去世后,腹䵍曾为墨家钜子,并且代表墨家出仕秦国;而由其所代表的"墨者之法"也与诸侯王权包括其自身的利益发生了剧烈的冲突,最后只能以冲撞王权与自我"绝后"的方式完成对"墨者之法"的持守。《吕氏春秋》载:

> 墨者有钜子腹䵍居秦。其子杀人,秦惠王曰:"先生之年老矣,非有他子也,寡人已令吏弗诛矣,先生之以此听寡人也。"腹䵍对曰:"墨者之法,杀人者死,伤人者刑,此所以禁杀伤人也。夫禁杀伤人者,天下之大义也,王虽为之赐,而令吏弗诛,腹䵍不可不行墨子之法。"不许惠王,而遂杀之。子,人之所私也,忍所私以行大义,钜子可谓公矣。②

在这一案例中,腹䵍的最高原则即是所谓"墨者之法",但在当时,要执行"墨者之法"就一定会违背王者之命,同时还要使自己面临"绝后"的危险,但腹䵍当时的抉择则是毫不动摇,——虽然秦惠王已经"'令吏弗诛,而腹䵍却不可不行墨子之法。'不许惠王,而遂杀之"。腹䵍的这一抉择,一方面使自己成为人伦的绝后者,同时也是王命的冒犯者。所以,对于仕墨而言,这种诛杀独子的"绝后"行为也就具有了某种象征的意义。③

既然"仕墨"所坚持的"墨者之法"既不合于人之常情,也不合于王者之命,那么对于墨家而言,要通过游说诸侯以参与政权来改造社会也就注定是要失败的。但对于墨家的拯救精神而言,即使"仕墨"之路不通,墨家也仍然要另外开创道路;而其通过"出仕"之外以改造人伦社会的道路也就要由

---

① 墨家三分之说首起于韩非子,其《显学》云:"世之显学,儒墨也。儒之所至,孔丘也;墨之所至,墨翟也……自墨子之死也,有相里氏之墨,有相夫氏之墨,有邓陵氏之墨。故孔墨之后,儒分为八,墨离为三,取舍相反不同。"(《韩非子·显学》,《诸子集成》第 5 册,第 351 页)但韩非子的这一说法实际上又主要源于《庄子》,其《天下》篇云:"相里勤之弟子五侯之徒,南方之墨者苦获、已齿、邓陵子之属,俱诵《墨经》,而倍谲不同,相谓别墨……"(《庄子·天下》,郭庆藩编:《庄子集释》,第 1183 页)这说明,从庄子到韩非子,其所谓的"墨离为三"实际上可能仅仅是指谓辩墨内部的不同派别而言。而笔者这里仅仅借取"墨离为三"这一说法,实际上则主要是从墨家作用于社会之不同途径——仕墨、侠墨与辩墨以及其不同的表现方式上着眼的;而这三系之依次登台,也就构成了其作用于社会之不同的历史阶段。

② 《吕氏春秋·去私》,《诸子集成》第 6 册,第 10—11 页。

③ 在这一问题上,儒墨两家存在着极大的分歧。儒家反对腹䵍的行为,并非认为独子就不可诛杀,而是认为必须以社会法律的名义来行使诛杀权,至于腹䵍"不许惠王,而遂杀之"的行为也就完全使其自身成为一种绝情寡恩之人了。对于腹䵍的这种行为,《吕氏春秋》虽然是以"忍所私以行大义"来歌颂的,实际上,这一案例却从反面说明"墨者之法"既不合于人伦常情,也不合于王者之命,因而墨家也就由此决定了其必然"中绝"的命运。

"侠墨"来承担了。而"侠墨"的出现,一方面表现了墨家与现实社会之间的巨大反差,同时也表现着墨家试图在现实社会之外寻找一种改造现实社会之动力的尝试。

"侠墨"实际上也是以"路见不平,拔刀相助"的方式来通过事件之外或社会之外的力量来作用于现实社会的。如果说春秋以来的人伦社会已经成为一个"强必执弱,富必侮贫,贵必傲贱,诈必欺愚"①的社会,那么"侠墨"的使命也恰恰是要通过超越于"强弱"、"贫富"与"贵贱"、"众寡"之外的身份与力量,从而促使其成为一个"强不执弱,众不劫寡,富不侮贫,贵不傲贱,诈不欺愚"②的社会。"侠墨"的这一使命,从某种程度上说,也就使其成为人伦社会"兼相爱"运动的"第一推动"者。正因为"侠墨"的这一作用,所以直到汉代,人们仍然对侠墨充满了一腔赞叹与敬仰之情。比如:

> 墨子服役者百八十人,皆可使赴火蹈刃,死不还(旋)踵,化之所致也。③

> 今游侠,其行虽不轨于正义,然其言必信,其行必果,已诺必诚,不爱其躯,赴士之困厄。既已存亡死生矣,而不矜其能,羞伐其德,盖亦有足多者焉。④

这两段完全是出自汉人的追述,前者是《淮南子》赞叹"侠墨"所表现出来的"赴火蹈刃、死不旋踵"的精神;后者则是司马迁从"侠墨"专门"赴士之困厄"的角度,赞扬当时作为"侠墨"之遗存的"游侠"所表现出来的"其言必信,其行必果,已诺必诚,不爱其躯"的为人风范。所有这些,其实也完全可以视为"侠墨"作用于社会的主要方式。

实际上,墨子本人就充满着一腔侠义精神,其止楚伐宋一事可以说是其侠义精神的典型表现。而对于其社会理想而言,在"仕墨"失败以后,墨家可能只有通过"侠"这种方式来"转动"社会,或者说是作为其兼爱理想的第一推动者了。请看墨子本人由侠义所表现出来的担当精神:

> 子墨子自鲁即齐,过故人,谓子墨子曰:"今天下莫为义,子独自苦而为义,子不若已。"子墨子曰:"今有人于此,有子十人,一人耕而九人

---

① 《墨子·兼爱》中,《诸子集成》第4册,第64页。
② 《墨子·兼爱》中,《诸子集成》第4册,第65页。
③ 《淮南子·泰族训》,《诸子集成》第7册,第357页。
④ 《史记·游侠列传》,《二十五史》卷一,第316页。

处,则耕者不可以不益急矣！何故？则食者众而耕者寡也。今天下莫
为义,则子如劝我者也,何故止我？"①

就墨子本人的出身而言,他不过是一个"北方之卑人";而其具体主张,说到
底不过是一些"节葬"、"节用"、"非乐"、"非攻"之类的"贱人之所为"。但
墨子"一肩担尽天下苦难"的精神,表现在他就是要以这种"贱人"之所思所
想来改变整个人伦世界,这才是一种真正的侠义精神。所以孟子评价说:
"墨子兼爱,摩顶放踵利天下,为之。"②庄子也认为墨家是"以绳墨自矫,而
备世之急"③。荀子则认为:"墨子之言,昭昭然为天下忧不足。夫不足,非
天下之公患也,特墨子之私忧过计也。"④显然,墨家正是要通过这种"摩顶
放踵利天下"的精神,并且还要顽强地以"反天下之心"的方式来拯救天下,
这确实是中国历史上最侠义的精神。

而在平时,墨家门徒"多以裘褐为衣,以跂蹻为服,日夜不休,以自苦为
极。曰:"不能如此,非禹之道也,不足谓墨,"⑤。这可能也就是其教团的正
常生活。从其大弟子禽滑釐来看,"禽滑釐子,事子墨子三年,手足胼胝,面
目黧黑,役身给使,不敢问欲"⑥,既然墨子的大弟子都是如此,那么由此也
就可以看出其整个教团的情形了。但虽然如此,其门徒仍然"以钜子为圣
人,皆愿为之尸,冀得为其后世"⑦。因而《淮南子》所概括的"赴火蹈刃,死
不旋踵",应当说也就是关于墨家门徒精神的一种写真,大概墨家门徒也就
是要以这种"自苦"与"受难"的方式来表达其拯救天下之愿望与情怀的。

而在某种特殊的条件下,墨家门徒甚至为了兑现其"已诺必诚"以及其
"赴火蹈刃、死不旋踵"的精神,其所谓的拯救情怀也就激扬为一种"自苦"
精神甚或自觉追求死亡的"情结"了。也就是说,他们似乎是以一种"自苦"
或自觉追求死亡的方式来昭示其拯救情怀的纯粹性与永恒性。《吕氏春
秋》曾准确地记载了侠墨及其教团究竟是如何以自觉追求死亡的方式来昭
示墨家之侠义精神的:

① 《墨子·贵义》,《诸子集成》第4册,第265页。
② 《孟子·尽心》上,吴哲楣主编:《十三经》,第1422页。
③ 《庄子·天下》,郭庆藩编:《庄子集释》,第1178页。
④ 《荀子·富国》,《诸子集成》第2册,第119页。
⑤ 《庄子·天下》,郭庆藩编:《庄子集释》,第1181页。
⑥ 《墨子·备梯》,《诸子集成》第4册,第322页。
⑦ 《庄子·天下》,郭庆藩编:《庄子集释》,第1183页。

　　墨者钜子孟胜善荆之阳城君。阳城君令守于国，毁璜以为符，约曰："符合听之"。荆王薨，群臣攻吴起，兵于丧所，阳城君与焉。荆罪之，阳城君走，荆收其国。孟胜曰："受人之国，与之有符，今不见符，而力不能禁。不能死，不可。"其弟子徐弱谏孟胜曰："死而有益于阳城君，死之可矣；无益也，而绝墨者于世，不可。"

　　孟胜曰："不然。吾于阳城君也，非师则友也，非友则臣也，不死，自今以来，求严师，必不于墨者矣；求贤友，必不于墨者矣；求良臣，必不于墨者矣。死之，所以行墨者之义，而继其业者也。我将属钜子于宋之田襄子，田襄子贤者也，何患墨者之绝世也！"徐弱曰："若夫子之言，弱请先死以除路。"还殁头前于孟胜。因使二人传钜子于田襄子。

　　孟胜死，弟子死之者八十三人。二人以致令于田襄子，欲反死孟胜于荆。田襄子止之曰："孟子已传钜子于我矣。"不听，遂反死之。①

这就是墨家教团以及其门徒争相赴死的一个奇节。孟胜和阳城君有约，等不到阳城君，孟胜只能以死践约，这自然表现了墨家的侠义精神。但徐弱的担心则主要是出于一种利害的算计与权衡：死究竟是有益还是无益？如果是无益之死，那还不如传墨者精神于后世。但作为钜子的孟胜，其考虑显然已经远远超越了这种利害算计的层面和范围。在他看来，他与阳城君是非师则友、非友则臣的关系，不死，就必然会导致以后的人们"求严师，必不于墨者矣；求贤友，必不于墨者矣；求良臣，必不于墨者矣"，一句话，如果不死，那就等于断送了墨家精神。相反，正是自觉一死，才真正是所谓"行墨者之义，而继其业者也"，所以说，这也就等于是以杀身成仁的方式来昭示墨家的拯救情怀与拯救精神。也正是受到这种精神的激发与感召，所以徐弱居然"还殁头前于孟胜"。

　　最为奇特的还在于那两位传命的使者，本来，按照孟胜之命，他们要传钜子之位于宋国的田襄子，这本来是可以不死的；而新钜子田襄子也已经有了不死之命。但在这两位传令者看来，如果不死，将有负于钜子孟胜，所以他们的选择也就是在完成传位之命后"反死之"。这似乎就有点死亡情结的意味了，但墨家门徒就是要以这种自觉追求死亡的方式来阐扬墨家的精神。

---

　　①《吕氏春秋·上德》，《诸子集成》第6册，第243页。

墨家门徒为什么要以这种"自裁"的方式来阐扬其精神？这主要是由两个方面的原因促成的。一方面，由于其社会下层的出身以及其对社会苦难的深刻感受，所以其改造人伦现实以创造理想社会的宏愿也就非常强烈，但其彻底改变人伦社会的理想实际上又等于是为自己提出了一个永远无法完成的任务，比如所谓"视人之室若其室，谁窃？视人身若其身，谁贼？……视人家若其家，谁乱？视人国若其国，谁攻"之类，从理论上说确实如此，作为理想，也确实是最美好的理想；而且，只要人与人之间能够做到"视人之室若其室"、"视人身若其身"以及"视人家若其家"、"视人国若其国"，那自然就会彻底根除所谓"强必执弱，富必侮贫，贵必傲贱，诈必欺愚"①等种种不平现象。理想固然美好，却必须以彻底破除人己物我之别作为前提，尤其是必须以彻底破除人的"小我"与"私我"作为前提。这样一来，一方面当然是最美好的人伦理想，但其实现前提却是难上加难的"无我"。这也许就是墨子必须组织一个教团，以形成人伦世界兼相爱、交相利之第一推动力的根本原因。从这个角度看，可能也只有侠墨才是墨家拯救精神真正的担当者（仕墨这种形式对于诸侯政权而言还具有一定的利用性质）。但是，即使形成了侠墨的第一推动，而这个"第一推动"甚至也可以达到所谓"赴火蹈刃，死不旋踵"的地步，但如何由这种第一推动——由墨家的人伦示范与人伦榜样作用以成为士庶大众的人伦共识则仍然是难上加难的，所以其门徒中就出现了向世俗妥协的现象，比如贪恋爵禄富贵、伸手要官以至于私下抱怨为官不值，等等。凡此都说明，不仅墨子本人会发现其理想难以实现，而且其弟子也同样会发现其理想之难以实现。正是在这种背景下，孟胜才不得不以"自裁"的方式来昭示其拯救精神。

但另一方面，即使墨家门徒都认识到其理想之难以实现的性质，也并非就一定要选择"自裁"这种方式，而是既可以向现实作出某种程度的妥协，也可以向世俗风气作出一定的让步。但如此一来，又必然会反过来否定其理想的真诚与纯粹性，这一点也诚如孟胜所担心的："自今以来，求严师，必不于墨者矣；求贤友，必不于墨者矣；求良臣，必不于墨者矣"。在这种状况下，孟胜之自觉地选择死亡，不仅确保了其理想之真诚与纯粹的性质，而且也确实像孟胜所说的那样——"所以行墨者之义，而继其业者也"。这样一

---

① 《墨子·兼爱》中，《诸子集成》第 4 册，第 64 页。

来,当墨家教团中形成群体性的"自裁"事件时,对于墨家来说,就等于是在面对一个自己永远无法完成的任务,从而也就只能反过来以"自裁"式的燃烧,来昭示其理想的超越性与纯粹性。这样看来,墨家门徒群体性的自裁,虽然无关于其理想的实现,但却照亮了其理想的纯粹性与永恒性。

当侠墨不得不以自裁式的"燃烧"来昭示其价值理想与追求精神时,墨家的存在方式及其精神寄托似乎也就剩下辩墨这一种途径了。实际上,辩墨并不是在仕墨、侠墨相继失败之后才得以形成的,而是随着墨家救世主张的形成同时形成了。就是说,当墨家形成其兼相爱、交相利的救世主张时,辩墨也就同时形成了。比如《尚贤》云:"今者王公大人为政于国家者,皆欲国家之富、人民之众、刑政之治,然而不得富而得贫,不得众而得寡,不得治而得乱,则是本失其所欲,得其所恶,是其故何也?"①显然,这就已经明确地提出了一个"辩"的问题,并且也使墨家不得不面临一个时时需要以"辩"来立说的环境;而儒道两家的并行,也就使墨家不得不通过"辩"的方式来为自己的思想主张开辟道路。这就决定,辩墨也必然是墨家的存在方式之一。

但墨子的"辩"却又根本不同于作为其后学所守之业的"辩墨"。原因在于,墨子的思想形成于儒道两家之后,作为思想世界的后来者,他就不得不以"辩"的方式来为自己的思想主张开辟道路。从这个角度看,墨子的"辩"无疑是宣传其思想主张的一种手段,因而他实际上更重视人之"取"而并不重视其所标之"名"。墨子说:"故我曰瞽不知白黑者,非以其名也,以其取也。今天下之君子之名仁也,虽禹汤无以易之,兼仁与不仁,而使天下之君子取焉,不能知也。故我曰:天下之君子不知仁者,非以其名也,亦以其取也。"②显然,不仅墨子判断瞽者的方法是"非以其名也,以其取也",而且其判断当世君子以及其思想主张的方法,也同样是从其"取"而不仅仅是从其所立之"名"的角度来判别的。这说明,在墨子看来,所谓"名"与"辩"不过是其推行思想主张的一种手段而已,却并不能代表其思想主张本身。

可到了其后学,不仅要以"辩"的方式来为学,而且还形成了所谓专门以"辩"为业的"辩墨"。这究竟是为什么呢? 这主要是因为,由于"仕墨"与专制权力的根本不相容,"侠墨"又与士庶大众不相容;因而在推行其思

① 《墨子·尚贤》上,《诸子集成》第4册,第25页。
② 《墨子·贵义》,《诸子集成》第4册,第267—268页。

想主张的过程中,墨家不仅要与儒道两家的思想主张相碰撞,而且也必然要受到士庶大众自觉不自觉地抵制与质疑。所有这些,都是墨家最后不得不回归于"辩"的主要原因。

其次,墨子出身于百工,从其论舟车、论钩强以及造木鸢并能在制作技巧上与公输般斗巧的情形来看,应当说墨子本身就是一位精于器械制作的木工。他说:"天下从事者,不可以无法仪;无法仪而其事能成者无有也。虽至士为将相者,皆有法;虽至百工从事者,亦皆有法。百工为方以矩,为圆以规,直以绳,正以县(悬),无巧工不巧工,皆以此五者为法。巧者能中之,不巧者虽不能中,放依以从事,犹逾己。"①显然,从这一说法来看,正是其早年运用工具的木工经历,不仅培养了墨子带有绝对色彩的主体意识,而且也培养了其与人辩说的标准——法仪与工具意识。而"辩墨"则正是墨家思想在社会大众层面遇到阻遏而不得不回归于墨子故业的表现。不过这里的"故业",已经不再是墨子的器械制作,而主要是言谈与宣讲所必须的名辩逻辑;因而这里的"法仪",也就不再是墨子的规矩绳墨,而是言谈交流的轨辙——命题与辩论的言说逻辑了。

这样一来,墨家后学也就在回归墨子"故业"的过程中,开辟了一个崭新的领域,这就是名辩逻辑。在现存的墨家典籍中,有《经》上下、《经说》上下以及《大取》、《小取》四篇文献,大概就属于辩墨的基本文献。而在经过对墨家名辩逻辑的多年研究之后,詹剑锋先生指出:"《经上》与《经下》不同的特征,则在《经上》全是定义、法则、定理,均属显正一面;《经下》则采用建立论题加以论证的形式,有若干条系破斥别派的理论,属于破邪的一面。"②对应于《经上》与《经下》的文本,诸如《经上》的"故,所得而后成也;止,以久也;体,分于兼也,必不已也;知,材也;平,同高也"与《经下》的"五行无常胜,说在宜"、"知其所以不知,说在以名取"以及"物之所以然与所以知之与所以使人知之不必同,说在病"等等,也都说明《经下》确实是以"说在"的形式对《经上》的定义、法则作出了引申性的运用与说明。根据这一特点,我们也可以说,《经上》属于"立名",而《经下》则具有一定的论辩意味;合而观之,也就可以说是墨家对其论辩

---

① 《墨子·法仪》,《诸子集成》第4册,第11页。
② 詹剑锋:《墨家的形式逻辑》,湖北人民出版社1956年版,第230页。

之法的具体运用了。

至于《经说》，则是对《经》的解释和再说明，由于其中曾提到"白马"、"坚白"、"日中"等说法，则显然已经与当时的惠施、公孙龙一系的名辩之士合流。但《大取》、《小取》则仍然保持着墨家名辩的本色，其中也不乏为墨家思想所申明与辩护的成分。比如其中的如下说法：

> 天之爱人也，薄于圣人之爱人也；其利人也，厚于圣人之利人也。
>
> 利之中取大，害之中取小也。害之中取小也，非取害也，取利也。
>
> 利之中取大，非不得已也；害之中取小，不得已也。所未有而取焉，是利之中取大也；于所既有而弃焉，是害之中取小也。
>
> 爱人不外己，己在所爱之中。己在所爱，爱加于己，伦列之爱己，爱人也。
>
> 爱无厚薄，举己非贤也。
>
> 兼爱之有相若，爱尚世与爱后世，一若今之世人也。
>
> 天下无人，子墨子之言也犹在。
>
> 夫辞以类行者也，立辞而不明于其类，则必困矣。①
>
> 夫辩者，将以明是非之分，审治乱之纪，明同异之处，察名实之理，处利害，决嫌疑，焉摹略万物之然，论求群言之比，以名举实，以辞抒意，以说出故，以类取以类予。
>
> 其然也，有所以然也，其然也同，其所以然不必同。其取之也，有所以取之，其取之也同，其所以取之不必同。
>
> 爱人，待周爱人，而后为爱人；不爱人，不待周不爱人。不周爱，因为不爱人矣。乘马，不待周乘马，然后为乘马也；有乘于马，因为乘马矣。逮至不乘马，待周不乘马，而后为不乘马。
>
> 居于国，则为居国。有一宅于国，而不为有国。②

在上述类举中，其对墨子之言以及墨家兼爱思想的反复申明，显然属于对墨家思想宗旨的辩白，比如"爱人不外己，己在所爱之中"以及"爱尚世与爱后世，一若今之世人也"、"待周爱人，而后为爱人"，等等，都是明显的墨家宗旨；至于"乘马，不待周乘马，然后为乘马也"和"有一宅于国，而不为有国"，

---

① 《墨子·大取》，《诸子集成》第4册，第243—249页。
② 《墨子·小取》，《诸子集成》第4册，第250—253页。

则又属于对周延命题和不周延命题的分判。至于"利之中取大"和"害之中取小"则明显属于一种价值选择逻辑,因而其中有"所未有而取焉,是利之中取大也;于所既有而弃焉,是害之中取小也"的具体说明;而所谓"爱无厚薄,举己非贤也",则既是对墨家无我精神的再次申明,同时也是以"举己非贤"对人之"有我"进行了积极的防范。所以,所谓"明是非之分,审治乱之纪,明同异之处,察名实之理,处利害,决嫌疑"等,也都是从根本上服从于其主体之具体需要的价值选择逻辑的。

与墨子当年面对"饥者不得食,寒者不得衣,劳者不得息"的现象而认真探索其所以形成的根源从而提出所谓"兼相爱交相利"的主张相比,辩墨显然是将人们的思想择取作为主要研究对象的,并且也同样是在认真探索其所以形成的根源。这无疑是对墨子精神的继承,正像墨子当年的"法仪"被辩墨发展成为名辩逻辑一样。但是,与仕墨、侠墨或自觉地"绝后"或通过自裁式的"燃烧"以"行墨者之义,而继其业者"相比,辩墨实际上等于是从理论逻辑的角度宣布:"天下无人,子墨子之言也犹在。"①这无疑是对墨家精神及其超越性与永恒性的一种明确昭示。所不同的在于,"仕墨"是以"墨者之法"处死了自己的独子、"侠墨"则是通过自身生命"自裁"式的燃烧来昭示其拯救精神;至于辩墨,只能从理论逻辑的角度来昭示这一精神了。所以,从某种程度上说,辩墨的"天下无人,子墨子之言也犹在",实际上等于是墨家对其理想精神之一种"中绝"而又永恒式的告别。

在以往人们对辩墨的研究中,往往侧重于西方文化的比衬而着重阐发其形式逻辑的思想,辩墨当然有其形式逻辑方面的思想,比如对周延命题与不周延命题以及一般概念与个别概念的比较等,但就实情而论,与其说辩墨所探索的是"明同异之处,察名实之理",不如说他们所首先关心的在于如何"处利害,决嫌疑"的问题;而在墨家看来,前者恰恰是为后者服务的。所以,与其说"墨子是西方人"、"是阿拉伯人"乃至"是印度人"等,②不如从其早年的木工经历以及在推行其救世主张的相互辩难中来理解辩墨的形成,进而理解墨家名辩逻辑的具体形成。但对于墨家的救世理想而言,这种名

---

① 《墨子·大取》,《诸子集成》第4册,第246页。
② 参见方授楚:《墨学源流》之"自序"、"附录",上海书店1989年版。

辩逻辑虽然也可以说是"明是非之分,审治乱之纪,明同异之处,察名实之理"乃至于"处利害,决嫌疑",实际上也就完全成为墨子所不赞同的那种"以名取实"与"以类取予"了。因而,对于墨家的理想追求与拯救精神而言,这无疑构成了一种讽刺。而墨子当年所最不愿意看到的"以名取实"并由"以其名"所形成的"兼仁与不仁"现象,也就恰恰成为其后学演变发展的一种归宿了。

五、现实问题之"现实"解决
——法家的产生

儒、道、墨三家,作为中国文化对春秋以来"礼崩乐坏"格局及其不断加剧之社会矛盾的反映,也就构成了中国轴心时代的思想主体及其主要创造。但是,由于接踵而起的战国则是一个诸侯各自为政、以杀伐为能的时代,因而对于当时的社会矛盾而言,儒、道、墨三家尤其是儒道两家也就仍然难免存在着所谓"坐而论道"、"愚远而阔于事情"之病。因为对于当时诸侯力征的格局,儒道两家试图从人生观念或人的精神层面探寻出路的方法难免会面临着所谓远水不解近渴的问题;而墨家虽然是直接针对现实问题想办法的,但其"兼爱"情怀却只有通过"天志"与"尚同"之"法仪",才能真正作用于现实,至于其"无我"的前提预设又难免存在着"反天下之心"、违背人之"有我"天性的诸多毛病。在这种状况下,如何从现实出发,并直接针对现实问题与现实需要以探寻出路,也就必然会造成一个完全适应于现实的诸侯争霸的思想流派,这就是法家。

之所以说法家是一个密切适应现实需要的思想流派,关键取决于两个方面:其一,法家本身就是为了适应当时的诸侯争霸而产生的,而且其所有的思想主张也都是围绕着诸侯争霸的问题而展开的,并且也是专门为了满足诸侯争霸的要求来进行理论探讨的。这虽然可以说是与墨家之现实关怀处于同一层面,但其与墨家所关注的"饥者不得食,寒者不得衣,劳者不得息"以及由此所形成的"强不执弱,众不劫寡,富不侮贫,贵不傲贱,诈不欺愚"的人生理想指向却正好相反。如果说墨家完全是站在社会下层的立场上,从其生存所急需的角度来解决问题,那么法家则完全是站在正在争霸的诸侯立场上来改造社会、改造人生的。所以就此而言,墨法两家虽然具有相同的关注层面,但其思想指向与关注侧重却具有根本对反的性质。其二,与以前的儒、道、墨三家相比,由于儒家总是试图从人的精神与心理根源的层面来解决问题,因而也可以说是离现实最远的一个思想流派;道家虽然也有从实然层面关注现实的一面,但由于其追根溯源的认知方式、思辨玄远的言说习惯,因而并不适宜作为诸侯争霸的政治哲学。而在当时的儒、道、墨三家中,紧密关注现实问题的只有墨家,但墨家"无我"的理论预设、"反天下之心"的实际指向以及其以"墨者之法"作为最高原则的政治实践原则与处世风格,不仅违逆人之常情,而且也在权源之地与当时的诸侯王权形成了一种尖锐的冲突。因而墨家虽然关注现实并且也是从现实出发的,但它却完全是从社会下层的愿望出发并且也总是试图通过"反天下之心"的方式来塑造一种全新的现实,这只能导致其在现实社会中的屡屡碰壁与自身"中绝"的命运了。

在这一背景下,当法家开始萌芽时,儒、道、墨三家所积累的历史教训必然会成为法家思想所以形成之最重要的历史出发点了。首先,所有的法家都是为了适应诸侯争霸的实际需要而形成的,并且也是以"变法"的方式登上历史舞台的,这就决定,一贯坚持礼乐文明的儒家必然会成为其所首先冲击的对象,而法家之"尽废故常"、"刀下见菜"的思想性格也决定其必然要将儒家作为其最主要的批判对象。至于道家,虽然其追根溯源的认知方式、思辨玄远的言说习惯并不符合法家的要求,但由于其对现实人生之"有身"的关注视角、反向溯源与反向用力的追求方式,因而也就可以满足新兴的诸侯——所谓君王驾驭臣下之需要,——后来韩非之所以著《说难》,其之所以要列举那么多的"身危",实际上也都是从君王之"有身"的角度作出规定的,并且也是从如何才能不冒犯君王之"逆鳞"作为基本原则的。而道家始终将现实人生之"有身"作为其第一关注这一点,也就恰恰成为法家之服务于诸侯王权,并为其"作壹"①于社会群体提供了一个最好的"软肋"(这一"软肋"如果表现于帝王则可以称之为"逆鳞",但这又恰恰是法家所绝对不

① 商鞅的"作壹"可以理解为通过统一思想以形成共同意志,如他说:"国务壹,则民应用……民壹务,其家必富,而身显于国。"(《商君书·壹言》,《诸子集成》第5册,第18页)

敢冒犯的)。所以,如果从思想根源与关注视角的角度看,那么道家也就可以说是法家真正的"娘家"或发育母体,虽然道家只是关注自我在乱世中如何存身的问题,而法家则始终关注如何才能捏住大众的"软肋"以驱赶社会群体,从而完全服从于帝王意志的需要,但在关注现实并拿捏人之"软肋"这一点上,二者却又恰恰是一脉相承的。

但是,最与法家思想具有近缘关系的墨家却始终是其所极力批判的对象。这倒并不是因为法家在故意隐瞒自己的真正出处以及其形成基础,而主要是因为其相互在达到目的之手段上具有根本分歧的性质。墨法两家虽然都是以现实关怀或解决现实问题而著称的,但墨家之关注现实主要是出于一种道德情怀或人道关怀的动因,这也可以说是其从根本上源于儒家的基本身份决定的;而法家之关注现实,则主要是为了钳制现实人生或者说就是为了从现实的角度来钳制社会以服从于诸侯王权的需要。当然在这一点上,墨家通过"天志"、"尚同"并以"法仪"的方式所表现出来的集权与工具意识也深深地启发了法家,但墨家当时主要还是试图通过"天志"以作为"法仪"来改变人们的思想观念。虽然这种改变已经被《庄子》明确批评为"反天下之心",但在人们现实生活中之"有身"以及其生存关怀的层面,墨家仍然不失为一种朴素的人道主义。而法家则由于其道家的思想基因以及其所一贯关注人生"软肋"的焦点也就使其更加集中于人之"有身"——所谓生存的层面,所以它也就可以专门在人之生存条件的"软肋"上想办法。在这种条件下,墨家虽然也有明显的思想专制色彩,但墨家的专制主要限于人的思想观念的层面;而法家的专制则已经深入到人的生存之根据的层面,并且还要通过人之生存条件之"软肋"来彻底改变人们的思想观念。所以说,虽然墨法两家都关注现实,但其手段却是截然相反的,因而,后来韩非子所谓的"儒以文乱法,侠以武犯禁"[1],——墨家实际上就已经被法家列入到双重打压的范围了。秦汉以后墨家的"中绝",除了其自身"反天下之心"的思想因素之外,法家所塑造的集权专制之根本不相容则应当是其主要原因。

这样看来,中国思想文化界后起的墨法两家,既与其先驱儒道两家密切相关,同时又可以说是儒道两家进一步发展的产物。墨家自然可以说是对儒家思想之人道关怀进一步上扬的表现;而法家则完全可以说是道家思想

---

[1]　韩非:《韩非子·五蠹》,《诸子集成》第5册,第344页。

进一步下滑的产物,是将道家关于人的生存关怀完全落实于现实的层面,并专门通过这种现实的层面来钳制个体、驱赶社会群体以服务于诸侯王权的需要及其表现。

近代以来,由于中西文化的交汇以及西方的法治制度所塑造的社会文明极大地吸引了中国知识精英的关注,所以古老的中国法家也就被类比为西方的法治思想而受到极大的推崇。但中国的知识精英却完全没有看到西方的法治是以一定的宗教精神作为其文化背景的,其之所以推行法治也主要是为了保护人的合法权益、弘扬人道精神;而中国的法家则一起始就是通过为虎作伥的方式生成的,并且也始终是在王权的羽翼下或者说是通过专制王权来行使其"合法的伤害权",并以此来扭曲人的思想以实现其集权专制的目的。所以,从根本上说,中国的法家也就始终是皇权为了达到其集权专制之目的所塑造出来的一种强有力的专门拿捏人之生存条件的工具。老子所谓的"圣人不仁,以百姓为刍狗"①,在法家的思想中得到了最集中的表现与最恰切的说明;而后来赵高的指鹿为马以及两汉的酷吏之所以能够无案不破,也完全是将法律与人的生命作为集权专制的工具与牺牲品来运用的。

关于法家思想的这一特质,在中国历史上第一位著名的法家代表人物——商鞅变法的过程中就已经明显地表现出来了。②

商鞅(前390—前338)姓公孙,名鞅,卫国人,由于其在秦国曾封于商,所以史称商鞅。据说其早年在卫国时就受到执政大臣公叔座的高度重视,并遗言如果不能任用就一定要杀掉商鞅以免为他国所用,因而当时就已经被视为富国强兵的能手了。这说明,到了战国时代,各诸侯王权都已经把富国强兵作为自己的主要目标了。法家正应运而生,它也必然要担当起通过富国强兵来实现统一的历史任务。

关于商鞅一生,司马迁曾进行过极为认真的解读,《史记》中的《商君列传》一文完全可以视为司马迁对商鞅一生的解读与概括。司马迁评论说:

> 商君,其天资刻薄人也。迹其欲干孝公以帝王术,挟持浮说,非其

---

① 《道德经》第五章,《诸子集成》第3册,第3页。
② 法家完全是诸侯争霸的衍生物,但由于诸侯争霸必然要追求富国强兵,因而人们往往将追求富强以及推动社会进步的诸种改革都记在法家名下。实际上,这都是过去"儒法斗争史"的观念遗存,也是没有从根本上认清法家思想性格的表现。

质矣。且所引由嬖臣,及得用,刑公子虔,欺魏将印,不师赵良之言,亦足发明商君之少恩矣。余尝读商君《开塞》《耕战》书,与其人行事相类。卒受恶名于秦,有以也夫!①

笔者也像司马迁一样通读《商君书》,觉得两千多年来几乎没有人比司马迁对商鞅进行了更为准确的解读,——无论是对其为人还是对其思想学说的解读,也都没有比司马迁更为精当的概括。至于近现代士人纷纷以商鞅之酒以浇自己心中之块垒的做法,除了在中国近现代屈辱的历史中抒发一点富国强兵的希冀与情怀之外,基本上没有什么真正的思想史价值。所以,我们这里的分析将以司马迁的叙述为基本线索,以展示这位法家先驱的思想史风貌。

司马迁所谓的"天资刻薄人",其一是指商鞅通过秦国宠臣景监以见秦孝公。这一点对于现代人而言固然可以说是无所谓,当然也可以说是无可指责;但对于古人而言,则完全可以通过其手段之不正当来反证其目的本身并不高尚(以儒家的理论来权衡尤其如此)。其二则主要是指其在"得用"之后的一系列作为,比如"刑公子虔,欺魏将印"以及"不师赵良之言"等,尤其是其借助与魏将印的儿时友谊以行战争之实,说明商鞅确实是一个为了达到目的不择手段的人,所以司马迁说是"亦足发明商君之少恩矣"。如果说其通过秦国宠臣景监以见秦孝公尚有其不得已之处,那么其在魏将印面前的表现,——一方面大叙儿时的情谊,一方面又埋伏甲士"袭虏公子印",这就等于开启了人际交往中全无诚信可言的先例(这个先例自然不是从商鞅开始的,吴起为了担任鲁国的军事统帅而手刃其出身于齐国的妻子则可以说是真正的先例)。至于赵良对商鞅"贪位贪名"的批评以及商鞅对赵良建议的拒绝,也证明他确实是一位"贪位贪名"的"天资刻薄人",所以,司马迁归结说:"读商君《开塞》《耕战》书,与其人行事相类。卒受恶名于秦,有以也夫!"

至于商鞅参政手段之不正当首先表现在其对秦孝公的游说上。对此,司马迁曾作了较为详细的记载:

孝公既见卫鞅,语事良久,孝公时时睡,弗听。罢而孝公怒景监曰:"子之客妄人耳,安足用邪!"景监以让卫鞅,卫鞅曰:"吾说公以帝道,

① 司马迁:《史记·商君列传》,《二十五史》卷一,第189页。

其志不开悟矣。"后五日,复求见鞅。鞅复见孝公,益愈,然而未中旨。
罢而孝公复让景监,景监亦让鞅。鞅曰:"吾说公以王道而未入也。请
复见鞅。"鞅复见孝公,孝公善之而未用也。罢而去。孝公谓景监曰:
"汝客善,可与语矣。"鞅曰:"吾说公以霸道,其意欲用之矣。诚复见
我,我知之矣。"卫鞅复见孝公。公与语,不自知膝之前于席也。语数
日不厌。景监曰:"子何以中吾君,吾君之欢甚也。"鞅曰:"吾说君以帝
王之道比三代,而君曰:'久远,吾不能待。且贤君者,各及其身显名天
下,安能邑邑待数百十年以成帝王乎?'故吾以强国之术说君,君大悦
之耳。然亦难以比德于殷、周矣。"①

这就是商鞅的三说秦孝公。当时的背景是,秦国作为各诸侯国中的后来者,
直到护送平王东迁时才获得了诸侯的封号,但由于其起于驯马,又长期与犬
戎杂居,文化落后,所以当时所谓的"诸侯鄙秦,丑莫大焉"②就已经成为秦
国上下的一种基本共识了。但对于秦国的历代君王来说,要从文化上得到
关东诸侯的认可几乎是不可能的,这就决定它必然要出奇招、出损招,所以
秦孝公之不感兴趣于三代的帝王之道,并提出他"安能邑邑待数百十年以
成帝王乎"的反问也准确地表达了秦国历代国君的一种基本共识。这就是
说,秦国的国君也一直在寻找一种能够让关东各国刮目相看的招数。而对
于当时的商鞅来说,他所接受的教育自然会使他将"帝道"、"王道"视为上
中之策;至于所谓"霸道",虽然属于下策,但由于其正好适应了秦孝公的心
理需求,因而也就起到了一拍即合的作用。

在这里,从商鞅一方来看,虽然他也有所谓"帝道"、"王道"与"霸道"
三策,所以就像一个专门贩卖治国之策的策士一样,但实际上,其本人所精
通的也只是以"霸道"为内容的所谓下策。至于其怀揣"帝道"、"王道"与
"霸道"三策以游走于诸侯之间,实际上就已经带有太强的策士之风。这样
看来,无论其游说诸侯的是"帝道"、"王道"还是"霸道",其实也都是服从
于其"贪位贪名"之目的的。这一点,实际上也就是法家不受人尊敬的根本
原因。因为对商鞅而言,无论是"帝道"、"王道"还是"霸道",说到底也都
不过是其适应于时代市场的叫卖品而已。

---

① 司马迁:《史记·商君列传》,《二十五史》卷一,第 188 页。
② 司马迁:《史记·秦本纪》,《二十五史》卷一,第 20 页。

所以,在《商君书》中,如何富国强兵也就成为其头等关怀。请看商鞅关于富国强兵的具体措施:

是以圣人苟可以强国,不法其故;苟可以利民,不循其礼……故知者作法,而愚者制焉;贤者更礼,而不肖者拘焉。①

凡人主之所以劝民者,官爵也;国之所以兴者,农战也。今民求官爵,皆不以农战,而以巧言虚道。此谓劳民,劳民者其国必无力;无力者其国必削……夫农者寡而游食者众,故其国贫危。②

国不农,则与诸侯争权,不能自持也……见言谈游士,事君之可以尊身也,商贾之可以富家也,技艺之足以糊口也。民见此三者之便且利也,则必避农,避农则民轻其居,轻其居则不为上守战也。③

夫圣人之立法化俗,而使民朝夕从事于农也。不可不知也,夫民之从事死制也,以上之设荣名置赏罚之明也,不用辩说私斗而功立矣,故民之喜农而乐战也。④

故王者之政,使民怯于邑斗,而勇于寇战。⑤

国之所以治者三:一曰法,二曰信,三曰权。法者,君臣之所共操也;信者,君臣之所共立也;权者,君之所独制也。人主失手则危;君臣释法任私必乱。故立法明分,而不以私害法则治;权制独断于君则威。⑥

圣人之为国也,壹赏、壹刑、壹教。壹赏则兵无敌;壹刑则令行;壹教则下听上。⑦

所有这些举措,应当说也都是比较简明的。而作为国策,它也有一个基本原则,这就可以说是以农立国,以战求强。如果说它也存在着不同的侧重,那么这就是农与战两个方面:农是立国之本,——农民不仅要种粮食以支持战争,而且还要为国家生产兵员;而战争则是强国的主要手段,也只有通过战争,才能确立强国的地位。至于"言谈"、"商贾"与"技艺"之士,如果不在

---

① 《商君书·更法》,《诸子集成》第 5 册,第 1—2 页。
② 《商君书·农战》,《诸子集成》第 5 册,第 5—6 页。
③ 《商君书·农战》,《诸子集成》第 5 册,第 7 页。
④ 《商君书·壹言》,《诸子集成》第 5 册,第 18 页。
⑤ 《商君书·战法》,《诸子集成》第 5 册,第 20 页。
⑥ 《商君书·修权》,《诸子集成》第 5 册,第 24 页。
⑦ 《商君书·赏刑》,《诸子集成》第 5 册,第 28 页。

国家的取缔之列,也绝对不能成为表彰的对象。因为其示范作用不仅使农民不安于农业,而且也不愿意参与战争。这样一来,商鞅也就必须通过以"农"与"战"为核心的"变法",从而将秦国塑造成一架战争机器。

不仅如此,在司马迁的评价中,还涉及商鞅的上述"变法"对于民风民俗以及社会风气的影响。由于商鞅变法一下子将秦国推到了历史的前台,因而对于秦人——所谓秦地的居民来说,也就等于发生了一种较为深远的影响。尤其是秦人对于"变法"从反对到认可最后居然"大悦"这一点,也就存在着许多值得深思的因素:

> 令民为什五,而相牧司连坐。不告奸者腰斩,告奸者与斩敌首同赏,匿奸者与降敌同罚。民有二男以上不分异者,倍其赋。有军功者,各以率受上爵;为私斗者,各以轻重被刑大小。僇力本业,耕织致粟帛多者复其身。事末利及怠而贫者,举以为收孥。宗室非有军功论,不得为属籍。明尊卑爵秩等级,各以差次明田宅,臣妾衣服以家次。有功者显荣,无功者虽富无所芬华。①

> 令行于民期年,秦民之国都言初令之不便者以千数。于是太子犯法。太子,君嗣也,不可施刑,刑其傅公子虔,黥其师公孙贾。明日,秦人皆趋令。行之十年,秦民大悦,道不拾遗,山无盗贼,家给人足。民勇于公战,怯于私斗,乡邑大治。秦民初言令不便者有来言令便者,卫鞅曰:"此皆乱化之民也。"尽迁之边城,其后民莫敢议令。②

司马迁的这两段描述简直具有写真的效果。如果仅从现象上看,那么所谓"道不拾遗,山无盗贼,家给人足"可以说是所谓太平盛世了。但是请注意,所有这一切都是在强大的国家机器的震慑与打压下实现的;而全民皆兵的体制也就使得全国成为一个整齐划一的大兵营。尤其是奖励军功与告奸两项,一方面使每一个个体都成为兵勇,并时刻期待着获得军功;但另一方面,则又绝对不敢违背国家的法令,因为如果违背国家的法令,将陷于万劫不复的深渊;而告奸令的推行则同时又使任何一个个体随时都具有立功的可能,当然也随时都面临着被告奸的危险,从而也就将每一个个体都变成了警察,并以警察的目光注意着周围的一切。因为告奸已经成为一种最轻松、最简

---

① 司马迁:《史记·商君列传》,《二十五史》卷一,第188页。
② 司马迁:《史记·商君列传》,《二十五史》卷一,第188页。

捷的立功受奖方法了。这样一来，每一个人随时都将成为另一个人的警察；而每一个人也都随时可以通过告发另一个人而受到奖励以至于飞黄腾达。至于所谓"明尊卑爵秩等级，各以差次明田宅，臣妾衣服以家次"等，也就使每一个体的身份时刻镌刻在其家里的田宅与个人的服饰上。这样一来，整个社会也就全然显性化、平面化了，而社会的纵深感、立体感也就消弭于无形，至于所谓作奸犯科之类，也将无所逃于天地之间。如果仅就秦地居民之谋生而言，那么这种"道不拾遗，山无盗贼，家给人足"的现象自然也可以说是人间天堂了；但由此以往，则所谓秦人、秦国也将由此而变成粮食与兵员的生产基地，变成战争的发动机了。

所有这些，当然都是建立在对"六国"战争的需要基础上的，也就是说，这样一种现象实际上是建立在国内的刑法高压与对"六国"战争之经济掠夺互补的基础上；一旦缺失了来自对外战争与经济掠夺的因素，那么这种完全通过对外的战争与掠夺与对内之刑罚与高压下的太平景象究竟能够维持多久呢？秦国统一后十三年的国祚以及陈胜、吴广"伐无道，诛暴秦"①的口号包括刘邦所谓"天下苦秦久矣"②之类的怨言，就是一个最恰切的说明。

那么，如何说明所谓"秦人皆趋令"与"行之十年，秦民大悦"的现象呢？所谓"秦人皆趋令"自然是因为"太子犯法"而"刑其傅公子虔，黥其师公孙贾"。对于普通的老百姓来说，这也就是所谓"一断于法"，就是所谓"王子犯法与庶民同罪"了，所以，对商鞅"刑其傅公子虔，黥其师公孙贾"的做法，司马迁就简单地用了"明日，秦人皆趋令"一说，以凸显其立竿见影的效果。不过，这种"秦人皆趋令"的现象究竟是出于对刑法的心悦臣服呢还是出于一种畏惧？恐怕二者兼而有之，而无疑是以后者为主的。因为不要说在强大的国家机器面前，就是在武力绑架的歹徒面前，只要每个人都面临着身体的伤害与生命的危险，那么每个人也都可以立即成为执行命令的模范。

最后，让我们再来看司马迁用了几近三分之一的篇幅来介绍的一段对话，而这一对话实际上也就是赵良对商鞅的批评与建议。赵良其人除了对商鞅的批评与建议之外并不见于史册，但从其对话的风格来看，其建议与批评也不可能出自司马迁本人的拟托。这就成为一个历史的悬案了。但无论

---

① 司马迁：《史记·陈涉世家》，《二十五史》卷一，第152页。
② 司马迁：《史记·高祖本纪》，《二十五史》卷一，第36页。

如何，司马迁是借赵良之口来表达他对商鞅变法的评价与批评则是确定无疑的。所以，我们这里也就将赵良视为仅此一见的秦国高人吧：

> 商君相秦十年，宗室贵戚皆怨望者。赵良见商君，商君曰："鞅之得见也，从孟兰皋，今鞅请得交，可乎？"赵良曰："仆弗敢愿也。孔丘有言曰：'推贤而戴者进，聚不肖而王者退。'仆不肖，故不敢受命。仆闻之曰：'非其位而居之曰贪位，非其名而有之曰贪名。'仆听君之意，则恐仆贪位贪名也。故不敢闻命。"商君曰："子不说吾治秦与？"赵良曰："反听之谓聪，内视之谓明，自胜之谓强。虞舜有言曰：'自卑也尚矣。'君不若道虞舜之道，无为问仆矣。"商君曰："始秦戎翟之教，父子无别，同室而居。今我更制其教，而为其男女之别，大筑翼阙，营如鲁卫矣。子观我治秦，孰与五羖大夫贤？"赵良曰："千羊之皮，不如一狐之腋；千人之诺诺，不如一人之谔谔。武王谔谔以昌，殷纣墨墨以亡。君若不非武王乎，则仆请终日正言而无诛，可乎？"商君曰："语有之矣，貌言华也，至言实也，苦言药也，甘言疾也。夫子果肯终日正言，鞅之药也。鞅将事子，子又何辞焉！"赵良曰："夫五羖大夫，荆之鄙人也，闻秦穆公贤而愿望见，行而无资，自粥于秦客，被褐食牛。期年，穆公知之，举之牛口之下，而加之百姓之上，秦国莫敢望也，相秦六七年，而东伐郑，三置晋国之君，一救荆国之祸。发教封内，而巴人致贡；施德诸侯，而八戎来服。由余闻之，款关请见。五羖大夫之相秦也，劳不坐乘，暑不张盖，行于国中，不从车乘，不操干戈，功名藏于府库，德行施于后世。五羖大夫死，秦国男女流涕，童子不歌谣，舂者不相杵。此五羖大夫之德也。今君之见秦王也，因嬖人景监以为主，非所以为名也。相秦不以百姓为事，而大筑翼阙，非所以为功也。刑黥太子之师傅，残伤民以骏刑，是积怨畜祸也。教之化民也深于命，民之效上也捷于令。今君又左建外易，非所以为教也。君又南面而称寡人，日绳秦之贵公子……以《诗》观之，非所以为寿也。公子虔杜门不出已八年矣，君又杀祝懽而黥公孙贾。《诗》曰：'得人者兴，失人者崩。'此数事者，非所以得人也。君之出也，后车十数，从车载甲，多力而骈胁者为骖乘，持矛而操闟戟者旁车而驱。此一物不具，君固不出。《书》曰：'恃德者昌，恃力者亡。'君之危若朝露，尚将欲延年益寿乎？则何不归十五都，灌园于鄙，劝秦王显岩穴之士，养老存孤，敬父兄，序有功，尊有德，可以少安。君尚将贪商、

於之富，宠秦国之教，畜百姓之怨，秦王一旦捐宾客而不立朝，秦国之所
以收君者，岂其微哉？亡可翘足而待。"商君弗从。①

这一大段引文，实际上也就是司马迁借赵良之口对商鞅进行了一种系统的
批评，而其核心则主要在于"恃德者昌，恃力者亡"与"得人者兴，失人者
崩"。具体来说，赵良历数商鞅入秦后的作为，认为其所作所为实际上是
"非所以为名也"、"非所以为功也"、"非所以为教也"，当然也就是"非所以
为寿也"。而商鞅所自恃的"治秦"，自认为可以和五羖大夫比，没想到赵良
仅将他与五羖大夫——百里奚之出行作了一番比较，一下子就揭示出五羖
大夫是"功名藏于府库，德行施于后世"，而商鞅不过是一位"贪位"、"贪
名"者而已，并且其处境已经到了"危若朝露"的地步，"尚将欲延年益寿"。
自然，这也就导致了后来的车裂之刑。

赵良不知何许人也，但从商鞅已经"相秦十年"还不断地表示"鞅请得
交"、"鞅将事子"来看，起码是一位在精神上极有品位的高人；再从其谈话
中屡引孔子、虞舜的话来看，则无疑属于儒家。赵良对商鞅的建议是"归十
五都，灌园于鄙，劝秦王显岩穴之士，养老存孤，敬父兄，序有功，尊有德，可
以少安"，而对于商鞅来说，他所绝对不能放弃的则无疑是"贪商、於之富，
宠秦国之教，畜百姓之怨"，因而赵良的这些批评与建议也就注定要落空。
无怪乎赵良一起始就以所谓"仆贪位贪名"来反讽商鞅。但对于商鞅这种
"天资刻薄人"来讲，由于他根本就不可能放弃自己已经到手的功名与富
贵，且言谈间还念念不忘自己"治秦"的政绩，而闭口不谈其对秦人的伤害，
所以最后也就只能以车裂的方式来终结自己的一生了。

不过，正像商鞅之死并不意味着"变法"的失败一样，变法的"成功"也并
不能证明法家的思想主张就一定是正确的。历史固然总是沿着实然条件的
轨道发展的，因而历史的选择也无疑会表现出一种所谓成王败寇的逻辑，没
有人因此而非议历史。但作为历史与思想史的研究者，如果动辄以所谓历史
不能假设为由，从而也就拒绝对历史走向之多种可能进行反复的思索与叩
问，那么这就不仅是历史与思想史研究的失职，而且也就只能成为所谓成王
败寇逻辑的理论帮凶了。作为史官，太史公固然有道家的思想基因，也有其
史学的传统，而且其《史记》也被班固批评为"是非颇缪于圣人，论大道则先黄

---

① 司马迁：《史记·商君列传》，《二十五史》卷一，第189页。

老而后六经,序游侠则退处士而进奸雄,述货殖则崇势利而羞贫贱"①。但是,司马迁在对商鞅变法的叙述中则仍然不失其历史的良心,并在商鞅权势熏天的条件下请出赵良,以对其"贪位贪名"进行批评,并断定其"危若朝露"、"亡可跷足而待",这就不仅表现出历史的智慧,而且也代表了历史的良心。

---

① 班固:《汉书·司马迁传》,《二十五史》卷一,第597页。

第六章　从子学到经学——儒、道、墨、法子学式的融合

　　当法家形成时,一方面宣告了一个诸侯武力争霸时代的到来(因为法家本身就是适应于诸侯争霸而产生的),同时也就意味着中国社会之一个重大的历史转向:从春秋时代的"礼崩乐坏"到战国时代之七雄兼并。面对这样一种时代格局,中国轴心时代的思想家们也就不得不面临着一个思想走向的选择问题,简括而言,也就是如何从思想上走向统一的问题。因为在此之前,所谓诸子学实际上往往是从"性之所近"的角度展开其人生思考的,这当然并不排除其自身所承载的历史文化以及其思想视角相遗传的因素。现在,当新崛起的法家通过与皇权结合并以充当思想工具的方式来实现其对社会的变法与统一,从而又对社会与传统观念形成了一种很大的冲击并且也取得了极为明显的成效时,原本一直在野并作为自由思想家的诸子学也就不得不从思想的角度来正视这一问题了。而在当时,这一问题反而首先是由作为诸侯的政治家所提出,并且还是通过与思想家对话的方式所表现出来的。比如魏国的梁襄王(梁惠王的继任者),虽然孟子认为其人"望之不似人君,就之而不见其所畏焉"①,但就是这样一位诸侯,当时却已经非常明确地形成了所谓"天下恶乎定"的问题意识,说明在当时,七雄究竟如何归并、天下又将如何统一,已经成为当时的政治家与思想家所不得不共同面对且不得不共同关注的重大问题了。

　　在孟子的笔下,这位梁襄王则是这样出场的:

　　　　孟子见梁襄王,出,语人曰:"望之不似人君,就之而不见其所畏焉。卒然问曰:'天下恶乎定?'"

---

　　① 《孟子·梁惠王》上,吴哲楣主编:《十三经》,第1351页。

　　"吾对曰:'定于一。'"

　　"孰能一之?"

　　"对曰:'不嗜杀人者能一之。'"

　　"孰能与之?"

　　"对曰:'天下莫不与也……'"①

仅从孟子"望之不似人君,就之而不见其所畏"的描述来看,这位梁襄王可能根本就缺乏人君的"范儿",但即使如此,却居然能够提出"天下恶乎定"之类的重大问题,说明当时的诸侯已经形成了非常明确的天下究竟如何统一的问题意识了。不然的话,所谓诸侯的争霸战争可能也就根本没有动力。所以说,无论是当时忙于争霸的诸侯还是从事思想争鸣与探讨的诸子学,实际上都已经把天下如何统一的问题提上议事日程了。

　　所谓战国时代的百家争鸣就是在这一背景下展开的;而百家之所以争鸣,实际上也就是关于天下如何统一之一种理论探讨式的预演。

一、百家争鸣——"杨墨之言盈天下"

　　如果仅从上述孟子与梁襄王的对话来看,那么孟子无疑犯了一个很大的"错误",因为他分明提出了一个与历史发展方向完全相反的判断。而且,历史也已经证明,战国的统一不仅不是所谓"不嗜杀人者能一之",而且还恰恰是"嗜杀人者一之",——秦国不就是通过战争与杀人来完成其统一大业的吗?但从另一方面来看,则秦王朝统一后十几年的国祚以及当时老百姓"天下苦秦久矣"的抱怨也都说明,秦以战争为驱动力的耕战国策以及其所塑造的战争机器在"铸金人十二"之后,很快也就变成一堆锈迹斑斑的"废铜烂铁"了。而秦王朝本来是希望通过这种销毁武器的做法"以弱天下之民"②的,却根本没有想到,陈胜、吴广的"斩木为兵,揭竿为旗"根本就没有兵器,却同样达到了"一夫作难而七庙堕"③的结果。这样看来,孟子所谓

---

① 《孟子·梁惠王》上,吴哲楣主编:《十三经》,第1351页。

② 贾谊:《过秦论》上,《贾谊集》,第4页。

③ 贾谊:《过秦论》上,《贾谊集》,第4—5页。

的"不嗜杀人者能一之"可能才是真正能够使人心悦诚服式的"一",如果说孟子的"不嗜杀人者能一之"是一个错误的历史判断,那么秦始皇在完成其统一后所预期的"朕为始皇帝,后世以计数,二世三世至于万世,传至无穷"①也就错得更为离谱了。

但在这些"错误"判断的背后,却仍然蕴含着其各自不同的身份以及其对历史发展之完全不同的期待,包括其观察历史问题的不同视角。当然,这又可以说是一种政治与思想文化之不同立场的交错现象;而就思想文化而言,从人文关怀的角度提出历史的发展方向乃是士——所谓人文知识分子的天职,也是当时诸子学的核心。如果从这个角度看,那么孟子与庄子两位对当时思想界的评骘与批评也就可以说是代表儒道两家对中国社会历史发展走向之一种积极干预的表现。

《庄子》的评价主要表现在其《天下》一篇中,而其"天下"的篇名也说明他是专门针对当时各家各派的诸子学而立说的。这说明,所谓《天下》篇也就代表着《庄子》对当时诸子学的一种基本评价。比如《庄子》先总评说:

> 天下之治方术者多矣,皆以其有为不可加矣。古之所谓道术者,果恶乎在?曰:"无乎不在。"曰:"神何由降?明何由出?""圣有所生,王有所成,皆原于一。"②

> 天下大乱,贤圣不明,道德不一,天下多得一察焉以自好。譬如耳目口鼻,皆有所明,不能相通。犹百家众技也,皆有所长,时有所用。虽然,不该不偏,一曲之士也。判天地之美,析万物之理,察古人之全,寡能备于天地之美,称神明之容。是故内圣外王之道,暗而不明,郁而不发,天下之人各为其所欲焉以自为方。悲夫,百家往而不反,必不合矣!后世之学者,不幸不见天地之纯,古人之大体,道术将为天下裂。③

在这里,庄子对于当时"天下大乱,贤圣不明,道德不一,天下多得一察焉以自好。譬如耳目口鼻,皆有所明,不能相通"现象之概括与描述应当说是极为准确的。但《庄子》显然是一种道家的视野,此其所以坚持"圣有所生,王有所成,皆原于一"一说的根本原因。至于其因为批评"不该不偏"的"一曲之士"而提出所谓"判天地之美,析万物之理,察古人之全"的方向以及其

① 司马迁:《史记·秦始皇本纪》,《二十五史》卷一,第23页。
② 《庄子·天下》,郭庆藩编:《庄子集释》,第1168页。
③ 《庄子·天下》,郭庆藩编:《庄子集释》,第1173页。

"备于天地之美,称神明之容"的理论标准当然也都是极为精当的。最后,《庄子》又对所谓"内圣外王之道,暗而不明,郁而不发,天下之人各为其所欲焉以自为方"的现象表示了深深的忧虑,认为"后世之学者,不幸不见天地之纯,古人之大体";至于"道术将为天下裂"一说,也就成为《庄子》对于"圣有所生,王有所成,皆原于一"之一种最为悲情的点评与批评了。

《庄子》的评价当然代表着道家对百家争鸣的看法,也是以道家的"皆原于一"作为基本出发点的,而其所谓"道术将为天下裂"一说则是其对当时诸子学及其走向建立在实然观察基础上并包含着一定预测性质的判断。站在道家的立场上看,这种批评自有其合理性。但对于当时的思想界及其走向还有另外一种角度的批评,这就是来自儒家立场上的批评。儒家之不同于道家的地方在于,它并不是这个时代的旁观者,而是始终具有像墨家之"救火队长"一样的担当精神与思想品格。因而对于当时思想界的走向及其总体趋势,儒家的批评也就远远不像道家那样完全是出于一种隔岸观火式的指点和慨叹,而主要是一种来自人生内在性与实践性的批评;而这种批评,也最能显现儒家与人为徒、与世俯仰以及其始终作为人伦之善的坚持者与人伦之恶鏖战到底的思想品格。

儒家的批评主要是通过孟子的"辟杨墨"——对杨墨两家思想的点评与批评表现出来的。在《孟子》一书中,"辟杨墨"既可以说是孟子的一种自我定位,同时也是其对"圣人之徒"——儒家士君子的一种基本要求。关于杨墨两家不同的思想主张,孟子在回答时人对他所谓"夫子好辩"的质疑时曾经有过点评,以后则拓展为对杨墨两家的一种系统批评。比如孟子指出:

> ……圣王不作,诸侯放恣,处士横议,杨朱、墨翟之言盈天下。天下之言不归杨,则归墨。杨氏为我,是无君也;墨氏兼爱,是无父也。无君无父,是禽兽也……杨墨之道不息,孔子之道不著。是邪说诬民,充塞仁义也。仁义充塞,则率兽食人,人将相食。吾为此惧,闲先圣之道,拒杨墨,放淫辞,邪说者不得作。[1]

> ……我亦欲正人心,息邪说,拒跛行,放淫辞,以承三圣者,岂好辩哉? 予不得已也。能言拒杨墨者,圣人之徒也。[2]

---

[1] 《孟子·滕文公》下,吴哲楣主编:《十三经》,第1382—1383 页。

[2] 《孟子·滕文公》下,吴哲楣主编:《十三经》,第1383 页。

孟子曰："杨子取为我,拔一毛而利天下,不为也。墨子兼爱,摩顶放踵利天下,为之。子莫执中。执中为近之。执中无权,犹执一也。所恶执一者,为其贼道也,举一而废百也。"①

孟子曰："逃墨必归于杨,逃杨必归于墨。归,斯受之而已。今之与杨、墨辩者,如追放豚,既入其笠,又从而召之。"②

在《孟子》一书中,上述几条也就可以代表其对杨墨两家较为集中的批评了。为了澄清孟子对杨墨两家的批评以及其通过"辟杨墨"所开辟的儒家思想规模,我们这里将以孟子对杨墨两家的上述批评作为线索,以逐步厘清儒家与道墨两家的思想界限。

在上述批评中,其第一条既涉及孟子所以"好辩"的原因,同时又涉及其何以一定要将"辟杨墨"规定为圣人之徒的时代使命,因而也就可以说是孟子以"辟杨墨"来自我定位的根本原因。孟子之所以要以"无君"与"无父"来概括杨墨两家的思想主张,并不是出于一种所谓人格辱骂性的说法,而是说,按照杨墨两家的理论逻辑,最后也就必然会得出"无君无父"的结论来。

先从墨家来看。墨家主张兼爱,按照辩墨的规定与阐发,则其所谓兼爱也就是:

爱人不外己,己在所爱之中。己在所爱,爱加于己,伦列之爱己,爱人也。③

爱无厚薄,举己非贤也。④

兼爱之有相若,爱尚世与爱后世,一若今之世人也。⑤

爱人,待周爱人,而后为爱人;不爱人,不待周不爱人。不周爱,因为不爱人矣。⑥

在这里,所谓"爱人不外己,己在所爱之中",也就是说,墨家的爱人实际上应当是包括着对自己之爱的(此一点可能已经含有对《庄子》所谓"固不爱

---

① 《孟子·尽心》上,吴哲楣主编:《十三经》,第1422页。
② 《孟子·尽心》下,吴哲楣主编:《十三经》,第1428页。
③ 《墨子·大取》,《诸子集成》第4册,第244—245页。
④ 《墨子·大取》,《诸子集成》第4册,第245页。
⑤ 《墨子·大取》,《诸子集成》第4册,第246页。
⑥ 《墨子·小取》,《诸子集成》第4册,第253页。

己"的反驳与规避之意)。但是,当墨家所谓的爱只是一种爱人如己般的"伦列之爱"时,这究竟是爱己呢还是不爱己?如果说这就是"爱己",那么这种"伦列之爱"式的"爱己"实际上就已经将自己视为与路人一样了,——是对自己施于路人一样的爱,这就是其所谓的"伦列之爱";如果说这就是"爱人"式的"爱己",那么这一主张自然也就可以说是一种"爱人如己"——既可以说是爱自己像爱路人一样,当然同时也可以说是爱自己如同爱路人。但这一说法实际上就已经包含着《庄子》所谓"固不爱己"的可能,因为这样的"爱己"之"爱"实际上就已经将自己视为路人一样了。(究竟有没有人能够将自己视为路人一样,从而以爱路人之心来爱己?)如果说这其实就是一种"不爱己",那么墨家却认为其"兼爱"是"己在所爱,爱加于己,伦列之爱己";但如果说这就是一种"固不爱人",则墨家又认为自己确实是"爱人如己"的——对所有的人,既包括自己也包括路人都是完全一视同仁地爱。这样一来,既然墨家对所有的人都坚持着一种伦列之爱——完全一样、完全等值的爱,那么这种像对待路人一样对待自己的方式也就是一种所谓"伦列之爱己",当然同时也就可以说是一种"伦列"之爱人。墨家由此还虚夸地认为其所谓"兼爱"就是"爱尚世与爱后世,一若今之世人也",并且认为"爱人,待周爱人,而后为爱人"。因而在墨家看来,其所谓的"兼爱"实际上也就是一种"周爱人"——"爱尚世与爱后世,一若今之世人也"。

实际上,墨家兼爱说的最大问题也就在于它完全忽视了作为人之存在标志的一个根本性前提——所谓"有我"性的存在,因为正是这种"有我",既是"我"之所以存在的一个标志,同时也就是人我之别的一个基本出发点。① 墨家试图将"我"全然纳入到所谓"伦列之爱"中,认为只要坚持"伦列之爱",也就完全可以规避《庄子》所谓的"以此教人,恐不爱人;以此自行,固不爱己"②式的批评了,殊不知这样一来,也就完全陷于一种所谓人我无别的境地了。至于这种理论在实践生活中所导致的悖谬,则一如后来王

---

① 在儒家看来,人之存在的"有我"性当然也可以说是人之生命的一种根本性限制,但同时也是儒家一切人文关怀、人文建构的根本出发点;儒墨两家的根本分歧也就集中在是否承认人之存在之"有我"性一点上。而《庄子》所谓"反天下之心"的批评也就指此而言。至于墨家试图抹掉人之存在的"有我"性以实现其所谓"爱人如己"的"兼爱"理想,适足以表现其"兼爱"的空想性质。

② 《庄子·天下》,郭庆藩编:《庄子集释》,第 1178 页。

阳明所反驳的:"至亲与路人同是爱的,如箪食豆羹,得则生,不得则死,不能两全,宁救至亲,不救路人……"①对于王阳明这样的选择,相信只要是人,只要拥有人的存在位格,一句话,只要"有我",也都不会发生任何疑虑;但对于墨家的兼爱主张而言,它却根本无法从理论上说明这一点。因为作为"有我"的人,也就根本不可能在路人与至亲之间坚持所谓绝对平均、绝对等值的原则,从而给双方完全一样的爱,——孟子所谓"无父"的批评,实际上也正是针对其理论预设上之"无我"前提而言的。

至于杨朱的"无君",则主要在于其一味地"爱我"、一味地自爱,从而也就在根本上无视他人的存在,或者说根本不承认他人存在对于"我"的价值与意义,当然也就不承认人伦世界存在的价值与意义了。关于杨朱理论的这一特点,与其同样存在着道家"基因"的韩非子之批评可能更能显现其毛病。比如韩非子说:

> 今有人于此,义不入危城,不处军旅,不以天下大利易其胫一毛。②
> 今吾生之为我有而利我亦大矣。论其贵贱,爵为天子不足以比焉。
> 论其轻重,富有天下不可以易之。论其安危,一曙失之,终身不复得。
> 此三者,有道者之所慎也。③

韩非子的这两条批评无疑都是针对杨朱而言的,其前一条所谓"不以天下大利易其胫一毛",表明杨朱极为重视自我;后一条则认为其所谓的"自我"实际上也就是"我"之世界存在的前提,所以也就有了"今吾生之为我有而利我亦大矣。论其贵贱,爵为天子不足以比焉。论其轻重,富有天下不可以易之。论其安危,一曙失之,终身不复得"之说。所有这些说法,当然首先都是集中于"自我"而言的。但这种把"自我"看作是"我"之世界存在之基本前提的思想并不表明杨朱就是绝对的自私自利,而主要在于揭示其所谓世界存在的"有我"性,并且也是因为有了"我",从而才有所谓世界的存在以及其对"我"之价值与意义的。而这种世界以及其价值与意义的"有我"性,实际上也就一如王阳明所反问其弟子的:"今看死的人,他的这些精灵游散了,他的天地万物尚在何处?"④这说明,杨朱所坚持的世界以及其存在

---

① 王守仁:《语录》三,《王阳明全集》,第108页。
② 《韩非子·显学》,《诸子集成》第5册,第352—353页。
③ 《吕氏春秋·重己》,《诸子集成》第6册,第6页。
④ 王守仁:《语录》三,《王阳明全集》,第124页。

之"有我"性无疑是有其正面的价值与意义的,而杨朱之所以要坚持世界存在的"有我"性,也正是要通过这种对"自我"之第一性以及其作为"我"之世界存在之基本前提的强调,以反衬或反讽墨家对"自我"的缺失与沦丧。

不过,虽然"为我"并不表明杨朱就是绝对的自私自利,但按照杨朱的这种"为我"理论,最后却又必然会得出一种所谓"拔一毛而利天下,不为也"的结论来,或者也就如同韩非子所概括的"不以天下大利易其胫一毛"。如果将这种思想作为人伦世界的主导思想,那么它也就必然会走向"无君"的格局,因为他根本不会承认或认可他人存在对"我"的价值与意义,自然也不会承认人伦世界,不会承认作为人类文明建构之体现者的"君"对于人伦世界的价值与意义了。

在孟子对当时思想界的这一总体批评中,他为什么一定要抓住杨墨两家,并且还要以所谓"无君"与"无父"来为两家的思想进行定位,却又根本不像庄子那样广泛地评论诸家之得失呢? 这就涉及儒道两家之不同立场以及其不同的人生态度了。

已如前述,道家本质上是以"自我"为头等关怀的,这从老子对孔子"是皆无益于子之身"的建议、杨朱"拔一毛而利天下,不为也"的表态以及其所谓"今吾生之为我有而利我亦大矣"的宣言上也就可以看出来。正因为道家的人生首先是一种聚焦于"自我"的人生,因而到了庄子,他也就完全可以从"自我"之"率性自适"的角度来品评诸子百家,而其对墨家"兼爱"主张之"以此教人,恐不爱人;以此自行,固不爱己"的品评就是这样提出的;尤其是其"固不爱己"一说,也正反衬着庄子始终是以"己"作为核心与基本出发点的,而整个《天下》篇实际上也就是庄子以"自我"之视角对诸子百家的品评。

但儒家却根本不同,虽然它也有"有我"的一面,但儒家之"我"并不是道家那种肉身我抑或是仅仅指谓实然存在之此身我,而是本质上作为人文精神之担当者尤其是作为道德理想主义精神高度凝聚的精神"我"。这样一来,当它面对诸子思想的冲击时,它就不仅仅是从实然存在之此身我的角度来品评、感受诸子的思想,更重要的则是从儒家人伦文明与人文精神的角度来品评诸子的思想趋向。孟子之所以能够并且也一定要以"无君"与"无父"来归结杨墨两家的思想走向,实际上正是其从儒家的人伦文明与人文精神的高度对杨墨两家思想走向的一种品评与批评。

　　当然在《孟子》一书中,虽然也有其对农家、兵家以及其他思想流派的品评,但作为孟子的一种自我定位,为什么却始终只有"辟杨墨"一说? 这就涉及儒道两家思想的一种深层分歧了。如果说道家本质上就是以实然的"此身我"作为其头等关怀的,那么这种建立在实然存在基础上的自我关怀也就必然隐含着一种"隐世"或"遗世独立"的倾向,自然也就包含着一种将整个世界都"虚化"或"弱化"处理的可能。因为如果人生仅仅以"此身我"立身,那么整个世界也就必然会成为"我"的世界;而如果以"此身我"来应世,又必然会面临着重重伤害,——整个物化的世界也必然会带给"我"以重重伤害。请看庄子对现实人生的感受:

> 一受其成形,不忘以殆尽,与物相刃相靡,其行尽如驰,而莫之能止,不亦悲乎! 终身役役而不见其成功,苶然疲役而不知其所归,可不哀邪! 人谓之不死,奚益! 其形化,其心与之然,可不谓大哀乎?[①]

这一通感慨,可以说也就代表着庄子对人生最真切的感受,而其所谓的"心斋"、"坐忘"包括所谓"安时而处顺"[②]、"委心而任化"[③]等种种说法,实际上也都包含着其试图从精神上对这些人生伤害与人生悲剧之一种超越的希冀。在这种状况下,庄子对于诸子思想的感触就要敏锐得多,尤其是会非常敏锐地从自我之人生感受的角度来品评诸子的思想学说。上引其品评墨家兼爱主张之所以是"以此教人,恐不爱人;以此自行,固不爱己",——其之所以能够一下子揭示出墨家的主张是既不爱人,也不爱己的事实,主要也就在于它有一颗非常敏锐并时刻关注着"自我"的心灵;而他的"隐世"或"遗世"立场,也往往可以使其像隐身人一样仔细品味诸家思想的得失与漏洞。当然,这一点可能也就是其对诸子百家的品评往往具有超越时空之穿透力的原因。

　　但儒家则根本不同,这种不同首先就在于它并不是时代的旁观者,而是人伦文明与人文精神的主体担当者,并且也时刻关注着人类精神的走向,因

---

　　① 《庄子·齐物》,郭庆藩编:《庄子集释》,第 63 页。
　　② 《庄子·大宗师》,郭庆藩编:《庄子集释》,第 286 页。
　　③ "委心而任化"虽然首出于陶渊明《归去来兮辞》中的"委心任去留",但实际上,庄子中的"子祀、子舆、子犁、子来四人"相与为友,并赞叹"伟哉夫造物者,将以予为此拘拘也"本身也就包含着一种"委心而任化"的态度。(参见《庄子·大宗师》,郭庆藩编:《庄子集释》,第285 页)

而它既不可能像道家的庄子那样仔细品味诸家的理论得失,也不可能像后来的史家比如班固那样对诸子百家进行仔细的归类与概括。但儒家的感觉仍然是极其敏锐的,而这种敏锐又主要集中在某个思想流派对于人类精神走向的负面影响上,比如其对杨墨两家"无君"与"无父"的概括,就是一种极具穿透力且穷其根源的认识;其之所以能够抓住"无君"与"无父"来定位杨墨两家,关键也就在于儒家作为人文精神担当者这一主体性的立场本身;至于其对杨墨两家"无君"与"无父"的定位与批评,又恰恰隐含着孟子对儒家自周公以来所谓"亲亲"与"尊尊"之道的坚持。除此之外,对于当时的诸子百家来说,其所谓"无君"与"无父"的批评,既抓住了当时各种思潮的底线与边界,同时也抓住了杨墨两家思想的核心。所以说,如何品评诸家的理论得失,同时也就成为其自身理论立场的一种反映。

进一步看,孟子批评杨墨两家的"无君无父"以及其所蕴含的"为我"与"利天下"(无我)的关怀实际上也就同时紧扣着儒家人伦文明之两端或两个边界,所以才会有"杨子取为我,拔一毛而利天下,不为也。墨子兼爱,摩顶放踵利天下,为之"的分析。而在孟子看来,这两点实际上也就构成了儒家人伦文明之两个极端;至于子莫的"执中",虽然也有所谓"近之"之效,但由于"执中无权,犹执一也",因而也仍然存在着陷于"两端"或"两偏"之可能。因为这种"无权"的"执中",看起来似乎是既顾及了两端,同时又有所谓"执中"的"近之"之效,实际上,由于其从根本上就是一种僵硬的、教条性的"执一",因而也就等于成为一种新的"一偏"了。所以孟子又说:"所恶执一者,为其贼道也,举一而废百也。"

在这一基础上,与儒家的"亲亲"与"尊尊"之道相比,杨墨两家的"为我"与"利天下"的追求实际上也就成为其各自立场上的一种"执一"活动了:杨朱固然有其强调"为我"的一面,仅就其"为我"而言,也许并不能算错。但在儒家看来,人要真正地"为我",也就必须扩充"我"的自爱之心,是即所谓"老吾老,以及人之老;幼吾幼,以及人之幼,天下可运于掌"①;甚至也可以说,必须扩充自己的孝弟爱亲之心,使之达于天下。所以孟子又说:"亲亲,仁也;敬长,义也;无他,达之天下也。"②又说:"人皆有所不忍,达之

---

① 《孟子·梁惠王》上,吴哲楣主编:《十三经》,第 1353 页。
② 《孟子·尽心》上,吴哲楣主编:《十三经》,第 1420 页。

于其所忍,仁也;人皆有所不为,达之于其所为,义也。人能充无欲害人之心,而仁不可胜用也;人能充无穿逾之心,而义不可胜用也;人能充无受尔汝之实,无所往而不为义也。"①所有这些说法,实际上也都是在努力地拓展、充实并提升着杨朱的"我",以尽量使其能够从实然的"此身我"走向儒家精神性与理想性的"大我"。

但对于墨家的"摩顶放踵利天下"一说,孟子又将如何发挥其纠偏作用呢? 在这里,首先必须明了一点,如果作为一种人生志向,那么墨家所谓的"利天下"一说绝对没有错,但墨家所存在的问题则主要在于其"兼爱"主张之"无我"的前提预设,从而也就使其"摩顶放踵利天下"一说不仅缺乏主体的基础,而且也缺乏人生实践的内在动力。所以,对于墨子来说,他就必须将其"兼爱"主张提升到"天志"的高度来加以贯彻,但这也同样需要"自我"位格的牺牲,一如其腹𪃟之"绝后"、孟胜之"自裁"一样。所以,对于墨家的"兼爱"主张,孟子就必须强调"我"的第一出发点以及人我之别的基本前提,以纠偏墨家的"无我"之病。也正是在这个意义上,杨墨两家的两偏取向实际上反而起到了一种互补而又可以互救其失的作用:如果杨朱的"为我"并不局限于实然存在之"肉身我"的层面,那么它也就同样可以指向"利天下";而墨家所谓的"利天下"追求也就完全可以成为其"为我"之自我实现的一部分了。反过来看,如果墨家的"利天下"追求能够真正扎根于"我"的基础上,并使之真正成为"我"的一种自我实现活动,那么其所谓的"摩顶放踵利天下"也就不仅仅是所谓"天志"的要求,不仅仅是所谓"墨者之法"的规定,而首先是一种"天之所与"且人人本有并作为人生内在依据的道德理想,这样一来,所谓"摩顶放踵利天下"也就成为人的一种具有内在依据、内在动力的自我追求与自我实现活动了。

这样,所谓"杨墨之言盈天下"一说实际上也就成为孟子对当时百家争鸣的一种抓住其核心、抓住其底线式的点评了;而对于当时诸子学的各种思想主张来说,也就无不含括于"为我"与"利天下"的两端之中了。这样一来,孟子的"辟杨墨"实际上也就代表着儒家对于杨墨两家之两种不同的纠偏与重新安顿:只要我们能在"为我"与"利天下"追求之两偏的基础上"执中"而行,加上来自道德理性的"权",那么也就大体可以把握人生的正确方

① 《孟子·尽心》下,吴哲楣主编:《十三经》,第 1429 页。

向了。所以孟子又说："逃墨必归于杨,逃杨必归于墨。归,斯受之而已。今之与杨、墨辩者,如追放豚,既入其笠,又从而召之。"这样看来,对于当时的百家争鸣来说,孟子之所以能够以所谓"辟杨墨"来自我定位,实际上也就如同孔子的"叩其两端"一样,同样展现了一种对于诸子百家之一种原则与底线性的批评,当然也可以说是儒家在当时的诸子百家中一种总结性的亮相。

二、儒墨的融合及其超越性
指向——孟子思想

关于孟子在儒家思想史上的地位,宋代以来所谓"亚圣"的说法应当说就已经是一个历史的定评;而从韩愈到王夫之,也都曾以"孟子之功不在禹下"①来评价其对儒家思想的历史性贡献。但在现代人看来,所谓"功不在禹下"可能也就仅仅是出于对其"辟杨墨"思想的片面揄扬。实际上,孟子之功之所以"不在禹下",并不仅仅在于其"辟杨墨"上,而主要在于其内立性善而外辟杨墨上,因而所谓"辟杨墨"说到底也就不过是其内在道德善性的一种外在表现而已。孟子对于人之内在道德善性的确立,为中国的人伦文明与人文精神确立了一个坚实的人性依据与精神地基;至于所谓"辟杨墨",则说到底不过是其内在道德善性的一种大用发皇或外向透视而已。

但对于孟子的性善论,现代人却往往习惯于将其仅仅作为一种可以对象化认知的思想观点来把握,似乎所谓性善论也就仅仅是作为孟子能够取胜于诸子学说的一种理论招数式的思想主张而已。实际上,这就大大降低了孟子性善论在儒家思想史中的地位,而孟子本人也就仅仅成为当时诸子百家中的一家——充其量也不过是一位诸子之雄而已。这种理解,实际上也就如同明代理学家薛瑄所批评的那样——"将圣贤言语作一场话说,学

---

① 韩愈云:"向无孟氏,则皆服左衽而言侏离矣,故余尝推尊孟氏,以为功不在禹下者为此也。"(《与孟尚书书》,《韩昌黎全集》卷十八)王船山也说:"孟子之功不在禹下,张子之功,又岂非疏浚水之岐流,引万派而归墟,使斯人去昏垫而践平康之坦途哉!"(《张子正蒙注·序论》)

者之通患"①。因为如果孟子的性善论就仅仅是为了能够"辟杨墨"包括批评诸子之说的一种思想主张或理论招数，那么我们能否在《孟子》一书中找到与其性善论相悖谬的思想言论呢？一如在现代人的各种权变之说或因缘附会之论中也就必然包含着许多相互矛盾之处，同时也必然会包含着其真实的主意一样。实际上，这还只是表层的原因，因为《孟子》一书中确实不存在与性善论相悖谬的思想，但在现代人看来，这一点似乎只能说明其思想在表达上的内在统一性，一如谎话编得"圆"一些而已，还不足以说明其深沉的思想内涵。但对于孟子的性善论来说，如果离开了儒家思想发生发展的真实历史，那就必然会被后人仅"作一场话说"，——仅仅作为一种因时起义性的思想言论来把玩而已。

　　实际上，即使将孟子的性善论仅仅作为一种思想主张来把握，也可以看出其中深沉的思想史内涵。比如对于孟子的性善论，台湾的旅美学者钱新祖先生就曾作出了一种非常明了的现代表达，并通过善恶比较的方式来说明孟子确立性善论的形上意义。他指出：

　　　　孟子的王道说与性善论有密切的关系，是一而二，又是二而一的两个同心圆，在运作的方式上是 concentric，在建构上是 homologus。他这两种论说的出发点都是我们个人主体内心所能感受到的主观之情，他所以说我们人性本善，是因为我们人都有仁、义、礼、智四端，而他所以能够说人都有四端，是因为他观察到，我们人在主观内心的感受上，都能够自动自发，并且也是自然而然地有恻隐、羞恶、辞让、是非这四种心。这四种心有普及性，是我们每个人都可以直接经验到的，所以被孟子认为是我们人之所以为人存在上的构成条件。

　　　　至于恶，孟子认为跟我们人存在的先验本然无关，是一种后天后验的发展……

　　　　关于孟子这种对于恶的解释，有人觉得不满意，认为孟子只不过把

　　① 薛瑄:《读书录》卷二,《薛瑄全集》下册,山西人民出版社1990年版,第1055页。关于薛瑄这句话,笔者是2009年在台湾大学做客座研究时偶然翻阅《薛瑄全集》时见到的,当时就有心头一震的感觉,但再次寻找其具体出处却感到极难;而薛瑄的《读书录》上千页合编在一起也确实不便查找。2013年,运城师院董萍老师来我们系作在职研究生答辩,正好研究薛瑄,所以我就请她代为查找,一个多月后,董萍老师发来邮件告诉了具体出处。笔者深知在上下两大册的《读书录》中查找一句话的艰难,所以这里特向董萍老师致谢。

恶当作是一种形象界的现实问题来处理,没有彻底地去追寻恶的根源……那些对孟子不满的人士所想要追究的"根源",是一种具有特定涵义的"根源",这种特定涵义的"根源"所指的是我们人所以为恶在形上本体上的凭据,可是恶的形上本体凭据不是,也不可能是孟子所关心的问题,因为孟子根本就不承认恶跟我们人的形上本体存在有任何关系,孟子所关心的问题是何以为善的形上本体依据。①

钱新祖(1940—1996)先生是出生于大陆、成长于台湾而完成教育于美国的华裔学者,受西方哲学的影响,钱先生对于孟子性善论的分析比较侧重于其本身的理论逻辑关系,且其本人在中国传统文化中也更侧重或倾心于道家思想。但即使如此,钱先生对孟子性善论的把握也有其极为准确的一面。首先,钱先生认为,"孟子的王道说与性善论有密切的关系,是一而二,又是二而一的两个同心圆",这就清楚地表明,孟子的性善论并不是一种为了能够战胜对手以出奇制胜的聪明机巧之论,而是在为儒家的王道政治包括所有的教化思想确立形上理论根底,其之所以要将儒家的王道说与性善论比喻为一种既"是一而二,又是二而一的两个同心圆"的关系,正说明孟子就是要以性善论来支撑其王道说的具体表现。其次,钱先生又通过孟子所举的"恻隐、羞恶、辞让、是非"以及其可以为"每个人都可以直接经验到"的特点来证明孟子的性善论实际上就是在探讨"何以为善的形上本体依据"问题,这既是对前一问题——所谓王道政治思想的深入,同时又是通过"四端"对人的"普及性"来证明"人之所以为人存在上的构成条件"。所以说,这也就等于是在确立我们人之所以为人的精神依据及其根本特征。再次,钱先生为什么一定要强调"孟子所关心的问题是何以为善的形上本体依据"问题,并且还认为"孟子根本就不承认恶跟我们人的形上本体存在有任何关系"呢? 实际上,这一点并不是说孟子根本就不承认恶的存在,而是说,孟子提出性善论的目的根本就不是出自一种理论探索的兴趣,而主要是从人伦社会的精神危机,——从人之为人、王道之为王道,亦即人伦文明何以能够确立的角度来探讨人性问题的。而这一点,恰恰又是儒家作为人伦文明之担当主体及其担当精神的具体表现。

---

① 钱新祖:《中国思想史讲义》,《钱新祖集》第一卷,台湾大学出版中心 2014 年版,第211—212 页。

最后还有一点,钱新祖先生这里的分析固然主要是从理论逻辑的角度展开的,但是,如果我们将孟子的性善论纳入到殷周政权更替以来中国政治与文化的重大变革①以及其思潮走向中来把握,那么从文王之"忧患意识"到周公之"制礼作乐",再到孔子之以仁挺礼、子思之"天命之谓性"这种前仆后继性探索,就可以清楚地看出,孟子的性善论实际上也就是我们的古人从前轴心时代就已经开始的对人伦文明及其精神地基之一种筚路蓝缕式的探索,而性善论也就正好代表着儒家这种步步深入并不断地探索、总结以重新安置、确立人伦文明的最高结论。所以说,孟子的性善论根本就不是一种为了战胜别人所提出的带有聪明机巧性质的理论预设②,也不仅仅是对儒家人伦文明探索的一种理论逻辑式的归结,而主要是儒家历代先贤对于人伦文明与人文精神之前仆后继性探索的一种历史凝结与价值结晶。③ 也许只有从这个角度出发,才能形成并理解孟子所谓的"君子所性,仁、义、礼、智根于心,其生色也睟然,见于面,盎于背,施于四体,四体不言而喻"④以及"君子所过者化,所存者神,上下与天地同流"⑤的精神与底气。

在这一基础上,孟子之"辟杨墨"以及其对儒家人伦文明的探讨与建构也就具有了全新的意义。仅从其"辟杨墨"来看,从杨朱的"为我"到墨子的"摩顶放踵利天下"实际上也就构成了儒家人伦文明的边界或两个端点,亦即孔子所谓的"两端"。问题在于,在孟子看来,杨朱那种"拔一毛而利天下,不为也"式的"为我"并不是真正的"为我";要真正"为我",就必须从此在实然的"肉身我"提升到"精神我"的层面;而这种立足于"精神我"或"心灵我"式的"为我"同时也就必须努力扩充自我或自我扩充,从而跨越人己

---

　　① 王国维指出:"中国政治与文化之变革,莫剧于殷周之际。"(《殷周制度论》,《观堂集林》第二册,第451页)

　　② 现代人往往喜欢将孟子的性善论视为一种理论预设,或仅仅从理论逻辑的角度加以质疑,实际上,这都是将性善论屏蔽于真正的思想探讨之外的表现。对孟子的性善论而言,如果离开了儒家思想文化的历史发展以及其在历史脉络中的艰难前行,一句话,离开了与历史文明交织并进之真正的思想探索,也就无法理解性善论的真正含义,从而将其理论预设化。这也就只能成为一种"将圣贤言语作一场话说"了。

　　③ 关于孟子性善论之作为儒家对人伦文明探索的历史凝聚与价值结晶一点,请参见拙作:《观点、视角与思想谱系——关于孟子性善论的思想史解读》,载《儒家文化研究》第四辑,三联书店2012年版,第269—354页。

　　④ 《孟子·尽心》上,吴哲楣主编:《十三经》,第1421页。

　　⑤ 《孟子·尽心》上,吴哲楣主编:《十三经》,第1420页。

物我之藩篱与界限,从"尽己之性"到"尽人性"以至于"尽物之性"。这就必然要指向儒家的万物一体之仁,同时也就必然包含着墨家所谓的"摩顶放踵利天下"的追求了。

不过在孟子看来,墨家的"摩顶放踵利天下"固然也可以说是一种值得大力肯定的人生方向,但其问题则主要在于作为墨家出发前提或理论预设的"无我"性质,也就是说,在墨家看来,人必须成为或只有彻底"无我",才能真正做到墨家所自我表达的"爱人如己"(墨家所谓的"爱人如己"实际上也就直接印证着其"兼爱"主张的"无我"性,而在人我天然有别的条件下,任何人都是无法真正地做到"爱人如己"的),然后才可以做到所谓"摩顶放踵利天下"。但对人而言,自我之感性经验性存在实际上也就是其人所以存在的第一表征;以彻底的"无我"作为其"兼爱"主张的基本前提,不仅彻底否定了其所谓"摩顶放踵利天下"追求的内在动力(即我为什么要如此爱人?),同时,作为一种思想主张,也就等于是一种"反天下之心"——违逆天下人性的主张。但是,由于墨家的"兼爱"主张既无法直接从杨朱的"为我"来借取其主体性,——而杨朱的一心"为我"又根本不关注天下,那么它也就必须从儒家的"精神我"或"心灵我"的角度来汲取其主体精神,并且也只有通过儒家"老吾老,以及人之老,幼吾幼,以及人之幼"的方式,才能真正实现其所谓兼爱天下的宏愿与理想。这样一来,虽然孟子是以所谓"辟杨墨"来自我定位的,但他却必须先运用儒家的思想与精神来改铸墨家"摩顶放踵利天下"的追求。

也许正因为这一原因,所以虽然孟子认为"能言拒杨墨者,圣人之徒也"[1],但他却又同时认为:"今之与杨、墨辩者,如追放豚,既入其笠,又从而召之。"[2]这说明,虽然孟子始终是以"辟杨墨"来自我定位的,但只要改变了墨家"无我"的基本立场,并将其置于儒家"老吾老"、"幼吾幼"的立场上,那么其所谓"摩顶放踵利天下"的追求精神也就仍然是值得积极肯定的;而在改变其基本立场的基础上,墨家"摩顶放踵利天下"的追求也就全然可以服务于儒家人伦文明与人文精神的建构了。

那么,作为儒家的"亚圣",孟子究竟吸取了墨家哪些方面的思想因素

---

[1] 《孟子·滕文公》下,吴哲楣主编:《十三经》,第 1383 页。
[2] 《孟子·尽心》下,吴哲楣主编:《十三经》,第 1428 页。

呢？应当承认，虽然孟子始终是以"辟杨墨"来自我定位的，但如果熟悉墨家的思想理论，那么在孟子的思想中也就可以处处发现墨家的思想痕迹。比如关于人都必然具有"恻隐之心"这一点，在《孟子》一书中，这一点本来也就是孟子确立其性善论思想的主要论据，但如果稍加分析就会看出，作为这一论据之主要案例的"今人乍见孺子将入于井"一说却恰恰来自墨家，是对墨家案例的改造。请比较如下两段论述：

> 所以谓人皆有不忍人之心者，今人乍见孺子将入于井，皆有怵惕恻隐之心。非所以内交于孺子之父母也，非所以要誉于乡党朋友也，非恶其声而然也。由是观之，无恻隐之心，非人也；无羞恶之心，非人也；无辞让之心，非人也；无是非之心，非人也。恻隐之心，仁之端也；羞恶之心，义之端也；辞让之心，礼之端也；是非之心，智之端也。人之有是四端者，犹其有四体也；有是四端而自谓不能者，自贼者也；谓其君不能者，贼其君者也。①

> 今有人于此，负粟息于路侧，欲起而不能。君子见之，无长少贵贱，必起之。何故也？曰：义也。今为义之君子，奉承先王之道，以语之，纵不说（悦）而行，又从而非毁之。则是世俗之君子之视义士也，不若视负粟者也。②

在这两个案例中，墨家的主体也就是所谓有"义士"之行的"君子"，而儒家的主体则是完全可以泛指并且也具有人伦普遍性的"今人"。这就是说，儒家所论的主体其实是可以指谓一切人的，这也说明，儒家的"今人"确实是一个更带有人伦普遍性的指谓，或者说是可以指谓一切人的人伦普遍性行为。但如果就具体场景而论，则墨家的场景是所谓"负粟息于路侧，欲起而不能"；而儒家则是"孺子将入于井"，——两者也都是一种亟待帮助的情景。而就其结果来看，墨家是"无长少贵贱，必起之"，儒家则是"今人乍见孺子将入于井，皆有怵惕恻隐之心"。从二者这种极为相似的情形来看，应当说孟子所谓的"今人乍见孺子将入于井"实际上也就脱胎于墨家的"负粟息于路侧，欲起而不能"。但墨家的结论是"君子见之，无长少贵贱，必起之"；而儒家的"今人"虽然并没有"君子"的规定，但其所谓"今人"——任

---

① 《孟子·公孙丑》上，吴哲楣主编：《十三经》，第 1365—1366 页。
② 《墨子·贵义》，《诸子集成》第 4 册，第 270 页。

何人之心也都是不异于"君子"的。因此，除了在人的本心以及其所蕴含的"恻隐之心"包括在所谓人伦普遍性层面上的拓展之外，孟子所谓的"今人乍见孺子将入于井"一说实际上也就源于墨家的"君子见之，无长少贵贱，必起之"，但却完全服从于儒家"今人""皆有怵惕恻隐之心"的需要。

这说明了什么问题呢？这说明，虽然孟子是以"辟杨墨"来自我定位的，但他同时也吸取了墨家的思想，——在批判墨家的同时改铸其立场、扭转其思想观点与精神方向，从而也就可以使墨家的案例完全服从于儒家立论的需要。

除此之外，在孟子关于圣人之道的论述中，又常常提到所谓"规矩"一说，孟子甚至还常常以"规矩"来形容圣人之道。比如：

> 离娄之明，公输子之巧，不以规矩，不能成方圆；师旷之聪，不以六律，不能正五音；尧舜之道，不以仁政，不能平治天下。今有仁心仁闻而民不被其泽，不可法于后世者，不行先王之道也。故曰：徒善不足以为政，徒法不能以自行……圣人既竭目力焉，继之以规矩准绳，以为方圆平直，不可胜用也。既竭耳力焉，继之以六律正五音，不可胜用也；既竭心思焉，继之以不忍人之政，而仁覆天下矣。①

> 规矩，方圆之至也；圣人，人伦之至也。欲为君，尽君道；欲为臣，尽臣道。二者皆法尧舜而已矣。②

> 大匠不为拙工改废绳墨，羿不为拙射变其彀率。③

> 梓匠轮舆能与人规矩，不能使人巧。④

在上述所论中，所谓"规矩"、"准绳"似乎也就成为孟子对于儒家的圣人之道之一种非常重要的说明了，尤其是"规矩，方圆之至也；圣人，人伦之至也"一说，简直就可以说是孟子对于儒家圣人之道之一种极为简明而又准确的比喻。但"规矩"、"准绳"之类的说法却既不是儒家的原有概念，也无法从孟子的人生经历中得到说明。那么，孟子的"规矩"、"准绳"概念究竟来自哪里呢？

实际上，所谓"规矩"、"准绳"之类的说法只能源于墨家，——不仅墨子

---

① 《孟子·离娄》上，吴哲楣主编：《十三经》，第1384页。
② 《孟子·离娄》上，吴哲楣主编：《十三经》，第1384页。
③ 《孟子·尽心》上，吴哲楣主编：《十三经》，第1424页。
④ 《孟子·尽心》下，吴哲楣主编：《十三经》，第1426页。

本人的木工经历已经为其"规矩"、"准绳"之说提供了具体的出处,而且就在墨子的文章中,他也在非常娴熟地运用着"规矩"、"准绳"之类的概念。比如:

> 子墨子曰:天下从事者,不可以无法仪;无法仪而其事能成者无有也。虽至士之为将相者,皆有法;虽百工从事者,亦皆有法。百工为方以矩,为圆以规,直以绳,正以县(悬),无巧工不巧工,皆以此五者为法。①

> 天之行广而无私,其施厚而不德,其明久而不衰,古圣王法之。既以天为法,动作有为,必度于天,天之所欲则为之;天之不欲则止。②

> 我有天志,譬若轮人之有规,匠人之有矩,轮匠执其规矩,以度天下之方员(圆)。曰:中者是也,不中者非也。今天下之士君子之书,不可胜载,言语不可尽计,上说诸侯,下说列士,其与仁义,则大相远也。何以知之,曰:我得天下之明法以度之。③

在墨子的上述论证中,所谓"为方以矩,为圆以规,直以绳,正以县(悬)"无疑就是对"规矩"、"绳墨"与"法度"的灵活运用,可能也只有其早年的木工经历,才能为墨子提供如此娴熟、如此灵活的工具意识。从这个角度看,应当说孟子的"规矩,方圆之至也;圣人,人伦之至也"一说也显然来自墨家,是对墨家思想的明确借鉴。

但这里又存在着一个重大区别。对墨家而言,"规矩"、"绳墨"与"法度"只不过是达到其目的的一种工具而已,而这种工具,对于其所要加工的材料而言(就其对社会的治理来说,也就相当于社会底层的芸芸众生),固然有一种绝对标准的意义,但对于作为墨家思想宗旨的"兼爱"与"天志"而言,则这种"工具"说到底也就不过是贯彻其主观意图的一种客观手段而已。这样一来,在墨家的"天志"及其需要治理的社会现实之间,也就存在着两层明确的垂直性关系,从而也就包含着两层必须服从的绝对意识:其一即所谓"加工材料"对于"工具"即所谓"法仪"的绝对臣服意识,一如"方圆"对于"规矩"之绝对臣服一样;其二,则又是这种"工具"对于作为墨家意志之集中体现的"天志"的绝对臣服。这样一来,其双重的垂直关系以及其

---

① 《墨子·法仪》,《诸子集成》第4册,第11页。
② 《墨子·法仪》,《诸子集成》第4册,第12页。
③ 《墨子·天志》上,《诸子集成》第4册,第122页。

绝对的服从意识也就使得墨家的思想带有强烈的绝对与专制色彩,而在传统的儒、道、墨三家中,墨家之所以具有极为浓厚的宗教意识,也是以这两层绝对服从的垂直性关系为标志的;而现代人之所以批评墨家具有较为强烈的专制独裁思想,也并不仅仅是以其管理社会的"上之所是,必皆是之;所非,必皆非之"①为标志的,同时也因为其这样一种绝对服从的专制意识还必须以"天志"的方式贯彻到社会的每一个角落,并落实于每一处"乡长之所是,必皆是之;乡长之所非,必皆非之"②之间。这样一来,整个天下也就只有一种声音,一个是非标准了,这就是以"天志"形式所表现出来的墨家精神。

最为重要的是,墨家这种"必皆是之"、"必皆非之"模式也就使得整个社会完全成为一种单向度、绝对性的"命令"与"服从"的关系了。《淮南子》所谓的"墨子服役者百八十人,皆可使赴火蹈刃,死不还(旋)踵"③,可能也就是由这种绝对服从的工具意识所训练出来的。至于墨子的大弟子禽滑釐,"事子墨子三年,手足胼胝,面目黧黑,役身给使,不敢问欲"④,不仅使墨家成为一种典型的苦行主义,而且其门徒也就全然成为没有思想而且也根本不需要思想的应声虫了。近代以来,在墨家科学技术思想得到高扬的同时也广受人文学科的诟病,其原因主要也就在这一点上。

那么,孟子又将如何面对墨家这种带有强烈的绝对主义色彩的思想主张呢?首先,儒家之不同于墨家的地方在于,在儒家看来,人生从来都是并且也只能是从"自我"之实然存在的角度展开的,这就使得儒家的世界从来都不需要一种必须借助"工具"来加以矫正并且也永远只能作为对象以等待解救的人伦世界。虽然儒家也解救人伦的苦难,但对儒家而言,它从来都没有像墨家那样给自己一种超然世外的身份自诩,孔子所谓"吾非斯人之徒与而谁与"⑤的感慨,清楚地表明,儒家从来都是以"人"的身份与人类来共同经历人生苦难的。孟子所谓的"天之生此民也,使先知觉后知,使先觉

① 《墨子·尚同》上,《诸子集成》第4册,第45页。
② 《墨子·尚同》上,《诸子集成》第4册,第45页。
③ 《淮南子·泰族训》,《诸子集成》第7册,第357页。
④ 《墨子·备梯》,《诸子集成》第4册,第322页。
⑤ 《论语·微子》,吴哲楣主编:《十三经》,第1313页。

觉后觉"①也同样清楚地表明,如果说儒家也有一种拯救情怀,那么其拯救的方式也就主要是通过启发与感通式的自觉觉他、自救救他实现的。因此,在儒家看来,人生永远都不是一种需要拯救的对象,如果说儒家也有其拯救追求,那么这种拯救说到底也就不过是一种通过启发、唤醒与感通式的自我拯救而已,并通过自我拯救的方式来实现其自觉觉他、自救救他以至于拯救整个人类的目的。孟子所谓的"禹思天下有溺者,由己溺之也;稷思天下有饥者,由己饥之也"②,正典型地表现了儒家自觉觉他、自救救他的拯救特色。这样一来,对于儒家而言,人永远是目的,人生也永远不能作为"工具"以成为被改造与矫正的对象;如果说在儒家看来,人生也确实存在着某些应当改造、应当提升的方面,那么这也就只能是建立在人自身自觉基础上的自我改造与自我提升活动(从根本上说,这也是由孔子的"为仁由己"精神决定的)。这样一来,也就彻底破除了墨家以"工具"的方式来作用于人伦世界的绝对服从意识。

其次,对于上段征引孟子的那一段论述禹、稷的原文,它固然也确实表现着儒家对于人伦社会与人伦苦难的一种拯救情怀。但是,如果我们将其与墨家的思想略加比较,也就仍然可以看出其在墨家思想中的"原型"。比如:

> 子墨子自鲁即齐,过故人,谓子墨子曰:今天下莫为义,子独自苦而为义,子不若已。子墨子曰:今有人于此,有子十人,一人耕而九人处,则耕者不可以不益急矣。何故,则食者众而耕者寡也。今天下莫为义,则子如劝我者也,何故止我!③

> 禹思天下有溺者,由己溺之也;稷思天下有饥者,由己饥之也,是以如是其急也。④

如果我们把孟子关于禹、稷的"如是其急也"与墨子的"子如劝我者也,何故止我"稍加比较,就可以看出,二者虽然是同样的急切,并且也几乎是同一

---

① 《孟子·万章》上,吴哲楣主编:《十三经》,第 1400 页。
② 《孟子·离娄》下,吴哲楣主编:《十三经》,第 1394 页。孟子这段话本来也包含着救天下之"溺"与"饥"的使命,但由于儒家对这种"溺"与"饥"的认识首先是通过"己溺"、"己饥"实现的,而其拯救的方式也是通过"由己及人"之自觉觉他、自救救他的方式实现的,因而儒家从来不存在一种超然世外的身份预设,也从来不会以超然世外的身份来面对芸芸众生与人伦世界。
③ 《墨子·贵义》,《诸子集成》第 4 册,第 265 页。
④ 《孟子·离娄》下,吴哲楣主编:《十三经》,第 1394 页。

种精神,但其间却仍然存在着一种根本性的差别:墨子是要通过自己的"一人耕"来供养其他的"九人处"(而他自己则绝不在"九人"之列);而孟子则主要是通过禹和稷当时所负的社会责任,并通过做好自己本职工作的方式来服从于拯救人类的大业。① 至于二者之间的具体区别,则仍然可以从其内在人生的"我"与外在超越的"天志"上得到说明。

因而,对于墨家以"兼爱"为实质内容的"天志"而言,儒家也就永远不需要这种以外在形式、外在意志的方式所强加于人的"爱",虽然儒家也信仰天,并承认"天"对于人生具有最高的仲裁与最终的决定作用,但自《尚书》以来,"天意"就已经成为"民心"的代表了。所以,儒家所信仰的"天",与其说是一种神秘的外在力量,不如说首先就是我们现实生活中的民心与民意;而儒家所谓的天人合一,与其说是合"人"于"天",不如说实际上也就是合"天意"于"民心"。请看《尚书》中对"天意"与"民心"关系的论述:

> 天聪明,自我民聪明。天明威,自我民明威。②
>
> 天矜于民,民之所欲,天必从之。③
>
> 天视自我民视,天听自我民听。④

对于墨家来说,由于它的"兼爱"就是要求人们不分人己物我地泛爱世人,因而对于不能不"有我"的人生来说,这实际上也就等于提出了一种"反天下之心"的主张。但墨家却认为,只有如此才能使整个人类得到拯救,所以墨家也就必须将其"兼爱"提升到"天志"的高度,并以贯彻"天志"之"法仪"的方式来进行人生落实。如此一来,也就形成了一种所谓"轮匠执其规矩,以度天下之方员(圆)。曰:中者是也,不中者非也"的格局。墨家政治上的专制独裁色彩与信仰上的"天志"崇拜也就由此而形成;而墨家思想中的一切毛病,也就由此而得以泛化流行起来。

但是,由于儒家通过孟子的"辟杨墨"已经彻底改变了杨朱的"为我"与墨家的"无我",并且将做人的抉择权交给了每一个个体,因而墨家那种完

---

① 关于儒家的这种"各勤其业"以及其分工合作关系,王阳明有非常贴切的论述:"故稷勤其稼,而不耻其不知教;视契之善教,即己之善教也;夔司其乐,而不耻于不明礼,视夷之通礼,即己之通礼也。"(《语录》二,《王阳明全集》,第55页)

② 《尚书·皋陶谟》,吴哲楣主编:《十三经》,第70页。

③ 《尚书·泰誓》上,吴哲楣主编:《十三经》,第89页。

④ 《尚书·泰誓》上,吴哲楣主编:《十三经》,第90页。

全将现实人生作为实现其理想之工具的思想也就得到了彻底的祛除;又由于儒家将墨家的"天志"改铸并贯彻、落实到"民心"与"民意"的层面,因而墨家那种原本带有强烈的外在拜谒特色的"天志"信仰也就转化为一种对人生内在道德理想的超越性追求了。这样一来,一方面是孟子的"辟杨墨"——批判杨墨两家的异端思想;另一方面,则杨朱的"为我"与墨家的"摩顶放踵利天下",也就完全成为儒家自我解放、自我实现基础上的一种道德实践追求了。

对墨家而言,孟子的批判与改铸之最为重要的一点,也就在于将每一个个体所不可或缺的"有我"还给了每一个个体,从而也就使得每一个个体都可以从墨家那种原本必须完全服从于"法仪"的人生还给了每一个个体自身,并成为每一个个体必须自我负责的人生(这一思想本来就存在于孔子的"为仁由己"之中,而孟子的发展则主要在于通过对所谓"二本"现象的辨析来批评墨家完全"无我"的"摩顶放踵利天下"追求)。与此同时,儒家也就彻底解构了墨家由"工具意识"与"天志"所构成的两层垂直性的绝对服从关系,一方面,通过天人合一,使"天志"成为每一个体的内在本质或内在要求;另一方面,又通过所谓"规矩,方圆之至"与"圣人,人伦之至也",从而将墨家通过"规矩"所表现出来的绝对服从意识改铸为每一个个体对圣贤人格的自觉追求,并且也落实为每一个个体内在本有的超越追求精神。①这样一来,墨家架构人生的两层垂直性关系以及其绝对服从意识,也就转化为儒家以超越追求为特征的内在本有之道德理想了。

在这一基础上,墨家原本具有积极意义的思想也就基本进入儒家思想之中了,并作为儒家思想的"预料"而展现出一种全新的格局。比如说,在孔子的思想结构中,其以仁挺礼的结构虽然既顾及了内在之仁与外在之礼的互补性关系,同时也兼顾了儒家的形上与形下两层世界,但毕竟还存在着内与外、上与下之二维结构或双重面向的性质。但到了孟子哲学中,由于通过墨家思想的充实,从而也就使得儒家的思想展现为较为清晰的三个不同面向,而这三种不同面向,不仅展现了儒家思想之三种不同的关注角度,而且也较为全面并立体地展现出儒家的人生世界。至于孟子哲学中的三个不

---

① 请参阅拙作:《从绝对意识到超越精神——孟子对墨家思想的继承、批判与超越》,《人文杂志》2007 年第 2 期。

同面向,也同样是通过儒墨两家的思想碰撞与融合,——既批评墨家同时又吸取墨家的思想成分才得以形成的。

孟子对墨家思想的批评首先也就集中在人生所不可或缺的个体实存这一点上,而孟子之所以会提出"墨氏兼爱,是无父也",并认为"无君无父,是禽兽也"①,关键也就在于其"兼爱"主张的"无我"性质,至于所谓"无父"实际上也正是其理论建构之"无我"性质的人格化表达。所以,在孟子哲学中,"我"的存在以及人生之自我实现追求也就完全成为儒家哲学的基本出发点。比如孟子说:"夫物之不齐,物之情也"②,这就等于是从比喻的角度来说明人的资质、境遇就像"物之不齐"一样并非完全等同,但即使如此,在做人的选择权上,则每一个个体仍然具有平等的选择资格。比如孟子说:

> 民之为道也,有恒产者有恒心,无恒产者无恒心。苟无恒心,放辟邪侈,无不为已。③

> 无恒产而有恒心者,惟士为能。若民,则无恒产,因无恒心。苟无恒心,放辟邪侈无不为已。④

在《孟子》的原文中,这一段论述首先是通过"恒产"对于个体生存之基础作用向统治者提出了一个"治民之产"的问题。虽然如此,但对于个体而言,这也就成为一种"士"与"民"之不同选择的表现了。因为在孟子看来,只有"士"才能真正做到"无恒产而有恒心";至于民,则因为其既"无恒产","因无恒心",所以也就有可能陷于所谓"放辟邪侈无不为已"的地步。显然,对于个体而言,所谓有无"恒产"固然也可以说是一个人所无法选择的先天条件,但究竟是否"有恒心"则又成为一个人究竟是自觉为"士"还是为"民"之不同选择的表现,当然同时也就成为"士"与"民"的一种根本区别了。为了说明这一道理,孟子甚至还举出了大舜的榜样:"舜之居深山之中,与木石居,与鹿豕游,其所以异于深山之野人者几希;及其闻一善言,见一善行,若决江河,沛然莫之能御也。"⑤显然,对于个体来说,究竟是为"士"还是为"民",也就随着其人生之不同选择而同时展开了。

---

① 《孟子·滕文公》下,吴哲楣主编:《十三经》,第 1382—1383 页。

② 《孟子·滕文公》上,吴哲楣主编:《十三经》,第 1377 页。

③ 《孟子·滕文公》上,吴哲楣主编:《十三经》,第 1374 页。

④ 《孟子·梁惠王》上,吴哲楣主编:《十三经》,第 1354 页。

⑤ 《孟子·尽心》上,吴哲楣主编:《十三经》,第 1420 页。

从为"士"与为"民"之不同选择出发，则所谓"不动心"以及"知言"、"养气"包括"集义"而非"义袭而取"也就成为儒家士君子之一种必要的道德修养了；至于所谓"由仁义行，非行仁义也"①自然也就成为儒家士君子内在修养的一种基本指标。而这种修养工夫及其指向，其实也就是孟子所谓的"君子所性，仁、义、礼、智根于心，其生色也睟然，见于面，盎于背，施于四体，四体不言而喻。"②这样一来，所谓士君子人格也就基本形成了，而这种由个体之先天条件与后天之不同选择所构成之不同的人生，也就构成了孟子哲学的第一个面向，当然也就是一种不同的人生。

在培养君子人格的基础上，儒家的担当精神也就必然要指向族群与天下关怀。从社会层面来看，这一点甚至也可以说就是儒之为儒的一个基本特征。但在孟子哲学中，这种族群与天下关怀也就主要是其君子人格与担当精神的表现，而这种担当精神主要表现为两个方面：一方面，就是所谓"居天下之广居，立天下之正位，行天下之达道……富贵不能淫，贫贱不能移，威武不能屈，此之谓大丈夫"③，这也就是所谓立定自身、成就自我的一面。另一方面，则又必须"老吾老，以及人之老；幼吾幼，以及人之幼，天下可运于掌"④，所以孟子又说："亲亲，仁也；敬长，义也；无他，达之天下也。"⑤又说："人人亲其亲，长其长，而天下平。"⑥显然，这也就是孟子所谓的"仁者以其所爱及其所不爱，不仁者以其所不爱及其所爱"⑦。之所以如此，又主要是因为："人能充无欲害人之心，而仁不可胜用也；人能充无穿逾之心，而义不可胜用也；人能充无受尔汝之实，无所往而不为义也。"⑧显然，这样一种指向，不仅体现着儒家士君子的族群与天下关怀，同时也就成为儒家老安少怀、慎终思远之人伦文明的表现了，而历代儒家所高扬的万物一体之仁的理想，实际上也就是通过这种推己及人的方式实现的。

最后，作为《孟子》七篇之逻辑归结，同时也是作为其哲学之最高结论

① 《孟子·离娄》下，吴哲楣主编：《十三经》，第 1392 页。
② 《孟子·尽心》上，吴哲楣主编：《十三经》，第 1421 页。
③ 《孟子·滕文公》下，吴哲楣主编：《十三经》，第 1379 页。
④ 《孟子·梁惠王》上，吴哲楣主编：《十三经》，第 1353 页。
⑤ 《孟子·尽心》上，吴哲楣主编：《十三经》，第 1420 页。
⑥ 《孟子·离娄》上，吴哲楣主编：《十三经》，第 1386 页。
⑦ 《孟子·尽心》下，吴哲楣主编：《十三经》，第 1425 页。
⑧ 《孟子·尽心》下，吴哲楣主编：《十三经》，第 1429 页。

的就是所谓"尽心则知性知天"的指向。在墨家哲学中,人间的最高主宰主要是通过"天志"来加以表达的,但"天志"同时又是墨家"以度天下之方员(圆)"的内在"规矩"。墨家哲学的这一特点,一方面使其哲学具有强烈的宗教品格;同时,这种宗教精神又是墨子手中一种随时可以"度天下之方员(圆)"的"法仪"。由于孟子已经彻底解构了墨家关于人伦社会之双重的垂直性服从关系,并将做人的抉择权还给了每一个个体,因而对于如何做人的问题,不仅是每一个个体的天然资格,同时也是其神圣不可侵夺的权利;与此同时,孟子又通过儒家天人本质上的同一精神,使天德同时内在于每一个个体。这样一来,所谓"尽心则知性知天"也就成为每一个个体的自觉追求了,从而也就使得墨家原本带有强烈的外在拜谟特色的宗教精神转化为一种内在的理想人格追求。如果说墨家的"天志"确实既具有威吓的性质同时又带有外在拜谟的特色,那么儒家对于理想人格的追求虽然也带有强烈的超越性,但其本质上却是一种内在于人生的人文主义精神。

这样一来,孟子哲学中的三个不同面向也就构成了我们人生中的三个不同领域与不同层面。所谓个体人格也就相当于我们今天的私人领域;而所谓族群与天下关怀也就相当于我们今天的公共领域或社会层面;至于所谓"尽心则知性知天"的超越追求,一方面当然可以视为一种人生信仰,但同时也就为我们的人生提供了一种精神的地平线。直到今天,国人所谓的"世界"、"世间",说到底也就不过是这三大领域的一种有机统一而已;而所谓世界的发展变化,也无不是通过这三大领域的发展表现出来的。所以,从这个意义上说,孟子不仅是国人人生世界的开辟者,同时也是其站在儒家立场上对当时诸子争鸣现象之一种儒家式的统一。

三、儒道之前后式统一——
荀学的规模及其走向

如果说孟子是通过儒墨融合的方式对当时的诸子学进行了一种尝试性与开创性的统一,那么荀子便主要是自觉地通过儒道融合的方式来实现这种统一的。不过,由于儒墨两家在思想上属于近缘关系,而墨家又是沿着儒家的思想轨迹而崛起的,因而孟子确实能够通过"辟杨墨"的方式来实现其统一。至于儒道两家在思想上则无疑属于一种远缘关系,——不仅其出发点不一致,而且在探索方向与人生价值上也存在着根本性的分歧,因而其统一不仅困难得多,而且由荀子所实现的所谓儒道前后融贯式的统一,也往往使自家思想成为一种前矛后盾性的体系。不过,由于到荀子时,七雄的兼并以及天下统一的大局已经形成,因而即使是作为对当时社会现实的一种反映,思想上的统一也已经成为一种或迟或早的趋势了,而荀子对儒道两家思想的融合则正好适应了这一形势。

荀子(约前313—前238)当然属于儒家。但就儒家形成以来的师承传授来看,从孔子、曾子到子思、子思之门人一直到孟子,确实表现出了一种明确的师承授受谱系;但到了荀子时,则这种授受谱系似乎就已经不太清楚了。据荀子之自述,他似乎是遥承孔门子弓,而子弓又被视为仲弓的另一种说法,因而从这个角度看,荀子作为自觉的儒家门徒是确定无疑的。关于荀子的师承关系,清人汪中曾在《荀卿子通论》一文中考证说:

> 《史记》载孟子受业于子思之门人,于荀卿则未详焉。今考其书,始于《劝学》,终于《尧问》,篇次实仿《论语》。《六艺论》云,《论语》子夏、仲弓合撰。《风俗通》云,谷梁为子夏门人,而《非相》、《非十二子》、《儒效》三篇,每以仲尼、子弓并称。子弓之为仲弓,犹子路之为季路。知荀卿之学,实出于子夏、仲弓也。[①]

古人比较重视师承授受关系,这自然有一定的道理。仅从孔、曾、思、孟一线相承的关系以及其思想的内在一致性,也就可以看出师承授受的重要性;而古人所谓学有本源的说法,大概也就指此而言。但师承授受关系并不能完全决定一个人的思想也同样有一定的道理。这一点表现在荀子、韩非子的师徒关系上则尤为典型,——韩非子无疑是荀子的弟子,但荀子属于儒家,而韩非子则明显属于法家。不过,韩非子的法家身份并不能否定其与荀子的师承关系,而墨子的"学儒者之业"也同样不能决定其就必然为儒家。这说明,仅仅师承关系对一个人的思想并不具有决定性作用。不过,虽然从师承授受的角度看,我们还说不清荀子的具体师承;但从荀子遥尊子弓的情形

---

① 汪中:《荀卿子通论》,《诸子集成》第2册,第15页。

来看,大概也就像孟子所谓的"乃所愿,则学孔子也"①一样,起码是一种自我选择的师承。这说明,荀子无疑是一个自觉的儒家信徒;而所有这些说不清的因素,也并不妨碍荀子的一代大儒之名。因而对于荀子来说,与其考索其具体的师承授受关系,不如直接从其思想资源出发来定位其基本的思想谱系,而荀子不太清楚的师承授受关系实际上也更有益于其思想之融合特色以及其独特的思想谱系之形成。

那么,就思想谱系而言,我们为什么一定要以儒道融合的方式来定位荀子的思想进路或谱系位格呢? 实际上,一个人思想进路的形成,一方面当然决定于其所能够吸取的思想资源,同时,更为重要的一点则主要决定于其对于各种思想资源的自觉择取。因为正是不同的主体择取,才真正体现着其主体之自我抉择与自我塑造的力量。到了荀子时代,虽然诸子学已经成为主流,而百家争鸣也已接近尾声,仅从其《非十二子》来看,就可以看出荀子对于诸家思想皆有所批评,甚至,包括作为儒家正宗或主流的思孟学派也同样受到了他较为严厉的批评,因而其评论诸家之失一定程度上也可以视为其对百家争鸣的一个总结。这说明,虽然荀子属于儒家,且"每以仲尼、子弓并称",但其儒家的思想进路与理论规模就已经明显有异于作为主流的思孟学派了。而在当时的诸子百家中,源远流长且具有深厚历史传统的思想流派实际上只有儒、道、墨三家,——既然孟子已经通过儒墨融合的方式将儒学推向了理论高峰,那么荀子之不赞成思孟学派,其根据也就只能在道家或者说通过儒道融合的方式来实现其对儒学的推进。

当然,关于荀子具有一定的道家"基因"这一点,我们可以不必先急于认定,而完全可以通过荀子的具体论述来进行澄清。

自孔子创立儒学,"性与天道"②的问题亦即所谓天人关系就已经成为儒家知人论世的一个重大关节了。而在孔子的思想中,殷周以来"天"的三重含义——所谓神性主宰义、道德超越义与自然生化义一直是并存的,而道墨两家则分别以各自的方式明确继承了"天"的自然生化义与神性主宰义。由于道墨两家之偏取以及其高扬式的继承,因而似乎儒家也就只重视道德

---

① 《孟子·公孙丑》上,吴哲楣主编:《十三经》,第 1364 页。

② "子贡曰:'夫子之文章,可得而闻也;夫子之言性与天道,不可得而闻也。'"(《论语·公冶长》,吴哲楣主编:《十三经》,第 1269 页)

超越义一维了,实际上,儒家的"天"始终是三义并存的。但到了荀子的哲学中,"天"则只有一重含义了,这就是自然生化的含义。这究竟是为什么呢? 显然,造成这一现象的原因只能从荀子不同的思想择取与思想继承中来说明。请看荀子对"天"的论述:

> 天行有常,不为尧存,不为桀亡。应之以治则吉,应之以乱则凶。强本而节用,则天不能贫;养备而动时,则天不能病;修道而不贰,则天不能福……故明于天人之分,则可谓至人矣。①

> 治乱天邪? 曰:日月星辰瑞历,是禹桀之所同也,禹以治,桀以乱,治乱非天也。时邪? 曰:繁起蕃长于春夏,畜集收藏于秋冬,是又禹桀之所同也,禹以治,桀以乱,治乱非时也。地邪? 曰:得地则生,失地则死,是又禹桀之所同也,禹以治,桀以乱,治乱非地也。②

在荀子这两段对"天"的集中论述中,其自然生化之天的含义已经非常明确。虽然儒家并不否认天之自然生化方面的含义,但儒家之"天"却绝不仅仅是自然生化的含义,而主要是通过自然生化来表达"天"的生生之德的。但从荀子这里的论述来看,则从"天行有常,不为尧存,不为桀亡"到"明于天人之分,则可谓至人矣"也就完全可以说是从自然之天的角度来立论的。至于其通过禹与桀之相同的天地与不同命运的比较以说明天人互不干涉的特点,固然也有突出禹与桀之不同人为作用的因素,但荀子这种"明于天人之分"的思想也就将孔孟的神性主宰之天与道德超越之天给彻底消解了。

那么,荀子这种自然生化之天的源头究竟在哪里呢? 很明显,它不可能源于一直高扬"天志",并坚持认为"天能赏罚"、"鬼能报应"的墨家。虽然儒家也承认"天"在自然生化方面的含义,但在孔孟看来,"天"正是通过其自然之生化来蕴含其道德根据与道德超越含义的,而荀子的这种明于天人相分的思想却不仅根本无法与孔子的"获罪于天,无所祷也"③相接榫,同时也无法与孟子的"尽其心者,知其性也。知其性,则知天也"④相连接。荀子甚至认为:"唯圣人为不求知天。"⑤甚至认为,"天"对于人既"不能贫"也

① 《荀子·天论》,《诸子集成》第2册,第205页。
② 《荀子·天论》,《诸子集成》第2册,第207—208页。
③ 《论语·八佾》,吴哲楣主编:《十三经》,第1264页。
④ 《孟子·尽心》上,吴哲楣主编:《十三经》,第1419页。
⑤ 《荀子·天论》,《诸子集成》第2册,第204页。

"不能病",同时也"不能福"。这样看来,荀子这种完全从客观、自然角度所确立的"天",也就根本无法在儒墨两家的思想中得到说明,而只能在道家的思想中找到其出处。请看老子笔下的天:

> 天地不仁,以万物为刍狗;圣人不仁,以百姓为刍狗。①
> 生而不有,为而不恃,长而不宰,是谓元德。②
> 人法地,地法天,天法道,道法自然。③

在老子对"天"的这些论述中,所谓"不仁"其实也就是无所谓价值与意义之"自然"的含义,亦即"天"根本没有儒墨两家所赋予的神圣主宰或道德超越的含义。这说明,在道家看来,所谓的"天"其实也就是我们头上的"苍苍"者。至于"生而不有,为而不恃,长而不宰"云云,也都是就自然之天的具体表现——天与万物两不干涉的关系而言的,当然也就是荀子所谓的"天行有常,不为尧存,不为桀亡"的意思了。显然,荀子所谓"天行有常"的说法实际上也就是对道家自然之天的顺承以及认知化表达;至于所谓"明于天人之分,则可谓至人矣"的说法,则既是其对"天与人"的一种分而论之,同时也只有在自然之天的基础上才有可能实现。这样看来,荀子所谓"天行有常"的说法以及其所坚持的"天"之自然生化的含义也就只能从源于道家的角度来说明了。

既然荀子的"天论"完全是出自道家的自然之天,那么到了人,荀子似乎也就应当是从道家的立场来论人了。为什么这样说呢?因为根据儒家天人关系的一贯性原理,论"天"也就必然包含着对"人"的基本看法,或起码决定着论"人"的基本视角。先秦思想家论人主要集中在人性问题上,尤其集中在如何把握人性的基本思路上,孔子、老子当时固然还没有专注于人性问题,但从孔子的"为仁由己"以及其以"不安"、"不忍"对"仁"的言说与指点来看,其实就已经明确地蕴含着对"仁"的一种内在性理解;而从子思的"天命之谓性"到"孟子道性善"也就构成了儒家人性论的主流。但荀子对于人的认识与论述却根本不是从所谓道德理性的内在性入手,而主要是从人的自然生质或生理基础一面入手的,于是,这也就有了其著名的"性恶"思想:

① 《道德经》第五章,《诸子集成》第3册,第3页。
② 《道德经》第十章,《诸子集成》第3册,第6页。
③ 《道德经》第二十五章,《诸子集成》第3册,第14页。

　　凡性者，天之就也，不可学，不可事。礼义者，圣人之所生也，人之所学而能，所事而成者也。不可学，不可事，而在人者，谓之性；可学而能、可事而成之在人者，谓之伪，是性伪之分也。①

　　今人之性，生而有好利焉，顺是，故争夺生而辞让亡焉；生而有疾恶焉，顺是，故淫乱生而礼义文理亡焉。然则从人之性，顺人之情，必出于争夺，合于犯分乱理而归于暴。故必将有师法之化、礼义之道，然后出于辞让，合于文理，而归于治。用此观之，然则人之性恶明矣，其善者伪也。故枸木必将待隐括烝矫然后直，钝金必将待砻厉然后利，今人之性恶，必将待师法然后正，得礼义然后治。今人无师法，则偏险而不正；无礼义，则悖乱而不治。古者圣王以人之性恶，以为偏险而不正，悖乱而不治，是以为之起礼义、制法度，以矫饰人之情性而正之，以扰化人之情性而导之也，使皆出于治、合于道者也。②

在荀子这两段对人性的论述中，他主要立足于人的"不可学，不可事"一面讨论人性，所以说"不可学，不可事，而在人者，谓之性"。仅就其这一角度而言，他显然是从人的生质或所谓实然的天性本能之角度来讨论人性问题的。这本来与思孟论人性就不在同一个层面，但他却处处将其"性恶"之说作为孟子人性论的对立面而提出，适足以表现其"不知统类"③。而从其对人性的具体规定来看，他又完全是从人的自然生质与感性欲望的角度来定位人性的，诸如"今人之性，生而有好利焉，顺是，故争夺生而辞让亡焉；生而有疾恶焉，顺是，故淫乱生而礼义文理亡焉"以及"枸木必将待隐括烝矫然后直，钝金必将待砻厉然后利，今人之性恶，必将待师法然后正，得礼义然后治"等等，这样的人性实际上也就只能指谓人的自然生质以及其与动物的共同性而言。而完全从人与动物之共同性出发来讨论人性，自然也就是一种"不知统类"的表现。

　　那么荀子关于人性的这种观点能在儒家传统中找到根据吗？显然是不

①　《荀子·性恶》，《诸子集成》第 2 册，第 290 页。
②　《荀子·性恶》，《诸子集成》第 2 册，第 289—290 页。
③　荀子云："志安公，行安修，知通统类，如是则可谓大儒矣。"（《荀子·儒效》，《诸子集成》第 2 册，第 92 页）因此，"知通统类"本来是荀子对大儒的一个规定和说明，但当荀子处处以其"性恶"对峙于孟子的"性善"之说时，也就恰恰成为其自身"不知统类"的表现了，因为二者既不是从同一个角度来规定人性的，其结论也并不具有根本对立的性质。

可能的。因为孔子虽然也有"性相近也,习相远也"①一说,而这一说法又被后来的理学家诠释为主要是就人的气质之性而言,但从孔子的"为仁由己"、子思的"天命之谓性"以及孟子的"君子所性"来看,儒家实际上就已经明确地排除了从人与动物之共同性角度出发来讨论人性的可能。不仅如此,仅从孟子的"君子所性"②来看,他甚至已经排除了"有恒产者有恒心,无恒产者无恒心"③之所谓"民"的层面,而专门从所谓"无恒产而有恒心者,惟士为能"④的角度来讨论君子所自我确立的"人性"。这样看来,荀子的人性论显然不能从儒家传统中得到说明。那么荀子这种完全立足于人的自然生质来确立人性的做法究竟来自哪里呢?这就同样来自道家。请看庄子对人性的论述:

> 吾生于陵而安于陵,故也;长于水而安于水,性也;不知吾所以然而然,命也。⑤

> 圣人之生也天行,其死也物化;静而与阴同德,动而与阳同波;不为福先,不为祸始,迫而后动,不得已而后起。去知与故,循天之理。⑥

按照荀子对人性之"凡性者,天之就也"以及其"不可学,不可事,而在人者,谓之性"的规定来看,那么庄子所谓的"生于陵而安于陵,故也;长于水而安于水,性也"也就可以说是关于人性的一种标准性说法了。但庄子在这一自然人性基础上所塑造的"圣人之生也天行,其死也物化;静而与阴同德,动而与阳同波"的圣人观却是荀子无论如何都无法接受的;而其所谓的"迫而后动,不得已而后起。去知与故,循天之理"在揭示人的自然本能一点上固然也极有道理,但绝不是儒家的圣人所应有的表现(其所谓的"循天之理"实际上也就只是依据天然、自然之理)。这说明,荀子的思想确实还有另一面,这就是所谓尊奉圣贤,强调师法教化的一面。但就其对人性的规定而言,则荀子所谓的"天之就也"以及其"不可学,不可事,而在人者"又将如何区别于庄子的"循天之理"呢?所以说,荀子的人性论既存在着道家"基

---

① 《论语·阳货》,吴哲楣主编:《十三经》,第1309页。
② 孟子云:"君子所性,仁、义、礼、智根于心,其生色也睟然,见于面,盎于背,施于四体,四体不言而喻。"(《孟子·尽心》上,吴哲楣主编:《十三经》,第1421页)
③ 《孟子·滕文公》上,吴哲楣主编:《十三经》,第1374页。
④ 《孟子·梁惠王》上,吴哲楣主编:《十三经》,第1354页。
⑤ 《庄子·达生》,郭庆藩编:《庄子集释》,第721页。
⑥ 《庄子·刻意》,郭庆藩编:《庄子集释》,第592页。

因"的一面,但也同样存在着明显的有别于道家"基因"的一面。

近代以来,由于中西文化的交汇与碰撞,人们认识到荀子这种完全从实然存在出发的视角在促进对象认知方面有其积极的作用,所以就对荀子数千年来在儒学内部所受到的批评大抱不平。但另一方面,又由于孟子的性善论深入人心,而荀子批评孟子的所谓性恶之说也章章俱在,所以人们为了解脱荀子,也就不得不对其性恶之说展开多方面的辩解。比如王先谦就在其《荀子集解》一书的"序"中写道:

> 昔唐韩愈氏以荀子书为大醇小疵。逮宋,攻者益众。推其由,以言性恶故。余谓性恶之说,非荀子本意也。其言曰:直木不待隐括而直者,其性直也;枸木必将待隐括烝矫然后直者,以其性不直也。今人性恶,必待圣王之治、礼义之化,然后皆出于治,合于善也。夫使荀子而不知人性有善恶,则不知木性有枸直矣。然而其言如此,岂真不知性邪?余因以悲荀子遭世大乱,民胥泯棼,感激而出此也。荀子论学论治,皆以礼为宗,反复推详,务明其旨趣,为千古修道立教所莫能外。其曰伦类不通,不足谓善学。又曰一物失称,乱之端也。探圣门一贯之精,洞古今成败之故,论议不越儿(几?)席,而思虑浃于无垠;身未尝一日加民,而行事可信其放推而皆准。而刻核之徒,诋淇横生,摈之不得与于斯道。余又以悲荀子术不用于当时,而名灭裂于后世,流俗人之口为重屈也。①

王先谦的这一"序"确实包含了太多的为荀子鸣不平的成分,而其所谓"性恶之说,非荀子本意也"一说实际上也正是当今关于荀子的各种"性朴"之论的源头,以规避对荀子性恶说的指责与批评。至于其引荀子关于木之"性直"与"性不直"之说,如果对应于自然界中的"方"、"圆"与几何理论中"方"与"圆"之关系,那么荀子也就仍然无法回避"性恶"之论的指责;而且,无论是"直"与"不直",荀子也都是将其归结为"生之理"的,这显然属于自然之性的层面,与孟子的性善论并非同一进路。至于荀子是否真知"人性"以及真知"善恶"的问题,则仅仅以所谓"遭世大乱"、"感激而出此也"以及所谓"以礼为宗"等说法也都是不足以辩解的。

当然,由于清代汉学对于儒学的研究往往比较专注于文献考据与音韵

---

① 王先谦:《荀子集解·序》,《诸子集成》第2册,第1页。

训诂的层面,即所谓知识性的层面,因而在此之前,清儒实际上就已经开始高扬荀子了。比如汪中就在其《荀卿子通论》中写道:

> 盖七十子之徒既殁,汉诸儒未兴,中更战国暴秦之乱,六艺之传赖以不绝者,荀卿也。周公作之,孔子述之,荀卿子传之,其揆一也。①

按照汪中的这一说法,似乎儒学的传承也就主要集中在所谓"六艺"文献的层面了,并且还主要是通过孔子与荀子实现的,而曾子、子思、孟子在此却似乎全然没有价值了。这就成为一笔很大的糊涂账了。实际上,儒学首先是一种活生生的救世济民精神,文献不过是其历史表现的文字记录而已,如果离开了儒家活生生的真精神,那么,即使有着山藏海纳般的文献,也无法对其进行恰如其分的理解。所以,对于汪中所谓"周公作之,孔子述之,荀卿子传之,其揆一也"的说法,我们也就只能将其视为清儒汉宋之争的一种过甚之词来理解了。

不过,即使我们承认荀子并非主张性恶论,而只是一种"性朴"之说,那么这种"性朴"的说法也仍然没有跳出道家的窠臼。比如主张"生之谓性"的告子也就可以说是一种"性朴"之论,但告子却仍然被视为道家的信徒。②而荀子对于人性的论述,从根本上说,也就主要是在告子观点的基础上推演而来的。请看告子的人性主张:

> 告子曰:"性,犹杞柳也,义,犹桮棬也;以人性为仁义,犹以杞柳为桮棬也。"③

> 告子曰:"生之谓性。"④

> 告子曰:"食色性也。"⑤

> 告子曰:"性无善无不善也。"或曰:"性可以为善,可以为不善;是故文武兴,则民好善;幽厉兴,则民好暴。"或曰:"有性善,有性不善;是故以尧为君而有象;以瞽瞍为父而有舜;以纣为兄之子,且以为君,而有

---

① 汪中:《荀卿子通论》,《诸子集成》第 2 册,第 15 页。

② 徐复观先生指出:"告子'生之谓性'的观点,也与庄子的性论非常相近。孟庄同时而未尝相闻,告子或亦是庄子之徒。"(徐复观:《孟子知言养气章试释》,《中国思想史论集》,台湾学生书局 1959 年版,第 148 页)

③ 《孟子·告子》上,吴哲楣主编:《十三经》,第 1406 页。

④ 《孟子·告子》上,吴哲楣主编:《十三经》,第 1407 页。

⑤ 《孟子·告子》上,吴哲楣主编:《十三经》,第 1407 页。

微子启、王子比干。"①

所有这些观点，无论是"生之谓性"还是"食色性也"包括由此引申而来的所谓"性无善无不善"、"性可以为善，可以为不善"以及"有性善，有性不善"之类的说法，实际上也都可以在"生之谓性"——所谓"性朴"之论的基础上得到说明。因为"生之谓性"本身也就可以视为"性朴"论的另一种说法——所谓"天之就也"，而且其"可以为善，可以为不善"则既包含着"性无善无不善"——所谓"性朴"的自在性质本身也就包含着这样一种规定，同时又包含着"性可以为善，可以为不善"之两种不同走向的可能；至于"有性善，有性不善"之类，也就仍然是求之于人的生质——所谓"天之就也"来说明其善恶之不同表现的，一如王先谦所征引荀子的"直木不待隐括而直者，其性直也；枸木必将待隐括烝矫然后直者，以其性不直也"一样。至于告子正面论性之所谓"性，犹杞柳也，义，犹桮棬也；以人性为仁义，犹以杞柳为桮棬也"，本身也就可以说是对"性朴"之论的一种极为恰切的说明。

在这一基础上，让我们再来看荀子思想中的"圣人"以及其与孟子论"圣"的区别。众所周知，孟子有所谓"人皆可以为尧舜"一说，而荀子也有所谓"途之人可以为禹"的说法，由于尧、舜、禹一直是被儒家公认为圣贤的，因而人究竟在什么条件下"可以为尧舜"，又在什么条件下"可以为禹"，也就标志着孟荀圣人观的一种基本区别。请先看孟子对"人皆可以为尧舜"的论述：

曹交问曰："人皆可以为尧舜，有诸？"

孟子曰："然。"

"交闻文王十尺，汤九尺，今交九尺四寸以长，食粟而已，如何则可？"

曰："奚有于是？亦为之而已。有人于此，力不能胜一匹雏，则为无力人矣；今曰举百钧，则为有力人矣。然则举乌获之任，是亦为乌获而已矣。夫人岂以不胜为患哉？弗为耳。徐行后长者谓之弟，疾行先长者谓之不弟。夫徐行者，岂人所不能哉？所不为也。尧舜之道，孝弟而已矣。子服尧之服，诵尧之言，行尧之行，是尧而已矣。子服桀之服，

---

① 《孟子·告子》上，吴哲楣主编：《十三经》，第 1408 页。

诵桀之言,行桀之行,是桀而已矣。"①

孟子的这一段说明,看起来似乎很复杂,实际上道理却非常简单,这就主要表现为两点:其一,即所谓"为"与"不为"的问题;其二则是在"为"的基础上"服尧之服,诵尧之言,行尧之行",亦即所谓处处以尧为榜样,所以孟子说"是尧而已矣"。至于孟子所谓的"尧舜之道,孝弟而已矣",则是说儒家的圣贤之道其实也就是由"孝弟"扩充而来的。所以,在孟子的语境中,所谓圣贤之道实际上也就是一个在道德实践中不断扩充的问题。

至于荀子"途之人可以为禹"的说法,则同样可以视为荀子所理解的圣贤之道。在《性恶》篇,荀子写道:

> 途之人可以为禹,曷谓也? 曰:凡禹之所以为禹者,以其为仁义法正也。然则仁义法正,有可知能知之理,然而途之人也,皆有可以知仁义法正之质,皆有可以能仁义法正之具。然则其可以为禹明矣。今以仁义法正为固无可知可能之理邪? 然则唯(虽)禹不知仁义法正不能仁义法正也,将使途之人固无可以知仁义法正之质,而固无可以能仁义法正之具邪? 然则途之人也,且内不可以知父子之义,外不可以知君臣之正。今不然,途之人者皆内可以知父子之义,外可以知君臣之正,然则其可以知之质,可以能之具,其在途之人明矣。②

在荀子关于"途之人可以为禹"的上述论说中,其关键一点,主要在于禹之为禹的本质特征也就主要集中在"能仁义法正"一点上;而"途之人"之所以可以为禹,又主要在于"途之人"既有"可以知仁义法正之质",同时又有"可以能仁义法正之具"。在这里,所谓"可以知仁义法正之质"也就相当于我们今天所谓生理基础包括能够认知的心理基础;而所谓"可以能仁义法正之具"则又相当于我们今天所谓的认知与实践能力。就其所谓生理、心理的基础与认知和实践的能力而言,当然都可以说是"途之人可以为禹"的一种必要条件;而就其作为认识之深入而言,则又主要在于荀子确实将孟子的"人皆可以为尧舜"一说推进到了生理基础与实践能力的地步,尤其是推进到了所谓"有可知能知之理"的地步。就此而言,应当说荀子"途之人可以为禹"的说法确实包含着对孟子"人皆可以为尧舜"一说之一定程度的推

---

① 《孟子·告子》下,吴哲楣主编:《十三经》,第1413页。
② 《荀子·性恶》,《诸子集成》第2册,第295—296页。

进,——将其推进到了学理化论说的地步。

但其存在的问题则在于:其一,仅仅以所谓"仁义法正"是否足以揭示禹之为禹的基本特征,——大禹之所以为圣人是否也就仅仅集中在所谓"仁义法正"的层面? 其二,荀子关于"仁义法正"之"有可知能知之理"的规定一方面确实使其学理化了;而其对"途之人"之"可以知仁义法正之质"与"可以能仁义法正之具"的分析却又仅仅停留在必要条件的层面,也就是说,所谓"途之人"固然也都具有"可以为禹"的资质、基础包括实践能力,但却并不必然就包含着对"可以为禹"的实践追求。这样一来,所谓"途之人可以为禹"一说也就仅仅是指谓"途之人"都具有"可以为禹"的资质、基础包括认识与实践能力而言,但却并不必然包含着"途之人"对"可以为禹"之实践追求本身。与孟子"人皆可以为尧舜"所规定的"服尧之服,诵尧之言,行尧之行"的实践追求相比,这可能又是荀子"途之人可以为禹"一说的主要缺陷所在。因为孟子的"人皆可以为尧舜"可以说是一种指向道德实践的绝对命令,其关键主要取决于主体的"为"与"不为";而荀子的"途之人可以为禹"则主要在于说明"途之人"既具有"可以为禹"的生理基础,又具有"可以为禹"的认识与实践能力,因而也就可以说是对"途之人"之可以"为禹"的一种生理资质与认识和理论学理上的说明。

就孟荀两家这一看似完全具有一种共同性指向的命题来说,应当说它们本来也就都应当源于孔子的"为仁由己"一说,实际上也都是对这一思想的发展,但在孟荀不同的落实指向中,孟子是明确地将其落实到了实践追求的领域,所以也就可以表现为"服尧之服,诵尧之言,行尧之行",——处处以尧为榜样,而荀子却完全将其引向了一种关于"途之人可以为禹"之认识与实践可能性的学理性分析。孟荀二人之不同的关怀侧重,也将由此而得到彰显。除此之外,由于孟子始终坚持"子服尧之服,诵尧之言,行尧之行,是尧而已矣",因而也就等于在始终坚持着一种凡圣合一的可能,并将这种可能作为基本前提重点落实在"服尧之服,诵尧之言,行尧之行"的实践追求之中。因而,对于"人皆可以为尧舜"来说,所谓"服尧之服,诵尧之言,行尧之行"也就是"人皆可以为尧舜"的充分必要条件。而在荀子对"途之人可以为禹"的分析与论证中,则其所谓"唯(虽)禹不知仁义法正不能仁义法正也,将使途之人固无可以知仁义法正之质,而固无可以能仁义法正之具"一说,也就在明确地坚持着一种圣人之人伦榜样与导向作用的同时,将"圣

人"推向了凡人不可企及的人伦之外了。从这个角度看,荀子所谓的"途之
人可以为禹"一说,实际上也就仅仅落实在"可以"一点上;作为圣贤追求,
这实际上也只是一种必要条件而并非充分必要条件。大概在荀子看来,禹
可以说是一种"天纵之圣"——所谓生来的圣人,因为如果"禹不知仁义法
正不能仁义法正也,将使途之人固无可以知仁义法正之质,而固无可以能仁
义法正之具",这就明确地将"圣人"推向了天生的领域和层面。实际上,这
也就是其"禹不知仁义法正不能仁义法正也,将使途之人固无可以知仁义
法正之质,而固无可以能仁义法正之具"一说的根本原因;而在"仁义法正"
是否必须依赖于"天生圣贤"这一点上,可能又是孟荀圣人观的一个根本性
分歧。

　　实际上,孟荀之间所以会有这些差别,也都可以通过荀子对道家思想的
吸取与继承来说明。当然也正因为这一原因,所以在荀子看来,孟子的许多
观点都是他所不能接受的。因而,他不仅要批评孟子关于性善的论说,而且
还要批评孟子的许多"狂妄"之论。比如在《非十二子》一文中,孟子就成为
荀子所批评的主要对象,荀子说:

　　　　略法先王而不知其统,犹然而材剧志大,闻见杂博,案往旧造说,谓
　　之五行。甚僻违而无类,幽隐而无说,闭约而无解,案饰其辞而祗敬之,
　　曰:此真先君子之言也。子思唱之,孟轲和之。世俗之沟犹瞀儒,欢欢
　　然不知其所非也,遂受而传之,以为仲尼子游为兹厚于后世,是则子思、
　　孟轲之罪也。①

在荀子的这一批评中,其焦点主要集中在"案往旧造说,谓之五行"一点上。
在过去很长一段时期内,由于人们对"五行"往往是通过《尚书·洪范》与
《国语·郑语》所记载的金、木、水、火、土来理解的,因而思孟学派的"五行"
也就被荀子定性为"案往旧造说"。这一点甚至也造成了思孟学派是否存
在的一个重大悬疑。直到庞朴先生通过对《孟子》与马王堆帛书的反复比
较,才发现《孟子》一书中的仁、义、礼、智、圣其自然与实也就是思孟学派所
提出的"五行",并且又为以后新出土的郭店楚简所证实时,这才真正解开
了思孟学派"案往旧造说,谓之五行"一说的具体内涵。② 但荀子之所以将

　　①　《荀子·非十二子》,《诸子集成》第2册,第59—60页。
　　②　庞朴:《马王堆帛书揭开了思孟五行说古谜》、《思孟五行新考》,载《竹帛〈五行〉篇校
注及研究》,第131、142页。

这种"五行"视为"案往旧造说",并认为是"甚僻违而无类,幽隐而无说,闭约而无解",关键也就在于无论是对于"天"还是"人",荀子也都是从道家借取了其自然实然的视角,因而对于思孟学派建立在"以志帅气"①立场上的道德理想主义精神根本无法接受。所以说,荀子在《非十二子》中对思孟学派的批评,实际上也就是其思想内部之儒道矛盾——所谓实然视角与理想视角矛盾的表现。

　　不过,虽然荀子吸取了一定的道家思想,但其思想性格与学术进路却并不属于道家,而只能属于儒家。原因很简单,荀子对于道家思想的吸取与继承主要限于其实然视角这一层面,而其人生追求与思想指向却从根本上属于儒家。这一点,无论是从其《劝学》的开篇,还是从其对圣贤人格的推崇以及其"隆礼重法"的人伦关怀乃至于强调儒家之治世作用的《儒效》,也完全是从属于儒家安邦治国之人伦关怀上着眼的。而从其对儒家圣贤人格的推崇、对儒家人伦关怀的肯定与对儒家文献的研习与传授来看,则汪中所谓的"周公作之,孔子述之,荀卿子传之,其揆一也"②,也可以说是基本成立的;至于为王先谦所慨叹的"探圣门一贯之精,洞古今成败之故,论议不越儿(几?)席,而思虑浃于无垠;身未尝一日加民,而行事可信其放推而皆准"③,也同样是能够成立的。

　　为什么这样说呢? 因为荀子与孟子虽然存在着一定的时间差别,但他们的人伦关怀以及其思想指向却是完全一致的。比如说,在孟荀时代,天下的统一已经成为一种或迟或早的既定趋势了,但他们的统一路线却又是完全一致的。比如:

　　　　行一不义,杀一不辜,而得天下,皆不为也。④

　　　　行一不义,杀一无罪,而得天下,不为也。⑤

----

① 孟子云:"夫志,气之帅也;气,体之充也。"(《孟子·公孙丑》上,吴哲楣主编:《十三经》,第1363页)又云:"无恒产而有恒心,唯士为能。"(《孟子·梁惠王》上,吴哲楣主编:《十三经》,第1354页)在这一基础上,对于包括子思所谓的"天命之谓性"以及孔、曾、思、孟所一致坚持的道德理想主义精神,荀子那种完全从实然存在出发的视角确实无法理解,所以他就只能以所谓"甚僻违而无类,幽隐而无说,闭约而无解"来进行批评。
② 汪中:《荀卿子通论》,《诸子集成》第2册,第15页。
③ 王先谦:《荀子集解·序》,《诸子集成》第2册,第1页。
④ 《孟子·公孙丑》上,吴哲楣主编:《十三经》,第1364页。
⑤ 《荀子·儒效》,《诸子集成》第2册,第76页。

> 管仲,曾西之所不为也,而子为我愿之乎?①
>
> 仲尼之门人,五尺之竖子,言羞称乎五伯。②

这种几乎完全一致的议论,说明荀子与孟子都属于儒家的思想大师,也都站在儒家道德理性的立场上。就其对孔子思想的继承而言,则孟子的侧重主要在于仁,而荀子的侧重则主要在于礼;而就与其他诸子思想的关系而言,孟子主要在于融合儒墨,而荀子的侧重则主要在于贯通儒道。但由于儒墨两家属于近缘关系,所以孟子就可以站在儒家的立场上既吸取了墨家的思想,同时又超越了墨家,而荀子则在吸取了道家之实然视角的同时,却又无法像孟子那样能够站在儒家的立场上彻底融汇墨家、超越墨家,而是使自己处于一种实然视角基础上之外在的牵和状态。正因为荀子的这一特点,所以其在思想深度上也就远远逊于孟子;而其对孟子的批评实际上也就成为其不理解孟子,其思想穿透力不够的表现了。因为来自道家实然视角的牵制,荀子不仅不理解孟子道德理想主义基础上的形上视角,甚至也放弃了孔、曾、思、孟所一贯坚持的一些基本结论,而其对思孟学派"案往旧造说,谓之五行"的批评,实际上也就恰恰成为其对后来儒家仁义礼智信"五常"理解不到位的表现。

但荀子却并不必然与孟子的思想发生矛盾,而应当说,在荀子思想终结的地方,也就恰恰构成了孟子思想之真正的起始:因为荀子完全是从实然存在的立场走向君子视角的,而孟子则又是以所谓"君子所性"作为其全部理论建构之基本出发点的。③ 如果说孟子道德理想主义的超越视角往往会难免所谓"迂远而阔于事情"④之讥,那么荀子从客观存在出发的实然视角也就正好可以弥补这一缺环;当然反过来看,孔孟对"天"之道德超越义的坚

---

① 《孟子·公孙丑》上,吴哲楣主编:《十三经》,第 1361 页。

② 《荀子·仲尼》,《诸子集成》第 2 册,第 66 页。

③ 与孟子相比,荀子也可以说是对儒家道德理想主义的一种"退守"或"让步",——一直退守到所谓自然人性的立场上,并从一点一滴的认知积累方式走向道德理想主义。这一点尤其为现代人所喜欢,但这一点也与孟子所谓的"君子所性"构成了一种极大的反差。荀子并不否定"君子所性",但其理论本身又无法合理地说明"君子所性"。所以,与孟子相比,荀子一方面表现为"退守",另一方面也表现出一种建立在自然人性基础上的"接续"倾向;如果不理解二者的这一关系,而强行在二者之间争是非,论长短,那就真正成为"不知统类"的表现了。

④ 司马迁:《史记·孟子荀卿列传》,《二十五史》卷一,第 203 页。

持以及对"天道性命相贯通"思想的论述,又确实可以纠偏于荀子"寡头的人文主义"①之重大不足。这种情形,也正像孟荀之不同的天人关系、不同的人性论立场一样:因为荀子完全是从人的感性欲望的角度来断定人性必然会产生恶的;而孟子却恰恰是从人伦文明所以确立的角度来论证人性会必然蕴含着善的。在孟子看来(其实所有的儒者也都必然要坚持这一基本立场),如果没有人性之善,那么不仅整个人伦文明无从确立,而且人类的前途也必将是所谓漆黑一团。

但荀子对儒道两家之前后贯通式的融合(尽管这个融合并不彻底)也为儒学带来了两个方面的影响。就其消极意义来看,首先,他消解了天的神性主宰义与道德超越义,所以在其哲学中,"天"就没有任何神圣性与道德性可言,而只是一种无关于人间事务的客观性存在,从而也就只能作为人的一种认识对象而存在。并且,荀子还通过"明于天人相分"的方式彻底将"天"自然化、物理化(但这种自然、物理之"天"却仍然是中国人的生存实在之天,并不等同于西方文化中作为人类认识之终极对象的客观世界),从一定意义上说,这也就等于是对国人信仰系统的解构或消解。其次,荀子同时也拉开了人生中凡与圣之间的距离。因为在荀子哲学中,他虽然也像孔孟一样喜欢提到圣人,但对他而言,圣人只是一种所谓"神圣天授",而其带给人的也就只是人伦的礼教与秩序,但圣人却绝不是一般人所能认识、所能追求的对象,而只能是人们仰望与遵从的对象。前引所谓的"然则唯(虽)禹不知仁义法正不能仁义法正也,将使途之人固无可以知仁义法正之质,而固无可以能仁义法正之具邪"就说明,荀子是明确地将所谓"仁义法正"完全寄托于大禹这种"天纵之圣"身上的;如果"禹不知仁义法正不能仁义法正也",那么天下后世之人也就永远不可能知道"仁义法正"究竟为何物。这样一来,与孟子的"规矩,方圆之至也;圣人,人伦之至也"②以及"子服尧之服,诵尧之言,行尧之行,是尧而已矣"相比,圣人也就不再是凡常之人可以学习、效法的榜样了,而只能成为人们仰望、遵从的对象。从这个意义上说,

---

① 牟宗三认为荀子的人文主义即为"寡头的人文主义",他批评说:"自孔、孟言,礼义法度皆由天出,即皆自性分中出,而气质人欲非所谓天也;自荀子言,礼义法度皆由人为,返而治诸天,气质人欲皆天也,彼所见于天者惟是此,故礼义法度无处安顿,只好归之于人为,此其所以不见本源也。"(牟宗三:《荀学大略》,《牟宗三先生全集》第2册,第185页)

② 《孟子·离娄》上,吴哲楣主编:《十三经》,第1384页。

荀子也就等于从根本上解构了国人的榜样与范导系统。

就其积极意义而言,由于荀子儒道融合的基本立场,因而源自道家之客观、实然的认知视角也就同时进入了儒学,从而也就为儒学建立起了基本的带有认知性的学理系统。比如前面所引的荀子关于"途之人可以为禹"的分析中所提出的"然则仁义法正,有可知能知之理,然而途之人也,皆有可以知仁义法正之质,皆有可以能仁义法正之具",作为人对自身的认识,从"可以知仁义法正之质"到"可以能仁义法正之具"无疑也就代表着对人自身认识的一种深入。不仅如此,荀子还试图从认识的角度来解决人类精神追求所面临的难题。请看荀子对人类追求的分析:

> 不闻不若闻之,闻之不若见之,见之不若知之,知之不若行之。学至于行之而止矣。行之明也,明之为圣人。圣人也者,本仁义,当是非,齐言行,不失毫厘,无他道焉,已乎行之矣。故闻之而不见,虽博必谬;见之而不知,虽识必妄;知之而不行,虽敦必困。不闻不见,则虽当,非仁也,其道百举而百陷也。①

在这一从"闻"到"见"、从"知"到"行"的过程中,也就包含着荀子对整个人类精神问题的解决,所以说"学至于行之而止矣"、"行之明也,明之为圣人"。显然,这无疑又代表着一条系统的认知路线,而在荀子看来,通过认知,其所要解决的问题也就是如何"本仁义,当是非,齐言行"的问题;否则的话,也就必然会陷于所谓"闻之而不见,虽博必谬;见之而不知,虽识必妄;知之而不行,虽敦必困"的格局了。荀子由此提出了一条通过从"闻"到"见"、从"知"到"行"的认知路径。

而在这一认知路径的背后,并且也始终作为这种认知路径得以展开的前提,则是一种关于宇宙天道的生化背景,而这一天道之展开过程,同时也就是从洪荒初开一直到我们当下人生的宇宙生化过程。荀子说:

> 水火有气而无生,草木有生而无知,禽兽有知而无义。人有气有生有知亦且有义,故最为天下贵也。力不若牛,走不若马,而牛马为用何也?曰:人能群,彼不能群也。人何以能群,曰:分。分何以能行,曰:义。故义以分则和,和则一,一则多力,多力则强,强则胜物。故宫室可

---

① 《荀子·儒效》,《诸子集成》第2册,第90页。

得而居也,故序四时,裁万物,兼利天下,无他故焉,得分之义也。①
在这里,从"无生"到"有生",从"无知"到"有知",复又从"无义"到"有义",就既代表着宇宙天道的一种演进层级,同时也是我们人"有气有生有知亦且有义,故最为天下贵"的宇宙天道根据。那么人何以能够如此呢?这就是"人能群"、能"分"且能"义","故义以分则和,和则一,一则多力,多力则强,强则胜物",也就成为荀子对于"人有气有生有知亦且有义,故最为天下贵"之一种宇宙演化论式的说明了。显然,这种以宇宙天道之自然演化为根据并建立在宇宙演化基础上的认识论,就既是荀子对国人所谓实然生存世界的一种揭示,同时也是对于这种实然世界之演化发展过程的一种最恰切的说明。

如果说这就是荀子对国人生存实在世界的揭示与对儒家学理之作为人生认识结论的一种重要贡献(儒学由此将走上一条客观的学理建构之路),那么这一贡献实际上也就主要是通过荀子儒道融合或援道入儒的方式来实现的。

四、道墨两家之"现实"统一——韩非子的法、术、势

作为先秦儒学的最后一位大师,荀子的思想主要是通过儒道融合的方式形成的,但到了其弟子韩非子,也就走向另一条路径了。这就不再是通过儒墨或儒道的融合,而是完全从现实关怀的角度将道墨两家统而一之,从而将法家思想推向了历史的峰巅。

韩非(约前280—前233)不仅属于法家的代表人物,而且也是自法家形成以来的集大成者。但这里所谓的"集大成"却并不仅仅是指其对早期法家思想——所谓法、术、势三个方面的统一,而首先在于其通过对道墨两家之现实关怀及其方式方法的统一,从而在正视现实、解决现实问题的基础上对早期法家思想的统一与集大成。因为法家本来就形成于战国时代的诸

---

① 《荀子·王制》,《诸子集成》第2册,第104—105页。

侯争霸,而且其本身也正是对应着这一现象而崛起的;加之后来七雄之间的伐攻伐交,从而也就使法家不得不成为一个密切关注现实并且也专门聚焦于解决现实问题的思想流派。从历史的角度看,商鞅游说秦孝公而秦孝公有意舍弃帝王之道而独选富国强兵的国策①,不仅使法家看到了皇权之急切谋求解决现实问题的一面,而且也为法家之现实关怀——所谓功利追求并解决现实问题提供了强大的精神动力,从而也就使其将如何能够尽快改变社会、改变现实人生作为其第一要务。而道家与墨家也就是在这种如何能够尽快改变现实的督促下进入法家视野的。

韩非子早年从学于荀子,因而荀子儒道融合的视角也必然会给其以重大启发,以促使其从理智的角度探索如何才能更为有效地作用于现实并干预现实。大概在韩非子看来,荀子之隆礼重法、注重教化的思想主张也还难免存在着人们批评孟子的所谓"迂远"之病,而且,即使其并不"迂远",但作为一种救世主张,也必须通过现实的诸侯王权才能发挥作用。虽然如此,但荀子正视现实的实然视角毕竟来自道家,因而韩非子也就必然要将道家的实然视角以及建立在实然视角基础上的清醒与理智作为自己面对这个世界的基本入手。这样一来,所谓"解老"、"喻老"自然也就成为韩非子在面对战国的攻伐形势时所必须修炼的第一课。而在"解老"、"喻老"中,如何能够"保其身",并通过"保其身"以"安其社稷",也就成为韩非子的头等关怀了。他分析说:

> 凡有国而后亡之,有身而后殃之,不可谓能有其国。能保其身,夫能有其国,必能安其社稷;能保其身,必能终其天年,而后可谓能有其国,能保其身矣。夫能有其国保其身者,必能体道;道体则其智深,其智深则其会远;其会远,众人莫能见其所极。唯夫(体道)能令人不见其事极。不见其事极者,为能保其身有其国。②

在这一通过"保其身"以"终其天年"、"有其国"以"安其社稷"的逐层推理

---

① 秦孝公当时之所以舍弃商鞅所说的帝王之道而独选富国强兵之术,是因为在当时,秦国是诸侯中的后来者,也无法在文化与文明的层次上与关东诸国较高低;而秦孝公所感喟的"诸侯卑秦,丑莫大焉"(《史记·秦本纪》)正促使其必须从可以快速见效之富国强兵的角度来与关东诸国较高低。所以,秦国之富国强兵本来只是出于秦国实际情况的一种特殊选择,但由此却开启了"诸侯力征"时代各诸侯国纷纷以富国强兵为指向的变法之端。

② 韩非:《韩非子·解老》,《诸子集成》第5册,第102—103页。

中,不仅表现了韩非子通过"保其身"、"有其国"的实然视角及其基本出发点,而且还清楚地表现着其将这一切都与"体道"联系起来,意即只有在"体道"的基础上才能"智深",也只有"会远"的前提下才能使"众人莫能见其所极",从而最后实现所谓"保其身"以"终其天年"、"有其国"以"安其社稷"的目的。在这里,所谓"保其身"、"安其社稷"的视角无疑是一种实然视角,而其用心则属于典型的"用智",至于既作为其基础同时也作为其更高指向的则属于"体道",而这种"体道"的指向同时又是以"众人莫能见其所极"为特征的。大体说来,从"保其身"到"有其国"并在"体道"的基础上达到"智深"、"会远",从而使"众人莫能见其所极"这几个方面,也就基本上显现了韩非子的思想轮廓。

而在这一过程中,韩非子如何能够通过"保其身"、"终其天年"直接过渡到"有其国"以"安其社稷"呢?因为前者——"保其身"以"终其天年"无疑属于一种个体立场上的实然视角,而后者——"有其国"以"安其社稷"却是一种明确的诸侯王权视角。这种现象,一方面当然可以通过韩非之"韩国公子"的身份来说明;另一方面,由于韩国西邻强秦,因而在当时的诸侯争霸中,韩国也是最先感受到强秦的压力与欺凌的。所以,对于韩非子从自我之"保其身"关怀直接过渡到诸侯王权的"安其社稷"关怀,也完全可以通过其具体的身份以及当时的时代格局来理解。

但即使站在诸侯王权的立场,对于当时的社会现实而言,韩非子一方面要进行思想的整合,同时还要把经过自己诠释的思想统统归并到自己的"身全"关怀并且能够使荣华富贵"得(于)身"上来。所以,对于当时思想界所流行的各种观念,韩非子都要进行一番重新解释。比如:

> 德者内也,得者外也,上德不德,言其神不淫于外也。神不淫于外则身全,身全之谓得,得者得身也。[1]

> 义者君臣上下之事,父子贵贱之差也,知交朋友之接也,亲疏内外之分也。[2]

> 礼者所以貌情也……君臣父子之交也,贵贱贤不肖所以别也。中心怀而不谕,故疾趋卑拜以明之;实心爱而不知,故好言繁辞以信之。

---

[1]　韩非:《韩非子·解老》,《诸子集成》第5册,第95页。
[2]　韩非:《韩非子·解老》,《诸子集成》第5册,第96页。

礼者外饰之所以谕内也,故曰礼以貌情也。①

所有这些解释,当然不能说都是错误的。但其把"德"与"得"分诠,并认为"德者内也,得者外也"与儒家传统的"德者得也"②却显然属于完全相反的取义。因为从表层来看,儒家所谓"德者得也"主要是指"礼乐皆得,谓之有德"③,但是,由于礼乐本诸天,因而在儒家看来,"礼本天之自然"、"天地之礼自然而有,何假于人? 天之生物便有尊卑大小之象,人顺之而已,此所以为礼也"④。所以儒家所谓的"德者得也"本质上也就是指人之得于天而言的,因而所谓"德"根本无须内外之分,而韩非子则将"德"与"得"分开,认为"德者内也,得者外也"。这就是说,"德"主要是指内在的德性而言的;而"得"则是指某种外在的"得到"而言的。这样一种诠释,一方面固然也像荀子一样将礼乐仅仅视为"伪"的表现;另一方面,也表现出韩非子的一种更加聚焦于内外之别的实然视角。至于"义"的上下之别以及"礼"之"外饰之所以谕内"的"貌情"规定,也就只能说从实然的视角来看确实如此。所以,在这些诠释中,韩非子也确实更加突出了实然视角下的内外与上下之别。

这种实然视角以及其"用智"传统的进一步聚焦,也就必然会促使他将关注的焦点集中于现实的诸侯王权上,并且也必然要将如何巩固王权、驾驭臣下作为其对当时诸侯争霸之一份特殊的礼物,当然也可以说是他自己获取功名利禄的一种特殊手段。这样一种走向,无疑是韩非子从现实的自我关注向诸侯王权关注的自然延伸,也是韩非子从现实的自我关注转向诸侯王权关注的表现。请看如下一段:

> 势重者,人君之渊也,君人者势重于人臣之间,失则不可复得也。简公失之于田成,晋公失之于六卿,而邦亡身死。故曰,鱼不可脱于深渊。赏罚者,邦之利器也,在君则制臣,在臣则胜君。君见赏,臣则损之以为德;君见罚,臣则益之以为威。人君见赏,而人臣用其势;人君见罚,而人臣乘其威。故曰,邦之利器,不可以示人。⑤

所有这些说法,当然都是出自韩非子对老子《道德经》的诠释。这种诠释一

① 韩非:《韩非子·解老》,《诸子集成》第5册,第96页。
② 《礼记·乐记》,吴哲楣主编:《十三经》,第513页。
③ 《礼记·乐记》,吴哲楣主编:《十三经》,第513页。
④ 张载:《经学理窟·礼乐》,《张载集》,第264页。
⑤ 韩非:《韩非子·喻老》,《诸子集成》第5册,第116—117页。

方面固然表现了韩非子更加关注现实的特点;同时,他也将道家清醒的理智与智谋传统带进了政权运作的领域。因为韩非子这里所论,已经是站在王权主体的角度来分析君臣关系的;而王权对自己势和位的看重,则一如个体之于自己的生身一样。因而也可以说,道家思想的权谋化,实际上也就主要是通过韩非子这种王权视角的诠释实现的。

当韩非子将道家的实然视角与智谋传统运用于现实政治时,他首先形成的也就是所谓"君道"与"臣道",就是说,在韩非子看来,儒家所谓"君不君,臣不臣"的批评首先应当包括一个君主应当是个什么样子,而作为臣子的本分又应当具有哪些品行,正是基于这一思路,韩非子分析说:

> 道者万物之始,是非之纪也,是以明君守始以知万物之源,制纪以知善败之端。故虚静以待令,令名自命也,令事自定也。虚则知实之情,静则知动之正。[1]

> 君无见其所欲,君见其所欲,臣自将雕琢;君无见其意,君见其意,臣自将表异。故曰,去好去恶,臣乃见素;去旧去智,臣乃自备……有功则君有其贤,有过则臣任其罪。[2]

> 人主之道,静退以为宝。不自操事,而知拙智巧,不自计虑,而知福与咎,是以不言而善应。[3]

在这种"静退以为宝"的"人主之道"中,人主首先要"知万物之源"、"知善败之端",同时又要"无见其所欲"、"无见其意",从而使"臣乃见素"——使每一个大臣的本来面目自然而然地表现出来,从而认识其所长与所短,然后操着"福与咎"之利器以从容驾驭。至于所谓臣道,虽然是论为臣之道,但韩非子却依然是从"人主之道"亦即人主之所需的角度来打量臣子的,并且也完全是根据人君的需要来规定为臣之道的。他说:"爱臣太亲,必威其身;人臣太贵,必易主位;主妾无等,必威嫡子;兄弟不服,必威社稷。"[4]这就是说,对于臣,君必须要有绝对的威严,而决不允许其有任何危及君权的可能。另一方面,就臣子之道本身而言,"大臣禄虽大,不得藉威城市;党与虽

---

① 韩非:《韩非子·主道》,《诸子集成》第 5 册,第 17—18 页。
② 韩非:《韩非子·主道》,《诸子集成》第 5 册,第 18 页。
③ 韩非:《韩非子·主道》,《诸子集成》第 5 册,第 20 页。
④ 韩非:《韩非子·爱臣》,《诸子集成》第 5 册,第 16 页。

众，不得臣士卒，故人臣处国无私朝，居军无私交，其府库不得私贷于家。"①

在韩非子这些根据"解老"、"喻老"精神所塑造的君臣之道中，君王权力的绝对性已经确定无疑，君臣之间的绝对服从关系也已经非常明确了。至于其进一步的发展，则君权的绝对性以及其专制独裁色彩也就必然会得到进一步的强化，而所谓的臣下，也就完全沦落为一种臣妾与奴仆的身份了。中国历史上的君主政体，在荀子消解了"天"的神圣主宰与道德超越的含义之后，也就只能走向君权的一维独大了。② 请看韩非子进一步申论君臣之道：

> 明主之所制导其臣者，二柄而已矣。二柄者，刑德也。何谓刑德？曰：杀戮之谓刑，庆赏之谓德。为人臣者，畏诛罚而利庆赏，故人主自用其刑德，则群臣畏其威而归其利矣。③

> 人主将欲禁奸，则审合刑名者，言与事也。为人臣者陈而言，君以其言授之事，专以其事责其功。功当其事，事当其言，则赏；功不当其事，事不当其言，则罚。故群臣其言大而功小者，则罚，非罚小功也，罚功不当名也；群臣其言小而功大者，亦罚，非不说（悦）其大功也，以为不当名也。害甚于有大功，亦罚。④

这样一来，人主只要持着其"刑德"二柄，也就足以驱遣天下的群臣与百姓了。实际上，这也是荀子在消解了"天"的神圣主宰与道德超越含义之后人间王权对于"天"之神圣主宰权力的一种僭越与篡夺。甚至，从一定意义上说，就是"天"所不能或根本做不到的事，人间君主也都可以凭借其"刑德"二柄以驱遣其臣下按照自己的意志行事；而对于人臣来说，这种行事标准甚至完全可以达到扭曲人之天性的地步。请看在至尊王权驱遣下"人臣"的各种行径：

> 故越王好勇，而民多轻死；楚灵王好细腰，而国中多饿人；齐桓公妒

---

① 韩非：《韩非子·爱臣》，《诸子集成》第5册，第17页。

② 孟子云："天下有达尊三：爵一，齿一，德一。朝廷莫如爵，乡党莫如齿，辅世长民莫如德。"（《孟子·公孙丑》下，吴哲楣主编：《十三经》，第1368页）但是，在荀子消解了天的神圣主宰与道德超越的含义之后，无论是"齿"还是"德"，也都必须无条件地服从于君主政权的驱遣了，所以中国的君主专政及其独裁体制，从荀子消解天的神圣主宰与道德超越的含义时就已经发端了，韩非子不过是将这种独裁政体推向极致而已。

③ 韩非：《韩非子·二柄》，《诸子集成》第5册，第26页。

④ 韩非：《韩非子·二柄》，《诸子集成》第5册，第27—28页。

而好内,故竖刁自宫以治内;桓公好味,易牙蒸其子首而进之;燕子哙好贤,故子之明不受国。故君见恶,则群臣匿端;君见好,则群臣诬能。①

故曰:巧匠目意中绳,然必先以规矩为度……故绳直而枉木斲,准夷而高科削,权衡悬而重益轻,斗石设而多亦少。故以法治国,举措而已矣。②

这样的治国之道,一方面固然表现了其所谓君权之绝对性,——无所不能的一面,但另一方面,对于这种从人所不能而使之能——完全以扭曲人之天性的方式来驱遣群臣与天下百姓的方法我们似乎又有某种似曾相识之感。那么,这种将"刑德"二柄像规矩绳墨一样灵活运用以驱遣臣下的方法究竟来自哪里呢? 这就来自墨家。

请先看墨家对其规矩绳墨的运用:

天下从事者,不可以无法仪;无法仪而其事能成者无有也。虽至士为将相者,皆有法;虽至百工从事者,亦皆有法。百工为方以矩,为圆以规,直以绳,正以县(悬),无巧工不巧工,皆以此五者为法。巧者能中之,不巧者虽不能中,放依以从事,犹逾己。③

故子墨子之有天之意也,上将以度天下之王公大人为刑政也,下将以量天下之万民为文学出言谈也。观其行,顺天之意,谓之善意行;反天之意,谓之不善意行。观其言谈,顺天之意,谓之善言谈;反天之意,谓之不善言谈;观其刑政,顺天之意,谓之善刑政;反天之意,谓之不善刑政。故置此以为法,立此以为仪,将以度天下之王公大人卿大夫之仁与不仁,譬之犹分黑白也。④

我有天志,譬若轮人之有规,匠人之有矩。轮匠执其规矩,以度天下之方员(圆),曰:中者是也,不中者非也。⑤

显然,墨子执其"法仪"以治国,犹如其早年执规矩绳墨以加工木材一样;墨子试图将这种方法运用于其对国家的治理,对于墨家而言,自有其不可避免的性质(但已经包含着一定的专制独裁思想)。但墨家当时也只是"执其规

① 韩非:《韩非子·二柄》,《诸子集成》第 5 册,第 28—29 页。
② 韩非:《韩非子·有度》,《诸子集成》第 5 册,第 25—26 页。
③ 《墨子·法仪》,《诸子集成》第 4 册,第 11 页。
④ 《墨子·天志》中,《诸子集成》第 4 册,第 129 页。
⑤ 《墨子·天志》上,《诸子集成》第 4 册,第 122 页。

矩,以度天下之方员(圆),曰:中者是也,不中者非也",却并没有强扭人性
以为人所不能之事,尤其没有像韩非子所称道的齐桓公那样可以使"竖刁
自宫以治内"、"易牙蒸其子首而进之"来满足自己的特殊嗜好。① 但是,当
韩非子在吸取了道家"知万物之源"、"知善败之端",同时又形成了其"无见
其所欲"、"无见其意"之深藏不露的君王驾驭术之后,又将墨家的木匠加工
木材的规矩绳墨之法吸纳其中,这就成为一种"绳直而枉木斲,准夷而高科
削,权衡悬而重益轻,斗石设而多亦少。故以法治国,举措而已矣"。由于
这些方法、举措全然是以帝王意志为中心的,因而这样一来,只要帝王有其
意,其臣下也就必须无条件地满足,一如"齐桓公妒而好内,故竖刁自宫以
治内;桓公好味,易牙蒸其子首而进之"一样。这就使墨家原来的唯"天志"
之是从一变而成为唯帝王之意志是从了。而对法家来说,则其眼睛里除了
帝王的意志之外,可能也就只有如何才能满足帝王意志之工具的所谓"法
仪"——驾驭之技或驱遣之术的需要了;而这种"法仪",又完全是通过帝王
之"势"与"术"来推行的。这样一来,举国上下,可能也只有一种思想、一种
言论,这就只能是帝王之所思所想了;而对于臣下与国人而言,可能也就只
有想君王之所想,言君王之所言这一条生存之道了,无怪乎国人很早就形成
了"道路以目"②的传统。

那么,作为法家思想集大成的韩非子何以会吸取墨家的思想呢? 而在
其以后完全站在帝王立场上所著的《五蠹》篇中,所谓"儒以文乱法,侠以武
犯禁"③本来也是将墨家列在"文"与"侠"之双重取缔之列的,但我们这里
却又认为法家确实吸取了墨家的思想,这一说法究竟有没有根据呢? 实际
上,要明白先秦思想界的这一走向,就必须通过春秋以来的时代格局以及随
之而起的儒、道、墨、法四家的思想"基因"及其关怀指向来说明。

---

① 墨家固然也有"反天下之心"的一面,比如其要求门徒必须以"无我"之心"爱人若爱
其身",固然也就存在着违背人之自然天性的因素,但墨家对人性的扭曲还主要在于服从拯救
天下的需要,所以孟子说墨家是"摩顶放踵利天下,为之"。而韩非子对人性的扭曲则完全是
为了满足君王的特殊嗜好,比如"竖刁自宫以治内"、"易牙蒸其子首而进之"等等,也就完全
是为了齐桓公"好内"、"好味"之嗜,这就与墨家走向完全相反的方向了。

② (周厉)"王暴虐侈傲,国人谤王。召公谏曰:'民不堪命矣。'王怒,得卫巫,使监谤
者,以告,则杀之。其谤鲜矣……王益严,国人莫敢言,道路以目。"(司马迁:《史记·周本
纪》,《二十五史》卷一,第14页)

③ 韩非:《韩非子·五蠹》,《诸子集成》第5册,第344页。

　　就时代格局而言,春秋自然是一个周文疲惫、礼崩乐坏的乱世,而孔子所谓的"人而不仁"也就可以说是代表儒道两家对这种现象的一种共同批评。但如何解决这一问题? 儒家自然是通过对"礼"的深层叩问,从而试图从人的心理根源与精神依据的层面解决问题,这就是"仁"的提出;而道家则沿着其对"身"的关注侧重,并通过"有生于无"之反向溯源的逻辑,从而以"既得其母,以知其子"①的方式以求得对现实问题的彻底解决。对于当时的社会现实而言,儒道两家似乎都走向了一种远离现实的路径,也就是通过离开现实或超越于现实的方式以解决现实的问题。而这种离开现实或超越于现实所造成的缺漏也就成为墨法两家崛起的根本动因了。

　　墨家崛起的根本原因主要是因为儒家以"孝弟为本"的"亲亲之仁"本来就存在着"亲疏尊卑之异"②的重大缺陷,所以就有其"兼爱"主张的提出;又因为人与人之间的"兼相爱"还不够有力,同时又缺乏超越的依据与实践操作层面上的必然性,所以又有"天志"的提出,并以"天之意志"的方式来督责人们"兼相爱,交相利"。但是,一旦这种思想落实到根本做不到"兼相爱"也根本不可能整齐划一的普通大众层面,墨子也就只能从其人生积淀最为深厚的木工经历——所谓"为方以矩,为圆以规,直以绳,正以县(悬)"的经历中寻找方法了,于是,这就有了作为"法仪"的标准意识与所谓"轮匠执其规矩"之运用工具并时时加以裁正的方法。笔者之所以认为墨家有强烈的独裁专制思想,就是因为墨家的一切主张本来都是源于"人本",都是为了拯救人伦社会的苦难而设立的,但最后却不得不采取"物本"——像对待"物"一样来对待人的方法以解决人伦社会所面临的问题。这就包含着把人不当人的可能,或者说是为了解救人伦社会的苦难,也就必须先将人作为手段或工具来运用。

　　实际上,在关注社会现实这一点上,不仅墨法两家是完全一致的,而且儒、道、墨、法四家也都不可能完全游离于人生现实之外。就这一点而言,当然可以说整个中国文化确实都具有强烈的现世关怀与现实关注的特色,但道家之反向溯源、儒家之深层叩问,毕竟都是以一定程度之"远离"或超越于现实的方法来解决现实问题的。但自从墨家形成以后,这种直接关注现

——————————

①　老子:《道德经》第五十二章,《诸子集成》第3册,第32页。

②　"儒者曰,亲亲有术,尊贤有等,言亲疏尊卑之异也。"(《墨子·非儒》下,《诸子集成》第4册,第178页)

实并就现实问题以探讨其解救途径的方式方法也就大大地影响了后世的思想家。加之从春秋到战国的社会巨变,"诸侯力征"已经成为一种见怪不怪的社会常态了;而商鞅之游说秦孝公而秦孝公又置圣王之道于不顾而独重富国强兵,并且还取得了明显的实际效果,这就使得战国成为一个法家包括所谓纵横之士独领风骚的时代。所以,法家不仅继承了墨家这种就现实社会之现实问题以探讨其解救途径的思路,而且还将墨家至高无上的"天志"一并奉献于在位的诸侯王权,然后再以自己来充当执行"天志"的"法仪"。就这一点来看,法家自然也就成为中国儒、道、墨、法四家之中最重视现实的思想流派。

法家重视现实、重视实效的思想特点也充分表现在韩非子对中国有史以来的历史大势以及其基本走向的分析中。他从总结历史经验的角度分析说:

> 文王行仁义而王天下,偃王行仁义而丧其国,是仁义用于古而不用于今也。故曰世异则事异……上古竞于道德,中世逐于智谋,当今争于气力。①

所以,在韩非子看来,儒道两家在"道"与"德"问题上的"互绌"实际上早就已经成为明日黄花了,就是墨家的"兼爱"、"天志"也显得"迂远"而不解决实际问题。真正能够解决问题的就是那些拥有一方土地和人民的诸侯王权,因为这才是真正有"气力"的,并且也是真正能够通过"气力"来解决问题的。所以,这就决定,韩非子也必然要把自己一生的全部赌注都投注到如何游说诸侯上。

作为韩国的诸公子之一,韩非子在国内一直受到执政贵族的排斥;而其《初见秦》又不过是初到秦国给秦王的一篇上书而已,因而其《说难》一篇实际上也就可以看作是韩非子为了游说诸侯所作的精神准备。当然在此之前,韩非子也首先要从利之"相异"的角度把君臣之间不同的利害追求分开,以求其游说活动真正能够打动君王,这就必须能够为君王带来实际的利益或好处。他分析说:

> 主利在有能而任官,臣利在无能而得事;主利在有劳而爵禄,臣利在无功而富贵;主利在豪杰而使能,臣利在朋党而用私。是以国地削而

---

① 韩非:《韩非子·五蠹》,《诸子集成》第5册,第341页。

私家富,主上卑而大臣重,故主失势而臣得国。①

在这一基础上,韩非子又非常细致地分析了游说之难以及其所要注意的问题:

> 凡说之难,非吾知之有以说之之难也,又非吾辩之能明吾意之难也,又非吾敢横失而能尽之难也。凡说之难,在知所说之心可以吾说当之。所说出于为名高者也,而说之以厚利,则见下节而遇卑贱,必弃远矣;所说出于厚利者也,而说之以名高,则见无心而远事情,必不收矣;所说阴为厚利而显为名高,则阳收其身,而实疏之;说之以厚利,则阴用其言,显弃其身矣。②

能够如此用心地揣摩"所说之心",此前的中国历史上可能还从未有过;而在如此用心揣测"所说之心"的基础上又要不迷失自我,从而求得"所说之心可以吾说当之",此前中国历史上的思想家可能也从没有如此用心的。实际上,所有这些都说明了一点,这就是当时诸侯王权的坐大、兼并的加剧以及现实危机的紧迫,而韩非子一生的聪明才智,也就必须通过游说诸侯的方式来实现其改变人伦社会的梦想了。不仅如此,在《说难》一篇,韩非子还特别提出了游说活动的几种忌讳,而这些忌讳也都是以"如此者身危"的方式表现出来的,比如:"事以密成,语以泄败,未必其身泄之也,而语及所匿之事,如此者身危"③,其他再如"知其所以为,如此者身危"④;"揣之外而得之,事泄于外,必以为己也,如此者身危"⑤;"说不行而有败,则见疑,如此者身危"⑥;"贵人有过端,而说者明言礼义以挑其恶,如此者身危"⑦;"贵人或得计而欲自以为功,说者与知焉,如此者身危"⑧;"强以其所不能为,止以其所不能已,如此者身危"⑨。这样一来,其所谓的游说诸侯也就几乎成为

---

① 韩非:《韩非子·孤愤》,《诸子集成》第5册,第59页。
② 韩非:《韩非子·说难》,《诸子集成》第5册,第60—61页。
③ 韩非:《韩非子·说难》,《诸子集成》第5册,第61页。
④ 韩非:《韩非子·说难》,《诸子集成》第5册,第61页。
⑤ 韩非:《韩非子·说难》,《诸子集成》第5册,第61页。
⑥ 韩非:《韩非子·说难》,《诸子集成》第5册,第61页。
⑦ 韩非:《韩非子·说难》,《诸子集成》第5册,第62页。
⑧ 韩非:《韩非子·说难》,《诸子集成》第5册,第62页。
⑨ 韩非:《韩非子·说难》,《诸子集成》第5册,第62页。

一种"小心翼翼,昭事上帝"①一样的活动了。

除此之外,韩非子还专门作了《内储说》上下、《外储说》上下之所谓"大部头"的文章,所谓"内储说"即是专门分析人君的内在之谋;而所谓"外储说"则是专门讨论人君究竟应当如何通过观听臣下之言行以断其赏罚的。所以,在《内储说》的开篇,韩非子就明确地说:

> 主之所用也七术,所察也六微。七术,一曰众端参观,二曰必罚明威,三曰信赏尽能,四曰一听责下,五曰疑诏诡使,六曰挟知而问,七曰倒言反事。此七者,主之所用也。②

所有这些招数,实际上也都是围绕着人主究竟应当如何监控、防范并驾驭臣下而设的,其中又通过大量的历史事实或历史经验以证明其切实有效性。这说明,在韩非子看来,由于君臣之间在利益追求上是相互背反的,因而其关系也就应当成为相互猜忌、相互防范的关系。由于人君在现实政治中居于主导地位,所以其《外储说》也就主要围绕着人君究竟应当如何监控、防范与驾驭臣下而展开的。

那么,韩非子究竟是个什么人呢?他究竟是站在人君的立场还是站在人臣的立场呢?韩非子虽然为韩国公子,但当其著书时,却无疑属于一名游说之士,所以,他这里所分析的,也就是要站在臣下的角度以告诫君王并揭破臣下所经常使用的欺瞒君上的方式与方法,从而也就使得君上能够更好更彻底地防范臣下弄虚作假的招数。这样看来,韩非之于诸侯王权,其实也就如同墨子的"法仪"之于其"天志"一样,——完全是一种竭心尽智地贯彻、落实并执行"天志"之命令的"法仪"性使命,以至于连他自己也像庄周一样,已经不知道究竟是庄周自己变成了蝴蝶呢还是蝴蝶已经变成了庄周。但韩非子这里又有超过墨子之处,这就是墨子之"法仪"只监控人们的行为,而韩非子则不仅要监控每个臣下的行为,而且还必须从最为内在的层面监控每一个人的思想与精神。而对韩非子来说,他就是要通过这种方式来完成他对君权绝对性与自身"法仪"性的塑造。

正是在这一背景下,墨子以"法仪"为代表的工具意识、标准意识以及以"天志"为代表的绝对意识,也就一股脑地进入了法家,进入了韩非子的

---

① 《诗经·大雅·大明》,吴哲楣主编:《十三经》,第 198 页。
② 韩非:《韩非子·内储说》,《诸子集成》第 5 册,第 158 页。

思想选择之中。但在墨子的思想中，其工具意识、标准意识以及其以"天志"为代表的绝对意识还是三位一体的关系，并且也都统一于其彻底改造人伦社会与人伦秩序的"兼爱"之中，所以，墨家虽然也有要求其拯救对象之绝对臣服的一面，但墨家对人伦苦难的正视、对现实人生的关爱则是非常真诚的，也没有人能够怀疑其"兼爱"精神的真诚性。但是，当韩非子在继承了墨家的这些思想方法之后，却是完全用来进行相反方向之论证的。就是说，无论是墨家的工具意识、标准意识还是以"天志"为代表的绝对意识，也都必须无条件地服从于人与人相亲相爱这一根本目标，而当这些方式方法在进入法家之后，却又在起着完全相反的作用。一方面，所有的绝对性都必须无条件地向着诸侯王权集中，另一方面，臣下与百姓则又必须无条件地表现其绝对服从的听命意识，自然，这也就是其所谓的"有功则君有其贤，有过则臣任其罪"；而人君自身则永远高居于善恶之外，也根本不是善恶标准所能够权衡批评的。这就等于说，人君或君权本身就是真理的标准、正义的化身了。

正因为这一根本性的背反，所以对于当时的诸侯王权来说，墨法两家也就可以表现出两种完全不同甚或根本相反的态度。对于墨家而言，所有的诸侯王权都不过是其帮助与教化的对象；而对韩非子来说，则诸侯政权只能是其绝对臣服与无限美化的对象了，所谓"有功则君有其贤，有过则臣任其罪"也就是其对君主王权无条件臣服且无限美化的具体表现。请看在当时的诸侯王权面前，墨子与韩非子的不同表现：

子墨子游公尚过于越，公尚过说越王，越王大说。谓公尚过曰："先生苟能使子墨子于越，而教寡人，请裂故吴之地，方五百里，以封子墨子。"公尚过许诺……

子墨子谓公尚过曰："子观越王之志何若？意越王能听吾言，用吾道，则翟将往，量腹而食，度身而衣，自比于群臣，奚能以封为哉！抑越王不听吾言，不用吾道，而吾往焉，则是我以义糴也。均之糴，亦于中国耳，何必于越哉！"①

故越王好勇，而民多轻死；楚灵王好细腰，而国中多饿人；齐桓公妒而好内，故竖刁自宫以治内；桓公好味，易牙蒸其子首而进之；燕子哙好

_____

① 《墨子·鲁问》，《诸子集成》第4册，第287—288页。

贤，故子之明不受国。故君见恶，则群臣匿端；君见好，则群臣诬能。①
在这里，墨子出仕的条件也就集中在一点上，这就是"越王能听吾言，用吾
道"，而这一条件也明显地存在着一个"道高于势"的心理背景；至于墨子本
人的具体要求，也就不过是所谓"量腹而食，度身而衣，自比于群臣"而已。
但在韩非子的论述中，则从"竖刁自宫以治内"以服务于"齐桓公妒而好内"
的性格，到易牙为了满足齐桓公"好味"的嗜好，而"蒸其子首而进之"，这样
一来，权力尤其是皇权也就成为人生一切选择的唯一标准与根本出发点了。
更为可怕的是，在韩非子看来，所有这些要求，由于是出于诸侯王权的要求，
因而也就都是绝对合理的、正常的。这说明，在墨子看来，就是越王，其本人
也没有脱离"人"的范围，因而也就仍然需要"听吾言，用吾道"，包括一定程
度上的批评、教诫。而在韩非子看来，则竖刁之所以"自宫"完全是为了服
从于"齐桓公妒而好内"的需要，而易牙之所以"蒸其子首而进之"，则又完
全是为了服从于"桓公好味"的需要；至于这些需要本身，则根本不需要讨
论，也不在善恶评价的范围，而作为臣子，也根本没有评价的资格。大概在
韩非子看来，君王的需要本身就具有绝对的合理性，也就是人臣必须服从的
绝对命令。

　　进一步看，墨子之所以要将人与人相亲相爱的"兼相爱"作为其奋斗目
标，本身也就存在着一个人性善的基本前提；实际上，也只有在这一前提的
基础上，所谓的"兼相爱"才有可能成为现实或成为人类的奋斗目标。但在
韩非子君与臣充满着相互猜忌与相互防范的权力活动中，则又存在着一个
人性本恶的基本前提。那么，为什么同样注重现实关怀的墨法两家最后却
走向了两种完全相反的理论指向呢？此中的根本原因首先就在于荀子对
"天"之神圣主宰义与道德超越义的消解，从而也就使其隆礼重法之说仅仅
成为圣人的一种为（伪）作与教化活动，因而其所谓的人文关怀实际上也就
成为一种根本缺乏超越性依据的"寡头的人文主义"；而当这种既缺乏超越
性依据又缺乏超越的追求指向之人文主义以及其又完全聚焦于现实人生层
面的所谓隆礼重法建构时又会走向哪里呢？这就只能走向现实的权力集
中，并且也只能向着当下的为（伪）作聚焦。所以，到了韩非子的思想中，
"天"也就根本不在其关注范围了，而且也根本没有关注的必要，于是，整个

_____

　　①　韩非：《韩非子·二柄》，《诸子集成》第 5 册，第 28—29 页。

人伦社会也就只能在现实权力的驱遣下,从而在恶与更恶、黑与更黑的"气力"搏斗中走向未来(究竟有没有未来则很难说)。

这样一来,由春秋时代的"礼崩乐坏"所引发,并由儒道两家发其端而对当时"人而不仁"现象进行思考的思想探索运动,也就由于从春秋到战国时代格局的演变①、人类生存境况的恶化,从而也就迫使诸子之思想探索不得不急切地向着现实聚焦,向现实的诸侯王权靠拢。而这一聚焦过程,同时也就是墨法两家的形成过程;而向诸侯王权之绝对靠拢一点,也就标志着法家的产生。前面已经提到,在注重现实这一点上,墨法两家是完全一致的,但由于墨家始终保持着其超越的依据与理想的追求指向,所以它也就可以将其"兼爱"主张提升到"天志"的高度,并通过"法仪"的工具意识与标准意识下贯于人伦生活。这样,墨家虽然也有所谓"上之所是,必皆是之;所非,必皆非之……乡长之所是,必皆是之;乡长之所非,必皆非之"②的绝对服从一面,但在"兼爱"与"天志"的相互限制之下,其"法仪"也就只能沿着"兼爱"的方向发展,而其所服从的也就只能是对"兼爱"精神的服从。但在荀子消解了"天"的神圣主宰义与道德超越义之后,人们的思考坐标也就只有现实人生与现实利害这一个维度了,并且也必然要从现实利害的角度展开,这就必然包含着对儒墨两家所共同坚持的"道高于势"精神的彻底消解;而在现实人生中,人们也就只能无条件地向着现实人生中的权力之源从而也就是作为现实人生中一切动力之源的诸侯王权靠拢了。韩非子之所以要融道墨为一炉,集法、术、势于一身而又无条件地服从于诸侯王权的驱遣,并挖空心思地为之出谋划策,既是对这一形势之积极主动的适应,同时也就将这样一种人生路径推向了历史的峰巅。

但韩非子这种唯权力是从的人生路径最后必然包含着一种自我否定的结果,而这种结果又主要是通过两个方面表现出来的。

---

① 春秋是一个周文疲惫、礼崩乐坏的时代,是一个由"礼乐征伐自天子出"坍塌、下滑而为"礼乐征伐自诸侯出"的时代,但战国则是一个"诸侯力征"的时代。在春秋时代,虽然"礼乐征伐自诸侯出",但各个诸侯还不能不对违礼现象有所忌讳,而到了战国时代,则各个诸侯之间的兼并、角力,就已经使军事实力成为一个国家国力强弱的主要标志了。所以,各个诸侯都纷纷以富国强兵为追求指向,法家则应运而生。这样一种走向,也就是韩非子所概括的"上古竞于道德,中世逐于智谋,当今争于气力"(《韩非子·五蠹》)。由此也可以理解法家之更为急切甚至是无条件地向着现实权力靠拢的努力了。

② 《墨子·尚同》上,《诸子集成》第4册,第45页。

其第一种自我否定也就表现在韩非子个人的命运上。作为个体,如何"存身"、"保身"并"荣其身",大概也就可以代表韩非子人生的最高追求了。他一生又用了那么多的心思以报效王权、塑造王权,不仅写出了《说难》以专门分析如何接近王权、如何取得王权的信任,而且还从总结历史经验的角度写出了《内储说》、《外储说》,以从内在之权谋、心术与外在之防范与威势的角度来武装王权。顺便提一句,中国历史上的专制王权之所以具有至高无上的地位,并被视之为"神器",首先就应当归功于韩非子的描摹与塑造。但韩非子本人却依然死于自己所精心塑造的专制王权之下。对于这一过程,司马迁记载说:

> 人或传其书至秦。秦王见《孤愤》、《五蠹》之书,曰:"嗟乎,寡人得见此人与之游,死不恨矣!"李斯曰:"此韩非之所著书也。"秦因急攻韩。韩王始不用非,及急,乃遣非使秦。秦王悦之,未信用。李斯、姚贾害之,毁之曰:"韩非,韩之诸公子也。今王欲并诸侯,非终为韩不为秦。今王不用,久留而归之,此自遗患也,不如以过法诛之。"秦王以为然,下吏治非。李斯使人遗非药,使自杀。韩非欲自陈,不得见。秦王后悔之,使人赦之,非已死矣。①

对于韩非子的这一结局,司马迁一再慨叹说:"然非知说之难,为《说难》书甚具,终死于秦,不能自脱。"②而在叙述完韩非子的一生后,司马迁又感叹说:"余独悲韩子为《说难》而不能自脱耳。"③那么,司马迁这里所一再慨叹的"不能自脱"究竟是指什么呢?是指其不能自脱于李斯、姚贾的加害之谋,还是指其不能自脱于秦王之悔前的皇权?恐怕都不是,而主要是指其不能自脱于专门以生死予夺大权来残害性命的专制王权之虎口,这才应当是司马迁"不能自脱"的真正含义。因为对韩非子来说,虽然他挖空心思地从事了对专制王权的塑造,最后却又葬身于专制王权之口,这才叫作真正的"不能自脱"!

据说在西方中世纪的经院哲学中,神学家们经常讨论一个问题,这就是上帝能不能制造一块他自己也举不起的石头。对于经院哲学来讲,这当然是通过所谓二难推理——以上帝万能的方式来表达上帝并不万能的结论。

---

① 司马迁:《史记·老庄申韩列传》,《二十五史》卷一,第178—179页。
② 司马迁:《史记·老庄申韩列传》,《二十五史》卷一,第178页。
③ 司马迁:《史记·老庄申韩列传》,《二十五史》卷一,第179页。

但是,如果比照于韩非子"不能自脱"的结局,那么司马迁所感叹的"不能自脱"实际上也就成为对"上帝能不能制造一块他自己也举不起的石头"问题的一种精彩回答了。因为韩非子一生确实非常精心地从事了对于专制王权的描摹与塑造,这当然就是他的"能";但当他最后又死于专制王权的虎口时,也就成为他的"不能"了。而"能"与"不能"的统一,也就足以概括韩非子一生颇为精彩的两面:从其个体之"存身"、"保身"且"荣其身"的追求来看,应当说韩非子最后确实走到了一种"不能自脱"的地步,因为他也像其所分析的那些"凡有国而后亡之,有身而后殃之,不可谓能有其国"一样,最后终于死于专制王权的毒药。从这个角度看,韩非子确实是一种"不能自脱"。但是,如果从其对专制王权的描摹与塑造来看,则韩非子又确实表现出了他极为出色的"能"。因为此后两千多年的"历代都行秦政制",又说明韩非子的"不能自脱"实际上也可以看作是其对专制王权及其独裁统治之一种殉道性的献身。从这个角度看,我们也可以说韩非子是以其"不能自脱"的方式表现了他靡贯古今的"能"。

但韩非子的这种"能"也确实面临着一个根本"不能"的挑战,这就是当这种"能"发展到极致之后,它也就必然会处处都面临着一种"不能"的打击。因为就在韩非子所生活的同一个世纪,也是同一个专制朝堂,最后居然又演出了秦二世与赵高之间"能"与"不能"的争辩。司马迁也同样将这一过程较为完整地记载下来:

> 八月己亥,赵高欲为乱,恐群臣不听,乃先设验,持鹿献于二世,曰:"马也。"二世笑曰:"丞相误邪?谓鹿为马。"问左右,左右或默,或言"马"以阿顺赵高,或言"鹿"者。高因阴中诸言鹿者以法。后群臣皆畏高。①

在这一争辩中,赵高是丞相,而胡亥则为帝王。如果就真相而言,这固然是一个根本无须辩说的问题;如果就权力的大小而论,也无疑是王大而相小,——赵高自然也必须无条件地服从于秦二世的上谕。因而如果按照韩非子的理论逻辑,胡亥此时无疑能够得到而且也必须得到"马"的真相,但"左右或默,或言'马'以阿顺赵高"以及"高因阴中诸言鹿者以法"则同时又说明,即使倾向于权大并且也必须服从于事实真相而言"马"者,最后居

---

①　司马迁:《史记·秦本纪》,《二十五史》,卷一,第27页。

然同样遭到了"法律"的制裁。那么,这究竟是为什么呢? 实际上,这一格局本来也就包含在韩非子的最初选择之中。韩非子最初为什么会选择诸侯王权作为其所努力描摹与塑造的对象呢? 这当然首先是因为诸侯有权,不仅有人事任用权,而且还拥有合法的伤害权。但是,在经过对法家思想的多年践行之后①,为什么至高无上的王权却反而得不到真相并且还不得不服从于相权呢? 实际上,相对于作为权力之源的王权而言,相权简直就不是权,但它为什么能够取胜并且还能够蒙蔽事实的真相呢? 这就主要在于赵高所拥有的合法的伤害权,而王权——胡亥却并没有赵高那样的对群臣的现实伤害权,这也就是"左右或默,或言'马'以阿顺赵高"的根本原因。这样一来,当任用权、奖掖权完全转化为一种合法的现实伤害权之后,就是贵为二世皇帝的胡亥,也都无法得到事实的真相了。所以,老百姓所谓的"县官不如现管"的说法,实际上就既是对法家权力塑造与权力崇拜的一种讽刺,同时也是在现实伤害权之下为了规避合法的"现实伤害"之一种清醒的选择。

所以,作为一种历史回声,在秦汉大一统的专制政权形成后,法家也就只能成为皇权的附属品或寄生物来存在了,而所谓"酷吏"也就是其特殊的寄生方式。在"酷吏"名声太臭的情况下,也就只能成为皇权可以随时动用、随时诛杀的牺牲品了。对于墨家来说,由于秦汉以来专制王朝的严厉打击,墨家已经从整体上"中绝"了,只有继承墨家精神的"游侠"仍然在坚持着其现实关注与担当道义的传统。当然,在往往会"死于非命"这一点上,"酷吏"与"墨侠"可能还存在着某种一致性,但其精神与影响就不可同年而语了。请看司马迁对作为墨家后裔之"游侠"的描述与讴歌:

> 今游侠,其行虽不轨于正义,然其言必信,其行必果,已诺必诚,不爱其躯,赴士之困厄。既已存亡生死矣,而不矜其能,羞伐其德,盖亦有足多者焉。②

由于"游侠"生存于民间,并以生命担当道义,因而虽然不断地受到专制皇

---

① 从秦始皇"见《孤愤》、《五蠹》之书,曰:'嗟乎,寡人得见此人与之游,死不恨矣!'"到秦二世则"常居禁中",等到面临农民起义时,还以韩非子的《五蠹》为自己辩解并谴责其丞相,从这一点完全可以看出,秦王朝确实是按照韩非子的教导进行权力运作的。(参见司马迁:《史记·老庄申韩列传》及《史记·秦本纪》)

② 司马迁:《史记·游侠列传》,《二十五史》卷一,第316页。

权的打压与诛杀，却仍然受到下层百姓的爱戴。至于从代表着法家崛起的
"谋士"到专门充当皇权鹰犬的"酷吏"，也就只能留下千古骂名了。自然，
这也可以说是墨法两家不同精神之一种遥远的历史回声。

第七章　经学的形成及其宇宙论特色

　　从公元前 221 年秦王朝统一起,中国终于结束了春秋以来数百年从诸侯之各自为政到战国之相互争霸的战乱之局,从而又重新进入到一个统一的时代。

　　不过,这次统一与殷周之际经过武王革命与周公平乱之后所形成的统一又存在着太大的差别。前者虽然也是一种改朝换代性质的社会革命,但由文、武、周公这些政治领袖所开创的"德治"与"民本"传统却深深地影响了中国以后的历史。所谓以礼乐文明为核心的中华文化也就由此而奠定;而到了春秋时代,孔子也正是在对周公制礼作乐的仰慕与追述中才成为儒学开创者的,并由此改变了三代以来"学在官府"的文化格局,从而也才有了以后的道、墨、法以及诸子百家之学的接踵而起。而从孔子开创儒学到诸子学的崛起,也就主要是围绕着诸侯争霸所导致的社会战乱以及如何才能弭乱来出谋划策的,并由此形成了各种不同的思想文化立场。从这个角度看,我们又不得不承认西周的政治领袖及其政治创造确实在一定程度上引领并深深地影响了以后的学术思想与文化思潮。但战国以降,由春秋时代之政治引导文化的现象却发生了一种根本性的逆转;这就是战国时代的政治领袖非但没有引导学术文化,各个诸侯王权反而是由学术文化所引导的,——从秦始皇对韩非子思想的赞叹到秦二世对其著作的随意引述,可以说新的政权反而是在诸子学之学术与思想文化的引领下完成其统一的。

　　正因为春秋与战国之间存在着如此大甚至是相互背反的差异,因而西周的政治领袖根本不可能想到所谓思想文化的问题,在他们看来,政治就是思想,就是文化;而如何解决政治问题也就是思想文化,——当时,他们的思想视野也不可能有所谓思想文化的问题。但是,对于经过春秋战国之"诸侯力征"从而完成其统一的政治领袖来说,如何看待思想文化的问题也就像其如何看待"谋士"一样,成为一个不能不重视的问题了。虽然这两次的统一都是通过革命或战争的方式实现的,但如何看待这两次统一之间所形成的学术与思想文化,也就将这两次统一彻底区别开了。这样一来,对于通过争霸战争所形成的大一统政权来说,如何选择学术文化以及如何确定学术文化的地位也就成为秦汉大一统政权的统治者不得不面临的一个重大问题了。

一、大一统政权之思想文化选择

秦王朝是通过富国强兵的变法走向强盛的,又通过耕战国策走向诸侯争霸,最后又是通过兼并战争来完成其统一的,因而对于秦王朝的统治者而言,江山完全是依靠自家的武力所"打"出来的;而在打天下的过程中,秦王朝也始终是以法家作为其指导思想的。这样一来,在完成统一后,秦王朝也就必然会继续按照法家的思想来建构其政权,比如彻底废除西周以来的分封制,确立郡县制以确保其垂直性的行政领导关系,——确保其高效能的中央集权制度,与此同时,也必须统一度、量、衡,使"车同轨","书同文",包括所谓修筑秦直道等等。总之,秦王朝既然是通过法家的耕战模式完成其统一的,那么它自然也要继续通过法家思想以实现其对政治权力的绝对垄断与绝对化塑造,从而完成其对国家政权的建构。关于秦王朝的建政举措,时人包括当时的统治集团就有如下明确的记载:

> 收天下兵,聚之咸阳,销以为钟鐻,金人十二,重各千石,置廷官中。一法度衡石丈尺。车同轨。书同文字……徙天下豪富于咸阳十二万户。①
>
> 上(尚)农除末,黔首是富。普天之下,抟心揖志。器械一量,同书文字。日月所照,舟舆所载。皆终其命,莫不得意。②
>
> 以诸侯为郡县,人人自安乐,无战争之患,传之万世,自上古不及陛

---

① 司马迁:《史记·秦本纪》,《二十五史》卷一,第24页。
② 司马迁:《史记·秦本纪》,《二十五史》卷一,第24页。

下威德。①

　　史官非秦记皆烧之,非博士官所职,天下敢有藏《诗》、《书》、百家语者,悉诣守、尉杂烧之。敢有偶语《诗》、《书》者弃市,以古非今者族,吏见知不举者与同罪。令下三十日不烧,黥为城旦。②

　　始皇为人,天性刚戾自用,起诸侯,并天下,意得欲从,以为自古莫及己。专任狱吏,狱吏得亲幸。博士虽七十人,特备员,弗用。丞相诸大臣皆受成事,倚办于上。上乐以刑杀为威,天下畏罪持禄,莫敢尽忠。上不闻过而日骄,下慑伏漫欺以取容。秦法,不得兼方,辄死……天下之事无小大皆决于上,上至以衡石量书,日夜有呈,不中呈不得休息。贪于权势至如此,未可为求仙药。③

上述几条,除了第一条是出自司马迁根据历史文献所概括的转述之外,其余则全然是出自秦王朝的当事人。比如第二条就出自秦始皇二十八年(前218)其东巡琅玡时的石刻,当时,秦王朝完成其统一不过三年,因而也就完全可以说是秦始皇的一种自我论功或自我定位;第三条则出自秦始皇大宴咸阳宫时博士周青臣的颂词,一定程度上也可以看作是当时作为主流的思想文化界对秦始皇的评价;至于第四条则是出自时任丞相的李斯在秦始皇三十四年(前212)关于"焚书"的建议,当然也可以看作是法家的代表人物为秦始皇从经过战争的统一到完成其思想之统一所提出的一种统治之策;而最后一条(第五条),则是出自专门为秦始皇寻找仙药的方士——卢生和侯生的私下议论,并且也正是因为他们的潜逃,才有了后来的"坑儒"事件。所以,从一定程度上看,这些文献也就代表着秦王朝从完成其统一一直到最后被推翻之间的文献实录了。

　　之所以要摘录上面这些原始文献,目的主要在于显现秦王朝统一前后的政治格局以及其形势的变化。就其政治格局而言,在统一之前,凡是能够为其统一出谋划策者,秦始皇也都完全可以现代人所谓的"称兄道弟"关系处之,比如尉缭就是因为曾给秦始皇提出了如何破坏关东六国"合纵"之谋的建议,"秦王从其计,见尉缭亢礼,衣服饮食与缭同。"④可也正是通过这一

---

① 司马迁:《史记·秦本纪》,《二十五史》卷一,第25页。
② 司马迁:《史记·秦本纪》,《二十五史》卷一,第25页。
③ 司马迁:《史记·秦本纪》,《二十五史》卷一,第25页。
④ 司马迁:《史记·秦本纪》,《二十五史》卷一,第23页。

段接触，尉缭才看出了秦始皇的为人。他说：

> "秦王为人……居约易出人下，得志亦轻食人。我布衣，然见我常身自下我。诚使秦王得志于天下，天下皆为虏矣，不可与久游。"乃亡去。①

但也就是同一个秦王政，在完成其统一后却又有如下表现：

> 始皇帝幸梁山宫，从山上见丞相车骑众，弗善也。中人或告丞相，丞相后损车骑。始皇怒曰："此中人泄吾语。"案问莫服。当是时，诏捕诸时在旁者，皆杀之。自是后莫知行之所在。②

这就是同一个秦始皇！而这同一个秦王政之前后不同的表现却又完全是以秦王朝的统一为转折点的。所以，当他自认为自己已经集三皇五帝于一身而自称始皇帝时，即"朕为始皇帝，后世以计数，二世三世至于万世，传至无穷"③，这也就是所谓万世一统的谋划。但在统一前，却完全可以与仅仅作为布衣游士的尉缭同服饰、共饮食；而一当其完成统一，就已经不容于丞相"车骑众"的现象了。这说明，在完成统一前，秦始皇完全可以礼贤下士，与布衣游士同其服饰；但一当其完成统一，就是丞相也不能与帝王同显贵了，无怪乎尉缭当时就看出"诚使秦王得志于天下，天下皆为虏矣"的结局。

实际上，秦始皇的这一变化也可以说是秦王朝统一前后其政治格局变化之最集中的表现，所以，当他表示其江山要"二世三世至于万世，传至无穷"时，国人也就只能像博士周青臣那样，——以所谓山呼万岁来回应了。但是，其此后的政治实践，——从丞相李斯"焚书"的建议到秦始皇亲自发动的"坑儒"事件，同时也就预示了这个王朝的短命。所以，当西汉的政治家贾谊总结秦亡的教训时，也就只有这么短短的几句：

> 一夫作难而七庙堕，身死人手，为天下笑者，何也？仁心（义）不施而攻守之势异也。④

> 秦王怀贪鄙之心，行自奋之智，不信功臣，不亲士民，废王道而立私爱，焚文书而酷刑法，先诈力而后仁义，以暴虐为天下始。夫并兼者高

---

① 司马迁：《史记·秦本纪》，《二十五史》卷一，第23页。
② 司马迁：《史记·秦本纪》，《二十五史》卷一，第25页。
③ 司马迁：《史记·秦本纪》，《二十五史》卷一，第23页。
④ 贾谊：《过秦》上，《贾谊集》，第5页。

诈力,安危者贵顺权,推此言之,取与守不同术也。①

　　故秦之盛也,繁法严刑而天下震;及其衰也,百姓怨而海内叛矣。
故周王序得其道,千余载不绝;秦本末并失,故不能长。②

贾谊的这一总结,完全可以代表秦汉时代人们的共识,也可以说是西汉思想家对秦王朝所以短命所总结出来的千古不易之论。所以,对于代秦而起的汉代统治者而言,这也就成为一个最为重要的前车之鉴了。

正因为秦王朝的这种前车之鉴,所以当汉高祖刘邦一进入关中,立即就与关中的父老约法三章:

　　父老苦秦苛法久矣,诽谤者族,偶语者弃市。吾与诸侯约,先入关者王之,吾当王关中。与父老约法三章耳:杀人者死,伤人及盗抵罪。余悉除去秦法。③

在当时,刘邦的这种约法当然还说不上就是对以后成为继秦而起的西汉政权之指导思想的选择,但在当时的局势下,这种极为简括的约法却恰恰体现了一种关于人之生命权、财产权的尊重以及人与人之间的原始平等精神。

约法三章对于人之生命权、财产权的尊重是不言而喻的,任何人也都没有无故损伤他人生命、盗窃他人财产的权力。那么,又如何来说明约法三章中所体现的人与人之原始平等精神呢? 也就是说,刘邦的约法三章对于人之生命权、财产权的尊重以及由此所体现出来的原始平等精神究竟源自哪里呢?

首先,从梁襄王与孟子关于"天下恶乎定"的讨论到韩非子所谓"越王好勇,而民多轻死;楚灵王好细腰,而国中多饿人……燕子哙好贤,故子之明不受国"④的说明,尤其是"燕子哙好贤,故子之明不受国"一说,看起来这些臣下与百姓的选择似乎完全是受君王的爱好决定的,其实在当时,就是诸侯君王的这些主张本身也没有摆脱时代思潮的影响。如果再从秦始皇父子对韩非子思想的推崇来看,那么当时所谓的诸侯君王,其思想反而是受当时的时代思潮所左右,或者说也就是直接为时代思潮所塑造的。

如果再从时代思潮的角度看,那么秦始皇父子对韩非子思想的推崇固

────────────

① 贾谊:《过秦》中,《贾谊集》,第5页。
② 贾谊:《过秦》下,《贾谊集》,第8页。
③ 司马迁:《史记·高祖本纪》,《二十五史》卷一,第37页。
④ 韩非:《韩非子·二柄》,《诸子集成》第5册,第28—29页。

然也可以说是韩非子所谓的"上古竞于道德,中世逐于智谋,当今争于气力"①之"争于气力"的传统,而这一传统在秦国也确实取得了辉煌的成效,——不仅促成了秦国的霸业,而且也为秦王朝赢得了统一,这样看来,秦国统治者尤其是秦二世对法家思想的推崇,自然也就可以说是作为统治者对其指导思想的一种自觉选择了。因为由此往后,选择并引领社会思想文化的主体就已经不再是作为诸子的思想家,而是必须让位于大一统政权的统治者了。如果从这个角度看,则刘邦的约法三章自然也就具备了对汉帝国指导思想进行选择的性质。那么,刘邦约法三章之思想归属究竟在哪里呢?这就应当是墨家。

请先看墨家对人之生命之原始平等权的论证:

官无常贵,而民无终贱,有能则举之,无能则下之……②

夫爱人者,人亦从而爱之;利人者,人亦从而利之;恶人者,人亦从而恶之;害人者,人亦从而害之。此何难之有焉。③

墨者有钜子腹䵍居秦。其子杀人,秦惠王曰:"先生之年老矣,非有他子也,寡人已令吏弗诛矣,先生之以此听寡人也。"腹䵍对曰:"墨者之法,杀人者死,伤人者刑,此所以禁杀伤人也。夫禁杀伤人者,天下之大义也,王虽为之赐,而令吏弗诛,腹䵍不可不行墨子之法。"不许惠王,而遂杀之。④

对于墨家来说,其所谓"杀人者死,伤人者刑",实际上也就是一种基本的人伦对等原则或者说是人与人的原始平等精神,一如墨子在论证其兼爱原则时所举例说明的"爱人者,人亦从而爱之;利人者,人亦从而利之;恶人者,人亦从而恶之;害人者,人亦从而害之"一样;至于其根据,主要也就在于人之生命权的平等。在当时,墨子的这一思想实际上也是得到先秦诸子之基本公认的,以至于一直以"辟杨墨"标宗的孟子也说:"吾今而后知杀人亲之重也:杀人之父,人亦杀其父;杀人之兄,人亦杀其兄。然则非自杀之也,一间耳。"⑤这就是说,由杀人之父兄所导致的人之杀"我"之父兄其实也只有

---

① 韩非:《韩非子·五蠹》,《诸子集成》第5册,第341页。
② 《墨子·尚贤》上,《诸子集成》第4册,第27页。
③ 《墨子·兼爱》中,《诸子集成》第4册,第67页。
④ 《吕氏春秋·去私》,《诸子集成》第6册,第10—11页。
⑤ 《孟子·尽心》下,吴哲楣主编:《十三经》,第1426页。

"一间"之别,所以杀人之父兄实际上也就等于反过来在促使人来杀"我"之父兄。显然,刘邦的约法三章无疑受到了这种思想的影响;①而其推进,则主要表现在经过战乱之后的随便"盗人财物"的问题上。由人之生命平等权到人的财产平等权,实际上也就是一种自然的延伸与扩展而已。所以,如果我们承认秦国是通过法家的指导思想而赢得了诸侯争霸的胜利亦即秦王朝的统一,那么刘邦的约法三章自然也就等于是对新政权指导思想的一种重新选择。

在这里,一个非常重要的关节点就在于,虽然法家为秦王朝赢得了兼并战争的胜利,并且也很快实现了统一,但法家也同样很快就断送了秦王朝的江山。此中的原因,则诚如贾谊所总结的:"一夫作难而七庙隳,身死人手,为天下笑者,何也?仁心(义)不施而攻守之势异也"。至于其进一步的解释,也就是"秦王怀贪鄙之心,行自奋之智,不信功臣,不亲士民,废王道而立私爱,焚文书而酷刑法,先诈力而后仁义,以暴虐为天下始。夫并兼者高诈力,安危者贵顺权,推此言之,取与守不同术也。"如果将贾谊的这一总结与陆贾当时反问刘邦之所谓"居马上得之,宁可以马上治之乎?且汤、武逆取而顺守之,文武并用,长久之术也"②,那么贾谊这里所一再强调的"攻守之势异也"、"取与守不同术也",也就可以说是代表西汉士人对秦王朝所以灭亡原因的一种共识。

但对刘邦而言,他虽然能从墨家思想或自己的人生经验中提出尊重人之生命与财产权的约法三章,可他毕竟出身于社会下层,而在当时,刘邦甚至也没有选择指导思想的文化基础,他不过是一个"打天下"的政治领袖而已。而从其与陆贾的对话来看,他反而有可能直接走向儒学:

陆生时时前说称《诗》、《书》。高祖骂之曰:"乃公居马上而得之,安事《诗》、《书》!"陆生曰:"居马上得之,宁可以马上治之乎?且汤、武逆取而顺守之,文武并用,长久之术也……乡使秦已并天下,行仁义,法先圣,陛下安得而有之?"高祖不怿而有惭色,乃谓陆生曰:"试为我著秦所以失天下,吾所以得之者何,及古成败之国。"陆生乃祖述存亡之征,凡著十二篇。每奏一篇,高祖未尝不称善,左右呼万岁,号其书曰

---

① 说刘邦的约法三章受到墨家思想的影响并不意味着刘邦就读过墨家的著作,而是指其共同的社会下层出身自然会使其以人之生命的原始平等权作为处理人际关系的基本原则。

② 司马迁:《史记·郦生陆贾列传》,《二十五史》卷一,第253页。

"《新语》"。①

因为陆贾是儒生(前秦博士),其《新语》也无疑属于儒家思想,所以汉高祖的"未尝不称善"自然也就代表着其对儒家思想的理解与一定程度的认可。不过,刘邦的这种理解在当时还主要是出于一种外在的钦羡之情,一如其观看叔孙通演朝仪而感叹说"吾今乃知为皇帝之贵也"②一样。但从刘邦能够以源于墨家精神的约法三章代替秦王朝的严刑酷法来看,说明其不仅不排斥儒学(虽然其在战争中动辄拿儒生的帽子当尿壶,而且还喜欢骂儒生,但这只是表明其社会下层的出身往往反感儒生的儒雅与礼仪而已),而且也确实是可以在一定程度上接受儒学的。

不过,即使刘邦对儒学有一定的钦羡之情,他当时也只是停留在皇家礼仪的层面上。而作为西汉官方"意识形态"的国家指导思想,也不可能就决定于刘邦一时的钦羡之情;而是由一直跟着刘邦打天下,以后又相继担任丞相的萧何、曹参之先后继起决定的。

萧何之不同于刘邦,在于他本来就是文化人;而其起义前的具体身份则是县吏。所以在刘邦的统治集团——那些由打江山的功臣直接过渡而来的政府上层官员中,萧何实际上也就成为西汉政治体制的设计师与作为国家指导思想之"意识形态"的塑造者了。请先看萧何在跟随刘邦打江山过程中的作用:

> 及高祖起为沛公,(萧)何常为丞督事。沛公至咸阳,诸将皆争走金帛财物之府分之,何独先入收秦丞相御史律令图书藏之。沛公为汉王,以何为丞相。项王与诸侯屠烧咸阳而去。汉王所以具知天下厄塞,户口多少,强弱之处,民所疾苦者,以何具得秦图书也……
>
> 汉王引兵东定三秦,何以丞相留收巴蜀,填抚谕告,使给军食。汉二年,汉王与诸侯击楚,何守关中,侍太子,治栎阳。法令约束,立宗庙社稷宫室县邑,辄奏上,可,许以从事;即不及奏上,辄以便宜施行,上来以闻。关中事计户口转漕给军,汉王数失军遁去,何尝兴关中卒,辄补缺。上以此专属任何关中事。③

---

① 司马迁:《史记·郦生陆贾列传》,《二十五史》卷一,第253页。

② 司马迁:《史记·刘敬叔孙通列传》,《二十五史》卷一,第257页。

③ 司马迁:《史记·萧相国世家》,《二十五史》卷一,第160—161页。

何治田宅必居穷处,为家不置垣屋。曰:"后世贤,师吾俭;不贤,
无为世家所夺。"①

从其这一为人来看,萧何显然是一位儒道融合且目光远大的治世能臣。打
下咸阳,"诸将皆争走金帛财物之府分之,何独先入收秦丞相御史律令图书
藏之",这就为以后的"汉承秦制"打下了坚实的基础;而"汉王所以具知天
下厄塞,户口多少,强弱之处,民所疾苦者,以何具得秦图书也",从这一点
来看,萧何简直又等于是一位从知识与文献资料上培养刘邦成长的总统府
之秘书长。至于其"收巴蜀,填抚谕告,使给军食"以及"守关中,侍太子,治
栎阳"包括"关中事计户口转漕给军,汉王数失军遁去,何尝兴关中卒,辄补
缺"等等,等于又是刘邦"打天下"的后勤部长。但最让人叫绝的还在于,作
为西汉王朝的第一功臣,萧何居然"治田宅必居穷处,为家不置垣屋",并以
"后世贤,师吾俭;不贤,无为世家所夺"来自我说明,这显然又不仅仅是将
儒道融合的智慧运用于安邦治国,而且也包括自己的居家、立身与处世了。

萧何的这一做派,完全可以说是以儒应世,以道立身。而到了其继位者
曹参,也就把萧何的这一立身处事原则制度化,从而也就成为对西汉前期国
家意识形态的一种明确选择。在这一点上,司马迁的描述大概可以说是一
种写真性的见证:

参始微时,与萧何善;及为将相,有郤。至何且死,所推贤唯参。参
代何为汉相国,举事无所变更,一遵萧何约束。

择郡国吏木诎于文辞,重厚长者,即召除为丞相史。吏之言文刻
深,欲务声名者,辄斥去之。日夜饮醇酒。卿大夫已下吏及宾客见参不
事事,来者皆欲有言。至者,参辄饮以醇酒,间之,欲有所言,复饮之,醉
而后去,终莫得开说,以为常。②

参子窋为中大夫。惠帝怪相国不治事,以为"岂少朕与"? 乃为窋
曰:"若归,试私从容问而(尔)父曰:'高帝新弃群臣,帝富于春秋,君为
相,日饮,无所请事,何以忧天下乎?'然无言吾告若也。"窋既洗沐归,
间侍,自从其所谏参。参怒,而笞窋二百,曰:"趣入侍,天下事非若所
当言也。"③

---

① 司马迁:《史记·萧相国世家》,《二十五史》卷一,第161页。
② 司马迁:《史记·曹相国世家》,《二十五史》卷一,第162页。
③ 司马迁:《史记·曹相国世家》,《二十五史》卷一,第163页。

从以醇酒堵建议者之口到对其儿子答二百，简直就可以说是"顽固地"拒谏；但如果从其"择郡国史木讷于文辞，重厚长者，即召除为丞相史。吏之言文刻深，欲务声名者，辄斥去之"来看，曹参似乎又是一位善于识人的相国。但他完全没有料到，他儿子的建议实际上是代表新君汉惠帝对他的一种问责或者说是表示不满的。所以，在次日的朝堂上，曹参又与汉惠帝之间展开了如下一段对话：

　　至朝时，惠帝让参曰："与窋胡治乎？乃者我使谏君也。"参免冠谢曰："陛下自察圣武孰与高帝？"上曰："朕乃安敢望先帝乎！"曰："陛下观臣能孰与萧何贤？"上曰："君似不及也。"参曰："陛下言之是也。且高帝与萧何定天下，法令既明，今陛下垂拱，参等守职，遵而勿失，不亦可乎？"惠帝曰："善。君休矣！"

这样看来，曹参无论是对部下的以醇酒拒谏还是对其儿子的鞭答，实际上还都有一定的深谋远虑在。虽然，其以醇酒堵建议者之口，以鞭答回答儿子的建议，包括其在朝堂上以"陛下自察圣武孰与高帝"、"陛下观臣能孰与萧何贤"来回答汉惠帝的问责也都未必很恰切，但曹参确实准确地把准了当时社会的脉搏，也把准了国家所需要的政策。

　　西汉王朝就以这种方式完成了其对国家指导思想（意识形态）的选择；而这一选择是否正确，作为当朝史学家的司马迁又以如下记载作出了明确的回答：

　　百姓歌之曰："萧何为法，颛若画一；曹参代之，守而勿失。载其清净，民以宁一。"[1]

　　参为汉相国，清净极言合道。然百姓离秦之酷后，参与休息无为，故天下俱称其美矣。[2]

所以，后世的史学家也往往将西汉早期的这一指导思想概括为"无为而治，与民休息"；而作为一种指导思想，实际上也就是战国晚期以来开始流行的黄老之学。至于这一时期的社会清明之状，历史上则一直称之为"文景之治"。

　　那么"文景之治"究竟是如何形成的？而扎根于黄老之学的"无为而治，与民休息"又是如何能够成为西汉统治者的基本国策的呢？

---

[1]　司马迁：《史记·曹相国世家》，《二十五史》卷一，第163页。
[2]　司马迁：《史记·曹相国世家》，《二十五史》卷一，第163页。

首先一个原因在于，西汉王朝崛起于暴秦之后，此正是孟子所谓的"且王者不作，未有疏于此时也；民之憔悴于虐政，未有甚于此时也。饥者易为食，渴者易为饮"①。因而刘邦所谓的"天下苦秦久矣"②也可以说是代表那个时代最强烈的呐喊。所以，如果仅从社会历史之因缘际会来看，也可以说"文景之治"的第一塑造者其实也就恰恰在于秦王朝的恶法与酷政。

其次，对于那些一直跟着刘邦打江山的开国元勋来说，他们原来也都是生活于社会底层且深知国情民心的知识分子，像萧何、曹参都属于县一级的吏员。他们当时之所以跟着刘邦起义，一方面当然是因为县令要诛杀他们（他们已经无路可走了）以向朝廷谢罪；另一方面，则又是因为他们本来都属于秦王朝的下层官员，而其之所以不敢带头发动起义实际上也主要是出于一种怕担风险的心理。所以，对于当时他们一致推举刘邦做领袖的心理，司马迁分析说："萧、曹等皆文史，自爱，恐事不就，后秦种族其家，尽让刘季（邦）……于是刘季数让。众莫敢为，乃立季为沛公。"③实际上，无论是就关于人类历史方面的文化知识，还是就参与社会的政治经验而言，萧何、曹参无疑都是远远超过刘邦的，只是由于"恐事不就，后秦种族其家"，才一致推举刘邦作为反秦之领袖的。所以，在夺取江山之后，他们也能够准确地把握时代的脉搏及其需要，并以黄老之学的"无为而治，与民休息"塑造出一种全新的意识形态。

至于刘邦的价值，一方面当然在于他能够喊出时代的最强音："天下苦秦久矣"；另一方面，则主要在于他能够以极为简括的约法三章来安抚秦地军民。实际上，仅就这一点而言，如果没有对作为世风人情之社会心理的准确把握也是很难做到的。而最为重要的一点，则在于刘邦不仅有敢于打天下的胆略，而且还具有一定的自知之明与知人之智。比如当刘邦完成天下的统一并建都长安后，曾大宴群臣，在宴会上，酒酣耳热之际，刘邦还和群臣展开了如下一段对话：

---

① 《孟子·公孙丑》上，吴哲楣主编：《十三经》，第1362页。

② 司马迁：《史记·高祖本纪》，《二十五史》卷一，第36页。但这一"天下苦秦久矣"的说法同时也见之于陈胜的大泽乡起义，如"陈胜曰：'天下苦秦久矣。吾闻二世少子也，不当立，当立者乃公子扶苏……'"（《史记·陈涉世家》，《二十五史》卷一，第152页）足见这一看法在当时已经成为全社会广泛认同的一种基本共识了。

③ 司马迁：《史记·高祖本纪》，《二十五史》卷一，第36页。

高祖曰:"列侯诸将无敢隐朕,皆言其情。吾所以有天下者何? 项氏之所以失天下者何?"高起、王陵对曰:"陛下慢而侮人,项羽仁而爱人。然陛下使人攻城略地,所降下者因以予之,与天下同利也。项羽妒贤嫉能,有功者害之,贤者疑之,战胜而不予人功,得地而不予人利,此所以失天下也。"高祖曰:"公知其一,未知其二。夫运筹策帷帐之中,决胜于千里之外,吾不如子房。镇国家,抚百姓,给馈饷,不绝粮道,吾不如萧何。连百万之军,战必胜,攻必取,吾不如韩信。此三者,皆人杰也,吾能用之,此吾所以取天下也。项羽有一范增而不能用,此其所以为我所擒也。"①

看到刘邦的这一剖白,我们也就不得不承认其在当时蜂拥而起的各路诸侯中夺取天下之绝对的优势地位了。所谓"与天下同利"自然也就可以说是刘邦打天下的旗帜;而自知之明与知人之智并善于运用各种人才则是其能够集谋并力、夺取江山的主体基础。

但刘邦还存在着一个非常明显的过人之处,这就在于他是大权不一定独揽,而小权则一定分散,并且还敢于放手用人;而最让人佩赞的一点,就在于刘邦能够正视现实,并且还能够接受来自部下的批评,像张良、娄(刘)敬、陆贾、叔孙通这些谋士,几乎无人没有批评过他。而刘邦当时虽然也有"不悦"、"不怿"等表示,但他很快就会接受批评,并接受谋士的建议,这可能也就是他能够充分调动大家的积极性,集诸家之所长的根本原因。反倒是像萧何、曹参这些故秦的吏员,由于过早地接受了来自专制集权的官场培训,所以他们几乎从不当面批评刘邦,而是通过看脸色、察颜色、猜心理的方式来揣测上意。刘邦确实没有多少文化,此人所尽知,大概刘邦当时也根本没有后世君主之所谓"圣君"的期待,他只是明确自己要打江山——改朝换代,并且也希望能够安稳地坐江山,所以他也从不掩饰自己作为一个个体所有的毛病,比如贪酒、好色,不尊重人、好谩骂等等,既可以和部下开玩笑,同时也可以明确地向部下认错。但所有这些毛病,非但不影响其作为一位杰出的政治领袖,反而正因为这些"毛病",从而也就有了让人可以亲近之处。

正是刘邦的这种为政风格,所以他虽然"慢而侮人",而且还经常把儒生的帽子抓来当尿壶,但这些儒生并没有因此而放弃刘邦以转而他投,反倒是"仁而爱人"的项羽,其部下纷纷转过来投奔刘邦。再比如,刘邦也绝对

---

① 司马迁:《史记·高祖本纪》,《二十五史》卷一,第39页。

没有萧何、曹参那样的历史文化知识与社会政治经验，但当萧何"独先入收秦丞相御史律令图书藏之"时，刘邦并没有怀疑萧何有什么不轨之图；而当萧何为他提供当时"天下厄塞，户口多少，强弱之处，民所疾苦者"等诸多情况让他了解时，他也没有觉得萧何是反客为主，把自己当成了什么人物。实际情况反而是，正因为刘邦并没有多少历史知识与政治经验，他反而可以放手让萧何他们去干，于是，这才有了"无为而治，与民休息"的基本国策，有了汉初黄老之学的复兴以及作为其基本国策的指导思想。所以，对于汉初"无为而治，与民休息"的基本国策来说，虽然刘邦根本说不上自觉地参与制定，但这位开国领袖却无疑是汉初国策之最主要的促成者。

二、举贤良文学——从黄老之学到尧舜之道

当汉初统治者选择黄老之学的"无为而治"作为其指导思想或基本国策时，与其说是统治者的智慧选择了黄老之学，不如说首先是当时的政治经济形势迫使他们不得不将黄老之学作为其指导思想。当然，这里又存在着主客观两个方面的因素。

先从王权主体的角度以及当时可供选择之对象来看，秦王朝的法家选择固然帮助其很快夺取了江山，并且完成了统一，但因为其严刑峻法的特点，因而很快又导致了其政权的灭亡，这说明，法家这种严刑寡恩、把人不当人（即把人仅仅看作是为了达到维护其统治之手段与工具）就已经从根本上丧失了被选择的资格；而贾谊所谓的"仁心（义）不施而攻守之势异也"、"取与守不同术也"，也都明确地宣告法家思想已经彻底退出了可供选择的政治思想舞台。那么汉高祖刘邦通过约法三章所表现出来的墨家思想如何呢？虽然在社会战乱之余，墨家的原始平等精神确实能够起到一定的安抚人心的作用，但如果作为一种国家的意识形态或指导思想，则孟子的"无父"、庄子的"反天下之心"以及荀子的"蔽于用而不知文"①的批评，也都说

---

① 《荀子·解蔽》，《诸子集成》第2册，第261页。

明墨家的思想主张虽然可以有效于一时,毕竟难以以此来确立国家的长治久安之策。这样,就先秦诸子所能提供的思想资源而言,也就只有儒道两家了。而对于当时的统治者来说,能够从儒道两家中率先选择脱胎于原始道家的黄老之学作为其指导思想,应当说就已经表现出了一种绝大的智慧。

再从当时的客观形势来看,经过秦王朝严刑酷政的打击,加上楚汉战争的摧残,当时的天下已经疲惫到了极点。对于西汉开国时的穷困之状,司马迁描述说:

> 汉兴,接秦之弊,丈夫从军旅,老弱转粮饷,作业剧而财匮,自天子不能具均驷,而将相或乘牛车,齐民无藏盖……而不轨逐利之民,蓄积余业以稽市场,物越腾粜,米至石万钱,马一匹则百金。①

与之相应,当时的这种穷困状况也表现在帝王对其行政举措的选择中。《汉书》载:

> 孝文皇帝即位二十三年,宫室园囿车骑服御无所增益。有不便,辄驰以利民。尝欲作露台,召匠计之。直百金。上曰:"百金,中人十家之产也。吾奉先帝宫室,常恐羞之,何以台为!"身衣弋绨,所幸慎夫人衣不曳地,帷帐无纹绣,以示敦朴,为天下先。②

这两段记载,一段是出于当时帝王的行实,一段则是史家对于当时社会的写真,尤其是"自天子不能具均驷,而将相或乘牛车"一点,也就把西汉初年的经济形势及其贫困之状写活了。这说明,汉代统治者之所以选择"无为而治"的"与民休息"之策,绝不仅仅是因为汉代帝王的天性节俭(当然,汉文帝自幼的民间生活也对其节俭习惯有一定的促成作用),而是当时的经济形势迫使他们不得不如此选择。从这个角度看,也可以说正是当时的经济形势才是汉初指导思想的最终决定者,当然也就是汉文帝"露台"之罢的最后促成者了。

但西汉政权开创者能够自觉地选择黄老之学的"无为而治,与民休息"作为官方的指导思想毕竟是其政治智慧的表现,也说明他们的指导思想是基本适应当时的实际情况的。正因为汉初几代帝王的"恭俭"之策,才赢得了历史上的"文景之治"。所以,班固曾在其《汉书》中赞叹说:

---

① 司马迁:《史记·平准书》,《二十五史》卷一,第85页。
② 班固:《汉书·文帝纪》,《二十五史》卷一,第354页。

> 周秦之弊,罔密文峻,而奸宄不胜。汉兴,扫除烦苛,与民休息。至于孝文,加之以恭俭,孝景遵业,五六十载之间,至于移风易俗,黎民醇厚。周云成康,汉言文景,美矣。①

而这种通过"扫除烦苛,与民休息"的政策所赢得的社会富庶、民风淳厚,也见之于其时司马迁的描述:

> 汉兴七十余年之间,国家无事,非遇水旱之灾,民则人给家足。都鄙廪庾皆满,而府库余货财。京师之钱累巨万,贯朽而不可校。太仓之粟陈陈相因,充溢露积于外,至腐败不可食。众庶街巷有马,田陌之间成群,而乘字牝者傧而不得聚会。守闾阎者食粱肉,为吏者长子孙,居官者以为姓号。故人人自爱而重犯法,先行义而后绌耻辱焉。当此之时,网疏而民富,役财骄溢……②

显然,这无疑是西汉社会走向繁荣的表现,而所谓的"人给家足"自然也就意味着其时的国泰民安。当然,这样一种富庶之局同时也就意味着一个伟大的转型时代的到来。而这一转型又是和雄才大略的汉武帝连在一起的。

当汉武帝登上历史舞台时,一方面是"国家无事","民则人给家足";另一方面,则是汉初以来就已经形成并在统治者路径依赖的心理习惯支配下继续坚持的"无为而治,与民休息"之策。这样,一种从指导思想到国家政策之激烈的碰撞性的转型也就必然要发生了。

在此之前,由于孝惠帝时就已经废除了秦代的"夹书令",所以民间很快也就出现了自由讲学之风。就这一风气而言,当时的民间讲学也无疑是以儒学为主的,因为无论是儒家的现实关怀还是其存在方式,也都首先是从人伦教化入手的。而荀子所谓的"儒者在本朝则美政,在下位则美俗"③一说也准确地勾画出了儒家的思想性格。对于儒学的这一特征,《史记·儒林传》也从历史的角度记载说:

> 自孔子卒后,七十子之徒游散诸侯,大者为师父卿相,小者友教士大夫,或隐而不见……后陵迟以至于始皇,天下并争于战国,儒术既绌焉,然齐鲁之间,学者独不废也。④

---

① 班固:《汉书·景帝纪》,《二十五史》卷一,第354页。
② 司马迁:《史记·平准书》,《二十五史》卷一,第85页。
③ 《荀子·儒效》,《诸子集成》第2册,第76页。
④ 司马迁:《史记·儒林传》,《二十五史》卷一,第306页。

及高皇帝诛项籍,举兵围鲁,鲁中诸儒尚讲诵习礼乐,弦歌之间不绝,岂非圣人之遗化,好礼乐之国哉……故汉兴,然后诸儒始得修其经艺,讲习大射乡饮之礼……及至孝景,不任儒者,而窦太后又好黄、老之术,故诸博士具官待问,未有进者。①

司马迁的这一段追述,基本上理清了孔子去世以后儒学的发展、流衍及其传播情况,虽然其间也曾经历过"焚书坑儒"的打击,又经过文景之间"不任儒者"的冷落,但儒学之根以及其民间基础却始终没有断绝。这样,儒学的勃兴与已经作为西汉官方意识形态的黄老之学的矛盾也就必然要爆发了,而且也必然要导致西汉官方意识形态的一个重大转换。所以,就在景帝一朝,就已经发生了黄生与辕固生的激辩,②而儒学最终也就必然要成为黄老之学的替代者。

这是为什么呢?这当然主要是由于儒学与黄老之学的不同性质决定的。因为由原始道家演化而来的黄帝老子之学虽然也是出于与儒学所推崇的尧舜之道角力的需要才被加以推崇的,可它实际上却只是一种政治上的退守之术;至于所谓"无为而治,与民休息"也就正好适应了当时一个世纪之内两次全国性大战之后的穷困疲惫之状。但是,随着西汉国家经济与民力的复苏,如果仍然继续执行这种"无为而治"的"与民休息"之道,那就正好成为一种因循与放任了。所以黄生与辕固生的激辩,也就正好预示了随着国民经济的恢复,作为国家意识形态的指导思想也就必然要有一个重大转向。

所以,到了汉武帝时,一方面是经过七十余年的修生养息,西汉的综合国力已经空前强大,而司马迁所概括的"京师之钱累巨万,贯朽而不可校。太仓之粟陈陈相因,充溢露积于外,至腐败不可食。众庶街巷有马,田陌之间成群,而乘字牝者傧而不得聚会",就已经充分说明了其时那种"人给家足"的情况。另一方面,西汉社会又恰逢一位一直期待着大有作为的汉武帝以及其雄才大略,再也无法接受文景时代那种以清静无为为特征的"与民休息"之策了,自然也就无法满足于惠帝、文帝以来之所谓"萧规曹随"的执政风格。所以,汉武帝一定要在现实的基础上展现一番作为,而其作为的

---

① 司马迁:《史记·儒林传》,《二十五史》卷一,第306页。
② 参见司马迁:《史记·儒林传》,《二十五史》卷一,第307页。

第一步,居然就是"举贤良文学"。

"举贤良文学"本来就是汉代的察举制度,也是其选拔官员的主要形式,大概从汉文帝时就已经开始实行了。比如,文帝二年(前178)就曾下诏说:

> 朕下不能治育群生,上以累三光之明,其不德大矣。令至,其悉思朕之过失,及知见之所不及,匄以启告朕。及举贤良方正能直言极谏者,以匡朕之不逮。①

文帝十五年(前165),又下诏说:

> 诏诸侯王公卿郡守举贤良能直言极谏者,上亲策之,傅纳以言。②

西汉王朝由此形成了其选拔官员的察举制度。在此期间,汉文帝甚至还专门下诏批评那些不积极举荐的郡县,认为"今万家之县,云无应令,岂实人情?是吏举贤之道未备也"③。由此之后,举贤良方正或贤良文学也就成为汉代选拔官员的主要方式了。

当汉武帝积极推行"举贤良文学"时,他当然是在向社会索要人才,而汉武帝当时的急切性则主要在于他要尽快摆脱那些四平八稳且熟习黄老之术的老臣,以实现在用人制度上的突破。正是在这种条件下,董仲舒、公孙弘这些原来作为博士以"具官待问"的儒生也就应运而生了。因为汉武帝的"举贤良文学",完全是以策问的方式展开的;就是说,是由汉武帝出题目,而让受荐的儒生来回答,以看其能否满足武帝对人才的需求。显然,这也就成为由对西汉用人制度形式之继承而形成的一种主导思想与用人风格的大转换。

这一转换首先也就表现在董仲舒的"天人三策"中。当然,这又首先是通过汉武帝的策问表现出来的:

> 制曰:朕获承至尊休德,传至无穷,而施之罔极,任大而守重,是以夙夜不皇康宁……
>
> 盖闻五帝三王之道,改制礼作乐而天下恰和。当虞氏之乐莫盛于《韶》,于周莫盛于《勺》。圣王已没,钟鼓莞弦之声未衰,而大道微缺,陵夷至虖桀纣之行,王道大坏矣。夫五百年之间,守文之君,当涂之士,

---

① 班固:《汉书·文帝纪》,《二十五史》卷一,第352页。
② 班固:《汉书·文帝纪》,《二十五史》卷一,第353页。
③ 班固:《汉书·文帝纪》,《二十五史》卷一,第353页。

欲则先王之法以戴翼其世者甚众,然犹不能反,日以仆灭,至后王而后止,岂其所持操或悖谬而失其统与?固天降命不可复反,必推之于大衰而后息与?乌虖!凡所为屑屑,夙兴夜寐,务法上古者,又将无补与?三代受命,其符安在?灾异之变,何缘而起?性命之情,或夭或寿,或仁或鄙,习闻其号,未烛厥理。伊欲风流而令行,刑轻而奸改,百姓和乐,政事宣昭,何修何饬而膏露降,百谷登,德润四海,泽臻屮木,三光全,寒暑平,受天之祜,享鬼神之灵,德泽洋溢,施虖方外,延及群生?①

就汉武帝的这一策问及其方向来看,其本身就已经明确定位在儒家的三皇五帝之道上了;这当然首先决定于武帝为太子时景帝就为其选择了卫绾这位儒者作为太傅,更重要的还在于儒家自其产生以来就形成了"大者为师父卿相,小者友教士大夫"以持守教育的传统。这样看来,对于儒家之道,武帝当时的"举贤良文学"也就恰恰显现了一种君臣共谋的性质。所以,董仲舒的回答也就全然是从儒家学理的角度展开的:

> 陛下发德音,下明诏,求天命与情性,皆非愚臣之所能及也。臣谨案《春秋》之中,视前世已行之事,以观天人相与之际,甚可畏也。国家将有失道之败,而天乃先以灾异以谴告之,不知自省,又出怪异以惊惧之,尚不知变,而伤败乃至。以此见天心之仁爱人君而欲止其乱也。自非大亡道之世者,天尽欲扶持而全安之,事在强勉而已矣。强勉学问,则闻见博而知益明;强勉行道,则德日起而大有功;此皆可使还至而有效者也……
>
> 道者,所由适于治之路也,仁义礼乐皆其具也。故圣王已没,而子孙安宁长久数百岁,此皆礼乐教化之功也。王者未作乐之时,乃用先王之乐宜于世者,而以深入教化于民。教化之情不得,雅颂之乐不成,故王者功成作乐,乐其德也。乐者,所以变民风,化民俗也;其变民也易,其化人也著。故声发于和而本于情,接于肌肤,臧于骨髓。故王道虽微缺,而莞弦之声未衰也。②

我们这里当然已经没有必要征引汉武帝与董仲舒之间的全部策问与对答了,因为无论是其"问"还是"答"都已经明确限定在儒学的范围了;而董仲

---

① 班固:《汉书·董仲舒传》,《二十五史》卷一,第 572 页。
② 班固:《汉书·董仲舒传》,《二十五史》卷一,第 572 页。

舒的"答",也已经将其"灾异谴告"之说和盘托出。这就不仅表现出了儒学的规模,而且也明显地突出了汉儒的特色。而在这一策问与对答中,董仲舒还明确地提出了如下建议:

> 臣愚以为诸不在六艺之科孔子之术者,皆绝其道,勿使并进。邪僻之说灭息,然后统纪可一而法度可明,民知所从矣。①

而在其私下的言谈与问答中,董仲舒甚至也明确道出了儒家的致治原则:

> 夫仁人者,正其谊不谋其利,明其道不计其功。是以仲尼之门,五尺之童羞称五伯,为其先诈力而后仁谊也。苟为诈而已,故不足称于大君子之门也。②

由于董仲舒的这一对答基本获得了汉武帝的首肯,因而这样一来,西汉王朝的指导思想——从国家的取士制度到个体的立身处世之道,也就全然统一到儒学的基础上了。

这无疑是对汉初以来"萧规曹随"国策的一次彻底翻盘。当然在此之前,当汉武帝刚刚登基,曾经作为太傅而当时已任丞相的卫绾也就向武帝上奏道:"'所举贤良,或治申、商、韩非、苏秦、张仪之言,乱国政,请皆罢。'奏可。"③自然,这也就明确地将当时所谓的"刑名法术之学"驱逐于国家指导思想之外了,说明自从汉武帝登基,西汉王朝就已经开始了向儒学的全面转向。到了建元五年(前136),汉武帝又下诏说:

> 五年春,罢三铢钱,行半两钱,置《五经》博士。④

而这一诏书,也就必然会带动儒学研究的勃兴。对此,司马迁概括说:

> 自是以后,言《诗》于鲁则申培公,于齐则辕固生,于燕则韩太傅。言《尚书》自济南伏生。言《礼》自鲁高堂生。言《易》自淄川田生。言《春秋》于齐、鲁自胡毋生。于赵自董仲舒。⑤

显然,这就标志着儒学作为国家意识形态的正式登台,而所谓"置《五经》博士",当然也就代表着国家对儒家《五经》及其官方意识形态身份的正式确认。所以,到董仲舒在"举贤良文学"中提出"罢黜百家,独尊儒术"的建议

---

① 班固:《汉书·董仲舒传》,《二十五史》卷一,第576页。
② 班固:《汉书·董仲舒传》,《二十五史》卷一,第576页。
③ 班固:《汉书·武帝纪》,《二十五史》卷一,第356页。
④ 班固:《汉书·武帝纪》,《二十五史》卷一,第356页。
⑤ 司马迁:《史记·儒林传》,《二十五史》卷一,第306页。

时,则儒学不仅已经成为社会思潮的主流,而且儒生也在逐步成为朝堂的主体。

在儒学的这一复兴过程中,与董仲舒一并出于"举贤良文学"的公孙弘也发挥了不小的作用。元朔五年(前124),武帝下诏曰:

> 盖闻导民以礼,风之以乐。今礼乐崩坏,朕甚闵焉。故详延天下方闻之士,咸荐于朝。其令礼官劝学,讲议恰闻,举遗兴礼,以为天下先。太常其议予博士弟子,崇乡党之化,以励贤才焉。①

这也就是史册上所谓的"丞相弘请为博士置弟子员,学者益广"②之说,其原文为:

> 闻三代之道,乡里有教,夏曰校,殷曰庠,周曰序。其劝善也,显之朝廷;其惩恶也,加之刑罚。故教化之行也,建首善自京师始,由内及外。今陛下昭至德,开大明,配天地,本人伦,劝学兴礼,崇化励贤,以风四方,太平之原也。古者政教未洽,不备其礼,请因旧官而兴焉。为博士官置弟子五十人,复其身。太常择民年十八以上,仪状端正者,补博士弟子。郡国县官有好文字、敬长上、肃政教、顺乡里、出入不悖,所闻,令、相、长、丞上属所二千石。二千石谨察可者,常与计偕,诣太常,得受业如弟子。一岁皆课,能通一艺以上,补文学掌故缺;其高第可以为郎中,太常籍奏。即有秀才异等,辄以名闻。其不事学若下材,及不能通一艺,罢之,而请诸能称者……
>
> 制曰:"可。"自此以来,公卿大夫士吏彬彬多文学之士矣。③

很明显,这就构成了汉代经学制度的确立;而由此之后,儒学也就成为皇权所正式尊奉的经典了。从历史的角度看,这也就是发端于春秋时代的诸子学之一——儒学——第一次被皇权确定为国家意识形态或皇权运作的指导思想;至于所谓"彬彬多文学之士"一说,不过是经学勃兴的表现而已。

在从西汉官方意识形态的翻盘到经学勃兴这一过程中,官方体制中的博士制度与民间的自由讲学之风也就构成了儒学勃兴之两股非常重要的推动力量。当然,汉景帝能够安排武帝自幼跟从卫绾学习儒学一点,则起到了关键性的作用,因而从一定角度看,甚至也可以说是创发与根本动力的作用

---

① 班固:《汉书·武帝纪》,《二十五史》卷一,第356页。
② 班固:《汉书·武帝纪》,《二十五史》卷一,第356页。
③ 班固:《汉书·儒林传》,《二十五史》卷一,第701—702页。

（试想，当汉武帝在建元五年"置《五经》博士"时，还未曾"举贤良文学"；而董仲舒、公孙弘一类的儒生还蛰伏于其博士之业）。在这种状况下，如果不是汉武帝自觉地"置《五经》博士"以及随之"举贤良文学"，那么从儒学的翻盘到其成为国家意识形态，其路可能也就要漫长得多。但总体而言，这一结果仍然是官方的博士制度与民间的自由讲学之风相互促进的结果。

　　先从博士制度来看，中国的博士制度起源于战国；而从其作为一种官制或官制的补充形态来看，则主要起源于秦。从战国的时代格局来看，秦国无疑是利用外来游说之士最多的国家，而在其完成统一后，它又面临着关东六国留存下来的大量的有文化有影响但又没有根底的游说之士，而秦国的法家国策又绝不可能任用这些有文化的游说之士，于是博士制度也就成为一种最基本的安排或管控方式。但从《秦始皇本纪》来看，专门为其寻找仙药的侯生和卢生就抱怨说："始皇为人，天性刚戾自用，起诸侯，并天下，意得欲从，以为自古莫及己。专任狱吏，狱吏得亲幸。博士虽七十人，特备员，弗用。"①仅从这一点来看，估计秦国当时也是刚刚设立博士制度，所以他们还特意提到"博士虽七十人，特备员，弗用"。当然，也正是因为他们二人的率先逃亡，才导致了后来的"坑儒"事件。所以，博士一说虽然起源于战国，却应当是以秦国为制度性首创的。

　　这样看来，所谓博士制度从一形成起似乎就和"士"连在一起，所以钱穆先生认为："秦之博士即本战国"②。又说："安国为汉廷博士，而郑（康成）称之为'稷下生'（'生'即'先生'），故知'博士'与'稷下先生'异名同实，晚汉犹未堕此义。"③所以，马非百先生也进一步追溯说："大抵齐之稷下先生，即为秦代博士制度之来源。"④这当然是就其直接起源而言，如果再向前追溯，那么战国的百家争鸣也就可以说是博士制度所以形成的熔炉。

　　从博士制度的影响来看，司马迁记载说：

　　　　及至秦之季世，焚《诗》、《书》，坑术士，六艺从此缺焉。陈涉之王也，而鲁诸儒持孔氏之礼器往归陈王。于是孔甲为陈涉博士，卒与涉俱

---

① 司马迁：《史记·秦本纪》，《二十五史》卷一，第25页。
② 钱穆：《两汉博士家法考》，《两汉经学今古文平议》，商务印书馆2001年版，第184页。
③ 钱穆：《两汉博士家法考》，《两汉经学今古文平议》，第184页。
④ 马非百：《秦集史》，中华书局1982年版，第893页。

死……其事至微浅,然而缙绅先生之徒负孔子礼器往委质为臣者,何也? 以秦焚其业,积怨而发愤于陈王也。①

至于后来跟着刘邦打天下的陆贾就是故秦博士;而为汉高祖演朝仪的叔孙通,居然还是前秦的"待诏博士"②。至于那位在汉初就开始在民间讲学的伏生,也是前秦的博士。总之,当汉代废除秦王朝的"夹书令"之后,最先起来在民间讲学的大都是前秦博士,不过其成分稍微驳杂一些而已。

由于汉承秦制,因而自然也就继承了秦代的博士制度("陈涉之王也,而鲁诸儒持孔氏之礼器往归陈王。于是孔甲为陈涉博士,卒与涉俱死……",说明当时政治体制建构的路径依赖也表现在陈涉称王中)。而到了文景时期,活跃于政治舞台的书生基本上都是博士,比如贾谊,汉文帝本来要征为廷尉,因为"贾生年少,颇通诸子百家之书,文帝召以为博士"③。再比如辕固生,"以治《诗》,孝景时为博士"④;"韩生者,燕人也,孝文帝时为博士"⑤;"胡毋生,齐人也,孝景时为博士"⑥;至于董仲舒,也同样是孝景时的博士。大体说来,以前的博士成分可能还比较驳杂,但到了武帝"置《五经》博士"以后,则博士制度也就基本上成为儒家的"专利"了。

再从民间讲学之风来看,率先起来讲学的前秦博士有传《尚书》的伏生、传《诗》的韩生;而在鲁传《诗》的申公居然还是当时朝中大臣王臧、赵绾的老师,其"弟子为博士者十余人"⑦。这种情况,也就不仅仅决定于所谓博士制度,而是首先决定于儒家经典的基本性质了。因为在与社会政治存在较为密切关系的儒、道、墨、法四家之中,也只有儒家始终献身于做人的教育事业,司马迁所概括的"自孔子卒后,七十子之徒游散诸侯,大者为师父卿相,小者友教士大夫"也都是就其致力于教育事业而言的;而儒家思想又始终具有以人伦关怀为重心的性质,这就使它不可能舍弃现实的社会与政治教化而追求所谓独善其身。所以说,只要在社会承平、天下大体稳定的年代,儒家对于其他几家的取代也就会成为一种必然的趋势。

---

① 司马迁:《史记·儒林传》,《二十五史》卷一,第307页。
② 司马迁:《史记·刘敬、叔孙通列传》,《二十五史》卷一,第256页。
③ 司马迁:《史记·屈原、贾生列传》,《二十五史》卷一,第224页。
④ 司马迁:《史记·儒林传》,《二十五史》卷一,第307页。
⑤ 司马迁:《史记·儒林传》,《二十五史》卷一,第308页。
⑥ 司马迁:《史记·儒林传》,《二十五史》卷一,第308页。
⑦ 司马迁:《史记·儒林传》,《二十五史》卷一,第307页。

　　这样一来,当我们再回头看儒、道、墨、法四家之先后崛起时,就其思想性质而言,则除了最早形成的儒家试图从人的精神与心理根源层面来谋求对"礼崩乐坏"问题以彻底解决之外,从道家、墨家一直到法家,似乎都表现出了一种越来越向当下之现实生活集中的趋势。比如从其崛起就与儒家不同的道家,其首先就关注人之"有身"的层面,而墨家则集中于关注人之"存身"所面临的现实苦难;到了法家,则又主要试图通过奖惩于人身之生存条件的方式来扭曲人的天性,从而达到其集权专制的目的。这样一来,如果我们将儒家作为春秋时代"礼崩乐坏"——人伦失范现象的直面正视与人生厄运的主体担当者,而以后所相继形成的道、墨、法三家也就越来越集中于表现人之生存的当下与现实了。那么,这能否说明国人的关怀与视野也就越来越向着现实政治集中或聚焦呢?

　　在从春秋、战国一直到秦汉统一这一漫长的历史演变过程中,除了儒墨两家曾在思想文化上作为"显学"之外,就与诸侯政权的合作而言,后来居上的法家显然是最早得到专制政权之选择和运用的指导思想,然后才有刘邦对墨家思想之运用,以及萧何、曹参对源于道家之黄老思想的选择;而儒家的这一历史机遇则似乎来得最晚,几乎可以说是在法家、墨家以及黄老道家在陆续得到任用之后的剩余。但这也同时说明,当汉武帝在选择儒家作为其指导思想时,他似乎已经没有其他选择了;或者说,也只有儒学才能成为其可以免遭前朝覆辙的选择。实际上,当儒学成为大一统政权的选择时,所谓法家、墨家与黄老道家也早就已经被排除于指导思想之外了。因而,从这个角度看,似乎最早与专制政权合作的法家也就成为最早遭到历史唾弃的思想流派,因为秦王朝的灭亡固然可以不论,当卫绾提出"所举贤良,或治申、商、韩非、苏秦、张仪之言,乱国政,请皆罢"并且得到认可时,也说明汉代统治者已经充分认识到法家之急功近利的短视以及其扭曲人性的悖谬是根本不利于国家之长治久安的;至于墨家与源于道家的黄老之学,虽然也可以发挥作用于一时,但毕竟不能提供一个民族建构其人伦文明的长治久安之策。

　　这样看来,汉代统治者也是经过七十余年的比较与鉴别,才最后选择了儒家作为其建构人伦文明的指导思想;而汉武帝之"置《五经》博士"以及董仲舒"罢黜百家,独尊儒术"的建议,也就代表着大一统政权与儒学长期合作的起始。

三、经学的历史形态

什么是经学？如果我们望文生义地加以解释，那么也就可以说，所谓经学就是专门研究经典的学问。那么什么样的文献才可以称之为"经典"呢？对于这一问题，历史上曾有一系列的说法。比如：

经所以有五者何？ 经，常也。有五常之道，故曰五经。①

经也者，恒久之至道，不刊之鸿教也。②

经，径也，常典也，如径路无所不通，可常用也。③

经者常也。言常道也。故六经之行于世。犹日月之经天也。④

中国人思维的具体性往往不习惯于下抽象的定义，所以这几种说法，除了"常也"、"恒久之至道"、"径也"以及"常典"、"常道"的具体解释外，几乎没有提供可以作为定义性的说法，反倒是明代何良俊的"犹日月之经天也"一说作为对"经"字的具体运用可以提供一点作为定义性的认识。但是，如果我们以此来看"经"的定义，那么所谓"经"也就首先应当是一个动词，一如我们今天仍然在运用的"经画"、"经纬"以及"经天纬地"等等，因为从历史的角度看，可能也先只有"经"之作为动词性含义的运用，然后才会形成所谓"常道"、"常典"之形容词性质的说法。

实际上，这种动词性的运用可能才是"经"的真正源头。比如在《春秋左传》中，其关于"经"就有如下运用：

礼，经国家，定社稷，序民人，利后嗣者也。⑤

昔岁入陈，今兹入郑，民不罢劳，君无怨讟，政有经矣。⑥

夫礼，天之经也，地之义也，民之行也。天地之经，而民实则之。⑦

---

① 陈立撰，吴则虞点校：《白虎通疏证·五经象五常》，第 445 页。
② 《太平御览》第三册，第 2735 页。
③ 《太平御览》第三册，第 2735 页。
④ 何良俊：《四友斋丛说》，中华书局 1959 年版，第 1 页。
⑤ 《春秋左传·隐公十一年》，吴哲楣主编：《十三经》，第 612 页。
⑥ 《春秋左传·宣公十二年》，吴哲楣主编：《十三经》，第 726 页。
⑦ 《春秋左传·昭公二十五年》，吴哲楣主编：《十三经》，第 920 页。

在这里,所谓"经国家"就是我们今天所谓"经略"、"经画"与"经邦济世"的意思,也无疑是作为动词来运用的,实际上也就相当于我们日常用语中的"经理"、"经营"、"经纶"的意思;至于所谓"政有经矣",则又主要是指根本性原则的意思,也显然是从"经理"、"经画"与"经营"角度引申并拓展而来的。如果再从"天之经也"以及"天地之经"来看,则无疑又是作为法则性的大纲来运用的。所以,今天作为名词或形容词的"经"实际上也就首先是从其作为动词性的"经营"、"经画"与"经纶"引申而来的。

但是,如果我们继续追问儒家经学的含义及其形成时,则又主要是指其作为形容词或名词的含义而言的,进一步看,也就可以说必须是以文献的形式存在并且也是作为儒家经营、经画与经纶人伦社会的基本原则而出现的。如果从这个角度看,那么产生于孔子以前的《诗》、《书》、《易》、《礼》包括所谓的鲁史《春秋》,也就应当说是儒家历史上最基本的经典,因为这五者无论哪一者,也都始终是围绕着人伦社会的治理而展开的,并且也确实具有基本原则的含义。

但对于儒家的经学,作为近现代经学大师的皮锡瑞却明确地坚持说:"孔子以前,不得有经",这究竟是为什么呢? 在《经学历史》一书中,皮锡瑞明确指出:

> 经学开辟时代,断自孔子删定"六经"为始。孔子以前,不得有经,犹之李耳既出,始著五千之言;释迦未生,不传七佛之论也。《易》自伏羲画卦,文王重卦,止有画而无辞;史迁、扬雄、王充止云文王重卦,不云作《卦辞》。亦如《连山》、《归藏》止为卜筮之用而已。《连山》、《归藏》不得为经,则伏羲、文王之《易》亦不得为经矣。《春秋》,鲁史旧名,止有其事其文而无其义;亦如晋《乘》、楚《梼杌》止为记事之书而已。晋《乘》、楚《梼杌》不得为经,则鲁之《春秋》亦不得为经矣。古《诗》三千篇,《书》三千二百四十篇,虽卷帙繁多,而未经删定,未必篇篇有义可为法戒。《周礼》出山崖屋壁,汉人以为渎乱不验,又以为六国时人作,未必真出周公。《仪礼》十七篇,虽周公之遗,然当时或不止此数而孔子删定,或并不及此数而孔子增补,皆未可知。观"孺悲学士丧礼于孔子,《士丧礼》于是乎书",则十七篇亦自孔子始定;犹之删《诗》为三百篇,删《书》为百篇,皆经孔子手定而后列为经也。①

---

① 皮锡瑞著,周予同注释:《经学历史》,中华书局 2011 年版,第 1 页。

在这里，皮锡瑞之所以坚持"孔子以前，不得有经"，看起来似乎是出于一种对孔子绝对尊崇的态度，即认为只有经过孔子之手删定之后才可以算作"经"；因而也只有孔子以后，才可能有经学。实际上，其之所以如此坚持，关键也就取决于一点，这就是在皮锡瑞看来，只有经过孔子删定之后，儒家的原始文献也才"篇篇有义可为法戒"，从而也就可以成为"经"的形态了。这样看来，皮锡瑞之所以断定只有"经孔子手定而后列为经也"，关键也就在于经过孔子删定之后，儒家的原始文献也就具有了"可为法戒"的意义。所以，皮锡瑞的经典标准，看起来似乎是一味坚持"孔子手定"的原则，似乎表现出对孔子的一种绝对推崇的心态，实际上，其所谓的"孔子手定"，可能也就主要落实在"可为法戒"一点上。如果仅从这一点来看，那么皮锡瑞的经学标准，实际上反倒坚持着"经"之一种较为原始与本真的含义，即首先必须具有所谓"经"的动词性质——"可为法戒"的含义。

　　但如果从这个角度出发，那么我们也就仍然可以说，孔子以前不仅同样存在并且也肯定是有"经"存在的。因为《诗》、《书》、《易》、《礼》、《春秋》虽然经过孔子的删定，但毕竟不是孔子所改作；而只要不是孔子所改作，那么《诗》、《书》、《易》、《礼》包括《春秋》中的内容也就仍然具有其可以作为"法戒"性的内容。因为我们毕竟不能说"五经"中凡是具有"可为法戒"性的内容都是孔子所"删定"出来的。比如说，《尚书》虽然经过孔子的删定，但即使经过孔子所删定的《尚书》，其中的内容毕竟也首先是其原来就有的，而不是孔子所增加出来的，这就仍然不失其"可为法戒"的意义。比如《尚书》中的如下内容：

　　　　民可近，不可下，民惟邦本，本固邦宁。[1]

　　　　德无常师，主善为师。善无常主，协于克一。[2]

　　　　皇天无亲，惟德是辅。民心无常，惟慧之怀。[3]

如果我们承认上述说法是《尚书》中原来就有的内容，那么我们也就无法否认其中确实存在着"可为法戒"的意义。因为《尚书》作为中国历史上最古老的官方文献，它本来就是西周统治者对夏、商、周三代政治

---

① 《尚书·五子之歌》，吴哲楣主编：《十三经》，第75页。
② 《尚书·咸有一德》，吴哲楣主编：《十三经》，第82页。
③ 《尚书·蔡仲之命》，吴哲楣主编：《十三经》，第110页。

经验的总结；①既然是对三代政治经验的总结，又如何能够否认其中原来就具有"可为法戒"的意义呢！甚至，从一定程度上说，如果离开了"可为法戒"的意义，那么可能也就根本不会有《尚书》之作了，当然也就谈不到孔子后来的"删定"了。

那么，究竟应当如何解开这一症结呢？实际上，这一问题的答案也就在于"经"之作为动词、形容词与其作为名词的不同含义之中，也就是说，孔子之前的"经"可能也就主要是作为动词、形容词之"可为法戒"含义的经；而在经过孔子所删定、整理之后的"经"，也就具有了作为名词之法则性的根本原则的含义。如果从这个角度来看待儒家的经典，那么起码在文、武、周公时代，儒家也就已经有其经典了；而《尚书》中如此多的"典"、"谟"、"诰"、"训"、"誓"、"命"等等，难道不都是从"可为法戒"的角度展开的吗？

这就涉及一个儒学的存在形态问题。当我们在前面对孔子与周公进行比较时，曾认为周公可以说就是作为一种政治领袖与政治实践型的儒家，而孔子则是作为思想探索与文化创造型的儒家。作为政治领袖的儒家，其所面对的主要是现实问题，而其所要解决的也首先是现实的政治危机，所以，《尚书》对三代政治经验的总结，也就主要表现为"典"、"谟"、"诰"、"训"、"誓"、"命"、"征"、"贡"、"歌"、"范"之类的形态；而其教诫性的意义，也就集中表现在具体的"诰"、"训"之类的形态之中。如果说作为"法戒"，那么它也首先是作为动词性的"法戒"来运用的。——只要看看《尚书》中如此多的"诰"，从《大诰》、《康诰》、《酒诰》到《召诰》、《洛诰》、《仲虺之诰》，也就可以清楚地看出其中非常明确并且也是作为动词的"法戒"性意义。所以，如果要说儒家经典确实存在着作为动词之经略、经纶与经纬方面的含义，那么这一点也首先是由西周的政治儒学与实践儒学所表现并总结出来的。

但政治儒学的"法戒"性意义毕竟比较现实，也比较具体，而其作为"文献"形态也显得稍微零碎、散乱一些，②于是，就有了儒家经典的第二种形态；而这种具有固定文本式样的文献形态则主要是通过孔子的"删定"与整理实现的。比如《庄子》与《礼记》中就都有如下大致相同的记载：

---

① 从《尚书》中"稽古帝尧"、"稽古帝舜"来看，它显然是出自后人追述的口气；但从殷商的甲骨文字来看，商代显然还不可能形成如此细致的追述文字，因而只能断定其形成于西周早期。

② 西周的铭文大都具有教诫性的意义，而其著于日常器皿上的存在方式毕竟显得稍微散乱一些。

孔子谓老聃曰："丘治《诗》、《书》、《礼》、《乐》、《易》、《春秋》《六经》，自以为久矣，孰知其故矣；以奸七十二君，论先王之道而明周召之迹，一君无所钩用。甚矣夫！人之难说也，道之难明邪？"①

孔子曰：入其国，其教可知也。其为人也温柔敦厚，《诗》教也；疏通知远，《书》教也；广博易良，《乐》教也；絜静精微，《易》教也；恭俭庄敬，《礼》教也；属辞比事，《春秋》教也。故《诗》之失，愚；《书》之失，诬；《乐》之失，奢；《易》之失，贼；《礼》之失，烦；《春秋》之失，乱。其为人也，温柔敦厚而不愚，则深于《诗》者也。疏通知远而不诬，则深于《书》者也。广博易良而不奢，则深于《乐》者也。絜静精微而不贼，则深于《易》者也。恭俭庄敬而不烦，则深于《礼》者也。属辞比事而不乱，则深于《春秋》者也。②

从庄子笔下对孔子"治《诗》、《书》、《礼》、《乐》、《易》、《春秋》"的自述到《礼记》中孔子对弟子的叮咛、教诫与指点，大体上可以证明儒家作为文献形态的"六经"的确是成于孔子之手。但所谓"六经"的说法却未必就出于孔子。原因很简单，虽然孔子可以《诗》、《书》、《礼》、《乐》作为教材，但孔子却绝对不可能就直接将自己所删定的教材称之为"经"的（比如孔子与弟子的日常对话，虽然成于七十子及其后学之手，也只是称之为"论语"——语录而已）。而且当时可能就已经有了诸如所谓《山海经》、《本草经》之类的称谓，而在孔子之后也有了《道德经》、《墨经》之类的称谓。因而，所有的"经"只能是出自后人的加封与追赠，并且也只能是在经过一段实践的检验之后才能出现；至于"六经"这样的称谓，可能也就只有在战国末期秦与关东六国对峙以后才能出现。所以，当秦国形成其统一天下的志向时，就决定"数以六为纪，符法冠皆六寸。而舆六尺，六尺为步，乘六马"③。而对于秦王朝来说，这当然是一个极为重大的历史事件；但对于反对秦国兼并并且对峙于秦国之武力统一路线的关东六国而言，"六艺"、"六经"之类的说法可能也就成为其从精神上抗衡于秦国之武力征伐的历史记录了。所以，虽然"六经"作为文献在经过孔子删定之后就已经形成；但"六经"作为儒家恒常性的教典，则起码可能就像"六艺"一样，只能是与秦国抗衡时代的产物。

---

① 《庄子·天运》，郭庆藩编：《庄子集释》，第583页。
② 《礼记·经解》，吴哲楣主编：《十三经》，第550页。
③ 司马迁：《史记·秦始皇本纪》，《二十五史》卷一，第24页。

所以,到了秦汉时代,虽然"六经"之类的称谓都已经成为儒生的日常用语了,但汉武帝在建元五年的诏书却只是"置《五经》博士"。这说明,虽然"六艺"、"六经"之类的说法当时就已经成为儒生的口头禅了,但作为官方文献的皇帝诏书却只能严格地核定其真实所指,并且也必须有其具体的落实。

不过,儒家的《诗》、《书》、《礼》、《乐》、《易》、《春秋》在经过孔子的一番解读、诠释与删定之后,其作为儒家之"经"——文献的形态就已经形成了,而且其关于《诗》之"温柔敦厚而不愚"、《书》之"疏通知远而不诬"、《礼》之"恭俭庄敬而不烦"、《乐》之"广博易良而不奢"、《易》之"絜静精微而不贼"以及《春秋》之"属辞比事而不乱"的规定,也全然是围绕着个体做人的角度而展开的。这说明,孔子所删述整理的"六经",其实全然是以诸子学为基础的,并且也是围绕着如何培养君子人格而展开的。当然反过来看,这种始终围绕着君子人格的"六经",其实也就可以视为孔子手定"六经"的证明。因而,与西周之政治实践、政治经验与政治教训形态的儒学相比,那么这也就可以说是儒家经典的第二种形态。

但是,经过孔子的删述与整理之后,儒家的经典虽然已经有了"六经"之名,并且也在社会上形成了较为广泛的影响,比如《庄子》所概括的"《诗》以道志,《书》以道事,《礼》以道行,《乐》以道和,《易》以道阴阳,《春秋》以道名分"①云云,也就可以视为儒家"六经"在社会上形成广泛影响的表现(或者说起码已经得到了道家庄子的承认)。但这种表现却仍然属于诸子学的形态,其与王朝政治之间还存在着一段较大的距离。也就是说,儒家的"六经"虽然已经牢牢地站稳了诸子学的立场,并且也以培养君子人格为指向,这固然已经形成了其作用于社会的一种主要渠道,但这种形态与广泛的社会大众之间还有一定的距离。

在这种情况下,随着兼并战争的加剧,先是法家与专制政权的结合,接着是墨家的原始平等思想对法家独裁专制思想的化解,然后就有了脱胎于道家的黄老之学的"无为而治"以及与大一统政权相结合的"与民休息"的基本国策。而在这一过程中,儒家虽然并未受到大一统政权的青睐,但从废除"夹书令"起,儒家就已经从其诸子学的形态出发,牢牢地抓住了做人的

---

① 《庄子·天下》,郭庆藩编:《庄子集释》,第1171页。

教育权。这种情形，也就诚如司马迁所概括的，"自孔子卒后，七十子之徒游散诸侯，大者为师父卿相，小者友教士大夫，或隐而不见。故子路居卫，子张居陈，澹台子羽居楚，子夏居西河，子贡终于齐，如田子方、段干木、吴起、禽滑釐之属，皆受业于子夏之伦，为王者师。是时独魏文侯好学。后陵迟以至于始皇，天下并争于战国，儒术既绌焉，然齐鲁之间，学者独不废也"。①显然，自从孔子开辟私人教育起，儒家就始终以对做人的教育作为其基本的社会立足点，也是其作用于社会并发挥其社会影响的主要职业。所以说，成人、做人教育才是儒者的存身之基，也是其发挥社会作用的主渠道。

正因为这一原因，也正因为社会不可能没有做人教育，因而儒家也就有了进一步向社会发挥作用的机会。所以，虽然景帝一朝"不任儒者，而窦太后又好黄老之术，故诸博士具官待问，未有进者"②，但汉景帝却聘请了儒者卫绾以作为其太子的太傅，并承担起培养汉武帝的责任，这就为儒学之整体翻盘并进一步发挥作用创造了机会。所以，还在董仲舒、公孙弘通过"举贤良文学"登上政治舞台的两年前，汉武帝却就已经于建元五年"置《五经》博士"了。这说明，正因为儒家始终立足于做人教育，从而也才为卫绾之出任太子太傅埋下了伏笔；也正是来自皇权的重视，才为儒学在武帝时代的整体翻盘提供了可能。如果说汉武帝采纳董仲舒的建议"罢黜百家，独尊儒术"是儒学在汉代走向"独尊"的表现，那么如果没有汉武帝在建元五年的"置《五经》博士"，也就不可能有后来董仲舒"诸不在六艺之科孔子之术者，皆绝其道，勿使并进"③的建议。

这样一来，儒学终于在汉武帝时代成为皇权所"独尊"的经典了；而这时候的经典，也就可以说是儒家经学的第三种形态，——不仅是诸子所承认的经典，而且同时也成为皇权所承认并且也已经成为与其文官体制相结合的经典了。就其作为经学而言，这可能也就是儒学历史上的最高形态；汉代的儒学之所以被称为"经学时代"，也就主要是指其为皇权所承认、保护并奖掖的形态而言的。如果就儒学与皇权的关系而论，那么，这也就代表着自儒学产生以来整个社会都加以信奉并作为国家指导思想的儒学形态。

但是，如果就其与政治的具体关系而言，那么这种经学形态的儒学由于

①　司马迁：《史记·儒林传》，《二十五史》卷一，第306页。
②　司马迁：《史记·儒林传》，《二十五史》卷一，第307页。
③　班固：《汉书·董仲舒传》，《二十五史》卷一，第576页。

其与皇权政治的紧密结合,因而似乎也就应当回到西周儒学刚刚创立——有其实而尚无其名的时代了。其实不然,西周时代的儒学首先是由当时的政治领袖在借鉴三代政治经验基础上通过发仁施政所表现出来的儒家政治实践精神,是将儒家精神表现于其政权的具体运作之中(尽管当时可能还没有儒学这种称谓或名号),而汉代统治者虽然"置《五经》博士",并将儒学作为其政权的指导思想,实际上却又主要是将儒学作为一种统治术来利用的。请看中国历史上那位率先"置《五经》博士"的汉武帝之为人:

> 天子方招文学儒者,上曰吾欲云云,(汲)黯对曰:"陛下多内欲而外施仁义,奈何欲效唐、虞之治乎!"上默然,怒,变色而罢朝。①

> (赵)绾、(王)臧请天子,欲立明堂以朝诸侯,不能就其事,乃言师申公。于是天子使使束帛加璧安车驷马迎申公,弟子二人乘轺传从。至,见天子。天子问治乱之事,申公时已八十余,老,对曰:"为治者不在多言,顾力行何如耳。"是时天子方好文词,见申公对,默然。②

这两段对话非常清楚地表现了汉武帝对儒学的推崇——不过是加以利用而已,所以汲黯当时就对武帝有了"多内欲而外施仁义"的定性;至于申公所谓的"为治者不在多言,顾力行何如耳"一句,也就使其"默然"无对了。这说明,汉武帝对儒学的提倡不过是打着儒学名头的"行仁义"③而已。

在这种状况下,所谓"置《五经》博士"与其说是要弘扬儒学,不如说主要是利用儒学来为自己的大一统政权造势而已。所以,就在武帝一朝,那个最得到重用并且被越次擢拔为廷对第一的公孙弘也就成为儒学的代表人物了。而公孙弘的为人风格,据司马迁记载:"每朝会议,开陈其端,使人主自择,不肯面折庭争。于是上察其行慎厚,辩论有余,习文法吏事,缘饰以儒术,上悦之,一岁中至左内史。"④由此之后,这个实"习文法吏事"而又"饰以儒术"的公孙弘甚至还位极人臣,成为汉武帝的丞相。

作为位至丞相的儒学领袖,公孙弘为官的特点也就充分体现在他"举贤良文学"并被擢拔为廷对第一之后的上疏中:

---

① 司马迁:《史记·汲郑列传》,《二十五史》卷一,第305页。
② 司马迁:《史记·儒林传》,《二十五史》卷一,第307页。
③ 孟子云:"由仁义行,非行仁义也。"(《孟子·离娄》下,吴哲楣主编:《十三经》,第1392页)
④ 班固:《汉书·公孙弘传》,《二十五史》卷一,第583页。

陛下有先圣之位而无先圣之名,有先圣之名而无先圣之吏,是以势同而治异。先世之吏正,故其民笃;今世之吏邪,故其民薄。政弊而不行,令倦而不听。夫使邪吏行弊政,用倦令治薄民,民不可得而化,此治之所以异也。①

就从其这一上疏来看,我们也就完全可以弄清汉武帝何以会喜欢公孙弘这样的人物了,并且还一定要将其擢拔为廷对第一。这无非决定于以下两点:其一,"陛下有先圣之位而无先圣之名,有先圣之名而无先圣之吏,是以势同而治异",这就明确地将"先圣之位"与"先圣之名"之统一的责任全然压到"先圣之吏"身上了;只要有了"先圣之吏",那么汉武帝自然也就可以得到"先圣之位"与"先圣之名"的全面统一。其二,公孙弘的这一上疏还充斥着一种无耻的"责下"逻辑:"先圣之位"与"先圣之名"之所以不统一,主要是由于缺乏"先圣之吏";而缺乏"先圣之吏"又是现实社会中"吏邪"、"民薄"与"政弊"的总根源。所以,问题的重中之重、一切中的一切,也就首先要把如何选拔"先圣之吏"作为社会政治的基本出发点。这可真是标准的想帝王之所想,急帝王之所急。而以这样的人作为儒学复兴的领军人物,也就只能成就一种所谓"曲学阿世"②的儒学。

另一方面,从弘扬儒学最有力的汉家帝王来看,他们弘扬儒学究竟是出于一种什么样的目的呢? 汲黯所谓的"陛下多内欲而外施仁义"可以说就是一种说明,而申公所谓的"为治者不在多言,顾力行何如耳"也同样是一种说明;至于汉武帝将"曲学阿世"的公孙弘擢拔为廷对第一也同样是一种说明。不过,最为典型的说明还是来自作为汉武帝曾孙与玄孙的如下一段对话:

孝元皇帝,宣帝太子也。年二岁,宣帝即位。八岁,立为太子。壮大,柔仁好儒。见宣帝所用多文法吏,以刑名绳下⋯⋯尝侍燕从容言:"陛下持刑太深,宜用儒生。"宣帝作色曰:"汉家自有制度,本以霸王道杂之,奈何纯任德教,用周政乎! 且俗儒不达时宜,好是古非今,使人眩

---

① 班固:《汉书·公孙弘传》,《二十五史》卷一,第583页。

② 当公孙弘举贤良文学时,辕固生时年已九十余,曾警告说:"公孙子,务正学以言,无曲学以阿世",比照于公孙弘后来的为政风格,真可谓是一语成谶。(参见司马迁:《史记·儒林传》,《二十五史》卷一,第308页)

于名实,不知所守,何足委任!"乃叹曰:"乱我家者,太子也!"①
汉宣帝不仅是中兴的明主,而且也是汉武帝以后弘扬儒学之最有力者,但其真正所用,则诚如其太子所概括的,不过是"文法吏"而已;而他自己所承认的汉家"自有制度",又不过是"霸王道杂之"。所以,当太子提出"宜用儒生"的建议时,不仅遭到呵斥,而且还被断定为"乱我家者"。这说明,虽然汉武帝率先"置《五经》博士"并"举贤良文学",——大力弘扬儒学,实际上不过是一种"霸王道杂之";而对于儒学来说,这样的运用说到底也就不过是一种装潢门面的工具而已。

这样一来,虽然汉代的儒生被立为博士,儒家的经典也被尊奉为经学,而儒家思想也成为皇权所大力肯定的国家指导思想、皇家意识形态,但因为"汉家自有制度",因而这样的经学说到底也就不过是一种"霸王道杂之"的儒表法里之学。

四、天人感应——儒家道德的落实

虽然儒学是被汉代统治者视为装潢门面的工具而被尊奉为"经学"的,但对于儒生与儒学而言,有这种利用毕竟比秦王朝的"焚书坑儒"要好。因而儒生们也就必须抓住汉代帝王的这一心理以展开自己的反向利用,从而也就有了汉代儒学的勃兴与研究的深入。这样一来,也就形成了自儒学产生以来第一次以官方名义奉为正统的经学形态;而这一点,又充分体现在与公孙弘一同通过"举贤良文学"而走向历史前台之董仲舒的思想中。

董仲舒(前179—前104),河北枣强人,专治公羊《春秋》,景帝时为博士。关于董仲舒一生的学行,《史记》与《汉书》曾先后有如下评价:

> 董仲舒……以治《春秋》,孝景时为博士。下帷讲诵,弟子传以久次相受业,或莫见其面,盖三年董仲舒不观于舍园,其精如此。进退容止,非礼不行,学士皆师尊之。②

① 班固:《汉书·元帝纪》,《二十五史》卷一,第367页。
② 司马迁:《史记·儒林传》,《二十五史》卷一,第308页。

汉兴,承秦灭学之后,景武之世,董仲舒治公羊《春秋》,始推阴阳,为儒者宗。①

仲舒遭汉承秦灭学之后,《六经》离析,下帷发愤,潜心大业,令后学者有所统壹,为群儒首。②

从这两位史学大家极为一致的评价来看,董仲舒当时就以治公羊《春秋》而闻名于世;而从司马迁的"学士皆师尊之"到班固的"为儒者宗"、"为群儒首"来看,董仲舒当时就已经成为公认的儒学领袖了。站在今天的角度看,董仲舒也确实无愧于一代儒宗的评价。

董仲舒虽然是通过"举贤良文学"走向历史前台的,但其思想根子却全然在于公羊《春秋》上。所以,在回答汉武帝"举贤良文学"的策问中,董仲舒也就明确地提出了他的完全立基于公羊《春秋》的"天人相与之际"与"灾异谴告说":

臣谨案《春秋》之中,视前世已行之事,以观天人相与之际,甚可畏也。国家将有失道之败,而天乃先以灾异以谴告之,不知自省,又出怪异以惊惧之,尚不知变,而伤败乃至。以此见天心之仁爱人君而欲止其乱也。③

臣谨案《春秋》之文,求王道之端,得之于正。正次王,王次春。春者,天之所为也;正者,王之所为也。其意曰,上承天之所为,而下以正其所为,正王道之端云尔。然则王者欲有所为,宜求其端于天。天道之大者在阴阳。阳为德,阴为刑;刑主杀而德主生。是故阳常居大夏,而以生育养长为事;阴常居大冬,而积于空虚不用之处。以此见天之任德不用刑也。天使阳布施于上而主岁功,使阴入伏于下而时出佐阳;阳不得阴之助,亦不能独成岁。终阳以成岁为名,此天意也。④

在这两段陈述中,前者以"天人相与之际"作为关注的重心,并以上天对国家"失道"之政的"灾异谴告"说作为警戒统治者的主要手段,表明公羊《春秋》的"天人相与之际"也就主要集中在国家之政与上天通过自然现象所表现的"灾异谴告"上。后一段则以"天道之大者在阴阳。阳为德,阴为刑"以

---

①　班固:《汉书·五行志》,《二十五史》卷一,第429页。
②　班固:《汉书·董仲舒传》,《二十五史》卷一,第576页。
③　班固:《汉书·董仲舒传》,《二十五史》卷一,第572页。
④　班固:《汉书·董仲舒传》,《二十五史》卷一,第573页。

及阴与阳的配合以说明人间"春"、"王"、"正"之不同次第,并以"天使阳布施于上而主岁功,使阴入伏于下而时出佐阳"的方式来凸显"任德不用刑"的"天意",说明董仲舒通过自然现象以直接提取"天意"的论证方式虽然并不是那么恰切,但其"天意"与"人心"之民本式的统一则是贯彻始终的。

那么,董仲舒的这种"天人相与之际"究竟是要解决什么问题呢?请看其在《春秋繁露》中的具体论述:

> 《春秋》之大法,以人随君,以君随天……故屈民而伸君,屈君而伸天,《春秋》之大义也。①

> 古之造文者,三画而连其中,谓之王。三画者,天地与人也,而连其中者,通其道也。取天地与人之中以为贯而参通之,非王者孰能当是。②

很明显,在"民"、"君"与"天"三者之间,董仲舒显然是通过两个"屈"来表达其所谓"伸君"与"伸天"之指向的,这也就是其所谓的春秋大一统。而这一点可能也正是汉武帝肯定公羊《春秋》的基础。但董仲舒的思想却并不仅仅停留在所谓"伸君"的层面上,而是要通过"伸君"以达到"伸天"的目的。③ 所以,其下面一段也就直接规定了"王者"的使命:"三画者,天地与人也,而连其中者,通其道也。取天地与人之中以为贯而参通之,非王者孰能当是。"显然,董仲舒就是要通过"通其道"的方式,将"王者"的使命具体落实在"取天地与人之中以为贯而参通之"一点上。这就是说,对于"天"而言,"王者"必须是民心与民意的代表;但对于"民"而言,则"王者"又必须能够成为"天意"与"天心"的代表,也就等于是"代天牧民",所以也就应当贯彻"天道之大者在阴阳。阳为德,阴为刑"的原则,并且也应当成为这一精神的模范执行者。

从董仲舒的"屈民而伸君,屈君而伸天"的"两伸"指向来看,他与公孙弘既有一致之处也有不同之处。就其共同处而言,他们当然都是春秋大一统精

---

① 董仲舒著,锺肇鹏主编:《春秋繁露校释·玉杯》,河北人民出版社 2005 年版,第48 页。

② 董仲舒著,锺肇鹏主编:《春秋繁露校释·王道通三》,第 732 页。

③ 关于董仲舒的"两屈"与"两伸"的关系,徐复观先生分析说:"为了要使他的'屈君而伸天'的主张得到皇帝的承认,便先说出'屈民而伸君'一句……即是先迎合统治者的心理,再进而说出自己的真正主张。所以站在仲舒的立场,'屈民而伸君'一句是虚,是陪衬;而'屈君而伸天'一句才是实,是主体。"(徐复观:《两汉思想史》第二卷,第 212 页)

神的阐发者,也都赞成大一统的君权;但其不同之处则在于:公孙弘是通过"陛下有先圣之位而无先圣之名,有先圣之名而无先圣之吏,是以势同而治异",从而也就明确地将"先圣之位"与"先圣之名"统一的责任全然压到"先圣之吏"身上,至于其逻辑,则又是一种典型的"责下不责上"的逻辑;董仲舒则与之相反,他"伸君"的目的则主要是为了更好地"伸天",因而代表君权的"王者"也就必须真正能够成为"天意"与"民心"的代表,至于其所谓的"三画而连其中,谓之王"以及"三画者,天地与人也,而连其中者,通其道也"一说,也就明确地将天人相贯通的责任全然压在君王的身上了。所以,公孙弘无疑可以说是一个典型的君本论者,而董仲舒则始终坚持着一种民本精神。

董仲舒的这种天人贯通模式主要是通过两条线索实现的:一条即是通过"王者"之"代天牧民",从而希望将"天意"直接下贯于民心,落实于老百姓的伦常生活中,这自然可以说是对"天意"之人伦化落实的贯通方式。另一条则是通过阴阳五行的方式下贯于自然界,包括春生、夏长、秋收、冬藏,从而下贯于自然界的一草一木之间。但这两条线索又是相互影响的,尤其是当"天意"不能或者无法通过"王者"及其国家的政令表现出来时,那么它就只能"先以灾异以谴告之,不知自省,又出怪异以惊惧之,尚不知变,而伤败乃至"。——"以此见天心之仁爱人君而欲止其乱也"。这样,其所谓的"天意"也就完全可以通过这两条渠道以贯彻、落实于整个人生世界中了。

那么在这里,作为董仲舒哲学最高原则与根本出发点的"天"究竟指什么呢?让我们先看其对"天"的论述:

> 天者,万物之祖,万物非天不生。[1]

> 天者,百神之大君也。事天不备,虽百神犹无益也。何以言其然也?祭而地神者,《春秋》讥之。孔子曰:"获罪于天,无所祷也。"是其法也。故未见秦国臻天福如周国也。[2]

> 是以天高其位而下其施,藏其形而见其光,序列星而近至精,考阴阳而见霜露。高其位,所以尊也;下其施,所以为仁也;藏其形,所以为神也;见其光,所以为明也;序列星,所以相承也;近至精,所以为刚也;考阴阳,所以成岁也;降霜露,所以生杀也。[3]

---

[1]　董仲舒著,锺肇鹏主编:《春秋繁露校释·顺命》,第940页。
[2]　董仲舒著,锺肇鹏主编:《春秋繁露校释·郊语》,第911页。
[3]　董仲舒著,锺肇鹏主编:《春秋繁露校释·天地之行》,第1064页。

在上述对天的论述中,其第一条非常容易理解,这也就是国人所一直尊奉的天乃万物之祖、生命之源的意思。而第二条对天之"百神之大君"的规定则似乎较少见于儒家,虽然董仲舒也征引了孔子的"获罪于天,无所祷也"来为自己作证,而儒家历史上也确实不否定天的神性主宰含义(比如孟子的"此天之所与我者"以及"天不言,以行与事示之而已"也都包含着一定的神性主宰的含义,但儒家的天主要不是以神性主宰义立论的,更常见的往往是从道德根源与道德超越的含义上论天的),因而这种专门从"百神之大君"角度论天的做法似乎并不是儒家的传统路径(详后)。至于第三条,则完全可以视为天之神性主宰义的具体表现:甚至也可以说,在董仲舒看来,凡是天地间的一切现象,都无不体现着天的神性主宰义,也无不是天之神性主宰义的具体表现。即其所谓的"高其位,所以尊也;下其施,所以为仁也;藏其形,所以为神也;见其光,所以为明也;序列星,所以相承也;近至精,所以为刚也;考阴阳,所以成岁也;降霜露,所以生杀也"。董仲舒之所以要如此论说,目的就是要明确地把"天"高高地扬起来,从而给大一统的专制君主的头上戴上一顶"紧箍咒"。而他之所以要将周、秦两个朝代之不同命运加以比较,也就是希望通过周、秦两个王朝之不同命运的比较,从而使新兴的王权能够有一定的省畏。

让我们再看其哲学中的人。在董仲舒看来,既然天是"万物之祖"、"百神之大君",那么从根本上说,人的一切也就全然决定于天,不仅人本身就是天的产物,而且也应当成为"天意"、"天心"的表现。所以,在董仲舒对人的论述中,其最根本的也就只有一点:这就可以说是"为人者天"。他说:

> 天地之气,合而为一,分为阴阳,判为四时,列为五行。行者,行也,其行不同,故谓之五行,比相生而间相胜也。①

> 天有阴阳,人亦有阴阳。天地之阴气起,而人之阴气应之而起;人之阴气起,而天地之阴气亦宜应之而起;其道一也。②

> 人之为人本于天,天亦人之曾祖父也。此人之所以上类天也。人之形体,化天数而成;人之血气,化天志而仁;人之德性,化天理而义;人之好恶,化天之暖清;人之喜怒,化天之寒暑;人之受命,化天之四时;人

---

① 董仲舒著,锺肇鹏主编:《春秋繁露校释·五行相生》,第833页。
② 董仲舒著,锺肇鹏主编:《春秋繁露校释·同类相动》,第814页。

生有喜怒爱乐之答,春夏秋冬之类也……天之副在乎人,人之情性有由
天者矣,故曰受,由天之号也。①

这三段也就大体上构成了董仲舒对天人关系的基本论说。而其第一条则主
要在于通过天道运行之"阴阳"、"五行"、"四时"的方式以展现神性主宰之
"天"在宇宙万物间的具体落实与遍在性表现。至于第二条,则主要是通过
"同类相动"的原理以展现天与人的相应性质,所以就既有从存在属性角度
所规定的"天有阴阳,人亦有阴阳"一直到"天地之阴气起,而人之阴气应之
而起;人之阴气起,而天地之阴气亦宜应之而起"的"其道一也"以及其相互
感应一说。至于第三条,则主要是通过"天"与"人"的比较,以说明"人之所
以上类天也"的根本原因以及其具体表现。

那么,人与天之间何以会有如此相应的互动关系呢? 从存在属性上看,
这就主要在于天与人的本质同一性,亦即其所谓的"天有阴阳,人亦有阴
阳"一说。但从具体表现来看,则又主要在于"天"已经通过"阴阳"、"五
行"与"四时"的方式从存在及其化育流行的基本原则上彻底内在于人了,
所以人的一切也就必须相应于天,即所谓的"人副天数"。因而,在董仲舒
看来,人的一切也就全然会围绕着"天"的貌相与运行方式展开:

　　天地之符,阴阳之副,常设于身,身犹天也,数之于相参,故命与之
相连也。天以终岁之数,成人之身,故小节三百六十分,副日数也;大节
十二分,副月数也;内有五脏,副五行数也;外有四肢,副四时数也;乍视
乍瞑,副昼夜也;乍刚乍柔,副冬夏也……于其可数者,副数;不可数者,
皆当同而副天,一也。②

在这一背景下,"人"似乎也就完全成为"天"的应声虫了,因为"与其可数
者,副数;不可数者,皆当同而副天,一也",这样一来,无论"人"与"天"是
"相副"还是"不相副",本质上也都是"一也"的关系,似乎"人"也就没有任
何独立性可言了。其实非也。董仲舒这里虽然处处在高扬"天",并把"人"
的一切都通过"天"来说明,但其目的却恰恰在于人,并且也是为了更好地
表现其思想的人本与人文关怀。

为什么这样说呢? 请看其关于天人关系的论述:

---

① 董仲舒著,锺肇鹏主编:《春秋繁露校释·为人者天》,第702页。
② 董仲舒著,锺肇鹏主编:《春秋繁露校释·人副天数》,第805页。

天之生民,非为王也,而天之立王,以为民也。故其德足以安乐民者,天予之;其恶足以贼害民者,天夺之。①

在前边关于董仲舒之"屈民而伸君,屈君而伸天"的"两屈"与"两伸"说的分析中,其"屈"似乎也就仅仅落实在"民"的一边;而其"伸"则似乎是通过"屈民"与"屈君"的方式一致指向了"天";至于"王者",则始终居于天与人之中介——"连其中"、"通其道"亦即所谓"取天地与人之中以为贯而参通之"的作用。在这一结构中,"天"似乎永远是"伸"而"不屈"的,而"民"则似乎只有"屈"而"不伸"的命运。但是,一旦我们加进了"天之生民,非为王也,而天之立王,以为民也"的考量之后,则其所谓的"民"也就真正成为"天"与"王"的主体了,而且也是"天"与"王"所必须服从的对象。

请看董仲舒对"王"之必须"知天",并且也必须服从于"为民"的属性规定以及其所以存在的基本义务:

夫王者不可以不知天,知天,诗人之所难也。天意难见也,其道难理,是故明阴阳出入,虚实之处,所以观天之志;辨五行之本末、顺逆、小大、广狭,所以观天道也。天志仁,其道也义,为人主者,予夺生命,各当其义,若四时;列官置吏,必以其能,若五行;好仁恶戾,任德远刑,若阴阳,此之谓能配天。②

天令之谓命,命非圣人不行;质朴之谓性,性非教化不成;人欲之谓情,情非度制不节。是故王者上谨于承天意,以顺命也;下务于明教化民,以成性也;正法度之宜,别上下之序,以防欲也;修此三者,而大本举也。③

为人君者,正心以正朝廷,正朝廷以正百官,正百官以正万民,正万民以正四方。四方正,远近莫敢不壹于正,而亡有邪气奸其间者。是以阴阳顺而风雨时,群生和而万民殖,五谷孰(熟)而草木茂,天地之间被润泽而大丰美,四海之内闻圣德而皆徕臣,诸福之物,可致之祥,莫不毕至,而王道终矣。④

显然,"王者"之所以必须知天,关键也就在于王者必须要"观天之志,辨五行之本末、顺逆、小大、广狭,所以观天道也";而圣人之所以必须知天命,关键又

① 董仲舒著,锺肇鹏主编:《春秋繁露校释·尧舜不擅移,汤武不专杀》,第498页。
② 董仲舒著,锺肇鹏主编:《春秋繁露校释·天地阴阳》,第1089页。
③ 班固:《汉书·董仲舒传》,《二十五史》卷一,第575页。
④ 班固:《汉书·董仲舒传》,《二十五史》卷一,第573页。

在于圣人必须上承天命,"明教化民,以成性也"。至于人君,知天固然是其本分;而顺命,则应当成为其追求;最起码的一点,也就必须尽到"正心以正朝廷,正朝廷以正百官,正百官以正万民,正万民以正四方"的责任。这样一来,"王者"的一切,也就真正落实到"天之立王,以为民也"一点上了。

至于天,由于其既是"万物之祖",同时又是"百神之大君也",所以似乎永远是"伸"而"不屈"的,只能是人们所永远仰望的对象,但是,"天"为什么又一定要"立王"呢?而其之所以"立王",又主要是为了老百姓的福祉。这究竟是为什么呢?这主要是因为,"天"除了"民"的福祉之外,并没有自身的嗜好与追求;而这一点,恰恰又是自儒学形成以来的一个源远流长的传统。请看三代的政治领袖对于"天"与"民"关系的论述:

> 民可近,不可下,民惟邦本,本固邦宁。①
>
> 德无常师,主善为师。善无常主,协于克一。②
>
> 皇天无亲,惟德是辅。民心无常,惟惠之怀。③
>
> 天矜下民,民之所欲,天必从之。④
>
> 天视自我民视,天听自我民听。⑤

这样一来,董仲舒所有对"天意"的尊重与高扬,也就完全可以通过"天视自我民视,天听自我民听"的方式回归于"民"的意愿了;而其对"天意"、"天志"的全部论说,也就因此而回归于老百姓的人心所向了。

董仲舒的这一思想,在儒家哲学中根本不会发生任何问题。存在问题的地方在于,其思想的这一指向实际上并不是通过儒家的方式实现的,——既不是通过孔子的"非礼勿视,非礼勿听,非礼勿言,非礼勿动"⑥的方式实现的,也不是通过孟子的"尽其心者,知其性也。知其性,则知天也"⑦的方式实现的,而主要是通过墨家充满着神性主宰含义的"天意"与"天志"来实现的;而无论是"天意"、"天志"抑或是通过"天"所表现出来的神性主宰义,其实也都属于墨家的思想。比如墨子就曾明确地说:

---

① 《尚书·五子之歌》,吴哲楣主编:《十三经》,第 75 页。
② 《尚书·咸有一德》,吴哲楣主编:《十三经》,第 82 页。
③ 《尚书·蔡仲之命》,吴哲楣主编:《十三经》,第 110 页。
④ 《尚书·泰誓》上,吴哲楣主编:《十三经》,第 89 页。
⑤ 《尚书·泰誓》中,吴哲楣主编:《十三经》,第 90 页。
⑥ 《论语·颜渊》,吴哲楣主编:《十三经》,第 1290 页。
⑦ 《孟子·尽心》上,吴哲楣主编:《十三经》,第 1418 页。

> 天必欲人之相爱相利,而不欲人之相恶相贼也……爱人利人者,天必福之;恶人贼人者,天必祸之。①

> 爱人利人,顺天之意,得天之赏者有之;憎人贼人者,反天之意,得天之罚者亦有矣。②

> 昔三代圣王,禹、汤、文、武,此顺天意而得赏也;昔三代暴王,桀、纣、幽、厉,此反天意而得罚者也。③

很明显,无论是董仲舒的"天意"说还是"天志"说,实际上也都源于墨家;而其关于天之神性主宰义也同样源于墨家的天能赏罚、鬼能报应之说。那么,这能否说明董仲舒就已经成为墨家的信徒了呢? 非也。在这里,董仲舒虽然借取了墨家的思想概念与方式方法,但其精神指向却仍然属于儒家;而他之所以要借取墨家关于"天"的神性主宰含义,也主要是在当时时势所迫下的一种权变性选择,而这种时势所迫同时又决定了其在天人关系上的一个重大特点。

从孔子到孟子所处的春秋战国来看,孔孟的思想虽然并未得到当时诸侯的信从,但各个诸侯对于孔孟还是比较礼敬的。但是,自从秦王朝以法家的耕战国策与武力征伐路径完成其统一后,由于秦始皇自以为其江山完全是依靠自家武力"打"下来的,所以其自我定位也就成为:"朕为始皇帝,后世以计数,二世三世至于万世,传至无穷。"④而这样一种心态,也诚如侯生与卢生当时所议论的,完全是一种"意得欲从,以为自古莫及己……博士虽七十人,特备员,弗用"⑤的心态。由秦到汉,打江山的传统显然已经得到了全方位的继承,因而所谓思想文化的因素也就更进一步边缘化了。在这种条件下,如果董仲舒还要继承孔孟的道德教化传统,那么不仅显得苍白无力,而且可能还会遭到统治者的嘲笑;因为江山完全是秦汉统治者用武力打下来的,并不是儒家的道德所教化出来的。在这种条件下,也许只有以天的神性主宰义以及其赏罚报应能力才能使人间的王权稍微有所收敛。所以,董仲舒的"天意"、"天志"以及其关于天的赏罚报应能力诸说完全是针对大

---

① 《墨子·法仪》,《诸子集成》第 4 册,第 12—13 页。
② 《墨子·天志》中,《诸子集成》第 4 册,第 126 页。
③ 《墨子·天志》上,《诸子集成》第 4 册,第 120 页。
④ 司马迁:《史记·秦本纪》,《二十五史》卷一,第 23 页。
⑤ 司马迁:《史记·秦本纪》,《二十五史》卷一,第 25 页。

一统专制政权所谓的"儒无益于人之国"①之一种"灾异谴告"与"赏罚报应"式的对扬,而在董仲舒看来,可能也只有如此,才有可能使现实的君主权力稍稍有所敬畏,有所收敛,这可能也就是董仲舒不取孔孟的道德超越之天而独取墨家的神性主宰之天并通过灾异谴告来赏罚报应的根本原因。

正因为董仲舒借取了墨家的神性主宰之天以及其赏罚报应能力来宣扬儒家的道德教化思想,因而其对孔孟关于天的道德超越义也就无从落实,所以只能通过所谓"天者百神之大君"与"阴阳"、"五行"、"四时"这种自然生化的方式来蕴含道德。在过去一个很长的时期内,董仲舒的这种强调天之神性主宰义并通过"阴阳"、"五行"与"四时"演化来宣讲道德的方式一直被诠释为一种"神学目的论"。实际上,这就像董仲舒是通过神性主宰之天与自然生化与灾异谴告的方式来讲道德一样,都是一种不恰当的借用:而董仲舒之所以要借取墨家的神性主宰之天与阴阳五行以及其自然生化与灾异谴告的方式来讲道德,恰恰是为了对儒家道德进行一种"天意"、"天志"式的高扬。至于今人对西方"神学目的论"的借用却往往使得在根本就没有神学传统的中国哲学中居然突兀地显现出了一种毫无根据的神学目的论,从而也就完全疏忽了董仲舒所代表的汉代儒学其实只是借用了墨家的神性主宰之天来与大一统的专制政权相抗衡这一基本事实。因为在秦汉"打"天下的时代,除了神性主宰之天以及其赏罚报应能力之外,还有什么能够抗衡于大一统的专制政权,从而使其能够有所敬畏、有所收敛呢?

五、道德的依据——宇宙生化论

作为西汉儒学的代表人物,董仲舒试图通过墨家的神性主宰之天以及其"天意"、"天志"来肯定儒家的仁爱道德,但是,如果这种肯定仅仅是立足于所谓神性主宰之天的角度而言的,那么他也就难免会陷入一种所谓宗教性的"独断",并且也必然要包含一定的人生"信仰"成分。对于董仲舒这样的儒学宗师而言,他对儒家道德的肯定无疑是包含着极大的人生信仰成分

---

① 《荀子·儒效》,《诸子集成》第2册,第75页。

的,但儒家道德本质上却只是属于一种诉之于人心的道德"唤醒"活动,一如孟子所谓的"天之生此民也,使先知觉后知,使先觉觉后觉也"①。所以,虽然董仲舒对儒家道德有着强烈的人生信仰成分,但只要他招收弟子、传播儒学,他也就必然要以一种理论论说的方式进行,而不能仅仅通过所谓"天意"与"天志"的方式来传播福音。那么对于儒家道德来说,董仲舒又将如何进行理论论说呢?这主要表现为一种立基于天道生生的宇宙生化论;而董仲舒也就是通过这种天道生生的现象来论证其所信仰的儒家道德的。

对儒家而言,天道生生是一种源远流长的观念,比如《周易·系辞》就有:"《易》有太极,是生两仪。两仪生四象。四象生八卦。八卦定吉凶,吉凶生大业。是故法象莫大乎天地;变通莫大乎四时;县(悬)象著明莫大乎日月;崇高莫大乎富贵;备物致用,立成器以为天下利,莫大乎圣人……"②在这里,作为天地之根的"太极"无论是"生两仪"、"生四象"、"生八卦"还是"生大业",也都有一个"生"作为其共同的德性,所以《周易》中就既有"天地之大德曰生"③一说,同时又有"生生之谓易"④的说法。

但如何通过天道生生来论证儒家道德的现实合理性呢?秦汉以后,在儒家包括大多数诸子学的思想谱系中,也就只能通过宇宙生化论来证明这一点。本来,对于客观的天道进行宇宙论探索并非是儒家的专长,而是一直习惯于反向溯源之道家老子的专长,但老子所谓"既得其母,以知其子;既知其子,复守其母"⑤的兴趣往往会使他聚焦于原始之"一";而所谓的宇宙生化论则不仅需要这个原始之"一",同时还需要整个宇宙的生化发展过程来进行自我展现。这样一来,真正有生化意义的宇宙论也就成为儒家所必须展现的思想了。

就儒家而言,从孔子对"人而不仁"现象的深入反思到对"礼之为礼"问题的深层叩问,说明其本来所长就在于一种超越的本体论向度的思索,尤其在于对"人而不仁"与"礼之为礼"问题所以形成之心理根源与形上依据进行深入思索。但自从子思在《中庸》中形成所谓"中也者,天下之大本也;和

---

① 《孟子·万章》上,吴哲楣主编:《十三经》,第1400页。

② 《周易·系辞》上,吴哲楣主编:《十三经》,第54—55页。

③ 《周易·系辞》下,吴哲楣主编:《十三经》,第56页。

④ 《周易·系辞》上,吴哲楣主编:《十三经》,第52页。

⑤ 《道德经》第五十二章,《诸子集成》第3册,第32页。

也者,天下之达道也。致中和,天地位焉,万物育焉"①以来,儒家反而可以通过所谓"大本"对"达道"的观照作用以及二者在时空世界中的有机统一,从而形成一种本体宇宙论的思想规模。请看子思通过主体性的"至诚"与"尽性"所展现出来的儒家本体宇宙论进路:

> 唯天下至诚,为能尽其性;能尽其性,则能尽人之性;能尽人之性,则能尽物之性;能尽物之性,则可以赞天地之化育;可以赞天地之化育,则可以与天地参矣。②

显然,这就是子思通过作为天道本体的"诚"和"至诚"③与作为人生主体实践追求功夫的"尽性"之过程性统一所展现的本体宇宙论。虽然这种本体宇宙论既具有强烈的个体色彩,同时又表现为一种境界形态,但其作为一种宇宙论却并非就是完全主观的,甚至可以说是具有主客合一的特征;同时,其作为超越的本体论与实然存在之宇宙论的有机统一,也是确定无疑的。

作为轴心时代的思想家,子思的这一思路与规模远非秦汉儒者所能理解,自然也就无法成为其所接受、继承的对象。而导致这一问题的原因实际上又非常简单,这就主要是由于从战国时代的诸侯争霸到秦汉王朝之"争于气力"式的统一,从而使得秦汉儒家根本无法从形上本体的高度来正视并理解、论证道德问题,所以,对于儒家的传统道德,他们也就只能从实然存在并且也必须见之于真实可感的"气力"视角展开一种宇宙论论证。在这种情况下,秦汉儒家也就不可能通过思孟学派来继承儒家精神(董仲舒对孟子性善论的批评就是一种证明,详下),而主要是通过《易传》与荀子所展现的实然宇宙论进路来完成其对儒家道德的合理性论证。④ 所以,对于先秦儒学的精神遗产,首先进入他们视野的便只能是由《易传》之天地人所构成的"三才之道"以及建立在实然视角下的宇宙演化过程:

> 有天道焉,有人道焉,有地道焉。兼三才而两之,故六。六者非他,

---

① 《礼记·中庸》,吴哲楣主编:《十三经》,第560页。
② 《礼记·中庸》,吴哲楣主编:《十三经》,第564页。
③ "诚者,天之道也;诚之者,人之道也。诚者不勉而中,不思而得,从容中道,圣人也。"(《礼记·中庸》,吴哲楣主编:《十三经》,第564页)
④ 李泽厚先生指出:"秦汉专制帝国所需要的'治国平天下'的哲学,却并不是这种强调主观意识修养的世界观,而毋宁是以论证外在世界(包括自然和社会)为主的宇宙系统论。所以不是孟子、《中庸》而毋宁是荀子、《易传》为这种宇宙系统论铺平了道路。"(李泽厚:《荀易庸记要》,载《中国古代思想史论》,人民出版社1986年版,第134页)

三才之道也。①

是以立天之道曰阴曰阳,立地之道曰柔曰刚,立人之道曰仁曰义。②

有天地然后有万物,有万物然后有男女,有男女然后有夫妇,有夫妇然后有父子,有父子然后有君臣,有君臣然后有上下,有上下然后礼义有所措。③

在这里,所谓天地人"三才之道"以及建立在"三才之道"基础上的宇宙万物之生化发展轨迹也就只能表现为一系列的"有……然后有"的时空先后模式,因为这不仅是从实然视角与可见角度所展开的一种宇宙演化过程,而且这种"有……然后有"的生化模式也表现出中国人关于宇宙演化发展过程的一种连续性认识。

正因为《易传》已经通过可见现象展示了一种实然视角下的宇宙发展模式,因而到了荀子,也就由此而发展出一套全然建立在实然世界演化发展基础上的系统认识论思想;而这种认识论又与其宇宙发展模式表现出某种连续性的统一。比如:

水火有气而无生,草木有生而无知,禽兽有知而无义。人有气有生有知,亦且有义,故最为天下贵也。④

不闻不若闻之,闻之不若见之,见之不若知之,知之不若行之。学至于行之而止矣,行之明也,明之为圣人。圣人也者,本仁义,当是非,齐言行,不失毫厘,无它道焉,已乎行之矣,故闻之而不见,虽博必谬;见之而不知,虽识必妄;知之而不行,虽敦必困。不闻不见,则虽当,非仁也,其道百举而百陷也。⑤

在这里,如果从宇宙演化发展的角度看,那么荀子这里"有……而无"的模式似乎与《易传》的"有……然后有"之规定正好相反,实际上则是完全一致的。《易传》的"有……然后有"模式所揭示的主要是一种前提条件,即只有在前一项"有"的基础上才能实现后一项"然后有";而荀子则是在这一基

① 《周易·系辞》下,吴哲楣主编:《十三经》,第59页。
② 《周易·说卦》,吴哲楣主编:《十三经》,第59页。
③ 《周易·序卦》,吴哲楣主编:《十三经》,第62页。
④ 《荀子·王制》,《诸子集成》第2册,第104页。
⑤ 《荀子·儒效》,《诸子集成》第2册,第90页。

础上更进一步：即使已经有了"有"，也不一定马上就能实现所谓的"然后有"，因而也就更加突显出了发展演化的过程性。除此之外，无论是《易传》的"有……然后有"，还是荀子的"有……而无"，实际上也都是建立在只有通过时间之无限延续、空间之无限拓展的基础上才能实现这样一种演化发展趋势；如果抽去了时空的坐标系，那么这里无论是所谓"然后有"还是所谓的"而无"，也就什么都没有——根本就无从谈起了；而这两种演化发展模式从根本上依赖于时空坐标这一点，也正是他们这种演化发展模式才作为宇宙生化论的一个根本特征。

正因为这一特征，所以荀子也就必须进一步将其发展为一种系统的个体认知修养之学，而这种个体认知修养之学的展开线索也就必须从所谓"不闻"到"闻之"，又从"闻之"发展到"见之"，然后再从"见之"一直发展到所谓"知之"、"行之"，从而也就构成了一种个体从"闻"、"见"到"知之"、"行之"一个系统的认知修养的全部过程。但所有这一切，也仍然建立在时间坐标之无限延伸与空间坐标之无限拓展的基础上。所以，当荀子最后反问性地思索说，"闻之而不见，虽博必谬；见之而不知，虽识必妄；知之而不行，虽敦必困"，实际上也就等于是在对"闻之"、"见之"、"知之"、"行之"之修养系统进行一种目的性的反问，以强调从"闻"到"见"、从"知"到"行"之过程性、必要性以及其不可逆反性；至于所谓"不闻不见，则虽当，非仁也，其道百举而百陷也"一说，则又是对人生闻见与知行修养之不可缺少、不可偏废的一种再强调。因而对于个体而言，这也就成为一种系统的认知修养之学了。

但即使是荀子这种沿着时空维度所展开之系统的认知修养之学，董仲舒也并没有将其完全融会在自己的思想体系中。其中的原因同样非常简单，这主要是由于荀子作为先秦儒学的最后一位大师，他当然可以从容地从个体之认知修养的角度来总结诸子百家之学，但董仲舒却根本没有这样的条件。因为在从荀子到董仲舒这一百多年里，儒学连同所有的中国人不仅遇到了两次举国大战，而且也遇到了两位极为强悍的暴主，即所谓的秦皇汉武；而无论是秦始皇的"霸业"还是汉武帝的"武功"，也就全然是通过韩非子所谓的"争于气力"的方式所"打"出来的。所以，对于作为汉儒宗师的董仲舒来说，他所急切的并不在于如何建构自己精致的理论体系，而在于如何才能够为皇权这匹烈马戴上可以驾驭的缰绳与笼头。所以，作为西汉的

"群儒之首",董仲舒的心思根本就不在于如何建构一个圆融而又精致的理论体系,而首先在于如何能够从先秦诸子的思想中找到可以驯服专制皇权这匹"烈马"的"器械"。而在秦皇汉武这样的"烈马"面前,精致而又圆融的理论体系究竟能够起到什么作用呢?这可能也就是董仲舒的理论建构如此粗糙而从司马迁到班固的评价却又如此之高的原因;而作为史学家,从司马迁到班固,也都是从董仲舒在当时的政治格局中所起的作用上着眼的,而根本不是从其理论建构的精深程度上着眼的。

　　正因为如此,董仲舒也就不得不舍弃儒家的道德超越之天而独取墨家的神性主宰之天,并以能够赏罚报应的"天意"与"天志"来向帝王进言。因为对于雄才大略的汉武帝而言,所谓道德义理说到底也就不过是一种迂腐而又软弱的代名词而已,但他们却毕竟不能否认历史,也不能否认桀、纣、幽、厉连同千古一帝秦始皇所受到的历史惩罚,同时也不能否认禹、汤、文、武所受到的历史褒奖。进一步看,董仲舒所引进的"天意"与"天志"又将如何表现呢?这也同样表现在其回答汉武帝的"策问"以及其所表达的进言中:"臣谨案《春秋》之中,视前世已行之事,以观天人相与之际,甚可畏也。国家将有失道之败,而天乃先以灾异以谴告之,不知自省,又出怪异以惊惧之,尚不知变,而伤败乃至。"在这里,董仲舒之所以必须强调"国家将有失道之败,而天乃先以灾异以谴告之,不知自省,又出怪异以惊惧之",并明确以"前世已行之事"作为殷鉴,也就是希望作为人君的汉武帝能够懂得"天心之仁爱人君而欲止其乱也"的道理。[①]

　　不过,董仲舒的思想毕竟没有脱离荀子以来秦汉儒者的致思轨道,因而也就仍然表现出一种实然视角下宇宙天道的演化发展与人伦社会的基本构成:

　　　　天地之气,合而为一,分为阴阳,判为四时,列为五行。行者,行也,其行不同,故谓之五行,比相生而间相胜也。[②]
　　　　天有阴阳,人亦有阴阳。天地之阴气起,而人之阴气应之而起;人

————————

　　① 因为在汉武帝的策问中,其核心主要在于"三代受命,其符安在?灾异之变,何缘而起?"根本就没有所谓"谴告"一说,由此可见,董仲舒所谓的灾异谴告之说完全是一种借题发挥,目的正在于警诫人君不要任意妄为。(参见班固:《汉书·董仲舒传》,《二十五史》卷一,第572页)

　　② 董仲舒著,锺肇鹏主编:《春秋繁露校释·五行相生》,第833页。

之阴气起,而天地之阴气亦宜应之而起;其道一也。①

> 人之为人本于天,天亦人之曾祖父也。此人之所以上类天也。人之形体,化天数而成……天之副在乎人,人之情性有由天者矣,故日受,由天之号也。②

所有这些说法,与荀子从容、精致的论证相比,显然更为粗糙一些,但由于董仲舒的根本目的并不在于理论建构,而主要在于如何突出"天人相副"的基本原则与"灾异谴告"的警示作用,以使大一统皇权能够像敬畏"天"一样对"下民"有所敬畏、有所体恤;如果真能如此,那么其目的也就达到了。所以,对于董仲舒的《春秋繁露》来说,与其通过严密的逻辑分析以寻绎其理论归向,不如从其现实境遇与现实关怀的角度来理解其真正的用心。

说《春秋繁露》是董仲舒在以孔子为代表的先秦诸子中寻找如何应对专制帝王之理论武器这一点,我们还可以找到一个具体的证明。从理论探讨的角度看,孟子的性善论完全可以说是代表着先秦儒学理论探讨之最高结论的,这一点也为后世儒家所一致公认——从韩愈到王船山之极为一致的"孟子之功不在禹下"的评价也就说明了这一点。但在董仲舒的理论探讨中,孟子的性善论却恰恰成为其所批评的对象,比如:

> 今按圣人言中本无性善名,而有"善人吾不得见之矣"。使万民之性皆已能善,善人者何为不见也? 观孔子言此之意,以为善甚难当;而孟子以为万民性皆能当之,过矣。③

> 性者,天质之朴也;善者,王教之化也。无其质,则王教不能化;无其王教,则质朴不能善。④

> 故性比于禾,善比于米。米出禾中,而禾未可全为米也;善出性中,而性未可全为善也。善与米,人之所继天而成于外,非在天所为之内也。⑤

关于董仲舒在对孟子性善论理解上的不到位之处,笔者已经有过多次辨析,⑥因而这里已经没有必要再作分析了。但这里必须指出的是,董仲舒这

---

① 董仲舒著,锺肇鹏主编:《春秋繁露校释·同类相动》,第814页。
② 董仲舒著,锺肇鹏主编:《春秋繁露校释·为人者天》,第702页。
③ 董仲舒著,锺肇鹏主编:《春秋繁露校释·实性》,第684—685页。
④ 董仲舒著,锺肇鹏主编:《春秋繁露校释·实性》,第687页。
⑤ 董仲舒著,锺肇鹏主编:《春秋繁露校释·深察名号》,第667页。
⑥ 参见拙作:《告子的"生之谓性"及其意义》,《文史哲》2007年第6期;《观点、视角与思想谱系——关于孟子性善论的思想史解读》,《儒家文化研究》第四辑,三联书店2012年版。

种关于人性的质朴之论究竟来自哪里呢？这就主要是来自告子的"生之谓性"以及其关于人性之"无善无不善"而又"可以为善，可以为不善"①的规定。因为董仲舒的"性者，天质之朴也；善者，王教之化也。无其质，则王教不能化；无其王教，则质朴不能善"以及"性比于禾，善比于米。米出禾中，而禾未可全为米也；善出性中，而性未可全为善也"，其实也就等于是告子"性，犹杞柳也；义，犹桮棬也；以人性为仁义，犹以杞柳为桮棬也"的另一种说法；而他们极为一致的地方，也就在于强调从所谓"质朴之性"（"杞柳"、"禾"）出发到所谓"善性"（"桮棬"、"米"），也都必须经过一番外在的加工制作（"王教之化"、"成于外"）过程才能实现的。而这种从"杞柳"到"桮棬"、从"质朴"到"善性"以及由"禾"到"米"、由"性"到"善"的进程，也完全是从宇宙论之时空维度展开的。

但对于董仲舒而言，由于其自我定位并不在于对儒学进行理论探讨方面的担当（儒者的使命也必然会促使他必须将人伦现实关怀放在第一位），而在于如何才能为一维独大的专制君权编制一个思想文化的笼子，②所以，即使其宇宙论思路显得并不那么精致、那么圆满，但他的这种实然存在的视角以及其宇宙论的进路却仍然在当时发挥了很大的作用，尤其是在随着经学的崛起而形成的"纬书"中得到了较为"圆满"的展现。当然，所谓"纬书"的宇宙论进路也可以说就是以后儒者为其先驱所展开的一种理论弥补性工作。③

关于汉代儒学之宇宙论进路及其特色，形成于西汉末年的"纬书"以解释经典、诠释经典的方式进行了一种很好的追溯与展示。当然，由于董仲舒的宇宙论是从作为"百神之大君"的"天"说起的，而对以后的儒学而言，则仅仅从"天"说起似乎是远远不够的，因而也就必须追溯到所谓"天地未分

---

① 《孟子·告子》上，吴哲楣主编：《十三经》，第1407—1408页。

② 关于董仲舒在限制君主专制权力方面的用心，徐复观先生有非常深入的分析。他指出："他（董仲舒）大概也感到儒道两家，想从个人的人格修养来端正或解消这种权源之地，几于是不可能的，于是只好把它纳入到天的哲学中去，加上形上性的客观法式，希望由此以把权源纳入正轨……近代对统治者权力的限制，求之于宪法，而董氏则只有求之于天，这是形成他的天的哲学的真实背景。"（徐复观：《两汉思想史》第二卷，华东师范大学出版社2001年版，第183页）

③ 钟肇鹏先生指出："董仲舒以儒学为核心，又吸取了阴阳、道、法的思想，构建了一个庞大的天人感应神学目的论体系。后来的谶纬神学就是对这一思想的继承和发展。"（《七纬·前言》，中华书局2012年版）

之前",甚至还必须按照老子"有生于无"的逻辑追溯到天地始源之"无"的层面,这也就是所谓无形无相的时刻;而在汉儒看来,似乎也只有这种无形无相,才是真正的天地之始、万物之母。比如:

> 夫有形者生于无形,则乾坤安从生?故曰:有太易,有太初,有太始,有太素。太易者,未见气。太初者,气之始。太始者,形之始。太素者,质之始。气形质具而未离,故曰浑沦。言万物相浑成而未相离,视之不见,听之不闻,循之不得,故曰易也。①

> 天地未分之前有太易,有太初,有太素,有太极,是为五运。形象未分,谓之太易;元气始萌,谓之太初;气形之端,谓之太始;形变有质,谓之太素;质形已具,谓之太极。五气渐变,谓之五运。②

在汉代,所谓"纬书"就是专门解释经典的书,同时又代表着汉儒对儒家经典的基本理解。经典的地位当然也就决定着"纬书"的地位,但反过来看,所谓"纬书"的地位同时也反衬着经典本身的地位。有时候,人们甚至完全可以通过"纬书"的流传情况以反推其经典在当时的地位与影响。由于"纬书"本身就代表着汉儒对于儒家经典的理解,而在《七纬》一书中,其中就有不下三处都从"天地未分"或"有生于无"的角度谈到了天地万物的生成与演化发展过程。所谓"天地未分"自然代表着儒家经典《易传》的传统,而"有生于无"则代表着道家反向溯源的思路。但在汉代,这两种不同传统却在共同致力于宇宙起源与万物生成演化过程的分析,这一方面说明汉代的宇宙论也就代表着儒道两家的再次融合,同时也说明关于宇宙万物之生成演化的分析已经超越了儒道两家的分歧与对立,从而成为两家的一种基本共识了。

但在汉儒这一关于宇宙起源与天地万物之生成演化的分析中,似乎已经没有董仲舒最初借助宇宙生化论所要表达的"天心之仁爱人君而欲止其乱也"这样的道德蕴含了,更多的反而是对所谓"有太易,有太初,有太始,有太素"之四环节说的陶醉或是对所谓"形象未分,谓之太易;元气始萌,谓之太初;气形之端,谓之太始;形变有质,谓之太素;质形已具,谓之太极。五气渐变,谓之五运"这种更为精致的思辨划分与理论把玩。这说明,董仲舒

① 《易纬·乾凿度》卷下,赵在翰辑,锺肇鹏、萧文郁点校:《七纬》,第43—44页。
② 《孝经纬·孝经钩命诀》,赵在翰辑,锺肇鹏、萧文郁点校:《七纬》,第726页。

本来是要借助宇宙生化论以匡正其君、为民请命,并以此凸显"天心之仁爱"的本质,但对于其后继者来说,却完全沦落为一种纯粹思辨的概念游戏了;而无论是汉儒关于宇宙演化的"四环节说"还是所谓"五运说",实际上也就完全成为一种只足以表现其思辨能力的所谓"宇宙论玄想"①了。这当然可以说是汉儒对于董仲舒精神的一种游离或背叛。

但更为重要的还在后面。董仲舒之所以要引进宇宙生化论,一方面当然是希望通过宇宙万物的生成演化,以自然界的"灾异"现象凸显"天心"之"仁爱"与"谴告"的含义,这当然在某种程度上会表现出一种所谓自然目的论的色彩。也就是说,在董仲舒看来,自然界的每一种现象都是有其道德的蕴含与价值方面的意义的。但由此出发,表现"天意"的自然现象却既可以发挥其"谴告"的作用一面,也同样可以发挥其"祥瑞"之"褒奖"的一面,而自然现象本身却无法完成或说明这种"谴告"与"褒奖"之间的平衡与标准本身。比如说,动物对人类种植业的危害、野兽对人畜生命的伤害,按照董仲舒的理论,这究竟是天之善意的"谴告"还是其惩罚意的"褒奖"?如果说这就是自然之善,那么也就等于说这是自然对人善意的"谴告";如果承认这种"谴告"的合理性,那么人不仅无所作为,而且最后也就只能走到所谓"舍身施虎"的地步去。但是,如果说这就是自然界之"恶"以及其对人惩罚意的"褒奖",那么人也就必然会怀着"要扫除一切害人虫"的心理,从而将一切有害于人之生命的动物赶尽杀绝。实际上,人类发展的历史已经证明,自然界本身是无所谓善恶的;对人而言,自然也是根本无所谓"谴告"与"褒奖"之分的,只有维持自然本身之发展的平衡与协调才构成了自然界的"目的"。这样一来,通过自然现象来蕴含价值与道德的努力也就彻底消解了。

但另一方面,董仲舒之所以要引进宇宙生化论,其目的则全然在于通过宇宙万物的生成演化现象来证明"天"作为宇宙万物的生命根源与价值标准的作用(前人曾将其"天者,百神之大君也"借称为一种"神学目的论",而这种"神学目的论"的说法在指谓"天"具有意志且能赏罚报应这一点上还是有其一定的合理性的)。但实际上,董仲舒之所以要强调"天"的道德价值与意志属性,一方面当然在于对专制君主的威慑与恫吓

---

① 刘述先:《朱子哲学思想的发展与完成》,台湾学生书局1995年版,第273页。

（这在一定程度上是有效的，因为历史上毕竟存在着桀、纣、幽、厉的殷鉴）；另一方面，则又主要在于通过宇宙生化的无止境性来证明儒家道德的普遍有效性。除去其对专制君主的威慑一点不论，仅就道德的普遍有效性而言，所谓宇宙生成演化的无止境性其实并不能证明道德原则的当下有效性与普遍合理性，尤其是不能证明其现实合理性。这就像我们人类基本的生存经验一样，就我们的经验而言，太阳固然从来都是从东方升起的，但并不能因此而证明太阳明天就必然会从东方升起；同样道理，儒家历史的绵长以及道德理性的历史合理性也并不能证明其在现实生活中的当下合理性。这样看来，董仲舒所借助的宇宙生化论其实并不能达到论证儒家道德之现实合理性的目的。

六、烦琐的礼教与谶纬之学

虽然董仲舒的宇宙生化论并不能达到论证儒家道德之现实合理性的目的，但对于董仲舒而言，儒家道德本来就不是一套专供辩说、论证的理论，而首先是一种道德信仰或者说是关于人生的信仰。只有从这个角度看，我们才能理解董仲舒的许多粗糙而并不圆满的理论论说。但是，一旦转向道德信仰或人生信仰之后，则前人关于其思想之"神学目的论"的定性也就可以得到一定程度的理解了；而董仲舒的许多坚定但却并不圆满的理论论证以及其合理性也就可以得到说明了。

比如说，当他提出"人副天数"与"同类相动"的理论时，本来就是要以此来限制人君的任意妄为，提醒专制君主对人、对万物生命的尊重。所以，他就必须通过所谓"人副天数"的方式将如何对人提升到"事天"的高度；而对于人之"动"包括万物之"动"，也就都必须提升到体察"天意"之"阴阳消息"的高度。于是，这就有了如下方式的论证：

> 天地之符，阴阳之副，常设于身，身犹天也，数之于相参，故命与之相连也。天以终岁之数，成人之身，故小节三百六十六，副日数也；大节十二分，副月数也；内有五脏，副五行数也；外有四肢，副四时数也；乍视乍暝，副昼夜也；乍刚乍柔，副冬夏也；乍哀乍乐，副阴阳也……于其可

数者,副数;不可数者,皆当同而副天,一也。①

　　物故以类相召也,故以龙致雨,以扇逐暑,军之所处以棘楚。美恶皆有从来以为命,莫知其处所。天将阴雨,人之病故为之先动,是阴相应而起也;天将欲阴雨,又使人欲睡卧者,阴气也……病者至夜,而疾益甚;鸡至几明,皆鸣而相薄。其气益精,故阳益阳,而阴益阴,阴阳之气因可以类相益损也。②

在这两段论述中,前者主要在于强调"天地之符,阴阳之副,常设于身,身犹天也,数之于相参,故命与之相连也";而后者则在于以"同类相动"的方式强调人与天、人与自然之间的互动关系,所以就有"天将阴雨,人之病故为之先动,是阴相应而起也;天将欲阴雨,又使人欲睡卧者,阴气也……病者至夜,而疾益甚"之类的说法。所有这些说法,虽然并非具有严格的科学根据,但又往往可以为人生中的经验所证实,也确实具有一定的经验有效性。

　　正因为如此,徐复观先生就对董仲舒的阴阳五行学说尤其是其"阴阳消息"之说有一段精彩的点评。他指出:

　　　　两千余年,阴阳五行之说,深入于社会,成了广大的流俗人生哲学,皆可以追溯到董仲舒的思想上去。他是有意识地发展《吕氏春秋·十二纪·纪首》,以建立无所不包的系统的,并把他所传承的《公羊春秋》乃至《尚书》的《洪范》组入此一系统中去,以促成儒家思想的转折。③

徐复观的这一评论,当然主要是就阴阳五行学说的历史影响而言的,而其之所以会发生影响,又主要是建立在经验的广泛有效性的基础上的。正因为其具有一定的经验有效性,才形成了较为广泛的社会影响。

　　但对董仲舒而言,其阴阳五行学说却完全是从其对"天"的信仰而来的,由"天意"之遍在于阴阳五行从而也就有了所谓"阴阳消息"之说。这也是董仲舒体察"天意"的特殊通道。请看作为同代人甚至是其《公羊春秋》弟子的司马迁对他的描述:

　　　　董仲舒,广川人也。以治《春秋》,孝景时为博士。下帷讲诵,弟子传以久次相受业,或莫见其面,盖三年董仲舒不观于舍园,其精如此。进退容止,非礼不行,学士皆师尊之。今上即位,为江都相。以《春秋》

────────────

① 董仲舒著,锺肇鹏主编:《春秋繁露校释·人副天数》,第805页。
② 董仲舒著,锺肇鹏主编:《春秋繁露校释·同类相动》,第809页。
③ 徐复观:《两汉思想史》第二卷,第183页。

灾异之变推阴阳所以错行。故求雨闭诸阳,纵诸阴。其止雨反是。行
之一国,未尝不得所欲。①

从董仲舒行事之"进退容止,非礼不行,学士皆师尊之"到其"以《春秋》灾异
之变推阴阳所以错行"以及"求雨"、"止雨""未尝不得所欲"来看,董仲舒
也无疑是真诚地将其作为一种信仰来遵行的。但这样一种"阴阳消息"也
往往会使人养成"拘而多畏"的毛病。

所以,从太史公司马谈到班固,也都对阴阳家有所批评:

夫阴阳四时、八位、十二度、二十四节各有教令,顺之者昌,逆之者
不死则亡,未必然也。故曰"使人拘而多畏"……

夫儒者以六艺为法,六艺经传以千万数。累世不能通其学,当年不
能究其礼。故曰"博而寡要,劳而少功"。②

司马谈这里当然是将阴阳家与儒家分开来点评的,但是,当董仲舒将阴阳五
行学说引进儒学之后,所谓阴阳家之"拘而多畏"的毛病也就与儒家的烦琐
之礼一并发作了。所以,虽然其所谓的"累世不能通其学,当年不能究其
礼"一说原本就来自晏子对于孔子"兼寿不能殚其教,当年不能究其礼"③
之批评的一种借用,但这种借用也说明儒家确实存在着这方面的缺陷和毛
病;而这种烦琐礼教在与阴阳五行学说合流之后,这些毛病也就进一步泛滥
起来了。所以,到班固著《汉书》时,也就进一步批评说:

然惑者既失精微,而辟者又随时抑扬,违离道本,苟以哗众取宠。
后进循之,是以《五经》乖析,儒学浸衰,此辟儒之患。④

董仲舒固然无须为班固所批评的这些现象负责,但作为汉代的儒学宗师,其
引阴阳五行之说进入儒学,使儒学不是陷入所谓"拘而多畏"的烦琐,就是
泛滥于谶纬之言的流行,毕竟也是难辞其咎的。

所谓谶纬,首先是"谶"与"纬"的合称,它们本来属于两种不同的事物,
但在经学成为官方意识形态的背景下,尤其是在董仲舒将阴阳五行之说引
进儒学之后,"谶"和"纬"的合流也就成为一种必然趋势了。"谶"本来是
指一种神秘而又灵验的图谶或谶言,且对未来具有一定的预见性质(现代

---

① 司马迁:《史记·儒林传》,《二十五史》卷一,第308页。
② 司马迁:《史记·太史公自序》,《二十五史》卷一,第331页。
③ 《晏子春秋》卷八,《诸子集成》第4册,第207页。
④ 班固:《汉书·艺文志》,《二十五史》卷一,第477页。

汉语成语所谓"一语成谶"与民间所谓的"乌鸦嘴"也都和谶言的这种性质有关）。所谓图谶或谶言现象起源于战国，《秦始皇本纪》中记载秦始皇巡游北方，而燕人卢生"因奏录图书，曰：'亡秦者胡也'"，就是一种图谶，结果使秦始皇不得不"使蒙恬发兵三十万北击胡，略取河南地"[①]。再如当时的石刻"始皇帝死而地分"以及隐士所言的"今年祖龙死"等等，其实也都带有某种神秘而又灵验的谶言性质。至于陈胜、吴广之发动大泽乡起义，也同样利用了谶言的这一特点。比如他们商议说："'今诚以吾众诈自称公子扶苏、项燕，为天下唱，宜多应者。'吴广以为然……乃丹书帛曰：'陈胜王'，置人所罾鱼腹中。卒买鱼烹食，得鱼腹中书。固以怪之矣。又间令吴广之次所旁丛祠中，夜篝火，狐鸣呼曰'大楚兴，陈胜王'。卒皆夜惊恐。旦日，卒中往往语，皆指目陈胜。"[②]这样一来，一场推翻秦王朝统治之农民起义的烈火，居然也是借助神秘的"谶言"燃烧起来的。

至于"纬"，本来是相对于"经"而言的，原指织丝过程中与"经线"相对应的线，所谓纵贯始终的线即是经线，而随时添加的横线则属于纬线；织丝过程本身也就是"经线"与"纬线"之不断交织的过程。当儒家的经学成为国家意识形态之后，历代相传的原典自然也就成为"经书"了；而当代大儒对于这些"经典"加以理解性诠释，以供后学研习，自然也就成为所谓"纬书"了。在经学占统治地位的时代，人们往往是通过"纬书"来从事经典学习的。

本来，"纬书"与"谶言"并没有必然的关系。"纬书"可以名正言顺地流行于朝堂，而所谓"谶言"却只能在社会下层的乡野之间流行。但是，当董仲舒将阴阳五行之说与灾异谴告之论统一起来之后，由于至高无上的"天意"、"天志"也就表现在由阴阳五行所蕴含的自然现象之中，因而所有的自然现象尤其是比较怪异的自然现象也就成为神秘"天意"的具体表现了。这样一来，流行于社会上层的"纬书"也就与流行于社会下层的"谶言"合流了；而在董仲舒之灾异谴告说的引导下，蕴含"天意"的"纬书"甚至还恰恰需要通过神秘的"谶言"来破解、来说明。比如对于"亡秦者胡也"这一谶言，方士也就完全可以"胡亥"来进行圆满的解释，虽然这一解释不无诡

① 司马迁：《史记·秦始皇本纪》，《二十五史》卷一，第 25 页。
② 司马迁：《史记·陈涉世家》，《二十五史》卷一，第 152 页。

辩色彩。

　　站在今天的角度看,我们也完全可以说这种"谶"与"纬"结合的解经方法是荒诞不经的,但在上下悬隔、消息闭塞的古代社会,"谶言"往往会成为社会下层表达其呼声的一种特殊方式,比如陈胜、吴广为推翻秦王朝所编造的"谶言",谁又能说它不是"天意"的表现呢? 所以,对于当时的社会而言,所谓"谶言"也就往往成为社会下层表达其社会变革愿望的一种主要方式了,而这种方式不仅为社会下层所认可,一定程度上也会得到上层社会的承认。比如东汉光武帝在完成其统一的过程中就不仅因为"地祇灵应而朱草萌生"的现象而宣布改元,甚至还明确地"宣布图谶于天下"①。当然,后来黄巾军的起义,也同样利用了这种带有神秘色彩的谶言。

　　关于汉代经学中谶纬之说的流行情况,锺肇鹏先生在《七纬》一书的《前言》中有较为详细的考论。在他看来,谶纬之学的崛起与流行都和董仲舒有着分不开的联系,他指出:

　　　　秦汉以来,一批方士化的儒生,把阴阳数术同儒学相结合,汉代大儒董仲舒就是这一派的突出代表。董仲舒以儒学为核心,又吸取了阴阳、道、法的思想,建构了一个庞大的天人感应神学目的论的哲学体系。后来的谶纬神学就是对这一思想的继承和发展。②

　　　　谶纬是经学神学化的产物。谶纬依附于孔子和儒家经典,又可凭借宗教神权的力量来预示吉凶祸福,起到指导现实的作用。这样既便于同汉代的政治结合,并以"神"的力量增加了经学的权威性,从而巩固了经学作为统治思想的地位。③

锺肇鹏先生认为汉代的谶纬之学就起源于董仲舒,这无疑是正确的,因为当董仲舒引入阴阳五行学说并通过"人副天数"与"同类相动"的方式来突出其天人合一意识时,也就必然要借助自然界中的"灾异"现象来发挥其对皇权的"谴告"作用,在这一背景下,原本解释经典的"纬书"与通过"灾异"现象表现神秘"天意"的"谶言"之合流就成为一种不可必免的趋势了。但锺肇鹏先生将董仲舒哲学称为"天人感应神学目的论的哲学体系",将谶纬之学则称为"谶纬神学",显然是对西方中世纪神学的借称。因为无论是董仲

---

①　范晔:《后汉书·光武帝纪》,《二十五史》卷一,第803—804页。
②　赵在翰辑,锺肇鹏、萧文郁点校:《七纬·前言》。
③　赵在翰辑,锺肇鹏、萧文郁点校:《七纬·前言》。

舒的"天人感应说"还是借助"谶言"发动起义的陈胜、吴广抑或是"宣布图谶于天下"的东汉帝王刘秀,其谶纬之说虽然也都有神秘之处,却根本就没有"神",不过是以神秘的"谶言"方式所表现出来的"天意"与"民心"而已。

至于说当时的谶纬之学是"以'神'的力量增加了经学的权威性","从而巩固了经学作为统治思想的地位"云云,实际上则仍然属于过去那种以宏大叙事为特征的所谓意识形态话语。董仲舒之所以引进阴阳五行学说,并通过"人副天数"、"同类相动"以及"灾异谴告"的方式来表达"天意"与"民心",与其说是为了巩固经学,不如说首先是希望能够通过"灾异谴告"的方式以使专制皇权的任意妄为有所收敛,从而对下民有所体恤而已。

从历史的角度看,经学实际上是秦汉大一统专制政权形成后儒学与皇权对官方意识形态相互选择、相互塑造的结果。从统治者的角度看,先秦诸子中能够与人伦现实相结合的思想流派只有儒、道、墨、法四家,这样一来,其选择也就只能在这四家之间进行了。法家虽然最合乎统治者的心理期待与实际需求,但由于秦王朝的率先实践以及其短命的殷鉴,也就使得统治者根本无法光明正大地将其作为指导思想;至于墨家又和法家正好相反,因为它是最不合于统治者需要的思想流派,因而也就无法成为大一统政权所认可的国家指导思想。请看太史公司马谈对墨家的评价:

> 墨者亦尚尧舜之道,言其德性曰:"堂高三尺,土阶三等,茅茨不剪,采椽不刮。食土簋,啜土刑,粝粢之食,藜藿之羹。夏日葛衣,冬日鹿裘。"其送死,桐棺三寸,举音不尽其哀。教丧礼,必以此为万民之率。使天下法若此,则尊卑无别矣。夫世易时移,事业不必同,故曰"俭而难遵"。①

司马谈是汉景帝与武帝时代的太史令,他的评价虽然未必就和帝王的心思完全合拍,但从史官的角度也许最能看出墨家之不合乎统治者需要的一面。即就是从曾经借助"墨者之法"而与秦地军民约法三章的刘邦来看,他既然能从叔孙通所演的朝仪中感受到"'吾乃今日知皇帝之贵也',乃拜叔孙通为太常,赐金五百斤",②何以又会满足于墨家的"尊卑无别"与"俭而难遵"呢!

---

① 司马迁:《史记·太史公自序》,《二十五史》卷一,第331页。
② 司马迁:《史记·刘敬叔孙通列传》,《二十五史》卷一,第257页。

这样一来,对法墨两家的相继排除自然会使统治者的天平向着儒道两家倾斜;而汉初统治者能够从黄老思想中提炼出"无为而治,与民休息"的指导思想也确实是一种极大的智慧。但黄老之学的"无为而治"似乎只适应于汉初的"与民休息",一旦其综合国力强大起来之后,也就必然要让位于一直强调君臣父子的儒家思想了。从这一点来看,汉武帝之"置《五经》博士"与"举贤良文学",不仅是明确地向儒学伸出橄榄枝,而且也在向儒家索要指导思想与国家政策,更是索要人才。所以,从这个角度看,儒学在汉代与大一统政权的结合,是具有一定的历史必然性的。

再从儒学一方来看,且不说周公这种政治实践之儒(周公当时只是面对具体的政治问题以谋求解决之道)本身就没有对"儒"之思想性格形成基本的自觉,当然也就不会有所谓"儒"的称谓与名号了;就是以"述而不作,信而好古"①来自我定位的孔子,其一生周游七十余国的经历以及其"如有用我者,吾其为东周乎"②的宣言,也表明孔子始终是把政治实践以及通过政治实践来改进人伦社会放在人生追求之首位的。从这个角度看,儒家与大一统政权的结合应当说是一拍即合的。

但战国以降的"诸侯力征"格局以及秦王朝的武力统一路径与刘邦之"打"天下的经历,也就成为对夏商周三代以来人类历史之一种全新的改写了;而秦王朝"夹书令"的推行与"焚书坑儒"的打击,则又彻底改变了儒者思考社会问题的基本坐标。在这种情况下,孔子的君臣之论③、孟子的大臣之道,也就根本无法进入汉儒的视野;甚至,就是作为孟子的"君子所性"④,也被董仲舒明确地改写为"'善人吾不得见之矣'。使万民之性皆已能善,善人者何为不见也? 观孔子言此之意,以为善甚难当;而孟子以为万民性皆能当之,过矣"⑤。这样一来,虽然从刘邦"打"天下起,就已经有儒生参与其中,但秦火之余,伴君如伴虎的命运也就必然会成为儒家最为深切的人生体会。所以,当董仲舒以神性主宰之天、阴阳五行之道再加以灾异谴告之论

---

① 《论语·述而》,吴哲楣主编:《十三经》,第1274页。
② 《论语·阳货》,吴哲楣主编:《十三经》,第1309页。
③ "定公问:'君使臣,臣事君,如之何?'孔子对曰:'君使臣以礼,臣事君以忠。'"(《论语·八佾》,吴哲楣主编:《十三经》,第1265页)
④ "君子所性,仁、义、礼、智根于心,其生色也睟然,见于面,盎于背,施于四体,四体不言而喻。"《孟子·尽心》上,吴哲楣主编:《十三经》,第1421页。
⑤ 董仲舒著,锺肇鹏主编:《春秋繁露校释·实性》,第684—685页。

应对汉武帝的策问时,则一定是一位经过精心化妆并且还要刻意把自己打扮成巫婆或神汉模样的儒者。①

也许正因为这一原因,所以其人生中也就有了如下剧情:

> 中废为中大夫,居舍,著《灾异之记》。是时辽东高庙灾,主父偃疾之,取其书奏之天子。天子召诸生示其书,有刺讥。董仲舒弟子吕步舒不知其师书,以为下愚。于是下董仲舒狱,当死,诏赦之。于是董仲舒竟不复再言灾异。②

当然,在那个时代,不要说作为儒生的董仲舒,就是位极人臣的丞相,一言不合,被推出腰斩、弃市者岂是少数? 但作为汉儒宗师的董仲舒,其人生毕竟还有另一面,——当他为江都相时,曾与易王有如下一段答问:

> 夫仁人者,正其谊不谋其利,明其道不计其功。是以仲尼之门,五尺童子羞称五伯,为其先诈力而后仁义也。苟为诈而已,故不足以称于大君子之门也。五伯比于他诸侯为贤,其比三王,犹武夫之于美玉也。③

也许是因为与易王的答问并不关涉性命问题,也许是因为这一问题本身只关涉儒者的自立之道,所以这才是真正的董仲舒,也代表着汉代儒学的真精神。至于其以神性主宰之天、阴阳五行之道再加以灾异谴告之论来应对汉武帝的策问,并且又导致了谶纬之学的流行以及各种荒诞不经说法的泛滥,我们也就只能以其巫婆一样的装束及其副作用来理解了。

---

① 关于董仲舒以"天人相与之际"、"灾异谴告"之说之"神道设教"的性质,前人早就注意到了。如皮锡瑞就指出:"当时儒者以为人主至尊,无所畏惮,借天象以示儆,庶使其君有失德者犹知恐惧修省。此《春秋》以元统天、以天统君之义,亦《易》神道设教之旨。汉儒借此以匡正其主。"(皮锡瑞:《经学历史》,第 69 页)

② 司马迁:《史记·儒林传》,《二十五史》卷一,第 308 页。

③ 班固:《汉书·董仲舒传》,《二十五史》卷一,第 576 页。

第八章　经学的演变及其历史与知识侧重

　　当儒家典籍在西汉被皇家追认为经典,并被以"置《五经》博士"的方式宣布为官方意识形态或国家指导思想时,固然也表现了儒学与政治权力的再一次的结合。不过,作为再次结合,这一次已经完全不同于西周时期。西周时代儒学与政治权力的结合主要是通过其政治领袖——文、武、周公本人既是国家领导人同时又兼具儒者的品格与情怀来实现的,因而他们作为个体,在"发政"的同时也就代表着国家与政治权力之"施仁",所以他们的社会治理模式也就被后世人们概括为"德治"或"仁政"。因为从主体的角度看,他们本来就是同一个主体;之所以称之为结合,主要是以现实生活中个人品格、思想学术与国家权力二者的分离及其相互之间的张力为参照坐标,也主要是针对他们身上所体现的来自政治权力的领袖身份与来自儒者个人的仁爱情怀与仁爱精神的高度统一而言的。比如像文、武、周公就既是西周的政治领袖同时又具有儒者的仁爱情怀与仁爱精神,所以笔者曾将其称为没有儒学称谓之政治实践形态的儒学。但是,当秦汉大一统的专制政权形成后,由于江山首先是统治者(无论是占据土地与人民的诸侯,还是出身于社会下层的起义领袖)通过武力所打出来的,而且他们本人也不信奉儒家精神,——不仅不信奉儒家精神,甚至还将儒学视为"无益于人之国"并且还破坏其统治的"五蠹"之一,所以也就有了"焚书坑儒"之举(或轻微一些的表现就是将儒者的帽子抓来当尿壶,或者干脆驱赶儒生去与野猪较量看谁更伶牙俐齿)。所以,在这一背景下,政治权力与儒学不仅各有其主体,而且其结合也是统治者在打下江山之后又经过长时间的比较与鉴别才最后选择儒学作为其指导思想的。这样一来,介入权力机构的儒者充其量也就如同过去大家庭中所聘请的家庭教师一样。理解了这样一种关系,自然也就可以理解历代儒者在权力政治中那种既谨慎而又大胆的心态:其之所以谨慎,当然首先是因为所有的儒者都非常清楚自己的身份,而且也清楚地知道自己随时都有可能遭到杀戮或清除的命运;而其之所以又有着非常大胆的一面,则是因为在儒者看来,只有儒家才能真正代表作为政治权力的精神主体,因为只有儒家才真正代表着"天意"与"民心"。所以,秦汉以降,在大一统专制权力统治下的社会中,儒家始终是这两个方面的有机统一;而董仲舒的"天人相与之际"以及其建立在阴阳五行基础上的"灾异谴告说",也就可以说是这种身份与心态的典型表现。

但由于秦汉统治者以"争于气力"的方式对"天意"与"民心"的强行隔断,并且又通过政治权力之一维独大的方式对儒家的形上视角与信仰关怀之一意排斥,或者以自己的政治权力直接取代儒家传统的信仰关怀,这就造成了一个非常明显的后果,从而也就使得儒家原有的"天道性命相贯通"的思考坐标仅仅成为专制权力统治下的"天之所覆,地之所载"了,并且还必须通过政治体制来贯彻、落实其权力意志。这种情形,如果借用庄子的话语加以表达,那么,政治权力也就使儒者包括所有的人真正成为所谓"无所逃于天地之间"①了。自然,这样一种情形也促使人们形成了一个基本观念:对于儒者而言,必须以"天子"作为天的直接代表,并以服务于帝王之驱遣作为自己人生的最大乐趣或最大荣耀。这样一来,其人生也就仅仅平面化、干枯化为权力治域下的功名利禄追求了,——公孙弘之"曲学阿世"也就可以看作是这方面的代表。

汉代儒学之所以成为官方意识形态,并以"经学"的方式作为国家指导思想,本来就是其适应于政治权力的需要才得以形成的,因而由此之后,所有的儒家学者也就都必须在权力的天下展开自己的探讨与追求。

一、古文经学的出现与形成

当汉代经学崛起时,最初主要是借助故秦博士的口口相授,——当时的经学传授,主要也就是通过这种口口相授的方式,以后又形成根据其口授而

---

① 《庄子·人间世》,郭庆藩编:《庄子集释》,第172页。

用汉代通行文字所写成的经典。但是,在废除了秦王朝的"夹书令"之后,
又出现了以前人们所壁藏并且也是用先秦文字所书写的经典,于是原来那
种用汉代通行文字所写成的经典就叫作今文经学;而用秦以前的文字所写
成的经典就叫作古文经学。

　　关于今文经学与古文经学不同的形成方式及其划分标准,近代经学大
师皮锡瑞有一段极为精准的论断。他指出:

　　　　两汉经学有今古文之分。今古文所以分,其先由于文字之异。①

　　　　汉时所谓今文,今谓之隶书,世所谓熹平石经,与孔庙等处汉碑是
　　也;汉时所谓古文,今谓之古籀,世所传钟鼎石鼓与说文所列古文是也。
　　隶书汉时通行,故谓之今文,犹今人之于楷书,人人尽识者也;古籀汉时
　　已不通行,故谓之古文,犹今人之视篆隶,不能人人尽识者也。②

显然,所谓今文经学、古文经学,首先就是由其不同的书写方式而形成的。
那么,这种最初完全是由于不同的书写形式而形成的经典最后为什么能够
发展成为两种根本不同甚或完全对立的经学流派呢? 周宇同先生曾对皮锡
瑞关于经学"凡今古学之两大派"③的观点注释说:"经学在汉时,有今文
学、古文学之不同。其初源于经书书写字体之各异,但其后学统宗派及其他
经学上一切问题,亦均随之而立于对峙地位。"④所以,作为经学的两大流
派,其初始完全是由于其不同的书写体例而发端的。对于这一点,皮锡瑞分
析说:

　　　　凡文字必人人尽识,方可以教初学。许慎谓孔子写定六经,皆用古
　　文;然则,孔氏与伏生所藏书,亦必是古文。汉初发藏以授生徒,必改为
　　通行之今文,乃便学者诵习。故汉立博士十四,皆今文家。而当古文未
　　兴之前,未尝别立今文之名。《史记·儒林传》云:"孔氏有《古文尚
　　书》,而安国以今文读之。"乃就《尚书》之古今文字而言。而鲁、齐、韩
　　《诗》,《公羊春秋》,《史记》不云今文家也。至刘歆始增置《古文尚
　　书》、《毛诗》、《周官》、《左氏春秋》。既立学官,必创说解。《后汉

---

　　①　皮锡瑞著,周宇同注释:《经学历史》,第54页。

　　②　皮锡瑞:《论汉时今古文之分由文字不同亦由译语各异》,《经学通论》,中华书局
1954年版,第48页。

　　③　皮锡瑞著,周宇同注释:《经学历史》,第31页。

　　④　皮锡瑞著,周宇同注释:《经学历史》,第33页注释(8)。

（书）》卫宏、贾逵、马融又递为增补,以行于世,遂于今文分道扬镳。许慎《五经异义》有古文说、今《尚书》夏侯欧阳说,古《毛诗》说、今《诗》韩鲁说,古《周礼》说、今《礼》戴说,古《春秋》左氏说、今《春秋》公羊说,古《孝经》说、今《孝经》说,皆分别言之,非为文字不同,而说解亦异矣。①

皮锡瑞的这一分析,说明所谓今古文经学最初完全是由于不同的文字书写方式间或也包括不同的文献来源渠道而形成的;甚至,就其最初的出现而言,可能也都是古文,只是为了传授的方便,才有用汉隶所写成的今文。也就是说,其最初并没有多大的分歧,但最后却不仅因为不同的书写方式而形成分歧,而且还成为汉代经学中具有对立性质的两大主要流派,甚至也成为儒学研究中影响深远的两种不同进路。那么,这究竟是为什么呢?

当然从总体上看,可以说都是由于经学的历史发展造成的。但在这一发展中,由于有了不同的文献书写方式,因而也就"必创说解";又由于有了皇权所设立的博士制度,所以古文经学也就必须力争官学待遇——立博士弟子。待到今古文经学并立学官之后,原来两种不同的说解系统也就逐渐发展成为两种不同的经学体系了。对于经学之分派以及其各自不同传授谱系之类的问题,由于笔者学养所限,也由于研究进路与关注侧重的不同,所以我们这里也就无法详细辨析今古文经学的具体分歧以及其流派之所以形成。也就是说,笔者这里并不想通过经学叙事与经学研究的方式进入经学,而主要是想通过哲学与思想史透视的方式,以弄清两汉经学究竟是如何从今文经独尊发展成为今古文经学并立的。

当汉武帝在建元五年"置《五经》博士"的时候,当时的经学主要是今文经学。但由于"夹书令"的废除,原来秦王朝"焚书坑儒"时人们所壁藏的经典也就开始出现了。甚至,就是那些最早以"今文"流行的文献,实际上最初也都是以"古文"的形式出现的。这种情形,也就是《史记·儒林传》所谓的"孔氏有古文《尚书》,而安国以今文读之,因以起其家"②。而皮锡瑞所谓的"孔氏与伏生所藏书,亦必是古文。汉初发藏以授生徒,必改为通行之今文,乃便学者诵习",也都是就其文献的最初出现以及其书写、讲诵的不

① 皮锡瑞著,周宇同注释:《经学历史》,第54—55页。
② 司马迁:《史记·儒林传》,《二十五史》卷一,第309页。

同方式而言的。比如司马迁认为,"言《尚书》自济南伏生"①,其实伏生的《尚书》最初也必然是以"古文"的形式出现的(因为伏生为故秦博士,因而其壁藏的《尚书》也必然为古文),但当其在汉代开始传授弟子时,又必然要以今文的方式来讲诵,从而也就成为今文《尚书》的最早版本了。所以,司马迁记载说:

> 伏生者,济南人也。故为秦博士。孝文帝时,欲求能治《尚书》者,天下无有,乃闻伏生能治,欲召之。是时伏生年九十余,老,不能行,于是乃诏太常使掌故晁错往受之。秦时焚书,伏生壁藏之。其后兵大起,流亡,汉定,伏生求其书,亡数十篇,独得二十九篇,即以教于齐、鲁之间。学者由是颇能言《尚书》,诸山东大师无不涉《尚书》以教矣。②

从伏生"故为秦博士"的身份来看,他所熟悉的肯定是古文;而从"秦时焚书,伏生壁藏之"的情形来看,也无疑属于古文《尚书》。到了汉代,从"伏生求其书,亡数十篇,独得二十九篇"来看,这二十九篇肯定也是古文经典。但是,当伏生在齐鲁间传授时,则其所传授的《尚书》却必然是今文,因为汉代已经改行汉隶,而伏生也确实是以传授今文《尚书》而闻名的。那么,此中转换、过渡的原因究竟在哪里呢?

这是因为,伏生既然为"秦博士",其在秦"焚书"时所藏的《尚书》必然是古文;但他既然到了文帝时代仍然健在,那么他也肯定熟悉今文。至于伏生所授的《尚书》之所以以今文名,关键也就在于汉代改行汉隶,青年学子也只认识今文,因而他的《尚书》不仅是以今文传授的,而且也是以今文的方式流传的。这也就是皮锡瑞所谓的"必改为通行之今文,乃便学者诵习"这一点决定的。具体说来,这可能又主要是通过晁错的"留学"经历来实现的:

> 孝文时,天下亡治《尚书》者,独闻齐有伏生,故秦博士,治《尚书》,年九十余,老不可征。乃诏太常,使人受之。太常遣错受《尚书》伏生所,还,因上书称说。诏以为太子舍人,门大夫,迁博士。③

从这一点来看,晁错居然还是因为到"伏生所"的"留学"经历才得以显达

① 司马迁:《史记·儒林传》,《二十五史》卷一,第307页。
② 司马迁:《史记·儒林传》,《二十五史》卷一,第308页。
③ 班固:《汉书·袁盎晁错传》,《二十五史》卷一,第545页。

的;而伏生所传的今文《尚书》可能也就是通过晁错的"上书称说"才得以流行的。

伏生当年"壁藏"的古文之所以能够改为今文流行,主要是因为伏生人还在,又熟悉今文,所以能够以今文的方式讲授,但对于那些已经去世的儒生所藏的经典,也就只能以古文的方式面世了。请先看西汉王室在废除"夹书令"之后对先秦典籍的搜求情况:"战国从(纵)衡,真伪分争,诸子之言纷然淆乱。至秦患之,乃焚灭文章,以愚黔首。汉兴,改秦之败,大收篇籍,广开献书之路。"①正是在皇家的积极倡导下,各诸侯王也都纷纷致力于书籍的搜求:

> 河间献王德以孝景前二年立,修学好古,实事求是。从民得善书,必为好写与之,留其真,加金帛赐以招之。繇是四方道术之人不远千里,或有先祖旧书,多奉以奏献王者,故得书多,与汉朝等。②

> (鲁)恭王好治宫室,坏孔子旧宅以广其宫,闻钟磬琴瑟之声,遂不敢复坏,与其壁中得古文经传。③

当朝野上下不断有"壁藏"的经典被发现时,也就必然会形成一门新兴的经学,而在朝廷不断表彰的情况下,这种新出现的经学也就必然要不断地谋求通行经典之"官学"地位。这种新出现的经学,就是古文经学。显然,这种随着"夹书令"的废除而开始出现并以其古文原貌流行的经典,也就代表着古文经学的最初出现。

待到西汉末,随着古文经典的大量出现,钻研者也在不断地谋求官学身份与立博士弟子的地位,而刘歆便成为古文经典之官学身份的首倡者与积极推动者。

刘歆(约前53—23)本是西汉的皇室宗亲,"少以通《诗》、《书》能属文召,见成帝,待诏宦者署,为黄门郎。河平中,受诏与父向领校秘书,讲六艺传记,诸子、诗赋、数术、方技,无所不究。向死后,歆复为中垒校尉。"④仅从刘歆的这一出身与经历来看,他不仅少通《诗》、《书》,而且还是子承父业,其职业也是专门负责皇家图书的校阅工作。所以,关于刘歆对经学的作用,

---

① 班固:《汉书·艺文志》,《二十五史》卷一,第474页。
② 班固:《汉书·景十三王传》,《二十五史》卷一,第560页。
③ 班固:《汉书·景十三王传》,《二十五史》卷一,第561页。
④ 班固:《汉书·楚元王传》,《二十五史》卷一,第505页。

班固有如下一段评说：

> 歆及向始皆治《易》，宣帝时，诏向受《穀梁春秋》，十余年，大明习。及歆校秘书，见古文《春秋左氏传》，歆大好之。时丞相史尹咸以能治《左氏》，与歆共校经传。歆略从咸及丞相翟方进受，质问大义。初《左氏传》多古字古言，学者传训故而已，及歆治《左氏》，引传文以解经，转相发明，于是章句义理备焉。歆亦湛靖有谋，父子俱好古，博见强志，过绝于人。歆以为左丘明好恶与圣人同，亲见夫子，而公羊、谷梁在七十子后，传闻之与亲见之，其详略不同。歆数以难向，向不能非间也，然犹自持其《穀梁》义。及歆亲近，欲建立《左氏春秋》及《毛诗》、《逸礼》、《古文尚书》皆列于学官。哀帝令歆与《五经》博士讲论其义，诸博士或不肯置对……①

实际上，这已经是古文经学的第二次出现了，而且还是以要求官学身份的方式出现的；而刘歆当时的身份则是受皇家委派的专门校对古典文献的秘书。当然，从这一公案的起源来看，刘歆父子都是从"治《易》"起家的，以后又进一步"受《穀梁春秋》"。但刘歆则在《穀梁春秋》之外又发现了《春秋左氏传》，并在长期钻研的基础上形成了"引传文以解经，转相发明"的方法。因为他曾向丞相翟方"质问大义"，而且还以这种方法质难于其父刘向，刘向"不能非间也"。于是，刘向父子在《穀梁春秋》与《左氏春秋》上的分歧也就由此而形成。而刘歆的进一步努力，则是"欲建立《左氏春秋》及《毛诗》、《逸礼》、《古文尚书》皆列于学官"，自然，这就在明确地争取古文经学与今文经学并列的官学地位了，甚至当时还获得了哀帝的支持，但今文经学的博士们却"不肯置对"。

在这一过程中，古文经学显然已经从完全在野的民间学术发展到由职业官员来自觉提倡了，并且也已经形成"引传文以解经，转相发明"的方法；而当时的今文经学则充分表现了其自身的蜕化与卑陋一面。为什么这样说呢？实际上，这也就是班固所评点的"自武帝立《五经》博士，开弟子员，设科射策，劝以官禄，迄于元始，百有余年，传业者寝盛，枝叶番滋，一经说至百余万言，大师众至千余人，盖利禄之路然也。"②不然的话，既然是涉及儒家

---

① 班固：《汉书·楚元王传》，《二十五史》卷一，第506页。
② 班固：《汉书·儒林传》，《二十五史》卷一，第706页。

经典的重大学术问题,何以"不肯置对"呢? 难道今文经学就缺乏与古文经学对话的资格吗? 非也,这主要是因为今文经博士想通过"不肯置对"的方式将其排除于官学之外。

至于古文经学的第三次凸显,则在于王莽从摄政一直到篡汉后所建立的新朝。王莽出身于外戚之家,是孝元皇后的内侄,"家凡九侯,五大司马",但由于其父早丧,所以《汉书》说王莽自幼"孤贫,因折节为恭俭。受《礼经》,师事沛郡陈参,勤身博学,被服如儒生"①。王莽早年曾与刘歆同为黄门郎,关系颇熟,因而当其开始受到重用时,也就以"刘歆典文章"②,从一定角度看,这当然也可以说是人尽其才。但在此后,随着王莽在仕途上的一路飙升,而这一过程也就如其所自述的:"臣以元寿二年六月戊午仓促之夜,以新都侯引入未央宫;庚申拜为大司马,充三公位;元始二年二月丙辰拜为太傅,赐号安汉公,备四辅官;今年甲子复拜为宰衡,位上公。"③这就到了位极人臣的地步,当然也就进一步膨胀了其篡夺刘氏江山的野心。

在王莽从辅政、摄政到自立新朝的过程中,由于其儒生的出身,熟悉儒家典章,所以他不仅高调以周公自况(在此之前,除了孔子对周公的拳拳服膺之外,可能也就只有吕不韦的高调表彰了),而且也以为自己造势的方式推出了儒家的一系列古文经典。比如就在其任宰衡的当年,他就有了如下举措:

> 莽奏起明堂、辟雍、灵台,为学者筑舍万区,作市、常满仓,制度甚盛。立《乐经》,益博士员,经各五人。征天下通一艺教授十一人以上,及有逸《礼》、古《书》、《毛诗》、《周官》、《尔雅》、天文、图谶、钟律、月令、兵法、《史篇》文字,通知其意者,皆诣公车。④

如果从西汉今古文经学对峙的情况来看,那么这也可以说是古文经学的一个大翻身了。但对王莽而言,又不过是一处文化搭台、政治唱戏的作秀与表演而已。在这种情况下,原来就一直在倡导古文经学的刘歆"皆以治明堂,宣教化,封为列侯"⑤。对于古文经学来说,这也可以说是其第三次极为风

---

① 班固:《汉书·王莽传》,《二十五史》卷一,第763页。
② 班固:《汉书·王莽传》,《二十五史》卷一,第764页。
③ 班固:《汉书·王莽传》,《二十五史》卷一,第767页。
④ 班固:《汉书·王莽传》,《二十五史》卷一,第767页。
⑤ 班固:《汉书·王莽传》,《二十五史》卷一,第768页。

光的亮相了。但是,由于王莽新朝的短命,因而连同其所高调表彰的古文经学也在新朝覆灭之后度过了一段极为昏暗的日子。

这样一来,古文经学对于官学地位的最后一次冲击也就到了东汉。由于刘秀是以刘氏宗亲的身份剿灭西汉末年的农民起义与新莽政权的,所以王莽的那一套古文经学也就必然要遭到唾弃,而今文经学也就重新回到了独尊的官学地位。但是,由于刘秀不废图谶,而且还试图利用图谶、嘉瑞之类来为自己政权的合法性进行论证,这就为古文经学向官学地位的冲击留下了机会。又由于古文经学毕竟有其"章句义理"可讲,因而其在民间的影响也就越来越大。所以到贾逵时,古文经学终于赢得了官学的身份。

贾逵(公元30—101)是汉初政论家贾谊的九世孙,其父贾徽曾"从刘歆受《左氏春秋》,兼习《国语》、《周官》,又受《古文尚书》于涂恽,学《毛诗》于谢曼卿,作《左氏条例》二十一篇。逵悉传父业,弱冠能诵《左氏传》及《五经》本文,以《大夏侯尚书》教授,虽为古学,兼通五家《穀梁》之说。自为儿童,常在太学,不通人间事"①。就贾逵的这一出身来看,显然可以说是出身于古文经世家。

到了章帝时,由于章帝特好《古文尚书》、《左氏传》,所以诏贾逵入讲北宫白虎观,而贾逵也就借机向章帝为《左氏传》上条陈:

> 臣谨摘出《左氏》三十事尤著名者,斯皆君臣之正义,父子之纪纲。其余同《公羊》者什有七八,或文简小异,无害大体。至如祭仲、纪季、伍子胥、叔术之属,《左氏》义深于君父,《公羊》多任于权变,其相殊绝,固以甚远,而冤抑积久,莫肯分明。

> 臣以永平中上言《左氏》与图谶合者,先帝不遗刍荛,省纳臣言,写其传诂,藏之秘书。建平中,侍中刘歆欲立《左氏》,不先暴论大义,而轻移太常,恃其义长,诋挫诸儒,诸儒内怀不服,相与排之。孝哀皇帝重逆众心,故出歆为河内太守。从是攻击《左氏》,遂为重仇。至光武皇帝,奋独见之明,兴立《左氏》、《穀梁》,会二家先师不晓图谶,故令中道而废。凡所以存先王之道者,要在安上理民也。今《左氏》崇君父,卑臣子,强干弱枝,劝善戒恶,至明至切,至直至顺。且三代异物,损益随时,故先帝博观异家,各有所采。《易》有施、孟,复立梁丘,《尚书》欧

---

① 范晔:《后汉书·贾逵传》,《二十五史》卷一,第1011页。

阳,复有大小夏侯,今三传之异亦犹是也。又《五经》家皆无以证图谶明刘氏为尧后者,而《左氏》独有明文。《五经》家皆言颛顼代黄帝,而尧不得为火德。《左氏》以为少昊代黄帝,即图谶所谓帝宣也。如令尧不得为火,则汉不得为赤。其所发明,补益实多。①

正是贾逵的这一上书条陈,使得古文经学最后终于获得了官学地位。当然,这又是几年以后的事了:"八年,乃诏诸儒各选高才生,受《左氏》、《穀梁春秋》、《古文尚书》、《毛诗》,由是四经遂行于世。"②而刘歆当年所提倡的《左氏春秋》及《毛诗》、《逸礼》、《古文尚书》终于进入了官学队伍。

从贾逵的这一上书中,我们可以获悉如下几个方面的信息:其一,"至光武皇帝,奋独见之明,兴立《左氏》、《穀梁》,会二家先师不晓图谶,故令中道而废"。这就是说,在两汉皇室看来,无论是今文经学还是古文经学,是否有图谶、能否为皇家政权的合理性进行论证才是其究竟能不能确立为官学的标准。那么,两汉皇家何以如此看重图谶呢? 对此,皮锡瑞曾借前人的论述分析说:

> 王充《论衡》云:"夫五经亦汉家之所立;儒生善政大义皆出其中。董仲舒表《春秋》之义,稽合于律,无乖异者。然则,《春秋》,汉之经。孔子制作,垂遗于汉。"案王仲任以孔子制作垂遗于汉,此用《公羊春秋》说也。《韩敕碑》云:"孔子近圣,为汉定道。"《史晨碑》云:"西狩获麟,为汉制作。"欧阳修以汉儒为狭陋,孔子作《春秋》,岂区区于汉而已哉! 不知圣经皆为后世立法,虽不专为汉,而继周者汉,去秦闰位不计,则以圣经为汉制作,固无不可。且在汉当言汉;推崇当代,即以推崇先圣。如欧阳修生于宋,宋尊孔子之教,读孔子之经,即谓圣经为宋制法,亦无不可。今人生于大清,大清尊孔子之教,读孔子之经,即谓圣经为清制法,亦无不可。欧公之言何拘阂之甚乎!③

很明显,两汉皇家之所以如此看重图谶,关键在于图谶所体现的精神主要在于是否强调其经典就是"为汉制作",即是否能够论证汉家政权的合理合法性。欧阳修根本不能接受这种仅仅"为汉制作"的说法,应当说是儒家人文情怀与道德理想主义精神的表现;至于皮锡瑞所谓的无论哪一朝哪一代,只

---

① 范晔:《后汉书·贾逵传》,《二十五史》卷一,第1011页。
② 范晔:《后汉书·贾逵传》,《二十五史》卷一,第1011页。
③ 皮锡瑞著,周宇同注释:《经学历史》,第80—81页。

要能够"尊孔子之教,读孔子之经",也就可以说是孔子为其立法的说法似乎有一定的道理,但毕竟有点"滥且贱"了。

不过,更为精彩的还在后边。按照贾逵的说法:"《五经》家皆无以证图谶明刘氏为尧后者,而《左氏》独有明文。《五经》家皆言颛顼代黄帝,而尧不得为火德。《左氏》以为少昊代黄帝,即图谶所谓帝宣也。如令尧不得为火,则汉不得为赤。其所发明,补益实多。"这样看来,古文经学之所以被立为官学,不仅是因为"《左氏》独有明文"——"以图谶明刘氏为尧后者",而且"《左氏》以为少昊代黄帝,即图谶所谓帝宣也",这就似乎比今文经学所论证的结论还要准确、还要恰切了。从这一点也可以看出:两汉皇室之所以号召"尊孔子之教,读孔子之经",说到底也不过是一种利用,——利用儒学的影响来证明自己政权的合法性而已;而汉宣帝告诫太子的"汉家自有制度,本以霸王道杂之……"[1]一说,才是真正的皇家家法。所以说,无论是今文经学还是古文经学,也只有在突出其经典是"为汉制作"这一点上,才是其被立为官学的真正原因。

二、今古文经学的分歧——
刘向与刘歆之间

如果说所谓"图谶"——为两汉政权的合理性进行论证就是构成今古文经学一并被立为官学的根本原因,那么从其崛起的历史来看,则今古文经学之间肯定又存在着一种无法弥合的分歧;不然的话,面对刘歆倡导古文经学的挑战,今文经的博士们何以会一致采取"不肯置对"的态度呢?

关于今古文经学的分歧,皮锡瑞有一段极有影响的点评,而其中关于二者分歧的概括似乎也已经成为今天介绍今古文经学的一种流行话语了。皮锡瑞指出:

> 治经必宗汉学,而汉学亦有辨。前汉今文说,专明大义微言;后汉杂古文,多详章句训诂。章句训诂不能尽厌学者之心,于是宋儒起而言

---

[1]　班固:《汉书·元帝纪》,《二十五史》卷一,第367页。

义理。此汉宋经学之所以分也。惟前汉今文学能兼义理训诂之长。武（帝）、宣（帝）之间，经学大昌，家数未分，纯正不杂，故其学极精而有用。以《禹贡》治河，以《洪范》察变，以《春秋》决狱，以三百五篇当谏书，治一经得一经之益也。当时之书，惜多散失。传于今者，惟伏生《尚书大传》，多存故礼，与《王制》相出入，解《书》义为最古；董子《春秋繁露》，发明《公羊》三科九旨，且深于天人性命之学；《韩诗》仅存《外传》，推演诗人之旨，足以证明古义。学者先读三书，深思其旨，乃知汉学所以有用者在精不在博，将以通经致用，先求大义微言，以视章句训诂之学，如刘歆所讥"分文析义，烦言碎辞，学者罢老且不能究其一艺"者，其难易得失何如也。（古文学出刘歆，而古文训诂之流弊先为刘歆所讥，则后世支离破碎之学，又歆所不取者。）①

皮锡瑞对两汉经学的这一段评点，即所谓今文经学注重微言大义，而古文经学则专注章句训诂，这一说法在今天几乎成为经学研究中经常提起的话头了。但是，考虑到皮锡瑞本人之今文经学的立场，因而其这种说法也就需要再作分析。首先，所谓今文经学所注重的微言大义究竟何指呢？作为其主要表现的也就不过是董仲舒的天人感应论与灾异谴告说；或者也就如同皮锡瑞所列举的"以《禹贡》治河，以《洪范》察变，以《春秋》决狱，以三百五篇当谏书"之类以及其所谓的"治一经得一经之益也"。那么，何以能够从《禹贡》中发现"治河"的道理，从《洪范》中"察变"，又从《春秋》中探索"决狱"的原则以及从"三百五篇"中寻找"谏言"的秘诀呢？这就是所谓微言大义，——从微言中探索大义。儒家经典中当然不乏这样的道理，但如果认为仅仅抱住"六经"的经典就可以把握治理天下的道理，那么这样的世界也就必然是一个封闭的世界；或者说这个世界是基本静止而不再发展的，因为这等于认为我们的祖先已经将天下的道理认识完了。

再看其对古文经学的点评。所谓章句训诂是什么意思呢？意即所谓古文经学也就全然聚焦于文字的句读与章句的训诂上。由于古文经本身就是用先秦文字所写成的经典，因而从字句的识别到章句的训解自然也是必不可少的前提工夫。但古文经研究是否也就仅仅停留于此呢？为皮锡瑞所引证并为刘歆所讥讽的"分文析义，烦言碎辞，学者罢老且不能究其一艺"之

---

① 皮锡瑞著，周宇同注释：《经学历史》，第56—57页。

类的现象,起码说明作为古文经倡导者的刘歆并不满意于这种现象。仅就这一点来看,所谓章句训诂显然是不足以概括古文经学之基本特色的。那么,这是否说古文经学还另有其论学要旨呢?

实际上,对于这一问题,我们也可以将两汉经学作为一个整体,从其最基本的共同特征出发以分析其历史的发展,并在历史发展的过程中寻绎其相互不同的立足点与不同的关注侧重之形成。

作为汉代经学确立的标志,当然就是汉武帝在建元五年的"置《五经》博士";但就汉代经学之真正发生影响而言,则主要是董仲舒在"举贤良文学"中的策对,而且其策对之首出也就最足以表现经学的共同特征:

> 制曰:朕获承至尊休德,传至无穷,而施之罔极,任大而守重,是以夙夜不皇康宁……
>
> 盖闻五帝三王之道,改制礼作乐而天下恰和。当虞氏之乐莫盛于《韶》,于周莫盛于《勺》。圣王已没,钟鼓管弦之声未衰,而大道微缺,陵夷至乎桀纣之行,王道大坏矣。夫五百年之间,守文之君,当涂之士,欲则先王之法以戴翼其世者甚众,然犹不能反,日以仆灭,至后王而后止,岂其所持操或悖谬而失其统与? 固天降命不可复反,必推之于大衰而后息与? 乌虖! 凡所为屑屑,夙兴夜寐,务法上古者,又将无补与? 三代受命,其符安在? 灾异之变,何缘而起? 性命之情,或夭或寿,或仁或鄙,习闻其号,未烛厥理。伊欲风流而令行,刑轻而奸改,百姓和乐,政事宣昭,何修何饬而膏露降,百谷登,德润四海,泽臻屮木,三光全,寒暑平,受天之祜,享鬼神之灵,德泽洋溢,施虖方外,延及群生?①
>
> 陛下发德音,下明诏,求天命与情性,皆非愚臣之所能及也。臣谨案《春秋》之中,视前世已行之事,以观天人相与之际,甚可畏也。国家将有失道之败,而天乃先以灾异以谴告之,不知自省,又出怪异以惊惧之,尚不知变,而伤败乃至。以此见天心之仁爱人君而欲止其乱也。自非大亡道之世者,天尽欲扶持而全安之,事在强勉而已矣。强勉学问,则闻见博而知益明;强勉行道,则德日起而大有功;此皆可使还至而有效者也……
>
> 道者,所由适于治之路也,仁义礼乐皆其具也。故圣王已没,而子

---

① 班固:《汉书·董仲舒传》,《二十五史》卷一,第572页。

孙安宁长久数百岁,此皆礼乐教化之功也。①

在这里,汉武帝的策问自然表现着其作为青年皇帝最关心的问题:"务法上古者,又将无补与? 三代受命,其符安在? 灾异之变,何缘而起?"所有这些问题,也是作为一个大有为之君所不能不关注的。但董仲舒则在进行了一番"陛下发德音,下明诏……非愚臣之所能及也"的客套之后,依据自己之所研习,明确地提出了所谓"臣谨案《春秋》之中,视前世已行之事,以观天人相与之际,甚可畏也。国家将有失道之败,而天乃先以灾异以谴告之,不知自省,又出怪异以惊惧之,尚不知变,而伤败乃至"。

对于西汉君臣间的这一问答,后人也就直接将其概括为所谓"天人相与之际"的"灾异谴告说"。站在今天的角度看,这一点可能也是经学能够登上历史舞台的最大特色。就是皮锡瑞本人,也不得不承认这一"谴告"的合理性,所以才有他的如下分析:

> 当时儒者以为人主至尊,无所畏惮,借天象以示儆,庶使其君有失德者犹知恐惧修省。此《春秋》以元统天、以天统君之义,亦《易》神道设教之旨。汉儒藉此以匡正其主。其时人主方崇经术,重儒臣,故遇日食地震,必下诏罪己,或则免三公。虽未必能如周宣之遇灾而惧,侧身修行,尚有君臣交儆遗意。此亦汉时实行孔教之一证。②

这就是说,汉武帝是通过如何选择指导思想而策问于"贤良文学"的,而董仲舒的策对则是试图通过"天人相与之际"的"灾异谴告"现象"以匡正其主"的,从而也就"使其君有失德者犹知恐惧修省。此《春秋》以元统天、以天统君之义,亦《易》神道设教之旨"。现在看来,这一点可能也就是汉代经学的根本精神。

但这一精神在历史的发展中将如何演变呢? 当然,就在"举贤良文学"中,同时就已经出现了公孙弘之想帝王之所想、急帝王之所急的所谓"屈学阿世"之儒。以后,这种通过自然现象来表现的"灾异谴告说"也就逐渐演变为通过自然界的"灵异"与"嘉瑞"现象来论证人主统治之合理合法性以及其"德政"之上感天人的表现了,从而也就成为一种专门对人主的"德政"进行回应与"褒奖"的现象了。请看《汉书·王莽传》中对这种自然现象的

---

① 班固:《汉书·董仲舒传》,《二十五史》卷一,第572页。
② 皮锡瑞著,周予同注释:《经学历史》,第69页。

利用：

> 于是群臣乃盛陈"莽功德致周成白雉之瑞,千载同符。圣王之法,臣有大功则生有美号,故周公及身在而托号于周。莽有定国安汉家之大功,宜赐号曰安汉公,益户,畴爵邑,上应古制,下准行事,以顺天心"。太后诏尚书具其事。①

甚至,当时这种通过自然现象以美化当权者执政的方法也通过边疆少数民族之"愿内属"的方式加以表达,至于其具体做法则仍然是通过"灵异"与"嘉瑞"现象实现的。比如当王莽遣中郎将"持金币诱塞外羌,使献地,愿内属"时,羌族领袖就曾和太皇太后展开了如下一段对话：

> 问良愿降意,对曰:"太皇太后圣明,安汉公至仁,天下太平,五谷成熟,或禾长丈余,或一粟三米,或不种自生,或茧不蚕自成,甘露从天下,醴泉自地出,凤凰来仪,神爵降集。从四岁以来,羌人无所疾苦,故思乐内属。"②

虽然其方法仍然是通过自然界的"灵异"与"嘉瑞"现象加以表达的,但这里可曾有一丝一毫的"谴告"成分吗？完全没有。所有的只是如何通过自然界的"灵异"与"嘉瑞"现象来向皇权(王莽)献媚。这无疑可以说是经学演变中的一个重大现象。

如果说王莽本人就是"篡汉"的野心家,那么请看刘秀这位真龙天子的表现吧。刘秀当然是通过剿灭西汉末年的农民起义与王莽的新朝才得以重整汉家江山的,但其对"灵异"与"嘉瑞"现象的喜好却一点都不亚于王莽;因为刘秀之所以名之为"秀",恰恰就是因为其出生的那年,"县界有嘉禾生,一茎九穗,因名光武曰秀"③。当然,作为崛起于民间的刘姓宗亲,其对自然现象是既有从"谴告"角度来吸取其"敬畏自省"的一面,同时也有从"灵异"与"嘉瑞"角度来获取其自我肯定意义的一面。比如：

> 二十二年(47)九月戊辰,地震裂。制诏曰:"日者地震,南阳尤甚。夫地者,任物至重,静而不动者也。而今震裂,咎在君上。鬼神不顺无德,灾殃将及吏人,朕甚惧焉。其令南阳勿输田租刍稿。遣谒者案行,

---

① 班固:《汉书·王莽传》,《二十五史》卷一,第764—765页。
② 班固:《汉书·王莽传》,《二十五史》卷一,第768页。
③ 范晔:《后汉书·光武纪》,《二十五史》卷一,第804页。

其死罪系囚在戊辰以前,减死罪一等。"①

二十九年(54)春二月丁巳朔,日有食之。遣使者举冤狱,出系囚。庚申,赐天下男子爵,人二级;鳏、寡、孤、独、笃癃、贫不能自存者粟,人五斛。夏四月乙丑,诏令天下系囚自殊死已下及徒各减本罪一等,其余赎罪输作各有差。②

中元元年(56),京师醴泉涌出,饮之者痼疾皆愈,惟眇、蹇者不瘳。又有赤草生于水崖。郡国频上甘露。君臣奏言:"地祇灵应而朱草萌生。孝宣帝每有嘉瑞,辄以改元,神爵、五凤、甘露、黄龙,列为年纪,盖以感应神祇,表彰德信。是以化致升平,称为中兴"……是岁,初起明堂、灵台、辟雍,及北郊兆域。宣布图谶于天下。③

刘秀作为西汉江山的转继与中兴者,应当说是历史上较为难得的明君,所以也就有了"咎在君上"的自省以及"举冤狱,出系囚"等大赦天下的举措,但其最后也仍然难免于所谓"起明堂、灵台、辟雍……宣布图谶于天下"的做法。而这种做法,实际上也就等于回归历代帝王通过图谶来自我肯定与自我表彰的覆辙了。所以,贾逵所谓的"至光武皇帝,奋独见之明,兴立《左氏》、《穀梁》,会二家先师不晓图谶,故令中道而废"一说,其实正是刘秀试图通过图谶以自我肯定、自我表彰的表现。

从这个角度看,历史上凡是能够从自然的"灾异"现象中提取到"敬畏"与"自省"作用的,大概也就可以算作明君了;而凡是醉心于自然界的"灵异"与"嘉瑞"现象以自我肯定、自我表彰者,则必然属于昏君。但问题在于,当董仲舒以"天人相与之际"而提出"灾异谴告说"之后,这种通过自然界的"灾异谴告"现象就不断地从"灾异"向着"灵异"与"嘉瑞"的方向演变,这究竟是人们关注视角的转移还是"天意"本身就有如此的变化呢?不过,这一点无疑表现着经学本身关注视角的转化。正因为这一转化,才使贾逵可以轻而易举地将古文经学送进"官学"的队伍。至于范晔说贾逵"自为儿童,常在太学,不通人间事"④,对于如此善于揣测上意并善于借势说话的贾逵来说,说其"不通人间事"(所谓书呆子)简直就是昧着良心说胡话。反

---

① 范晔:《后汉书·光武纪》,《二十五史》卷一,第803页。
② 范晔:《后汉书·光武纪》,《二十五史》卷一,第803页。
③ 范晔:《后汉书·光武纪》,《二十五史》卷一,第803—804页。
④ 范晔:《后汉书·贾逵传》,《二十五史》卷一,第1011页。

倒是皮锡瑞的评价揭示了其中的部分实情：

> 汉儒言灾异，实有征验……王莽时谶云"刘秀当为天子"，尤为显证。故光武以赤伏符受命，深信谶纬。五经之义，皆以谶决。贾逵以此兴《左氏》，曹褒以此定汉礼。于是五经为外学，七纬为内学，遂成一代风气。①

显然，从"灾异谴告"到谶纬弥漫，再到以"灵异"与"嘉瑞"来粉饰太平，并以此论证专制王权的合法性，就是经学发展的总体趋势；而在这一趋势中进入官学队伍的古文经学，仅仅通过贾逵对它的推荐方式本身，就成为对其性质的最好说明。

但今古文经学之间无疑存在着差异，而真正把今古文经学之差异与分歧表现得比较到位的，可能也就莫过于刘向与刘歆父子了。论关系，他们当然是血缘相承的父子；论职业，刘歆自成年即"受诏与父向领校秘书……向死后，歆复为中垒校尉"②。这说明，无论是血缘还是职业，其父子都是前后相继的关系。但在今古文经学之不同持守上，其父子居然又是一种对垒的关系。这就成为一种非常值得深究的关系了。

刘向（前77—前6），字子正，本名更生，西汉宗室，是楚元王刘交的四世孙。"年十二，以父德任为辇郎。既冠，以行修饬擢为谏大夫……会初立《穀梁春秋》，征更生受《穀梁》，讲论'五经'于石渠阁。复拜为郎中、给事黄门，迁散骑、谏大夫、给事中。"③在其一生五十多年的从政生涯中，刘向曾两度遭陷入狱，两次坐免为庶人（其中一次甚至有超过十年的"坐废"经历），但他始终不改其忠直的本性；虽然深得皇帝的信任，但由于外戚巨宦的反对，因而始终得不到重用。而作为刘向一生仕途升迁之最大障碍，也是其一生屡受打击的根源，居然就是后来其儿子刘歆所极力报效的王氏家族。关于刘向与外戚王氏之间的恩怨，班固曾评价说：

> 向自见得信于上，故常显讼宗室，讥刺王氏及在位大臣，其言多痛切，发于至诚。上数次欲用向为九卿，辄不为王氏居位者及丞相御史所持，故终不迁，居列大夫三十余年，年七十二卒。卒后十三岁而王氏

---

① 皮锡瑞著，周予同注释：《经学历史》，第71页。
② 班固：《汉书·楚元王传》，《二十五史》卷一，第505页。
③ 班固：《汉书·楚元王传》，《二十五史》卷一，第501页。

代汉。①

从这一经历来看,外戚王氏简直就可以说是刘向一生仕途升迁的最大克星,而刘向的一生也确实是在不屈不挠地与外戚显宦做斗争。而其斗争的武器,居然就是董仲舒以来今文经学的传统武器——"灾异谴告说"。从这一点来看,他们父子两人,从政治到学术,似乎也都是一种对立的立场。

不过,刘向所陈述的"灾异谴告说"已经远远不同于董仲舒那种直接通过自然现象所展开的解释,而是通过对《穀梁春秋》的钻研,极大地增加了历史的厚重感,一定程度上也增加了其可信度。而这些方面的内容居然也都见于他给皇上的上书:

> 二百四十二年之间,日食三十六,地震五,山陵崩阤二,彗星三见,夜常星不见,夜中星陨如雨一,火灾十四。长狄入三国,五石陨坠,六鹢退飞,多麋,有蜮、蜚,鸲鹆来巢者,皆一见。昼冥晦。雨木冰。李梅冬实。七月霜降,草木不死。八月杀菽。大雨雹。雨雪雷霆失序相乘。水、旱、饥、蝝、螽、螟蜂午并起。当是时,祸乱辄应,弑君三十六,亡国五十二,诸侯奔走,不得保其社稷者,不可胜数也。周室多祸,晋败其师于贸戎;伐其郊;郑伤桓王;戎执其使;卫侯朔召不往,齐逆命而助朔;五大夫争权,三君更立,莫能正理。遂至陵夷不能复兴。

> 由此观之,和气致祥,乖气致异;祥多者其国安,异众者其国危,天地之常经,古今之通义也。今陛下开三代之业,召文学之士,优游宽容,使得并进。今贤不肖混淆,白黑不分,邪正杂糅,忠谗并进……夫乘权藉势之人,子弟鳞集于朝,羽翼阴附者众,辐辏于前,毁誉将必用,以终成乖离之咎。是以日月无光,雪霜夏陨,海水沸出,陵谷易处,列星失行,皆怨气之所致也。②

很明显,刘向这里也完全是通过《穀梁春秋》的传统,将自然之灾异,直接归结为朝政之紊乱的,尤其是归结于"乘权藉势"的外戚,所以说"和气致祥,乖气致异;祥多者其国安,异众者其国危,天地之常经,古今之通义也"。而当时朝政之所以紊乱,主要是因为"乘权藉势之人,子弟鳞集于朝,羽翼阴附者众,辐辏于前",从而也就致使"日月无光,雪霜夏陨,海水沸出,陵谷易

---

① 班固:《汉书·楚元王传》,《二十五史》卷一,第505页。
② 班固:《汉书·楚元王传》,《二十五史》卷一,第502—503页。

处,列星失行",总之,所有这些现象,"皆怨气之所致也"。

但是,作为西汉的皇室宗亲,刘向也从不放弃其对皇帝进行批评教育的机会,而且其批评也是极为恳切的。所以,在列举了紊乱的朝政与自然天象之间的相互为灾后,刘向也就更进一步,将这一切直接指向了皇上的用人。他指出:

> 原其所以然者,谗邪并进也。谗邪之所以并进者,由上多疑心,既已用贤人而行善政,如或谮之,则贤人退而善政还。夫执狐疑之心者,来谗贼之口;持不断之意者,开群枉之门。谗邪进则众贤退,群枉盛则正士消……《易》曰"涣汗其大号"。言号令如汗,汗出而不反者也。今出善令,未能逾时而反,是反汗也;用贤未能三旬而退,是转石也。《论语》曰:"见不善如探汤。"今二府奏佞谄不当在位,历年而不去。故出令则如反汗,用贤则如转石,去佞则如拔山,如此望阴阳之调,不亦难乎![①]

由于刘向既是皇帝的长辈宗亲,又自幼就进入了官场,所以他对官场的洞察,真可谓鞭辟入里,其批评的矛头,直指帝王的用人之心。因而在刘向看来,之所以会造成这种"谗邪进则众贤退,群枉盛则正士消"的格局,关键也就在于帝王根本不想根绝这些干扰朝政的外戚和奸佞小人。

但另一方面,在涉及帝王的身后事上,刘向的建议又显得极为理性,而且直到今天都仍不失其积极意义。原因在于,当时成帝欲大营昌陵,想为自己建造一个奢华的安息之所,刘向则从历史的角度分析历代墓陵的演变,并总结说:"自古及今,葬未有盛于始皇者也,数年之间,外被项籍之灾,内离牧竖之祸,岂不哀哉!"[②]这也就等于是先以棒喝的方式打碎成帝大营昌陵的心思,然后又从容地建议说:

> 陛下即位,躬亲节俭,始营初陵,其制约小,天下莫不称贤明。及徙昌陵,增埤为高,积土为山,发民坟墓,积以万数,营起邑居,期日颇卒,功费大万百余。死者恨于下,生者愁于上,怨气感动阴阳,因之以饥馑,物故流离以十万数,臣甚愍焉。以死者为有知,发人之墓,其害多矣;若其无知,又安用大? 谋之贤知(智)则不说,以示众庶则苦之;若苟以说

---

① 班固:《汉书·楚元王传》,《二十五史》卷一,第503页。
② 班固:《汉书·楚元王传》,《二十五史》卷一,第504页。

愚夫淫侈之人,又何为哉! 陛下慈仁笃美甚厚,聪明疏达盖世,宜弘汉
家之德,崇刘氏之美,光昭五帝、三王,而顾与暴秦乱君竞为奢侈,比方
丘陇,说愚夫之目,隆一时之观,违贤知(智)之心,亡万世之安,臣窃为
陛下羞之。①

像这种批评性的建议,可能也只有刘向这样的长辈宗亲才敢于提出,但其思
想确实是难能可贵的,所以在该文之末,刘向又给成帝提出了这样一种标
准:"孝文皇帝去坟薄葬,以俭安神,可以为则;秦昭、始皇增山厚臧,以侈生
害,足以为戒"。② 至于成帝本人,在看了刘向的上疏之后,其反应也就是
"甚感向言,而不能从其计"③。

由于刘向的这些批评、建议都是在《穀梁春秋》并结合近世历史的背景
下展开的,因而虽然也是在天人、阴阳感应基础上展开的关于灾异谴告方面
的内容,但比董仲舒那种直接运用自然的灾异现象来进行谴告就要真切多
了,而且与现实的结合也要紧密得多。从这个角度看,也可以说天人感应背
景下的"灾异谴告说"就是西汉今文经学规范政治、规劝王权的主要章法;
而这一章法在从董仲舒的《公羊春秋》转为刘向的《穀梁春秋》之后,作为一
种规范朝政的章法也比较成熟了。

但成熟的政治理论却并没有挽救刘向的政治生命,也没有挽救西汉王
朝被"篡夺"的命运。所以,到了其子刘歆,就对其父的为人从政之道几乎
成为一种全面的背叛了。从政治上看,刘歆当年为黄门郎时曾与王莽同列,
且关系熟稔;而王莽也深爱其才,这就难免为其所看重、拉拢,所以当王莽得
势后,刘歆也终于因为"典文章"并"以治明堂,宣教化,封为列侯",④而且
还被尊为"国师"。而这个"国师"自然也就成为王莽篡夺汉家江山的吹鼓
手了,当然对刘歆来说,他也可能确实包含着借王莽之权势以推出古文经学
的图谋。所以,直到最后,刘歆又试图通过劫持王莽,以"东降南阳天子"⑤,
终因陷于失败而自杀,这才为其一生画上了一道带有亮色的晚霞。

至于刘歆在学术上对刘向今文经学立场的背叛,情况则要稍微复杂一

---

① 班固:《汉书·楚元王传》,《二十五史》卷一,第504页。
② 班固:《汉书·楚元王传》,《二十五史》卷一,第504页。
③ 班固:《汉书·楚元王传》,《二十五史》卷一,第504页。
④ 班固:《汉书·王莽传》,《二十五史》卷一,第768页。
⑤ 班固:《汉书·王莽传》,《二十五史》卷一,第768页。

些。因为刘歆"少以通《诗》、《书》能属文召,见成帝,待诏宦者署,为黄门郎。河平中,受诏与父向领校秘书,讲六艺传记,诸子、诗赋、数术、方技,无所不究。向死后,歆复为中垒校尉"[1]。仅从其这一经历来看,刘歆显然属于那种专门而且也长于理论探讨的儒生。但是,由于"歆及向始皆治《易》,宣帝时,诏向受《穀梁春秋》,十余年,大明习。及歆校秘书,见古文《春秋左氏传》,歆大好之。时丞相史尹咸以能治《左氏》,与歆共校经传。歆略从咸及丞相翟方进受,质问大义。初《左氏传》多古字古言,学者传训故而已,及歆治《左氏》,引传文以解经,转相发明,于是章句义理备焉"。从这一点来看,刘歆早年就已经从刘向的《穀梁春秋》转向《左氏春秋》的立场了,所以他认为,"左丘明好恶与圣人同,亲见夫子,而公羊、穀梁在七十子后,传闻之与亲见之,其详略不同。歆数以难向,向不能非间也,然犹自持其《穀梁》义"。这说明,自从刘歆钻研《左氏春秋》起,其父子在儒家经典中就已经形成了不同的学术选择。

在这种情况下,刘歆"欲建立《左氏春秋》及《毛诗》、《逸礼》、《古文尚书》皆列于学官",实际上也就是为古文经学争取官学地位。至于今文经博士之"不肯置对",则主要在于他们的关怀侧重根本不在同一个层面。这一点也体现在刘歆的《移太常博士书》中;而刘歆当时对今文经学的激烈批评,一定程度上反而起到了某种激反的作用。不过,就经学自身的发展而言,当有新的经典出现时,自然也应当进入官学的系列。

《移太常博士书》是刘歆在遭逢今文博士"不肯置对"之后的激愤之作,我们固然不能从这一点来理解今文经学,但以此来把握今古文经学的分歧尤其是古文经学对于今文经学的批评,应当说还是比较中肯的。在该书中,刘歆写道:

> 往者缀学之士不思废绝之阙,苟因陋就寡,分析文字,烦言碎辞,学者罢老且不能究一艺。[2] 信口说而背传记,是末师而非往古,至于国家将有大事,若立辟雍、封禅、巡狩之仪则幽冥莫知其原。犹欲抱残守缺,挟恐见破之私意,而无从善服义之公心,或怀妒嫉,不考情实,雷同相从,

---

[1]　班固:《汉书·楚元王传》,《二十五史》卷一,第505页。

[2]　"分析文字,烦言碎辞,学者罢老且不能究一艺"本来是刘歆对今文经学的批评,但皮锡瑞却在其《经学历史》中反用其意,用作对古文经学的反批评,并认为"古文训诂之流弊先为刘歆所讥"。应当说,作为认知,这是极不准确的,因为不能将刘歆对今文经学的批评视为其对古文经学的自省或自我批评。(参见《经学历史》,第57页)

随声是非,抑此三学,以《尚书》为备,谓左氏为不传《春秋》,岂不哀哉!

......

夫礼失求之于野,古文不犹愈于野乎?往者博士《书》有欧阳,《春秋》公羊,《易》则施、孟,然孝宣皇帝犹广立《穀梁春秋》,《梁丘易》,大小《夏侯尚书》,义虽相反,犹并置之。何则?与其过而废之也,宁过而立之。传曰:"文武之道未坠于地,在人;贤者志其大者,不贤者志其小者。"今此数家之言,所以兼包大小之义,岂可偏绝哉!若必专已守残,当同门,妒道真,违明诏,失圣意,以陷于文史之议,甚为二三君子不取也。①

在这一书信中,刘歆首先批评今文经学"信口说而背传记,是末师而非往古,至于国家将有大事,若立辟雍、封禅、巡狩之仪则幽冥莫知其原",这一点可能也确实揭到了今文经学的短板与痛处,当然也说明古文经学之长正在于具体的历史与知识方面。至于后一段,则主要在于借用孔子的"礼失求之于野"来说明研究古文经的必要性,因为古文经毕竟是成文的经典,所以说是"古文不犹愈于野乎"?而在整个《移太常博士书》中,刘歆除了批评今文博士"抱残守缺",并利用帝王意志为其古文经学做宣传外,其对今文经学最主要的批评也就集中在历史与知识的领域。

这样看来,刘歆从学理上对其父之《穀梁春秋》立场的背叛,可能确实是受到了《左氏春秋》之历史与知识因素的吸引;而在其父子之间,"歆数以难向,向不能非间也,然犹自持其《穀梁》义",也说明刘歆所表彰的古文经学虽有历史与知识之所长,但毕竟未能动摇刘向建立在"天人感应"基础上关于天地、阴阳的德性信仰。这样看来,从刘向到刘歆之今古文经学的转变,可能也就包含着汉代经学从德性信仰到历史与知识追求的一个重大转向。

三、古文经学的转向——历史与知识追求

如果说刘向父子的分歧已经表现出了两汉经学从今文经向古文经的一

---

① 班固:《汉书·楚元王传》,《二十五史》卷一,第506页。

种转向,那么桓谭与王充也就充分表现出了这一转向的具体指向;如果说刘向父子是从经学内部来表现这一走向的,那么桓谭与王充的走向实际上就已经越出经学的范围了。但是,作为一个时代所共同尊奉、共同享用的认知视角,桓谭与王充仍然表现着其在古文经学基础上发展而来的认知方式。

桓谭(前20—56),字君山,沛国相(今安徽宿县)人。好音律,善鼓琴,博学多才,"遍习五经,皆训诂大义,不为章句。能文章,尤好古学,数从刘歆、杨(扬)雄辨析疑异。"①从这一经历来看,应当说桓谭首先是一个以才学见称的人。因为刘歆、扬雄当时都属于才高八斗的学术领袖级人物,没有一定的才气、没有一定的学理基础与知识积累的背景,是根本不可能和这样的大人物"辨析疑异"的。可是,"当王莽居摄篡弑之际,天下之士,莫不竞褒称德美,作符命以求容媚,谭独自守,默然无言。莽时为掌乐大夫,更始立,召拜太中大夫。世祖即位,征待诏,上书言事失旨,不用。"②从这一经历来看,桓谭一方面可以说是所谓三朝元老,但从王莽时"天下之士,莫不竞褒称德美,作符命以求容媚,谭独自守,默然无言"一点来看,则桓谭显然又不属于那种竞进型的性格(这一点就绝不同于刘歆)。当然,这也可能是因为其丰厚的学养使其不屑为之吧。但对于官场来说,则桓谭这种清高孤傲的性格,自然也就只能属于那种官越做越小的人了,所以到刘秀时,终于因为"上书言事失旨",从而也就以"不用"为其一生仕途画上了句号。

桓谭以才见用,又以"上书言事"而导致"不用",因而其"用"与"不用"之人生转折,首先就表现在他的"上书言事"中。上书言事自然属于桓谭对于帝王治国方略的建议,其第一次上书言事主要是针对当时社会上普遍存在的累世报仇与弃农经商的现象而发,并由此涉及"国之兴废"与"国是"大计。所以,其上书也就首先是从国之兴废谈起的:

> 臣闻国之兴废,在于政事;政事得失,由乎辅佐。辅佐贤明,则俊士充朝,而理合世务;辅佐不明,则论失时宜,而举多过事……盖善政者,视俗而施教,察失而立防,威德更兴,文武选用,然后政调于时,而躁人可定。昔董仲舒言"理国譬若琴瑟,其不调者则解而更张。"夫更张难行,而拂众者亡,是故贾谊以才逐,而晁错以智死。世虽有殊能而终莫

---

① 范晔:《后汉书·桓谭传》,《二十五史》卷一,第977页。
② 范晔:《后汉书·桓谭传》,《二十五史》卷一,第977页。

敢谈者,惧于前事也。且设法禁者,非能尽塞天下之奸,皆合众人之所欲也,大抵取便国利世多者,则可矣……今人相杀伤,虽已伏法,而私结怨仇。子孙相报,后忿甚前。至于灭户殄业,而俗称豪健,故虽有怯懦,犹勉而行之,此为听人自理而无复法禁者也。今宜申明旧令,若已伏官诛而私相伤杀者,虽一身逃亡,皆徙家属于边,其相伤者,加常二等,不得雇山赎罪。如此,则仇怨自解,盗贼息矣。

　　……今富商大贾,多放钱货,中家子弟,为之保役,趋走与臣仆等勤,收税与封君比入,是以众人慕效,不耕而食,至乃多通侈靡,以淫耳目。今可令诸商贾自相纠告,若非身力所得,皆以赃畀告者。如此,则专役一己,不敢以货与人,事寡力弱,必归功田亩。田亩修,则谷入多而地力尽矣。①

从这些建议来看,大概桓谭当时还抱有大显身手的愿望,所以也就由"国之兴废"、"政事得失"谈到了辅佐问题;而从其所提到的人物来看,从董仲舒、贾谊到晁错,也都是经纶国家的高手,这说明其当时也确实抱有出任显达的愿望。不过,从其"视俗而施教,察失而立防,威德更兴,文武选用"的施政策略来看,则桓谭当时所注重的其实主要在于"调整"而不在于"更张"。至于其标准,也就是"设法禁者,非能尽塞天下之奸,皆合众人之所欲也,大抵取便国利世多者,则可矣"。从桓谭的这种施政标准来看,大概也是希望国家处于不断趋于良性发展的调整之中。至于其所关注的现象,一则在于累世仇杀,一则在于弃农从商。前者导致私法横行,社会治安不稳,比如注解孟子的赵歧就是因为得罪了京兆尹唐玹而使"家属宗亲,陷以重法,尽杀之";而赵歧本人则不得不"自匿姓名,卖饼北海市中"②。至于后一种现象,即弃农从商必然会导致国本动摇,所以就要"令诸商贾自相纠告,若非身力所得,皆以赃畀告者",从而使人们"不敢以货与人",以达到"必归功田亩"的目的。

从这些设想性的举措来看,应当说也都属于比较温和而且也较为理性的措施,但桓谭的这些建议却非但没有得到采纳,甚至也没有得到回应。至于其原因,据范晔所说,主要是因为"是时帝方信谶,多以决定嫌疑。又酬

---

①　范晔:《后汉书·桓谭传》,《二十五史》卷一,第977页。
②　范晔:《后汉书·赵歧传》,《二十五史》卷一,第1123页。

常少薄,天下不时安定"①。实际上,这可能还是极为表层的原因,——也可能主要是因为其后刘秀有对桓谭的谶纬之问,所以才有范晔这样的总结的。但对桓谭而言,由于他极为看重这次上书,而在没有得到回应的情况下,甚至觉得"不胜愤懑",所以也就决定再次上书。而这后一次的上书,不仅让他明确地知道刘秀对他的建议根本"不用",而且还导致了差点杀头的命运。在第二次上书中,桓谭写道:

> 臣前献瞽言,未蒙诏报,不胜愤懑,冒死复陈……凡人情忽于见事而贵于异闻,观先王之所记述,咸以仁义正道为本,非有奇怪虚诞之事。盖天道性命,圣人所难言也。自子贡以下,不得而闻,况后世浅儒,能通之乎!今诸巧慧小才伎数之人,增益图书,矫称谶记,以欺惑贪邪,诖误人主,焉可不抑远之哉!臣谭伏闻陛下穷折方士黄白之术,甚为明矣;而乃欲听纳谶记,又何误也!其事虽有时合,譬犹卜数只偶之类。陛下宜垂明听,发圣意,屏群小之曲说,述《五经》之正义,略雷同之俗语,详通人之雅谋。
>
> ……古人有言曰:"天下皆知取之为取,而莫知与之为取。"陛下诚能轻爵重赏,与士共之,则何招而不至,何说而不释,何向而不开,何征而不克!如此,则能以狭为广,以迟为速,亡者复存,失者复得矣。②

从这一再次上书来看,应当说桓谭确实不失为治世之能臣,前一段建议刘秀要"以仁义正道为本",不要相信那些"奇怪虚诞之事"(此即指谶纬之事,估计桓谭可能也知道刘秀陶醉于谶纬,所以专门对谶纬之事进行批评),因为"其事虽有时合,譬犹卜数只偶之类",所以希望刘秀"述《五经》之正义,略雷同之俗语,详通人之雅谋"(此则似乎含有一定的自况自喻之嫌)。后一段则主要建议刘秀明了"取予"之道,以充分调动天下的积极性,所以说:"陛下诚能轻爵重赏,与士共之,则何招而不至,何说而不释,何向而不开,何征而不克!"按理说,桓谭的这些建议都应当说是治国的好谋略。但也许是由于帝王根本就不允许别人对他的治国之术说三道四,也许是因为刘秀当时的心思根本就不在这里而在于谶纬上,也许还因为帝王本来就不喜欢

---

① 范晔:《后汉书·桓谭传》,《二十五史》卷一,第 977 页。
② 范晔:《后汉书·桓谭传》,《二十五史》卷一,第 977—978 页。

过于清高之人，所以也就只得到个"帝省奏，愈不悦"①的结果。如果从韩非子的角度看，这无疑就是故意冒犯"逆鳞"啦。

正由于桓谭不识形势，而且两次冒犯"逆鳞"，所以刘秀也专门就谶纬给他出题：

> 其后有诏会议灵台所处，帝谓谭曰："吾欲以谶决之，何如？"谭曰："臣不读谶。"帝问其故，谭复极言谶之非经。帝大怒曰："桓谭非圣无法，将下斩之。"谭叩头流血，良久乃得解。出为六安郡丞，意忽忽不乐，道病卒，时年七十余。②

对于桓谭来说，刘秀专门以谶纬为问，本来就是哪壶不开提哪壶，而桓谭以"臣不读谶"来回答也未尝不可以，但他绝不应该"复极言谶之非经"，这就不仅是冒犯逆鳞的问题，而且还是故意撞枪口了。所以也就有了"非圣无法，将下斩之"的处理，最后则只能在一场"叩头流血"之后才得到个"出为六安郡丞"的决定。按理说，这一决定也并非不可接受，但也许是与其希望的反差太大，因而桓谭"意忽忽不乐"，最后只能以"道病卒"为自己作出了人生的归结。

但桓谭对谶纬的批评毕竟开启了一个时代，这就是由对经学之神圣化开始走向沉淀与反思的时代。虽然谶纬并不能代表经学的全部，但其毕竟裹胁于经学思潮之中，并且也是借着经学之势来流行的；而刘秀"以谶决"国家大事的方式，也说明其时谶纬之学的流行已经达到登峰造极的地步了。因而桓谭对于谶纬之学的批评，虽然并不代表其对经学的批评（桓谭甚至还明确地强调要回归于"《五经》之正义"），但毕竟代表着经学内部一种新思潮的萌芽。所以，到了继之而起的王充，也就将批评的矛头由谶纬之学进一步指向代表着经学崛起的天人感应之说了。

王充（27—约97），字仲任，东汉思想家。王充出身于"细族孤门……宗祖无淑懿之基，文墨无篇籍之遗"③，然自其六岁入学，"恭愿仁顺，礼敬具备，矜庄寂寥，有巨人之志。"④后游学京师，曾拜大儒班彪为师，学识渊博，不守章句。但其出仕后却一直徘徊于功曹小吏的层面，又因为其生性刚直，

① 范晔：《后汉书·桓谭传》，《二十五史》卷一，第978页。
② 范晔：《后汉书·桓谭传》，《二十五史》卷一，第978页。
③ 王充：《论衡·自纪篇》，《诸子集成》第7册，第287页。
④ 王充：《论衡·自纪篇》，《诸子集成》第7册，第282页。

好谏诤,因而又屡屡失官,故不得不以教授为生。晚年则居家著书,总结自己一生之所思所想。据其自述:他当时是"穷无一亩庇身,志佚于王公;贱无斗石之秩,意若食万钟。得官不欣,失位不恨;处逸乐而欲不放,居贫苦而志不倦。淫读古文,甘闻异言。世书俗说,多所不安;幽处独居,考论虚实"①。仅从这一自我定位来看,就知道王充的生性根本就不适合进入官场;而在进入官场后,又根本得不到升迁,所以只能徘徊于功曹小吏的层面。但东汉社会能够培养出王充这样的人物,又不能不归功于由经学之流行所带来的文化普及。而在彻底退出官场之后,王充以自己一生之所积学,致力于两汉以经学为代表的意识形态之知识意义上的澄清与经验意义上的实证研究。所以,在传统社会,王充往往被视为带有"异端"倾向的思想家。

王充所著的《论衡》一书虽然主要是以时论为批评对象的,实际上则主要聚焦于人的生性与命运问题。所以,从外在来看,他似乎是在对两汉以来的各种文化思潮(当然首先就指经学)进行一种知识形态的澄清与经验意义上的检验工作,实际上则又包含着太多的自伤自悼的内容。但是,从《后汉书·王充传》注引袁山松的《后汉书》说:"充作《论衡》,中土未有传者,蔡邕入吴始得之,恒密玩以为助谈。其后王朗为会稽太守,又得其书,及还许下,时人称其才进,或曰不见异人当见异书。问之,果以《论衡》之益。由是遂见传焉。"②从蔡邕、王朗这些名士对《论衡》"密玩以为助谈"的情形来看,说明王充的《论衡》已经处于其时代知识的制高点上。

《论衡》当然可以说是王充一生知识积累的总结,但其总结往往又是通过对各种时论的批评与澄清展开的。比如对于两汉人而言,"道之大原出于天,天不变,道亦不变"③也就可以说是两汉经学的一种基本共识,但在王充的笔下,"天"却早就已经失去了这种神圣性,而仅仅成为"自然"的含义了。请看王充的如下论述:

> 天地合气,万物自生,犹夫妇合气,子自生矣。万物之生,含血之类,知饥知寒,见五谷可食,取而食之;见丝麻可衣,取而衣之。或说以天生五谷以食人,生丝麻以衣人;此谓天为人作农夫桑女之徒也。不合自然,故其义疑,未可从也。试以道家论之:天者普施气万物之中,谷愈

---

① 王充:《论衡·自纪篇》,《诸子集成》第 7 册,第 283 页。
② 《中国儒学百科全书·论衡》,中国大百科全书出版社 1997 年版,第 488 页。
③ 班固:《汉书·董仲舒传》,《二十五史》卷一,第 575 页。

饥而丝麻救寒，故人食谷而衣丝麻也。夫天之不故生五谷丝麻以衣食人，由其有灾变不欲以谴告人也。物自生而人衣食之，气自变而人畏惧之；以若说论之，厌于人心矣。如天瑞为故，自然焉在？无为何居？何以天之自然也。以天无口目也。案有为者，口目之类也，口欲食而目欲视，有嗜欲于内，发之于外，口求之，得以为利欲之为也。今无口目之欲，于物无所求索，夫何为乎？何以知天无口目也？以地知之。地以土为体，土本无口目。天地夫妇也；地体无口目，亦知天无口目也。使天体乎，宜与地同；使天气乎，气若云烟。云烟之属，安得口目？①

在这里，王充以有无口目来证明天地无意志未必就能够成立（起码是不充分的，因为口目并不是意志的唯一表现），但他坚持天道自然无为的立场则是非常明确的，所以他也可以明确地反问道："如天瑞为故，自然焉在？无为何居？何以天之自然也？"而这种天道自然无为的思想也恰恰证明了王充所坚持的核心观点："夫天之不故生五谷丝麻以衣食人，由其有灾变不欲以谴告人也"。很明显，王充通过天地无口目以及天道自然无为的观点，不仅否定了所谓"天瑞"说，而且也彻底否定了董仲舒以来建立在"天者，百神之大君"基础上的"灾异谴告"之论，从而也就将天地彻底回归于自然无为的立场了。

王充进一步依据其天道自然无为的思想分析经学灾异谴告说的形成，并且还运用了二难归谬的方法以证明历史上的许多说法根本不成立、不可信。他写道：

阴阳不和，灾变发起；或时先世遗咎，或时气自然。圣贤感类，慊惧自思，灾变恶徵，何为至乎？引过自责，恐有罪；畏慎恐惧之意，未必有其实事也。何以明之？以汤遭旱自责以五过也。圣人纯完，行无缺失矣，何自责有五过？然如《书》曰："汤自责，天应以雨。"汤本无过，以五过自责，天何故雨？以无过致旱，亦知自责不能得雨也。由此言之，旱不为汤至，雨不应自责。然而前旱后雨者，自然之气也。此言书之语也。难之曰："春秋大雩。"董仲舒设土龙，皆为一时间也。一时不雨，然而雩祭；求阴请福，忧念百姓也。汤遭旱七年，以五过自责，谓何时也？夫遭旱一时，辄自责乎？旱至七年，乃自责也。谓一时辄自责；七

---

① 王充：《论衡·自然篇》，《诸子集成》第7册，第177页。

年乃雨,天应之诚,何其留也。有谓七年乃自责;忧念百姓,何其迟也?
不合雩祭之法,不厌爱民之意,《书》之言未可信也。①

这一段讨论,首先是以"阴阳不和"来说明"灾变"的发生,自然也就涉及儒
学史上许多著名的公案。王充先以"汤遭旱七年"来分析汤的"五过自责",
认为"汤本无过,以五过自责,天何故雨? 以无过致旱,亦知自责不能得雨
也"。所以他推论说:"旱不为汤至,雨不应自责",也就是说,旱并不是由于
商汤的过错所导致的;而后来下雨,也并不是因为商汤的"自责"就感动了
上天。在王充看来,"前旱后雨者,自然之气也"。对于今人而言,这当然是
一个非常简单的道理;但在两汉天人感应的背景下,天与人的相关性必然要
涉及其互动,所以王充也就专门以二难与归谬的方法来证明这些说法的荒
谬性。具体来说,这就是"汤遭旱七年,以五过自责,谓何时也? 夫遭旱一
时,辄自责乎? 旱至七年,乃自责也"。就是说,如果是"遭旱一时"辄以自
责,则天之所应却是"七年乃雨,天应之诚,何其留也",意即天的反应何以
如此之迟缓;反之,如果是"七年乃自责",则商汤之"忧念百姓,何其迟也"。
因为在这里,所谓"七年乃雨"已经是一个公认的历史事实,那么,如果"遭
旱一时,辄自责",而老天的反应是"七年乃雨","天应之诚,何其留也",这
就明确地包含着对天的指责之意;如果是天已经大旱了七年商汤才开始自
责,这就又包含着对商汤"忧念百姓,何其迟也"的指责。这样一来,无论是
商汤"遭旱一时,辄自责"还是"七年乃自责",这种"忧念百姓,何其迟也"
的指责不是落在天上就必然要落在商汤身上了。所以王充由此得出结论
说:"《书》之言未可信也"。

进一步看,王充这种从天道自然无为出发所展开的探讨也就必然要落
实到人身上,而儒家传统中关于人的看法也就必然要面临着被改写的命运。
请看王充对人的看法:

问曰:"人生于天地,天地无为。人禀天性者,亦当无为,而有为,
何也?"曰,至德纯渥之人,禀天气多,故能则天,自然无为。禀气薄少,
不遵道德,不似天地,故曰不肖。不肖者,不似也。不似天地,不类圣
贤,故有为也。天地为炉,造化为功,禀气不一,安能皆贤? 贤之纯者,
黄老是也。黄者,黄帝也;老者,老子也。黄老之操,身中恬淡,其治无

———
① 王充:《论衡·感类篇》,《诸子集成》第7册,第181页。

为;正身共己而阴阳自和,无心于为而物自化,无意于生而物自成。①
在这里,王充从天道自然无为出发的"人论"也就成为"人生于天地,天地无
为。人禀天性者,亦当无为"了;至于所谓"有为",则恰恰是天地不肖子孙
的行径与具体表现。因为只有"至德纯渥之人,禀天气多,故能则天,自然
无为"。显然,王充在这里仍然坚持着天人一贯的禀气原则;至于人相互间
的差别,也就主要在于禀气的薄厚与多少。按照这种贯通天人的"禀气"与
"无为"原则,则只有黄老之学的"身中恬淡,其治无为"才是真正的"正身共
己而阴阳自和,无心于为而物自化,无意于生而物自成"。

但这样的"人论"或人生观,也就将儒家的人伦观念与做人原则给彻底
颠覆了。如果说汉初曾经奉行过一段黄老之学的自然无为思想,那么王充
现在则是通过对天人一贯性的探讨重新回归于黄老之学了。《周易》曾有
所谓"原始反终"②一说,那么当王充终其一生的探讨而又重新回归于"无
为"观念时,是否也就意味着经学的终结呢? 这当然还不能说就是经学的
终结,却标志着从汉代经学崛起以来的天人一贯与天人感应观念从儒家转
向黄老道家的立场了。

也许正是这一原因,所以对两汉经学而言,王充的《论衡》也就代表着
汉代经学思想观念的一个彻底翻盘;凡是儒家原有的观念,也就无不得到王
充的重新解读,至于其含义,也就无不走向其原意的反面了。之所以会形成
这样一种叛逆,也可能与王充一生之郁郁不得志及其屡屡失官的经历不无
关系;而从大的社会思潮及其走向来看,则当刘秀"以谶决"国家大事时,也
说明西汉以来的谶纬之学已经走向极致,因而也就必然面临着"物极必反"
的命运了。也许正是这些方面的原因,所以《论衡》中的前十数篇,几乎全
然都是围绕着人的情性与命运问题展开的,并且也全然立足于所谓禀气赋
形原则来立论。比如:

> 操行有常贤,仕宦无常遇。贤不贤,才也;遇不遇,时也。才高行
> 洁,不可保以必尊贵;能薄操浊,不可保以必卑贱。或高才洁行不遇,退
> 在下流;薄能浊操而遇,进在众上。③

---

① 王充:《论衡·自然篇》,《诸子集成》第7册,第179页。
② 《周易·系辞》云:"原始反终,故知死生之说;精气为物,游魂为变,是故知鬼神之情
状。"(《周易·系辞》上,吴哲楣主编:《十三经》,第52页)
③ 王充:《论衡·逢遇篇》,《诸子集成》第7册,第1页。

　　是故才高行厚,未必保其必富贵;智寡德薄,未可信其必贫贱。或
时才高行厚,命恶废而不进;智寡德薄,命善兴而超踰。故夫临事知
(智)愚、操行清浊,性与才也;仕宦贵贱、治产贫富,命与时也。命则不
可勉,时则不可力,知(智)者归之于天。①

　　寿命修短,皆禀于天;骨法善恶,皆见于体。命当夭折,虽禀异行,
终不得长;禄当贫贱,虽有善性,终不得遂。②

当王充这样一路走来时,他终于将人的一切全然归之于天了,归之于天对人
的禀气赋形,所以也就有了"人生性命当富贵者,初禀自然之气,养育长大,
富贵之命效矣"③一说,这也就是一切皆由禀气赋形之"命"所决定的命定
论;而"命"对于人的决定作用,既无关于贤愚,也无关于情才。所以说,思
想史上一直将王充归结为命定论,应当说是很有道理的。

　　但是,当王充将人的一切全然归之于天对人的禀气赋形并由"命"所决
定时,也就必然要涉及儒家的一个根本性问题,这就是人性。关于人性,虽
然孔子主张"性相近也"、荀子主张"性恶"或"性朴",而董仲舒则主张"性
三品",所有这些说法,在各自不同的语境中都有一定的意义,也都不影响
其作为儒学大师的地位。但是,在孟子的性善论提出后,能否准确理解其性
善论的含义,毕竟代表着一个人对于儒家在理论认知上的思想深度。王充
虽然已经明确地站到黄老道家的立场上了,但在人性问题上,他却仍然坚持
着儒家以善恶论人性的基本观点。这起码说明,王充并没有放弃对人伦文
明的希望,——起码在人性的问题上没有放弃希望。因为对道家而言,人性
是无所谓善不善的;当然也可以说是无所谓善无所谓恶然而又可以为善也
可以为恶的。此即庄子对于造化的态度:呼之牛则牛应,呼之马则马应,总
之,说到底也就不过是一个自然之性而已。王充之所以要坚持以善恶论人
性,说明他还没有从根本上放弃人伦文明,不过他的立场、观点确实已经道
家化了。而在人性的问题上,他基本上赞同周人世硕的观点:

　　情性者,人治之本,礼乐所由生也。故原情性之极,礼为之防,乐为
之节,性有卑谦辞让,故制礼以适其宜;情有好恶喜怒哀乐,故作乐以通
其敬。礼所以制,乐所为作,情与性也。昔儒旧生,著作篇章,莫不论

---

①　王充:《论衡·命禄篇》,《诸子集成》第7册,第5页。
②　王充:《论衡·命义篇》,《诸子集成》第7册,第11页。
③　王充:《论衡·初禀篇》,《诸子集成》第7册,第26页。

说,莫能实定。周人世硕,以为人性有善有恶。举人之善性,养而致之则善长;性恶,养而致之则恶长。如此,则情性各有阴阳善恶,在所养焉。故世子作养一篇。宓子贱、漆雕开、公孙尼子之徒,亦论情性,与世子相出入,皆言性有善有恶。孟子作性善之篇,以为人性皆善;及其不善,物乱之也。谓人生于天地,皆禀善性;长大与物交接者,放纵悖乱,不善日益生矣。①

自孟子以下,至刘子政,鸿儒博生,闻见多矣。然而论情性竟无定是,唯世硕儒公孙尼子之徒,颇得其正……人性有善有恶,犹人才有高有下也。高不可下,下不可高。谓性无善恶,是谓人才无高下也。禀性受命,同一实也。命有贵贱,性有善恶。谓性无善恶,是谓人命无贵贱也。②

蓬生麻间,不扶自直;白纱入缁,不练自黑。彼蓬之性不直,纱之旨不黑,麻扶缁染,使之直黑。③

仅从其"故原情性之极"来看,就知道王充实际上是将人性从实然的角度一直推到人之始生——所谓禀气赋形这一时空的维度来考察的;而其对孟子"以为人性皆善;及其不善,物乱之也。谓人生于天地,皆禀善性;长大与物交接者,放纵悖乱,不善日益生矣"的解读,也就充分证明了他确实是从实然存在的视角来考察人性问题的。这表明,他不仅不理解孟子论人性之穷极根源的性质——所谓超越时空的维度,而且还把这种超越时空的维度以及作为其具体表现的人性放在时空的坐标系中加以品评,或者说也就是要通过时空维度中的具体表现来直接说明其超越时空维度之基本性质的,所以也就有了"人生于天地,皆禀善性"的概括(这一点可能也正代表着他对孟子"赤子之心"的理解);"长大与物交接者,放纵悖乱,不善日益生矣"。正因为王充是通过人性在时空世界中的具体表现来理解并论定孟子超越时空(即所谓形上视角)之人性观点的,所以也就有了他的完全以人之才情与命运来直接说明人性的思路,并认为"谓性无善恶,是谓人才无高下也";而所谓"谓性无善恶,是谓人命无贵贱也",则同时又典型地表现了王充以形下论定形上的视角及特征。至于其所谓的

---

① 王充:《论衡·本性篇》,《诸子集成》第 7 册,第 28 页。
② 王充:《论衡·本性篇》,《诸子集成》第 7 册,第 30 页。
③ 王充:《论衡·率性篇》,《诸子集成》第 7 册,第 11 页。

"蓬生蔴间,不扶自直;白纱入缁,不练自黑"一说,在王充看来自然是外在环境所"养"的结果,实际又等于说人性之善恶完全是由于外在环境决定的,所以也就可以直接得出人性有善有恶的结论了,——因为现实生活中的人性本来就是以善恶交杂为特征的。其实,王充的这一看法反倒证明了他所概括的孟子思想:"人性皆善;及其不善,物乱之也"。而由此出发,其人性论实际上也就真正成为孟子所反驳告子的"如将戕贼杞柳而以为桮棬,则亦将戕贼人性以为仁义与"①。

王充讨论人性的这种实然存在或实然经验的视角,也就决定他必然要将人的一切认识都纳入到具体的感性经验中来检验并论定其真伪。而两汉经学中的许多谶纬之论,也就必然要经受他的来自实然存在包括感性经验的检验,所以,无论是汉高祖还是被视为两汉之精神始祖的唐尧,也都必须接受他的能否腾云驾雾的验证;至于光武帝,甚至还必须接受他的"嘉禾之精,凤凰之气"能否转型为人的检验:

> 尧与高祖,审龙之子,子性类父,龙能乘云,尧与高祖,亦宜能焉。万物生于土,各似本种。不类土者,生不出于土,土徒养育之也。母之怀子,犹土之育物也。尧、高祖之母,受龙之施,犹土受物之播也。物生自类本种,夫二帝宜似龙也。②

> 光武皇帝产于济阳宫,凤凰集于池,嘉禾生于屋,圣人之生,奇鸟吉物之为瑞应,必以奇吉之物见而子生,谓之物之子,是则光武皇帝嘉禾之精,凤凰之气欤?③

当王充举出这样的反驳性例证时,一方面确实表现了他彻底的经验知识立场,另一方面也显现出其人的迂腐与可爱。——可能也只有把自己的经验知识无限化、绝对化,才会向各种谶纬之说提出这样的判决性实验或检验标准;当然另一方面,也只有真诚地相信所谓"尧与高祖,审龙之子"以及光武生时确有所谓"凤凰集于池,嘉禾生于屋"的"嘉瑞"现象,才会对这些谶纬之说进行如此的检验。但是,在谶纬流行并且决定"国是"的时代,可能也只有这种"迂腐"精神,才能将其彻底赶出民族精神的舞台。

---

① 《孟子·告子》上,吴哲楣主编:《十三经》,第1406页。
② 王充:《论衡·奇怪篇》,《诸子集成》第7册,第33页。
③ 王充:《论衡·奇怪篇》,《诸子集成》第7册,第34—35页。

四、气节——经学精神的个体凝聚

从一定角度看,"气节"可以说是一个毁誉参半的问题。作为其应当"毁"的一面,"气节"似乎总是和"名士"联系在一起的,因而也就决定,"气节"必然会与某种所谓张大虚声之矫激、声闻过情之标榜相联系;而作为其应当"誉"的一面,则"气节"似乎又和儒家所赞赏的道德勇气、责任意识与担当精神相联系,而一个有"气节"的人,起码也应当是一个有道德责任与担当精神的人。在日常用语中,如果说一个人有气节,那无疑是一种赞美有加的评价;但对一个民族来说,如果过分地推崇"气节",则往往就会形成一种由于褊狭、矫激而表现出来的声闻过情之类的种种毛病。在中国文化中,"气节"一说最初就形成于汉代;如果从其具体的形成背景来看,那就应当说主要是两汉经学所哺育的结果,尤其可以说是经学精神之个体人生式的落实与凝结。

如果从析字解义的角度看,那么所谓"气节"似乎也应当是志气与节操的省略,或者说起码是二者直接统一的具体表现。实际上,"气节"虽然是以"气"或者说是通过"气象"所表现出来的一种节操,但其更主要地则与"志"相联系;而在二者的具体统一中,如果过分表现出"气"的一面,往往就会流于某种所谓"使气"与"任性",而"使气"与"任性"虽然也具有"气节"的某种外表或从某种程度上表现出所谓"气节"的样相,但绝不能说就是真正的气节。比如从"气节"观念刚刚形成以及其在汉代的具体表现来看,虽然当时已经有了"气节"之说,但其所表达的却并非就是真正的"气节",更多的还是所谓"使气"。比如《史记》中司马迁对汲黯的描述:

> 黯为人性倨,少礼,面折,不能容人之过。合己者善待之,不合己者不能忍见,士亦以此不附焉。然好学,游侠,任气节,内行修洁,好直谏,数犯主之颜色,常慕傅柏、袁盎之为人。善灌夫、郑当时及宗正刘弃。亦以数直谏,不得久居位。①

----

① 司马迁:《史记·汲郑列传》,《二十五史》卷一,第305页。

这是司马迁对汲黯为人的描述,其中就用到了"性倨,少礼,面折,不能容人之过"以及"好学,游侠,任气节,内行修洁,好直谏,数犯主之颜色"等等,从其将"任气节"作为"游侠"与"内行修洁"的中介环节来看,似乎还不能说司马迁不明白"气节"的含义;但从汲黯"不能容人之过"以及"合己者善待之,不合己者不能忍见"来看,则司马迁这里所谓的"气节"说到底也就不过是一种"使气"与"任性"的同义语而已,充其量也只能说是按照自己的标准择交并且也具有较强的原则性与排斥性而已。所以,仅从这一点来看,则"气节"观念当时似乎刚刚形成,以至于连司马迁还在"性倨"、"少礼"以及"使气"与"任性"的中间层面或中介环节上运用。

但是,如果将"气节"理解为一种有操守、有原则的担当精神,那么它实际上很早就形成了。比如对于孟子所提倡的"大丈夫精神",我们无论如何恐怕都不应当否认其中就必然包含着一定的"气节"因素,但仅仅有"气节"却未必就具有"大丈夫精神"。再比如,孟子在论"勇"时所提到的"自反而不缩,虽褐宽博,吾不惴焉? 自反而缩,虽千万人,吾往矣"①,也就明确地使外向的"惴"与"不惴"完全决定于内在反省基础上的"缩"与"不缩"之间了。② 因而,对于这二者的关系,我们也可以说,有"气节"的人未必就具有"大丈夫精神";但具有"大丈夫精神"的人却必然是有"气节"的。请看孟子对"大丈夫精神"的描述:

> 居天下之广居,立天下之正位,行天下之大道;得志,与民由之;不得志,独行其道。富贵不能淫,贫贱不能移,威武不能屈,此之谓大丈夫。③

在这里,孟子所谓的大丈夫精神无疑就包含有"气节"的一面,但仅仅有"气节"却未必就能够做到"大丈夫精神"。因为"气节"仅仅集中在做人之原则以及其内在守护的一面,亦即孟子所谓的"不能淫"、"不能移"与"不能屈"的一面,而"大丈夫精神"则必须含括人生"得志"与"不得志"两个方面,因

---

① 《孟子·公孙丑》上,吴哲楣主编:《十三经》,第 1363 页。

② 李明辉先生将孟子这段话翻译为:"我反躬自省之后,以为不合义理,虽然面对地位低下的人,岂能无所惧? 我反躬自省之后,以为合于义理,虽然面对千万人,亦勇往直前。"笔者以为很恰切。这也是其将"自反而不缩,虽褐宽博,吾不惴焉?"一句断为问号的原因。(参见李明辉:《孟子重探》,联经出版公司 2001 年版,第 10 页)

③ 《孟子·滕文公》下,吴哲楣主编:《十三经》,第 1379 页。

而也可以说,所谓"大丈夫精神"实际上也就是"气节"的进一步发展。不过总体而言,它们都属于同一方向的精神修养则是完全一致的。

也许正因为这一原因,所以孟子哲学中肯定也就包含着"气节"思想的具体出处以及其具体表现。请看孟子与其弟子公孙丑关于"不动心"的讨论:

> "……夫志,气之帅也;气体之充也。夫志至焉,气次焉;故曰:'持其志,无暴其气。'"
>
> "既曰,'志至焉,气次焉。'又曰,'持其志,无暴其气'者,何也?"
>
> 曰:"志壹则动气,气壹则动志,今夫蹶者趋者,是气也,而反动其心。"
>
> "敢问夫子恶乎长?"
>
> 曰:"我知言,我善养吾浩然之气。"
>
> "敢问何谓浩然之气?"
>
> 曰:"难言也。其为气也,至大至刚,以直养而无害,则塞于天地之间。其为气也,配义与道;无是,馁也。是集义之所生者,非义袭而取之也。行有不慊于心,则馁矣。"①

在这里,所谓"不动心"也就可以说是"气节"的另一种说法了,但是,究竟如何才能"不动心"呢?这就必须是以"志"帅"气",或者说起码应当坚持"夫志至焉,气次焉"的抉择次序。因为"志"与"气"本来就应当是一种"气之帅"与"体之充"的关系,却存在着"交相胜"的可能,——"志壹则动气,气壹则动志";而所谓的"蹶者趋者",实际上也就完全是由于"气"而"反动其心"、"反动其志"的表现了。所以,也就必须使"气"完全服从"志"的需要,从而使其自身成为"志"的具体表现。一当"气"完全成为"志"的内在凝结与外在表现,而主体又能够自觉地作以"志"养"气"的工夫时,加上"配义与道"的自觉修养,因而也就形成了"至大至刚"、"塞于天地"的"浩然之气";而所谓的"不动心"包括所谓的"气节"也就一并形成了。所以说,"气节"作为一种做人的基本操守,也就是以"志"帅"气"、以"志"养"气"的产物;而就二者的关系来说,也就可以说是"志"对于"气"的内在凝结与全面主宰,从而使之完全"壹于志"而"不动于心";一当达到"壹于志"而又"不动

① 《孟子·公孙丑》上,吴哲楣主编:《十三经》,第1363页。

心"的状态时,所谓"气节"也就自然而然地表现出来了。

孟子"志"与"气"的关系以及其所坚持的以"志"帅"气"、以"志"养"气"之"不动心"追求,可以说就已经明确揭示了"气节"的学理性生成,但由这种学理性生成到人生实践的生成仍然必须通过儒学的历史发展来实现。而这一历史性的任务,首先是由两汉经学来担当的。关于这一过程,范晔则在其《后汉书》中对从战国以来一直到东汉社会思潮的发展演变过程作出了一种较为系统的梳理,其中也就包含着"气节"的生成及其具体表现,所以这里特别加以征引:

> ……霸德既衰,狙诈萌起。强者以决胜为雄,弱者以诈劣受屈。至有画半策而绾万金,开一说而锡珪瑞。或起徒步而仕执珪,解草衣以升卿相。士之饰巧驰辩,以要能钓利者,不期而景从矣。自是爱尚相夺,与时回变,其风不可留,其敝不能反。及汉祖仗剑,武夫勃兴。宪令宽赊,文礼简阔,绪余四豪之烈,人怀陵上之心,轻死重气,怨惠必雠,令行私庭,权移匹庶,任侠之方,成其俗矣。自武帝以后,崇尚儒学,怀经协术,所在雾会,至有石渠纷争之论,党同伐异之说,守文之徒,盛于时矣。至王莽专伪,终于篡国,忠义之流,耻见缨绋,遂乃荣华丘壑,甘足枯槁。虽中兴在运,汉德重开,而保身怀方,靡相慕袭,去就之节,重于时矣。逮桓灵之间,主荒政缪,国命委于阉寺,士子羞与为伍,故匹夫抗愤,处士横议,遂乃激扬名声,互相题拂,品核公卿,裁量执政,婞直之风,于斯行矣。[①]

范晔的这一概括,将战国以来中国社会思潮的走向梳理得十分清楚。所谓"霸德既衰,狙诈萌起。强者以决胜为雄,弱者以诈劣受屈"自然是战国末期社会形势的写照;也就是韩非子所谓的"争于气力"。所谓"起徒步而仕执珪,解草衣以升卿相。士之饰巧驰辩,以要能钓利者,不期而景从矣",又显然是当时纵横之士的游说奔走之象。至于"汉祖仗剑,武夫勃兴"无疑又是对汉初社会形势的描述;而"轻死重气,怨惠必雠,令行私庭,权移匹庶,任侠之方,成其俗矣"则又分明是对汉初豪侠之风的写照。至于"武帝以后,崇尚儒学,怀经协术"自然也就代表着经学的兴起;而所谓"石渠纷争之论,党同伐异之说"则又是对经学内部学派之争的介绍。王莽以后,"忠义

---

① 范晔:《后汉书·党锢列传》,《二十五史》卷一,第1132页。

之流,耻见缨绋,遂乃荣华丘壑,甘足枯槁"实际上也就成为气节之风的初起;到了"桓灵之间",由于"主荒政缪,国命委于阉寺,士子羞与为伍",则又显然是所谓"匹夫抗愤,处士横议,遂乃激扬名声"的根源,当然也就是"气节"成为整个社会之追逐好尚的具体表现了。

但范晔的这一划分主要是从社会政治格局的演变以及文化思潮的总体走向而言的,对于"气节"来说,虽然也足以揭示其所以形成的社会思潮背景及其时尚表现,却并不足以说明其具体的生成。所以,笔者这里特意选择几个自经学确立以来的典型画面,以揭示汉儒"气节"风尚的具体形成:

> 夫仁人者,正其谊不谋其利,明其道不计其功。是以仲尼之门羞称五伯,为其先诈力而后仁义也。苟为诈而已,故不足称于大君子之门也。①

> 歆亦湛靖有谋,父子俱好古,博见强志,过绝于人。歆以为左丘明好恶与圣人同,亲见夫子,而公羊、穀梁在七十子后,传闻之与亲见之,其详略不同。歆数以难向,向不能非间也,然犹自持其《穀梁》义。②

> 当王莽居摄篡弒之际,天下之士,莫不竞褒称德美,作符命以求容媚,谭独自守,默然无言。③

> 穷无一亩庇身,志佚于王公;贱无斗石之秩,意若食万钟。得官不欣,失位不恨;处逸乐而欲不放,居贫苦而志不倦。淫读古文,甘闻异言。世书俗说,多所不安;幽处独居,考论虚实。④

> 隐不违亲,贞不绝俗,天子不得臣,诸侯不得友……⑤

在笔者看来,这一过程实际上也就代表着汉儒"气节"观念所以形成的一个思想与精神的发展线索。其中第一条就出自董仲舒对易王的答问,虽然董仲舒曾因为"灾异谴告说"而差点被杀头,但其所坚持的"正其谊不谋其利,明其道不计其功"精神,则既是儒者的本分,同时也是汉儒"气节"精神的真正源头;至于其所谓的"羞称"以及"苟为诈而已,故不足称于大君子之门"云云,也就明确地坚持着儒者所守护的人格底线。第二条则表现在刘向、刘

---

① 班固:《汉书·董仲舒传》,《二十五史》卷一,第576页。
② 班固:《汉书·楚元王传》,《二十五史》卷一,第506页。
③ 范晔:《后汉书·桓谭传》,《二十五史》卷一,第977页。
④ 王充:《论衡·自纪篇》,《诸子集成》第7册,第283页。
⑤ 范晔:《后汉书·郭符许列传》,《二十五史》卷一,第1139页。

歆父子之间，虽然"歆数以难向，向不能非间也"，但刘向也并没有因为学理上的"不能非间"、关系上的父子之情就放弃其《穀梁春秋》的立场，显然，这无疑是一种超越于血缘亲情与学术学理之上的守护精神。至于桓谭，当王莽篡政之时，"天下之士，莫不竞褒称德美，作符命以求容媚"，但桓谭却能够坚持"独自守，默然无言"的精神，这无疑就是"气节"的表现。而王充之所以能够"得官不欣，失位不恨；处逸乐而欲不放，居贫苦而志不倦"，也完全是一种超越于得失进退与贫富穷达的表现。至于郭林宗之所谓"天子不得臣，诸侯不得友"，则无疑是一种独立傲岸人格之"气节"表现，也是汉儒"气节"精神的一个典型。所以说，两汉士人的"气节"追求，完全是为儒家经典所培养，也是其经学精神的一种个体落实与个体凝结。

对于两汉士人"气节"精神之受惠于经学这一点，皮锡瑞也注意到了。本来，作为今文经学大师，皮锡瑞一直是比较推崇西汉的今文经学而贬斥古文经学的，但是，在对士人之"气节"追求这一点上，皮锡瑞却反而能够批评前汉而表彰后汉。他指出：

> 后汉取士，必经明行修；盖非专重其文，而必深考其行。前汉匡（衡）、张（禹）、孔（光）、马（宫）皆以经师居相位，而无所匡救。光武有鉴于此，故举遗民，宾处士，褒崇节义，尊经必尊其能实行经义之人。后汉三公，如袁安、杨震、李固、陈蕃诸人，守正不阿，视前汉匡、张、孔、马大有薰莸之别。《儒林传》中所载如戴平、孙期、宋登、杨伦、伏恭等，立身皆有可观。范蔚宗论之，以为："所谈者仁义，所传者圣法。故人识君臣父子之纲，家知违邪归正之路。自桓、灵之间，君道秕僻，朝纲日陵，国隙屡启。自中智以下靡不审其崩离；而权强之臣息其窥盗之谋，豪俊之夫屈于鄙生之议者，人诵先王言也，下畏逆顺势也。……迹衰敝之所有致，而能多历年所者，斯岂非学之效乎！"顾炎武以范氏为知言，谓："三代以下，风俗之美，无尚于东京者。"然则，国家尊经重学，非直肃清风化，抑可搘柱衰微。无识者以为经学无益而欲去之，观于后汉之时，当不至如秦王谓儒无益人国矣。①

对于皮锡瑞这样的今文经学家而言，这是一段非常难得的对西汉今文经学之反省性的批评与对东汉古文经学进行表彰的文字；而其中的关键，则主要

---

① 皮锡瑞著，周宇同释：《经学历史》，第82—83页。

在于东汉光武帝所坚持的"经明行修"的取士标准，——"盖非专重其文，而必深考其行"。与西汉之匡、张、孔、马"以经师居相位"而"无所匡救"相比，东汉显然前进了一大步。而在光武帝"举遗民，宾处士，褒崇节义，尊经必尊其能实行经义之人"政策的影响下，士人也就必然更为重视所谓"经明行修"、表里如一的君子品行，这正是"气节"之风得以形成的社会文化基础；而在"桓、灵之间，君道秕僻，朝纲日陵"的背景下，则"气节"之风必然会形成一种激扬之势。至于顾炎武所表彰的"三代以下，风俗之美，无尚于东京"一说，也正是指这种激扬"气节"的社会风尚而言的。

但这种激扬"气节"的风气与宦官专权之社会现实之间的相互碰撞，就必然会激成"党锢之祸"的发生。而在这一过程中，当然首先是由于朝政的腐烂，从范晔所概括的"桓灵之间，主荒政缪，国命委于阉寺，士子羞与为伍，故匹夫抗愤，处士横议，遂乃激扬名声"一直到"君道秕僻，朝纲日陵"，都是指当时的朝政而言的。面对这一样种格局，士人所采取的方式往往是以自我放逐为特征的"抗愤"，如刘淑"学明《五经》，遂隐居，立精舍讲授，诸生常数百人，州郡礼请，五府连辟，并不就"①。再如宗慈，"举孝廉，九辟公府，有道征，不就。后为脩武令。时太守出自权豪，多取货赂，慈遂弃官去"②。再比如檀敷，"举孝廉，连辟公府，皆不就。立精舍教授，远方至者常数百人。桓帝时，博士征，不就。灵帝即位，太尉黄琼举方正，对策合适宜，再迁议郎，补蒙令。以郡守非其人，弃官去"③。

但东汉士人这种自我放逐以及其"气节"追求却在当时的民间尤其是在太学中赢得了很高的声望："学中语曰：'天下模楷李元礼，不畏强御陈仲举，天下俊秀王叔茂。'"④这就在朝论之外形成了另一种舆论场，并由此形成了朝野之间的撕裂之局与对反之势；而当社会舆论与朝论完全成为一种背反指向的情况下，"党锢之祸"也就无可避免地发生了。

我们这里当然已经没有必要再纠缠于东汉朝廷两次"逮捕党人"的前因后果及其具体过程了，但由这一政策举措所激起的社会舆论之反弹却不能不进行分析。因为"逮捕党人"的结果，往往为"党人"带来了更高的社会

---

① 范晔：《后汉书·党锢列传》，《二十五史》卷一，第1133页。
② 范晔：《后汉书·党锢列传》，《二十五史》卷一，第1135页。
③ 范晔：《后汉书·党锢列传》，《二十五史》卷一，第1137页。
④ 范晔：《后汉书·党锢列传》，《二十五史》卷一，第1132页。

声望,因而也就带来了更为高涨的气节追求。最为典型的是,当时甚至还出现了母子诀别而母亲居然以"死亦何恨"来勉励儿子的情形:

> 建宁二年(169),遂大诛党人,诏下急捕(范)滂等。督邮吴导至县,抱诏书,闭传舍,伏床而泣。滂闻之,曰:"必为我也。"即自诣狱。县令郭揖大惊,出解印绶,引与俱亡。曰:"天下大矣,子何为在此?"滂曰:"滂死则祸塞,何敢以罪累君,又令老母流离乎!"其母就与之决。滂白母曰:"仲博孝敬,足以供养,滂从龙舒君归黄泉,存亡各得其所。惟大人格不忍之恩,勿增感戚。"母曰:"汝今得与李(膺)、杜(密)齐名,死亦何恨! 既有令名,复求寿考,可兼得乎?"滂跪受教,再拜而辞。顾谓其子曰:"吾欲使汝为恶,则恶不可为;使汝为善,则我不为恶。"行路闻之,莫不流泣。时年三十三。[1]

这当然是极为悲壮的一幕,也是当时的黑暗朝政与世风民俗相激反的表现,几乎也就可以说是"时日曷丧,予及汝皆亡"[2]的另一个版本了。

但是,正是这种朝野舆论的背反之势,也促成了另一种现象,这就是民间社会的相互标榜之风。而当这种相互标榜之风成为一种朝野舆论相抗衡的主要形式时,难免就会出现许多声闻过情的现象;甚至还会形成一种完全脱离实际的相互吹捧之论。对于这种现象,范晔也在《党锢列传》中进行了系统的梳理与总结。他写道:

> 自是正直废放,邪网炽结,海内希风之流,遂共相摽榜,指天下名士,为之称号。上曰"三君",次曰"八骏",次曰"八顾",次曰"八及",次曰"八厨",犹古之"八元"、"八凯"也。窦武、刘淑、陈蕃为"三君"。君者,一世之所宗也。李膺、荀昱、杜密、王畅、刘祐、魏朗、赵典、朱宇为"八骏"。俊者,言人之英也。郭林宗、宗慈、巴肃、夏馥、范滂、尹勋、蔡衍、羊陟为"八顾"。顾者,言能以德性引人者也。张俭、岑晊。刘表、陈翔、孔昱、苑康、檀敷、翟超为"八及"。及者,言能导人追宗也。度尚、张邈、王考、刘儒、胡母班、秦周、蕃向、王章为"八厨"。厨者,言能以财救人者也。[3]

这就形成了一种士人之间相互标榜、相互吹捧的风气。而这种风气之所向,

---

① 范晔:《后汉书·党锢列传》,《二十五史》卷一,第1136页。
② 《尚书·汤誓》,吴哲楣主编:《十三经》,第77页。
③ 范晔:《后汉书·党锢列传》,《二十五史》卷一,第1132页。

又往往造成了一种所谓金玉其外、败絮其中从而一味贪恋虚名、为博取声望而竞相奔走的格局。比如《李膺传》就记载说:"是时朝廷日乱,纲纪颓弛,膺独持风裁,以声名自高。士有被其客接者,谓之登龙门。"①

更有甚者,则是毫无才学的江湖骗子,居然冒充名士,奔走于公卿之门,并且还屡屡得逞。比如《符融传》记载:

> 时汉中晋文经、梁国黄子艾,并恃其才智,炫耀上京,卧托养疾,无所通接。洛中士大夫好事者,承其声名,坐门问疾,犹不得见。三公所辟召者,辄以寻访之,随所臧否,以为与夺。融察其非真,乃到太学,并见李膺曰:"二子行业无闻,以豪桀自置,遂使公卿问疾,王臣坐门。融恐其小道破义,空誉违实,特宜察焉。"膺然之。二人自是名伦渐衰,宾徒稍省,旬日之间,渐叹逃去。②

这就完全成为一种冒充名士的江湖骗子行径了。当社会上纷纷以虚名自我陶醉时,这样的现象自然是免不了的。

那么,两汉经学所培养的"气节"追求何以会导致这种江湖骗子满天飞的现象呢?实际上,这就成为儒学精神甚至整个民族精神的一种下滑或滑转现象了。比如说,作为经学的儒学本来应当培养一种对人伦世教的担当精神,而这种担当精神之个体凝结也应当表现出一种"临大节不可夺"的"气节"。但是,一旦形成朝野舆论的撕裂之局,而"气节"又成为整个社会都在追求、表彰的一种风尚时,尤其是在朝野舆论相互激反而又互相激荡的情况下,那么,原本抗愤于朝廷歪风邪气的"气节"也就渐渐脱离了与歪风邪气相抗衡的具体环境,从而成为一种由名士之自编自导与自演的自我抬高活动了。在这种状况下,所谓的"气节"追求也就完全演变为一种博取名声的行为了(对于这种行径,今人则往往称之为"博眼球"),甚至不惜以所谓荒唐古怪的"奇节"来达到博取名声的目的,比如上引所谓的"能导人追宗也"、"能以财救人者"等等,也就成为所谓名士的一种特殊身份,甚至成为其奔走于社会的一种特殊"行头"了。这样一来,既然名士可以以其特殊的"行头"走红于京师大邑,那么江湖骗子自然也就可以以其自制的各种"行头"来奔走于江湖了。东汉的社会风气,也就在这种名士崇拜与名士追

---

① 范晔:《后汉书·党锢列传》,《二十五史》卷一,第 1133 页。
② 范晔:《后汉书·党锢列传》,《二十五史》卷一,第 1139—1140 页。

求中走向腐烂了。

实际上,当这种风气刚刚形成时,清醒的士人对这种现象就已经有所察觉,并且也已经开始进行自觉地抵制与相互提醒了。比如李固、黄琼都是当时的名士;而黄琼之所以成为名士,就是因为其辞官不做,且屡征不起:"琼初以父任为太子舍人,辞病不就。遭父忧,服阕,五府俱辟,连年不应"。①及至后来不得不应公车,又借故"称疾不进"。在这种情况下,"素慕于琼"的李固给黄琼写了一封信,劝琼应当积极仕进;并以"盛名之下,其实难副"给黄琼同时也给天下的名士敲了一记警钟。李固写道:

> 闻已渡伊、洛,近在万岁亭,岂即事有渐,将顺王命乎? ……盖圣贤居身之所珍也。诚遂欲枕山栖谷,拟迹巢、由,斯则可矣;若当辅政济民,今其时也。自生民以来,善政少而乱俗多,必待尧舜之君,此为志士终无时矣。常闻语曰:"峣峣者易缺,皎皎者易污。"《阳春》之曲,和者必寡,盛名之下,其实难副。近鲁阳樊君被征初至,朝廷设坛席,犹待神明。虽无大异,而言行所守无缺。而毁谤布流,应时辄减者,岂非观听望深,声名太盛乎? 自顷征聘之士,胡元安、薛孟尝、朱仲昭、顾季鸿等,其功业皆无所采,是故俗论皆言处士纯盗虚声。愿先生弘此远谟,令众人叹服,一雪此言耳。②

这真是一篇言辞恳切、推心置腹的书信,也代表着真正的士人精神。而黄琼也可以说是真名士,其一生确实不负众望,自入朝起,从顺帝一直到桓帝,遂成为四朝的理乱名臣。

但自东汉以来所形成的这种"气节"追求以及推崇名士的风气则成为中国社会与文化的一个顽症,而真正关心国计民瘼的士人也无不将这种名士风气作为一种社会顽症来批评。比如作为现代新儒学之开创者的熊十力就力戒名士之风,而把真正振兴儒学精神作为自己的最高使命。对于追名逐利的名士风气,他一贯深恶痛绝,甚至以追根溯源的方式进行批评。熊十力指出:

> 吾国自后汉以来,名士之风特甚,(魏晋名士之风,始于后汉。吾昔年有小文言之。)顾亭林称美东京风俗,实甚错误。名士比党摽榜与

---

① 范晔:《后汉书·黄琼传》,《二十五史》卷一,第 1133 页。
② 范晔:《后汉书·黄琼传》,《二十五史》卷一,第 1133 页。

附势、荡检之风,自后汉始。不独林宗、太邱皆乡原也,经师如荀爽、马融,昔人已不满。即郑玄应袁绍之招而道死,又岂笃实之儒?孔融本不学,与祢衡诸狂童相奖借,其尊玄也,正可见其摽榜之习耳。当时唯卢植无可议。实德衰,而实学不修,由后汉作俑,以讫于今,而害犹烈。晚明,王船山、顾亭林,力矫污风,至以讲学聚徒为戒。①

熊十力这里所谓的"实德衰,而实学不修,由后汉作俑"就是指东汉的名士风气而言的。在他看来,这些名士根本缺乏儒家的真精神,只是一味地把经学作为追求功名利禄的工具;而经学本身又不过是其借以获取功名利禄的敲门砖而已。他之所以要表彰"王船山、顾亭林,力矫污风,至以讲学聚徒为戒",并不是要真正废弃讲学,而是反感那种借讲学而"纯盗虚声"的名士风气而言的。

这样,从董仲舒的"正其谊不谋其利,明其道不计其功"到桓谭面对"天下之士,莫不竞褒称德美,作符命以求容媚"而坚持自己的"独自守,默然无言",再到郭林宗的"天子不得臣,诸侯不得友",确实表现出了一条由经学之儒而名士追求的路径;而从李膺的"独持风裁,以声名自高"到晋文经、黄子艾的"以豪桀自置,遂使公卿问疾,王臣坐门",则是一种由名士而走向江湖骗子的人生轨迹。但是,由于名士是自有文化以来所根本不可避免的现象,那么也就只能将如何使名士名实相符、表里如一作为对名士的基本要求了。在这一背景下,如果说"气节"也就代表着经学精神的个体凝结与道德操守,那么名士之自我定位、自我标榜也就应当通过"气节"而不断地向着精神担当的层面提升。这样看来,李固所谓的"盛名之下,其实难副"一说,也就应当成为天下名士永远的警钟。

五、章句——具体智慧的学理表现

与"气节"一样,"章句"也是一个毁誉参半的概念。作为一种说法,"章句"实际上是在古文经学崛起以后才开始出现的,而且自其出现起,似乎就

---

① 熊十力:《读经示要》,《熊十力全集》第三卷,湖北教育出版社 2001 年版,第 709 页。

已经带有一丝贬义的成分了;至于其所谓正面含义,又往往是通过所谓"不为章句"或"不好章句"的方式加以表达的。这就更加显现出"章句"的负面蕴含。比如:

> 高相,沛人也。治《易》与费公同时,其学亦亡章句,专说阴阳灾异,自言出于丁将军。①

高相是西汉人,而这种"其学亦亡章句,专说阴阳灾异"的说法也显然是出自班固表彰性的话语。由于司马迁的《史记》侧重于从上古一直到西汉前期,因而并不曾提到高相;另外,司马迁时代似乎也还没有形成这种以"章句"的形式来表达的话语习惯。因为直到刘歆宣扬古文经学时,还明确地批评当时的今文经学不过是"时师传读而已",——跟着老师诵读,所以他批评说:"往者辍学之士不思废绝之阙,苟因陋就寡,分析文字,烦言碎辞,学者罢老且不能究一艺"②,因而也可以说,直到刘歆校理皇家图书时,还没有形成所谓"章句之学"的传统。所以,在司马迁的笔下,我们所能看到的经学传授也就不过是如下情形:

> 汉兴,然后诸儒始得修其经艺,讲习大射乡饮之礼。③

> 天子问治乱之事,申公时已八十余,老,对曰:"为政不在多言,顾力行何如耳。"是时天子方好文词,见申公对,默然。④

> 孔氏有古文《尚书》,而安国以今文读之,因以起其家。⑤

就这些情况来看,从汉初诸儒之"修其经艺,讲习大射乡饮之礼"到"为政不在多言,顾力行何如"再到"安国以今文读之",说明其时的儒学也显然是从一种废弃的状态刚刚恢复其传习习惯,所以刘歆的"因陋就寡,分析文字,烦言碎辞,学者罢老且不能究一艺"一说,就既不是因为西汉的儒生懒于学习,也不是说他们就陶醉于"时师传读"这种简单的学习方法,而是确实有其受制于当时的条件——文献匮乏方面的原因。

但就在西汉,"章句"就已经出现了。在《汉书·刘歆传》中,班固就已

---

① 班固:《汉书·儒林传》,《二十五史》卷一,第 703 页。
② 班固:《汉书·楚元王传》,《二十五史》卷一,第 506 页。这里"学者罢老且不能究一艺"既有学风的原因,同时也存在着文献文本的原因。因为当时文献匮乏,朝廷专门委派晁错去伏生家中"留学"就是文献匮乏的表现。
③ 司马迁:《史记·儒林传》,《二十五史》卷一,第 307 页。
④ 司马迁:《史记·儒林传》,《二十五史》卷一,第 307 页。
⑤ 司马迁:《史记·儒林传》,《二十五史》卷一,第 308 页。

经明确地提到了"章句义理",而且当时还是以正面的含义出现的。比如:

> 初《左氏传》多古字古言,学者传训故而已,及歆治《左氏》,引传文
> 以解经,转相发明,于是章句义理备焉。歆亦湛靖有谋,父子俱好古,博
> 见强志,过绝于人。歆以为左丘明好恶与圣人同,亲见夫子,而公羊、谷
> 梁在七十子后,传闻之与亲见之,其详略不同。歆数以难向,向不能非
> 间也,然犹自持其《谷梁》义。及歆亲近,欲建立《左氏春秋》及《毛
> 诗》、《逸礼》、《古文尚书》皆列于学官。哀帝令歆与《五经》博士讲论
> 其义,诸博士或不肯置对……①

从这一记载来看,"章句"似乎是随着古文经学的出现而出现的。由于古文
经学的古字书写以及其时代的悬隔,所以从字义的音韵、训诂到典章大义,
也就必然要形成一套"章句义理"之学;②而从"歆数以难向,向不能非间
也"来看,也说明这种"章句义理"之学确实是有其学理可讲的。这说明,从
"章句之学"的初次出现来看,它还是有其正面积极的含义的。

但刘歆当时推崇古文经学的努力毕竟失败了,这就意味着直到东汉开
国还仍然是今文经学独占官学的地位。这时候,儒家经典虽然说不上是人
手一册,但通过大量的缮写,无论是今文经学还是古文经学,都已经不存在
所谓文献匮乏的问题了;至于经学所存在的问题,反而是由于其众多的"师
法"所带来的数不清的"家法",因而所谓"章句"的问题也就随之而出现了。
而到了班固与范晔的笔下,这时候的"章句"似乎也就完全成为一种不好的
学风与习惯了,所以,在《汉书》与《后汉书》中,所谓"章句之习"或"章句之
儒"似乎也就成为一种带有负面意义的形象了,而与之相反的"不好章句"
或"不为章句"之学,似乎也就带有某种积极表彰的意味。比如:

> 博学多通,遍习《五经》,皆训诂大义,不为章句。能文章,尤好古
> 学,数从刘歆、杨(扬)雄辨析疑异。③

> 充好论说,始若诡异,终有理实。以为俗儒守文,多失其真,乃闭门
> 潜思,绝庆吊之礼,户牖墙壁各置刀笔。④

---

① 班固:《汉书·楚元王传》,《二十五史》卷一,第 506 页。
② 钱穆先生指出:"汉儒经传有章句,其事亦晚起,盖在昭、宣以下。"(《两汉博士家法
考》,载《两汉经学今古文平议》,商务印书馆 2001 年版,第 223—224 页)
③ 范晔:《后汉书·桓谭传》,《二十五史》卷一,第 977 页。
④ 范晔:《后汉书·王充传》,《二十五史》卷一,第 1062 页。

固字孟坚。年九岁，能属文，诵诗赋，及长，虽博贯载籍，九流百家
之言，无不穷究。所学无常师，不为章句，举大义而已。①

荀淑字季和，颍川颍阴人，荀卿十一世孙也。少有高行，博学而不
好章句，多为俗儒所非，而州里称其知人。②

从这些记载来看，所谓"不为章句"或"不好章句"显然是作为一种表彰性用
语出现的；至于王充所鄙薄的"俗儒守文"其实也就可以说是他本人"不好
章句"的另一种说法了。如果说表彰某人"不为章句"是班固个人的一种特
殊嗜好，那么范晔也同样具有这种嗜好，所以他才专门以所谓"不为章句"
来表达班固的学风。这说明，当时的"章句之学"实际上已经成为世俗儒者
经学研究的一种通习了，因而所谓"章句之儒"自然也就成为史家所反感的
功名利禄之徒的指代了。

但是，如果从中国文化的形成、发展以及其智慧的具体性特色来看，则
所谓"章句"现象不仅是避免不了的，而且还是传统文化及其具体性智慧之
一种独特的表达与传递方式。

首先，从中国文字来看，中国字是单个的方块字，而其构成方法也就是
由象形、指事、会意、转注、形声、假借这六种方法即所谓的汉字六书来具体
构成的。由于象形、指事、会意这三种最基本的构字方法都与其所指谓的事
物原型之间保持着较为紧密的关联，而转注、形声、假借又与其所转用的母
字之间保持着较为紧密的关系，因而中国文字与其所指谓的事物以及其主
体生存世界之间的关系确实是较为紧密的。一方面，这当然可以说是中国
文化抽象程度不高的表现，但从另一方面来看，则这种与其所指谓的事物之
间保持紧密关联的文化又会表现出一种明显的具体性特色。中国文字的这
一特点既决定于其智慧的具体性，同时又反过来强化着中国智慧始终不脱
离具体事物与具体环境的特点。这样一来，仅从中国文字的构造与构成而
言，中国文化也就必须进行具体性理解。

其次，最初的中国文字都是实体字——有实指意义的字，而每一个字也
都是有其独特的指谓与独立的含义的；因而不仅其组合、构词方式非常灵活
多样，而且根本不同甚或完全相反的含义也就可以直接蕴含于其不同的组

① 范晔：《后汉书·班固传》，《二十五史》卷一，第 1024 页。
② 范晔：《后汉书·荀淑传》，《二十五史》卷一，第 1113 页。

合方式之中。这样一来,中国文字也就由其不同的组合方式而可以具有完全不同的含义,而这种不同含义又必须在具体的形成语境中才能得到准确理解。中国文字的象形色彩以及其组合与表达方式的灵活性也就由此决定。从历史的角度看,中国文字表达之所以善于运用典故以及中国文化之所以非常注重历史,既由其智慧的具体性决定同时也是由其文化表达之具体性特色所决定的。在这种条件下,对中国文化的理解不仅要识其文字,更重要的则是理解文字所蕴含的具体信息以及通过文字所表达的话语背景与思考坐标,即所谓语脉与语气的因素。比如从《论语》来看,它本来不过是孔子对弟子教诲的语录或与弟子对话的记录,但其每一章、每一段落都有其谈话的不同背景与言说的具体语境。在这种状况下,仅仅停留于识字的层面包括仅仅掌握文字的一般性含义显然是远远不够的,仅仅掌握字面的含义与句式结构的意义也同样是不够的,仅仅掌握双方对话的具体语境而不掌握对话双方不同的心态与不同的语义指向也同样是不够的。因此,对于解读与理解而言,就必须通过"章句"这种形式进行还原与补充性的说明;而由中国智慧的具体性与表达的具体语境、用意所决定,章句的形式恰恰可以构成一个相对独立的话语世界。所以说,所谓章句,实际上也就起到了还原话语背景、显现话语氛围的作用。

再次,即使认识中国文字,并且也理解其不同的组合方式与语义结构,中国文化还存在着非常难以理解的一点,这就是所谓言外之意或意在言外;而言外之意之所以有其存在的必要,关键又在于中国文字之具体性表达,这就是所谓"书不尽言,言不尽意"[1]的问题。而这种"书不尽言,言不尽意"式的表达,不仅要求研究者通过"以意逆志"的方式去全面把握文本,更重要的还在于通过"知人论世"的方式去理解作者创作文本时的心志与具体用意。所以,所谓对文本的理解,也就不仅仅是一个建立在主客体关系基础上的对象认知问题,而是两种人生的沟通,两个"世界"的碰撞、重叠与融合。也正是这一原因,所以孟子当时就提出:"故说诗者,不以文害辞,不以辞害志。以意逆志,是为得之。如以辞而已矣,《云汉》之诗曰:'周余黎民,靡有孑遗。'信斯言也,是周无遗民也。"[2]显然,如果仅仅抓住文本的字面含

---

① 《周易·系辞》上,吴哲楣主编:《十三经》,第55页。
② 《孟子·万章》上,吴哲楣主编:《十三经》,第1398页。

义,如果仅仅对文本采取对象认知的方法,那么所谓"周无遗民"自然也就可以说是《云汉》之诗的基本含义;但在"以意逆志"与"知人论世"的基础上,也就完全可以理解其所谓的"周余黎民,靡有孑遗"一说不过是作者的一种心志或理想性指向而已,并不代表当时就真正达到了"周无遗民"的境地。

这样一来,要全面理解中国的古代经典,也就必须展开一个一揽子的系统工程;而所谓"章句"也就构成了这种一揽子工程的具体分支甚或独立的基层单元。从这个角度看,所谓"章句"或"章句之学"甚至也是理解古代经典所必不可少的手段。因为中国经典即事言理之独特的表达方式,其浑全而又具体的智慧往往是通过随机指点、随缘发用的方式以非常零碎、非常具体的方式表现出来的,因而也就必须通过"章句"这种形式以作为从具体事理到浑全智慧、从"微言"到"大义"之间进行沟通与理解的桥梁。从这一点来看,研究经典之"章句"形式非但是必不可少的,而且还是从"句读"①文本的基本含义到理解其浑全智慧、从"微言"到"大义"之沟通与跨越的主要通道。

从历史的角度看,在战国到秦汉之间,中国文化与儒学不仅经历了"焚书坑儒"的外在打击,而且仅从文字表达来看,又存在着从先秦古文到汉代今文之表达方式上的转型。在这一背景下,不仅一般的后生小子无法认读用战国古文所写成的经典,就是作为孔子十一世孙的孔安国,也对当时刚出土的战国古文无从措手(也许孔安国能够认识古文,但其能够娴熟运用的毕竟还是今文),所以才有司马迁的如下说法:"孔氏有古文《尚书》,而安国以今文读之,因以起其家。"这样看来,既然孔安国对"古文《尚书》"都要"以今文读之",从而成为今文《尚书》的传播者,那么对于一般的经学博士而言,今文可能也就成为其研读经典之最主要的方法了。

但是,随着秦代"夹书令"的废除以及汉初朝野上下对古代文献的积极搜集,新出土的古文经典越来越多,因而经学的发展也就势必要从今文转向古文。而当面对由战国古文所写成的经典时,除了从文字的音韵与训诂开始之外,还能有什么办法呢? 一旦转向古文经学,从音韵训诂开始的"章句

---

①　一般说来,古人作文并不像今人一样断句,但作为研读经典,却必须要有"句读"——所谓"断句"的工夫。而这种"句读"的工夫,恰恰是章句之学所以形成的基础。因此,所谓章句之学,只能是经学形成以后尤其是古文经学形成以后的产物。

之学"也就成为一种基本的入手了。所以说,东汉以后研读经典之所以要从音韵训诂开始,并且集中于"章句之学",并不是东汉的儒生就卑鄙猥琐而故意陶醉于"章句",而是因为其所面对的古文经典必须通过这种方法入手才能展开真正的研究。而在这方面,清代乾嘉大师戴震的一段研究体会也就完全可以作为"章句之学"之所以必须的至理名言,戴震指出:

> 至若经之难明,尚有若干事。诵《尧典》数行至"乃命羲和",不知恒星七政所以运行,则掩卷不能卒业。诵《周南》、《召南》,自《关雎》而往,不知古音,徒强以协韵,则龃龉失读。诵古《礼经》,先《士冠礼》,不知古者宫室、衣服等制,则迷于其方,莫辨其用。不知古今地名沿革,则《禹贡》职方失其处所。不知少广、旁要,则《考工》之器不能因文而推其制。不知鸟兽虫鱼草木之状类名号,则比兴之意乖。而字学、故训、音声未始相离,声与音又经纬衡从宜辨。汉末孙叔然创立反语,厥后考经论韵悉用之。释氏之徒,从而习其法,因窃为己有,谓来自西域,儒者数典不能记忆也。中土测天用勾股,今西人易名三角、八线,其三角即勾股,八线即缀术。然而三角之法穷,必以勾股御之,用知勾股者,法之尽备,名之至当也……凡经之难明右若干事,儒者不宜忽置不讲。仆欲究其本始,为之又十年,渐于经有所会通,然后知圣人之道,如悬绳树槷,毫厘不可有差。[①]

戴震这里所论,当然主要是就理解经典的知识基础而言的,这无疑是非常重要的一面。但除此之外,还有所谓人文背景、作者心志包括具体的话语氛围的一面。所以说,东汉"章句之学"的形成不仅有其必要性,而且也是不得不如此的。而从两汉历史条件的这些变化来看,可能也就是司马迁很少提到"章句"而班固与范晔却屡屡提及"章句之学"的原因。

从中国智慧的具体性特征来看,则所谓"章句"其实并不仅仅是"章句之学",而首先是要通过"章句"的方式进入古人的话语语境,从而尽可能全面地揭示古人的精神世界。在传统文化的背景下,这就不仅仅是研究者与文本之间的沟通问题,而是古今两个世界之间的交会与沟通。从这一点来看,"章句之学"所承担的意义自然是非常重要且极为重大的。

那么,从班固到范晔这些著名的史学家何以要如此鄙薄"章句之学"

① 戴震:《与是仲明论学书》,《戴震全书》六,第371页。

呢? 而在其所推崇、表彰的人物中居然还都有一个所谓"不好章句"或"不为章句"的共同特征,这究竟是为什么呢? 这就涉及东汉"章句之学"的具体表现了。按理说,既然"章句之学"是中国文化及其智慧之具体性特征的表现,也是其浑全智慧的具体落实,那么要把握中国具体而又浑全的智慧,除了"章句"之外其实也并没有更好的通道,但东汉的"章句之学"为什么又恰恰遭到了班固与范晔的一致鄙薄呢? 此中的原因在于,虽然中国文化及其浑全性智慧必然要表现为具体的"章句"形式,但到了东汉,其所谓的"章句之学"却未必能够全面地表现出中国文化之浑全性智慧,更多也更普遍的情况反而是在其将经学落实为章句之后,也就仅仅停留于所谓"章句"的层面上,从而成为一种纯粹的"章句之学"了。这种情形,就像经学的"大义"固然也可以落实于具体的"微言"之中,但仅仅"微言"却并不必然会蕴含"大义"一样,一旦"微言"成为纯粹的"微言"时,那么所谓"章句"也就成为纯粹的"章句之学"了。而这种失去了浑全性智慧的"章句",失去了超越性"大义"的"微言",自然也就只能成为烦琐碎意的堆集了。

请看从班固到范晔这些史学大家笔下的东汉经学:

> 自光武中年以后,干戈稍戢,专事经学,自是其风世笃焉。其服儒衣,称先王,游庠序,聚横塾者,盖布之于邦域矣。若乃经生所处,不远万里之路,精庐暂建,赢粮动有千百,其著名高义开门授徒者,编牒不下万人,皆专相传祖,莫或讹杂。至有分争王庭,树朋私里,繁其章条,穿求崖穴,以合一家之说。①

> 自安帝览政,薄于艺文,博士倚席不讲,朋徒相视怠散,学舍颓敝,鞠为园蔬,牧儿荛竖,至于薪刈其下。顺帝感翟酺之言,乃更修黉宇,凡所造构二百四十房,千八百五十室。试明经下第补弟子,增甲乙之科员各十人,除郡国之耆儒皆补郎、舍人。本初元年,梁太后诏曰:"大将军下至六百石,悉遣子就学,每岁辄于乡射月一飨会之,以此为常。"自是游学增盛,至三万余生。然章句渐疏,而多以浮华相尚,儒者之风盖衰矣。②

> 后世经传既已乖离,博学者又不思多闻阙疑之义,而务碎意逃难,

---

① 范晔:《后汉书·儒林传》,《二十五史》卷一,第 1191 页。
② 范晔:《后汉书·儒林传》,《二十五史》卷一,第 1181 页。

便辞巧说,破坏形体;说五字之文,至于二三万言。后进弥以驰逐,故幼童而守一艺,白首而后能言,安其所习,毁所不见,终以自蔽。此学者之大患也。①

在上述三段记载中,前两条主要述说皇家的重视与否,所以也就有了从光武帝时期的"经生所处,不远万里之路,精庐暂建,赢粮动有千百,其著名高义开门授徒者,编牒不下万人,皆专相传祖,莫或讹杂",到安帝时期的"博士倚席不讲,朋徒相视怠散,学舍颓敝,鞠为园蔬,牧儿荛竖,至于薪刈其下"的情形。在这种格局下,所谓"章句渐疏,而多以浮华相尚,儒者之风盖衰矣"可能也就成为经学的必然归宿了。

但最为重要的还在于第三段,这就是经学博士的表现,那么其表现又如何呢?这就是班固所批评的"博学者又不思多闻阙疑之义,而务碎意逃难,便辞巧说,破坏形体;说五字之文,至于二三万言"。显然,在根本没有"大义"或者已经失去了"大义"的情况下,也就只能以所谓的"务碎意逃难,便辞巧说"来冒充学问了。而当人们都竞相习非之后,最后也就只能形成所谓"后进弥以驰逐,故幼童而守一艺,白首而后能言,安其所习,毁所不见,终以自蔽"的格局,自然,这也就完全成为一种烦琐章句的竞赛了。只有在这个意义上,我们才能理解从班固到范晔为什么会一致将"不好章句"或"不为章句"作为对当时儒者的表彰性话语来运用。

在这一格局下,所谓"气节"的名士化、虚夸化与"章句"的烦琐化与庸俗化也就构成两汉经学所无法自我医治的顽症了;而这两种症状的交相并发,也就使得经学博士真正成为人见人厌的蠹虫了。这就不仅作践了自己,而且也糟蹋了儒家经学。熊十力认为,"魏晋名士之风,始于后汉"②,实际上,魏晋名士无论是阮籍的"不拘礼法"还是嵇康的"非汤武而薄周孔"、"越名教而任自然"③,其实也都比经学博士可爱多了,因为魏晋名士至少还有一种做人的真性情,还有其超脱、旷达的人生追求;至于经学博士,则无论是以"气节"夸俗的名士还是陶醉于经文注疏的章句之徒,实际上都已经成为虚伪与迂腐的代名词了;至于"非汤武而薄周孔"、"越名教而任自然"的魏晋玄学之所以能够代之而起,恰恰是以其超脱、旷达的人生追求取代了经学

① 班固:《汉书·艺文志》,《二十五史》卷一,第477页。
② 熊十力:《读经示要》,《熊十力全集》第三卷,第709页。
③ 房玄龄等:《晋书·嵇康传》,《二十五史》卷二,第679页。

博士的虚伪与迂腐。

但是,两汉经学这种虚伪与迂腐的归宿并不能完全归罪于东汉皇家的不重视或者说是重视不够,其根本原因主要在于经学本身的理论奠基。当西汉开国、儒学刚刚开始复苏时,董仲舒之所以要以建立在天人感应基础上的"灾异谴告说"来回应汉武帝的"天命与情性"之问,按照皮锡瑞的说法,主要是因为"当时儒者以为人主至尊,无所畏惮,借天象以示儆,庶使其君有失德者犹知恐惧修省……汉儒藉此以匡正其主"①。皮锡瑞的这一说法,在揭示以董仲舒为代表的汉儒之主观意图上无疑是正确的,但是,这种"借天象以示儆"的"神道设教之旨"本身却是有毛病的。而其最大的毛病也就在于它一定要将自然界的生化现象与人伦社会的治理情况一一对应起来,但这本来就是一种根本无法坐实的对应;如果要一一坐实、一一对应,也就必然会出现相反现象的一并坐实与一并对应。这就是从董仲舒以"示儆"为特征的"天人感应论"与"灾异谴告说"最后不得不演变为以"褒奖"为特征之"灵异"与"嘉瑞"说的根本原因。而当儒生们纷纷以"灵异"与"嘉瑞"作为向皇权献媚的手段时,这样的"天人感应论"与"灾异谴告说"也就走到其尽头了。如果说它还有存在的必要,那么也就只能说是专制皇权与社会大众相互欺骗的需要了。

再比如,董仲舒通过儒家传统的天人关系来规范王权这一点固然是无可指责的,但其天人关系却主要是通过天地、阴阳、五行与四时这种自然生化之宇宙论次序的方式展开的;虽然赋予自然生化现象以道德秩序的含义也可以说是儒学的传统,但先秦孔孟儒学之自然与道德的关系却主要是人之道德心灵给自然现象以观照,而自然现象也同时给人以道德秩序的反馈与呈现,这样一来,其自然与道德的关系本质上也就蕴含着一种本体论的关系;而本体论的关系则只需要天与人在本质上的相对应,却并不需要自然生化与道德秩序在现象与经验层面的一一对应。但是,当董仲舒将自然界的生化次序与人伦的道德秩序进行一一对应性诠释之后,这种对应性关系也就变成一种完全依据自然生化次序所展开的宇宙论道德关系了。而作为宇宙生化论的对应关系,其一方面则要求必须能够实证,而实证也就必然会包含着一种相反的走向,——比如从"灾异谴告"的"示儆"作用演变为"灵

①　皮锡瑞著,周宇同注释:《经学历史》,第69页。

异"与"嘉瑞"的褒奖方式就是如此;另一方面,宇宙生化论的次序本身也无法支撑人伦道德的永恒性,而以宇宙生化之绵长久远来论证人伦道德的永恒有效,充其量也只能说明人伦道德的其来有自,却根本无法论证其当下合理性,更无法证明其未来的普遍与永恒的有效性。

但由董仲舒所开启的这种宇宙生化论的论证模式却始终没有得到两汉经学的真正反思,而在纬书形成后,则这种宇宙生化论的论证模式不仅更为系统,而且也更加精致化了,甚至,仅对于这种宇宙生化过程而言,纬书又为其加上了更具体的"四环节"或"五运"式的说明:

> 夫有形者生于无形,则乾坤安从生?故曰:有太易,有太初,有太始,有太素。太易者,未见气。太初者,气之始。太始者,形之始。太素者,质之始。气形质具而未离,故曰浑沦。言万物相浑成而未相离,视之不见,听之不闻,循之不得,故曰易也。①

> 天地未分之前有太易,有太初,有太素,有太极,是为五运。形象未分,谓之太易;元气始萌,谓之太初;气形之端,谓之太始;形变有质,谓之太素;质形已具,谓之太极。五气渐变,谓之五运。②

所有这些论证,除了表现汉儒实然宇宙论思维之更为精致、更为系统外,其实并没有表现出多少在理论深度上的进展。特别值得一提的是,其前一条以"有形者生于无形"所展开论证的其实也就是依据道家"有生于无"模式所展开的宇宙论论证;而后一条通过"天地未分之前"的追溯方式所展开的论证则属于《易传》"有天地然后有万物"之生化传统。这样看来,汉代经学的宇宙生化论实际上也就代表着儒道两家不同传统的又一次融合,当然也可以说是儒道两家共同致力于宇宙生化论论证的表现。但如前所述,只要停留在宇宙生化论的层面,那么所谓道德秩序的永恒性包括其当下的合理性与普遍有效性也就始终无法得到理论逻辑上的确保,更无法获得实践生活中的有效性。

正由于宇宙生化论在论证人伦秩序上的无效性,因而它也就只能沿着两个方向发展:其一就是陶醉于宇宙生化及其展开过程中的层次性与精细化;其二便往往是通过空洞的碎意堆积、便辞巧说来转移、扭曲并消解、迟缓

---

① 《易纬·乾凿度》卷下,赵在翰辑,锺肇鹏、萧文郁点校:《七纬》,第43—44页。
② 《孝经纬·孝经钩命诀》,赵在翰辑,锺肇鹏、萧文郁点校:《七纬》,第726页。

人伦秩序的实践落实。比如从董仲舒的"天地之气,合而为一,分为阴阳,判为四时,列为五行。行者,行也,其行不同,故谓之五行,比相生而间相胜也"①,到将其进一步层次化为"有太易,有太初,有太始,有太素"的"四环节"说,或者将其精细化为"形象未分,谓之太易;元气始萌,谓之太初;气形之端,谓之太始;形变有质,谓之太素;质形已具,谓之太极。五气渐变,谓之五运"的所谓"五运"说,无论是其层次性的深入还是精细化的拓展,本身也都无助于天地道德的人生落实,不过增加了一定的思辨层次与具体的生化过程而已,而这种层次性、精细化与思辨性的趋向本身,也都在弱化或消解其本来所蕴含的道德功能与道德责任。

其次,就中国文化的整体性与智慧的具体性来看,如果讲道德,那么这种源于天地的道德落实于个体人生,也就必然会凝结为一种"气节";而对于经典智慧的具体化诠释,也就必然会表现为一种相对独立的"章句"。但是,当"气节"完全为当时的名士所垄断,有时甚至为江湖骗子所窃取时,从而也就成为一种招摇撞骗的骗术了;而当"章句"又完全沦落为经学博士追求功名利禄的敲门砖,并成为其相互攀比、相互竞争的手段时,——实际上也就已经没有原本作为人伦道德之"质"方面的内容了,存在的也就只是作为碎意堆积、便辞巧说之智在"量"上泛滥与拓展,这可能也就是班固所批评的"说五字之文,至于二三万言"的原因。

这样一来,无论是汉代经学通过其宇宙生化论所蕴含的道德秩序还是具体性智慧,也都在根本无法达到其目的的情况下趋于衰落了。而这种衰落,既源于汉代统治者实际上的"霸王道杂之",同时也源于经学建立在宇宙生化论基础上的理论指向与经学博士的功名利禄追求。从这个角度看,两汉经学的衰落,也可以说主要衰落于大一统政权与儒家经学之间的彼此应付与相互利用。而在经学衰落之后,如果说两汉儒学确实还有一段真精神,那么这也就只能是由董仲舒所喊出的"夫仁人者,正其谊不谋其利,明其道不计其功"。也许只有这种精神,才是真正能够超越于王朝兴替与经学盛衰并且也可以真正贯通统治者与经学博士之间的一种共同的精神底线,从而也就构成了两汉经学的真正遗产;也许只有这种遗产,才能真正成为儒学再度崛起的精神保证。

----

① 董仲舒著,锺肇鹏主编:《春秋繁露校释·五行相生》,第833页。

结语　儒学研究的解读视角及其诠释学循环

对儒学的发生、解读与诠释进行研究之所以止于两汉经学，主要是因为，当儒学发展到两汉经学时，就已经表现出了一个相对完整的由发生、解读与诠释所构成的轮回；而这一轮回又完全是通过中国文化之自我生成与自我发展的方式实现的，因而也有助于我们对原生态儒学或儒学之原生态的形成与发展进行认识和反思。本来，源自印度的佛教在两汉之际的公元前后就已经传入了中国，但由于两汉经学根本不曾受到佛教的影响，或者说当时的佛教还根本没有进入经学博士的视野，因而也就可以保证这种研究的原生性了。按理说，魏晋玄学也同样没有受到佛教的影响，但由于魏晋玄学已经被人们视为新道家或者说是道家思想的重新崛起，同时又是作为两汉经学的否定形态或替代者出现的，因而也就不在我们的考察之列了。

那么，为什么要刻意保持对这种原生态性质的儒学进行研究呢？这是因为，无论我们今天如何抱怨儒学的种种不足，但儒学毕竟是中国文化的主体，也是在对三代文化综合继承的基础上的产物，因而也就足以代表中华民族最本真的主体精神；而从我们民族的历史来看，在历史发展、转向的每一个重大关头，首先也是由儒学自觉地站出来正视现实，并承担责任的。——儒学之所以能够以"学绝道丧"来说明"佛老炽传"的原因、以闭关锁国来承担近代落后挨打的责任，也都是其主体性精神的表现；而人们之所以指责儒学、批评儒学，也正是以其作为中华民族之主体精神的表现。历史上也曾有不少王朝因为佞佛佞道而亡，但人们并没有因此而指责佛老，因为佛老的精神担当原本就不在这里。因此，对于原生态儒学进行研究，包括对其经由原始发生、解读与诠释所构成之发展回环进行反思，也就是要从形成根源的角度检讨儒学之不足，概括其特征，探索其发展轨迹，并寻找其发展、演变之规律性的因素。从这个角度看，笔者以为，我们已经达到了基本目的，也实现了最初的预设。

下面,我们将从五个方面加以总结,以作为本书的基本结论。

一、政治危机——儒家的原始发生

当我们研读儒学史时,每每看到儒学、儒生似乎与政治总是有着割不断的关联,也总是抱怨历史上的儒生一次次受到政治的打压、戕害甚或愚弄却总是痴心不改,现在,我们终于找到了它的原因,也明白了其中的缘由,这就蕴含在儒学的最初形成中,或者说在儒学还没有成为儒学之前,即还没有形成所谓儒学的称谓时,儒学就已经从现实的政治生活中生成了。所以,儒学与政治的关系,就如同儒者个人或任何人与其父母之血缘亲情、人伦关怀一样是从其生命的根子上带来的。而儒学的这一特征,也就充分表现在其最初形成中。

在我们前边的叙述中,儒学是从周文化中产生的,具体说来,西周的文、武、周公三代政治领袖也就构成了儒学的开创者或者说是开创时代的儒学;因而西周时代,自然也就可以说是儒学的开创时代。从这个角度看,儒学与礼乐文化的关系一定程度上也就可以说是一种一而二、二而一的关系,就是说,如果没有礼乐文化,也就没有儒学;而礼乐文化既代表着西周的三代政治领袖——文、武、周公的相继努力以及其关于"天命"的人生落实、关于人伦社会的理想性、制度性设计,同时也就代表着儒学的产生。所以,在前边的叙述中,我们就已经把文、武、周公尤其是周公作为政治实践形态的儒学加以叙述,这也可以说明孔子为什么会把"吾不复梦见周公"①作为自己生命走向终点的暗示,当然也构成了其一生的一个临终遗憾。

但礼乐文明并不是自发生成的,而是在夏、商、周三代生存技能的基础上并对生存技能进行人文关怀、忧患意识以及主体之德性关怀进行沉淀、转化与透视的产物;而这一产物既可以说明夏商两代从射御到书数之生存技能的发展与积累,同时也可以说明在中国人的生存世界中,生存技能的发展

---

① 《论语·述而》,吴哲楣主编:《十三经》,第 1275 页。

及其积累到一定的程度,也就必然会发生一种主体性或人文性的转向。比如从夏代的"射御"到殷商的"书数",本身就包含着一种从单纯外向的谋生手段到主体性之文明创造与沟通、表达的转向,而"书数"本身也就可以说是这一转向的历史记录;至于从殷商的"书数"再到周代的"礼乐",也就完全成为国人根据其主体之意志(德性)对其生存世界及其秩序的一种直接经画与重新安排了。这也就成为人之主体性精神的直接表现了。所以说,从夏代的"射御"到殷商的"书数",再从殷商的"书数"到周代的"礼乐",一方面固然表现了中国人之谋生手段与生存技能的不断积累与不断进步;与之同时,整个"六艺",——从射御到书数再到礼乐,同时也就成为一个人之主体性精神不断得到凸显的过程,待到礼乐文明成为西周政治制度与思想文化的统一体时,中国人的德性世界与道德理想也就同时形成了。整个这一过程,也就可以说是一种从外向的谋生之"技"到内在的表现之"艺"的发展过程。

不过,从一定程度上说,"六艺"的形成只是标志着人之生存手段与社会文明的进步与发展,对于儒学而言,它充其量也只可以说是儒学所以形成的文明基础,但并不必然代表儒学这种文化与文明本身的生成,也就是说,不是说只要有了"六艺"这种生存技能,就必然会有儒学的形成。因为仅从生存技能的角度看,像射御与书数这样的技能无疑是每个民族在其形成与发展的过程中所必须经历的阶段,但并不必然就会形成礼乐文明,也未必就会产生儒学;而作为代表"六艺"之最高发展的礼乐文明固然也与儒学有着更为紧密的关联,但如果仅仅从人伦规范的角度来理解礼乐文化,那么每个民族在其形成与发展的过程中也都必然会形成一定的人伦规范,却并不必然就会走向礼乐文明。这样一来,在从射御到书数这样的生存技能形成以后,也就必然存在着一个较为重大的因素在不断地促使从射御到书数向着作为人文关怀以及人之德性表现的礼乐文明的方向进行转向,而这个重大因素,首先就是中国的农耕文明。

中国的农耕文明发轫于神农时代,所谓"神农尝百草"实际上就已经为中国的农耕文明奠定了基础;到了轩辕黄帝,又开始"艺五种,抚万民"乃至于"时播百谷草木,淳化鸟兽虫蛾"①。但中国农耕文明的真正形成则在于

---

① 司马迁:《史记·五帝本纪》,《二十五史》卷一,第1页。

尧舜时代,而这一点又主要是通过周人的始祖后稷实现的。据说当虞舜任命大禹作为司空以平治水土时,大禹也曾经"让于稷、契暨皋陶",而舜则根据稷之所长命令说:"弃,黎民阻饥,汝后稷,播时百谷。"①这说明,后稷是遵从虞舜的命令从事农业开发的;从此以后,农业与种植也就成为国人的主要生计了。所以,所谓"后稷稼穑"也就成为我们民族开辟农耕文明的一种历史传说。而到孟子时,后稷便已经成为公认的中国农耕文明的开创者。孟子说:

> 后稷教民稼穑,树艺五谷;五谷熟而民人育。人之有道也。②
>
> 禹思天下有溺者,由己溺之也;稷思天下有饥者,由己饥之也,是以如是其急也。③

也许正因为这方面的原因,所以孟子又接着评价说:"禹、稷当(太)平世,三过其门而不入,孔子贤之。"④这里之所以要提起这一点,既不是为了证明尧、舜、禹、稷就是生来的圣贤,当然也不是为了印证所谓中华文明就是一种纯粹的农业文明或者说仅仅是建立在农耕基础上的文明;而是说,正是中国绵长悠久的农耕传统,才促成了中国人历时性的历史意识以及经验—体验性的认知方式;至于中国文字的象形特色以及其智慧的具体性特征,也同样是由其悠久的农耕传统与农业文明之长期积淀形成的。

农耕文明对于中国文化最直接的促成作用,首先就在于国人的历史意识与经验意识的形成;而这种历时性的历史意识与经验意识首先是通过农业与农耕生产的方式形成的。在亚洲文化圈,中国人强烈的历史意识首先是由其农耕经验积淀而成的;至于其"树艺五谷"的生产与生活方式同时也就促成了中国人经验—体验性的认知方式。最重要的一点还在于,中国人为什么会赋予"天"以至高无上的地位呢? 这无疑就是由"天"在农耕生产中的决定性作用促成的,而今天所谓的"靠天吃饭"一说,也就最典型地揭示了"天"在农耕与农业生产中的决定性作用。

当农耕文明体现于一个族群内部,亦即其整个族群都由农耕发展而来时,往往就会因为"树艺五谷"的特点而形成一种"生生"观念,进而发展出

---

① 《尚书·舜典》,吴哲楣主编:《十三经》,第 67 页。
② 《孟子·滕文公》上,吴哲楣主编:《十三经》,第 1376 页。
③ 《孟子·离娄》下,吴哲楣主编:《十三经》,第 1394 页。
④ 《孟子·离娄》下,吴哲楣主编:《十三经》,第 1394 页。

一种"好生之德";而尊重自然、尊重生命的"德性"意识也就自然会萌发于这种"树艺五谷"的传统中。所以,西周族群的历代先祖均以仁爱著称,到了文王,则其刚刚继位,就形成了"遵后稷、公刘之业,则古公、公季之法,笃仁,敬老,慈少。礼下贤者"①的执政风格;所以司马迁评价说:"诗人道西伯,盖受命之年称王而断虞、芮之讼。"②但是,文王这种"笃仁,敬老,慈少。礼下贤者"的传统却受到殷纣的猜忌。而当文王因殷纣的猜忌被囚羑里时,所谓"文王曰咨,咨汝殷商。人亦有言:颠沛之揭,枝叶未有害,本实先拔。殷鉴不远,在夏后之世"③,这就表现出了一种典型的历时性的经验意识;所谓"殷鉴不远,在夏后之世",也正是文王对夏后以来一直到殷纣时代政治历史经验的一个系统总结。至于这种经验所促成的,则正是一种深深扎根于历代历朝之政治经验与教训的忧患意识。所以孔子说:"《易》之兴也,其当殷之末世,周之盛德邪?当文王与纣之事邪?是故其辞危。"④从这件事来看,自然也就是后世所谓的"文王演易"了,但从其所思考的内容来看,则正通过"殷鉴不远,在夏后之世"明确地表达出了一种政权的灭亡逻辑与充满着人文关怀的忧患意识。

到了武王,西周政治领袖建立在朴素的人文关怀基础上的忧患意识便发生了一个重大的转向,这就使其忧患意识从殷纣已经灭亡的"殷鉴"转移到自家江山的命运上来了。因为在文王时代,其忧患意识主要是围绕着老百姓的生存与殷纣王权的命运展开的,所以当文王刚刚获得释放,马上就向纣王"献洛西之地,以请纣王去炮烙之刑"⑤。但到武王时,虽然西周已经取得了克商的巨大成功,可当武王回到丰、镐故地,殷纣江山的顷刻瓦解却使他"具明不寝"。这时候,武王的忧患意识就已经不再是殷纣的王权及其命运了,而是自己通过伐纣所打下来的江山如何才能够获得"天保",这也就是史家所诠释的"武王希望'克致天之明命,定天保,依天室'"⑥。显然,对

① 司马迁:《史记·周本纪》,《二十五史》卷一,第12页。
② 所谓"虞、芮之讼"即指"虞、芮之人有狱不能决,乃入周。入界,耕者皆让畔,民俗皆让长。虞、芮之人未见西伯,皆惭,相谓曰'吾所争,周人所耻,何往为?只取辱耳。'遂还,俱让而去。"(司马迁:《史记·周本纪》,《二十五史》卷一,第12页)
③ 《诗经·大雅·荡》,吴哲楣主编:《十三经》,第206—207页。
④ 《周易·系辞》下,吴哲楣主编:《十三经》,第59页。
⑤ 司马迁:《史记·周本纪》,《二十五史》卷一,第12页。
⑥ 杨宽:《西周史》,第137页。

于西周政权如何才能够上合天意,下合民心,从而不至于陷入殷纣的覆辙,这就成为武王的忧患意识,也是西周的德性文化与礼乐文明得以形成的基本动力。

虽然武王已经提出了"定天保,依天室"的问题,却并没有解决问题。克商不久,武王就病逝了。这样,对于西周政权如何才能长治久安的问题,也就历史地落到了周公的肩头。当时,按照已经形成的传位谱系(传嫡制在殷商末期就已经萌芽,殷纣之所以能够越过微子启而继承王位也就可以说是传嫡制初步形成的表现),武王自然应当传位于其嫡子成王。但当时成王年幼,而作为武王、周公之同胞兄弟的管叔、蔡叔与霍叔,由于平时就不满于周公在克商过程中的"夹辅"之功,现在又不满于周公对于西周政权之"股肱"与"辅翼"地位,因而就在武王早丧、成王年幼而新政权还立足未稳的情况下,就四处散布流言说:"公将不利于孺子"①,并借机联合殷纣之子武庚发动叛乱。对于周公来讲,这就成为一个极为严峻的政治考验。

这一考验的严峻性就在于周公既要确保嫡长子继承制这一巨大的历史进步,当然,更为重要也更为急迫的则在于必须首先确保西周历代统治者经过苦心经营所得到的江山不至于陷入四分五裂的格局;而这两种看似完全背反的任务也都必须通过周公来完成。更为严峻的考验还在于,在解决了上述两个问题之后,如何具体地回答武王所提出的怎样才能获得"天保"的问题。因为从当时的情况来看,如果周公率先出兵平乱,那就等于正好中了所谓"公将不利于孺子"的圈套;但是,如果不出兵平乱,则王季、文王、武王以来三代人所苦心经营的西周政权将会毁于一旦。在这种情况下,武王所谓如何才能获得"天保"的问题也就变得全无意义了。

面对这一多方纠结的难题,周公的选择就是当仁不让,毅然领兵出师。于是,这就开启了一个周公摄政称王或"践天子之籍"的时代。关于周公摄政称王的这一段经历,《尚书大传》已经作出了经典性的总结,这就是:

> 一年救乱,二年克殷,三年践奄,四年建侯卫,五年营成周,六年制礼作乐,七年致政成王。②

而在周公摄政称王的七年里,所谓"救乱"、"克殷"与"践奄",自然可以说

---

① 《尚书·金縢》,吴哲楣主编:《十三经》,第96页。
② 伏生:《尚书大传》卷二,湖北崇文书局光绪三年(1877)刻本。

就是一步接一步之彻底平乱的工作;至于所谓"建侯卫"、"营成周",当然又可以说周公为了巩固西周政权的政治军事举措;至于其最后的"致政成王",当然又可以说是周公对嫡长子继承制的践诺与维护。所以王国维评价说:"当武王崩,天下未定,国赖长君……而周公乃立成王而己摄之,后又反政焉。摄政者,所以济变也;立成王者,所以居正也。自是以后,子继之法,遂为百王不易之法矣。"①

当周公"摄政称王"时,由于管叔、蔡叔与霍叔本来就在散布"公将不利于孺子"的流言,意即成王的江山必然会为周公所篡夺,因而周公当时的抉择也就等于是迎难而上。这主要是因为危机就发生在统治集团内部,而发动叛乱者又都是周公的同胞兄弟,加之当时人心浮动,周公本人又有口难辩,所以后来白居易还以所谓"周公恐惧流言日"的诗句来表达周公当时腹背受敌的尴尬。但是,当他平三监、营成周、制礼乐从而"致政成王"时,由于周公的巨大功绩,"威动天地,声摄四海",因而这时候的监控也就只能来自他自己了;而是否"致政成王"也就全然取决于自己的一念之间。但周公就像当年之摄政称王、领兵出师一样没有任何犹豫,毅然决然地还政成王,这就不仅证实了"公将不利于孺子"的流言之伪,而且也证实了周公自己维护嫡长子继位制之真。而周公之真诚,又充分表现在他送其儿子伯禽代他赴鲁就封的临行告诫中:

> 周公戒伯禽曰:"我文王之子,武王之弟,成王之叔父,我于天下亦不贱矣。然我一沐三捉发,一饭三吐哺,起以待士,犹恐失天下之贤人。子之鲁,慎无以国骄人。"②

周公能给伯禽提出这样一种告诫,也就足以说明其从"摄政"到"还政"的基本心态了;而其"一沐三捉发,一饭三吐哺……犹恐失天下之贤人"的恭谨也足以说明其对天下的心态。这就是真正以天下为天下、以天下治天下的心态。如果这时候还要辨析所谓"公将不利于孺子"的真伪问题,那就简直成为对周公之仁者情怀的一种亵渎了。

关于周公从"摄政"到"还政"的过程,历代儒者都有述评,但淮南王刘安的一段评价最为恰切,也生动地表现了周公的德性:

---

① 王国维:《殷周制度论》,《观堂集林》第二册,第 456 页。
② 司马迁:《史记·鲁世家》,《二十五史》卷一,第 96 页。

武王崩,成王幼少,周公继文王之业,履天子之籍,听天下之政,平夷狄之乱,诛管蔡之罪,负扆而朝诸侯,诛赏制断,无所顾问,威动天地,声摄四海,可谓能武矣。成王既壮,周公属籍致政,北面委质而臣事之,请而后为,复而后行,无擅姿之志,无伐矜之色,可谓能臣矣。①

关于这一过程,对周公来说,当其迎难而上,毅然领兵出征时,固然也有其难,一如"周公恐惧流言日"所揭示的腹背受敌而又有口难辩,但最难的还在于其从"履天子之籍"以至于"威动天地,声摄四海"到"还政"成王之后的"北面委质而臣事之,请而后为,复而后行,无擅姿之志,无伐矜之色",这就生动地表现了周公对政治权力的态度,真所谓拿得起、放得下,也真正表现了政治实践之儒对于权力的心态。在这一背景下,我们也就完全可以理解儒家与政治的关系了,——其之所以与政治有着割不断的联系,并不是因为其贪恋权力,而是其道德理想与人文关怀使其永远无法放弃政治,也无法忍受由政治的混乱从而导致人民遭殃的一腔人文情怀。而这种情怀,也就诚如孔子所感叹的"天下有道,丘不与易也"②一样,主要体现了儒家的一种责任意识与担当精神,所以才会有孔子"天下有道,丘不与易也"的感叹。更为重要的一点还在于,正是通过周公主动地"还政",从而使关于王权的嫡长子继承制"遂为百王不易之法矣",从当年能够当仁不让地"摄政"到平乱后又毅然决然地"还政",也就足以说明政治实践之儒对权力的态度了。

但周公最重要的贡献并不在于其"救乱"、"克殷"的政治军事才干上,也不在于其对政治权力的拿得起、放得下一点上,而主要在于其制礼作乐对于中国德性文化的塑造以及其深远的历史影响上。如前所述,如何使西周的政权能够上合天意,下合民心,并获得"天保"曾经是一个使周武王"具明不寝"的问题,现在,周公则试图通过制礼作乐的方式来解决这一难题;具体说来,也就是通过尊尊、亲亲两大系统的人伦规范作用,从而使每一个体都生活于尊尊、亲亲与贤贤的网络之中;而每一个体,既享有这一网络所天然拥有的权力,同时也就必须为这样一个"人伦天地"担负起相应的责任。而这种责任,既属于尊尊系统之政治责任,同时也就是亲亲与贤贤系统的道德义务。但这样一种礼乐制度,也同样是通过嫡长子继承制来实现的。对

---

① 《淮南子·氾论》,《诸子集成》第7册,第214页。
② 《论语·微子》,吴哲楣主编:《十三经》,第1313页。

此,王国维分析说:

> 欲观周之所以定天下,必自其制度始矣。周人制度之大异于商者,
> 一曰立子立嫡之制,由是而生宗法丧服之制,并由是而有封建子弟之
> 制,君天子臣诸侯之制。二曰庙数之制。三曰同姓不婚之制。此数者,
> 皆周之所以纲纪天下,其旨则在纳上下于道德,而合天子诸侯卿大夫士
> 庶民成一道德之团体。①

> 周之制度典礼,乃道德之器械,而尊尊亲亲贤贤男女有别四者之结
> 体也。此之谓民彝,其有不由此者,谓之非彝。②

这样一来,整个社会就既是一个由尊尊所代表的政治权力系统,同时也是每
一个个体都置身其中的亲亲、贤贤包括所谓男女之别的道德系统。因为亲
亲,所以必须有孝弟之情、血缘之爱;因为尊尊,所以必须有政治权力及其等
级制度;同时又因为贤贤,所以整个社会——所有的人也就必然要有一定的
族群与天下关怀。这样一来,整个社会的政治、文化与思想也就全然确立在
德性的基础上了。也正是这种以德性为基础的政治文化,所以才有孟子所
谓的"尧舜之道,孝弟而已矣"③一说。也正是从这一点出发,才会有孟子的
如下论述:

> 人人亲其亲,长其长,而天下平。④

> 仁者以其所爱及其所不爱,不仁者以其所不爱及其所爱。⑤

孟子这里所论,当然决不是说每个人都可以仅仅停留在其个体独自的"孝
弟"层面上,也绝不是说,只要停留于每个人独自的"亲其亲,长其长"层面
就可以平治天下了;而是说,只要每个人都来扩充我们的仁爱之心,从而
"以其所爱及其所不爱"(至于相反的表现,则必然会成为一个"不仁者以其
所不爱及其所爱"的世界),才能依据人所本然具有的德性建立一个人伦的
世界、德性的天下。显然,孟子这里所论,完全是对周公制礼作乐精神所建
立之德性世界的一种积极拓展与理想性的阐发。

在前面的叙述中,笔者曾认为从周公摄政称王时的"一沐三捉发,一饭

① 王国维:《殷周制度论》,《观堂集林》第二册,第453—454页。
② 王国维:《殷周制度论》,《观堂集林》第二册,第472页。
③ 《孟子·告子》下,吴哲楣主编:《十三经》,第1413页。
④ 《孟子·离娄》上,吴哲楣主编:《十三经》,第1386页。
⑤ 《孟子·尽心》下,吴哲楣主编:《十三经》,第1425页。

三吐哺,起以待士,犹恐失天下之贤人"到其还政后的"北面委质而臣事之,请而后为,復而后行,无擅姿之志,无伐矜之色",也就完全可以说他是在"天下为家"的时代通过德性以践履"天下为公"的情怀,周公的制礼作乐确实具有这一特色。但周公之所以如此,关键也就在于其作为政治领袖与德性实践之儒所拥有的一种独特品格,这就是心手相随,知行合一,而其内在的发心动念同时也就是见之于外在的施仁发政。这当然可以说是政治实践之儒最宝贵的特征;也正因为西周儒学的这一特征,所以王国维总结说:"以上诸制,皆由尊尊亲亲二义出,然尊尊亲亲贤贤,此三者治天下之通义也。周人以尊尊亲亲二义,上治祖祢,下治子孙,旁治昆弟,而以贤贤之义治官。"①所以,从社会层面上看,从文王断"虞、芮之讼"中的"耕者皆让畔,民俗皆让长"一直到"成康之际,天下安宁,刑错四十余年不用"②,也就可以视为周公制礼作乐之德性文化的社会效果。

　　但周公制礼作乐还有两个非常重大的历史作用,其一就是以德性为核心、以道德实践为指向的礼乐文明实际上是对殷商以来天命观的人生落实,因而自此以后,中国文化不仅排除了那种外向拜谟与外在性信仰的可能,而且也使中国文化从根本上带有了一种彻底的人本与人文主义的特色;并且,由于周公制礼作乐所体现的道德精神原本就是对殷商天命观的人生落实,因而其道德不仅带有强烈的信念与信仰色彩,而且也总是作为人生的精神底线与追求的极致来发挥作用的。其二,正由于周公制礼作乐的这一重大作用,因而其所培养的德性之儒也就依据其德性对夏、商、周三代的历史传说进行了重新解读与重新整理,而《尚书》也就可以说是西周儒者对于夏、商、周三代历史之重新解读与重新诠释的表现。如此一来,周公以德性培养为核心的制礼作乐不仅改变了国人的信仰形态,而且也重新诠释了中国的三代历史。由此之后,直到孔孟时代,孟子所谓的"人人亲其亲,长其长,而天下平"以及"仁者以其所爱及其所不爱,不仁者以其所不爱及其所爱",也就充满着一种德性精神;也正是立基于这种内在德性的基础,我们才可以理解孟子所谓的"君子所性,仁义礼智根于心,其生色也睟然,见于面,盎于背,施于四体,四体不言而喻"③。也只有从这个意义上说,我们才可以更深

───────────────

①　王国维:《殷周制度论》,《观堂集林》第二册,第 472 页。
②　司马迁:《史记·周本纪》,《二十五史》,第 13 页。
③　《孟子·尽心》上,吴哲楣主编:《十三经》,第 1421 页。

刻地理解孔子所赞叹的"其或继周者,虽百世,可知也"①,因为这里的"继周",也就绝不仅仅限于所谓礼乐制度的层面,而首先是通过礼乐制度所表现出来的一种做人之信仰与民族之文化精神。

二、理论创造——来自思想文化的解读

作为自觉地"继周"、"从周"者,孔子与周公的一个重大区别,或者说孔子之不同于周公的地方也就在于是否"有位"这一点上,所以孔子也就始终是以所谓"述而不作"来自我定位的,意即他只是三代文明之绍述者,而周公则无疑属于"作者"。因而,对于"述"与"作"的区别,子思便直接将其定位在是否"有位"以及是否"作礼乐"这一点上,并辨析说:"虽有其位,苟无其德,不敢作礼乐焉;虽有其德,苟无其位,亦不敢作礼乐焉。"②显然,也只有"德"与"位"的双向圆满才可以作礼乐。因此,在子思看来,"德"与"位"的双向满足也就代表着制作礼乐的基本条件,因而从孔子的角度看,则是否有"位"也就成为其与周公的一个重大区别了。但是,这种是否有"位"以及其相互在"位"上的差别能否决定孔子对周公的理解呢? 就是说,既然孔子与周公存在着"有位"与"无位"的差别,那么能否越过其相互的位次差别以说明孔子对周公的理解呢? 对于这一问题,我们完全可以通过其二人对后继者的教诲来证明:

周公戒伯禽曰:"我文王之子,武王之弟,成王之叔父,我于天下亦不贱矣。然我一沐三捉发,一饭三吐哺,起以待士,犹恐失天下之贤人。子之鲁,慎无以国骄人。"③

颜渊问仁。子曰:"克己复礼为仁。一日克己复礼,天下归仁焉。为仁由己,而由人乎哉?"

---

① 《论语·为政》,吴哲楣主编:《十三经》,第1263页。
② 《礼记·中庸》,吴哲楣主编:《十三经》,第565页。
③ 司马迁:《史记·鲁世家》,《二十五史》卷一,第96页。

颜渊曰:"请问其目?"子曰:"非礼勿视,非礼勿听,非礼勿言,非礼勿动。"

颜渊曰:"回虽不敏,请事斯语矣。"①

这两段教诫,前者是周公对代他就鲁之封地的儿子伯禽的临行赠言,后者则是孔子对颜回关于为学方向的教诫;前者的特点在于周公以自己"一沐三捉发,一饭三吐哺……犹恐失天下之贤人"之勤于政事告诫伯禽"慎无以国骄人";而后者则除了"为仁由己"这一重大方向的开辟之外,其日用伦常的修养也就主要落实在"非礼勿视,非礼勿听,非礼勿言,非礼勿动"上,就是说,一切都要依礼而行,非礼勿视听言动。如果说周公制礼作乐的根本目的就是要"纳上下于道德,而合天子诸侯卿大夫士庶民成一道德之团体",那么孔子对颜回非礼勿视听言动的教诫也就代表着其将周公以来的礼乐制度落实于个体之视听言动与行住坐卧之间了。从这一点来看,如果就对周公制礼作乐及其根本目的的理解而言,当时可能也没有比孔子理解得更为到位的了。

所以,孔子所谓的"从周"、"继周"实际上也就是要继承周公的事业。如果说周公的志业就是要在"天下为家"的时代通过礼乐制度的规范与自身德性的修养以实现所谓"天下为公"的理想,那么孔子也就是这一事业的真正继承者,其对颜回非礼勿视听言动的叮咛与教诫也就准确地表现了这一点。

但孔子与周公的区别也并不仅仅在于是否"有位"这一点上,所谓"时"也同样是他们之间的一个非常重要的差别。因为周公当时主要是为了解决现实的政治危机,当然也是为了解决武王提出的西周政权如何才能获得"天保"的问题才制礼作乐的,从而化天命为道德、化礼乐为内在德性的外在表现,所以对周公而言,制礼作乐也就代表着其一生最大的文化创造,——化政治问题为礼乐文化,又化礼乐文化为德性修养问题,因而西周社会也就代表着一个以礼乐制度统治天下的时代。由此以往,不仅成康时代,就是所谓东周春秋,也都存在于礼乐制度的笼罩下。对于春秋时代的这种文化特征,徐复观分析说:

通过《左传》《国语》来看,春秋二百四十二年的历史,不难发现在此一时代中,有个共同的理念,不仅范围了人生,而且也范围了宇宙;这

---

① 《论语·颜渊》,吴哲楣主编:《十三经》,第1290页。

就是礼。如前所述,礼在《诗经》时代,已转化为人文的表征。则春秋
是礼的世纪,也即是人文的世纪,这是继承《诗经》时代宗教坠落以后
的必然地发展。此一发展倾向,代表了中国文化的主要发展方向。①
徐复观的这一分析说明,《礼记》所谓的"夫礼者,所以定亲疏,决嫌疑,别同
异,明是非也"②,也就完全可以说是春秋时代人伦风范的一种写真了;至于
孔子所谓的"夫礼,先王以承天之道,以治人之情"③,则又可以说是对"礼"
之本质及其作用的一种明确揭示。

　　但到了孔子时代,礼乐文化确实已经显现出了一种疲惫衰退之象;而孔
子对于周公的理解以及对其志业的继承也就使他愈益感受到所谓礼崩乐
坏、人而不仁。——《论语》中大量对"僭越"、"违礼"或"不守礼"现象的明
确批评也就可以说是当时礼崩乐坏的具体表现。所以,孔子的时代已经不
再是那种可以通过礼乐制度以化约政治危机的时代,而是在礼乐制度已经
衰落、崩坏的情况下如何挽救礼乐制度、如何再造人伦文明的问题。

　　正因为孔子与周公存在着这两个方面的巨大差异,从而也就决定了其
相互之间的一种根本性不同,而这种不同也就主要表现在孔子与周公同作
为儒家而又同时存在着其各自根本不同的表现形态上。比如,周公可以说
是以其政治领袖的身份所表现出来的政治实践形态之儒(尽管当时还没有
"儒"这样一种称谓),由于其政治领袖的身份,因而他也就可以心手相随、
知行合一,——其内在的发心动念同时也就可以直接表现为外在的施仁发
政。但孔子却根本没有这样的条件,他之所以要以"述而不作"来自我定
位,正是由于其当时有德而无位的现实条件决定的。但是,也正因为孔子的
"述而不作",从而也就决定他必然要以"述"为"作"。具体说来,这就是将
周公由政治领袖身份所表现出来的政治实践之儒转化为一种在系统总结三
代文化基础上所形成的关于中国思想文化的创造之儒,正是孔子的这一思
想文化转向,所以他不仅形成了"儒"这样一种身份的自觉,而且还有了"君
子儒"④这样一种明确的追求指向。

──────────

① 徐复观:《中国人性论史》,第40—41页。
② 《礼记·曲礼》,吴哲楣主编:《十三经》,第413页。
③ 《礼记·礼运》,吴哲楣主编:《十三经》,第473页。
④ "子谓子夏曰:'汝为君子儒,无为小人儒。'"(《论语·雍也》,吴哲楣主编:《十三
经》,第1273页)

这样一来,也就必然要再次涉及孔子的身份问题了,即孔子究竟是以什么身份从事了三代文化的发掘与整理,并在周公制礼作乐的基础上提出了"为仁由己"之"君子儒"的追求指向? 关于孔子的身份,虽然其从血缘上自我认定为"从大夫之后"①,但由于孔子一生巨大的思想文化贡献,因而从汉代起,人们就一致以原本由庄子所提出的"素王"来推尊孔子。比如:

孔子之通智,过于苌弘,勇服于孟贲,足蹑郊菟,力招城关,能亦多矣。然而勇力不闻,伎巧不知,专行教道,以成素王。②

孔子之王,素王之业,在于《春秋》。③

所有这些关于"素王"的说法,一方面确实存在着某种为孔子抱不平之意;但另一方面,这种"素王"的形式,又说明孔子的志业与精神确实存在于现实的王权之外。——这就是对三代以来思想文化的整理与总结以及对做人精神之塑造与担当上。正因为这一原因,所以王充说:"孔子之王……在于《春秋》。"

不过,对于孔子而言,我们也大可不必过分在意其在现实社会中究竟"王"、"不王"的问题,也没有必要一定要在现实的"王者"之外另为孔子加以"素"的美名。因为作为孔子同代人的仪封人,其所谓的"天将以夫子为木铎"④的评价本身就是对孔子的一种非常恰切的定位与说明。除此之外,作为儒家的批评者,《庄子》一书中也有对孔子身份的一种明确认定,虽然这种认定是通过调侃的方式表现出来的,却具有不失其真的一面:

孔子遊乎缁帷之林,休坐乎杏坛之上。弟子读书,孔子弦歌鼓琴,奏曲未半。

有渔父者,下船而来,须眉交白,披发揄袂,行原以上,距陆而止,左手据膝,右手持颐以听。曲终而招子贡子路,二人俱对。

客指孔子曰:"彼何为者也?"

子路对曰:"鲁之君子也。"

客问其族,子路对曰:"族孔氏。"

① 《论语·先进》,吴哲楣主编:《十三经》,第 1287 页。
② 《淮南子·主术训》,《诸子集成》第 7 册,第 149—150 页。
③ 王充:《论衡·定贤》,《诸子集成》第 7 册,第 269 页。
④ "仪封人请见……出曰:'二三子何患于丧乎? 天下之无道也久矣,天将以夫子为木铎。'"(《论语·八佾》,吴哲楣主编:《十三经》,第 1265 页)

　　客曰:"孔氏者何治也?"

　　子路未应,子贡对曰:"孔氏者,性服忠信,身行仁义,饰礼乐,选人伦,上以忠于世主,下以化于齐民,将以利天下,此孔氏之所治也。"

　　又问曰:"有土之君与?"

　　子贡曰:"非也。"

　　"侯王之佐与?"

　　子贡曰:"非也。"

　　客乃笑而还,行言曰:"仁则仁也,恐不免其身;苦心劳形以危其真。呜呼,远哉其分于道也!"①

庄子不愧是孔子的知音,一下子就看出孔子所为是"仁则仁也,恐不免其身;苦心劳形以危其真";但另一方面,其对孔子"有土之君"与"侯王之佐"的反问,也就明确地定位了孔子的基本身份。那么孔子究竟是一个什么身份呢? 在庄子看来,由于孔子既非"有土之君",又非"侯王之佐",因而也就只能说是一个"匹夫"的身份。我们这里可以暂且不管庄子通过渔父所表现出来的调笑心态,但其"有土之君"与"侯王之佐"的设问却明确地揭示出了孔子的"匹夫"身份;而孔子一生探索的特殊性,也就建立在其"匹夫"身份的基础上,他就是要以匹夫之身来担当天下思想文化的重任。

　　这样看来,孔子一生的思想文化探讨及其主要贡献,其实都是通过其匹夫身份实现的。实际上,也正因为这一点,反而构成了孔子一生的最大贡献。比如说,周公一生的贡献主要建立在其作为政治领袖这一特殊身份的基础上,所以他的思想创造也就可以具有心手相随、知行合一的特点,而其内在的发心动念同时也就可以直接表现为外在的国家政策上的施仁发政。但对于孔子来说,由于这些条件都是他所根本不具备的,这样,孔子也就只能以其作为个体之"匹夫"身份展开思想文化探索了。虽然如此,我们首先能够看到的却是孔子对于"匹夫"做人之选择权、抉择权的充分肯定:

　　"克己复礼为仁。一日克己复礼,天下归仁焉。为仁由己,而由人乎哉?"②

　　子曰:"三军可夺帅也,匹夫不可夺其志也。"③

---

① 《庄子·渔父》,郭庆藩编:《庄子集释》,第1121—1124页。
② 《论语·颜渊》,吴哲楣主编:《十三经》,第1290页。
③ 《论语·子罕》,吴哲楣主编:《十三经》,第1283页。

子曰:"当仁,不让于师。"①

子曰:"人能弘道,非道弘人。"②

人而不仁,如礼何? 人而不仁,如乐何?③

子曰:"麻冕,礼也,今也纯,俭,吾从众。拜下,礼也,今拜乎上,泰也。虽违众,吾从下。"④

在这里,孔子所有的肯定也都是对"匹夫"之做人选择权的肯定;而其所有的叩问,也都是围绕着"匹夫"之做人抉择权所展开的叩问。至于在"拜上"与"拜下"、"从众"与"违众"之间的权衡取舍,既是孔子本人的一种取舍,同时也可以成为天下每一个体、每一"匹夫匹妇"之不可让渡也不可侵夺的基本权利了。所以说,孔子正是以其"匹夫"的身份,将对"礼"的贯彻与落实、对"仁"之实践与追求,落实到了每一个个体的肩头,落实在每一个"匹夫"的心上。从这个意义上说,孔子也就是天下后世每一个"匹夫匹妇"的代言人。

与周公相比,周公之所以制礼作乐,主要在于其试图通过礼乐制度,通过尊尊、亲亲与贤贤系统,从而"纳上下于道德,而合天子诸侯卿大夫士庶民成一道德之团体",但周公之制礼作乐,主要是建立在其作为政治领袖这一特殊身份的基础上的。也就是说,周公完全是站在政治体制这个"金字塔"的顶端,提出了一种能够"纳上下于道德"的礼乐制度;而孔子则完全是站在"金字塔"的底层,从所谓一砖一石、一草一木的角度来落实礼乐制度,并且将"仁"作为每一个个体、每一个"匹夫匹妇"之视听言动、行住坐卧一依于礼的精神依据与心理支撑。这样,如果站在周公的角度看,那么这也就完全可以说是对其礼乐制度的一种人生落实与个体落实了,而这一点无疑又包含着对周公思想的巨大推进,——将周公之"礼"推进到了孔子之"仁"的阶段。

不仅如此,虽然孔子的自我定位主要是在所谓"述而不作"的层面,因为他既不是"有土之君",也不是"侯王之佐",但就是这样一个"匹夫",却完全可以无视自己既非"有土之君",又非"侯王之佐"的现实,而是在努力

---

① 《论语·八佾》,吴哲楣主编:《十三经》,第 1263 页。

② 《论语·卫灵公》,吴哲楣主编:《十三经》,第 1305 页。

③ 《论语·卫灵公》,吴哲楣主编:《十三经》,第 1305 页。

④ 《论语·子罕》,吴哲楣主编:《十三经》,第 1280 页。

拓展其"匹夫"所应有的胸怀与视野,从而对夏、商、周三代文化作出了从容的权衡与取舍。请先看孔子对三代文化的泛论:

> 夏礼,吾能言之,杞不足征也。殷礼,吾能言之,宋不足征也。文献不足征故也。足,则吾能征之矣。①

> 子曰:"殷因于夏礼,所损益,可知也;周因于殷礼,所损益,可知也。其或继周者,虽百世,可知也。"②

> 颜渊问为邦。子曰:"行夏之时,乘殷之辂,服周之冕,乐则《韶》《舞》。"③

这里所论,当然都涉及三代的文化与文明,但对孔子而言,却似乎根本不存在所谓进步与落后的问题;存在的只有一个标准,这就是看谁更接近文明的指标,或者说看谁更倾向也更足以表达文明。这究竟是为什么呢? 这是因为,孔子并没有今人所谓的进步与落后的时代性标志,他所拥有的只是从其"匹夫"视角出发的择优选择,所以也就有了"行夏之时,乘殷之辂,服周之冕,乐则《韶》《舞》"一说。在这里,无论是"夏之时"、"殷之辂"还是"周之冕",也都以其更为文明、更加适用的方式进入了孔子的选择范围。所以,从这个角度看,孔子恰恰是以其"匹夫"的身份与视角对三代文化进行了一次新的整合。

更为重要的是,孔子对于三代之礼何以能够提出"殷因于夏礼,所损益,可知也;周因于殷礼,所损益,可知也。其或继周者,虽百世,可知也"这种看起来似乎极为武断的判断呢? 一方面,这当然首先是因为三代之礼本来就建立在相互"损益"的基础上,并且也是在"损益"的基础上生成的;但另一方面,是不是说周代之礼就已经跨上了人类文明的峰巅,从而也就永远不需要改变呢? 非也。孔子之所以这样说,一方面是因为"损益"结合的方式就已经准确地揭示了人类文明的继承与发展道路,而更为重要的一点则在于,"中国政治与文化之变革,莫剧于殷周之际"④,而殷周之际的剧变,则是由政治制度而直指思想文化与道德的领域,从而也就将"殷人事鬼"或自恃"天命"的传统给彻底改变了,这就是"纳上下于道德,而合天子诸侯卿大

---

① 《论语·八佾》,吴哲楣主编:《十三经》,第 1264 页。
② 《论语·为政》,吴哲楣主编:《十三经》,第 1263 页。
③ 《论语·卫灵公》,吴哲楣主编:《十三经》,第 1303 页。
④ 王国维:《殷周制度论》,《观堂集林》第二册,第 451 页。

夫士庶民成一道德之团体"。当然这里所谓的道德，并非是指现代作为人伦社会之纪律、法规以及所谓作为统治阶级意志之集中体现的人伦规范而言的，而是指支撑着每一个个体之立身行事及其根本依据的"天命"以及作为"天命"之个体落实的德性而言的。这样一来，中国文化也就从根本上告别了外在拜谟的天命神权之路，而将其彻底落实并确立于每一个个体的做人精神上来了。从这一点来看，中国文化的性格及其发展道路，也就由这种"纳上下于道德"之方式所直接决定。正是从这个意义上看，孔子才可以发出"其或继周者，虽百世，可知也"的论断。

最后，孔子对于中国思想文化的最大贡献，也就在于其立足于自身的"匹夫"身份，从而对天下后世千千万万个匹夫匹妇之做人精神进行了充分的肯定与坚决的挺立。关于这一点，徐复观先生已经作出了很好的阐发，所以我们这里也就借助徐先生的阐发来表达笔者对这一点的认识。徐复观指出：

> 在中国文化史上，由孔子而确实发现了普遍的人间，亦即是打破了一切人与人的不合理的封域，而承认只要是人，便是同类的，便是平等的理念。此一理念，实已妊育于周初天命与民命并称之思想原型中；但此一思想原型，究系发自统治者的上层分子，所以尚未能进一步使其明朗化……由此当可了解孔子在二千四百多年以前，很明确地发现了，并实践了普遍的人间的理念，是一件惊天动地的大事。

> 孔子打破了社会上政治上的阶级限制，把传统的阶级上的君子小人之分，转化为品德上的君子小人之分，因而使君子小人，可由每一个人自己的努力加以决定，使君子成为每一个努力向上者的标志，而不复是阶级上的压制者。[①]

这里所谓"普遍的人间"其实也就是平等的做人权——所谓做人之选择权、抉择权而已，这一点也完全可以通过孔子的"为仁由己，而由人乎哉"、"当仁，不让于师"以及"三军可夺帅也，匹夫不可夺其志也"直接诠释出来；至于把"阶级上的君子小人之分，转化为品德上的君子小人之分"，则完全可以说是对周公将政治问题转化为道德问题的一种继续与深入。但孔子的推进，则主要在于通过"为仁由己"的方式，从而将做人的选择权、抉择权交给

---

① 徐复观：《中国人性论史》，第57页。

了每一个"匹夫"、每一个个体,这就使所谓的君子与小人从政治身份与社会地位上的划分,一转而成为每一个体做人之可以自我抉择的基本权力了。直到今天,关于如何做人的问题,也仍然是每一个体既无可让渡也永远无法侵夺的神圣权力。从这个角度看,孔子也正是通过自己既非"有土之君",又非"侯王之佐"的"匹夫"身份,从而作出了"苦心劳形"以解放人类的先行探索。

这样看来,如果说周公是将关于"天命"的政治问题转化为道德问题,从而"纳上下于道德,而合天子诸侯卿大夫士庶民成一道德之团体"的先行探索者,那么孔子无疑就是这一方向与进路的深化者。但由于他们在"位"与"时"以及所面临之具体问题上的差别,所以,如果说周公是政治实践之儒的代表,是以道德化解政治危机的开创者,那么孔子也就可以说是思想文化之儒的代表,是通过对三代文化之斟酌加减、综合损益的方式,从而开启了国人的人生世界,并以其"匹夫"身份将做人之选择权、抉择权通过"为仁由己"的方式交给了每一个个体,并使"君子"成为每一个个体、每一"匹夫匹妇"都可以追求的人生榜样,从而也就成为国人自立自强之精神世界的开创者。——所谓百家争鸣的诸子学以及整个中国的教育事业,不都是由孔子这种"匹夫"身份所开创,并且也都建立在其各自不同的自我认知与自我选择的基础上吗?

三、信仰的确立与宇宙论诠释

如果说周公与孔子就分别代表着政治实践之儒与思想文化之儒两种不同的形态,那么董仲舒所代表的就是一种全新形态的儒学。而这种全新形态,其实又主要是由春秋战国以来中国社会之历史发展造成的;而其之所以"新",主要也就"新"在它是由统治者在打下江山之后将儒学以"经"的方式主动请进来的。两汉儒学之所以被称为经学,主要也是由于西汉统治者在总结历史经验的基础上主动"置《五经》博士",并尊儒学为官方意识形态这种特殊形式决定的。这样一来,如果仅从外在形式的角度看,那么以董仲舒为代表的两汉经学与以周公为代表的政治实践之儒之间似乎也就应当具有某种极大的一致性,因为他们似乎都表现出了一种所谓"政教合一"①的形态。实际上,正因为两汉经学这种特殊的形态,反倒使二者之间存在着一种极大的差别;而这种差别,甚至远远大于周公这种政治领袖之儒与孔子这种既非"有土之君"、又非"侯王之佐"的个体"匹夫"之儒之间的差别。

为什么这样说呢? 这主要是因为,作为中国历史上最具有"政教合一"色彩的儒学,西周政治实践形态的儒学并且作为其主体的政治领袖首先拥有一种儒者的人文情怀与思想文化基础,因而无论是文王、武王还是周公,其本人也都拥有一种儒者的仁爱情怀;同时,又由于他们兼具政治领袖的身份,因而也就直接可以通过其政治领袖的身份来表现儒家精神,并将儒家精神贯彻于其政权的具体运作之中。西周政治实践之儒的这一特点不仅表现在文王的"虞、芮之讼"中,也表现在武王对西周政权未获"天保"的忧患意识中,同时更典型地表现在周公的制礼作乐中。这就是王国维一定要以"纳上下于道德,而合天子诸侯卿大夫士庶民成一道德之团体"来评价周公制礼作乐的根本原因;而徐复观之所以要以西周的忧患意识区别于殷商"天命神权"观念下的宗教敬畏意识,也是出于同样的原因。② 从这个角度看,如果说西周政权本身就是一种政教合一基础上的政权,那么它也就必然是以合"政"于"教"、合"政治"于儒家人文之教、成德之教为根本指向的。

如果仅从政教合一这种外在形式来看,那么汉代政权其实并不异于西周。因为自从西周以德性追求与礼乐文化置换殷商以来的"天命神权"之

---

① "政教合一"是西方中世纪世俗政权必须听命并臣服于宗教神权的一种表现。因而近代以来,由启蒙思潮所导致的"政教分离"便成为现代化的主流,而科学与民主也就是在这一思潮的推动下发展起来的。鸦片战争以降,中国在向西方学习的过程中也将"政教分离"作为向西方学习的主要内容之一,这当然既有正确的一面,也有必须的一面。但20世纪的中国知识分子却往往不加区别地将儒家做人精神的德性教育视为西方宗教神权一样的"教",并以西方人对"政教合一"的批评作为对儒家道德精神的批评,这就完全用错了地方。因为西方的宗教是指向"天堂"的,而中国儒学则是永远落实在现实人生中的人文之教或成德之教;如果离开了这个基础,那也就等于抽离了人生的精神底线。

② 徐复观指出:"在忧患意识跃动之下,人的信心的根据,渐由神而转移向自己本身行为的谨慎与努力。这种谨慎与努力,在周初是表现在'敬'、'敬德'、'明德'等观念里面。尤其是一个敬字,实贯穿于周初人的一切生活之中,这是直承忧患意识的警惕性而来的精神敛抑、集中及对事的谨慎、认真的心理状态。周初所强调的敬的观念,与宗教的虔敬,近似而实不同。宗教的虔敬,是把人自己的主体性消解掉,将自己投掷于神的面前而彻底皈依于神的心理状态。周初所强调的敬,是人的精神,由散漫而集中,并消解自己的官能欲望于自己所负的责任之前,凸显出自己主体的积极性与理性作用。"(徐复观:《中国人性论史》,第20页)

后,中国文化就从根本上排除了走向外在拜谟或外向崇拜的可能,这也就只能使其走向人的德性信仰与内在超越一路了,从而也就基本上决定了中国政权之"政教合一"这样一种基本形式。正因为中国政权这种特殊的存在方式,因而主体做人的德性往往也就成为政治权力运作的基础。因为在中国这种根本缺乏外向信仰性宗教的条件下,只有源于内在、体现于日用伦常中的做人精神以及其所蕴含的信仰与德性基础才能真正起到人生待人接物之无所不在的监控功能;离开了德性的基础与信仰的监控以及其对做人之约束功能、底限功能,人就会陷于无法无天的境地(而外在的佛、道包括上帝根本起不到相应的监控作用),甚至沦落为衣冠禽兽。也正是出于这一原因,所以历代政权都是通过儒家做人之德性底限以及其教化功能来论证其政权之合法性的,并且也始终将德性作为选拔官员的第一标准。对于历代专制政权而言,应当说这确实是一个比较清醒也比较理性的选择。试想,对于一个根本没有宗教信仰的民族来说,它又能从哪里找到超越其政权之上的合法性支撑? 又从哪里寻找其官员施政的根本依据包括其个体做人的德性底限呢?

但从具体表现的角度看,如果说西周是合"政"于"教"式的政教合一,那么汉代的政权形式也就正好与之相反,它不是合"政"于"教",而恰恰具有合"教"于"政"的特点,也完全是以所谓"教"来符合并服务于"政"式的政教合一。当然,这样一种政权组织形式的形成首先就是韩非子所谓的近世(战国)以来"争于气力"的必然结果;正因为这种"争于气力"式的政权形成逻辑,所以历来承担着做人之教的儒学就仅仅成了只有依附于政权才能生存的所谓游食的谋士,加之此后秦昭王对儒学"无益于人之国"的定性与秦始皇焚书坑儒的打击,因而儒学在秦王朝确实已经衰落到了极点。司马迁所谓的"陈涉之王也,而鲁诸儒持孔氏之礼器往归陈王。于是孔甲为陈涉博士,卒与涉俱死……缙绅先生之徒负孔子礼器往委质为臣者,何也? 以秦焚其业,积怨而发愤于陈王也"①,应当说这就是对秦汉之际儒学生存状况与儒者心态的一种准确描述。在这种状况下,儒学与专制政权之离心离德、是古非今,也就成为一种必然的现象了。

在这一背景下,当西汉政权以"置《五经》博士"的方式向儒学伸出橄榄

---

① 司马迁:《史记·儒林传》,《二十五史》卷一,第307页。

枝时,这就真正成为一种合则两美、离则两伤的理性选择了。但西汉统治者向儒学伸出橄榄枝并由此形成所谓经学形态的儒学,却从根本上不同于西周时期。西周政治实践形态的儒学首先是由其政治领袖从现实的政治危机中摸索出来的儒学,当时既没有"儒"的称号,自然也就谈不到"儒"的自觉;但他们确实表现出了一种由忧患意识、人文关怀一路发展而来之纯正的儒家品格,这就使其内在的施仁同时也就成为外在之发政以及二者直接统一的基础。但是,当西汉统治者再次向儒学伸出橄榄枝时,统治集团已经坐稳了其通过武力打下来的现成江山;他们只是从对指导思想的需要出发才选择了儒学,这样一来,所谓儒学其实也就像贵族家庭所聘请的家庭教师一样进入了统治集团。仅从儒学对于政权的这种介入方式来看,对统治者而言,这无疑是一种利用;而对儒学来说,则说到底也不过是一种借势翻身——以改变自己的生存境况而已。因为在西周,儒学是作为统治集团之真正的精神主体表现出来的;但对于西汉政权来说,其真正的主体只能属于统治集团的最高代表——皇权本身,而儒学说到底不过是其聘来的"家庭教师"而已。——汉宣帝对其太子"汉家自有制度,本以霸王道杂之"①的教诫就已经明确地揭示了西汉统治者的家底与真实意图。所以说,汉代的政教合一完全是合"教"于"政"的。在这一格局下,西汉与西周虽然都存在着所谓政教合一的形式,但无论是其政权还是儒学,也都与西周存在着太大的差别。

从这一背景出发,我们当然也就可以理解汉代儒生那种既谨慎又似乎很大胆的心态了,当然也就可以理解董仲舒为什么面对汉武帝"天命与情性"的策问而要大谈所谓灾异谴告之说,并且还明确地提出:"国家将有失道之败,而天乃先以灾异以谴告之,不知自省,又出怪异以惊惧之,尚不知变,而伤败乃至。以此见天心之仁爱人君而欲止其乱也"②。同时,我们自然也就可以理解为什么董仲舒后来大谈灾异谴告而差点送命的经历了。实际上,对于所有这些现代人所难以理解的现象,近现代的今文经学大师皮锡瑞反而看得很清楚,他指出:

当时儒者以为人主至尊,无所畏惮,借天象以示儆,庶使其君有失德者犹知恐惧修省。此《春秋》以元统天、以天统君之义,亦《易》神道

---

① 班固:《汉书·元帝纪》,《二十五史》卷一,第367页。
② 班固:《汉书·董仲舒传》,《二十五史》卷一,第572页。

设教之旨。汉儒藉此以匡正其主。①

通过皮锡瑞的这一分析，我们也就可以清楚地看出当时"人主至尊，无所畏惮"的态势，当然也可以看出董仲舒完全是"借天象以示儆，庶使其君有失德者犹知恐惧修省……藉此以匡正其主"的深意。这说明，汉代经学首先是出于统治者对儒学的自觉选择，然后才有所谓皇权与儒学的相互利用与相互限制。这种情形，也就如同孟子所谓的"赵孟之所贵，赵孟能贱之"②一样，因而这与西周政治领袖在政治危机的逼迫下走出一条"纳上下于道德，而合天子诸侯卿大夫士庶民成一道德之团体"完全是两码事。所以，虽然他们都具有"政教合一"的外在形式，但前者是合"政"于"教"，并用道德精神来化解其政治危机；而后者则完全是合"教"于"政"，是用儒学来为其政治统治进行合理性论证的。

那么，以董仲舒为代表的汉代经学与以孔子为代表的思想文化之儒的关系又如何呢？应当说，董仲舒与孔子确实存在着较为一致的精神。但由于前者基本上属于自由思想家之子学形态，而后者则属于作为汉代官方意识形态之代表的经学形态，因而如果要从思想文化的角度对二者进行比较，那么董仲舒的思想简直就没有可比性。

但董仲舒的儒家立场以及其儒者的思想谱系则是确定无疑的，而这种从基本立场到思想谱系的儒家品格不仅体现在他对西汉王权治国方略的出谋划策中，而且也体现在他作为一名儒者之立身应世的基本原则中。请看其如下两层论断：

> 道者，所由适于治之路也，仁义礼乐皆其具也。故圣王已没，而子孙安宁长久数百岁，此皆礼乐教化之功也。③

> 夫仁人者，正其谊（义）不谋其利，明其道不计其功。是以仲尼之门，五尺之童羞称五伯，为其先诈力而后仁谊（义）也。苟为诈而已，故不足称于大君子之门也。④

前者是董仲舒在真诚地为西汉统治者出谋划策，所以说"道者，所由适于治之路也，仁义礼乐皆其具也"。也就是说，只有真正地以"仁义礼乐"作为国

① 皮锡瑞著，周宇同注释：《经学历史》，第69页。
② 《孟子·告子》上，吴哲楣主编：《十三经》，第1411页。
③ 班固：《汉书·董仲舒传》，《二十五史》卷一，第572页。
④ 班固：《汉书·董仲舒传》，《二十五史》卷一，第576页。

家的指导思想,才是真正的长治久安之道,所以像西周的文、武、周公,虽然
"圣王已没,而子孙安宁长久数百岁",——"此皆礼乐教化之功也"。而后
者则完全是对儒者的自我立身与自我抉择之道的一种阐发,所以也就有了
"夫仁人者,正其谊(义)不谋其利,明其道不计其功"这种千古传诵的名言。
在这里,所谓"仲尼之门,五尺之童羞称五伯,为其先诈力而后仁谊(义)也。
苟为诈而已,故不足称于大君子之门也",正是其作为儒者之立身处世与自
我抉择精神的具体表现,它不仅与孔子"为仁由己"、"三军可夺帅也,匹夫
不可夺其志"的精神保持着高度的一致性,而且也就直接是对这种精神的
继承与发挥。所以说,董仲舒虽然是作为两汉经学之官方意识形态的代表,
但其立身处世的基本原则,却完全继承着孔子的子学精神;至于其"夫仁人
者,正其谊(义)不谋其利,明其道不计其功"一说,则又明确地坚持着一种
"谊"(义)对于"利"、"道"对于"功"的超越性。从这一点来看,则无论是作
为先秦儒学精神的继承者还是作为两汉经学的人格化表现,董仲舒也都是
当之无愧的。

那么,董仲舒对于先秦儒学的继承精神主要表现在哪里呢? 这就不仅
表现在其所明确坚持的"谊"(义)对于"利"、"道"对于"功"的超越性一点
上,而且还表现在他已经明确地将这种超越精神人生信仰化上。而这种信
仰化,首先也就表现在其对超越的"天意"、"天志"的信仰性塑造上,表现在
其将"天"充分神性化一点上。比如他说:

> 天者,万物之祖,万物非天不生。[1]

> 天者,百神之大君也。事天不备,虽百神犹无益也。何以言其然
> 也? 祭而地神者,《春秋》讥之。孔子曰:"获罪于天,无所祷也。"是其
> 法也。故未见秦国臻天福如周国也。[2]

> 是以天高其位而下其施,藏其形而见其光,序列星而近至精,考阴
> 阳而见霜露。高其位,所以尊也;下其施,所以为仁也;藏其形,所以为
> 神也;见其光,所以为明也;序列星,所以相承也;近至精,所以为刚也;
> 考阴阳,所以成岁也;降霜露,所以生杀也。[3]

在所有这些论述中,"天"不仅是"万物之祖",——"万物非天不生",而且

---

[1] 董仲舒著,锺肇鹏主编:《春秋繁露校释·顺命》,第 940 页。

[2] 董仲舒著,锺肇鹏主编:《春秋繁露校释·郊语》,第 911 页。

[3] 董仲舒著,锺肇鹏主编:《春秋繁露校释·天地之行》,第 1064 页。

还是"百神之大君",——"事天不备,虽百神犹无益也"。显然,"天"在这里已经完全取得了人生信仰的形态,所以就有了"高其位而下其施,藏其形而见其光,序列星而近至精,考阴阳而见霜露"等种种表现,尤其是"高其位,所以尊也;下其施,所以为仁也;藏其形,所以为神也"一点,也就充分表现了对国人信仰之"天"的一般性论说。

那么,这种神道信仰之天究竟如何作用于人呢? 这又主要是通过以"天地之气"为主体的宇宙生化论实现的,尤其是通过阴阳二气来发挥作用的。比如:

> 天地之气,合而为一,分为阴阳,判为四时,列为五行。行者,行也,其行不同,故谓之五行,比相生而间相胜也。①

> 天有阴阳,人亦有阴阳。天地之阴气起,而人之阴气应之而起;人之阴气起,而天地之阴气亦宜应之而起;其道一也。②

> 人之为人本于天,天亦人之曾祖父也。此人之所以上类天也。人之形体,化天数而成;人之血气,化天志而仁;人之德性,化天理而义;人之好恶,化天之暖清;人之喜怒,化天之寒暑;人之受命,化天之四时;人生有喜怒爱乐之答,春夏秋冬之类也……天之副在乎人,人之情性有由天者矣,故日受,由天之号也。③

> 天之生民,非为王也,而天之立王,以为民也。故其德足以安乐民者,天予之;其恶足以贼害民者,天夺之。④

在上述对"天道"及其"神化"作用的论述中,"天道"自然是通过所谓"分为阴阳,判为四时,列为五行"的方式展开的,这自然属于宇宙生化论;但"天"对"人"的作用则主要是通过"天"与"人"所共同具有的"阴阳"基础以及其自然生化现象表现出来的,所以说"天有阴阳,人亦有阴阳。天地之阴气起,而人之阴气应之而起;人之阴气起,而天地之阴气亦宜应之而起;其道一也"。这就不仅揭示了"天"与"人"在存在属性上的共同基础,而且也揭示了"天"作用于"人"的主要方式,是即所谓"天人感应"或"阴阳感应"一说。实际上,所有这些感应、作用首先是就"天"对于"人"而言的,也都是"天"对"人"进行规

---

① 董仲舒著,锺肇鹏主编:《春秋繁露校释·五行相生》,第833页。
② 董仲舒著,锺肇鹏主编:《春秋繁露校释·同类相动》,第814页。
③ 董仲舒著,锺肇鹏主编:《春秋繁露校释·为人者天》,第702页。
④ 董仲舒著,锺肇鹏主编:《春秋繁露校释·尧舜不擅移,汤武不专杀》,第498页。

范和引导的表现。在这一基础上,其结论自然也就成为所谓"人之为人本于天,天亦人之曾祖父也";继此而推,则"天之生民,非为王也,而天之立王,以为民也",这就是说:"其德足以安乐民者,天予之;其恶足以贼害民者,天夺之"。显然,董仲舒也就通过这种宇宙生化与天人(阴阳)感应的方式,既完成了儒学对"天"的信仰化论证,同时也通过天人、阴阳感应的模式完成了对小民百姓的安抚与对人君之警示与监控的作用,最后又通过所谓"天之生民,非为王也,而天之立王,以为民也",从而也就将"天"与"王"完全归结为一种"为民"的存在,这就仍然坚持着儒家的人本主义立场。

在前面对以董仲舒为代表的两汉经学之具体分析中,笔者已经明确指出其试图通过宇宙生化之天长地久来论证现实政权之当下合理性并不能成立,笔者现在仍然坚持这一看法(当然,历史的发展也已经充分证明了这一点)。因为宇宙天道之天长地久与政权之现实合理性完全是两码事(在现代人看来尤其如此);任何现实的政权也都不可能从宇宙天道之天长地久的角度取得自我之当下合理性的论证与支撑。但在中国文化的独特语境中,与现实的政权相比,道德、德性无疑是一种超越性的存在,而德性本身也确实可以为现实政权提供一定的合理性依据,但道德与德性本身却同样无法从宇宙天道之天长地久的角度得到论证和说明。虽然在中国文化的语境中,德性的根据似乎永远在于"天",并且也永远是通过自然现象来表现其自身的意志与心理向背的,但这种作为德性根据的"天"却并不同于作为自然现象之根源的"天"。后者所谓的"天"实际上只是作为"天地未分之前"或"有形者生于无形"之始源而言的,这既可以说是对宇宙根源进行追溯的极至,同时也可以说是天道生生的基本出发点;但这样一种追溯在经过庄子对老子"有生于无"的反复叩问之后,就已经从根本上消解了这种追溯的意义。至于前者,则显然既不是逻辑追溯的对象,也永远无法通过逻辑追溯或对象认知的方式来确定其基本出发点,因而它也就只能是一种带有本体论意味的信仰对象。而对于信仰的对象,则无论是对象性认知、宇宙论追溯还是所谓理论逻辑性推导,也都是无从措手的。

那么,董仲舒的宇宙天道思想究竟属于什么性质呢? 从表现上看,它无疑是一种宇宙生化论;其通过"天地之气,合而为一,分为阴阳,判为四时,列为五行"的方式尤其表现出宇宙生化论的特色。但董仲舒所要表达的思想是否就仅仅是一种关于宇宙生化之天长地久的思想呢? 显然不是。请看其如下论证：

> 为人君者，正心以正朝廷，正朝廷以正百官，正百官以正万民，正万民以正四方。四方正，远近莫敢不壹于正，而亡有邪气奸其间者。是以阴阳顺而风雨时，群生和而万民殖，五谷孰（熟）而草木茂，天地之间被润泽而大丰美，四海之内闻圣德而皆徕臣，诸福之物，可致之祥，莫不毕至，而王道终矣。①

在这里，所谓"为人君者，正心以正朝廷，正朝廷以正百官，正百官以正万民，正万民以正四方"是否就是所谓宇宙生化现象所必然带来的结果呢？显然不是。但在董仲舒的语境中，它似乎总是带有某种不言而喻、不证自明的性质。那么，这个"正"的标准究竟来自哪里呢？显然，在董仲舒看来，它原本就蕴含于自然天道中，却不可能直接来自作为自然性质的天道本身，而只能来自儒家的传统，来自人的德性；而对董仲舒来说，这一点似乎又是儒家传统中早就已经澄清了的因素。所以，在古老的《尚书》中，西周的儒学也早就澄清了这些方面的因素：

> 民可近，不可下，民惟邦本，本固邦宁。②
>
> 德无常师，主善为师。善无常主，协于克一。③
>
> 皇天无亲，惟德是辅。民心无常，惟惠之怀。④
>
> 天矜下民，民之所欲，天必从之。⑤
>
> 天视自我民视，天听自我民听。⑥

这就是德性，也就是民心，就是"天视自我民视，天听自我民听"。从《尚书》这一历史传统中，我们也就能够清楚地看到，所谓"正"的标准，就是"天意"，就是"民心"；而二者的统一及其具体表现，也就是我们当下可以人人自明的"德性"。

正因为这一原因，所以无论董仲舒的宇宙生化论论证得如何蹩脚、如何不合理，都绝不影响其当时"为群儒首"、"为儒者宗"的地位。这主要是因

---

① 班固：《汉书·董仲舒传》，《二十五史》卷一，第573页。
② 《尚书·五子之歌》，吴哲楣主编：《十三经》，第75页。
③ 《尚书·咸有一德》，吴哲楣主编：《十三经》，第82页。
④ 《尚书·蔡仲之命》，吴哲楣主编：《十三经》，第110页。
⑤ 《尚书·泰誓》上，吴哲楣主编：《十三经》，第89页。
⑥ 《尚书·泰誓》中，吴哲楣主编：《十三经》，第90页。

为,他完全是以宇宙生化论的方式来论证人伦文明之"民本"与"德性"蕴含的;而他的极不合理甚至有点粗糙的论证方式也就真正诠释了汉儒"意在言外"的关怀,这就是既要为民请命,同时又要以灾异谴告的方式向人君"示儆",包括一定程度上"匡正其主"的关怀。从这个意义上说,董仲舒正是国人信仰系统的自觉塑造者。这既代表着汉儒的功绩,也是董仲舒在汉代合"教"于"政"背景下的思想史贡献。

四、解读与诠释的交替和循环

从周公、孔子一直到董仲舒,儒学走过了它的三种不同的历史形态,这就是作为政治领袖的所谓政治实践之儒、作为自由思想家并且落实于个体人生日用的思想文化之儒以及作为经学的天道信仰之儒三种不同的形态。那么,通过这三种不同形态,我们将如何说明儒学之具体发生及其历史发展呢?

从具体发生的角度看,如果不是殷周之际社会与政治的巨变以及西周的政治危机,可能就不会有文、武的忧患意识以及周公之制礼作乐,当然也就不会有周公"纳上下于道德,而合天子诸侯卿大夫士庶民成一道德之团体"这样的实践与努力,自然也就谈不到儒或所谓儒学了。所以说,儒学完全是从当时的社会与政治危机中产生的;而这一点同时也可以解释为什么后世的儒生总是对现实的社会政治问题怀着一种永远无法割舍的兢兢念念之情。从根本上说,这当然主要是由儒家的人伦现实关怀决定的,一如儒者之人本立场以及其人文情怀一样,也是永远割舍不了的。虽然在以后的历史发展中,当儒生在受到专制皇权的打压时也会萌发"远遁"之思,而有所谓归隐之愿,或自放草泽而讲学于民间,但如果现实政治出现危机,儒生也总会在第一时间挺身而出。这种情形,在明代大儒王阳明的身上得到了最为典型的表现。①

---

① 比如,当王阳明早年受刘瑾迫害包括后来又受到张忠、许泰的诬陷时,他都有"背老父而逃"的远遁之思,但当宁王朱宸濠发动藩乱时,各地方官一时还持观望态度,王阳明则与其弟子邹守益展开了如下一段对话:"益曰:'彼从濠,望封拜,可以寻常计乎?'先生(阳明)默然良久曰:'天下尽反,我辈固当如此做。'益惕然,一时胸中利害如洗。"(王守仁:《年谱》二,《王阳明全集》,第 1263 页)

当年他受到刘瑾的迫害时,就曾打算"远遁",以后又屡屡上《乞养病疏》、《自劾乞休疏》;最有意思的是,当朱宸濠发动藩乱时,王阳明竟然还将自己的"《便道归省》与《再报濠反疏》同日而上",似乎完全表现出一种所谓"身不与其事"①的心态,但真正平定朱宸濠藩乱的却正是王阳明本人。这种情形说明,儒学既然是从现实的社会政治危机中产生的,那么它也就必然与社会政治有着割不断的联系;而儒者的民本情怀也使他永远无法放弃对现实政治的关注。这一点,可以说正是儒学在具体发生与形成上的特点,也是其从生命根子上带来的特点。

那么儒学又将如何实现自身的发展呢? 实际上,儒学在这一具体发生与形成上的特点同时也就决定了其发展的方式与基本道路,因而总的说来,其发展也同样是在现实的社会与政治危机的推动下实现的。——从周公的政治实践之儒到孔子的思想文化之儒再到董仲舒以经学形态所表现出来的天道信仰之儒,没有一种形态不是由现实的社会政治形势所促成的,像周公之制礼作乐、孔子之"述而不作"以及董仲舒的天人感应论与灾异谴告说,也无一不是在现实政治的推动下或受现实政治形势的逼迫才会成为如此形态的。

不过,就儒学发展的具体方式而言,则主要是通过解读与诠释的交替、互渗与循环实现的。比如说,从儒学史来看,以西周的文、武、周公这些政治领袖所代表的政治实践之儒本来就意味着对儒学前史的某种追溯,——对在还没有"儒"这种名称之前中国历史的一定追溯,是即所谓"祖述尧舜",但即使如此,这种前史阶段的儒学实际上也就仍然是或者已经是前人所解读、诠释出来的历史了。比如从《尚书》来看,它本来就代表着儒家最古老的经典,也是中国最古老的官方文献——三代官方文献之集成;而且,从中国文字形成于殷商时代的情况来看,其时也根本不可能形成《尚书》这样的叙事方式。这样看来,《尚书》的形成也就只能断限于西周政权建立之后了,也可能就是西周儒者对于三代历史传说的一种解读与总结,其中《周书》类的文献尤其表现了这一点。但西周的儒生毕竟不可能凭空创造三代的历史传说,也不可能凭空捏造出一个从尧舜一直到文、武、周公时代的历史,所以只能说是西周的儒生根据传说对三代历史的一种解读与整理。而

---

① 王守仁:《年谱》二,《王阳明全集》,第 1274 页。

从《尚书》中列于篇首的"曰若稽古帝尧"、"曰若稽古帝舜"①也就可以清楚地看出，其所谓的"稽古"实际上就已经是后人所追溯出来的历史了；至于《尚书·大诰》中的"周公相成王"一说，则极有可能仍然是出自后世儒生的解读与诠释，因为它已经明确地以"周公相成王"来回避"周公践天子之籍"的历史事实，因而也说明它已经对周公摄政称王一事有所忌讳了。这显然是春秋战国以后才可能有的事。

所有这些，都说明所谓《尚书》并不就是夏、商、周三代的原始文献；即使对孔子而言，它也已经是经过前人所解读、诠释出来的上古文献了；而对以后的儒生而言，则所谓《尚书》、《诗经》似乎也就仅仅是经过孔子所删述、整理的，历史上所谓孔子删诗书、定礼乐一说也就表现了这一特点。但实际上，就是孔子所面对的文献，也已经是经过前人的解读与整理了。这说明，在西周儒学产生以后，就已经对三代的历史传说与官方文献进行过系统的解读和整理；至于其以后的发展，也必然是经过不断地加以解读与诠释实现的。正是从这个角度看，则 20 世纪的古史辨派所坚持的中国古代历史之"累层地造成"一说，应当说是有一定道理的。不过，即使我们所面对的上古文献可能确实是经过古人之不断解读与诠释所整理出来的，这也不能成为否定中国历史的理由。原因很简单，虽然《尚书》所记载的三代历史已经经过古人的解读与整理，但古人毕竟不能向壁虚构；而其解读与诠释也必然有一定的历史根据。比如《易传》曾记载说："作《易》者，其有忧患乎？"②而在《易传》中，这一说法可能还只是孔子（或前人）猜测性的诠释，但是，如果我们将其与《诗经》中的"文王曰咨，咨汝殷商。人亦有言：颠沛之揭，枝叶未有害，本实先拔。殷鉴不远，在夏后之世"③以及文王刚刚获得释放，马上就"献洛西之地，以请纣去炮烙之刑"④联系起来，尤其是与《逸周书》中所记载的武王虽然获得了克殷的巨大成功，却又因为西周政权未获天保而"具明不寝"的情况来看，那么其所谓的忧患意识一说也就成为一种非常真切的存在了。所以，虽然上古文献确实已经经过古人的解读与诠释，但其解读却并不是全无根据的解读，而其诠释也不是没有历史依据的诠释。

---

① 《尚书·尧典》、《尚书·舜典》，吴哲楣主编：《十三经》，第 65—66 页。
② 《周易·系辞》下，吴哲楣主编：《十三经》，第 58 页。
③ 《诗经·大雅·荡》，吴哲楣主编：《十三经》，第 206—207 页。
④ 司马迁：《史记·周本纪》，《二十五史》卷一，第 12 页。

　　正因为我们所面对的历史文献已经是经过前人所解读与诠释的文献,所以上古文献的这一特点也就恰恰表现出了中国历史的连续性以及其思想发展之继承性的统一;至于所谓解读与诠释,则既表现着前人对于古人所经历之历史事件在新的历史条件下的不断解读与思想继承,同时也就表现着前人对于古人所经历事件之思想价值与现实意义的评估与阐发,——中国历史的连续性以及其思想的继承性,也就在这种解读与诠释的交替、互渗中获得了生生不息的发展动力。就这一点而言,中国上古文献所表现的解读与诠释之交替、互渗的性质,也就恰恰为我们理解古代思想的发展提供了一把钥匙。

　　除此之外,从我们今天对古人思想认知的角度看,则这种解读与诠释之交替、互渗的发展方式,同时也为我们理解古代思想之发展模式提供了一种很好的范例。比如说,对于"六艺"与"六经"的关系,由于汉儒压倒性地以"六艺"称谓"六经",因而对于历史上曾经存在的"六艺"与"六经"之不同内涵及其关系,人们要么以"文六艺"与"武六艺"来对其并称;要么就以所谓"大六艺"与"小六艺"来指谓它们之间包含与被包含的关系。至于所谓"文六艺"与"武六艺"一说,自然也是因为人们将其理解为同时并在的关系,这也就成为所谓"文武之道,一张一弛"的关系;而所谓"大六艺"与"小六艺"的说法,则又是指作为"六经"的"大六艺"是包含着"小六艺"的,而"小六艺"不过是"大六艺"的一个分支或方面而已。对于这样的现象,现在我们也就完全可以看出,其实这只能是秦汉大一统专制政权形成后人们对其内涵的解读以及其关系的再认定与再诠释,却并不是它们的本来关系。

　　从我们现在所掌握的人类学与社会学知识来看,则所谓"六艺"与"六经"完全可以说是代表着不同时代之不同性质的文明。前者代表着人类在生存技能方面的进步与发展,而后者则代表着在儒学形成以后历史上的儒生通过对三代生存技能的解读与诠释所形成的文献系统;因此,后者必然要建立在前者的基础上才有可能形成,——但后者的形成同时也就代表着对前者的一种解读与诠释。其相互关系的这一特点,在儒家对"射礼"之完全德性化的诠释一点上就表现得再典型不过了。因为按照《礼记》的诠释,"射者,进退周还必中礼,内志正,外体直,然后持弓矢审固,持弓矢审固,然后可以言中,此可以观德性矣"①。从《礼记》的这一诠释来看,所谓射礼似

---

　　① 《礼记·射义》,吴哲楣主编:《十三经》,第594页。

乎全然在于表现其主体的德性；至于其是否能够中的，也就基本不在其关注范围了。这样看来，就"六艺"与"六经"的本来关系而言，只能说后者是建立在前者的基础上的，这就如同《尚书》对三代历史传说的解读与整理必然要建立在文字形成与历史传说的基础上一样。

但是，人们为什么会对"六艺"与"六经"形成这种"文六艺"与"武六艺"并称或"大六艺"与"小六艺"相互包含的认识呢？这完全是由于年久代湮造成的。这种情形，也就如同与我们具有不同距离的两个点，由于距离过分遥远，因而也就往往会被我们视为两个并列的点一样。殊不知它们不仅与我们存在着不同的时空距离，而且在人类文明的演化发展进程中也处于不同的历史阶段与不同的价值谱系。因为如果从生存技能的角度看，那么"射"的目的首先就在于中的，并且也是为了中的才会形成"射"这种技能的；但如果按照"射礼"之"观德性"的诠释来看，则首先必须重视的反而在于"内志正，外体直"，至于是否中的，也就基本不在其关注范围了。

从这个角度看，儒学的发展演化史从一定程度上也就可以说是历史上的儒者所不断解读与诠释的历史。在上述对儒学史的解读与梳理中，我们已经以尽可能忠实于历史的方式把儒学从其产生一直到两汉经学划分为三个不同的历史阶段；而这三个不同阶段又是以其形成发展上的特色构成了儒学的基本形态。比如说，以文、武、周公为代表的开创时代的儒学甚至根本就没有"儒"这个称号，他们也不是为了发展儒学而从事制度创造的；甚至，他们也根本不会想到"儒"不"儒"的问题，其所关心的则主要在于如何才能化解现实的社会与政治危机。这一点，从文王"受命之年称王而断虞、芮之讼"到其被囚羑里而萌发深深的忧患意识再到其刚刚获释就"献洛西之地，以请纣去炮烙之刑"来看，谁又能够否认文王的儒者情怀呢？而文王在从事这些方面的努力时是否会想到这就应当是一个儒者所应有的言行呢？显然，这样的问题根本就不在文王的思考范围，文王也不会去思考这些问题，他所面对的首先就是现实的政治危机以及如何才能化解危机的问题。至于武王，在获得克商的巨大成功之后，他不是充满着一种君临天下、富有四海的荣耀感，而是对其一生近六十年间所看到的殷商王朝之因为倒行逆施而断送江山的历史，从而也就对西周政权"未定天保"充满了深深的忧患，并为此长夜以思，"具明不寝"，谁又能够否认这就是儒者所必然具有的一种忧患意识呢？因而武王也同样不会想到所谓"儒"不"儒"的问题。至于周公,不管其究竟是曾经"践天子之籍"以摄政称王还是后来所谓的"相成王",仅从淮南子所记载的"成王既壮,周公属籍致政,北面委质而臣事之,请而后为,復而后行,无擅恣之志,无伐矜之色"来看,就绝非一般人所能做到;而司马迁所记载的周公为其儿子伯禽的临行告诫:"我文王之子,武王之弟,成王之叔父,我于天下亦不贱矣。然我一沐三捉发,一饭三吐哺,起以待士,犹恐失天下之贤人。子之鲁,慎无以国骄人",也包含了同样的意思。在这里,仅从其"一沐三捉发,一饭三吐哺,起以待士,犹恐失天下之贤人"的心态来看,就绝非一般的王公大人所能做到。但周公同样既没有想到"儒"不"儒"的问题,也绝不会想到只有这样才能愚弄天下的百姓,而是当时的社会与政治危机使他根本就没有思考这类问题的时间与空间。当然,作为富有天下的王者,他们固然也可以像殷纣那样陶醉于酒池肉林,但那就是另外一个问题,——中国历史必须改写的问题啦。

正是从这个意义上看,我们才将由西周的政治领袖所开创的儒学称之为政治实践形态的儒学。对于这个问题,也就像我们所曾经经历过的"中国哲学的合法性讨论"一样,真正的正在成长的中国哲学是绝对不会去参与所谓"合法性"讨论的;但它的成长本身却处处都在表现并且也在证明着中国哲学究竟合法不合法的问题,诚所谓"桃李不言,下自成蹊"一样,本来就是一个行之而成的问题。而对于文、武、周公来说,其当时的心态,可能也就如同王阳明对他自己连同孔子当年之"汲汲遑遑"的解读与诠释一样:

> 是以每念斯民之陷溺,则为之凄然痛心,忘其身之不肖,而思以此救之,亦不自知其量者。天下之人见其若是,虽相与非笑而诋斥之,以为是病狂丧心之人耳。呜呼!是奚足恤哉?吾方疾痛之切体,而暇计人之非笑乎!人固有见其父子兄弟之坠溺于深渊者,呼号匍匐,裸跣颠顿,扳悬崖壁而下拯之。士之见者方相与谈笑揖让于其傍,以为是弃其礼貌衣冠而呼号颠顿若此,是病狂丧心者也……若夫在父子兄弟之爱者,则固未有不痛心疾首,狂奔尽气,匍匐而拯之。彼将陷溺之祸有不顾,而况于病狂丧心之讥乎?而又况于蕲人之信与不信乎?①

> 昔者孔子之在当时,有议其为谄者,有讥其为佞者,有毁其未贤,诋

---

① 王守仁:《答聂文蔚》,《王阳明全集》,第80页。

其为不知礼,而侮之以为东家丘者,有嫉而沮之者,有恶而欲杀之者;晨门、荷蒉之徒,皆当时之贤士,且曰"是知其不可而为之者欤,鄙哉硁硁乎,莫己知也,斯已而已矣"……然而夫子汲汲遑遑,若求亡子于道路,而不暇于煖席者,宁以蕲人之知我信我而已哉?①

王阳明这里所阐发的,其实是对后来成为其弟子的聂文蔚"思、孟、周、程相遭于千载之下,与其尽信于天下,不若真信于一人"②问题的明确回答。而对王阳明来说,这根本就不是一个人之信与不信的问题,而首先是自我所不能不如此的问题。对于西周文、武、周公之政治实践形态的儒学来说,我们大体上也就可以如此理解。至于其因为政治领袖的身份以及其实践风格所具有的心手相随、知行合一的特点,在此也就完全不需要讨论了。正是依据这种精神,才有了孔子对于三代历史传说的解读与诠释,从而也才有了《诗》、《书》礼乐这些基本的儒家经典。

至于由孔子所代表的思想文化之儒及其特征,与西周的政治实践之儒相比,主要也就在于"有位"与"无位"以及"得时"与"不得时"的区别上。正因为孔子既"无位"而又"不得于时",所以他只能"述而不作"。但也正因为"述而不作",所以一方面促使孔子不得不以"述"为"作",这就使其展开了更大的规模,从而也就从思想文化的角度对三代文化进行了系统的总结,所谓以孔子为代表的思想文化之儒也就全然以此立说。另一方面,正因为孔子既"无位"又"不得于时",因而反倒促使其从匹夫个体之做人精神的角度对儒之所以为儒作出了明确的澄清,并进行了视听言动、行住坐卧式的落实,这就不仅有了"儒"的自觉,而且也形成了"君子儒"的方向;至于其"仁"与"礼"的互补、内与外的相互支撑,也就成为君子人格的一种具体表现了,所以徐复观说:"由孔子开辟了内在的人格世界,以开启人类无限融合及向上之机。"③至于孔子"删诗书,定礼乐,序易传,著春秋"之类,也都是从思想文化角度对三代文化之系统清理与总结的表现。

而以董仲舒为代表的两汉经学虽然体现着儒家做人之"教"与大一统政权之"政"的再次结合,但由于汉代统治者本来就是以所谓"霸王道杂之"作为其指导思想的,至于其"置立《五经》博士",说到底也就不过是借以装

---

① 王守仁:《答聂文蔚》,《王阳明全集》,第81页。
② 王守仁:《答聂文蔚》,《王阳明全集》,第79页。
③ 徐复观:《中国人性论史》,第61页。

潢门面的统治工具而已,因而从作为统治者的权力主体来看,它本来就缺乏真诚合作的基础,从而也就注定标志其双方结合的"政教合一"难以发挥像西周那样的作用。但即使如此,董仲舒也仍然要以其宇宙生化论与灾异谴告说来进行积极回应。这说明,作为双方合作的"政教合一",儒学是始终不失其真诚;只有当其过分真诚从而有碍于皇权意志时,就会遭到"当死"然后"诏赦之"式的处理,于是董仲舒"遂不敢复言灾异"。①

对于董仲舒的"灾异谴告说",以往的研究往往因为其神道设教的性质而将其视为对劳动人民的一种愚弄,意即其主要是为了欺骗劳动人民才会有如此说法的;而关于其哲学之"神学目的论"的定性也就由此而形成。实际上,如果我们认真分析其"灾异谴告说"的提出,就会看到他本来是为了回应汉武帝的策问,也是专门针对着汉武帝的"天命与情性"之问才有所谓灾异谴告式的回答的,所以也就有了"陛下发德音,下明诏,求天命与情性,皆非愚臣之所能及也。臣谨案《春秋》之中,视前世已行之事,以观天人相与之际,甚可畏也。国家将有失道之败,而天乃先以灾异以谴告之,不知自省,又出怪异以惊惧之,尚不知变,而伤败乃至。以此见天心之仁爱人君而欲止其乱也"。而这种"仁爱人君而欲止其乱"的根本目的,说明董仲舒的"灾异谴告说"完全是针对大一统专制政权的"乱政"而提出的,至于其所坚持的"《春秋》之大法,以人随君,以君随天……故屈民而伸君,屈君而伸天……"②以及其所谓的"天之生民,非为王也,而天之立王,以为民也。故其德足以安乐民者,天予之;其恶足以贼害民者,天夺之"③,都是明确地代表着"天意"与"民心"而向统治者所提出的建议;至于其所谓的"三画而连其中,谓之王。三画者,天地与人也,而连其中者,通其道也"④,也同样是就贯通"天意"与"民心"的中间环节来确立"王"之地位的。所以就连皮锡瑞都看得很清楚:"当时儒者以为人主至尊,无所畏惮,借天象以示儆,庶使其君有失德者犹知恐惧修省。此《春秋》以元统天、以天统君之义,亦《易》神道设教之旨。汉儒藉此以匡正其主……虽未必能如周宣之遇灾而惧,侧身

① 班固:《汉书·董仲舒传》,《二十五史》卷一,第576页。
② 董仲舒著,锺肇鹏主编:《春秋繁露校释·玉杯》,第48页。
③ 董仲舒著,锺肇鹏主编:《春秋繁露校释·尧舜不擅移,汤武不专杀》,第498页。
④ 董仲舒著,锺肇鹏主编:《春秋繁露校释·王道通三》,第732页。

修行,尚有君臣交儆遗意。此亦汉时实行孔教之一证。"①

从学理的角度看,无论是董仲舒的阴阳五行论还是其灾异谴告说,理论上也都显得过分粗糙,并且也并不具有理论论证的彻底性与合理性。但是,一旦立足于儒者个人之立身处世的基本原则,则董仲舒的回答又显然是掷地有声的:"夫仁人者,正其谊(义)不谋其利,明其道不计其功。是以仲尼之门,五尺童子羞称五伯,为其先诈力而后仁义也。苟为诈而已,故不足以称于大君子之门也"。② 像这样的话语,就绝不是公孙弘之类的"曲学阿世"之儒所能说得出来的。所以,以董仲舒为代表的两汉经学,无论其理论上表现为"宇宙生化论"还是所谓"灾异谴告说",其理论是否彻底以及其是否合理是一码事,而其在表达儒者个人对于"天意"与"民心"的信仰上又是另一码事。董仲舒的哲学,实际上也就是以"天意"与"民心"的视角对自然界之灾异现象的一种解读与诠释;而无论是解读还是诠释,也都首先是针对着大一统专制政权的,而绝不是针对小民老百姓的。

五、儒学发展的回顾与展望

在笔者所能看到的人类文明中,非洲、亚洲和欧洲可能就可以算是三种不同的人类文明区域了;而这三个不同区域的文明实际上又是以黑人、黄人和白人为代表的。根据现代西方人类学的说法,地球上所有的人种都起源于十万年前一位非洲女性的染色体。大约在五万(另说则为十万)年前,率先走出非洲的一支完成了对亚洲并经过白令海峡完成了对北美洲的占领,这就形成了今天的黄色人种(当然也包括经过台湾海峡完成对大洋洲的占领)。大约在三万年(或更早)前,又有一支非洲人穿越地中海,然后一路北上,从而完成了对欧洲的占领,由于欧洲接近寒带,因而也就形成了今天的白色人种。

笔者并非人类学家,也不是要给各种不同的文化以人类学的说明,但

---

① 皮锡瑞著,周宇同注释:《经学历史》,第69页。
② 班固:《汉书·董仲舒传》,《二十五史》卷一,第576页。

借鉴人类学的相关成果却可以使我们更加明晰地看清某一人种在文化上
的人类学特性。比如说,非洲人包括印度人都习惯于吃手抓饭(不用餐
具,完全以自然的方式),亚洲人则习惯于用筷子进食(运用极为简单的
工具,既保持着一种自然的外相,同时又显现出一定的人文或文明特
征),而欧洲人则是用刀叉进餐(这就体现出所谓人伦文明的发展及其工
具化的产物了),这些特征虽然并不排除来自地理环境方面的决定与塑造
作用,但也同样不能排除人类学或人种学的因素。进一步看,欧洲人的科
学认识能力发达,征服自然、改造自然方面的愿望非常强烈,成果也极为
显著,但在丧失或远离人之自然天性方面也同样走得最远(其抽象符号化
的文字表达也表现着这一特点)。相反,非洲人在认知自然、改造自然方
面的进展似乎最为缓慢,几乎显现不出任何进步的迹象,但是,其在保持
人类之自然天性方面却可以说是得天独厚。比如非洲人在音乐、体育方
面的才能可能又是其他人种所根本无法比拟的,因为非洲人始终生活在
人与动物齐一的环境中;因而其在认知自然、改造自然方面的落后,其实
也正是其自然天性得以保存的具体表现(手抓饭以及其完全自然化、随地
取材化的弓箭制作技术尤其表现着其在保持自然天性方面的特点)。如
果将同等条件下的非洲人与欧洲人置于原始丛林中,可能也只有非洲人
生活得更好;而文明发达的欧洲人,可能根本连丛林环境都无法适应(当
然,在现代对自然的认知与探险方面,恰恰又是欧洲人走在最前列的,但
这又恰恰是以其工具制造为前提的;对他们而言,也首先表现的是其认知
自然与改造自然的能力)。所以,在这三系人种中,非洲人与欧洲人似乎
可以说是两个极端,当然也都有其各领风骚之处。

　　而以中国为主体并占大多数的亚洲人却似乎在各个方面都表现出了一
种中和与中庸的气质。据说当年黄帝统一天下时,就因为"有土德之瑞,故
号黄帝"①,殊不知土德本身就体现着一种中和之德,而且土色也正好对应
着亚洲人的黄色人种。但是,如果以中国人的视角去看非洲人的生活,就会
觉得非洲人只是生活在当下,即所谓得过且过,太缺乏进取心;但如果以中
国人的视角去品评欧洲人的对象认知、工具制作与科学研究,则中国人大概
又会觉得太不值得,尤其会担心陷于所谓玩物丧志,因而也就太对不起自己

① 司马迁:《史记·五帝本纪》,《二十五史》卷一,第1页。

的人生啦。就人类的共同性以及其发展方向而言,中国人一方面当然能够
认同非洲人的"天地与我并生,而万物与我齐一"①;但另一方面,中国人也
能够理解欧洲人的科学认知及其理性传统,包括通过制造工具以服从其改
造自然从而满足人类的福祉。但中国人的一切努力,似乎首先都必须服从
于其人生之价值与意义的提升,并且还必须能够服务于"我"之当下的人
生,这正是中国人之主体性精神以及其具体性智慧的表现。所以,虽然中国
人也认知自然,也制造工具,但不管是认知自然还是制造工具,都必须服务
于"我"之当下的人生,服从于"我"之主体性精神的需要。纯粹的工具、一
味地改造自然,包括所谓纯而又纯的智慧,根本就不在中国人的视域之内,
而如何利用自然以实现"我"之价值、实现"我"之人生的意义才是中国人最
为看重的因素。20世纪80年代,中国青年形成了长江第一漂的热潮,实际
上,如果不是美国人要来长江漂流的激发,大概中国人就会以"夫我则不
暇"来回答这样的兴趣;但当时之所以会形成长江第一漂的热情,则正好彰
显了中国人的文化主体精神。

　　中国人的这种文化主体精神主要就集中在儒道两家存有张力的不同追
求之中,其实说到底,也就集中在人的"身"与"心"两面。请看儒道两家不
同的人生态度:

　　　　子贡方人。子曰:"赐也,贤乎哉? 夫我则不暇。"②

　　　　凫胫虽短,续之则忧;鹤胫虽长,断之则悲。故性长非所断,性短非
　　　所续,无所去忧也。③

在这里,前者是孔子对"子贡方人"的直接反应,而其所谓"夫我则不暇"的
批评也就主要在于提醒子贡首先要集中于自我之身心性命问题;如果让孟
子来面对这一现象,那么也就会认为这不过是"舍其田而芸人之田"④而已。
至于后者,则完全表现出庄子对于自然天性的一种向往与尊重,当然也包括

---

① 《庄子·齐物论》,郭庆藩编:《庄子集释》,第88页。
② 《论语·宪问》,吴哲楣主编:《十三经》,第1300页。孔子的这一看法并不表明儒家
就一味地自私自利,结合孔子"古之学者为己,今之学者为人"(《论语·宪问》,吴哲楣主编:
《十三经》,第1300页)的说法来看,这种从己出发既包含着做人之从我做起的一面,同时又说
明,只有真正的"为己",才能真正地"为人"。
③ 《庄子·骈拇》,郭庆藩编:《庄子集释》,第350页。
④ 《孟子·尽心》下,吴哲楣主编:《十三经》,第1429页。

对人之自然天性的尊重,所以他也就能够始终坚持一种"无以人灭天"①的态度。

近一个世纪前,正当五四之风遍吹中华大地时,梁漱溟先生曾以《东西文化及其哲学》为题在北大讲演,其中提出了文化的三路向说,即认为中国、印度与西方分别表现着各自不同的人生路向。梁先生认为西方文化是一意向前,印度文化则是一意向后,而中国文化则属于那种既不向前也不向后,而是向旁边走的路向。这当然是一种文化直觉,也是一种直观性的看法,具体说来,则又主要表现为如下三种不同的追求方向:

本来的路向:就是奋力取得所要求的东西;设法满足他的要求;换一句话说就是奋斗的态度。遇到问题都是对于前面去下手,这种下手的结果就是改造局面,使其可以满足我们的要求,这是生活本来的路向。②

中国人另有他的路向态度与西方人不同的,就是他所走并非第一条向前要求的路向态度。中国人的思想是安分、知足、寡欲、摄生,而绝没有提倡物质享乐的;却亦没有印度的禁欲思想(和尚道士的不娶妻、尚苦行是印度文化的摹仿,非中国原有的)。不论境遇如何他都可以满足安受,并不定要求要改造一个局面……③

印度人既不像西方人的要求幸福,也不像中国人的安于知足,他是努力于解脱这个生活的;既非向前,又非持中,乃是反转向后,即我们所谓第三条路向。④

梁漱溟先生的这一划分一方面当然是受制于其当时的视野,同时也因为梁先生的兴趣主要在于佛教,所以他就以佛教代表印度人的人生路向。实际上,印度人的"反转向后"极有可能就是非洲人的自然文化与亚洲人之利用自然的主体性文化相碰撞、相激发的产物。但是,如果我们借鉴梁先生的这一说法,则仍然能够看出中国文化的主体性精神以及其面对自然之中和品

---

① "北北海若曰:'牛马四足,是谓天;络马首,穿牛鼻,是谓人。故曰:无以人灭天,无以故灭命,无以得殉名。谨守而勿失,是谓反其真。'"(《庄子·秋水》,郭庆藩编:《庄子集释》,第648页)

② 梁漱溟:《东西文化及其哲学》,商务印书馆2008年版,第61页。

③ 梁漱溟:《东西文化及其哲学》,第72页。

④ 梁漱溟:《东西文化及其哲学》,第72页。

格。如果说中国文化的主体性精神是由儒家来担纲的,那么其中和品格则往往是通过道家之返归自然式的批评、反思与牵制实现的。

在这一视域下,让我们再来看儒学的形成、发展及其走向。

当西周的文、武、周公以政治领袖的身份及其人伦实践的方式宣告儒学形成时,就其本来目的而言,当然是为了化解其当时所面临的政治危机,但其"纳上下于道德"的方式以及其所成就的礼乐文明则从根本上排除了中国文化走向外在超越与外向崇拜的可能,而王国维所谓的"中国政治与文化之变革,莫剧于殷周之际"①,大概指此而言,或者说起码包含着这方面的含义。但是,正由于西周的礼乐文化是通过"纳上下于道德"的方式实现的,因而这样一种重大变革,一方面决定了中国文化之人伦实践的关注侧重,同时也就形成了中国独特的人伦榜样与示范性的文化模式。而这种榜样与示范性模式一方面为其人伦实践之关怀侧重所必须,——作为政治领袖也就必须能够充当人伦之榜样与示范性的作用;②同时,所谓政治领袖也就必须能够充当在排除了外向超越性崇拜之后的替代品之作用。这也就是中国历史上一直将帝王称为"圣上"、"圣天子"的原因;而历史对于帝王的评价,实际上也是以能否满足人伦榜样与示范性作用作为标准的。这样一来,也就决定中国的政治与文化似乎永远无法摆脱"德性"、"德治"的襁褓。因为在排除了外向的超越性崇拜之后,人间王权也就处于无可监督的地位了;而"德性"、"德治"与道德榜样既然已经取代了外向的超越性崇拜,那么它也就不能不担负起一定的监督责任。所以说,中国政治领袖的"德治"风范不仅充当着人生信仰之替代品的作用,而且也必须起到人伦之榜样与示范性的作用。

西周政治领袖所开辟的人伦实践之儒的这种特色,由于以政治领袖为风范,因而其影响也就远远超出了思想流派的范围,从一定程度上说,也就成为中国人所一致认同的一种集体无意识了,或者说是为国人所广泛认同的政治范式。请看这种人伦的榜样与示范性作用在以后诸子思想中的表现:

---

① 王国维:《殷周制度论》,《观堂集林》第二册,第451页。
② 请看孔子对这种人伦榜样与示范性作用的强调:"其身正,不令而行;其身不正,虽令不从。"又说:"苟正其身矣,于从政乎何有? 不能正其身,如正人何?"(《论语·子路》,吴哲楣主编:《十三经》,第1294、1295页)

　　　　楚灵王好士细要(腰),故灵王之臣,皆以一饭为节,胁息然后带,扶墙然后起。比期年,朝有黧黑之色。是其故何也? 君悦之,故臣能之也。昔越王勾践好士之勇,教驯其臣,和合之。焚舟失火,试其士曰:越国之宝尽在此,越王亲自鼓其士。士闻鼓音,破碎乱行,蹈火而死者,左右百人有余。①

　　　　天之生此民也,使先知觉后知,使先觉觉后觉也。②

　　　　故越王好勇,而民多轻死;楚灵王好细腰,而国中多饿人;齐桓公妒而好内,故竖刁自宫以治内;桓公好味,易牙蒸其子首而进之;燕子哙好贤,故子之明不受国。故君见恶,则群臣匿端;君见好,则群臣诬能。③

在这里,我们已经无须对这些案例进行具体分析了,但其一个共同特点,就在于通过政治权力所提倡的榜样与示范性的力量。所不同的是,楚灵王本人肯定属于细腰者,所以才会有群臣的刻意模仿与竞相效法;而韩非子则完全是通过专制权力的需要及其示意来实现这一点的,所以就会制造出"竖刁自宫以治内"与"易牙蒸其子首而进之"这样的人间奇迹。当然在这里,孟子所谓的"先知觉后知,先觉觉后觉"并非就是"批林批孔"中所赋予它的含义,不过是指"圣人先得我心之同然耳"④,——中国文化中并不存在所谓因为得到"启示"而成为"先知"的人。

　　儒学发展的第二种形态就是以孔子为代表的思想文化之儒。在这个阶段,儒学不仅实现了其身份的自觉,而且由于孔子既"无位"又"不得于时"的特殊境遇,因而也就决定其只能以"述"为"作"。正因为孔子以"述"为"作",所以他不仅成为三代文化的清理、继承与总结者,而且也由于其自身既"无位"又"不得于时"的具体处境,所以他也就只能以所谓"匹夫"的身份来面对三代的文化成果了。这样一来,孔子的思想也就表现出两个不同的面向:其一即是以"匹夫"之身份面对文、武、周公的政治文化遗产,表现出来,也就成为对中国政治原则的阐发:

　　　　为政以德,譬如北辰,居其所而众星共之。⑤

---

①　《墨子·兼爱》中,《诸子集成》第4册,第66—67页。
②　《孟子·万章》上,吴哲楣主编:《十三经》,第1400页。
③　韩非:《韩非子·二柄》,《诸子集成》第5册,第28—29页。
④　《孟子·告子》上,吴哲楣主编:《十三经》,第1409页。
⑤　《论语·为政》,吴哲楣主编:《十三经》,第1261页。

　　道之以政,齐之以刑,民免而无耻;道之以德,齐之以礼,有耻且格。①

　　上好礼,则民易使也。②

　　其身正,不令而行;其身不正,虽令不从。③

　　苟正其身矣,于从政乎何有? 不能正其身,如正人何?④

所有这些说法基本上都属于完全不需要分析的原则,前两条从"为政以德"到"道之以德,齐之以礼,有耻且格"正是对儒家德治与礼教思想的阐发;而从"上好礼,则民易使"到"其身正,不令而行;其身不正,虽令不从"以及"不能正其身,如正人何?",则是对儒家人生之榜样作用与示范性政治的具体说明。正是从这个角度看,孔子才有了所谓"其或继周者,虽百世,可知也"的明确断言。

　　孔子思想的第二个面向同样是以"匹夫"身份展开的,却并不是面对政治,而是面对三代以来的中国文化以及由他自己所塑造出来并以道德为基础的君子人格。而在孔子看来,他也正是要以其道德人格来面对三代以来的文化问题。

　　礼云礼云,玉帛云乎哉? 乐云乐云,钟鼓云乎哉?⑤

　　人而不仁,如礼何? 人而不仁,如乐何?⑥

　　为仁由己,而由人乎哉?⑦

　　三军可夺帅也,匹夫不可夺志也。⑧

　　志于道,据于德,依于仁,游于艺。⑨

　　行夏之时,乘殷之辂,服周之冕,乐则《韶》《舞》。⑩

　　麻冕,礼也,今也纯,俭,吾从众。拜下,礼也,今拜乎上,泰也。虽违众,吾从下。⑪

---

① 《论语·为政》,吴哲楣主编:《十三经》,第 1261 页。
② 《论语·宪问》,吴哲楣主编:《十三经》,第 1302 页。
③ 《论语·子路》,吴哲楣主编:《十三经》,第 1294 页。
④ 《论语·子路》,吴哲楣主编:《十三经》,第 1295 页。
⑤ 《论语·阳货》,吴哲楣主编:《十三经》,第 1310 页。
⑥ 《论语·八佾》,吴哲楣主编:《十三经》,第 1263 页。
⑦ 《论语·颜渊》,吴哲楣主编:《十三经》,第 1290 页。
⑧ 《论语·子罕》,吴哲楣主编:《十三经》,第 1283 页。
⑨ 《论语·述而》,吴哲楣主编:《十三经》,第 1275 页。
⑩ 《论语·卫灵公》,吴哲楣主编:《十三经》,第 1303 页。
⑪ 《论语·子罕》,吴哲楣主编:《十三经》,第 1280 页。

上述这些语录,以前大体上都征引过,含义也是比较直白的。但当我们将这些语录纂在一起时,大概也就可以清楚地看出孔子的思想创造及其文化担当精神了。首先,所谓"玉帛云乎哉"、"钟鼓云乎哉"当然也就代表着其对"礼"的深层叩问;而所谓"人而不仁,如礼何"、"如乐何"式的敲打,则是明确地将"仁"置于"礼"之根本依据的层面了。至于所谓"为仁由己"、"匹夫不可夺志也"以及"志于道,据于德,依于仁,游于艺"之类,则正是"君子儒"或君子人格的形成道路与具体的形成方式;而"行夏之时,乘殷之辂,服周之冕"以及在"拜下"与"拜上"包括"从众"与"违众"之间的斟酌、抉择,也就完全可以说是"君子儒"的一种"为仁"标准了。所以,孔子也就可以明确地断言说:"文王既没,文不在兹乎?"①而最为重要的一点,也就在于孔子以"仁"为内在依据,以三代文化为范围,并以"为仁由己"的方式作为上天赋予个体之神圣不可侵夺的权力,从而完成了对"君子儒"之个体人格的塑造。孔子对于中国文化的意义,最主要的也就体现在这一点上。

至于儒学的第三种形态,则是以董仲舒为代表、以天人感应为特征的经学形态。两汉经学固然是以意识形态——所谓国家指导思想的方式出现于历史舞台的,但其根底却全然建立在孔子所谓"君子儒"的基础上(至于东汉儒生的"气节"追求实际上也可以说就是君子人格滑转而专门落实于小节细行上的表现);而其指向则完全是以"天意"、"天志"为形式所表现出来的"民心"——儒家的道德理性或德性信仰。这样一来,儒学实际上也就成为一种人生信仰的形态了。自然在这一过程中,从董仲舒之引入阴阳五行、灾异谴告而最后又滑落为谶纬之学,到古文经学因为字句的训诂而陶醉于烦琐的知识考证从而流衍为一种章句之学的情形来看,自然也都表现着汉儒的不足;但其理论论证的不足与信仰之绵长深远则仍然表现着孔子的一段"君子儒"的精神。请看董仲舒的如下陈述:

> 夫仁人者,正其谊(义)不谋其利,明其道不计其功。是以仲尼之门,五尺童子羞称五伯,为其先诈力而后仁义也。苟为诈而已,故不足以称于大君子之门也。五伯比于他诸侯为贤,其比三王,犹武夫之于美玉也。②

① 《论语·子罕》,吴哲楣主编:《十三经》,第 1280 页。
② 班固:《汉书·董仲舒传》,《二十五史》卷一,第 576 页。

两汉经学也就因为董仲舒的这一名言而昭示了其"君子儒"的家底;正因为其始终坚持着"正其谊(义)不谋其利,明其道不计其功"的精神,才真正揭示了其人生信仰之道德理想的根底与人文关怀的指向。从这个角度看,所谓由灾异谴告所导致的谶纬弥漫、由字句训诂所导致的烦琐章句,也都应当是在其自身的发展中得到纠偏和弥补的因素。但由于当时朝政的腐烂、士风的矫激,从而也就使得两汉经学一败于玄学之清谈,再败于佛教之空观,从而也就使中国本土的儒道两家一并陷入到三教并立的论争旋涡中了。

由此以降,则是从印度传来的佛教与中国本土的儒道两家之近千年间的因缘汇合与交融互动,待到儒学在三教融合的基础上重新站立起来时,则以朱子为代表的天理论着重阐发了儒家道德理性的普遍性关怀及其遍在性落实的一面,而以王阳明为代表的良知说则着重阐发了道德理性的个体性落实以及其"随时知是知非"之道德判断与道德抉择的一面。作为道德理性的普遍性拓展与道德理性的个体性落实,实际上也就代表着儒学在其形成以后的第二个千年间的重大发展。惜乎人们不是津津于朱王之是非就是陶醉于与西方对象认知理性较一时之短长;而儒学经过数千年积淀所形成的道德人格则反而成为人们所嘲笑与批判的对象。这就真正成为王阳明所嘲笑的那种"抛却自家无尽藏,沿门持钵效贫儿"①的现象了。

实际上,从近代中国来看,无论是朱子学还是阳明学,是道德理性之普遍性拓展还是道德理性的个体性落实,其实都是中华民族现代化追求之极为宝贵的精神遗产,也是我们走向现代文明的重要精神资粮。但当人们纠缠于朱王之是非时,往往也就会因为自己的先入之见,从而把本来处于不同层面的精神追求强行压到同一个层面从而进行所谓非此即彼的抉择,这就导致了传统精神的两伤。就儒家的道德理性而言,它原本就形成于社会的政治危机,落实于君子人格,又因遭逢强悍的君主权力而激扬为一种天道与人生信仰,因而实际上也就代表着中国人的精神世界。但在儒学的历史发展中,又因为道德理性之不同的时代境遇,从而也就形成了其不同的突出侧重与不同的精神聚焦,这就使其表现为一种极具涵容性的立体架构;至于每一代思想家在依据其基本精神对时代问题作出回应并在突出某一个侧面的同时往往也就会弱化另一个侧面。比如朱子学在突出道德理性的普遍性拓

---

① 王守仁:《咏良知四首示诸生》,《王阳明全集》,第790页。

展时也就必然会弱化道德理性的个体性落实问题,而王阳明在突出道德理性之个体性落实的同时也就必然无法顾及其遍在性拓展的问题,但这都不应当成为其彼此相排、彼此菲薄的理由。只要我们能从总体上认同儒家的道德理性,只要我们能够立体地竖起儒家道德理想主义的精神间架,那么无论是政治实践之儒还是思想文化之儒抑或是天道人生信仰之儒,包括具有不同侧重的朱子学、阳明学,也都会在我们的现代化追求中发挥出其不可替代的作用。

最后,当我们要告别这一关于儒学的历史发生学课题时,笔者愿以一句话来表达自己对儒学之最为深切的认知:儒学是一种最为悲壮的人生(道德)理想主义思潮;尽管我们可能会陷入黑暗以至于通身罪恶,但我们却永远无法压抑,也无法掩盖自己内心深处对光明与善良的向往;尽管我们的人生充满着各种主观的局限与客观的限制,但谁也无法阻挠我们对尽善尽美之理想人格的期盼!这就是儒家道德理想主义追求之真谛,也是儒学三千年发展历史所昭示的结论。

参 考 文 献

（以征引先后为序）

《左传》，吴哲楣主编：《十三经》，国际文化出版公司 1993 年版。

《周易》，吴哲楣主编：《十三经》，国际文化出版公司 1993 年版。

《道德经》，《诸子集成》第三册，上海书店 1986 年版。

朱熹：《朱熹集》，四川教育出版社 1996 年版。

黎靖德编：《朱子语类》，中华书局 1986 年版。

王守仁：《王阳明全集》，上海古籍出版社 1992 年版。

李贽：《焚书·续焚书》，中华书局 1975 年版。

章学诚著，叶瑛校注：《文史通义校注》，中华书局 1985 年版。

《孟子》，吴哲楣主编：《十三经》，国际文化出版公司 1993 年版。

张载：《张载集》，中华书局 1978 年版。

郭庆藩编：《庄子集释》，万卷楼图书公司 2007 年版。

《论语》，吴哲楣主编：《十三经》，国际文化出版公司 1993 年版。

司马迁：《史记》，《二十五史》卷一，中国文史出版社 2002 年版。

吕不韦：《吕氏春秋》，《诸子集成》第 6 册，上海书店 1986 年版。

钱穆：《论语新解》，三联书店 2012 年版。

牟宗三：《中国哲学十九讲》，《牟宗三先生全集》第 29 册，联经出版公司 2003 年版。

陆贾：《新语》，《诸子集成》第 7 册，上海书店 1986 年版。

徐复观：《中国经学史的基础》，《徐复观论经学史二种》，世纪出版集团 2005 年版。

程颢、程颐：《程氏遗书》，《二程集》，中华书局 1981 年版。

朱熹：《四书集注》，岳麓书院 1985 年版。

陈献章：《陈献章集》，中华书局 1987 年版。

《墨子》，《诸子集成》第 4 册，上海书店 1986 年版。

陈来：《古代宗教与伦理——儒家思想的根源》，三联书店 1996 年版。

余英时：《论天人之际——中国古代思想起源试探》，中华书局 2014 年版。

李泽厚：《由巫到礼释礼归仁》，三联书店 2015 年版。

班固：《汉书》，《二十五史》卷一，中国文史出版社 2002 年版。

韩非：《韩非子》，《诸子集成》第 5 册，上海书店 1986 年版。

陈立撰、吴则虞点校：《白虎通疏证》，中华书局 1994 年版。

《太平御览》第一册,中华书局 1960 年版。

房玄龄等:《晋书》,《二十五史》卷二,中国文史出版社 2002 年版。

钱穆:《先秦诸子系年》,商务印书馆 2001 年版。

陈士珂辑:《孔子家语疏证》,上海书店 1987 年影印版。

恩格斯:《劳动在从猿到人的转变中的作用》,《马克思恩格斯文集》第 9 卷,人民出版社 2009 年版。

《淮南子》,《诸子集成》第 7 册,上海书店 1986 年版。

《国语》,徐元诰撰,王树民、沈长云点校:《国语集解》,中华书局 2002 年版。

赵在翰辑,锺肇鹏、萧文郁点校:《七纬》,中华书局 2012 年版。

《尸子》,《二十二子》,上海古籍出版社 1986 年版。

《太平御览》第四册,中华书局 1960 年版。

《礼记》,吴哲楣主编:《十三经》,国际文化出版公司 1993 年版。

王国维:《观堂集林》,中华书局 1959 年版。

刘述先:《理想与现实的纠结》,吉林出版集团 2011 年版。

《四库全书总目提要周礼注疏》,《十三经注疏》上册,中华书局 1980 年版。

贾公彦:《序周礼废兴》,《十三经注疏》上册,中华书局 1980 年版。

《吕氏春秋》,《诸子集成》第 6 册,上海书店 1986 年版。

《尚书》,吴哲楣主编:《十三经》,国际文化出版公司 1993 年版。

李学勤序、黄怀信等校注:《逸周书汇校集注·序言》,上海古籍出版社 2007 年版。

《周礼》,吴哲楣主编:《十三经》,国际文化出版公司 1993 年版。

《春秋左传》,吴哲楣主编:《十三经》,国际文化出版公司 1993 年版。

《墨子》,《诸子集成》第 4 册,上海书店 1986 年版。

《荀子》,《诸子集成》第 2 册,上海书店 1986 年版。

陆九渊:《陆九渊集》,中华书局 1980 年版。

庞朴:《竹帛〈五行〉篇校注及研究》,万卷楼图书有限公司 2000 年版。

牟宗三:《荀学大略》,《牟宗三先生全集》第 2 册,联经出版公司 2003 年版。

范晔:《后汉书》,《二十五史》卷一,中国文史出版社 2002 年版。

贾谊:《贾谊集　贾太傅集》,岳麓书社 2010 年版。

黄彰健:《周公孔子研究》,学生书局 1997 年版。

丁为祥:《学术性格与思想谱系——朱子的哲学视野及其历史影响的发生学考察》,人民出版社 2012 年版。

舒天民:《六艺纲目》,中华书局 1985 年影印版。

陈亮:《陈亮集》,中华书局 1987 年版。

牟宗三:《中国哲学十九讲》,《牟宗三先生全集》第 29 册,联经出版公司 2003 年版。

徐锡名:《周原甲骨文综述》,三秦出版社 1987 年版。

朱歧祥:《周原甲骨文研究》,台湾学生书局 1997 年版。

胡厚宣、胡振宇:《殷商史》,上海人民出版社 2003 年版。

杨宽:《西周史》,上海人民出版社 2003 年版。

徐复观:《中国人性论史》,上海三联书店 1991 年版。

辜堪生、李学林:《周公评传》,四川大学出版社 2006 年版。

王晖:《商周文化比较研究》,人民出版社 2000 年版。

伏生:《尚书大传》,湖北崇文书局光绪三年(1877)刻本。

《孝经》,吴哲楣主编:《十三经》,国际文化出版公司 1993 年版。

徐复观:《中国人性论史》,三联书店 2001 年版。

郭齐勇编:《儒家伦理争鸣集——以"亲亲互隐"为中心》,湖北教育出版社 2004 年版。

郭齐勇编:《〈儒家伦理新批判〉之批判》,武汉大学出版社 2011 年版。

郭齐勇编:《正本清源论中西——对某种中国文化观的病理学剖析》,华东师范大学出版社 2014 年版。

徐复观:《徐复观杂文补编》(思想文化卷)上,中央研究院中国文哲研究所 2001 年版。

《诗经》,吴哲楣主编:《十三经》,国际文化出版公司 1993 年版。

《仪礼》,吴哲楣主编:《十三经》,国际文化出版公司 1993 年版。

《孝经》,吴哲楣主编:《十三经》,国际文化出版公司 1993 年版。

戴震:《戴震全书》,黄山书社 1995 年版。

徐复观:《学术与政治之间》,台湾学生书局 1985 年版。

詹剑锋:《墨家的形式逻辑》,湖北人民出版社 1956 年版。

方授楚:《墨学源流》,上海书店 1989 年版。

商鞅:《商君书》,《诸子集成》第 5 册,上海书店 1986 年版。

韩愈:《韩昌黎全集》,中国书店 1991 年版。

薛瑄:《薛瑄全集》,山西人民出版社 1990 年版。

钱新祖:《中国思想史讲义》,《钱新祖集》,台湾大学出版中心 2014 年版。

徐复观:《中国思想史论集》,台湾学生书局 1959 年版。

马非百:《秦集史》,中华书局 1982 年版。

何良俊:《四友斋丛说》,中华书局 1959 年版。

皮锡瑞著,周宇同注释:《经学历史》,中华书局 2011 年版。

董仲舒著,锺肇鹏主编:《春秋繁露校释·玉杯》,河北人民出版社 2005 年版。

李泽厚:《中国古代思想史论》,人民出版社 1986 年版。

徐复观:《两汉思想史》,华东师范大学出版社 2001 年版。

刘述先:《朱子哲学思想的发展与完成》,台湾学生书局 1995 年版。

皮锡瑞:《经学通论》,中华书局 1954 年版。

《中国儒学百科全书》,中国大百科全书出版社 1997 年版。

李明辉:《孟子重探》,联经出版公司 2001 年版。

《荀子》,《诸子集成》第 2 册,上海书店 1986 年版。

《韩非子·解老》,《诸子集成》第 5 册,上海书店 1986 年版。

钱穆:《两汉经学今古文平议》,商务印书馆 2001 年版。

《晏子春秋》,《诸子集成》第 4 册,上海书店 1986 年版。

王充:《论衡》,《诸子集成》第 7 册,上海书店 1986 年版。

熊十力:《熊十力全集》,湖北教育出版社 2001 年版。

梁漱溟:《东西文化及其哲学》,商务印书馆 2008 年版。

索　引

关　键　词

人　名

地　　名